결정지능

결정지능

Decision Intelligence for better decisions

안재현 지음

율곡출판사

| 들어가는 글 |

우리는 크고 작은 수많은 결정을 내린다. 그것이 개인의 문제이든 기업의 문제이든 국가의 문제이든 그 결정의 결과는 개인과 조직의 운명을 바꾸기도 한다. 그러나 결정이 중요함에도 우리는 어떻게 의사결정을 내려야 하는지에 대한 특별한 지식과 훈련 없이 중요한 결정을 내리는 경우가 많다. 문제의 불분명한 정의, 불확실성, 가치의 상충 등은 의사결정을 어렵게 한다. 따라서 인간 사고능력의 한계와 판단의 편향성을 고려한 의사결정에 대한 명확한 이해는 개인과 조직의 미래를 위해 무엇보다 중요한 일이다.

중요한 의사결정의 과정에는 다양한 인간의 능력이 필요하다. 논리적이고 분석적인 능력은 물론이고 직관, 감정, 경험, 창의력, 전략적 마인드, 사고의 유연성, 옳고 그름에 대한 윤리 및 도덕성, 가치체계 등 다양한 정성적 능력이 필요하다. 이런 인간의 정성적 능력은 최근 발전하는 인공지능AI ; Artificial Intelligence에서도 당분간 구현하기 어렵다고 판단된다. 인공지능은 고객응대, 표적고객 선정, 소규모 대출 결정, 예측, 분류 등 빅데이터를 중심으로 패턴 매칭이 가능한 반복적 의사결정에서 대단히 효과적이다. 반면 인간만이 가진 정성적 능력을 요구하는 중요한 의사결정은 대신하지 못한다. 중요한 의사결정을 내릴 수 있는 능력은 인간만의 고유한 지적 능력이다. 인공지능이 인간의 결정을 일부 대체할 수는 있어도, 인공지능을 활용하는 결정은 결국 인간이 내린다. AI 시대에는 반복적인 의사결정은 효율적인 인공지능이 대신하겠지만, 중요한 의사결정을 내리는 인간의 지적 능력과 정성적 능력은 그 중요성이 더욱 커질 것이다.

우리는 의사결정 과정을 통해 분명치 않은 문제에 대한 이해가 깊어지고 그 과정 속에서 문제의 본질을 이해하게 된다. 문제의 본질을 이해한다는 의미는 설명

가능한 의사결정을 내릴 수 있다는 뜻이기도 하다. 또한 그것은 의사결정이 과학이 되는 과정이기도 하다. 의사결정을 내릴 수 있는 지적 능력, 즉 결정지능은 분명치 않은 의사결정 문제를 체계적이고 논리적으로 숙고할 수 있도록 도와준다.

이러한 의사결정의 중요성을 생각하며 저자는 그 중요한 핵심을 쉽고 명확하게 이해할 수 있는 책이 필요함을 느끼게 되었다. 이에 따라 지난 20여 년간 KAIST 경영대학에서 강의하고 연구하며 생각했던 내용을 정리하기로 했다. 이 책을 통해 의사결정의 원리, 과정, 방법론을 고민하고 그 실질적 해답을 제시하려고 했다. 따라서 이 책은 의사결정에 관한 이론서가 아니다. 이 책은 이론에 바탕을 두지만 의사결정의 원칙을 토대로 바람직한 의사결정의 과정과 방법론을 제시하고, 이를 통해 더 나은 의사결정을 내릴 수 있게 도와준다.

책을 쓰는 과정에서 저자는 다음 세 가지를 염두에 두었다. 독자들이 저자의 이 의도를 감안한다면 책 내용을 이해하는 데 도움이 될 것이다. 첫째, 이 책은 의사결정에 대해 고민하는 사람들을 위한 것이다. 특히 중요한 결정을 내려야 하지만 의사결정에 대한 특별한 지식이나 훈련의 기회가 없었던 기업의 경영자들이나 공공기관의 정책입안자 관리자들을 염두에 두었다. 또한 대학에서 의사결정의 핵심을 이해하고 향후 이론적 토대를 쌓아가기 위한 입문서로서 경영학, 공학, 의학, 사회과학, 인문학 등을 전공하는 미래의 의사결정자를 위한 책이기도 하다. 물론 이 책은 의사결정에 관심이 있으나 적절한 사고의 틀이 없어 고민하는 모든 사람들을 위한 책이다. 둘째, 이 책은 의사결정을 보는 시각에 관한 것이다. 경제학에 기반을 둔 규범적 의사결정, 심리학과 사회학에 기반한 행동과학적 의사결정, 경영과학management science과 의사결정분석decision analysis에 기반한 처방적 의사결정은 각

각 그 목적과 접근방법이 상이하다. 이 책에서는 실질적으로 의사결정에 도움을 제공하는 것을 목적으로 하는 처방적 의사결정prescriptive decision-making 접근방법을 택하되 규범적 의사결정의 원칙과 행동과학에서 밝혀진 인간의 편향성을 고려하고 반영했다. 셋째, 의사결정에 관련된 이론들은 경제학, 경영과학, 심리학, 사회학 등 매우 방대하다. 그러나 이 책에서는 처방적 의사결정의 측면에서 의사결정의 핵심 내용을 중심으로 이해하기 쉽고 간결하게 기술하려고 했다. 그 간결함 속에서도 각 장이 독립적으로 의미가 있고, 각 장들을 상호 유기적으로 연결하여 좋은 의사결정을 위한 원칙과 방법론을 통합적으로 설명하려고 했다. 내용도 가능한 대로 이론이 아닌 실제 예를 중심으로 구성하였다. 이 책은 의사결정에 관한 학술적 연구를 기술하는 것이 목적이 아니다. 최근까지 발전된 중요한 내용도 포함시켰지만, 지금까지의 발전 현황을 종합하여 전체를 이해하는 데 도움이 될 최근의 리뷰 논문review paper을 인용해 추후 석박사 논문 연구의 시작점으로 삼을 수 있도록 하였다. 내용 중 다소 기술적인 내용technical content이 포함된 제9장 제4~6절에는 *로 표시해 두었으므로 관련 내용은 건너뛰어도 이해에 지장이 없다.

이 책의 내용은 결론적으로 좋은 결정을 내리기 위한 원칙과 프로세스에 관한 것이다. 저자는 이를 위해 좋은 의사결정의 9가지 원칙을 도출하고, 이 원칙을 실행할 의사결정 프로세스를 제시하였으며, 최종적으로 의사결정을 내리는 능력을 정의하고 측정항목을 제시하였다. 구체적으로 첫째, 좋은 의사결정을 위한 9가지 원칙을 도출하였다. 의사결정의 원칙은 제1장부터 제13장까지 기술된 의사결정의 핵심적 내용에 따라 도출되었고, 제14장에서 최종 정리했다. 둘째, 의사결정의 9가지 원칙을 실행하기 위해 통찰 기반 프로세스를 제시하고 이에 따라 문제의 본질을 파악하는 가이드라인을 제시했다. 셋째, "의사결정을 내리는 지적 능력"을 결정지능decision intelligence으로 정의하고, 의사결정의 원칙을 이해하고 실제 문제에 적용할 수 있는 능력으로서 결정지능을 평가했다. 예를 들어 다양한 관점으로 프레임을 설정할 수 있고, 창의적이고 실행 가능한 대안을 제시하는 능력 등의 측정항목으로 결정지능을 평가하는 것이다. 결정지능의 구성요인과 측정항목에 대한 이해는 결정지능의 측정을 가능하게 하고 궁극적으로 의사결정 능력을 향상시켜 좋은 의사결정을 내릴 수 있게 한다.

저자가 미국 스탠퍼드대학에서 의사결정분석이라는 학문분야를 접한 지 상당한 시간이 흘렀다. 그동안 발전된 내용들도 있지만, 많은 내용들은 좋은 의사결정을 위한 우리의 목적에 변함없이 중요한 혜안을 제공하고 있다. 시대가 지나 상황이 바뀌어도 가치가 있는 그 무엇을 의사결정이라는 학문분야에서 찾겠다는 저자의 생각이 크게 틀리지 않았음을 이 책을 쓰면서 느끼기도 했다.

이 책을 발간하며 감사를 표해야 할 분들이 많다. 우선 저자의 스탠퍼드대학 박사과정 지도교수였던 하워드 교수님에게 감사한다. 하워드 교수는 "의사결정분석"이라는 학문분야를 정립한 이 분야의 세계적 대가이다. 이 책의 주요 내용은 하워드 교수와 제자들이 관련된 "스탠퍼드 스쿨Stanford School"의 연구 결과에서 출발한다. 그분의 학문에 대한 통찰력과 열정을 이번 기회에 다시 한번 실감하게 되었다. 집필 과정에서 많은 사람들의 격려와 조언이 도움이 되었다. 우선 전문적 내용을 조언해 주신 연세대학교의 김영준 교수님, 숙명여자대학교의 윤경희 교수님, 이수정 아인아르스 대표님, 가톨릭관동대학교 정윤식 교수님에게 감사한다. 또한 출판을 도와주신 KAIST 이덕희 교수님, 제16장의 케이스를 작성해 주신 가톨릭대학교의 김동연 교수님, 인하대학교의 박규홍 교수님, 현대오토에버의 전익진 매니저님에게도 감사드린다. 지난 25년간 KAIST 경영대학에서 운영한 미디어경영 연구실 석박사 졸업생들은 저자에게 많은 보람과 기쁨을 주었고 깨달음의 원천이 되기도 했다. 특히 이창훈, 명재호, 임하경, 서원빈 박사과정생은 이 책의 내용을 모두 읽고 좋은 아이디어들을 제시해 주었다. KAIST EMBA, MBA 수강생, KAIST AIM, ATM 경영자 과정에 있는 과정생들과의 토론은 저자의 생각을 정리하는 데 많은 도움이 되었다. 또한 이 책을 기쁘게 출간해 주신 율곡출판사의 박기남 대표님, 출간을 도와주신 방조일 선생님, 그리고 원고를 꼼꼼히 교정하고 편집해 주신 박세린 선생님께 감사한다. 마지막으로 사랑과 기쁨을 주는 두 딸 안소현, 안현진과 아내의 도움에 고마움을 전한다.

데이터의 폭증과 AI/기계학습의 발전에 따라 의사결정을 내리는 방식도 바뀌고 있다. 그러나 중요한 결정은 인간의 몫이라는 점에는 변함이 없다. 이 책을 통해 독자들이 의사결정을 내리는 지적 능력이 높아져 의사결정의 본질을 이해하고 궁극적으로 좋은 의사결정을 내릴 수 있다면 저자의 목적은 달성되었다고 하겠다.

2023년 10월 25일

안재현

| 차 례 |

PART 2 프로세스로 내리는 의사결정

CHAPTER 08
가치선호 반영하기 229

CHAPTER 09
위험선호 반영하기 261

CHAPTER 10
시간선호 반영하기 297

CHAPTER 11
대안의 분석과 평가 313

CHAPTER 12
정보의 가치 평가하기 343

Decision in Action
Contents

CHAPTER 01 의사결정을 보는 관점

CHAPTER 02 인간의 사고 시스템

CHAPTER 03 의사결정을 위한 접근방법

좋은 의사결정을 위하여

PART 1

CHAPTER 01
의사결정을 보는 관점

Decisions are the only means you have to change your future life.

— Ronald Howard(Professor at Stanford)

1. 우리의 삶을 지배하는 의사결정

이 책은 의사결정에 관한 것이다. 의사결정은 우리의 삶을 지배한다. 과거 우리의 결정은 현재의 우리를 만들었고 현재 우리의 결정은 미래 우리의 모습을 규정한다. 그 과정에서 가장 중요한 핵심은 "어떻게 어떤 결정을 내려야 하는가"의 문제이다. 과연 좋은 의사결정은 어떻게 내릴 수 있고, 좋은 의사결정을 내릴 수 있는 능력이란 무엇일까? 우리는 지금부터 이 문제를 생각해 보기로 한다.

의사결정에 관한 이야기를 인간의 역사를 돌아보며 시작하자. 우리가 이해하는 우주의 나이는 138억 년이다. 그 시간 중 우리 인간은 약 60만 년 전부터 존재하기 시작했다. 호모 사피엔스Homo Sapiens라고 불리는 우리 인간은 수많은 진화의 단계를 거쳐 오늘에 이르렀다. 그 기간 동안 우리는 크게 3번의 혁명적 변화를 겪었다.

인간은 약 7만 년 전 시작된 인지혁명cognitive revolution을 통해 언어와 도구를 사용하고 사회를 형성하며 문명 발전의 기초를 마련했다. 약 1만 2천 년 전 시작된 농업혁명agricultural revolution을 통해서는 농업과 축산 기술을 발전시킴으로써 사냥과 채집의 삶 대신 농경생활을 하며 가축을 키우기 시작한다. 이어서 250여 년 전 시작된 산업혁명industrial revolution을 통해 동력과 기계를 이용하여 각종 산업을 발전시키고 노동생산성을 크게 향상시켰다. 산업혁명은 이제 컴퓨터, 인터넷, 모바일, 클라우드, AI 등의 디지털 기술이 주도하는 디지털 혁명의 단계에 이르렀다(Harari, 2014).

인간이 살아온 지난 60만 년은 138억 년 우주의 나이와 비교하면 0.004%밖에 되지 않는다. 상대적으로 매우 짧은 기간이지만 인간은 각종 공포와 추위, 굶주림을 피하는 생존의 단계에서 디지털 혁명의 단계까지 발전했다. 의사결정에 대한 이야기를 지난 역사를 돌이켜 보며 시작하는 것은 인간이 내린 결정의 결과가 현재 우리와 우리 문명의 모습이라는 새삼스런 자각 때문이다.

현대 디지털 혁명의 핵심에는 데이터가 있다. 모든 기업 및 공공 부문의 디지털 전환이 가속됨에 따라 가용한 데이터의 양이 폭증했다. 외부 환경 역시 불확실성과 복잡도가 크게 증가했다. 이렇게 변화된 경영환경 속에서 중요한 의사결정 문제를 데이터를 통해 해결하려는 요구도 크게 증가했다.

그러나 맥킨지McKinsey의 조사는 단지 20%의 기업만이 제대로 된 의사결정을 내리고 있으며, 의사결정에 투입한 시간도 비효율적으로 사용하고 있음을 보여준다. 비효율적으로 쓰인 시간을 비용으로 환산하면, 전형적인 Fortune 500 회사의 경우 연간 2억 5천만 달러의 비용이 낭비되고 있다고 추산된다(Aminov, De Smet, Jost, & Mendelsohn, 2019).

우리는 디지털 혁명의 시대에서 데이터를 기반으로 한 의사결정이 획기적 성과를 내 줄 것으로 기대했다. 그러나 기대와는 달리 데이터 관련 투자의 60%는 낭비되었고, 의사결정 문제와 관련 없이 데이터 분석이 진행되었으며, 실제 분석된 결과의 22%만이 의사결정에 활용되었다고 평가된다(Larson, 2022). 그것이 데이터 과학이든, 비즈니스 애널리틱스이든, 기계학습이든, 인공지능이든 그 어떠한 방법도 그들이 의사결정의 과정과 목적으로 연결된 시스템 내에서 제대로 작동되지 않는다면, 그들의 가치는 없다. 데이터 기반 의사결정은 그 의사결정이 최종 의사결정의 결과에 미치는 영향을 우리가 분명하게 이해하고 활용할 수 있을 때 그 가치를 실현할 수 있다.

이 책은 중요한 의사결정에 대해 진지하게 숙고하여 "어떻게 어떤 결정을 내려야 하나"라는 문제에 대해 알아볼 것이다. 좋은 의사결정을 내릴 수 있는 인간의 능력만큼 중요한 것은 없다. 그것은 의사결정을 통해서만이 우리의 삶을 바꿀 수 있기 때문이다.

지금부터는 기업의 운명을 바꾼 중요한 의사결정의 사례를 살펴보고, 의사결정의 정의, 의사결정이 어려운 이유, 좋은 의사결정과 좋은 결과의 구분, 마지막으로 의사결정을 내리는 지적 능력에 대해 알아보기로 하자.

2. 경영의 핵심 : 의사결정

중요한 의사결정은 기업의 미래에 큰 영향을 미치기 때문에 누구에게나 큰 도전이다. 의사결정자는 그 도전을 극복하며 결정을 내려야 하는 책임이 있다. 그 과정에서 겪는 어려움 중 하나는 의사결정 문제의 핵심을 쉽게 이해하기 어렵다는 점이다. 문제를 명확히 이해하지 못하면 의사결정에 대한 확신을 가질 수 없다. 따라서 의사결정이 어려운 것은 당연하다.

최고경영자CEO로서 기업을 경영한다는 것은 본질적으로 불확실성하에서 중요한 의사결정을 내리고 이를 실행함으로써 기업의 목표를 달성해 가는 과정이다. 현대 경영학의 아버지라고 불리는 피터 드러커Peter Drucker는 의사결정이 단지 CEO의 몫이 아니며, 하부 조직의 의사결정도 매우 중요하다고 강조한 바 있다. 각 조직 수준에서의 경험과 전문지식은 CEO의 결정에 영향을 미치고 그 실행과도 밀접한 관계를 가지게 된다. 따라서 좋은 의사결정을 내리는 것은 기업의 CEO뿐만 아니라 조직 내의 모든 사람들에게 요구되는 매우 중요한 능력이다(Drucker, 2004).

2.1 의사결정으로 바뀐 기업의 운명

기업 경영의 핵심인 의사결정은 기업의 운명을 바꾸기도 한다. 다음에서는 기업의 운명을 바꾼 계기가 된 국내외 의사결정의 사례를 간단히 살펴보도록 하자.[1]

한국의 대표 기업 삼성전자는 1969년 창립했고 처음에는 전자제품과 가전제품을 생산하던 회사였다. 그런데 삼성은 1983년 성장잠재력이 큰 반도체사업에 도전하기로 결정했다. 반도체에서 미래 비전을 찾은 삼성은 우리나라 최초의 글로벌 기업으로 성장했다. 이후 반도체의 집적도 경쟁에서 아래로 파 내려가는 방식이 아닌 층층이 쌓아 올리는 적층방식의 기술을 선도하는 등 끊임없는 혁신으로 글로벌 리더의 자리를 지키고 있다.

SK그룹의 하이닉스 인수는 내수 성장의 한계를 극복한 매우 중요한 결정이었다. 이것은 반도체시장의 성장 가능성을 확인하고 시장점유율 1위가 아닌 2위도 수익성을 확보할 수 있다는 B2B 시장에 대한 높은 이해가 바탕이 되었다. 내수 위주의 대기업이 글로벌 기업으로 성장한 계기에는 신중하면서도 과감한 M&A 결정이 있었다.

현대자동차의 경우 자동차사업을 시작한 이후 경영의 초점을 "품질경영"에 둔 의사결정이 자동차업계 글로벌 5위까지 성장하는 계기가 되었다. 현대자동차의 고급 자동차 브랜드인 제네시스는 2020년 미국 제이디 파워JD Power사의 내구품질 조사에서 세계 1등으로 올라간 이후 품질 면에서 세계 최정상급에 도달했다. 이는 1986년 저가의 소형자동차 엑셀EXCEL을 미국에 수출하기 시작한 이후 30여 년 만에 이룬 놀라운 성과이며, 자동차산업의 본질을 명확히 이해하고 오랜 기간 품질경영을 꾸준히 실천한 결과이다.

가전분야에서 글로벌 최고 기업으로 성장한 LG전자의 모바일사업 철수 또한 중요한 결정이었다. 2021년 단행된 사업 철수는 1995년 휴대폰 제조를 시작한 이

1. 여기서 언급한 사례들은 저자의 주관적인 판단에 따라 선별한 소수의 예임을 밝혀 둔다.

래 26년 만의 일이었다. 초창기 선전하던 모바일사업은 스마트폰 시장에 대한 대응 지연으로 누적 적자만 5조 원에 이를 정도로 고전했다. LG 그룹의 모바일사업 철수와 전장사업, 2차전지 등 성장산업에 대한 선택과 집중은 미래를 위한 중요한 결단으로 판단된다.

해외 기업 사례로는 단연 애플을 꼽을 수 있다. 애플의 스티브 잡스Steve Jobs는 아이팟–아이튠즈–아이폰으로 이어지는 단순하고 직관적인 하드웨어와 서비스 플랫폼을 통해 모바일 생태계를 조성했다. 스티브 잡스의 천재성이 그대로 녹아 있는 그의 결정은 인터넷 시대에서 디지털 시대로 진입하는 계기가 되었다.

또 다른 사례로 우주비행을 상업화할 수 있음을 증명한 스페이스X를 들 수 있다. 스페이스X의 CEO 일론 머스크Elon Musk는 2017년 외계로 발사한 1단 로켓을 회수해 재사용하는 기술을 개발했으며, 이를 통해 발사 비용을 1/10 이하로 낮추었다. 이후 1단 로켓뿐만 아니라 운반체를 보호하는 페어링, 유인우주선 캡슐도 재사용하는 데 성공한다.[2] 머스크의 창의적이고 도전적인 의사결정은 미래의 공간혁명space revolution의 시발점 역할을 할 것이 분명하다.

지금까지 살펴본 국내외 기업들의 의사결정들은 좋은 성과를 내어 성공사례로 평가되는 사례들이다. 그러나 현실은 큰 실패로 이어지는 경우가 월등히 많다. IT분야의 대표적 실패사례로는 넷플릭스에 대한 블록버스터의 뒤늦은 대응, 디지털 카메라에 대한 코닥필름의 무대응, 전략 부재의 이리듐 서비스, 야후의 구글 인수 거부, 노키아의 운영체계 및 스마트폰 전략 실패, 무비패스의 무리한 무제한 영화구독 서비스 추진 등을 들 수 있다. 이 중에서 이리듐 서비스를 예로 들어 당시의 상황과 의사결정 측면에서의 문제점들을 확인하기로 하자.

2. Newsis, "스페이스X 팀은 5개월 만에 지구 귀환 … 러시아 팀은 1년 '귀양살이'", 2023. 3. 12.

2.2 이리듐 서비스

이리듐Iridium 서비스는 지구 저궤도상에 66개의 인공위성을 쏘아 올려 전 세계를 커버하는 글로벌 네트워크를 만든 다음 전 세계 어떤 지역의 어떤 사람에게도 통신서비스를 제공할 수 있도록 하는 것을 목적으로 했다.

이리듐 서비스의 제공을 위해서는 위성과 위성 간 고난이의 통신기술이 필수적이었다. 이 프로젝트의 중심에 있었던 모토로라Motorola는 1987년부터 본격적인 기술개발을 시작한다. 이후 1991년에 이를 추진할 조직으로 이리듐 LLC를 설립한다. 1996년에는 첫 번째 위성이 만들어지고, 1998년에는 66개 모든 위성을 저궤도 상공에 성공적으로 안착시킨다. 이에 따라 1998년 11월부터 서비스가 시작되는 단계에 이르게 된다.

이리듐 서비스의 개념

이리듐 서비스는 한 부동산 사업가의 제안에서 시작되었다. 1985년 바하마의 섬에서 휴가를 즐기던 여성 사업가는 중요한 계약을 앞두고 있었다. 그녀는 당시 모토로라의 임원으로 근무하던 남편에게 세계 어느 지역에서나 사용할 수 있는 통신서비스가 있으면 좋겠다는 이야기를 한다. 이 대화가 계기가 되어 모토로라는 1987년부터 위성 개발을 본격화한다.

이렇게 시작된 이리듐 서비스의 개념은 지상에서 약 780km 고도의 6개 궤도면에 한 궤도면당 11개씩 총 66개의 위성을 발사하여 언제 어디서나 연결되는 글로벌 위성통신 서비스를 제공하는 것이다.[3] 이 서비스의 특징은 발신지의 지상 게

3. 초기 이리듐 서비스에서는 6개 궤도에 각 11개씩 66개의 위성을 사용하고 한 궤도에 한 개씩의 예비 위성을 사용해 총 77개를 사용할 예정이었다. 그러나 추후 예비 위성은 불필요할 것으로 판단되어 최종 66개로 운영되었다. 초기 위성의 숫자 77은 이리듐의 원소기호 77번과 일치한다.

이트웨이에서 위성으로, 위성에서 위성으로, 다시 위성에서 수신지 지상의 게이트웨이로 연결하는 통신망을 구성함으로써 지상 게이트웨이 건설의 필요성을 대폭 줄인 것이다. 위성과 위성 간의 통신은 매우 난이도가 높은 기술로 이리듐 서비스에서 최초로 시도되는 것이었다. 이리듐 서비스는 780km 고도의 저궤도 위성을 통신용으로 사용하기 때문에 36,000km 높이의 정지궤도 위성을 사용하는 것보다 송수신의 지연으로 인한 통화 품질의 저하가 훨씬 적다는 장점이 있다. 다만 위성의 수명이 5~8년으로 15년 정도 유지되는 정지궤도 위성의 수명에 비해 짧다는 단점이 있다.

서비스의 시작과 종료

이리듐 서비스는 1987년부터 본격 추진되어 12년간의 R&D와 위성 발사, 관련 규제기관들과의 협상을 거쳐 1998년 11월 1일 상용화를 시작한다. 초기에는 음성 서비스와 페이징 서비스가 제공되었고, 국제적 이동이 많은 개인 사업가들을 주 표적시장으로 삼았다. 초기 이리듐 음성전화 서비스의 단말기 가격은 $3,000, 이용 요금은 분당 $3(국내 통화)에서 $7~8(국제 음성전화 서비스) 정도로 매우 고가였다. 가입자 수요 예측은 전문기관마다 달랐지만 2,000년 말까지 가입자 수가 70~170만 명에 이를 것으로 예상했다. 따라서 1999년 말까지 예상되는 60만 명의 가입자만으로도 손익분기점에 도달할 것으로 예상했기 때문에 1998년 초까지는 이리듐사의 주가가 최고치를 경신하는 등 긍정적 분위기 일색이었다.

그러나 막상 서비스가 시작되자 예상과는 달리 초기 가입자가 3천 명 수준에 머무른다(1998년 말 기준). 1999년 6월 일본 교세라Kyocera에서 공급되던 단말기 가격이 $3,000에서 $1,000로 인하되고, 분당 통화료도 $3에서 $1.5 수준으로 인하되었지만 가입자 추세는 변하지 않았다. 심각한 문제에 봉착한 이리듐은 결국 1999년 8월 13일 큰 손실을 보며 법정관리를 신청한다. 1999년 말에도 가입자는 5만 5천 명으로 당초 예상의 10분의 1에도 미치지 못하였다. 결국 2000년 3월 이리듐 서비스는 종료되었고, 회사는 다른 투자자에게 매각되고 만다. 이리듐에 투입된 비용은 총 50억 달러, 매각 대금은 0.25억 달러로 결과적으로 1/200에 해당하는 비용밖에 회수하지 못하는 최악의 투자손실을 기록하게 된다.

연속되는 문제들

총 50억 달러라는 엄청난 금액이 투자되고 12년의 긴 연구개발을 거쳐 시작된 이리듐 서비스는 단 1년 5개월 만에 종료되었다. 그 과정에서 일어난 일들을 당시의 상황과 의사결정들을 통해 되돌아 보자.

1987년 연구개발이 본격 시작되었을 때 모토로라 창업자의 아들이자 이사회 의장인 로버트 갈빈Robert Galvin은 이 프로젝트를 모토로라의 기술적 역량을 과시할 수 있는 최고의 기회라고 판단했다. 모토로라는 이미 1930년대에 자동차 라디오를 세계 최초로 상용화했고, 제2차 세계대전에서 사용한 워키토키 무전기를 만들어 유명해졌으며, 1950년대에는 이동용 텔레비전을, 1969년에는 암스트롱이 달에 착륙해서 지구와 교신한 송수신기transponder를 만든 바 있다. 1970년대에는 마이크로프로세서, 1980년대에는 셀룰러폰으로 세계적인 명성과 기술적 우월성을 인정받았다. 갈빈은 이러한 기술적 수월성의 역사를 가진 모토로라의 DNA를 바탕으로 예상되는 기술적 어려움은 극복할 수 있다고 생각했다. 전 세계 거의 모든 나라와 관련되는 주파수 라이선스, 규제 문제 등도 해결할 수 있다고 판단했다. 돌이켜보면 이러한 과신이 의사결정을 왜곡시켰고, 매몰비용이 높은 글로벌 위성서비스의 특성을 간과한 위험관리의 부재 속에서 프로젝트는 계속 진행되었다.

연구개발의 성과로 기술적 문제가 상당 부분 해결되자 이 서비스를 추진하려는 열망은 더욱 커졌다. 1991년 모토로라에서 독립한 이리듐 LLC는 기술적 불완전성, 표적시장, 시장수요, 경쟁전략 등 많은 측면에서 비판에 직면한다. 하지만 이런 비판들은 이미 만들어진 기술적 솔루션과 경영층의 굳은 신념을 막지 못했다. 시장조사는 매우 긍정적으로 결론이 나왔고, 세계 각국 통신업체가 참여하는 국제 컨소시엄으로부터 16억 달러를 조달받으면서 계획은 정상적으로 진행된다.

이리듐 서비스에서 특히 흥미로운 것은 의사결정 구조이다. 이리듐 서비스가 전 세계를 대상으로 투자를 받고 기지국을 신설하다 보니 이사회의 규모가 자연 증가하게 되었다. 이리듐의 이사회는 17개국 28명의 이사들로 구성되었고, 매년 4차례 세계 각지를 돌며 이사회를 개최하였다. 회의는 영어, 러시아어, 일본어, 중국어 등으로 동시 통역되었다. 마치 국제회의 같은 이사회는 이미 정해진 결정을 추인하는 모임이었다. 거기에는 오직 관성만이 있을 뿐이었다(MacCormack & Herman, 2000).

서비스를 시작한 1998년 첫 해, 이리듐은 12억 5천만 달러의 손실을 기록한다. 1987년 R&D 단계 이후 1991년에는 서비스의 개념 정립과 그 진행 여부에 대한 신중한 숙고가 필요했지만 갈빈Paul Galvin 회장의 굳은 신념은 그 단계를 건너뛰었다. 많은 시장조사 결과는 긍정적으로 나왔지만, 이들 조사의 신뢰성에 문제가 없는지 충분한 확인이 이루어지지 않은 것으로 보인다. 원하는 정보만 보는, 원하는 정보만 확인하는 확증편향의 상황이 아니었는지 의심된다.

또한 이리듐 서비스는 66개의 인공위성을 모두 발사한 이후에나 서비스 시작이 가능했기 때문에 사업위험이 매우 높았다. 사전적으로 표적시장에 진입해 시장을 탐색하고 이에 따라 투자를 확대할 옵션은 처음부터 존재하지 않았으며 대규모 인프라 투자의 성격을 가진 서비스였던 것이다. 사업 초기부터 지적된 옥내에서의 통신기능 장애, 크고 불편한 단말기 구조, 표적시장 선정의 적정성 여부, 가격전략 등은 오히려 본질적 이슈가 아닌 상대적으로 작은 문제였다.

의사결정 측면에서 본 문제점

이리듐 사례를 살펴보면 투자손실액이 매우 클 뿐만 아니라 사업이 진행되는 과정에서 많은 문제점들이 노출되었음을 알 수 있다. 그 문제점들을 의사결정의 측면에서 요약하면 다음과 같다.

– 셀룰러 네트워크의 급속한 확대에 따른 기술적·경제적 이점을 상실케 한 장기 프로젝트의 성격[4]
– 많은 시장조사를 하였음에도 초기 판단에 부합하는 정보만 선택적으로 수집·처리함으로써 추정 가입자 수와 실제 가입자 수의 차이가 열 배 이상이 된 실패한 시장조사
– 시장 불확실성에 대응할 유연성이 부족한 서비스 특성을 가졌음에도 이에 대처할 위험관리 전략의 부재
– 과거 모토로라의 성공 경험에 따른 최고경영층의 과도한 확신
– 1단계 기술적 성공에 대한 집착과 이때 발생한 매몰비용으로 인해 2단계 서비스 개발 시작에 대한 합리적 결정 대신 과거의 결정을 유지하는 편향

이런 문제점들을 요약하면 서비스 경쟁력 확보의 실패, 수요 예측의 오류, 이에 따른 잘못된 표적시장의 선택, 위험관리 전략 부재 등과 같은 전략적 오류와 더불어 과도한 확신, 선택적 정보처리, 현상유지 편향 등 인지적 오류cognitive bias가 복합적으로 작용했음을 알 수 있다. 이런 문제점들을 사전적으로 인식했다면 모토로라와 이리듐의 경영진은 다른 결정을 했을까?

파산보호신청 이후의 이리듐

파산보호신청 이후 이리듐은 다른 투자자들에 의해 인수되었고, 그 이후 서비스는 재개되었다. 현재의 주요 표적시장은 상업용 시장이 아니라 군사작전, 항공, 해양, 사막, 밀림 등의 다양한 틈새시장으로 통화 및 SMS, 이메일 등의 데이터 서비스를 제공하고 있다. 흥미로운 것은 수명을 다해 대체가 필요한 이리듐 위성 발

4. 전 세계의 모바일폰 가입자 수는 이리듐 서비스의 개념이 나온 1985년 25만 명이었다가 1990년 1,100만 명, 1999년 말에는 4억 7,200만 명으로 급격히 증가하며, GSM 모바일 가입자의 글로벌 로밍이 활발하게 이루어진다.

사업무를 스페이스X가 팰컨 9 로켓을 통해 대행하고 있다는 사실이다.[5]

한편 스페이스X는 스타링크Starlink 서비스를 통해 초고속 무선인터넷 서비스를 제공한다. 이 서비스는 이리듐 서비스보다 낮은 550km 상공에 발사한 인공위성을 이용한다. 스페이스X는 팰컨 9 로켓을 활용해 2023년 현재 4,000여 개의 위성을 우주 궤도에 안착시킨 바 있고, 궁극적으로 42,000개의 위성을 발사해 전 세계 모든 지역을 서비스하는 계획을 추진 중이다.[6]

3. 의사결정의 정의와 그 어려움의 원천

우리는 기업의 중요한 의사결정이 글로벌 기업으로 발전하는 계기가 되기도 하지만, 때로는 성공적인 기업을 위기에 몰아넣기도 한다는 사실을 확인했다. 이제 구체적 논의를 위해 의사결정의 정의와 의사결정이 여러운 이유에 대해 알아보기로 하자.

3.1 의사결정의 정의

의사결정은 단순하게 대안들 중 하나를 선택하는 것이라고 할 수 있다. 의사결정 분야를 학문분야academic discipline로 발전시킨 스탠퍼드대학 로날드 하워드Ronald Howard 교수는 의사결정을 "되돌릴 수 없는 자원의 할당이 수반되는 두 개 이상의 대안 간의 선택"으로 정의했다.[7] 이때 자원은 희소하고 가치 있는 것으로 돈, 시간, 인적자원, 물적자원 등을 포함한다. 즉, 의사결정은 되돌릴 수 없는 자원의 할당과 연관되어 있으며, 만약 되돌릴 경우 그에 따른 대가를 지불해야 한다는 의미이다.

---

5. https://www.iridium.com/
6. Starlink Explained : Insights Into Elon Musk's Satellite Internet Service, https://www.cnet.com/home/internet/starlink-satellite-internet-explained/
7. A decision is a choice between two or more alternatives that involves an irrevocable allocation of resources(Howard & Abbas, 2016).

예를 들어보자. 당신은 한 달의 특별휴가를 어떻게 보낼지 고민하고 있다. 유럽이 좋을지, 호주가 좋을지, 가족들과 국내에서 조용한 휴식을 취할지 머리가 복잡하다. 여행 관련 책자와 인터넷 검색 등을 통해 비용 등을 오래 고민한 끝에 어려운 결정을 했다. 최종적으로 정한 것은 소규모로 진행하는 VIP Tour였다. 그런데 이것이 정말 결정인가? 이것은 엄밀히 말해 결정이 아니라 결심이다. 의사결정의 순간은 여행사를 통해 예약금을 보내 약정을 하는 순간이다. 만약 여행을 취소하면 벌금을 물기 때문에 약정금은 자원 투입에 해당된다. 즉, 의사결정은 결심mental commitment이 아니라 실질적인 자원 투입resource commitment을 의미한다. 새해 들어 금연하고 운동을 열심히 하기로 작정하는 것은 결심이다. 그러나 주위에 금연하는 것을 알리고, 환불이 되지 않는 헬스클럽에 등록하는 행동이 바로 결정이다.

여기서 대안의 의미를 명확히 하도록 하자. 우리가 사용하는 대안alternative은 두 가지 뜻으로 해석할 수 있다. 첫 번째는 가능한 선택지라는 의미의 대안對案이다. 이 의미에서의 대안은 선택지가 하나이면 대안도 하나이고, 선택지가 두 개이면 대안도 두 개이다. 두 번째는 기존의 선택지를 대신하는 대체안代替案으로서의 대안代案이다. 이 경우 기존의 선택지를 원안原案이라고 하고 원안과 다른 대체안을 대안代案이라고 한다. 이 책에서 대안이라는 용어를 사용할 때는 첫 번째 의미로 가능한 선택지를 뜻하는 대안對案을 뜻한다.

[Decision in Action 1-1] ChatGPT와의 대화

AI 기술로 구현된 ChatGPT-4는 2023년 3월 전 세계에 공개된 자연어 처리 모델이다(https://openai.com/). 이 모델은 인간이 입력한 텍스트와 이미지를 분석하고 이해하며, 다양한 언어로 응답할 수 있다. 이 ChatGPT-4는 우리가 원하는 자료를 검색해 찾을 수 있을 뿐만 아니라 이것을 종합해 리포트를 작성할 수도 있고, 시, 소설, 그림, 컴퓨터 프로그램 등을 창작할 수도 있다.

출처 : 연합뉴스

AI 기술은 의사결정의 측면에서도 유

용하게 쓰일 수 있다. 특히 데이터가 많은 반복적인 의사결정, 예를 들어 수많은 데이터를 결합하여 패턴을 분석한 후 구매확률이 높은 표적고객을 선정하는 문제에서 AI는 대단히 효율적이다. 그러나 문제의 정의가 불분명하거나 불확실성이 높고 가치평가가 필요한 전략적 문제는 AI에게는 매우 어려운 문제이다. 이러한 문제를 해결하기 위해서는 문제 파악 및 정의 능력, 창의력, 직관력, 추론 능력, 공감 능력 등과 같은 인간만의 고유한 능력이 필요하다. 이러한 인간의 능력은 AI가 모방하기 매우 어려운 대체 불가능한 능력이다.

향후 AI가 상당 수준 발전한다면 인간의 지적 활동 영역인 중요한 의사결정을 대신할 수 있을까? AI가 인간을 대신해 의사결정을 내리는 대체 가능성에 대해 ChatGPT-4는 다음과 같은 답을 내놓았다([그림 1-1]). 결론적으로 중요한 의사결정에서 AI는 보조적 도구일 뿐이다. AI가 발전하면서 인간보다 더 잘하는 반복적이고 기억과 계산이 필요한 분야에서는 대체할 수 있겠지만, 중요하고 불확실성이 높아 어려운 의사결정에서는 여전히 인간의 지적 판단력이 필요하다.

그림 1-1 의사결정에 대한 ChatGPT의 답

AI가 인간을 대신해서 중요한 의사결정을 내릴 수 있을까?

AI는 많은 양의 데이터를 분석하고 패턴을 찾아낼 수 있어, 인간보다 빠르고 정확한 의사결정을 내릴 수 있는 기능을 가지고 있습니다.

하지만 의사결정은 인간의 판단에 의해 이루어지며, 이는 이해력, 직관, 사회적 인식, 이전 경험, 성향 등의 요소를 포함하고 있어, AI는 이러한 요소를 고려하지 못하며, 인간의 경험과 이해력을 대신할 수 없습니다.

따라서, 중요한 의사결정을 내릴 때는 인간과 AI의 협력이 필요합니다. AI를 통해 얻은 정보를 기반으로 인간의 판단과 경험을 통해 최종 의사결정을 하는 것이 좋습니다.

중요한 의사결정에서 필요한 데이터가 없는 경우도 많다. 데이터가 없으면 인공지능은 그 능력을 발휘하지 못한다. 방대한 양의 자료를 학습해 놀라울 정도의 지적 능력을 가진 ChatGPT-4가 저지른 황당한 실수hallucination를 보자. 저자가 맞춤법이 틀린 "오비이랔"이란 우리나라 속담을 입력하자 ChatGPT-4는 다음과 같은 답을 내놓았다([그림 1-2]). 다시 맞춤법이 맞게 오비이락을 입력하자 또 다른 답을 내놓았다(2023년 5월).

그림 1-2 오비이락에 대한 ChatGPT의 답

오비이락의 뜻 설명해 줘.

"오비이락"은 한국의 전통 연극인 판소리에서 사용되는 용어입니다. 이는 판소리의 전체 내용을 간략하게 줄여 표현하는 방식을 의미합니다.

판소리는 전통적으로 '마당'이라는 단위로 나눠지며, 일반적으로는 다섯 마당으로 이루어진 전체 이야기를 연주합니다. 그러나 전체를 다 연주하기 어려운 경우나 특정 부분만 강조하고자 할 때 사용하는 방법이 '오비이락'입니다.

'오비이락'에서 '오'는 '다섯'을, '비'는 '아니다'를, '이'는 '두'를, '락'는 '생략하다'를 의미하는 한자입니다. 따라서 '오비이락'은 원래 다섯 마당 중에서 두 마당만 선택하여 연주하라는 뜻입니다.

오비이락 설명해 줘.

"오비이락"은 한국의 전통 예술인 판소리에서 주로 사용되는 용어입니다. 한자어에서 유래된 이 단어는 "오(五)"가 '다섯'을, "비(非)"가 '아니다'를, "이(二)"가 '두'를, 그리고 "락(落)"이 '떨어뜨리다'를 의미합니다. 그러므로 전체적으로 '다섯이 아니면 두 개를 떨어뜨리다'라는 의미로 해석됩니다.

판소리는 일반적으로 다섯 마당으로 이루어진 이야기를 담고 있습니다. 하지만 모든 부분을 연주하는 데는 상당한 시간이 소요되기 때문에, 때로는 시간 상의 제약이나 특정 이야기의 중요성 등에 따라서 세 마당만을 선택하여 연주하는 방법을 사용합니다. 이렇게 다섯 마당 중 두 마당을 생략하고 세 마당만 골라 연주하는 방식을 "오비이락"이라고 합니다.

ChatGPT의 답을 읽다 보면 어떤 때는 ChatGPT의 능력에 감탄하기도 하지만, 어떤 때는 우리도 몰랐던 우리의 능력에 놀라기도 한다. 인공지능이 발전을 거듭해도 인간의 명확한 판단과 결정이 개입되지 않은 인공지능은 매우 불완전한 도구이다. 더구나 중요하고 어려우며, 전례가 없는 많은 의사결정의 문제에서는 특히 그러하다.

3.2 의사결정은 왜 어려운가?

우리는 살아가면서 크고 작은 수많은 의사결정을 내린다. 의사결정 문제는 그 특성이 다양하고, 중요성도 상이하다. 문제는 개인, 기업, 국가에 영향을 미치는 많은 결정들이 결코 단순하지 않고 깊은 고민과 숙고가 필요하다는 점이다. 만약 의사결정을 내리기 어렵다고 느껴진다면 다음과 같은 원인들을 생각할 수 있다.

- 의사결정 문제에 대한 명확한 정의, 즉 프레임을 설정하기 어려움
- 대안이 너무 많아서 평가하기 어려움
- 대안이 너무 없음
- 기술, 시장, 정책, 규제 등 불확실성이 매우 높음
- 성취하려는 목표들 간의 상충관계가 존재함
- 의사결정의 결과가 매우 중대함
- 장기적 영향평가가 어려움
- 부지불식간에 개입되는 인지적 오류
- 선호판단의 어려움
- 실패에 대한 두려움
- 복수의 의사결정자
- 그룹 간의 합의점을 찾기 어려움
- 고려할 변수가 많아짐에 따른 평가의 복잡성 증가
- 짧은 의사결정 시간

이상 여러 가지 이유들이 의사결정을 어렵게 하는 원인으로 작용한다. 이들을 요약하면 크게 불분명한 프레임, 불확실성, 상충하는 가치, 인지적 편향, 복잡성의 다섯 가지 원인으로 나눌 수 있다.

첫째, 문제의 정의, 즉 프레임의 문제이다. 프레임은 당면한 의사결정 문제를

인식하고 그 해결을 위한 접근방법이다. 단순하거나 과거의 반복적인 문제가 아닌 경우에는 문제 자체에 대한 이해가 부족하기 때문에 적절한 프레임을 설정하기 어렵다. 둘째, 불확실성은 의사결정에서 핵심적인 요소이다. 불확실성을 명확히 평가하고 소통하며, 의사결정 과정에 반영하느냐의 문제는 매우 중요하다. 또한 비용을 투자해 추가적 정보를 확보할 수 있는 경우에는 정보의 가치를 계산해 의사결정 과정에 활용할 수도 있다. 셋째, 상충하는 가치의 문제는 옳고 그름의 문제가 아니라 선호의 문제이다. 선호를 파악하는 것 자체가 어렵기 때문에 적절한 과정을 통해 다양한 가치를 명확히 도출하고 이를 의사결정 프로세스에 반영할 필요가 있다. 넷째, 인지적 편향은 평가나 정보처리 과정에서 발생하는 오류이다. 문제는 인지적 편향이 우리가 의식하지 못하는 부지불식간에 발생한다는 것이다. 이리듐 사례도 매몰비용, 과신편향, 확증편향 등이 작용해 발생된 경우이다. 마지막으로 복잡성은 인간이 가지는 인지적 한계에서 발생한다. 복잡성에 관련된 부분들은 다양한 도구나 수학적 모델을 통해 도움을 받을 수 있다(Frank, Magnone, & Netzer, 2022).

결국 의사결정을 어렵게 하는 원인들을 파악하고 이 문제들을 적절한 프로세스와 도구를 활용해 현명하게 극복해 나가는 것이 좋은 의사결정을 위한 과정이다. 이 책에서는 의사결정의 대표적인 어려움인 불분명한 프레임, 불확실성, 상충하는 가치, 인지적 편향의 이슈들을 중점으로 다루기로 한다.[8]

4. 좋은 결정과 좋은 결과

우리는 의사결정의 어려움 속에서도 좋은 결정을 위해 노력한다. 그리고 원하는 결과를 얻고자 한다. 그러나 좋은 결정을 했음에도 원하지 않는 결과가 나올 수 있다. 이때는 좋은 결정을 내리지 않은 것인가? 좋은 결과가 나온 경우에만 좋은 결정을 했다고 할 수 있나?

8. 이 책에서 다루지 않는 복잡성에 관련된 이슈는 수리적 모형이나 AI 등을 이용해 도움을 받을 수 있다.

4.1 좋은 결정과 좋은 결과의 정의

아래의 [예 1-1]을 통해 의사결정과 의사결정 결과의 개념적 차이를 알아보자.

[예 1-1] 동전이냐 주사위이냐?

경품 행사에 참가한 당신과 당신 친구는 최신 스마트폰을 받을 기회를 얻게 되었다. 경품은 게임을 통해 얻을 수 있는데, 참가자는 두 가지 게임 중 하나를 선택할 수 있다. 게임 1은 동전 던지기로 앞면이 나오면 최신 핸드폰을 받는 것이고, 게임 2는 주사위를 던져서 1이 나오면 동일한 핸드폰을 받는 것이다. 여기서 동전의 앞면이 나올 확률은 1/2이고, 주사위를 던져 1이 나올 확률은 1/6이라고 가정한다. 동전의 뒷면이나 주사위의 1이 나오지 않으면 "꽝"으로 아무런 경품도 받지 못한다. 당신이라면 어떤 게임을 선택할 것인가?

그림 1-3 게임의 선택

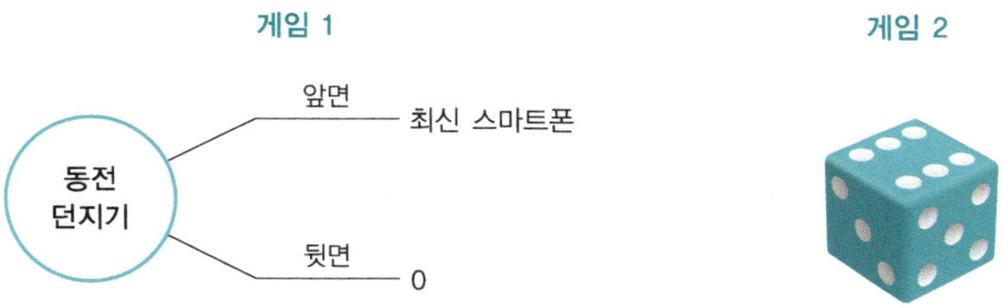

거의 대부분의 사람들은 게임 1을 선택할 것이다. 왜냐하면 동전을 던지는 것이 주사위를 던지는 것보다 스마트폰을 받을 확률이 높으므로 게임 1을 선택하는 것이 합리적이기 때문이다.

그런데 합리적인 당신은 게임 1을 선택했고, 당신의 친구는 게임 1 대신 느낌이 좋은 게임 2를 선택했다고 하자. 게임 1을 선택한 당신이 동전 던지기를 했더니 동전 뒷면이 나와 꽝이 되었다. 그러나 당신 친구는 운 좋게도 주사위 1이 나와 최신 스마트폰을 받게 되었다. 이때 당신이 좋은 결정을 내린 것인가 아니면 당신의 친구가 좋은 결정을 내린 것인가? 당신이 내린 결정의 결과는 나쁜 결과이기는 하지만 좋은 결정이라고 할 수 있다. 그러나 결국 나쁜 결과가 나왔으므로 나쁜 결정이라고 할 수도 있다.

이 문제를 다른 측면에서 생각해 보자. 만약 다음 번 기회에 동일한 게임의 기회가 주어진다면 당신은 어떤 선택을 할 것인가? 당신 친구가 주사위 던지기를 선택하면 또 다시 원하는 결과를 얻을 수 있을까? 합리적인 사람이라면, 비록 동전 던지기를 선택해 그 결과가 나빴더라도 다음에도 동전 던지기를 선택할 것이다. 동전의 앞면이 나올 확률이 1/2이고, 주사위 1이 나올 확률이 1/6이므로 경품을 받으려는 입장에서는 동전 던지기를 선택하는 것이 합리적이다. 이 결정에 대한 합리성의 판단은 동전을 던지기 전 정해지는 것이고, 동전을 던지고 난 이후 정해지는 의사결정의 결과와는 관련이 없다. 따라서 나쁜 결과를 얻은 당신의 결정이 나쁜 결정이었다고 할 수 없을 것이다.

[그림 1-4]에서 의사결정과 의사결정의 결과를 정리해 보면, 당신은 동전 던지기를 선택하는 좋은 결정을 했으나 나쁜 결과를 얻게 된 셈이고, 당신의 친구는 주사위 던지기를 선택하는 나쁜 결정을 했으나 좋은 결과를 얻은 셈이다. 이와 같이 의사결정을 내리는 순간에 정해지는 의사결정의 질과 이후 정해지는 의사결정의 결

그림 1-4 의사결정과 의사결정의 결과

결정 \ 결과	**당첨**(앞면 혹은 1)	**"꽝"**(그 이외)
동전 선택	좋은 결정 좋은 결과	좋은 결정 나쁜 결과
주사위 선택	나쁜 결정 좋은 결과	나쁜 결정 나쁜 결과

과는 완전히 다른 개념이다. 우리는 미래의 좋은 결과를 기대하며 현재의 의사결정에 최선을 다하는 것이다. 특히 의사결정에 불확실성이 개입되어 있는 경우에는 좋은 의사결정의 판단에 의사결정의 결과가 영향을 주어서는 안된다. 좋은 의사결정은 의사결정의 결과가 아닌 의사결정의 질에 의해 결정된다.

이 논리를 좀 더 구체적으로 생각해 보자. 우선 의사결정의 결과는 언제 알게 되는가? 동전이나 주사위 던지기의 예에서는 그 결과를 당장 알 수 있다. 기업의 장기투자의 경우 3~5년 혹은 그 이후에나 결과를 알 수 있다. 기후나 환경 관련 공공 의사결정의 결과는 그보다 더 긴 수십 년 이상의 시간이 지나서야 알 수 있는 경우도 있다.

그렇다면 의사결정의 질은 언제 평가하는가? 만약 의사결정의 질을 의사결정의 결과에 따라 평가한다면, 결과가 나오기 전까지 평가는 불가능하다. 그러나 의사결정의 질에 대한 평가는 의사결정을 내리는 바로 그 순간에 이루어진다.

[예 1-1]의 경우 경품을 받을 확률을 최대화하는 기준에 따라 당첨 확률이 높은 대안을 선택하는 것이 합리적이다. 이 경우 주사위 대신 동전 던지기를 선택하는 그 순간 의사결정의 질이 높은 선택을 한 것이다. 의사결정은 의사결정의 순간 의사결정의 질로 판단되고, 의사결정의 결과는 그 이후 평가됨을 알 수 있다. 따라서 좋은 의사결정과 좋은 결과는 분명하게 구별되는 개념이다.[9]

의사결정의 질을 평가하는 것은 의사결정의 결과를 평가하는 것보다 어렵다. 그러나 좋은 의사결정을 위해서는 의사결정의 질decision quality이 높은 결정을 내려야 한다. 의사결정의 질에 대한 정의, 의사결정의 질을 높이는 프로세스 및 방법론들은 제4장부터 다루기로 한다.

---

9. 한자성어 중 진인사대천명盡人事待天命이라는 말이 있다. 이 말은 사람으로서 할 수 있는 최선을 다하고 결과는 운명에 따른다는 뜻이다. 이 뜻은 의사결정과 의사결정의 결과에 대한 해석에도 적용할 수 있다. 즉, 좋은 의사결정을 위해 최선의 노력을 하고, 그 다음은 불확실성에 맡기고 기다린다는 뜻으로 해석할 수 있다. 만약 불확실성이 우리가 원하는 방향으로 전개되면 좋은 결과를 얻게 되고, 그렇지 않은 경우에는 원치 않은 결과를 얻게 된다. 그렇다고 해서 그 의사결정이 잘못된 것은 아니다. 그것은 우리가 관여할 수 없는 불확실성이 원치 않는 방향으로 전개되었기 때문에 일어난 결과일 뿐이다.

[Decision in Action 1-2] 세상에서 가장 오래 산 할머니

잔 칼맹Jeanne Calment은 1875년 프랑스 남부의 아를Arles에서 태어나 1997년에 사망했다. 사망 당시 나이는 122세로 공식 출생증명서가 있는 세계에서 가장 오래 산 사람이었다. 칼맹의 어머니는 86세, 아버지는 93세까지 장수한 것으로 보아 그녀는 유전적으로 장수 유전인자를 타고난 듯하다. 그녀는 자신의 사촌과 결혼했는데, 부유한 환경 때문에 평생 일을 하지 않고 살았다고 한다. 100살이 될 때까지도 자전거를 탔으며, 걱정을 하지 않는 매우 낙천적 성격이었다. 본인은 장수했지만 그녀의 자손들은 오래 살지 못했다. 칼맹에게는 외동딸과 손자가 있었는데, 외동딸은 폐렴으로, 손자는 교통사고로 사망했다.

▲ 세상에서 가장 오래 산 할머니(출처 : YouTube)

역모기지 계약

외동딸과 손자마저 일찍 사망해 부양자도 상속자도 없었던 칼맹은 본인의 아파트를 활용해 남은 여생의 생활비로 쓰기로 결정한다. 90세가 되던 1965년 칼맹은 안드레 프랑수아 라프레Andre-Francois Raffray 변호사와 역모기지reverse mortgage 계약을 맺는다. 역모기지 계약은 칼맹의 사망 시 라프레가 그녀의 아파트를 받는 대신 매달 2,500프랑(1965년 당시 미화 $500, 1 프랑은 0.2달러)을 칼맹에게 지불하는 조건이었다. 90세 나이의 칼맹과 이런 계약을 한 라프레는 횡재를 한 기분이었을 것이다.

그러나 이 이야기에는 반전이 있다. 언제 사망하더라도 이상할 것이 없는 90세 노인 칼맹은 계약 후 32년을 더 살아 122세까지 장수했다. 반면 라프레는 77세의 나이로 칼맹보다 먼저 사망했다. 라프레는 사망 당시 칼맹에게 이미 아파트 가치의 2배가 넘는 18만 달러를 지불한 상태였다. 라프레가 사망한 이후에도 라프레의 부인은 계약에 따라 칼맹이 사망할 때까지 매달 칼맹에게 돈을 지불했다.

라프레는 과연 나쁜 결정을 한 것일까? 머지않아 칼맹이 사망할 수 있다는 합리적인 예상에 근거한 계약임에도 라프레는 원치 않았던 결과를 얻게 되었다. 라프레는 무척 운이 없었던 변호사임이 분명하다.

출처 : CRAIG R. Whitney, The New York Times, 1997. 8 . 5. https://url.kr/8c4pt3

4.2 의사결정의 결과에 대한 평가

라프레의 경우와 같이 좋은 의사결정을 내렸으나 원하는 결과를 얻지 못한 경우 그 평가는 어떻게 해야 할까? 기업에서 임원이나 직원을 평가할 때도 같은 문제가 발생한다. 좋은 결정을 내렸으나 운이 나빠 나쁜 결과를 얻은 임원과 나쁜 결정을 내렸으나 운이 좋아 좋은 결과, 즉 성과를 얻은 임원에 대한 평가는 어떻게 내려야 할까?

평가에 대한 원칙은 회사 구성원들의 행동양식에 큰 영향을 주므로 조직관리에서 매우 중요하다. 의사결정의 측면에서는 이 문제에 대한 명확한 원칙이 있다. 그 원칙은 좋은 의사결정을 내린 사람은 승진시키고, 성과를 얻은 사람에게는 보상을 하는 것이다. 좋은 의사결정을 내릴 수 있는 사람은 향후 중요한 직책에서도 좋은 결정을 내릴 가능성이 높고, 결국 성과를 낼 것이다. 내려서는 안 되는 결정으로 결과만 좋은 사람이 승진하면 향후 중요한 일에서 큰 문제를 만들 수 있다. 좋은 의사결정에는 승진과 권한을, 성과에 대해서는 금전적 보상이 적절하다(안재현, 2013).

행동경제학자인 댄 애리얼리Dan Ariely 듀크대학 교수도 불확실성이 많은 환경에서는 의사결정의 결과에 우연성이 많이 작용하기 때문에 결과 중심의 보상보다는 의사결정의 질 중심으로 보상해야 한다고 주장한다. 그는 구체적으로 다음 네 가지 아이디어를 제시했다. 첫째, 복잡하고 예상이 어려운 환경에서는 통제 불가한 불확실성 혹은 잡음에 의해 결과가 영향을 받으므로 그 결과에 대한 평가 및 보상 또한 의미가 없다는 인식이 필요하다. 둘째, 의사결정을 내릴 때는 가정을 분명히 하고, 가정을 벗어나 좋은 결과나 나쁜 결과가 나오는 경우 그 결과는 의미가 없다는 것을 인식해야 한다. 셋째, 좋은 의사결정을 위해 미래 지향적인 사고를 가지고 가능한 대안과 정보를 충분히 고려하는 등 의사결정 프로세스를 활용해야 한다. 넷째, 좋은 의사결정에 대해서는 의사결정 시점에 평가·보상하고, 이것이 성과와는 다른 개념이라는 점을 이해해야 한다(Ariely, 2010). 결국 의사결정의 결과보다는 의사결정의 질로 평가해야 한다는 것이다. 좋은 의사결정을 내리고 나면 불확실성에 따라 달라지는 의사결정의 결과는 관리가 가능하지 않으며 따라서 후회할 대상도 아니다.

5. 마무리

우리는 의사결정을 통해 좋은 결과를 얻길 원한다. 좋은 결과는 우리가 추구하는 목표에 부합하는 것이다. 반면 좋은 결정은 결과와 상관없이 의사결정의 질이 높은 결정이다. 우리는 항상 좋은 결과를 원하지만 결과를 선택할 수는 없다. 결과는 의사결정이 아니라 불확실성이 어떻게 해소되느냐에 달려 있기 때문이다. 따라서 우리의 최선은 적절한 프로세스에 따라 좋은 결정을 내리는 것이다.

이제부터는 좋은 의사결정을 내리기 위해 어떤 프로세스를 따르는 것이 좋은지, 그 과정에서 어떤 방법론을 사용하면 좋은지, 그리고 최종적으로 좋은 의사결정을 내릴 수 있는 인간의 지적 능력인 결정지능에 대해 알아보기로 하자.

CHAPTER 02

인간의 사고 시스템

I am dragged along by a strange new force.
Desire and reason are pulling in different directions.
I see the right way and approve it, but follow the wrong.
— **Ovid**(Roman Poet)

우리가 당면하는 의사결정 문제들은 그 성격도 다양하고 중요성도 제각각이다. 대다수의 문제는 우리의 직관과 경험을 바탕으로 빠르게 처리한다. 출근할 때 입을 옷이나 점심 메뉴를 고르는 것과 같은 일상의 선택이 이에 해당한다. 이러한 문제들은 그 결과가 상대적으로 중요하지 않기 때문에 큰 고민 없이 처리할 수 있다.

그러나 중요하고 장기적 영향을 미치는 의사결정 문제는 충분한 숙고가 필요하다. 배우자 선택, 주택 구입, 질병 치료와 같은 개인적 문제부터 기업의 신상품 출시, 기술개발 전략, 인수합병 등과 같은 전략적 선택의 문제, 정부의 에너지정책, 인구정책, 경제정책 등 다양하다. 이들은 문제의 모호성, 불확실성, 가치 상충, 복잡성 등의 특징으로 인해 결정을 내리기 어려운 경우가 많다.

의사결정에는 시간적 제약이 따르는 경우도 있다. 응급실의 의료진, 실시간으로 일하는 주식 및 외환 거래자, 프로 운동선수, 전장의 지휘관과 군인, 시민의 안전을 책임지는 경찰관, 화재 진압을 하는 소방관들은 중요한 결정을 즉각적으로 내려야 한다. 이러한 경우는 논리보다는 경험과 "감"에 의존한 직관이 필요하다. 그러나 인간의 직관에는 적지 않은 오류가 발생한다는 사실을 감안하면, 직관에 의한 의사결정이 문제를 일으킬 수도 있다(Daniel Kahneman, 2011). 따라서 상황에 따라 직관적이고 신속한 결정이 필요할 때도 있지만, 엄밀한 분석과 숙고가 필요한 경우도 있다.

제2장에서는 의사결정에 관여하는 인간의 사고 시스템과 그 특징에 대해 알아볼 것이다. 특히 의사결정의 특징을 규정하는 직관과 통찰은 어떻게 구별되는지와 그들이 사용되는 다양한 의사결정의 상황에 대해 알아보기로 하자.

1. 인간의 사고과정

인간은 외부 자극과 환경을 인지해 판단하고 이에 근거해 의사결정을 내린다. 그렇다면 그 과정은 어떻게 설명할 수 있는가? 인지심리학에서는 인간의 사고과정을 두 개의 상이한 사고 시스템cognitive system, 즉 시스템 1과 시스템 2가 작동하는 이중 프로세스 이론dual process theory을 통해 설명한다. 이 이론에 의하면 인간은 직관적인 시스템 1과 논리적인 시스템 2의 상호작용에 의해 판단과 의사결정을 내리게 된다고 한다(De Neys, 2021 ; Evans, 2003).

1.1 이중 프로세스 이론

이중 프로세스 이론을 구성하는 시스템 1과 시스템 2는 그 성격이 매우 상이하다. 시스템 1은 과거 경험과 기억을 바탕으로 자동적이고 직관적으로 작동하므로 의식적인 노력이 필요하지 않으며 반응속도가 매우 빠른 시스템이다. 반면 시스템 2는 시스템 1을 모니터링하며, 필요한 경우 인지적 자원을 투입한다. 따라서 시스템 2는 인지적 자원이 필요한 논리적 시스템이다.[1] 이 시스템 1과 시스템 2는 서로 상호작용하며 인간의 사고 시스템을 구성한다.

인간은 외부의 자극을 지각perception하면 그 지각을 자동적으로 느끼는데 그 과정에는 어떤 의지와 판단도 개입되지 않는다. 즉, 외부의 자극을 무의식적으로

1. 이중 프로세스 이론dual process theory은 이중 시스템 이론dual system theory이라고 부르기도 한다.

지각하고 그 결과만을 인식하게 된다. 이중 프로세스 이론에 의하면 시스템 1은 외부의 자극에 반응하고 경험에서 오는 느낌으로 직관적 판단을 내린다. 반면 외부의 자극과 느낌은 시스템 1을 통해 시스템 2에 입력되고, 이들은 의식적인 노력과 추론reasoning 과정을 거쳐 분석적이고 논리적인 판단을 내리게 된다.

예를 들어 조용히 산책하고 있는 상황에서 시스템 1과 시스템 2가 작동하는 과정을 생각해 보자. 시스템 1은 산책을 하다 우연히 음악을 듣게 되는 상태가 되면 과거 경험에 의해 무의식적으로 외부 위험에 반응한다. 반면 시스템 2는 과거 경험과 논리에 근거해 시스템 1을 모니터링한다. 만약 음악을 듣는 도중에 평소와 다른 위험 상황이 발생하면 시스템 1에 의한 자동적 위험회피 행동과 함께 시스템 1에서 인식된 외부 자극을 근거로 시스템 2가 작동해 적절한 행동을 취하게 된다. 결국 외부 자극에 대해서는 대부분 시스템 1이 1차적으로 자동 개입해 반응하며, 시스템 2는 모니터링 과정을 거쳐 필요하다고 판단되면 개입한다. 시스템 1과 시스템 2의 상호작용을 도식화하면 [그림 2-1]과 같다.

그림 2-1 시스템 1과 시스템 2의 상호작용

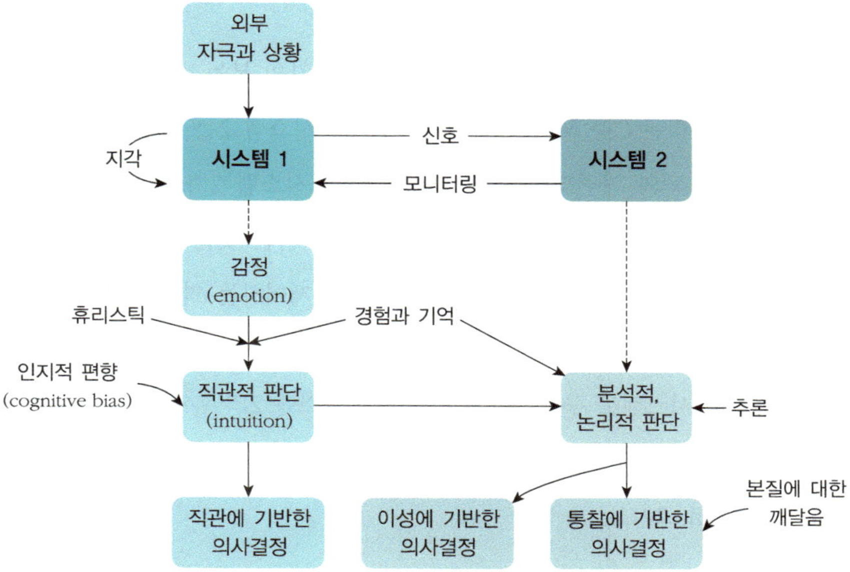

인간의 사고작용을 설명하는 시스템 1과 시스템 2는 인간의 뇌 구조와 연결해 보면 그 특징들을 더 분명히 이해할 수 있다. 신경과학자 폴 맥린Paul MacLean에 의해 제안된 뇌의 3층 구조triune architecture에 따르면, 인간의 뇌는 생존과 위험에 관한 자동적 처리에 관한 것은 1층 소뇌에서 처리하고, 감정에 관한 것은 2층 변연계limbic system에서 거의 자동적으로 처리하며, 3층의 신피질neocortex에서는 이러한 외부 자극에 대한 감정적 반응을 포함하여 이성적 판단을 내린다. 물론 뇌의 각 기관들은 독립적이지만 서로 상호작용하며, 특히 신피질은 뇌의 2층에 관련된 기관들과의 상호작용을 통해 인간의 본능적 감정을 제어self-control하고 이성적 행동을 하도록 한다(MacLean, 1990).

뇌의 3층 구조이론에서는 진화의 과정에서 파충류의 뇌라고 불리는 1층의 뇌가 처음 형성되었고, 감정의 뇌라고 불리는 2층의 뇌가 그 다음, 신피질neocortex이라고 불리는 3층의 뇌가 제일 나중에 만들어졌다고 생각했다. 그러나 최근의 연구들에서 파충류, 조류, 포유류 등 척추동물의 뇌에는 1층, 2층, 3층에 해당되는 기관들이 원래부터 존재했고 시간에 따라 다른 모습으로 진화한 것으로 밝혀졌다. 인간의 경우는 진화의 과정에서 다른 척추동물들과 다르게 3층에 해당하는 신피질이 더욱 발전한 경우이다(Striedter & Northcutt, 2019).

이러한 뇌 구조의 측면에서 보면 시스템 1은 인간의 본능적 반응과 관련된 1층 뇌와 감정을 담당하는 2층 뇌가 관련되어 있으며, 시스템 2는 이성적 판단과 행동을 주관하는 3층 뇌와 관련되어 있다. 시스템 1과 시스템 2가 서로 상호작용하는 과정에서 시스템 2가 시스템 1을 모니터링하고 제어하는 것은 뇌의 신피질 중에서 특히 전두엽이 인간의 본능적 행동과 감정을 감독·제어하는 역할을 한다는 점에서 동일한 설명이 가능하다.

인간의 사고 시스템을 구성하는 시스템 1과 시스템 2의 특징과 그 작동의 예를 요약해 보면 〈표 2-1〉과 같다(De Neys, 2021 ; Evans, 2018 ; Evans & Frankish, 2009 ; Daniel Kahneman, 2011).

표 2-1 시스템 1과 시스템 2의 특징과 작동의 예

	시스템 1	시스템 2
특징	- 직관적intuitive(直觀的) - 빠르게 작동fast - 병렬적parallel - 자동적automatic - 총체적holistic - 노력이 들지 않음effortless - 감정적emotional - 느끼는sensory - 지각perception - 연관적associative - 표현이 어렵다hard to articulate - 무의식적unconscious - 작업기억working memory 불필요 - 진화적으로 오래됨 - 소뇌와 변연계가 작동 - 의사결정에 휴리스틱을 활용	- 성찰적reflective(省察的) - 느리게 작동slow - 순차적serial - 관리적control - 분석적analytic - 노력이 소요됨effortful - 논리적logical - 인지적cognitive - 판단judgement - 규칙 기반rule-based - 표현하기 쉽다easy to articulate - 의식적conscious - 작업기억working memory 필요 - 진화적으로 최근임 - 대뇌 신피질이 작동 - 의사결정에 논리를 사용
작동의 예	- 사물의 원근감을 느낄 때 - "흥부와 …"와 같이 불완전한 구절을 연상으로 완성시킬 때 - 목소리에서 적대감을 발견할 때 - 빈 도로에서 차를 운전할 때 - 큰 입간판의 글자를 읽을 때	- 100미터 달리기 출발선에서 출발 신호를 기다릴 때 - 복잡하고 시끄러운 방 안에서 특정한 사람의 목소리에 집중할 때 - 평소보다 좀 더 빠른 속도를 유지하며 걸을 때 - 다른 사람에게 당신의 집 주소를 알려줄 때
문제점	- 외부의 자극과 느낌에 근거해 판단하는 과정에서 오류가 개입할 수 있음	- 인지적 자원이 고갈되어 정신적 피곤 상태에서는 정상적으로 작동하지 않음

1.2 인지적 부하를 나타내는 정신적 피로

인간 뇌의 무게는 대략 1.2~1.4kg으로 전체 몸무게의 2% 정도에 불과하지만, 뇌가 소비하는 에너지는 그 10배에 해당하는 약 20% 정도라고 한다. 그만큼 뇌는 우리 기관 중에 에너지를 많이 소비하는 기관이다. 이런 뇌에 에너지를 공급하기 위해서는 포도당으로 불리는 글루코스($C_6H_{12}O_6$)glucose, 각종 영양소, 산소, 수

면, 휴식 등이 필요하다. 그러나 인지적 부하가 지속되면 정신적 피로mental fatigue를 느끼게 된다. 정신적 피로를 느끼게 되면 특별한 노력이 요구되거나 감정제어가 필요한 작업이 점점 어려워진다. 따라서 인지적 자원이 필요 없는 경험치인 휴리스틱heuristic에 점점 의존하게 되고, 이성적 판단 대신 직관적인 사고를 하게 된다(Soll, Milkman, & Payne, 2015).

이러한 정신적 피로와 이성적 판단 및 충동제어의 실패로 연결되는 메커니즘mechanism은 생리학적으로 설명할 수 있다. 이 현상은 인지자원의 측면에서 뇌에서 일어나는 고강도 활동으로 인한 인체 내의 글루코스 부족 현상으로 설명되기도 한다(Molden et al., 2012). 이에 따라 뇌는 정신적 피로감을 느끼고 에너지를 덜 소모하는 방향으로 작동한다는 해석이 가능하다. 최근의 연구에서는 고강도 인지활동으로 인해 대뇌의 외측전전두엽lateral prefrontal cortex에 글루타메이트glutamate라는 물질이 쌓인다는 것을 확인했다. 이렇게 글루타메이트가 축적되면 정신적 피로감을 느끼고 인지적 자원이 필요한 집중이나 의사결정이 어려워진다고 한다. 고강도 인지활동에 따른 정신적 피로상태에서는 즉각적인 보상을 요구하며, 인지적 자원이 필요하지 않는 감정적이고 충동적인 의사결정을 하게 된다. 따라서 정신적 피로는 인지적 자원 투입이 거의 필요 없는 시스템 1의 활용을 유도하게 된다.

이러한 현상은 뇌의 방어 메커니즘의 측면에서 해석되기도 한다. 이 방어 메커니즘은 글루타메이트가 지나치게 과다하면 뇌신경세포에 독성으로 작용하여 신경세포를 죽게 하는 사실에서 시작된다. 고강도 인지활동은 정신적 피로감을 느끼게 하여 인지활동을 줄이고 글루타메이트가 축적되는 것을 막음으로써 뇌를 보호하는 하나의 방어기전으로 추론되기도 한다(Scholey & Apps, 2022 ; Wiehler, Branzoli, Adanyeguh, Mochel, & Pessiglione, 2022).

결국 고강도 인지활동으로 정신적 피로를 느끼면 우리 뇌는 감정적이고 충동적인 행동을 보이게 된다. 그 메커니즘은 한정된 인지적 자원의 효율적 활용의 측면에서 설명할 수도 있고 뇌를 보호하는 방어기전으로 설명할 수도 있다. 정신적 피로와 관련된 메커니즘은 인간 뇌에 대한 연구에 따라 향후 더 명확히 밝혀질 것으로 기대된다. 분명한 것은 시스템 1과 시스템 2를 인간의 뇌가 작동하는 메커니즘과 연결해서 인간의 사고 시스템을 설명할 수 있다는 점이다. 다음으로 이중 사고 시스템의 특징을 더 구체적으로 알아보자.

1.3 이중 사고 시스템의 특징

첫째, 이중 사고 시스템은 인지적 능력을 효율적으로 활용하기에 최적화된 시스템이다. 우리는 시스템 1과 시스템 2를 각각 다른 방법으로 사용해 제한된 인지적 자원을 효율적으로 활용한다. 일상적인 상황에서는 특별한 노력 없이 자동으로 작동하는 시스템 1을 사용해 외부 상황과 자극에 대응하고, 노력이 필요한 시스템 2는 대기 상태로 시스템 1을 모니터링한다. 시스템 2의 모니터링 결과 특별한 상황이 감지되면 필요한 행동을 위해 시스템 2를 가동한다. 이처럼 우리의 뇌는 인지적 자원의 소비를 최소하기 위해 꼭 필요한 상황에서만 시스템 2를 가동하기 때문에 인간의 사고 메커니즘을 "인지적 구두쇠cognitive miser"라고 표현하기도 한다. 이러한 행동을 진화론적으로 보면, 결국 시스템 1과 시스템 2의 적절한 활용을 통해 제한된 인지적 자원을 효율적으로 사용해야만 했고, 그런 행동을 잘하는 인간들만이 살아 남았다고 이해할 수 있다(Haselton & Nettle, 2006).

제한된 인지적 자원하에서는 대부분의 일상적인 결정은 자동화된 시스템 1로 처리하고, 중요한 의사결정을 위해 인지적 자원을 아껴 쓰며 확보하는 것이 유리하다. 따라서 일상의 사소한 일에 시스템 2를 작동하게 되면 정작 중요한 일에 쓸 에너지가 고갈된다. 중요한 결정의 순간 인지적 자원이 고갈된 정신적 피로상태라면 논리적 시스템 2 대신 시스템 1이 작동해 직관적 의사결정을 할 수 있고, 이때 의사결정의 오류가 개입되면 잘못된 의사결정을 내릴 가능성이 높아진다. 좋은 의사결정을 위해서는 제한적 주의selective attention를 통해 제한된 인지적 자원을 적절하게 관리하는 것이 매우 중요하다.

잠시 주제를 바꾸어 요즘 인기가 많은 골프를 생각해 보자. 우리는 골프가 멘탈 게임이라는 이야기를 많이 한다. 만약 골프의 핵심이 멘탈이라면 인간의 사고 시스템에 대한 이해를 통해 경기력을 향상시킬 수 있는 가능성이 있다.

골프 경기를 인지적 자원의 관점에서 생각해 보자. 프로골퍼들도 경기 도중 모든 샷에 집중해 경기를 하는 것은 아니라고 한다. 훌륭한 선수일수록 경기를 평소처럼 운영하지만 경기의 중요한 순간에는 높은 집중력을 발휘하곤 한다. 우승을 다투는 중요한 순간에는 집중력이 극대화된 상태에서 동공확대pupil dilation 현상을 보인다고 한다. 반대로 아마추어 골퍼는 좋은 경기를 하다가도 갑자기 한순간에 집중력이 무너져 경기를 망치기도 한다. 그러나 경험이 쌓일수록 어떤 순간이 중요한지, 어떤 순간에 실수를 할 가능성이 높은지 이해하고 그 순간에 집중한다. 이중 사고 시스템의 관점에서 보면, 골프는 편안한 느낌으로 많은 생각 없이 게임을 즐기다가 결정적 순간에 최대한의 인지적 자원을 집중시킨다면 전체적으로 큰 실수를 줄여 좋은 결과를 얻을 수 있다는 결론에 도달하게 된다. 즐기며 경기하라는 말이 이런 뜻에 해당할 것이다.

둘째, 이중 사고 시스템은 인지적 편향과 판단의 오류가 발생할 수 있는 시스템이다. 평상시에는 시스템 1이 작동하며, 시스템 2는 특이한 상황이 발생하면 개입할 수 있도록 시스템 1을 항상 모니터링한다. 이러한 구조에서는 시스템 2가 시스템 1의 결과물인 감정에 의한 충동적 행위를 막는 작용, 즉 자기통제self-control 기능을 담당한다. 만약 시스템 2가 작동되지 않는 경우라면 모든 판단은 시스템 1이 전담하게 된다. 이것은 판단과 행동이 이성이 아닌 감정과 충동에 의해서 이루어지는 것을 의미한다. 소위 정신줄을 놓은 상태가 바로 시스템 1이 지배하는 상태인 것이다. 자기제어가 되지 않는 상황이 특히 위험한 것은 시스템 1에 의한 직관적 판단이 판단의 오류에 노출되어 있다는 점이다. 심지어 훈련된 통계학자들조차 통계적 직관에 이끌려 표본의 크기에 따른 영향을 충분히 고려하지 못하는 오류를 범한다고 한다(Kahneman, 2003).

이러한 편향과 오류의 존재를 인식했다면 의사결정자는 인지적 자원의 관점을 고려해야 한다. 일상적인 결정이 아닌 특별하고 중요한 의사결정을 내려야 할 때에는 이를 충분히 숙고할 인지적 자원이 필요하다. 그러나 인지적 자원이 고갈될수록 시스템 2를 위한 자원은 부족해지고, 따라서 시스템 1에 따른 본능적 판단과 이에 따른 의사결정 오류의 가능성은 높아진다.

시스템 2가 작동하지 않으면 본능적 판단이 앞서고 충동을 거부할 수 없다. 문제가 복잡해지면 회피하고, 감정을 제어하지 못하는 원초적이고 본능적 행동을 하게 된다. 생각 없이 행동하는 사람들은 이런 인지적 자원이 고갈되어 시스템 2를 작동할 의지가 부족한 상태이거나 의지가 없는 경우라고 할 수 있다. 후회하는 판단과 결정을 많이 하는 유혹의 시간이 아침이 아니라 저녁이라는 사실을 생각해 보면 이해가 갈 일이다. 이런 이유에서 중요하고 이성적 판단이 요구되는 의사결정은 인지적 자원이 충분하고 시스템 2가 잘 작동할 수 있는 시간에 내리는 것이 타당할 것이다.[2] 이에 관해서는 바람직한 의사결정의 습관이라는 측면에서 제14장에서 더 다루기로 한다.

셋째, 이중 사고 시스템은 인간 생존을 위해 진화된 시스템이다. 이중 사고 시스템의 특징은 매우 효율적으로 작동하지만 잘못된 판단을 내릴 수 있는 취약한 구조라는 것이다. 그러나 진화심리학적으로 보면 이러한 구조, 특히 시스템 1을 통해 발생하는 체계적 오류가 오히려 인간 생존에 도움이 된다(Buss, 2015 ; Haselton & Nettle, 2006 ; Haselton, Nettle, & Murray, 2015).

예를 들어 거리를 추정한다고 생각해 보자. 어떤 위험한 물체가 다가오는 것을 예상하고 회피하는 행동은 매우 중요하다. 우리는 소리의 강도가 증가하는 경우 일반적으로 물체가 다가오는 신호로 이해한다. 만약 물체가 다가오는 속도를 실제 속도보다 더 빠르고 민감하게 느끼는 경우에는 위험을 더 빨리 인지하고 회피해 진화과정에서 생존할 가능성이 더 높다. 따라서 인간은 야생의 열악한 환경 속에서 위험이 될 수 있는 동물이 다가오는 것을 실제보다 더 가깝게 느끼는 본능적 착각 auditory looming bias을 통해 생존의 확률을 높여 왔다는 것이다. 이러한 속도에 대

2. 한겨레, "뇌 피곤할수록 충동적 선택 … 중요한 결정, 밤엔 피하세요", 2022. 8. 18. https://www.hani.co.kr/arti/science/science_general/1055019.html

한 인지적 편향을 인간 스스로를 지키고자 하는 보호오류protective bias로 생각할 수 있고, 이런 오류를 가진 인간만이 생존해 왔다고 추정할 수 있다(Haselton, Nettle, & Murray, 2015 ; Neuhoff, 2001).

거리에 대한 인지적 편향은 오류관리의 차원에서 이해할 수 있다. 위험한 자연환경에 노출된 원시 인간들은 항상 주변 상황을 주시하며 자신의 안전을 위해 본능적으로 행동했을 것이다. 이러한 인간의 행동과 상황을 다음 네 가지로 구별해 보자. 첫째, 실제 위험한데 위험하다고 정확히 판단하는 경우(TP ; True Positive), 둘째, 실제 위험한데 위험하지 않다고 잘못 판단하는 경우(FN ; False Negative), 셋째, 실제는 위험이 없는데 위험하다고 잘못 판단하는 경우(FP ; False Positive), 마지막으로 실제 위험이 없고 이에 따라 위험이 없다고 정확히 판단하는 경우(TN ; True Negative)이다.

네 가지 경우 중 판단의 오류가 발생하는 경우는 FN와 FP의 경우이다. 위험이 존재함에도 그 위험을 감지하지 못하는 FN 상황이 발생하면 그 결과는 심각하다. FP의 경우는 위험이 없는데도 대비적 행동을 취하는 경우이다. 그 대가는 FN에 비해 상대적으로 작다. 따라서 잘못된 판단에 따른 대가를 고려한다면, FP가 발생할 확률, 즉 위험에 대한 확률평가를 실제보다 크게 느끼는 것이 위험에 따른 오류를 관리하는 측면에서 바람직하다. 결국 시스템 1에서 발생하는 판단의 오류는 진화심리학적인 측면에서 인간 진화의 결과물로 볼 수 있다. 이것은 체계적 오류를 발생시켜 생존의 확률을 높여 온 인간 생존의 중요한 기능으로 보는 진화론적 관점이다(Haselton & Nettle, 2006 ; Haselton, Nettle, & Murray, 2015).

1.4 시스템 1은 코끼리, 시스템 2는 나 자신

지금까지 살펴본 이중 사고 시스템의 특징들을 보면 인지적 능력을 효율적으로 활용하는 최적화된 시스템이지만, 편향을 발생시킬 수 있는 시스템임을 확인할 수 있다. 이러한 사고 시스템에서 발생하는 인지적 편향은 인간 생존을 위한 진화적 관점에서 긍정적인 측면으로 이해할 수 있으나, 중요한 의사결정을 내려야 하는 상황에서는 큰 문제가 된다. 특히 인지적 편향은 의식하지 못하는 상태에서 발생하며, 제거할 수 없이 뿌리 깊게 내재한 체계적 오류systematic error라는 점이 문제이다. 이러한 인지적 편향은 결정적인 순간에 치명적 결과를 초래할 수 있다. 1997년 발생한 대한항공 801편의 괌 국제공항 추락사고는 그 단적인 예가 된다(제3장의 [Decision in Action 3-2] 참고).

인간은 시각적으로 물체가 얼마나 분명하게 보이느냐에 따라 물체와의 거리를 판단한다. 물체가 분명하게 보이면 가깝다고 느끼고, 물체가 희미하게 보이면 멀다고 느끼는 경험치, 즉 휴리스틱heuristic을 사용한다. 매우 유용한 방법이다. 그러나 이 휴리스틱은 날씨가 흐릴 경우 물체가 분명하게 보이지 않기 때문에 물체까지의 실제 거리를 더 멀게 판단하도록 하는 문제를 야기한다(Tversky & Kahneman, 1974). 이런 시각적 판단의 오류는 다른 상황들과 복합적으로 연결되어 대한항공 801편의 괌 국제공항 추락사건의 원인 중 하나가 되었다

이러한 인간 사고 시스템을 미국 NYU의 하이트Jonathan Heidt 교수는 코끼리 등에 탄 자신을 통해 설명한다(Haidt, 2012). 코끼리 등에 올라 탄 자신은 대부분 내가 원하는 방향으로 코끼리를 조종한다. 이것은 나와 코끼리가 같은 방향을 생각할 때 가능하다. 문제는 나와 코끼리가 다른 방향을 생각할 때 발생한다. 나는 코끼리에 비해 덩치가 워낙 작기 때문에 나의 통제력은 약하고 불안정하다. 내가 코끼리가 가는 방향을 조종하지만, 그 방향은 주로 코끼리의 마음에 달렸다. 외견상 내가 코끼리를 통제하는 듯 하지만, 실제로는 코끼리를 위해 내가 존재한다는 것이다.

하이트 교수는 코끼리를 시스템 1에, 자신은 시스템 2에 비유한다. 코끼리가 상징하는 시스템 1은 외부 자극과 본능에 따라 직관적 판단을 하고, 자신을 상징하는 시스템 2는 코끼리에 영향을 미칠 수는 있으나, 코끼리의 판단에 "정당성"을 부여하는 정보와 논리를 찾는 보조적 역할을 한다는 의미이다.

결국 시스템 1과 시스템 2의 관계는 상호작용을 통한 보완적 관계이지만, 본질적으로 시스템 1이 우위에 있다는 것이다. 주도권이 있는 시스템 1은 즉각적·자동

적으로 판단을 내리고, 이 직관적 판단에 대한 분석적·논리적 판단은 그 이후에 내려진다. 우리가 본능과 직관에 따라 작동하는 거대한 코끼리를 조종해야 한다면, 그 작업은 쉽지 않음을 예상할 수 있다. 맛있는 음식과 다이어트 사이에서, 규칙적 운동과 게으름 사이에서 우리가 가끔은 포기하는 상황이 그 어려움을 잘 예시해 준다.[3]

1.5 통찰과 직관

코끼리와 그 등에 탄 자신의 비유를 통해 인간의 사고 시스템은 시스템 1이 주도하고 시스템 2와 상호 보완적으로 작동하는 메커니즘임을 의미한다. 즉, 주도권을 가진 시스템 1은 경험과 기억에 의해 직관적 판단을 내리고, 이를 바탕으로 의사결정을 내린다. 시스템 2는 시스템 1의 직관적 판단을 바탕으로 이성적 판단과 결정을 내린다. 여기에서 이성적 결정은 중요하지만 그것이 문제의 핵심은 아니다. 중요한 것은 이성적 결정이 아니라 분석과 논리에 따라 문제의 본질을 분명히 이해하고 이에 근거한 결정을 내리는 것이다. 그것이 바로 통찰 기반 의사결정이다([그림 2−1]).

시스템 1과 관련된 직관과 시스템 2와 관련된 통찰의 특징을 정리하면 〈표 2−2〉와 같다. 직관과 통찰에 대한 분명한 정의와 이에 근거한 의사결정에 관련해서는 제2절, 제3절에서 더 알아보기로 한다.

---

3. 로마의 시인 오비디우스가 쓴 「변신metamorphoses」이라는 서사시에서는 시스템 1이 주도하는 상황을 다음과 같이 묘사하고 있다. "I am dragged along by a strange new force. Desire and reason are pulling in different directions. I see the right way and approve it, but follow the wrong"(Haidt, 2012). 이 글은 그만큼 시스템 1이 주도하는 힘이 크다는 것을 상징적으로 보여준다.

표 2-2 **직관과 통찰의 특징**

구분	직관intuition	통찰insight
관련 사고 시스템	시스템 1	시스템 2
연상 단어	감정, 가슴heart	이성, 머리mind
특성	경험적, 감정적, 주관적	분석적, 논리적, 객관적
지식의 형태	암묵지implicit knowledge	형식지explicit knowledge
원천	오감에서 느끼는 감정, 분위기, 패턴, 축적된 경험	분석, 통섭, 추론과 깨달음eureka, 시스템적 접근
의사결정의 논리	설명이 불가능함	설명 가능
의사결정에 대한 확신	다양함	강함
장점	정의하기 어렵거나, 시간적 제약 하의 신속한 결정	문제의 본질에 대한 이해를 통한 확신
단점	인지적 편향에 영향을 받음	시간적·금전적 비용이 높음

2. 직관에 기반한 의사결정

시스템 1에 따른 직관적 판단, 즉 직관은 "명확한 근거나 논리 없이 상황을 빠르게 인식하는 것"을 의미한다. 직관은 분석적인 인지작용이 아니라 외부의 자극을 느껴 판단하는 무의식적인 인지작용이다.[4]

인지적 노력이 거의 필요하지 않은 직관과 직관에 기반한 의사결정은 일상에서 매우 중요한 역할을 한다. 우리가 일상의 많은 의사결정을 처리할 수 있는 것은 시스템 1이 대안을 신속히 사전선별filtering함으로써 가능한 것이다. 만약 직관이 작동하지 않는다면 수많은 대안 속에서 우리는 선택에 큰 어려움을 느낄 것이다.

직관과 밀접하게 연결되어 있는 것이 감정emotion이다. 감정은 외부의 자극에 대해 순간적·자동적으로 느끼는 반응이다. 자극을 받으면 위험과 기회를 신속하고

4. 사전적으로 직관은 감각, 경험, 연상, 판단, 추리 따위의 사유 작용을 거치지 아니하고 대상을 직접적으로 파악하는 작용으로 정의된다(네이버 어학사전). 직관에는 "Knowing without knowing why"라는 표현이 적합하다.

무의식적으로 인식하고, 화학물질과 땀의 분비와 같은 신체적 반응을 만들어 낸다. 이때 뇌는 이런 변화를 감지하고 기쁨, 슬픔, 두려움, 분노, 만족 등 다양한 형태로 인지된 느낌feeling을 갖게 된다. 따라서 느낌은 느껴진 감정이다. 엄밀하게는 감정은 자동적·무의식적 반응이고 그것을 인지한 것이 느낌이지만, 이 책에서는 감정으로 통일해 사용하기로 한다. 감정은 우리의 직관적 판단과 의사결정에 큰 영향을 미친다.[5]

2.1 의사결정에서 감정의 역할

감정이 의사결정에서 중요한 역할을 한다는 것은 과학적 연구로 밝혀지고 있다. 특히 fMRI(기능성 자기공명영상)를 뇌과학 연구에 활용함에 따라 감정이 의사결정에 미치는 영향을 더욱 분명하게 규명할 수 있게 되었다(Dalgleish, 2004 ; Morelli, Casagrande, & Forte, 2022).

이 분야의 대가인 미국 USC대학 신경과학자 다마시오Damasio 교수는 논리적이고 이성적인 사고만으로는 현실의 의사결정 문제를 해결할 수 없다고 생각했다. 그는 인간이 느끼는 감정적 신호가 의사결정의 방향성을 정한다고 주장했다. 그는 긴장했을 때 뛰는 맥박, 혐오감을 느낄 때의 구토, 간지러운 불편한 느낌 등의 감정적 신호를 체성표지자somatic marker라고 부른다. 영어로는 이것을 "gut feeling"이라고 표현할 수 있다. 그가 제시한 체성표지자 가설somatic marker hypothesis에 따르면 인간은 외부 자극에 대한 육체적 반응과 인체 내의 화학물질 분비 등을 감정적 신

5. 감정emotion과 느낌feeling의 두 단어는 혼용해서 쓰기도 하지만 분명히 다른 개념이다. 감정은 감정적 경험(사고, 여행, 음악감상 등)을 통해 무의식적으로 발생되고, 느낌은 이러한 감정을 인지적으로 느낀 것이다. 순서로 보면 감정이 먼저이고 느낌이 다음이다. 예를 들어 우리가 위험한 순간을 목격했다고 하자. 그 순간 체내에서는 무의식적으로 손에 땀이 나는 생리적 현상과 함께 체내 화학물질들이 생산되며, 본능적으로 이에 따른 두려움, 즉 위험을 감지하고 두려운 감정을 느낀다. 이것이 느낌이다. 예를 들어 〈탑건 : 매버릭〉 영화를 보고 있다고 하자. 위험한 광경을 보면서 본능적인 위험의 감정으로 인해 긴장한 나머지 손에 땀이 난다. 그러나 위험을 인지하는 느낌은 위험이 아니라 스릴로 느낄 수 있다. 감정이 자극에 대한 무의식적인 반응이라면, 느낌은 그 감정을 의식적으로 느낀 것이다.

호로 인식하고, 이것을 과거의 경험과 연관해 긍정적 혹은 부정적 느낌을 갖게 된다. 이 느낌은 수많은 대안에 대한 필터링을 통해 집중할 대안을 직관적으로 결정하고, 적은 수의 대안에 집중함으로써 제한된 인지적 자원을 이용해 이성적 의사결정을 내린다는 것이다.

다마시오의 연구팀은 추가적 연구에서 감정과 관련된 뇌 부위가 손상된 환자들을 fMRI를 통해 분석했다. 그들은 의사결정을 담당하는 전두엽frontal lobe 중에서 특히 감정을 담당하는 편도체와 밀접하게 연결된 부분인 안와전두피질orbitofrontal cortex이 손상된 환자들이 위험에 관련된 결정이나, 일상생활에서 흔히 일어나는 일들, 예를 들어 의사와의 다음 약속시간을 쉽게 정하지 못하는 것을 발견했다.

그들은 이 현상을 다음과 같이 설명했다. 주어진 외부 자극은 과거의 기억과 결합해 편도체amygdala에서 감정을 생성하며, 이 감정이 안와전두피질로 전달되고, 논리적 판단과 결합하여 의사결정을 내리게 된다. 이 과정에서 과거의 기억과 결합된 감정을 받아들인 안와전두피질은 신속하게 대안선택의 결과에 대한 호불호를 판단하고 이에 따라 결정을 내릴 수 있다. 그러나 이 부위가 손상된 환자들은 감정적 신호를 제대로 처리하지 못하고 의사결정의 결과도 예상하지 못하기 때문에 미래를 내다보지 못하는 결정myopic decision을 내리거나, 심지어 간단한 결정조차 내리지 못한다는 것이다(Bechara & Damasio, 2005 ; Bechara, Damasio, & Damasio, 2000 ; Damasio, 2006).

결론적으로 다마시오의 연구는 감정이 의사결정 과정에서 매우 중요한 역할을 한다는 것을 보여주었다. 감정을 통한 직관적 판단은 많은 대안을 빠르게 선별할 수 있도록 해 주며, 이를 통해 인지적 자원을 효율적으로 사용함으로써 이성적 의사결정에도 큰 도움을 준다.

말콤 글래드웰Malcolm Gladwell은 그의 책 『블링크Blink』에서 어떤 결정을 내릴 때, 처음 2초의 무의식적인 직관적 판단이 큰 역할을 함을 주장한다(Gladwell, 2006). 오히려 아주 짧은 시간에 느끼는 직관에 근거한 의사결정이 오래 생각하고 내린 결정보다 나을 수도 있다는 것이다. 같은 맥락에서 속성이 많고 복잡한 제품을 선택하는 경우 무의식적인 직관을 사용하는 것이 의식적인 판단보다 정확도나 만족도가 더 높다는 실험보고도 있다(Dijksterhuis, Bos, Nordgren, & Van Baaren, 2006).[6] 그것은 작업기억working memory의 한계 내에서 작동하는 시스템 2에 의한 결정보다는 문제를 총제적으로 보는holistic approach 시스템 1의 특성에서 그 이유를 찾을 수 있다(Dijksterhuis et al., 2006). 직관적 판단은 의사결정에서 매우 중요한 역할을 한다.

2.2 직관의 함정

직관은 신속하다. 직관은 어렵고 복잡한 문제에 대한 체계적이고 이성적 분석 없이 즉각적 판단을 내린다. 이 과정에서 직관은 인지적 자원을 거의 사용하지 않고 인지적 지름길cognitive shortcut이라고 불리는 휴리스틱을 종종 활용한다. 이 휴리스틱의 활용은 직관적 판단과 결정을 위한 효과적인 방법이지만, 오류의 원인이 되기도 한다. 휴리스틱이 발생시키는 직관의 함정은 다음과 같다.

첫째, 직관적 판단에는 인지적 편향이 예외 없이 그리고 지속적으로 발생systematic bias한다. 더구나 인지적 편향은 무의식의 상태에서 일어나기 때문에 편향이 발생했다는 사실 자체를 인지하지 못한다는 데 더 큰 문제가 있다. 아모스 트브르스키Amos Tversky와 다니엘 카네만Daniel Kahnemann은 세계적인 심리학자이자 행동과학 분야의 대가들이다. 그들은 인간이 제한된 시간과 자원의 제약상황에서는 이성적이고 체계적인 접근방법보다 단순하고 직관적인 휴리스틱을 사용하며, 이 과정에서 편향이 개입됨을 밝힘으로써 행동과학적 의사결정 연구에 새로운 장을 열었다(Tversky & Kahneman, 1974).

휴리스틱은 복잡하고 신속한 의사결정이 필요한 상황에서 대부분 유용하게 쓰이지만, 동시에 잘못된 확률적 추정이나 미래에 대한 과대한 자신감 등 인지적 편

---

6. 이 실험에서의 이성적 의사결정은 반드시 분석적 도구를 활용해 판단했다는 뜻이 아니라 의식적인 사고작용conscious thought을 활용했다는 뜻이다.

향을 발생시킨다. 인지적 편향은 첫 번째 직관의 함정이다. 인지적 편향과 관련된 내용은 제3장에서 추가적으로 다루기로 한다.

두 번째 함정은 근거 없는 느낌(感)에 의한 직관의 함정이다. 직관은 그 특성에 따라 총체적 직관holistic intuition, 전문가적 직관expert intuition, 정서적 직관affective intuition 이렇게 세 가지로 나눌 수 있다(Pretz et al., 2014). 총체적 직관은 주어진 정보가 가지는 중요한 신호cue들을 종합적으로 처리·판단해 얻는 직관이다. 따라서 총체적 직관은 과거에 없었던 새로운 상황에서의 판단에 도움이 될 수 있다. 전문가적 직관expert intuition은 많은 경험을 통해 얻은 자동화된 직관이다. 전문가적 직관의 원천은 수많은 "좋은" 경험이다. 비슷한 상황에서 반복된 경험과 그 결과에 대한 분명하고 빠른 피드백은 좋은 경험이 되고, 이것이 전문가적 직관이 된다(Salas, Rosen, & DiazGranados, 2010). 말콤 글래드웰의 『아웃라이어Outlier』에서 언급된 10,000시간의 법칙은 전문가가 되기 위해 필요한 경험의 시간을 의미한다. 하루에 4시간씩 10년을 그렇게 몰두하고 훈련하면 그 분야의 전문가가 될 수 있고, 그에 따른 판단은 전문가적 직관이라고 할 수 있다(Gladwell, 2008).[7] 정서적 직관은 단순한 느낌에 의한 직관이다. 정서적 직관은 관련 경험이나 적절한 피드백이 없는 상태에서 그냥 느껴지는 근거 없는 느낌으로 육감(六感)이 적절한 표현이다. 총체적 직관과 전문가적 직관은 의사결정에 꼭 필요한 직관이며, 근거 없는 정서적 직관은 두 번째 직관의 함정이다.

세 번째 직관의 함정은 잘못된 패턴 찾기pattern matching이다. 인간의 뇌는 과거의 경험들을 조합해 현재를 이해하고 미래를 예측한다. 이것은 오랜 우리의 사고방식이다. 패턴 찾기는 과거와 현재의 관련성을 파악하고 미래의 문제를 과거의 패턴의 연장선에서 이해한다. 유사한 상황이 반복되는 경우에는 패턴 찾기를 통한 전문

7. 기네스는 세계 최고의 흑맥주 전통을 유지하기 위해 맥주의 주원료인 보리를 얼마나 볶아야 할지 항상 신중하게 결정한다. 그곳의 전문가들은 기네스 맥주의 특유의 맛과 향을 창출하기 위해 정해진 시간 동안 보리를 볶는 방식을 사용하지 않는다. 그들은 보리의 안쪽까지 갈색으로 골고루 볶아졌는지를 육안으로 확인하고, 그 냄새와 느낌을 통한 직관적 방식으로 작업을 진행한다고 한다. 이러한 전문가들이 가진 오랜 경험과 피드백이 바로 전문가적 직관의 원천이다.

가적 직관이 의사결정에 큰 도움이 된다. 그러나 미래는 현재와 다른 차원으로 전개되기도 한다. 예를 들어 제4차 산업혁명과 디지털 전환과 같은 변혁의 시기에는 과거로부터의 패턴 찾기가 도움이 아니라 오히려 중대한 판단의 오류를 야기할 수 있다. 급격한 기술 및 경영환경의 변화 속에서 미래가 과거 및 현재와 유사하게 전개될 것이라는 선형적인 생각은 인과관계의 오류, 조정의 미흡, 고정관념의 강화 등의 문제를 일으킬 수 있다. 잘못된 패턴 찾기는 세 번째 직관의 함정이다.

직관은 신속하고 효율적으로 작동하지만 인지적 편향, 근거 없는 직관, 잘못된 패턴 찾기와 같은 직관의 함정을 발생시켜 올바른 의사결정을 방해하는 양면성을 가진다.

3. 통찰에 기반한 의사결정

중요한 의사결정 문제의 경우 그 특성상 체계적이고 분석적인 접근이 필요한 경우가 많다. 이때 작동하는 시스템 2는 시스템 1의 직관적 판단을 바탕으로 분석적이고 논리적인 판단을 내린다. 이때 문제에 대한 본질을 분명히 이해한 상태에서 내리는 결정을 통찰insight에 기반한 의사결정이라고 한다. 중요한 의사결정에서 통찰은 매우 중요한 개념이다. 그런데 이렇게 중요한 통찰은 과연 무엇이고 어떻게 정의할 수 있는가? KAIST 경영대학원 MBA 과정에 입학한 신입생들과 이야기를 나눠 보면 이에 대한 중요한 힌트를 얻을 수 있다.

신입생들에게 MBA 과정에 입학하게 된 동기를 물어보면 많은 경우 KAIST 경영대학원의 교육과정과 네트워크를 통해 경영자로서의 능력을 키우고 싶다고 대답한다. "어떤 사람이 능력 있는 경영자인가?"라는 질문에는 "통찰력이 있는 경영자"라고 대답하는 경우가 많다. 그러나 "통찰력이 있는 경영자는 어떤 사람인가?"라는 질문에는 잠시 침묵이 이어진다. 그 다음 미래를 잘 예측할 수 있는 사람, 문제해결 능력이 있는 사람, 문제의 다양한 측면을 볼 수 있는 사람, 내공이 있는 사람, 감이 좋은 사람 등 다양한 대답이 쏟아진다.

KAIST MBA 학생들의 다양한 답에서 알 수 있듯이 통찰력洞察力은 여러 가지 의미로 해석되고 사용된다. 네이버 국어사전에서는 "사물이나 현상을 예리한 관찰력으로 꿰뚫어 보는 능력"으로 정의한다. 웹스터Webster 영어사전에서는 "상황을 꿰뚫어 볼 수 있는 능력이나 행위(power or act of seeing into a situation)로 정의한다. 이들의 정의와 통찰력에 대한 사람들의 인식을 종합하면, 통찰력은 문제의 핵심 이슈를 파악하는 능력과 관련됨을 알 수 있다. 외부로 보이는 현상現像은 의사결정 문제의 핵심이 아닌 경우가 많다. 피상적으로 보이는 현상들만 보면 그 문제의 원인과 본질本質에 대한 이해가 부족할 수 있다. 통찰과 관련해서 안광지배眼光紙背라는 고사성어가 있다. "눈빛이 종이의 뒤까지 꿰뚫어 본다"라는 뜻인데, 글의 숨은 뜻을 이해한다는 뜻이다. 영어의 "read between the lines"라는 표현도 같은 의미이다. 이와 같이 통찰은 외부에 보여지는 현상이 아니라 문제의 핵심essence이다.

그러나 통찰을 얻는 과정은 결코 단순하지 않다. 많은 경험, 체계적인 의사결정 프로세스, 통섭적 사고, 분석적 사고 등을 통해 통찰은 얻어질 수 있다. 이 책에서는 통찰을 "현상이 아닌 본질을 꿰뚫어 보아, 그 문제를 분명히 이해하는 것"으로 정의한다. 따라서 통찰력은 본질을 꿰뚫어 보아 문제를 분명히 이해하는 인간의 능력이다.

통찰과 같이 사용되는 용어에는 후견지명後見之明으로 번역되는 하인사이트hindsight와 선견지명先見之明으로 번역되는 포어사이트foresight가 있다. 이들은 "sight"라는 영어 어근을 공통적으로 가지고 있으며, 무엇을 본다는 뜻으로 경영자에게 매우 필요한 능력들이다. 그러나 두 용어는 서로 구별되는 특징이 있다.

후견지명, 즉 하인사이트는 과거의 성공과 실패의 사건들을 통해 얻은 늦은 깨달음을 의미하며, 과거의 자료와 경험에 초점을 둔다. 하인사이트는 결과에 의존적인 해석을 내린다는 문제를 가지고 있으며, 결과 의존적 망각현상을 나타내기도 한다. 이와 관련된 오류가 하인사이트 편향hindsight bias이다. 우리는 과거 사건들을 되돌아보며 이미 알려진 결과를 더 예측 가능하거나 불가피한 일인 것처럼 인식하는 경향이 있다. 사실상 사건이 발생하기 전에 미래의 결과를 정확하게 예측하는 것은 매우 어렵다. 하인사이트 편향은 특정 사건의 결과를 알고 난 후에 그 결과가 발생한 이유들을 인위적으로 재구성하거나 그럴듯하게 설명하는 경향을 뜻한다. 그러나 일어나지 않은 사건에 대해 오히려 사후적으로 사전확률이 더 낮다고 판단하기도 한다. 하인사이트 편향은 미래의 유사한 상황에서 더 나은 의사결정을 내리는 능력을 감소시킬 수 있으며, 과거의 경험을 바탕으로 한 학습 과정에 방해가 될 수 있다는 점에서 유의해야 한다.

선견지명은 미래에 일어날 사건들을 예측할 수 있는 능력을 의미하며, 미래의 가능성에 집중한다. 선견지명은 미래에 대한 준비를 통해 위기나 기회에 선제적으로 대응하게 한다. 선견지명을 높이기 위해서는 시나리오 플래닝scenario planning 기법을 이용해 미래에 대한 다양한 시나리오를 만들어낸 다음, 현재의 의사결정이 향후 예상되는 가능성들에 비추어 어떤 결과를 가져올지 예상하고 대비하는 것이 도움이 된다.

반면 통찰은 문제의 본질을 명확히 이해하는 것을 의미하며, 현재 당면한 의사결정 문제에 초점을 맞춘다. 의사결정자가 통찰력이 있다는 것은 과거의 성공과 실패 사례들, 즉 후견지명을 통해 배우고, 미래에 발생할 문제점을 인식할 수 있다는 것을 의미한다. 또한 미래 불확실성의 다양한 전개에 따른 미래의 모습을 예상함으로써, 즉 선견지명을 통해 각각의 의사결정 대안의 장단점을 평가할 수 있어야 한다. 통찰은 과거를 후견지명으로 돌아보고 미래를 선견지명으로 예상함으로써 당면한 의사결정 문제의 본질을 이해하고, 이를 통해 바람직한 의사결정을 내릴 수 있게 한다. 〈표 2-3〉은 선견지명, 통찰, 후견지명의 특징을 비교해 보여준다.

중요하고 어려운 의사결정일수록 충분한 분석과 숙고를 통해 문제의 본질을 이해해야 한다. 문제에 대한 본질적 이해 없이는 큰 비용와 위험이 수반되는 중요 의사결정을 확신을 가지고 내릴 수 없다. 통찰에 기반한 의사결정이 꼭 필요한 상황이 바로 이러한 상황이다. 다음 [Decision in Action 2-1]에서도 문제의 본질, 즉 통찰의 중요성을 이해할 수 있다.

표 2-3 후견지명, 통찰력, 선견지명의 특징

능력	후견지명hindsight	통찰insight	선견지명foresight
시점	과거	현재	미래
특징	과거에서 깨달음know	문제의 본질을 이해함understand	미래를 내다 봄see
초점	과거의 자료와 경험	현재의 의사결정	미래의 가능성과 예측

[Decision in Action 2-1] SK 최태원 회장과 신입사원과의 대화

SK의 최태원 회장은 신입사원들과의 대화시간에서 중요한 조언을 남겼다. 그것은 가치, 의사결정의 본질, 통찰에 관한 아주 짧지만 핵심적인 내용이다. 최회장은 AI에 대한 여러 논의가 많지만 결국 AI가 창출하는 가치가 문제의 본질이라고 설명한다. 그리고 시키는 일을 잘하는 것을 넘어 문제를 정의하는 능력이 있어야 한다는 이야기도 했다. 결국 문제에 대한 분명한 이해를 위해 노력하라는 의미이다. 분명하게 이해되고 정의된 문제는 쉽게 해결할 수 있기 때문이다.

"회장과의 대화" "문제 정의 해결하는 능력이 중요"

2023년 7월 21일 SK그룹에 따르면 최회장은 지난 10일 SKT타워에서 올해 입사한 SK그룹 신입사원들과 "회장과의 대화"를 가졌다. 회장과의 대화는 최고경영진이 그룹의 경영철학과 비전을 신입 구성원들에게 직접 설명하는 자리로 고故 최종현 선대 회장이 1979년 시작했다.

이 자리에서는 최근 직장생활에서 중요성이 커지고 있는 인공지능(AI)이 주요 관심사였다. 신입사원들은 "AI도 SK의 구성원이 될 수 있느냐"라는 주제로 실시간 설문과 토론을 진행했다. 찬성하는 측은 AI가 자가발전을 통해 행복을 추구할 수 있다면 구성원이 될 수 있다는 근거를 제시했지만, 반대하는 측은 AI는 수단에 불과해 책임을 기반으로 하는 의사 결정권자가 될 수 없다고 반박했다. 이에 따라 토론 전 49% 대 50%로 팽팽했던 찬반 의견은 토론 후 34% 대 65%로 반대가 많아지기도 했다.

최회장은 이러한 신입사원들의 토론을 들은 후 "구성원이 될 수 있고 없고를 논하기 전에 "AI가 구성원이 됐을 때 우리에게 어떤 혜택을 주느냐"를 먼저 고민하는 게 좋을 것 같다"고 조언했다. 문제해결을 위해 적극적으로 AI를 활용하라는 주문이다.

최회장은 좋은 보고의 조건을 묻는 말에는 "생각대로 되지 않았을 때 다음 행동은 어떻게 행동하겠다는 내용이 필요하다"며 "그런 시나리오가 들어가야 토의가 이뤄지고, 더 나은 결정도 할 수 있다"고 답했다. 기회 속에 리스크가 있다는 것을 고려해야 한다는 뜻이라고 SK그룹은 전했다. 마지막으로 그는 "시킨 일을 잘하는 것을 넘어 문제를 정의하고 해결하려는 능력이 중요하다. 문제를 정의할 능력이 없는 사람은 시키지 않으면 일을 할 방법이 없다"며 생각하는 힘을 길러야 한다고 당부했다.

출처 : 김보경, ""의견낼 때 주위 걱정하지 마세요" … 최태원이 신입사원에 한 조언", 연합신문, 2023. 7. 21.

4. 직관이냐 통찰이냐?

직관과 통찰은 다른 성격을 가진다. 인간의 사고 시스템은 직관적인 시스템 1이 주도권을 가지고 이성적인 시스템 2와 상호 보완적으로 작동한다. 그러면 이 사고 시스템은 언제 어떻게 사용하는 것이 좋을까? [그림 2-2]는 최종 의사결정자가 실무진의 분석과는 상관없이 그의 느낌대로 결정하는 상황을 묘사한다. 직관에 기

그림 2-2 직관과 통찰

출처 : HBR, Strategic Humor, 2006. 1.

반한 결정을 내리든 이성에 기반한, 더 나아가 통찰에 기반한 결정을 내리든 모든 결정은 우리의 선택이다. 그렇다면 다양한 의사결정의 상황에서 직관과 통찰은 어떻게 사용하는 것이 적절한가?

4.1 의사결정의 상황

저녁모임에서 삼겹살을 메뉴로 하자는 제안이 나왔다. 삼겹살은 한국인 대부분이 좋아한다. 고혈압이 있거나 다이어트가 필요한 특별한 상황이 아니라면 메뉴 결정에 엄밀한 분석이 필요하지 않다. 이 문제는 "오랜만에 삼겹살에 소주 한잔!" 혹은 "분위기 좋은 이탈리안 레스토랑!"으로 간단히 정리될 수 있을 것이다. 반대로 전기자동차 배터리 비즈니스에 대한 투자결정을 앞두고, 전기자동차 산업의 가능성에 대한 기대와 직관만으로 중요한 결정을 내릴 수 있을까? 당연히 아닐 것이다.

다음에서 직관과 통찰의 적용 시점을 시간 제약, 의사결정의 상황, 문제의 중요성, 경험에 따라 각각 시나리오를 만들어 분석해 보자([그림 2-3]).

케이스 1은 시간적 제약이 많고 상황도 새롭지만 문제의 중요성이 낮은 경우로 임의로 직관에 근거한 의사결정을 해도 무방할 것이다. 외국에서 간단한 기념품을 사는 경우가 이에 해당될 것이다. 특별히 전문가나 의사결정 프로세스의 도움을 받을 이유가 없는 상황이 된다.

케이스 2는 새로운 상황에서 의사결정의 중요성은 높지만, 시간적 제약이 많아 충분한 시간을 두고 결정을 내릴 수 없는 상황이다. 따라서 직관적 결정이 필요하지만 신중히 접근해야 하는 경우이다. 시간적 제약이 있는 중요한 협상이나 위급 상황에서의 판단이 이 경우에 해당된다. 이 경우 시간적 제약 속에서 직관적 판단의 오류가 작동되면 문제가 된다. 과거와 다른 새로운 상황에서도 과거와 현재를 연결하는 패턴 찾기를 사용하는 경우 변화된 상황이 간과되는 오류가 발생할 수도 있다.

그림 2-3 의사결정의 기준 : 직관과 통찰

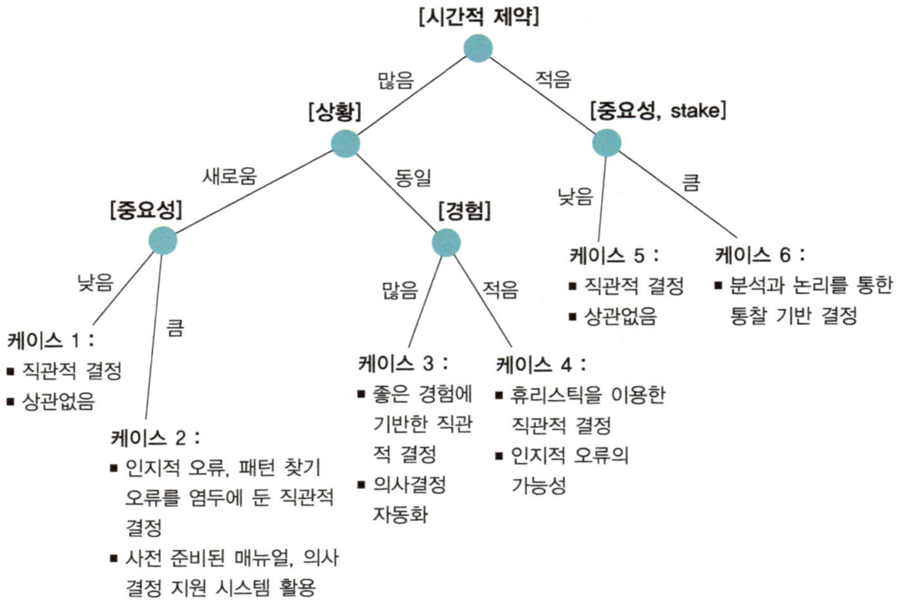

케이스 2의 경우에는 가능한 시나리오를 준비하고 이에 따라 준비된 매뉴얼이나 의사결정 지원 시스템decision support을 통해 발생할 오류를 사전에 줄일 수 있다. 다음에서 다루는 [Decision in Action 2-2] 허드슨강의 기적에서는 비행 중 발생한 사고상황에서 반복된 훈련을 통해 직관적 판단의 오류를 줄였던 사례를 다룬다. 시간적 제약이 많은 경우에는 시간적 제약을 완화시킬 수 있는 지연 옵션을 활용하여 불확실성을 해소한 이후 의사결정을 내리는 것도 방법이 된다.

케이스 3은 시간적 제약은 많으나 과거와 동일하거나 비슷한 상황이 반복되는 경우이다. 생산이나 서비스 현장에서 반복적으로 발생되는 문제들을 실시간으로 해결해 나가는 경우가 이에 해당한다. 이때는 축적된 경험이 많다면 전문가적 직관에 의한 신속한 결정을 내릴 수 있다. 이런 경험을 데이터로 축적하고 AI로 모형화하여 자동화된 의사결정decision automation을 통해 정확하고 신속한 결정을 내릴 수 있다.

케이스 4는 케이스 3과 같은 상황이지만, 축적된 경험이 없는 경우이다. 이 경우는 휴리스틱을 이용해 직관적으로 결정할 수 있다. 잘 알지 못하는 지역에서 사전 정보 없이 식당을 선택해야 하는 경우 손님이 많은 음식점을 고르는 휴리스틱이 그 예가 된다. 이 경우 휴리스틱에 의한 인지적 오류의 가능성을 염두에 두어야 한다. 케이스 4는 좋은 경험이 축적됨에 따라 케이스 3의 경우로 바뀌게 된다.

시간적 제약이 적고 중요성도 낮은 케이스 5의 경우는 특별한 고민을 하지 않는 것이 타당할 것이다. "신경 쓸 필요 없는 일"의 경우가 이에 해당된다. 오히려 사소한 문제에 제한된 인지적 자원을 낭비하는 것은 비생산적인 행동이므로 피하는 것이 바람직한 의사결정의 습관이다(제14장 제2절 참고).

케이스 6은 시간적 제약이 대단히 많지 않으나 의사결정의 중요성은 큰 경우이다. 기업의 중요한 의사결정들이 이에 해당한다. 이 경우에는 분석과 논리를 통해 문제를 정확히 이해하고 이에 따라 통찰 기반의 의사결정을 하는 것이 바람직하다. 이 과정에서는 불확실성, 복잡도, 시간에 따른 역동성 등의 정도에 따라 판단을 도와줄 수 있는 적절한 의사결정 도구 등을 사용하면 좋다. 제4장부터 다룰 의사결정분석decision analysis은 이러한 경우에 도움이 되는 방법론이다. 통찰 기반의 의사결정이 직관에 부합되는 경우 의사결정자는 확신을 가지고 의사결정을 내려 실행할 수 있다.

앞의 케이스들을 살펴보면 많은 경우 직관에 의한 판단과 결정을 내리는 것이 바람직함을 알 수 있다. 일상의 문제뿐만 아니라 독특하고 정의하기 어려운 문제, 시간의 제약하에 있는 의료진, 실시간 금융거래 종사자, 군인, 소방관 등이 당면하는 문제들에서는 직관적 의사결정이 적절하다. 물론 이 경우에도 그 직관은 분명하고 빠른 피드백에 의한 "좋은 경험"을 바탕으로 결정돼야 하며, 인지적 오류의 가능성을 염두에 두어야 한다. 반면 소수의 중요하고 어려운 문제들은 매우 신중하게 결정해야 한다. 이런 경우에는 분석과 논리를 통한 통찰 기반의 의사결정이 필요하다. 이 과정에서 직관과 통찰 사이의 괴리가 있는지 확인해 보는 것이 필요하다. 그

차이는 문제의 본질에 접근할 수 있는 좋은 기회가 된다.[8]

4.2 기장 셀렌버거의 결정

"허드슨강의 기적"이라 불리는 US Airways 1549편의 항공사고는 위급한 순간에서 기장의 판단이 얼마나 중요한지 확인할 수 있는 사례이다. 기장에게는 단 2분간의 짧은 시간에 많은 결정을 내려야 하는 상황이었고, 많은 경험과 훈련이 결정적 도움이 되었다.

"This is the Captain, Brace for impact" 2009년 1월 15일, 비상착륙을 앞두고 기장이 기내 승객들에게 내보낸 긴급 메시지이다. 150명의 승객과 5명의 승무원을 태운 US Airways 1549편은 뉴욕 라구아디아LaGuardia 공항을 이륙한 지 2분 만에 두 개 엔진이 모두 고장나는 위기를 맞는다([Decision in Action 2-2] 허드슨강의 기적). 2001년 911 테러로 세계무역센터 쌍둥이 건물이 무너지는 것을 목격한 뉴욕 시민들에게는 또다른 참사가 될 수 있었다. 그러나 기장 셀렌버거는 엔진이 고장나 추락하던 비행기를 허드슨강에 침착하게 착륙시키고, 탑승자와 승무원 전원을 무사히 구하는 기적을 만들어냈다.

셀렌버거는 900m 상공에서 단 2분 후면 추락하는 극한의 상황을 맞이한다. 이때 그의 판단과 행동은 어떠했는가? 셀렌버거는 새떼와 충돌할 당시 그의 모든 감각기관을 활용해 즉시 위급상황으로 판단하고, 다른 대안들과 함께 허드슨강으로의 비상착수라는 특별한 대안을 순식간에 떠올린다. 그러나 그는 비상착수 이외에는 다른 방법이 없다는 것을 느꼈다. 일단 비상착수가 결정되자 그는 활공하는 비행기의 고도와 속도를 조절하는 비행 시스템을 활용하여 항공기 조작은 기계에 의존하

---

8. SK그룹 수펙스 추구협의회 조대식 의장은 재무분야의 전문성과 폭넓은 경험을 가진 우리나라의 대표적 전문경영인이다. 그는 중요한 의사결정은 98%의 분석과 2%의 직관으로 내려진다고 설명한다. 이것은 2%의 직관이 비록 작아 보이지만, 직관과 분석이 서로 부합되지 않으면 다시 살펴볼 필요가 있다는 의미이다. 머리로 계산된 분석과 가슴에서 느끼는 직관이 서로 일치할 때 확신을 가지고 의사결정을 내릴 수 있다.

고 다른 비상조치에 집중했다.

조종사들은 항공기 조작에서 인지적 오류를 발생시킬 수 있는 시스템 1적인 사고를 배제하고 매뉴얼, 비행 시스템, 객관적 비행정보에 근거하여 시스템 2적인 사고를 하도록 끊임없이 훈련받는다. 이것은 시스템 1적인 사고로 인한 오류와 사고를 막기 위한 프로세스이다. 그러나 모든 위기의 상황을 매뉴얼로 만들어 대응할 수는 없다. 직관적 판단이 필요한 경우도 발생한다. 셀렌버거가 900m 상공에서 맞이한 경우가 이에 해당한다.

그는 그 상황에서 수많은 훈련과 경험으로 형성된 전문가적 직관을 순간적으로 발휘했다. 그와 동시에 조종에 필요한 전원 시스템을 즉시 복구하고 비상 프로토콜에 따랐으며, 동시에 끊임없이 가능한 대안을 찾고 평가하는 이성을 작동시켰다. 결국 위기의 상황에서 전문가적 직관을 최대로 활용하고, 공포로 마비되지 않은 이성적 판단을 통해 위기를 극복한 셈이다.

그림 2-4 허드슨강에 비상 착수한 US Airways 1549편

출처 : http://www.flight.org/us-airways-flight-1549-woman-and-children-first

[Decision in Action 2-2] 허드슨강의 기적

2009년 1월 15일 오후 3시 25분, 뉴욕의 라구아디아 공항을 출발한 US Airways 1549편은 중간 목적지인 노스캐롤라이나 샬롯North Carolina Charlotte으로 향했다. 비행기의 기장은 19,663시간의 비행기록을 가진 미공군 출신의 베테랑 조종사 셀렌버거Sullenberger였다. 그는 글라이더 조종사이기도 했다. 비행기는 비행 시작 2분 정도가 지난 오후 3시 27분 11초에 새떼로 인해 두 개의 엔진이 모두 멈춰지는 사고를 당한다.

위기의 순간, 셀렌버거 기장은 과거의 수많은 훈련과 경험, 감각기관에서 전달되는 느낌을 활용하여 매우 빠른 판단을 내린다. 그는 새떼가 빨려 들어와 두 엔진에 심각한 손상을 입었다는 것을 자신의 감각을 통해 느낀다. 엔진에서 나는 잡음, 특이하게 떨리는 진동, 새가 타는 냄새 등에 의해 문제의 심각성을 직감하게 된다.[9] 이런 판단은 자동화된 시스템이 아니라 기장의 직관적 판단이었다. 이후 조사에서 엔진에 부딪힌 새떼는 크기가 매우 큰 캐나다 거위라는 것이 밝혀졌다.

두 개의 엔진 모두가 손상되었음을 인지한 즉시, 셀렌버거는 라구아디아 공항으로 회항하기 위해 기수를 왼쪽으로 돌린다. 그런데 매우 흥미로운 사실을 조종사와 관제탑 간의 교신기록에서 찾을 수 있다. 셀렌버거의 머릿속에서는 회항 결정과 동시에 이미 허드슨강에 착륙할 옵션을 고려하기 시작했다는 것이다. 라구아디아 공항으로 회항을 요청한 것은 새떼와의 충돌 후 25초가 지난 오후 3시 27분 36초이다. 그러나 바로 35초가 지난 3시 28분 11초에 기장은 "We may end in the Hudson"이라고 교신한다.[10] 엔진 고장에 의한 추락의 위기에서 회항을 요청한 상태에서도 기장은 비행기의 위치, 속도, 고도를 감안할 때 라구아디아 공항으로 회항하기는 어려움을 직감하고, 허드슨강에 비상착수할지도 모른다는 대안을 순간적으로 떠올린 것이다.

그런데 이보다 더 의미심장한 일이 있었다. 이륙 후 1분이 지난 오후 3시 26분 36초, 셀렌버거는 무심결에 한마디를 한다. "What a view of the Hudson today!" 기장은 왜 갑자기 허드슨강을 떠올렸을까? 우연이었을까? 정상 운항 중인 상태에서 펼쳐지는 허드슨강의 멋진 전경이 그 이후의 판단에 중요한 큐가 된 것은 아니었을까? 기장은 급박한 순간에 착륙할 공항 대신 비상착수ditching라는 대안을 순간적으로 생각해 낸 것이다.

---

9. Flight 1549 Sully's Perspective, https://www.youtube.com/watch?v=YBUbxkBDtm4

10. Federation Aviation Administration, Memorandum, February 2, 2009, Full Transcript of Aircraft Accident AWE 1549. 2009년 US Airways 항공사고 시 비행사와 관제탑과의 교신 내용이 구술기록으로 담겨 있다.

결과적으로 셀렌버거는 공항 관제탑에서 전혀 고려하지 않은 대안을 선택했다. 당시 기장의 생각은 그의 인터뷰에서 짐작할 수 있다. 그는 엔진사고를 직감하자 비행기의 통제를 부기장에서 자신으로 즉시 변경했다. 그리고 엔진이 모두 정지 추락하는 상태에서 라구아디아 공항으로 회항하거나 인근 테터보로Teterboro 공항에 비상착륙하는 방법은 공항까지 남은 거리, 고도, 속도 등을 고려했을 때 불가능하다고 판단했다. 그리고 기장은 순간적으로 허드슨강이 활주로가 될 수 있다고 생각했다. 엔진 고장 후 불과 4분 만에 1549편 비행기는 허드슨강 한가운데에 무사히 착수했다. 탑승객과 승무원 전원이 무사히 구조되었고, 우리는 이 사건을 "허드슨강의 기적Miracle on the Hudson"이라고 부른다.

기장 셀렌버거의 판단과 의사결정

155명의 생명과 수많은 뉴욕시민에게 닥칠 엄청난 재난의 순간, 기장 셀렌버거는 어떻게 상황을 판단했고, 또 어떻게 의사결정을 내렸을까? 불과 3,000피트(900m) 상공에서 추락하는 비행기 속에서 그토록 신속하고 침착했던 그의 판단과 행동은 이성만으로 설명할 수 없다. 우리는 그의 인터뷰와 밝혀진 사실들을 바탕으로 다음 몇 가지를 추정할 수 있다.

첫째, 새떼에 의해 두 엔진이 모두 멈춰진 상황을 셀렌버거 기장은 시각, 청각, 후각, 촉각 등 모든 감각을 통해 직감할 수 있었기 때문에 지체 없이 라구아디아 공항으로의 회항을 결정하고 기수를 돌릴 수 있었다.

둘째, 공항까지의 거리, 고도, 속도 등을 고려할 때 활공비행으로 라구아디아 공항에 회항하는 것 역시 어렵다고 판단하여 다른 대안을 모색했다. 과거에 셀렌버거가 글라이더 비행기 조종사였다는 경험이 신속한 판단에 도움이 되었을 것으로 추정할 수 있다. 대략 1,000피트를 하강한다고 했을 때 비행사들은 엔진이 꺼진 상태에서도 약 1.2항공마일(nm, nautical mile)을 비행할 수 있다고 한다. 따라서 사고가 난 3,000피트 상공에서는 약 3.6nm, 즉 6.7km 정도의 거리를 비행할 수 있다고 예상할 수 있다. 이는 사고 지점에서 돌아갈 수 있는 공항까지의 거리를 고려해 착륙 가능성을 직관적으로 판단하는 근거가 되었을 것이다.

셋째, 위험회피의 의무를 지닌 기장의 인식과 무의식이 비상착륙지 결정에 반영되었을 것이다. 기장은 비행기에 탑승한 155명의 생명뿐만 아니라 지상의 생명 또한 보호해야 할 의무를 잘 알고 있었다. 2001년 911 비행기 테러를 생생히 기억하는 기장으로서는 공항 착륙 과정에서 발생할 수 있는 인명피해 등 더 큰 재앙을 의식·무의식적으로 피하고자 했을 것이다. 이 점은 무리하게 라구아디아 공항으로 돌아오기보다 허드슨강 비상착수라는 대안을 선택한 이유 중 하나로 판단된다.

넷째, 회항을 위해 기수를 돌리면서 기장의 시야에 들어온 길고 평탄한 허드슨강과 강 주변의 페리보트들을 살피며 비상착륙 이후 승객들의 즉각적인 구조가 가능함을 순간적으로 판단했을 것으로 보인다. 구조가 가능한 보트 주변에 착수하는 것이 좋다는 판단은 공군 조종사로 근무할 때 받은 훈련의 결과이기도 했다. 결국 셀렌버거는 수많은 착륙 경험이 있었으나, 한 번도 경험해 보지 않았던 비상착수의 모험을 극적으로 성공할 수 있었다.[11]

▲ 설리 허드슨강의 기적
(출처 : http://movie.naver.com/movie/)

이 사건은 2016년 클린트 이스트우드 감독에 톰 행크스 주연으로 〈설리, 허드슨강의 기적〉이라는 이름으로 영화화되었으며, 우리나라에서도 2016년 9월에 개봉된 바 있다. 다음의 기장과 관제탑의 교신 내용을 보면 그 긴장된 순간을 생생히 확인할 수 있다.

2009년 1월 15일 오후 3시 24분부터 6분간 기장과 관제탑의 중요 교신기록

3시 24분 54초 : Cactus 1549편 공항 활주로 출발(Cactus는 US Airways의 호출부호)

3시 25분 35초 : Cactus 1549 이륙

3시 26분 36초 : 기장이 "Uh, what a view of the Hudson today"라고 중얼거림

3시 27분 11초 : 새떼와 Cactus 1549 충돌로 엔진 고장

3시 27분 36초 : 기장이 라구아디아 공항 관제탑에 회항 통보

3시 28분 11초 : 기장이 라구아디아 공항 회항 불가 통보 : "We are unable, we may end up in the Hudson"

3시 28분 50초 : 기장이 테터보로 공항을 새로운 착륙지로 고려 요청 : "What's over to your right anything in New Jersey maybe Teterboro?"

3시 29분 11초 : 기장이 여객실에 "This is the captain, brace for impact"라고 전함

3시 29분 25초 : 기장이 테터보로 공항 또한 회항 불가 통보 : "We can't do it"

---

11. 이륙에서 비상착수까지의 상황은 다음 영상에서 확인해 볼 수 있다(https://www.youtube.com/watch?v=tE_5eiYn0D0). 이 영상은 사건 당일 모든 교신내용과 허드슨강 착륙 모습을 보여주는 애니메이션이다.

3시 29분 28초 : 기장이 "We're gonna be in the Hudson"이라고 다급한 교신을 관제탑에 보냄

3시 29분 33초 : 관제탑의 놀란 답 : "I'm sorry say again Cactus"

3시 30분 21초 : 기장이 부기장에게 "Got any ideas?"라고 최종 의견을 구함

3시 30분 23초 : 부기장이 "Actually not"이라고 답함

3시 30분 44초 : Cactus 1549 허드슨강에 비상착수

사후 조사

미국의 연방교통안전위원회(NTSB)는 허드슨강 비상착수 결정의 정당성과 회항의 안전성에 대한 조사를 실시했다. 새떼와의 충돌 즉시 회항한다는 가정하에서 시뮬레이션을 한 결과, 라구아디아 혹은 테터보로 공항 활주로에 안전하게 회항하는 확률은 15번 중 8번 정도로 나타났다. 그러나 셀렌버거가 비상조치를 취하는 데 사용했던 35초의 시간이 흐른 상황하에서는 어떤 비행장으로의 회항도 가능하지 않다는 결론이 나왔다. 새떼와의 충돌 후 비상조치 없이 즉시 회항결정을 하는 것은 비현실적이기 때문에 허드슨강의 비상착수 결정은 정당했던 것으로 판단되었다.[12]

다른 결정적인 사항은 기장이 보조동력장치(APU ; Auxiliary Power Unit)의 즉각적 작동을 통해 컴퓨터 전원을 확보하고, 이를 통해 활공비행을 가능하게 했다는 점이다. 사실 APU 작동은 긴급처치 매뉴얼에 의하면 처치순서에서 가장 높은 순서는 아니었다. 그러나 3,000피트 상공에서 당한 사고에 30,000피트 상공에서 적용되는 긴급처치 매뉴얼을 그대로 적용할 수는 없었다. US Airways 1549는 Airbus A320 기종으로 비행기 엔진 2개가 작동을 멈추면 전원공급이 되지 않고 따라서 비행기 조종이 불가능하게 되므로 전원 확보는 매우 중요했다. 전원회복으로 비행기 조종이 가능해진 상태에서 착수 직전 고도를 약간 높임으로써 낙하속도를 줄여 충격을 최대한 줄이면서도, 비행기의 머리가 11도 정도 올라간 상태로 균형을 유지하는 비행조종을 가능하게 했다([그림 2-5], [그림 2-6] 참고).

출처 : Federation Aviation Administration, Memorandum, February 2, 2009, Full Transcript of Aircraft Accident AWE 1549.

---

12. Air crash investigation-Hudson Splash Flight 1549, National Geographic Channel, https://www.youtube.com/watch?v=-012pEdbeUI

그림 2-5 US Airways 1549편의 비행 위치

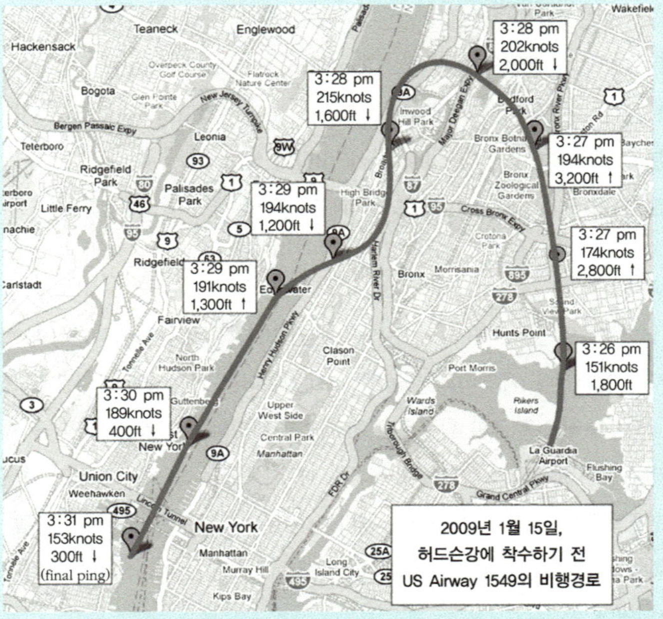

출처 : http://imnotsayin.blogspot.kr/2009/01/us-airways-fight-1594-crash-flight-path.html

그림 2-6 US Airways 1549편의 고도

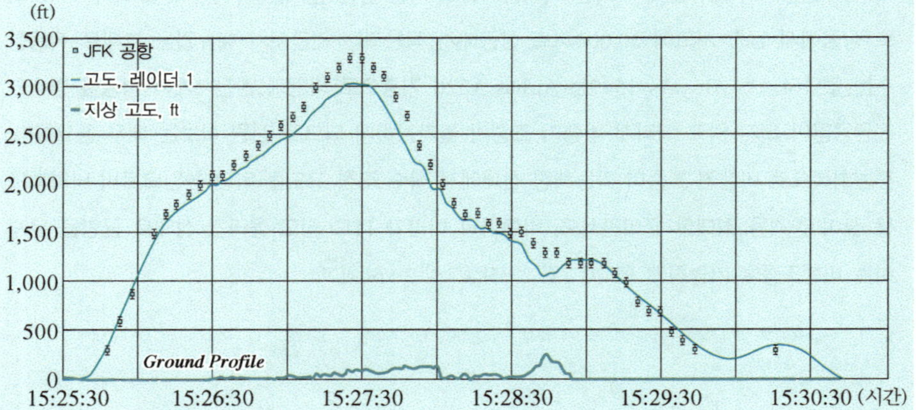

출처 : http://www.exosphere3d.com/pubwww/pages/project_gallery/cactus_1549_hudson_river.html

5. 마무리

의사결정을 위한 인간의 사고 시스템은 직관적인 시스템 1과 논리적인 시스템 2로 구성된 이중 프로세스 이론으로 설명할 수 있다. 시스템 1은 대부분의 일상적인 의사결정을 주도하는데, 즉각적이고 자동화된 직관적 판단을 내린다. 시스템 2는 시스템 1을 모니터링하며 꼭 필요하다고 판단될 때만 개입하여 분석적이고 논리적인 판단을 내린다. 인간의 사고 메커니즘은 인지적 자원이 거의 필요 없는 시스템 1을 주로 사용하고, 중요한 의사결정을 위한 시스템 2는 꼭 필요할 때만 효율적으로 사용한다. 이러한 인간의 사고 시스템은 제한된 인지적 자원을 효율적으로 활용한다는 장점을 가지기도 하지만, 동시에 휴리스틱의 활용에 따른 인지적 편향을 발생시킨다는 단점이 있기도 한다.

직관은 외부의 자극에 대한 반응인 감정을 바탕으로 상황을 전체적으로 판단한다. 이 직관이 의사결정에 도움이 되기 위해서는 많은 경험과 적절한 피드백을 통해 형성된 전문가적 직감에 근거해야 한다. 그렇지 않은 경우 인지적 편향의 가능성을 항상 염두에 두어야 한다. 편향에 관해서는 제3장에서 좀 더 자세히 다루기로 한다.

이성적 판단은 외부 자극에 의해 발생한 직관적 판단을 바탕으로 분석적·논리적인 추론을 거쳐 내려진다. 이 과정에서 문제의 현상이 아닌 본질을 분명히 이해하게 되면 우리는 그것을 통찰이라고 부른다. 통찰은 과거의 경험에서 얻는 후견지명과 미래를 예상할 수 있는 선견지명을 활용하여 어렵고 중요한 의사결정을 내리는 기반이 된다. 일상적으로 반복되는 상황에서는 직관적 의사결정이, 특별히 중요하고 어려운 상황에서는 본질에 대한 이해를 통한 통찰에 기반한 의사결정이 바람직하다. 이것은 제한된 인지적 자원을 적절히 활용하는 방법이기도 하다.

CHAPTER 03

의사결정을 위한 접근방법

장사꾼이 되지 말라. 경영자가 되면 보는 것이 다르다.

—이건희

우리는 제2장에서 인간의 이중 사고 시스템인 시스템 1과 시스템 2에 대해 알아보았다. 시스템 1은 빠르고 직관적인 사고 시스템이며, 시스템 2는 느리고 논리적인 사고 시스템이다. 인간의 판단과 의사결정 과정을 이해하기 위해서는 시스템 1이 주도하고 시스템 2와 상호작용하는 사고 시스템에 대한 인지심리학적 이해가 큰 도움이 된다.

제3장에서는 우리가 당면하는 의사결정 문제를 진지하게 고민할 수 있는 방법을 알아보기로 한다. 이를 위해서는 인간의 의사결정 과정을 이해하고 좋은 의사결정을 내리기 위한 접근방법이 필요하다. 이런 접근방법은 크게 규범적 접근방법, 행동과학적 접근방법, 처방적 접근방법 이렇게 세 가지로 나뉜다. 이 세 가지 방법들은 각각 다른 관점과 목적을 가지고 사용되며, 당면한 의사결정 문제를 체계적으로 이해하고 분석하는 데 도움을 준다. 특히 제3장에서는 행동과학적 접근방법에 집중하여 확률적 판단에 쓰이는 대표적 휴리스틱들과 이에 따른 인지적 편향을 확인하기로 한다. 이어서 인지적 편향이 얼마나 치명적인 결과를 발생시킬 수 있는지 보여주는 사례로 1997년 발생한 대한항공 801편 추락사고를 소개하고, 마지막으로 인지적 편향에 대비하는 탈편향의 방법에 대해 알아보기로 한다.

1. 의사결정을 위한 3가지 접근방법

의사결정의 역사는 인간의 역사만큼이나 길다. 고대시대 사람들의 의사결정은 날씨, 천둥·번개, 꿈 등의 자연현상에 의해 영향을 받았다. 점성술이나 신의 계시, 전해오는 격언 등에 의지하기도 했다. 그러나 중세로 넘어오면서 이성과 합리성에 대한 인식이 생겨나기 시작했다. 의사결정에 대한 이성적·합리적 접근의 시작은 근대역사에서 구체적으로 찾을 수 있다. 서양 근대철학과 과학의 기반이 되었던 17세기 논리에 기초한 데카르트적 사고방식이 이에 해당된다. 중세의 종교적 계시, 신비주의적 직관 등을 배격하고, 인간의 이성을 중시하는 17, 18세기 계몽주의적 운동도 유사한 접근방법이다. 전통경제학에서도 인간을 호모 이코노미쿠스homo economicus로 보고, 효용극대화를 추구하며 모든 정보를 고려해 가장 합리적 의사결정을 하는 주체로 생각한다. 따라서 데카르트 이후 최근까지는 감성보다 이성을 중심으로 하는 철학과 이론들이 주류를 이루고 있었음을 알 수 있다.

그러나 이러한 생각들은 20세기 중반부터 변화되기 시작한다. 이론적으로 설명하기 어려운 경제현상을 관찰하면서 합리적 결정 주체로서의 이성적 인간보다는 불완전 정보하에서 제한된 능력을 가진 인간을 가정하는 것이 더 현실적이라는 인식이 그것이다. 이 개념의 시작은 노벨경제학 수상자 허버트 사이몬Herbert Simon이 1950년대에 제시한 제한된 합리성bounded rationality 가설이다. 이 가설에 의하면 인간은 제한된 정보처리 능력 때문에 최적의 대안optimal solution을 추구하는 것이 아니라 만족스러운 대안satisfying solution을 추구한다는 것이다. 이러한 개념은 이성 위주의 규범적 경제이론에서 인간의 실제적 행동과 감정에 초점을 맞추는 행동주의 경제학behavioral economics으로의 출발점이 되었다. 또한 이성에 비해 덜 알려진 감정의 역할에 대해서도 fMRI 등에 의해 그 메커니즘이 밝혀지고, 중요성이 재조명되고 있다(Buchanan & O Connell, 2006 ; Fox, 2015 ; Morelli, Casagrande, & Forte, 2022).

규범적 접근과 유사하지만 그 목적이 다른 접근방법이 처방적 접근prescriptive

approach이다. 처방적 접근은 주관적 확률과 기대효용이론에 기반하여 현실의 의사결정 문제를 실질적으로 해결하고 도움을 주기 위한 방법이다. 이를 통해 의사결정의 원칙, 프로세스, 다양한 방법론을 제공하고 이를 활용해 좋은 의사결정을 내릴 수 있게 도와준다. 다음으로 의사결정의 세 가지 접근방법인 규범적 의사결정 normative decision-making, 처방적 의사결정prescriptive decision-making, 행동과학적 의사결정behavioral decision-making에 대해 알아보자([그림 3-1]).

그림 3-1 의사결정을 위한 접근방법

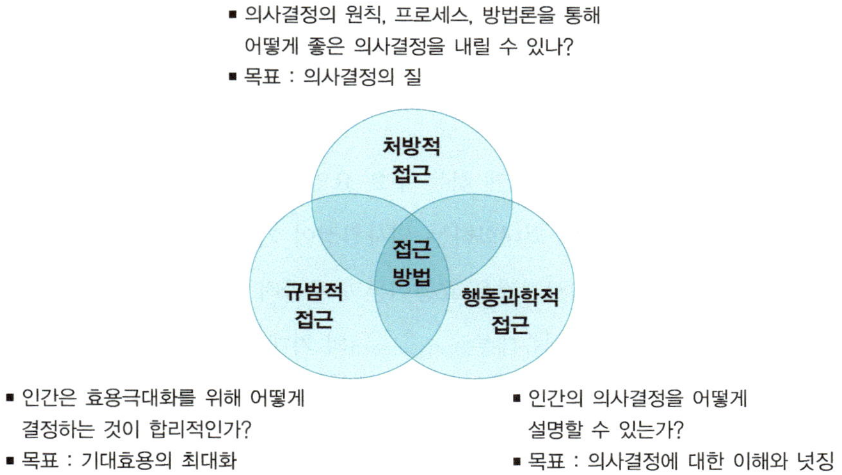

1.1 규범적 의사결정

합리적 의사결정의 기준으로 사용되는 기댓값의 개념은 17세기의 프랑스 수학자인 파스칼과 페르마의 대화에서 유래되었다(Newell, Lagnado, & Shanks, 2022). 변수 X에 대한 기댓값 $E(X)$는 변수 X가 취할 수 있는 값 x_i를 해당 확률 p_i와 곱한 후 모든 i에 대해 더해 계산한다($i = 1, \cdots, n$).

$$\text{기댓값 } E(X) = \sum_{i=1}^{n} p_i x_i$$

파스칼과 페르마는 도박이라는 상황에서 도박사가 얻을 수 있는 가치를 기댓값으로 계산하고, 이를 합리적 의사결정의 근거로 삼았다. 기댓값의 개념은 이후 기대효용이라는 개념으로 발전해 전통경제학에서 소비자 행동 모형화의 중요한 기반이 된다.

17세기 학자들은 흥미롭게도 불확실성하에서의 의사결정의 예를 신의 존재와 믿음의 문제에서 찾기도 했다. 당시 파스칼은 신의 존재를 믿을 것인가, 믿지 않을 것인가를 지옥이 존재할 확률과 지옥에 갔을 때의 비용을 가지고 논했다. 그는 결론적으로 "지옥이 존재할 확률이 매우 낮을지라도, 지옥에서의 고통에 따른 무한대의 비용을 고려해 보면 신을 믿는 게 낫다"는 논리를 폈다. 그는 그의 논리에 따라 대안의 가치를 평가하고, 사건 발생의 불확실성을 확률로 표현해 이를 의사결정의 지표로 삼고자 했다.

불확실성은 의사결정을 어렵게 하는 주요 요인이다. 전통경제학의 관점에서 불확실성하에서는 기대효용을 최대화하는 의사결정이 가장 합리적 결정이라고 생각했다. 불확실성하에서의 의사결정은 효용이론과 주관적 확률에 기반하여 1940년대 노이만Von Neumann과 모르겐슈테른Morgenstern의 기대효용이론expected utility theory으로 체계화되어 경제학과 의사결정론의 중요한 기반이 됐다. 기대효용이론은 의사결정의 이론적 토대를 제공하기 때문에 규범적 접근이라고 불리며, 전통경제학적 접근방법이라 할 수 있다.

기대효용이론에서는 인간을 이성적인 존재라고 가정한다. 이 이론은 기대효용을 극대화하는 이성적 인간들의 행동을 가정하고, 이를 토대로 가격을 통한 시장의 총수요와 재화의 총공급이 결정되며, 최종적으로 소비 및 생산 잉여가 발생하는 모든 경제적 행동들을 모형화하는 중요한 바탕이 된다. 이 이론은 경제학적 접근방법과 분석의 기초를 제공하기 때문에 대단히 중요하다. 그러나 문제는 인간이 항상 이성적인 판단을 내리지는 않으며, 기대효용이론이 성립하기 위한 전제 조건들은 현실적으로 충족되기 어렵다는 것이다. 기대효용이론은 의사결정과 관련된 규범적인 기준을 제공하는 역할을 하지만, 복잡한 현실 문제를 분석하고 이에 대한 의사결정의 구체적 방향성을 제시하지는 않는다(안재현, 2009).

이러한 이성적 인간에 기초한 규범적 접근에 대해 허버트 사이몬은 이러한 가정이 가능하지 않은 추상적인 것이라고 주장했다. 사이몬은 실제적 의사결정 상황에서는 제한된 정보를 사용할 수밖에 없다는 측면에서 인간은 제한된 합리성에 따라 행동한다고 말했다. 이러한 제한된 합리성하에서는 최적 대안이 아닌 만족스러운 대안이 선택된다(Simon, 1955, 1979).

1.2 처방적 의사결정

기대효용이론에 기반한 규범적 의사결정이 현실과 괴리를 보이는 상황에서 1960~1980년대에 걸쳐 의사결정 문제에 실질적으로 도움이 되는 실용적 접근방법이 나타났다. 이러한 접근방법은 현실의 문제를 해결하는 데 도움을 줄 수 있는 의사결정의 원리, 의사결정 프로세스, 이를 위한 방법론을 제공한다. 이 방법은 질병치료를 위한 의사의 처방과 같은 의미로 의사결정자의 문제진단과 합리적 의사결정을 도와준다는 의미에서 처방적 접근방법prescriptive approach이라고 부른다. 처방적 의사결정은 실질적이고 구체적인 방법을 제시한다는 점에서 경영학적·공학적 접근이라고 하겠다.

처방적 의사결정은 의사결정분석decision analysis이라는 이름으로 불린다(Howard & Abbas, 2016). 의사결정분석은 특히 불확실성하에서 분명하지 않은 의사결정 문제를 명확히 이해하고 정의해 나가는 분석적 과정clarity of action에 중점을 둔다. 이 과정을 통해 문제의 본질에 대한 이해를 돕고 의사결정에 대한 분명한 방향을 제시할 수 있어 대단히 유용하다. 자세한 내용은 제4장부터 다루기로 한다.

1.3 행동과학적 의사결정

의사결정 연구자들은 이성적 행동에 근거한 규범적 접근에 한계를 느끼게 되자 인간의 의사결정 과정에 대한 이해가 필요하다는 인식을 하게 된다. 따라서 1970～1980년에 걸쳐 인간의 심리적이며 행태적인 측면의 의사결정 연구에 관심이 높아졌다. 이에 따라 인간의 인지 및 자료처리 과정에서 생기는 편향, 이를 통한 의사결정 과정의 이해 및 현상적 설명 등에 관심을 두는 행동과학적 연구가 시작되었다.[1]

행동과학적 연구의 시발점은 심리학 분야의 대가인 트브르스키와 카네만에 의한 휴리스틱과 편향에 관한 연구이다. 이들은 불확실성하에서의 판단이 합리적·이성적으로 처리되는 것이 아니라 심각한 인지적 편향이 판단에 개입된다는 것을 밝혔다(Tversky & Kahneman, 1974). 그들의 연구에 따르면 인간은 제한적인 정보를 가진 상황에서 판단을 내려야 하는 경우 단순한 휴리스틱을 종종 사용한다. 휴리스틱은 경험치 혹은 구구셈법rule of thumb이라고 불리며, 제한된 정보하에서 빠른 시간에 불확실한 사건의 확률이나 특정 가치를 평가할 때 사용된다. 이러한 방법은 쉽고 편리하다는 장점이 있는 반면, 판단과 의사결정의 편향에 빠지게 되는 요소가 되기도 한다(Haselton, Nettle, & Murray, 2015 ; Martín Rajo & Valiña García, 2023).

휴리스틱과 편향에 관한 연구와 아울러 카네만과 트브르스키는 전망이론prospect theory을 제시했다. 전망이론은 위험과 관련된 대안을 선택하는 인간의 행동을 설명하는 매우 중요한 이론이다(Kahneman & Tverskey, 1979 ; Pan, 2019 ; Tversky & Kahneman, 1992). 이 이론에 따르면 인간이 느끼는 가치는 본인의 전체 부wealth의 변화에 따른 절대적인 성격이 아니라 준거점reference point에 따라 상대적으로 바뀐다고 한다. 이때 가치함수는 준거점을 기준으로 이익gain 측면의 가치는 오목함수 형태를, 손실loss 측면의 가치는 볼록함수 형태를 보인다고 가정한다. 전망이론에서

---

1. 인간의 의사결정과 그 과정을 이해하고 설명한다는 측면에서 행동과학적 의사결정 대신 기술적 의사결정descriptive decision-making이라는 용어를 쓰기도 한다.

는 가치함수의 형태뿐만 아니라 같은 크기의 값 x에 대해 이익 $v(x)$보다 손실 $v(-x)$를 더 크게 느낀다고 가정하며, 이에 따라 나타나는 행동을 손실회피 성향loss aversion이라고 한다([그림 3-2]).

이러한 가정들에 기반한 전망이론은 인간의 합리성에 기초한 기대효용이론이 설명하지 못하는 현상들, 예를 들어 보험이나 복권을 동시에 사는 모순되는 행동 등을 논리적으로 설명할 수 있다(자세한 내용은 제11장 제5절 참고). 전망이론은 개인의 의사결정을 논리적으로 설명하고 예상할 수 있는 중요한 이론이며, 행동경제학의 이론적 배경이 된다.[2]

그림 3-2 전망이론에서의 가치함수

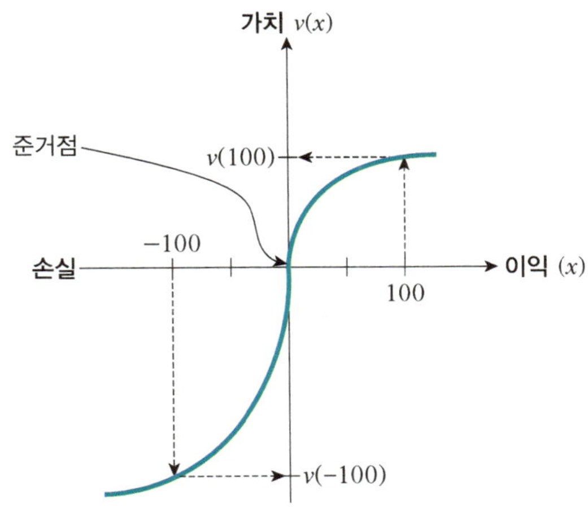

또 다른 행동과학적 연구는 사람들의 결정을 유도하는 선택설계choice architecture에 관한 것이다. 2017년 노벨 경제학상 수상자 쎄일러Thaler와 선스타인Sunstein

2. 전망이론은 행동경제학의 출발이 된 가장 중요한 이론이다. 카네만은 이 공로를 인정받아 2002년 노벨 경제학상을 수상하게 된다. 스웨덴 왕립과학원에서는 그의 수상 이유를 "for having integrated insights from psychological research into economic science, especially concerning human judgment and decision-making under uncertainty"로 평가하였다. 오랜 공동 연구자인 트브르스키는 1996년 사망해 공동수상의 영예를 누리지 못했다.

은 인간의 비이성적 판단이 자유로운 시장 시스템하에서는 사회적으로 바람직하지 않는 의사결정을 내린다고 생각했다. 따라서 어떤 사안의 주체(특히 정부)가 선택설계를 통해 적절한 의사결정 대안을 설계, 제공하면 사회적으로 바람직한 선택을 유도, 즉 넛징nudging할 수 있다는 것이다(Thaler & Sunstein, 2021 ; 하영원, 2023).

이 선택설계의 유명한 사례가 넛징에 기반해 설계된 미국의 퇴직연금제도 : 401(k) 저축 플랜이다. 401(k) 저축 플랜은 직장인들에게 매우 매력적인 제도이다. 가입하면 저축액에 대해 세금이 공제되고 저축액에 해당하는 분담금matching contribution을 고용주가 내준다. 그럼에도 직장인들이 퇴직연금에 가입하지 않는 경우가 많았다. 가입신청을 해야만 가입이 되기 때문에 차일피일 미루다 가입을 하지 못한 사람이 대부분이었다. 쎄일러는 희망자만이 가입하는 퇴직연금제도와 자동가입이 원칙인 퇴직연금제도가 가입률에서 어떤 차이가 있는지 확인했다. 자동가입이 원칙인 상황에서는 퇴직연금제도의 가입률이 49%에서 86%로 급격히 높아졌다(Madrian & Shea, 2001). 이러한 선택설계와 넛징은 현상을 유지하려는 인간의 특성을 활용해 사회적으로 더 나은 방향으로 의사결정을 유도하는 결과를 얻었다(Congiu & Moscati, 2022).

카네만은 최근의 행동과학적 연구에서 판단의 오류를 편향bias과 잡음noise 두 가지로 나누어 설명했다(Kahneman, Sibony, & Sunstein, 2021). 편향은 체계적 오류로 휴리스틱의 활용에 따라 인간의 사고체계에서 일관되게 발생되는 오류이다. 편향은 사전적으로 그 가능성을 인지하고 예방할 수 있는 성격이다. 잡음은 판단의 변동성variability을 의미하며, 특히 전문가들의 영역에서 일어나는 판단의 일관성 문제에서 발생한다. 예를 들어 동일한 환자의 X-ray 판독에서 의사들 간의 서로 다른 진단이나, 동일한 피고에 대한 양형에서 판사들 간의 서로 다른 판결 등이 그 예가 된다. 이러한 시스템 잡음system noise은 전문가들의 개인적 가치, 성향, 경험, 상황 등이 다르기 때문에 나타난다. 그러나 시스템 잡음은 예상보다 상당히 크며 그 영향이 우리 사회에 심각한 위협이 될 수 있다. 따라서 카네만은 인간의 판단과정에서 체계적 편향을 줄이는 것과 동일하게 시스템 잡음을 평가하고 줄이는 것도 사회적으로 중요하다는 점을 강조한다.

2. 휴리스틱과 편향

지금까지 살펴본 3가지 의사결정 접근방법 중 행동과학적 접근에서는 휴리스틱을 적절히 활용한다. 휴리스틱은 시스템 1적 사고를 통해 인지적 자원을 거의 소비하지 않고 직관적 판단을 내리는 데 도움이 된다. 그런 장점이 있음에도 휴리스틱은 판단과 의사결정의 편향과 오류의 원인이 된다는 점은 이미 언급했다. 특히 불확실성하에서 활용되는 휴리스틱은 의사결정과 깊은 관련이 있으므로 명확한 이해가 필요하다. 다음으로는 확률평가에 사용되는 3가지 대표적 휴리스틱인 대표성 휴리스틱, 가용성 휴리스틱, 기준점과 조정 휴리스틱에 대해 알아본다(Rakow & Skylark, 2017 ; Tversky & Kahneman, 1974).

2.1 불확실성하에서의 3가지 대표적 휴리스틱

대표성

특정 사람 A가 어떤 직업군 B에 속할 것이라는 확률적 판단을 한다고 하자. 이때 A가 B라는 범주의 사람들과 유사한 정도가 높으면 A가 B에 속할 확률을 높게 평가하게 된다. 대표성representativeness 휴리스틱은 이러한 확률적 판단을 할 때 대표적 특정 이미지, 즉 프로토타입prototype을 활용하는 휴리스틱이다. 예를 들어 어떤 사람 A가 대화에 능통하고 남의 이야기를 듣는 것보다 말하는 경향이 있으며, 다소 권위주의적이나 순수한 측면이 있는 사람이라면 A는 어떤 직업인일까 질문해 보자. 엔지니어와 교수 두 직업군에서 판단한다면 A는 교수의 특성과 유사성이 높기 때문에 교수라고 판단할 확률이 더 높다. 이러한 대표성 휴리스틱은 잘 활용될 수 있으나, 사전확률 무시, 샘플 사이즈에 둔감, 결합오류, 평균회기 무시 등의 편향을 발생시킬 수 있다.

가용성

가용성 휴리스틱은 기억이 쉽게 떠오르는 정도에 따라 어떤 사건이 일어날 확률을 판단하는 휴리스틱이다. 예를 들어 40대 중년의 심장병 발병률을 예측할 때 주변 지인이나 미디어의 보도 등을 통해 쉽게 상기되는 질병이면 그 발병 확률을 높게 평가하는 것이다. 이 가용성availability 휴리스틱은 사건이 더 많이 일어나면 기억이 더 잘 그리고 더 빨리 떠오르기 때문에 실제로 유용하다. 그러나 특별히 기억 또는 연상이 쉽거나, 생생하게 떠오르는 상황에 의해 영향을 받거나, 관련성 없는 연관관계illusory correlation 때문에 잘못된 확률적 판단을 내리는 편향도 일어날 수 있다.

기준점과 조정

기준점과 조정 휴리스틱은 확률에 대한 평가 시 처음 주어지는 정보가 기준이 되고 이를 기준점으로 추가적 정보를 통한 조정anchoring and adjustment이 이루어져 최종적인 평가가 이루어지는 휴리스틱을 의미한다. 문제는 기준점이 정해지면 조정이 충분하지 않다는 점이며, 이러한 문제를 기준점 편향anchoring bias이라고 부른다(Epley & Gilovich, 2006). 기준점이 주는 효과는 매우 강력하며, 많은 분야에서 실험을 통해 그 효과가 확인된 바 있다. 예를 들어 와인에 대한 경매 실험에서 주민등록번호 같은 간단한 숫자가 기준점으로 작용해 주민등록번호 숫자가 큰 사람은 최종 경매 호가도 높은 것으로 나타났다(Ariely & Jones, 2008). 알려져 있지 않는 값의 추정에서도 기준점이 주어지면 기준점 효과가 나타났다([Decision in Action 3－1] 참고).

[Decision in Action 3-1] 대한민국의 돼지사육 수 추정 실험

저자는 추정 과정에서의 기준점 효과를 확인하기 위해 의사결정 강의시간에서 간단한 실험을 해 보았다. 이 실험에서는 수강생들이 사전적으로 잘 알지 못하는 분야에 관련된 질문을 사용한다. 예를 들어 주로 사용하는 질문은 "1980년 대한민국에서 사육하는 돼지의 총 숫자"를 추정하는 문제이다. 이를 위해 수강생들을 임의의 두 그룹으로 나누고, 그룹마다 각기 다른 질문을 한다.

그룹 A : 1980년 대한민국의 총 돼지사육 숫자가 100만 마리보다 큰가 혹은 작은가? 예, 아니오로 답하시오.

그룹 B : 1980년 대한민국의 총 돼지사육 숫자가 1,000만 마리보다 큰가 혹은 작은가? 예, 아니오로 답하시오.

첫 번째 질문 이후 두 번째 질문에서는 실제 사육 숫자를 추정하게 한다. 그 추정 결과는 어떠할까? 여러분들이 추측하듯이 100만 두로 초기 정보가 주어진 그룹 A보다 1,000만 두로 초기 정보가 주어진 그룹 B의 추정값이 대부분 2~3배 정도 컸다. 이 실험은 수십 차례의 강의를 통해 반복했지만, 그 결과가 뒤바뀌는 경우는 단 한번도 없었다. 두 그룹 A, B는 무작위로 구분된 그룹이었음을 감안한다면, 주어진 초기 정보가 추정치에 얼마나 일관되고 지속적인 영향을 주는지 확인할 수 있다.

2.2 의사결정의 편향

의사결정 과정에서는 휴리스틱에 의한 편향뿐만 아니라 다양한 요인들이 영향을 미친다. 예를 들어 의사결정의 결과를 제시하는 방식에 따라 선호가 바뀌는 평가의 오류에 빠질 수 있다. 매몰비용을 의사결정 과정에서 고려하게 되는 논리적 오류에 빠질 수도 있다. 휴리스틱에 기인한 편향, 평가의 오류, 논리적 오류 등에 의해 의사결정에 부정적 영향을 미치는 요인들을 의사결정의 편향decision bias 혹은 의사결정의 함정decision trap(Russo, Schoemaker, & Russo, 1989)이라고 부른다. 좋은 의사결정을 위해서는 의사결정의 편향을 확인하고 이들을 줄이려는 다양한 시도가 필요하다(Abatecola, Caputo, & Cristofaro, 2018 ; Ceschi, Costantini, Sartori, Weller, & Di Fabio, 2019 ; Cristofaro, 2017 ; Hammond, Keeney, & Raiffa, 2006 ; Martín Rajo & Valiña García, 2023 ; Russo, Schoemaker, & Russo, 1989 ; Stanovich, Toplak, & West, 2008). 〈표 3-1〉은 개인 혹은 조직에 노출된 편향의 가능성을 점검하고 개선하는 데 사용할 수 있다. 편향을 줄이려는 탈편향 시도에 대해서는 제4절에서 더 구체적으로 다루기로 한다.

표 3-1 의사결정의 편향

종류	정의	문제점
이기적 편향 (Self-interested bias)	조직의 가치가 아닌 자신 혹은 팀에 이익이 되는 대안에 더 관심을 가지고 그러한 대안을 선호하는 편향	개인 혹은 팀이 선호하는 대안 이외에는 비현실적이고 가치 없는 대안들이 들러리로 제시될 수 있음
정서 휴리스틱 편향 (Affect heuristic bias)	일차적으로 느껴지는 감정이 객관적·이성적 판단보다 우선하여 발생하는 편향	감정이 앞서기 때문에 객관성과 이성이 결여된 판단과 결정을 내릴 가능성이 있음
집단사고 편향 (Groupthink bias)	불협화음에 대한 거부와 강력한 지지에 대한 선호로 소수의 의견이 무시되고 하나의 대안으로 수렴하는 편향	의사결정 그룹에 다양성이 없으면 발생할 수 있음. 집단 구성원들의 개인적 접촉을 통해 소수의 의견들을 확인할 필요가 있음
현저성 편향 (Saliency bias)	눈에 띄거나 주목하기 쉬운 정보에 집중하여 다른 정보를 무시하는 편향	잘못된 확률적 판단을 내릴 가능성이 있음. 대표성 혹은 가용성 휴리스틱의 부정적 측면
확증편향 (Confirmation bias)	왜(why)라는 질문에 대한 신중한 고려 없이 1차 선호하는 대안을 지지하는 증거들에 관심을 집중하고 수집하며, 반대되는 자료는 무시하고 회피하는 편향	경쟁대안에 대한 충분한 정보수집과 평가가 이루어지지 않을 가능성이 있음
가용성 편향 (Availability bias)	쉽게 떠올릴 수 있는 정보를 활용해 판단을 내리고, 실질적으로 도움이 될 수 있는 정보들을 찾는 노력을 등한시하는 편향	부족한 정보로 인해 최선의 결정을 내리지 못할 위험성 존재. 가용성 휴리스틱의 부정적 측면

기준점 편향 (Anchoring bias)	처음 받은 인상이나 정보가 기준점이 되어 판단을 내리고, 새로운 정보는 불충분하거나 반영되지 않는 편향	변화의 시기에 더 큰 문제를 발생시킬 위험이 있음. 기준점 편향과 조정 휴리스틱의 부정적 측면
후광효과 (Halo effect)	부분적인 평가나 인상이 전체적 판단과 의사결정에 주는 영향	단편적 정보에 의존해 전체적인 평가를 내리지 못하므로 왜곡된 결정을 내릴 가능성이 존재
매몰비용 편향 (Sunk cost bias)	현재의 결정에는 회수할 수 없는 과거의 매몰비용(돈, 시간, 노력)을 무시해야 함에도, 그 영향이 지속되는 편향	과거에 발생해 회수불가한 매몰비용을 현재의 결정에 고려함으로써 바람직하지 못한 결정이 지속되고 악화되는 현상
과잉확신 편향 (Overconfidence bias)	개인의 능력, 지식, 미래에 대해 과도하게 확신을 가지고 판단하고 결정하는 편향	과도한 확신은 낙관적 추정을 낳고, 잘못된 결정을 내릴 가능성이 존재함. 따라서 의사결정 과정에서 객관적 시각을 갖는 것이 중요하고 "워 게임" 등을 통해 경쟁자 및 시장의 반응 등을 사전적으로 예상해 볼 필요가 있음
최악무시 편향 (Disaster neglect bias)	불확실한 미래에 대한 부정적 시나리오가 충분치 않아 잘못된 판단을 하는 편향	최악의 상황을 상정하지 못하기 때문에 최악의 결과에 대비하지 못할 가능성이 있음. 이럴 때는 최악의 시나리오를 상정하는 프로젝트 사전 부검 premortem이 도움이 됨
손실회피 (Loss aversion)	위험이 내재된 의사결정 상황에서 과도한 위험회피적 태도로 합리적인 판단을 하지 못하는 경향	너무 신중한 결정을 내려 조직의 발전이 저해될 수 있음. 이를 방지하기 위해 적절한 위험선호도, 예를 들어 조직마다 다른 위험조정 할인율을 설정하여 사용할 수 있음

주 : 카네만(Kahneman, Lovallo, & Sibony, 2011)과 크리스토파로(Cristofaro, 2017)의 정의와 설명을 재조합한 것임

3. 사례 : 직관의 오류

직관은 의사결정에서 매우 중요한 역할을 담당한다. 특히 직관은 매우 빠른 의사결정의 순간이나, 과거 사례가 없는 비정형적인 상황에서 효과적으로 작동한다. 그 직관이 10,000시간의 법칙에 의해 축적된 전문가적 경험이라면 더욱 효과적이다(Gladwell, 2006). 그러나 직관적 판단에는 휴리스틱과 편향이 작용하며, 이는 때

로 판단의 오류를 일으키고 심각한 결과를 초래하기도 한다.

다음 [Decision in Action 3-2] 대한항공 801편 추락사고를 통해 직관의 오류에 대해 이해해 보자. 일반적으로 조종사들은 항공기 비행에서 인지적 오류에 의한 시스템 1적인 사고를 방지하기 위해 비행 시스템, 객관적 비행정보, 매뉴얼을 토대로 시스템 2적인 비행을 하도록 끊임없이 훈련을 받는다. 그러나 특수한 상황에서 인간의 직관적 판단이 개입되어 큰 사고가 발생하기도 한다. 1997년 대한항공 801편의 괌 국제공항 추락사고에서는 조종사들의 거리에 대한 착각과 인지적 편향이 주된 사고의 원인이었다.

[Decision in Action 3-2] 대한항공 801편 추락사고

1. 사고의 개요

1997년 8월 6일 현지시간 새벽 1시 43분(한국시간 새벽 0시 43분)에 대한항공 801편 보잉 747-300기가 괌 국제공항 주변에서 추락했다. 서울 김포공항을 출발한 후 괌 국제공항에서 남서쪽으로 약 3마일 정도 떨어져 있는 니미츠 힐Nimitz Hill에 충돌해 총 254명 중 228명이 사망한 사고이다.[3] 이 사고의 원인을 확인하기 위해 안전과 밀접하게 관련된 괌 국제공

▲ 나미츠 힐과 괌 국제공항(출처 : Google Maps)

3. 나무위키(https://namu.wiki/). 대한항공 801편 추락 사고 참고.

항의 계기착륙장치에 대해 우선 알아보기로 하자.[4]

계기착륙장치

비행기는 안전하게 공항에 착륙하기 위해 계기착륙장치(ILS ; Instrument Landing System)를 사용하게 된다. 이 시스템은 공항 활주로 주변에 설치된 로컬라이저localizer, 글라이드 슬롭glide slope, 그리고 마커marker 세 가지로 구성된다. 로컬라이져는 비행기의 접근 방향이 활주로의 방향과 일치하도록 수평유도lateral guidance를 해 주고, 글라이드 슬롭은 착륙에 필요한 수직유도vertical guidance, 즉 적절한 고도를 알려주는 역할을 한다. 마지막으로 표식은 활주로 전 8km(outer marker), 1km(middle marker), 300m(inner marker) 등에 설치하여 비행기가 통과할 경우 독특한 신호음과 불빛을 통해 활주로까지의 거리를 알려준다. 계기착륙 최종단계에서는 공항에 따라 차이가 나지만, 완전히 자동으로 착륙할 수 있더라도 마지막 단계에서 ILS의 유도를 벗어나 시계착륙visual landing을 할 수도 있기 때문에 충분한 시계 확보가 중요하다.

계기착륙장치를 통해 비행기가 착륙할 때는 비행기가 활주로에 안전하게 착륙할 수 있도록 로컬라이져, 글라이드 슬롭, 그리고 표식을 통해 상하 및 좌우로 유도한다. 그런데 공항마다 계기착륙장치들의 설치 상황이 다를 수 있기 때문에 비행기는 각기 다른 방식으로 착륙한다. 최종 활주로 접근방식을 두 가지로 구분하면, 상하 유도를 해 주는 글라이드 슬롭의 정보가 제공되는 경우를 정밀접근precision approach이라 하고, 제공되지 않는 경우를 비정밀접근non-precision approach이라고 한다. 정밀접근 착륙의 경우에는 일반적으로 지면과 약 3° 정도의 고정 할공각으로 접근할 수 있도록 유도해 주는 글라이드 슬롭의 지시표시에 따라 비행기를 조종 착륙한다. 반면 비정밀접근 착륙은 글라이드 슬롭 지시표시가 없기 때문에 공항 활주로까지의 거리에 따라 단계별로 고도를 낮추어 착륙한다. 따라서 비정밀접근은 정밀접근에 비해 수행할 절차와 조작이 많아 조종사들에게는 스트레스로 작용하기도 한다.

비행 기록

1997년 8월 6일 사고 당일 괌 상공은 비가 오고 시계가 좋지 않은 상태였으며, 착륙 시 상하 유도를 해 주는 글라이드 슬롭이 고장나 작동되지 않는다는 사실이 항공고시보(NOTAM ; NoTice to Air Missions)를 통해 항공사 및 조종사에게 전파되어 있는 상태였다. 따라서 정

4. 대한항공 801편과 US Airways 1549편에 관련된 항공 관련 전문적 지식과 견해를 제공해 주신 아시아나항공 기장 출신 가톨릭관동대학교 정윤식 교수님께 감사드린다.

밀접근(ILS) 착륙보다는 구간별로 최소 고도에 맞추어 단계적으로 접근하는 비정밀접근 계기 착륙을 하게 되었다(NTSB, 2000). 801편이 착륙하기로 허가된 활주로 6L에서 쓰는 비행차트approach chart를 보면 단계별 착륙고도가 나타나 있다. 니미츠 힐에서 남서쪽으로 7마일 떨어진 지점까지는 2,600피트 이상 고도 유지, FLAKE 지점에서 외부표지(니미츠 힐에서 1.6마일 떨어진 지점)까지는 2,000피트 이상, 외부표지에서 니미츠 힐까지는 1,440피트 이상, 니미츠 힐을 통과한 후 활주로까지는 최소 560피트를 유지하는 것으로 되어 있다. 각 구간마다 정해진 최소 하강고도를 MDA(Minimum Descent Altitude)라고 한다. 560피트까지 내려가도 활주로를 육안으로 확인할 수 없어 그 고도를 유지하다가 최종 접근지점을 통과하면 착륙을 포기하고 복행go around해야 한다.[5]

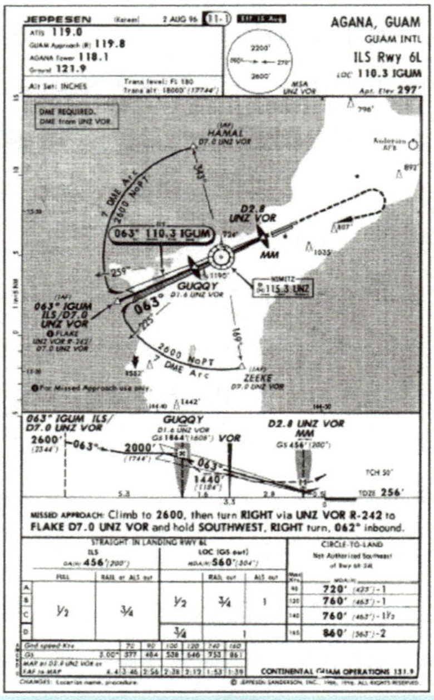

▲ 괌 국제공항 활주로 6L 계기비행 비행차트 (출처 : NTSB, 2000)

[그림 3-3]에 나타난 801편의 고도를 보면, 2,600피트 상공에서 시작하여 단계별 하강이 아니라 고도가 일정하게 떨어져 그대로 니미츠 힐에 부딪히게 된다. 지상과 비행기와의 거리를 경고해 주는 지상근접경고장치(GPWS ; Ground Proximity Warning System)가 지상으로부터 1,000피트를 경고했지만(1시 41분 41초), 조종사와 부조종사는 이를 무시하고 하강을 계속한다. 그때는 이미 해발 1,440피트로 최소 고도를 벗어난 시점이었다. GPWS는 560피트에서 다시 "minimum, minimum"으로 경보를 울린다(1시 42분 14초). 추락 7초 전 비행기가 지상 200피트까지 내려가자 부조종사는 착륙 중지를 요구하고(1시 42분 20초), 추락 3초 전 기장은 기체 상승을 시도한다. 그러나 상승 직전, 기체는 니미츠 힐에 추락하게 된다(1시 42분 26초).[6]

5. 이 케이스에서 쓰는 마일은 항공마일(nautical mile, nm)을 뜻한다. 이것은 항공분야에서 사용하는 거리 단위로 1nm는 1,852미터이다. 참고로 항공마일이 일상생활에서 쓰는 육상마일(1,609미터)보다 조금 더 길다. 여기서 니미츠 힐로 부르는 것은 정확히 표현하면, 니미츠 힐의 무선 표지시설로 UNZ VOR이라고 부른다.

6. 해당 사고에 대한 영상물도 사고 경위를 이해하는 데 도움이 된다. https://www.youtube.com/

그림 3-3 대한항공 801편의 추락 직전까지의 비행 음성기록 및 고도

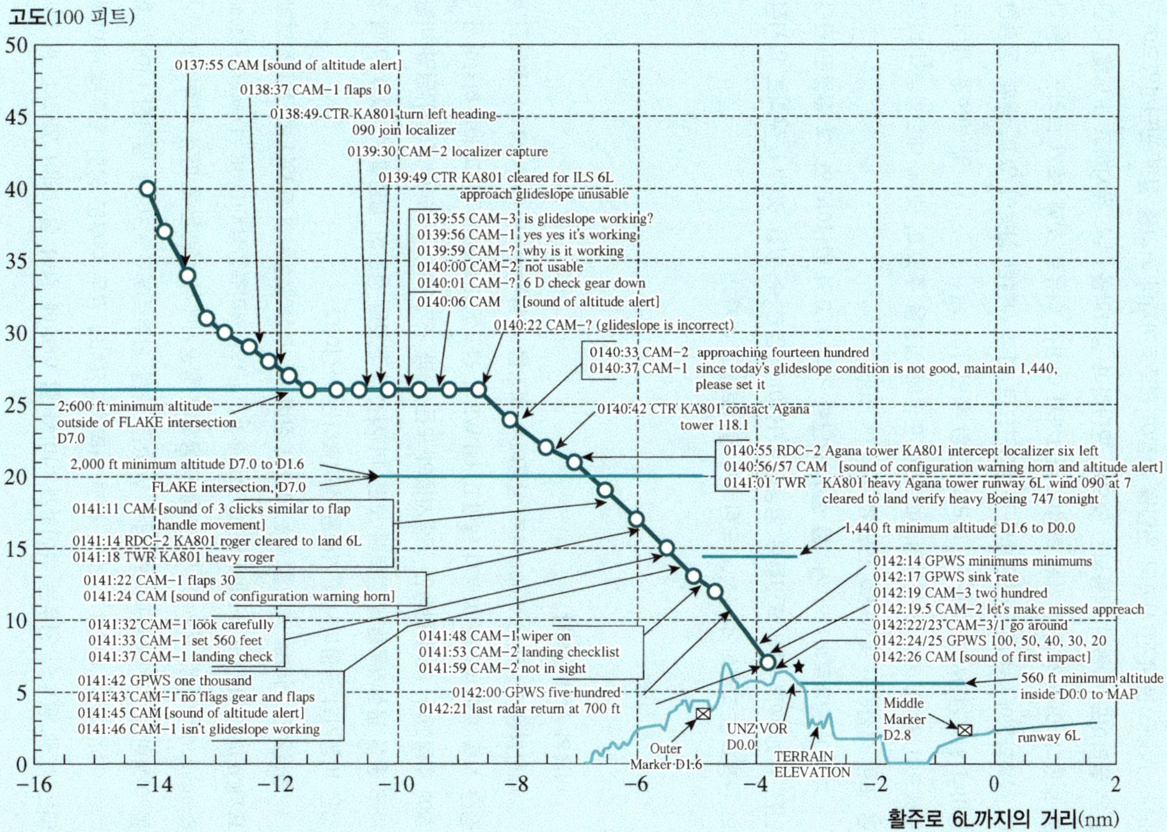

출처 : NTSB(2000)

사고 원인분석

대한항공 801편 추락사고를 조사한 미국 국가교통안전국 NTSB(National Transportation Safety Board)는 주된 사고의 원인을 기장이 활주로까지의 거리를 잘못 판단하였으며 조종사들은 글라이드 슬롭이 작동되는 것으로 판단하여 강하각을 계속 유지하고 고도를 내린 것으로 보았다. 이런 성급한 기체 하강이 사고까지 이어진 이유로 첫째, 초기 브리핑 내용과는 달리 착륙과정에서 비정밀접근에서 정밀접근으로 변경 시행한 잘못이 있고, 둘째, 동승한 부기장이나 항공기관사도 고도 및 거리에 대한 확인작업cross-checking 및 반론을 제대로 하지 못했으며, 셋째, 기장의 신체적 피로도가 판단에 영향을 주었고, 넷째, 대한항공의 비행사 훈련 또한 적절하지 못했다고 판단했다(NTSB, 2000).

기장이 활주로까지의 거리를 잘못 판단한 것이 사고의 발단이라면, 그 잘못된 판단의 원인은 무엇일까? 여러 요인들로 항공전문가들이 설명할 수 있을 것이나, 우리는 인지적 편향의 관점과 조직문화의 관점에 국한해서 살펴보기로 하자.

2. 인지적 편향

비극의 시작 : 착각

대한항공 801편은 2,600피트 상공에서 하강을 시작한다(1시 40분 22초). 정해진 비정밀접근 착륙 프로세스를 따르지 않았고, GPWS의 경고들도 무시한 채 그대로 하강해서 니미츠힐에 추락한다. 마치 한동안 조종사들의 모든 눈과 귀가 막힌 듯하다. 그러나 당일 비행 행적과 조종실 음성기록들을 검토해 보면, 이 사건의 원인을 충분히 설명할 수 있다. 이때 필요한 것은 비행기와 공항까지의 거리를 착각했다는 가정이다.

항공기가 거리를 측정할 때는 2가지 장비, 즉 지상에 설치된 표지인 초단파 전방향 무선표지(VOR ; VHF Omni-directional Radio Range)와 거리측정장치(DME ; Distance Measuring Equipment)의 쌍, 즉 VOR/DME를 이용하여 항공기에서 전송한 전파가 되돌아오는 시간차를 이용한다.[7] 괌 국제공항의 경우 VOR은 공항 활주로에서 3.3마일 떨어진 니미츠 힐(일명 UNZ VOR)에 설치되어 있었다. 한편 거리측정장치의 경우 대부분 공항 활주로 주변에 설치되는데, 괌 공항의 경우는 특이하게 니미치 힐 VOR에 같이 설치되어 있었다. 괌 국제공항

---

watch?v=2WPGyPZMu0o

7. 위치를 추적할 때는 관성항법장치(INS ; Inertial Navigation System)나 GPS(Global Positioning System)를 사용한다.

활주로 비행차트를 보면, 거리를 표기할 때 공항 활주로를 기준으로 한 거리 표시도 있고, 니미츠 힐 VOR을 기준으로 한 표시도 있다.[8]

NTSB의 2000년 보고서(p. 144)를 보면, 비행사들이 괌에서 로컬라이저를 이용한 비정밀접근방식으로 착륙하고 있을 때, 니미츠 힐에 설치된 거리측정장비가 공항에 있는 경우로 착각했을 가능성을 언급하고 있다.[9] 그런 가정을 하면, 비행기의 위치가 실제보다 3마일 더 공항에 가깝게 있다고 생각하게 된다. 물론 1시 11분 51초부터 시작한 기장의 착륙 전 브리핑 내용을 보면, 니미츠 힐 VOR을 통과한 후 괌 공항까지 3마일을 더 가야한다는 것을 인식하고 있음을 알 수 있다. 그러나 28분 정도 지난 1시 40분경부터 고도를 낮추며 착륙하는 과정 속에서 조종사들은 괌 공항의 특별한 상황을 인식하고 있지 못한 것 같다. 조종사들이 공항이 3마일 더 가깝게 있다고 착각했다고 가정하면, 그 이후의 행동들은 합리적인 설명이 가능하다.

거리에 대한 잘못된 앵커링

모든 사건은 거리에 대한 착각에서 시작되었다. 주변의 큰 구름과 바람을 피해 2,600피트에서 하강을 시작하던 801편은 지정된 플레이크FLAKE 지점을 통과했기 때문에(1시 39분 40초), 2,000피트 최저고도를 유지하며 5.4마일 외부표지까지 비행해야 했다. 그것은 글라이드 슬롭이 작동하지 않는 상태이므로 공항 활주로까지의 거리에 따라 단계별로 고도를 낮추어 착륙하는 비정밀접근방법을 따라야 하기 때문이다. 그런데 부기장은 무슨 이유에서인지, 고도 2,400피트 정도에서 2,000피트 비행구간을 언급하지 않고, 1,400피트 구간에 접근한다고 이야기한다(1시 40분 33초). 그 순간은 비행사들 간에 글라이드 슬롭의 작동 여부에 대한 혼동이 있은 직후였다. 이에 기장은 상하 고도를 유도해 주는 글라이드 슬롭이 제대로 작동하지 않는다고 판단했기에 1,440피트를 유지할 수 있도록 계기 작동을 지시한다(1시 40분 37초).[10]

여기서 주목할 것은, 1시 40분 33초(활주로까지 8마일 전)에 부기장이 2,000피트 구간을

8. 예를 들어 외부표식은 D1.6 UNZ VOR로 되어 있고, 니미츠 힐은 UNZ D0.0으로 표시되어 있다. 그리고 니미츠 힐 VOR을 지난 중간표지는 D2.8 UNZ VOR로 표시되어 있다.

9. 사후적으로 조종사들이 받은 대한항공의 트레이닝을 확인한 결과, DME가 공항과 같이 있는 경우에만 훈련하였고(NTSB, 2000), 괌 국제공항의 니미츠 VOR의 경우와 같이 전후로 DME가 감소했다가 증가하는 경우는 트레이닝 과정에 없었음이 발견되어 이후 시정된 바 있다.

10. 모든 계기 조정은 100피트 단위로 이루어지기 때문에 1,440피트 구간에서는 1,400피트로 조정하는 것이 정해진 규칙이다.

생략하고, 갑자기 1,400피트 구간으로 접근한다고 이야기한 점이다. 이 순간은 글라이드 슬롭이 정상 작동하고 있지 않지만 계기상에 정확하게 글라이드 슬롭을 따라 내려간다고 착각하고 있는 순간이다. 글라이드 슬롭의 작동과 오작동 간의 혼동 속에서 부기장이 당시 활주로에서 8마일 떨어진 비행기가 실제보다 공항에 3마일 더 접근해 있다고 착각했다면, 5마일 전이라고 생각했을 것이고, 그런 가정하에서는 1,440피트 구간으로 접근해야 하는 정확한 순간이었다(NTSB Report, p. 138 참고).[11]

또한 부기장의 착각으로 1,400피트 구간으로 접근한다고 이야기를 들은 기장의 입장에서는 그 정보가 앵커링된 것으로 보인다. 기장 또한 글라이드 슬롭의 작동 여부에 신경을 쓰고 있었기 때문에 부기장의 말에 특별히 다른 판단을 하지 않았을 가능성이 있다. 부기장의 보고에 1,440피트를 유지하라는 기장의 말은 다시 한번 공항에서 3마일 정도 더 접근했다는 착각을 상호간에 확인한 결과가 되었다.

확증편향의 오류

기장은 1,500피트 고도에서 560피트 최저고도 지정을 한다(1시 41분 33초). 만약 실제 위치에서 3마일 정도 가깝다고 판단했다면, 그때는 활주로까지 2.5마일 정도 떨어졌다고 판단했을 것이다. 그런 가정하에서는 비행차트의 지시에 따라 비정밀접근에 해당하는 560피트를 최저고도를 지정한 것은 타당한 행동이다.

문제는 공항 활주로까지의 거리를 확인하는 절차가 생략되었다는 점이다. 801편은 1시 40분 30초 이후 계속 하강 중이었다. 그런데 니미츠 힐에서 1.6마일 떨어져 있는 외부표지 상공을 통과할 때는(1시 42분 정각 경) 그곳에서 발생하는 무선을 수신하고, 거리를 확인해야 한다. 그러나 조종실 녹음에서는 이 작업이 없어 필수적인 점검이 빠져있음을 알 수 있다. 이때 GPWS가 500피트를 경고하면서 조종사들이 혼란을 겪고 있었기 때문에 이 절차도 생략된 것으로 보인다.

---

11. 괌 관제소는 "대한항공 801편, 활주로 6번 왼쪽으로 계기 착륙 방식의 접근을 허가한다. 글라이드 슬롭은 사용할 수 없다"며 글라이드 슬롭의 고장을 다시 상기시켜주었다. 그런데 이 직후 조종실에서는 "글라이드 슬롭이 돼요?" "글라이드 슬롭 되나 보라고" 등등의 대화가 오고 가기 시작한다. 글라이드 슬롭 전파송신소는 고장이 나있더라도 비행기 계기판에는 작동하고 있는 것처럼 신호가 나타나는 경우가 가끔 있는데, 라디오 같은 전자 제품에 의한 전파 간섭이나 비행기 외부에서 방출된 전파로 인한 오작동을 일으킬 수 있다. 결국 기장은 거리에 따라 고도를 낮추어 착륙하는 비정밀접근 과정을 따르면서도 글라이드 슬롭의 작동여부에 신경을 쓰고 있는 것을 알 수 있다.

기장은 활주로까지의 거리를 살피기보다는 보이지 않는 활주로를 찾으려고 애를 쓴다. 동시에 작동하지 않는 글라이드 슬롭에 미련을 버리지 못했다. 위치에 대한 착각을 인식하지 못한 채, 현재의 거리에 대한 생각을 바탕으로 그 생각을 뒷받침해 줄 활주로를 찾는 데 집중했던 것으로 보인다.

충돌 12초 전(1시 42분 14초), GPWS가 "Minimum, Minimum"이라는 경보음을 냈을 때 기체와 니미츠 힐 언덕과의 지면격차는 304피트, 약 90m밖에 되지 않았다. 활주로를 찾지 못하고 있는 그 상황에서까지 왜 기장은 착륙포기를 선언하고 기체를 상승시키지 않았을까?

니미츠 힐 VOR을 막 지났다고 착각한 상황을 가정하면, 기장은 560피트[12]까지 하강할 수 있다고 생각했을 것이고, 당시 고도는 840피트 정도를 가리키고 있었을 것이기 때문에 문제가 없다고 생각했을 것이다. GPWS에서 나오는 경고음은 지상에 접근할 때 나오는 의례적인 소리로 단정한 듯하다. 일련의 과정에서 본인의 믿음에 부합하는 정보를 찾으려고 하지만, 이를 배제하는 정보는 무시하는 확증편향의 오류가 작용한 결과이다.

계속된 경보음과 육안으로 확인이 안 된 활주로는 거리에 대한 착각에서 벗어날 수 있는 기회가 될 수 없었는가? GPWS가 500피트를 경고했을 때(1시 42분 2초), 녹음된 항공기관사의 목소리에서는 "어?" 하는 목소리가 들린다. 항공기관사가 생각하는 프레임에서는 상상할 수 없는 모순된 상황이 발생했다는 것을 의미한다.

충돌 7초 전, GPWS가 200피트 경보음을 냈을 때, 부기장은 착륙 중지를 건의한다. 기장은 충돌 3초 전, 회항을 시도하지만, 결국 1번 엔진이 니미츠 힐 언덕에 부딪히고 만다. 총중량 210톤이 넘는 점보 제트기를 3초만에 상승시키기에는 너무 짧은 시간이었다(Sellier, Scopelliti, & Morewedge, 2019).

사후 조사에서는 충돌 6초 전 부기장이 조종권을 인수하여 기체를 상승시켰다면 참사를 피할 수 있었을 것으로 평가된다. "착륙불가"라고 외치는 그 직전까지도 기장과 부기장은 착륙절차를 따르고 있었다는 사실이 조종실 녹음에 남아있다. 기장, 부기장, 항공기관사 등 3인이 집단적으로 가졌던 거리에 관련된 착각은 정반대의 모순된 정보가 주어짐에도 그대로 유지되었다. 거리를 착각한 상태에서 최소 하강고도MDA인 560피트까지 내려갈 수 있다는 생각과 GPWS의 200피트 경고는 서로 상충되는 정보였으며, 즉시 복행해야 하는 절차마저 무시했기 때문에 결과는 참사로 이어졌다.

---

12. 여기서의 고도는 해수면으로부터의 고도이다. GPWS에서 나오는 경고는 지상 물체와의 거리를 나타낸다.

3. 경직된 조직문화

대한항공 801편 추락사고의 또 다른 원인으로 경직된 조직문화를 꼽을 수 있다. 일반적으로 대형 비행기는 두 사람의 조종사가 조종한다. 이때 두 사람의 역할을 나누어 조종권을 가진 비행조종사flying pilot와 조종권이 없는 조종사non-flying pilot로 구분한다. 조종권을 가진 비행조종사는 모든 비행을 책임지고, 조종권이 없는 조종사는 비행조종사를 보조하고 운행에 문제가 없는지 모니터링하는 역할을 한다. 대한항공 801의 경우 기장이 비행조종사 역할을 맡고 있었고, 부기장이 비행보조 역할을 맡아 착륙 중이었다. 일반적으로 기장이 비행조종사 역할을 담당하나, 상황에 따라서 기장, 부기장이 역할을 바꾸어 운행할 수도 있다.

대한항공 801편의 경우 기장과 부기장 모두 예정된 고도보다 훨씬 빨리 하강해서 충돌 직전의 상황에 있다는 것을 전혀 인지하지 못하고 있었다. 그러나 충돌 6초 전 GPWS가 200피트 경보음을 내었을 때, 부기장은 착륙 중지를 건의한다. 아마도 그때는 비상 상황이라는 것을 인식했을 것으로 짐작한다. 만약 그때 부기장이 착륙 중지 건의 대신 스스로 기체를 신속히 상승시켰더라면, 비극은 피할 수 있었을 것이다. 왜 그런 일은 일어나지 않았는가?

NTSB는 801편 기장과 동승한 부기장의 역할에 대해 조직 문화적인 측면에서 분석했다. 부기장은 기장의 비행을 모니터링하면서 문제가 발생하면 건의하고 수정하는 역할을 해야 한다. 그러나 NTSB에 따르면 우리나라 고유의 수직적 조직 문화가 기장에 대한 문제 제기를 어렵게 한다고 결론 내렸다((NTSB, 2000). 실제로 기장과 부기장은 상하 관계가 분명한 공군 출신 조종사들이었다. 또한 두 사람은 처음으로 기장, 부기장 역할로 비행을 한 경우였다. 서로를 알지 못하는 상황과 위계질서가 확고한 조종사들의 세계에서 부기장이 기장의 판단에 대해 문제를 제기하고 기장의 조종권을 회수해 착륙 중지를 실행하기 어려웠을 것으로 예상할 수 있다(NTSB, 1994).[13]

그런데 이런 문제는 아주 특수한 사건이 아니라 반복적으로 일어나는 사건이다. 1989년 대한한공 803 DC-10 항공기 트리폴리 공항 추락사건이나, 1999년 런던 스테드공항을 출발하여 이륙 후 1분 만에 추락한 대한항공 화물기 8509편 또한 조종사와 부조종사 간의 경직된 상하 관계에 인한 사고라고 밝혀진 것을 보면, 조직문화의 문제점을 다시 한번 생각해 볼 필요가 있다.[14]

---

13. 말콤 글래드웰의 책 『아웃라이어Outliers』 제7장에서도 대한항공 801편의 사례를 언급하면서 수직적 문화로 인한 조종사 상호간의 소통 문제를 사고의 한 원인으로 들고 있다(Gladwell, 2008).
14. 저자는 2019년 3월 괌 공항에 착륙하는 비행기 조종실에서 니미츠 힐을 통과하는 광경을 직접 확인

4. 사고의 원인

비행 사고는 한 가지 실수가 아니라 7가지 이상의 실수들이 동시에 발생해 일어난다고 한다. 대한항공 801편 괌 공항 추락사고의 원인을 다양한 측면에서 찾아볼 수 있겠지만, 우리는 인지적 편향과 경직된 조직문화의 측면에서 살펴보았다.

이 사고의 원인을 요약하면, ① 글라이드 슬롭이 작동하지 않는 상황에서 활주로까지의 거리에 대한 착각이 집단적으로 앵커링되었고, ② 그 착각의 오류 속에서 비행수칙에 따른 비정밀접근 대신 고장난 글라이드 슬롭에 의존했으며, ③ 모순된 정보에 따른 혼란 속에서도 원하는 정보만을 추구하는 확증편향을 보였고, ④ 결정적인 순간에도 복행절차를 실행하지 못했으며, ⑤ 그 과정에서 경직된 조직문화도 영향을 미친 것으로 보인다.

대한항공 801편 사례는 단순한 착각과 편견의 오류가 얼마나 큰 비극을 만들 수 있는지 명확히 보여준다. 우리는 이 사례를 통해 한 가지 중요한 교훈을 얻어야 한다. 그것은 아무리 심각한 인지적 편향에도 사전에 정해진 비행절차를 준수했다면 이런 비극적 사건은 방지할 수 있었다는 점이다.

중요한 의사결정 과정에서 인지적 편향은 심각한 결과를 초래할 수 있다. 이러한 편향을 줄이기 위해서는 탈편향을 위한 지속적 노력이 필요하다. 항공산업에서는 이런 측면에서 다양한 상황에 대응하는 절차를 개발하고, 이를 매뉴얼로 제작하였으며, 끊임없는 훈련을 통해 오류를 줄이려는 노력을 한다. 다음으로 탈편향의 구체적 전략에 대해 알아보기로 하자.

할 기회가 있었다. 나지막하게만 보이는 니미츠 힐을 통과하는 그 순간에 왜 그곳을 넘지 못했을까 하는 안타까움만 가득했다. 이 사고로 희생된 분들의 명복을 빈다. 이 사례의 모든 판단은 기존의 관련 자료와 전문가와의 대화를 통한 저자의 개인적 판단임을 밝혀둔다.

4. 탈편향의 전략

인간의 사고 시스템 1은 휴리스틱을 통해 즉각적 판단과 결정을 내림으로써 인간의 제한된 인지적 자원을 효율적으로 사용한다. 이 과정에서 자동적이고 직관적인 시스템 1은 인지적 편향을 만들어 낸다. 인지적 편향은 올바른 규범적 판단과 실제적 판단 사이에서 지속적으로 발생하는 체계적 오류를 의미한다. 이러한 인지적 편향을 좀 더 명확히 이해하고 이들을 줄이기 위한 노력은 계속되어 왔다. 이러한 인지적 편향과 이에 따른 판단의 오류를 줄이거나 없애려는 노력을 탈편향debiasing이라고 한다(Abatecola, Caputo, & Cristofaro, 2018 ; Kahneman, Slovic, Slovic, & Tversky, 1982 ; Martín Rajo & Valiña García, 2023 ; Soll, Milkman, & Payne, 2015).

생명을 다루는 의료진들도 질병의 진단과 치료결정에 휴리스틱을 활용하여 도움을 받지만, 휴리스틱이 때로는 오류의 원인이 되기도 하므로 탈편향을 위해 노력한다(Ludolph & Schulz, 2018 ; Mangus & Mahajan, 2022). 의사결정 전문가들 또한 목적에 따라 발생하는 의도적 편향motivational bias에 노출되어 있다(Montibeller & Von Winterfeldt, 2015). 스포츠 분야에서도 탈편향을 위한 노력이 널리 알려져 있다. 머니볼Moneyball 이야기로 유명한 미국 메이저리그 야구단 오클랜드 애슬레틱스 Oakland Athletics 팀은 리그 만년 꼴찌의 문제 구단이었다. 그러나 이들은 야구를 객관화하고 과학화함으로써 선수 선발과 기용에서 발생하는 선입견과 이에 따른 문제점들을 극복할 수 있었다([Decision in Action 3-3] 머니볼 참고).

[Decision in Action 3-3] 머니볼

마이클 루이스Michael Lewis의 책 『머니볼Moneyball』은 미국 메이저리그 야구단 오클랜드 애슬레틱스Oakland Athletics 팀에 대한 이야기이다(Lewis, 2003). 이 책은 팀의 단장이 만년 꼴찌 프로야구팀을 변화시키는 내용으로 큰 인기를 얻었고, 2011년 영화로 상영되기도 했다.

이 책의 주인공은 애슬레틱스 팀의 단장 빌리 빈Billy Beane이다. 선입견과 편견이 지배하는 야구 세계에서 이를 극복해 나가는 과정은 감동적이다. 그는 만년 꼴찌에 돈도 부족했던 애슬레틱스 팀의 단장으로서 기존 스카우터들의 선입견이 아닌 실제 데이터를 기반으로 선수를 스카우트하고 기용함으로써 팀 운영, 더 나아가 야구의 개념을 바꾸려고 했다. 그는 이 과정에서 과거의 운영방식과 판단들이 편견에 빠져 있으며, 그것이 구단 운영의 비효율성과 저조한 성적의 원인임을 인식했다. 그가 파악한 경영자들의 세 가지 공통점은 첫째, 자신들의 경험을 과도하게 일반화하고, 둘째, 선수들의 최근 성적을 지나치게 중요하게 생각하며, 셋째, 선수들의 과거 수년간의 누적성적보다 최근 실제 경기를 본 기억에 지나친 영향을 받는다는 것이다. 결국 누적된 자료를 통해 종합적·객관적으로 선수를 평가하는 것이 아니라 최근의 성과와 주관적 기억에 너무 의존하는 점이 문제였다.

이러한 일련의 깨달음을 바탕으로 단장 빈은 애슬레틱스 팀을 완전히 변모시킨다. 그는 데이터 기반 분석을 위해 하버드대학 출신 폴 데포데스타Paul DePodesta의 도움을 받아 세이버매트릭스Sabermetrics라는 객관적 지수를 만들고 이를 활용해 야구팀의 구성을 재편했다. 예를 들어 세이버매트릭스 중 하나인 "대체선수 대비 팀의 승수에 기여하는 정도"를 종합적으로 평가하는 WAR(Wins Above Replacement)이나 OPS(On base Plus Slugging = 출루율 + 장타율)와 같은 값들로 선수의 가치를 계산하고 활용해 선수들을 맞교환하고 선수 기용에 활용했다.

애슬레틱스는 1997년 지역리그 승률 꼴찌, 아메리칸 리그(AL) 승률 14위로 리그 꼴찌,

1998년 지역리그 승률 꼴찌, AL 승률 11위로 최하위권인 불명예 구단이었다. 그러나 빈이 취임한 1999년 이후 AL 14팀 중 3번째로 저렴한 비용을 지불하면서도 승률 면에서는 1999년 지역리그 승률 2위, AL 승률 5위로 선전한다. 유명한 선수들보다는 저평가된 선수들을 찾아 발굴하고 이들을 모아 승리하는 팀을 만들기 시작한 것이다. 이후 2000년 지역리그 1등, AL 2등, 2001년 지역리그 2등, AL 2등으로 포스트시즌 진출, 2002년 지역리그 1등, AL 2등으로 그의 데이터 야구는 놀라운 성과를 거둔다. 〈머니볼〉 영화의 배경인 2002년에는 무려 20연승으로 당시 AL 기록을 갱신한다. 그는 부자구단 뉴욕 양키스 대비 1/3의 비용을 쓰면서 더 많은 승리를 거두는, 최저비용으로 최고의 성과를 내는 짠물 야구의 신화, 새로운 야구의 개념을 만든다.[15]

그림 3-4 에슬레틱스의 비용과 승률

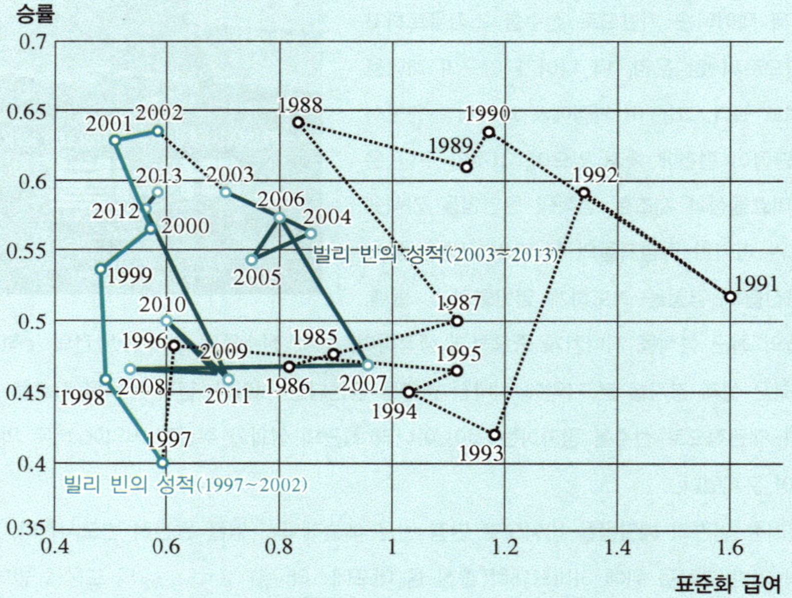

출처 : Elitzur(2020)

애슬레틱스 단장 빈이 시작한 시도는 그 팀에서 머무르지 않고 다른 MLB 팀에도 확산되어 2017년 기준 MLB 30개 팀 모두 독립적인 야구 분석팀을 운영하고 있다(Elitzur, 2020).

15. 각 팀의 승률자료는 https://www.baseball-reference.com/boxes/를 참고하면 된다.

특히 야구는 다른 팀 스포츠에 비해 타자와 투수의 1대 1 대결이라는 특징이 강하고, 잘 정제된 객관적 데이터를 모을 수 있기 때문에 이러한 분석적 접근이 용이했다(Bickel, 2009). 저비용, 고효율이라는 "머니볼" 개념은 야구에서 머무르지 않고, 농구, 미식축구, 아이스하키, 축구 등 다양한 분야로 확대되어 스포츠 애널리틱스sports analytics라는 이름으로 활용되고, 중요한 연구분야로 부각되고 있다(Bickel, 2009 ; Brefeld & Zimmermann, 2017 ; Elitzur, 2020).

인간이 사용하는 휴리스틱이 판단과 의사결정의 편향을 체계적으로 발생시킨다면, 이 문제의 해결은 인간의 사고 시스템에 대한 이해에서 시작해야 한다. 시스템 2는 시스템 1을 모니터링하며, 초기 판단을 바꾸기도 하고, 의사결정을 중단시키기도 한다. 그러나 시스템 2가 작동하지 않는 상태가 되면 인간의 사고는 시스템 1이 완전히 주도하게 되고, 이에 따른 인지적 편향이 발생할 수 있다. 따라서 시스템 2의 작동 여부와 그 상태를 결정준비도decision readiness의 측면에서 평가하고 이를 통해 탈편향의 방법을 찾아보기로 하자.

결정준비도는 다음 3가지 요소에 의해 영향을 받는다. 첫째, 인지적 자원의 과다한 소비로 인한 정신적 피로가 있을 때, 시간적 제약이 있을 때, 주위의 방해요소가 많을 때 의사결정 준비도는 감소한다. 둘째, 본능적인 여러 요소들이 작용하고 있을 때 역시 의사결정 준비도는 감소한다. 두려운 상태, 배가 고픈 상태, 화난 상태, 흥분한 상태 등이 이에 해당한다. 셋째, 개인의 지능, 의사결정에 대한 훈련정도, 의사결정 스타일 등에 의해 결정준비도는 달라진다. 어떤 사람은 인지적 편향의 영향을 크게 받을 수도 있고, 다른 사람은 문제의 경중에 대한 판단이 부족할 수도 있다. 문제의 중요성에 대한 판단이 잘못되면 불필요한 일에 인지적 자원이 과도하게 소비되고 정작 중요한 문제에는 시스템 2가 작동하지 않게 되므로 시스템 1에 의한 직관적 결정과 인지적 편향으로 연결될 수 있다(Soll, Milkman, & Payne, 2015).

따라서 탈편향의 방법을 시스템 2가 정상적으로 작동할 수 있도록 의사결정자의 결정준비도를 높이거나(Larrick, 2004 ; Soll, Milkman, & Payne, 2015), 의사결정을 내리는 환경을 적절히 조정해 결정준비도의 영향을 줄이는 두 가지 측면으로 나눠 접근할 수 있다(Soll, Milkman, & Payne, 2015).

4.1 결정준비도를 통한 탈편향

결정준비도를 높이는 것은 결국 시스템 1이 모든 판단과 결정을 주관함에 따라 시스템 2가 마비되는 상황을 줄이려는 노력을 의미한다. 의사결정자의 결정준비도를 높여 탈편향을 유도할 수 있는 방법들은 다음과 같다.

인지적 편향에 대한 자각

인간의 판단과 의사결정 과정에서 인지적 편향이 존재하고 발생할 수 있다는 점 자체를 자각awareness하는 것이 필요하다. 예를 들어 첫 번째 주어진 정보나 느낌이 그 이후의 판단과 의사결정에 영향을 미치는 앵커링 오류anchoring bias가 발생하는 상황을 인지하고, 그 상황에서는 시스템 2를 의식적으로 작동시켜 신중하게 판단하고 결정하는 것이다. 그러나 편향이 발생하는 것을 인간 스스로 인식하기 어렵다는 점을 감안한다면, 스스로의 자각을 위한 노력뿐만 아니라 이를 넘어선 특별한 조치intervention가 필요하다.

교육과 훈련

인간의 사고체계에 뿌리 깊게 내재된 편향의 가능성을 인식하는 것을 넘어 이를 적극적으로 감소시키거나 없애는 방법을 활용해야 한다. 그러나 경영인들 스스로 편향과 오류를 범할 가능성이 높고 실제로 범한다는 사실을 인정하는 것은 쉽지 않다. 균형이론balance theory에 의하면, 사람들은 인식의 일관성을 유지하려고 한다. 즉, 성공한 경영자들이 "스스로를 근본적으로 잘못된 판단을 내릴 수 있는 존재"라고 생각하는 것은 자신이 성공적인 사람이라는 인식과 충돌한다. 오히려 "나는 판단과 결정에서는 탁월한 사람이다"라고 생각하는 것이 자신의 인식과 더 조화를 이룬다(Bazerman & Moore, 2016). 따라서 균형이론에 의하면, 사람들이 편향의 가능성을 인정하지 않고 오히려 저항한다는 공통점이 나타나기도 한다. 이러한 경우 실험과 사례를 통해 편향의 가능성을 제시하고, 이를 줄이려는 인지적 훈련cognitive training이 필요하다.

다음 실험은 시각적 편향에 관련한 것이다. 저자는 KAIST 최고경영자과정(AIM)에 참여한 경영자들에게 막대의 길이를 비교하는 질문을 자주 한다([그림 3-5]). 거의 100%의 경영자들은 오른쪽 막대가 왼쪽 막대보다 길다고 느끼고 실제로 그렇다고 생각한다. 그러나 실제 두 막대의 길이를 재 보면 그 길이는 동일하다는 것을 알 수 있다. 다른 예로 [Decision in Action 3-1]에서 언급한 대한민국의 돼지사육 수 추정을 통한 앵커링 효과에 관한 실험을 들기도 한다. 이런 실험에 참가한 경영자들은 참값true value을 알게 되면 잠시 놀라움과 함께 조용한 성찰의 순

그림 3-5 시각적 오류

출처 : Ponzo Illusion, Walt Anthony

간을 가진다. 그리고 시각적·인지적 편향의 사례들을 경험한 경영자들은 본인들도 판단과 의사결정의 편향에 노출되어 있다는 사실을 수긍한다. 편향과 오류의 가능성에 대한 수긍 이후에는 편향을 줄이거나 없애는 방법을 논의할 수 있다. 여기에는 수학적 판단능력, 논리, 통계적 사고, 의사결정의 원리 등을 이해하는 훈련이 해당된다(Sellier, Scopelliti, & Morewedge, 2019 ; Soll, Milkman, & Payne, 2015).

객관적 외부인의 시각

카네만은 시스템 1에 의한 편향은 무의식적으로 일어나기 때문에 발생 자체를 인지할 수 없다고 생각했다. 따라서 시스템 1의 편향은 자신의 시스템 2가 아닌 타인의 시스템 2에 의해 해결할 수 있다고 보았다(Kahneman, 2003). 이것은 경기 중인 선수보다 경기장 밖의 코치가 상황을 객관적으로 판단할 수 있는 이유이기도 하다. 개인 각자에게는 보이지 않는 특별한 사각지대blind spot가 존재하기 때문에 외부인의 시각에서 판단을 도와줄 믿을 만한 멘토와 컨설턴트가 유용한 이유이다.

다른 방법으로는 특별하게 지정한 사람으로 하여금 악마의 대변자(devil's advocate) 역할을 하게 하는 것이다. 이것은 자신과 다른 관점을 객관적으로 비교하는 방법이다. 이 방법은 자신의 관점을 반박하는 정보는 간과하고 지지하는 정보는 더 찾는 확증편향confirmation bias을 제거하는 데 분명히 도움이 된다. 그러나 반대를 위한 반대를 하는 악역을 계속하는 것은 문제가 될 수도 있다.

게리 클레인Gary Klein이 고안한 사전 부검premortem은 악마의 대변자 방식의 문제를 피할 수 있다는 점에서 유용하다(Koller, Lovallo, & Klein, 2019). 이 방법은 "프로젝트가 실패할 수 있을까?"라는 질문 대신, 프로젝트가 이미 실패했다고 가정한 후 후견지명으로 실패한 원인들을 찾아내는 방법이다. 기준점이 바뀜에 따라 부정적 의견을 말하거나 악역을 담당하는 부담을 줄일 수 있고, 관점의 변화를 통해 문제를 명확히 이해하는 데 도움이 된다.

좋은 경험의 축적

경험은 직관적 판단을 향상시키는 데 도움을 준다. 한 예를 들어보자. 중소기업 대출업무를 담당하는 은행 직원들은 일반적으로 해당 기업의 다양한 요소들 특히 재무적 요소에 대한 평가에 많은 시간과 노력을 기울인다. 그러나 경험이 많은 임원들은 기업의 각종 재무제표보다는 기업 현장에서 볼 수 있는 열띤 토론의 흔적이 있는 칠판이나 청결한 화장실 상태와 같은 일상의 단면을 통해 기업의 상태를 파악하기도 한다. 오랜 경험에서 나오는 매서운 눈 혹은 단서cue를 통해 현상을 파악하는 것이 좋은 직관적 판단의 원천이 될 수 있다.

그러나 경험은 직관적 의사결정에 도움을 주기는 하지만 직관적 판단과 의사결정의 근거를 의미 있게 설명하지 못하는 한계가 있다. 따라서 경험에서 나오는 직관이 효과적이기 위해서는 적절한 시기에 의미 있는 피드백으로 축적된 "좋은 경험"이 필요하다. 그러나 현실에서는 적절한 피드백이 없는 경우가 많다(Bazerman & Moore, 2016). 그 이유들로는 ① 판단과 결정의 결과를 확인하기까지 긴 시간이 소요되는 경우가 많고, ② 환경의 변화가 있을 경우 피드백의 신뢰성이 떨어지며, ③ 다른 판단이나 결정을 했을 경우의 결과를 알 수 없고, ④ 중요한 결정은 반복되는 상황이 아닌 독특한unique 경우에서 많이 일어나기 때문이다. 이런 어려움에도 좋은 경험의 축적은 휴리스틱에서 발생하는 편향과 오류를 줄여주는 좋은 방법이다.

그러나 기술과 시장의 불확실성이 높은 기술 집약적인 분야에서는 과거의 축적된 경험이 오히려 잘못된 판단을 내리는 편향으로 작용할 수 있다는 점도 인식해야 한다. 변화하는 환경에서는 과거의 성공 경험이 실패의 원인이 되기도 한다. 불확실성이 높은 상황에서는 과거의 경험에서 의도적으로 벗어나는 노력unlearning이 필요하기도 하다. 좋은 경험은 편향의 가능성을 인지했을 때만 신뢰성 있는 직관적 판단의 원천이 된다.[16]

---

16. 축적된 좋은 경험을 일반화하여 전략적 개념strategic conceptualization으로 구체화할 수 있다면 그것은 문제에 대한 혜안이라고 부를 수 있다. 반복되는 문제에 대한 좋은 경험을 축적하면 바람직한 의사결정의 습관을 통해 의사결정을 자동화할 수 있고, 이를 통해 인지적 자원을 절약할 수 있다. 이와 관

의사결정 프로세스의 활용

중요한 의사결정의 경우 정형화된 의사결정 프로세스formal decision process를 활용한다. 이것은 의사결정 문제를 작은 부분들로 분해하고 다시 통합하는 과정을 통해 의사결정자들의 판단과 결정을 도와주는 방법이다. 이런 분해와 통합의 과정 속에서 객관성을 확보하고 편향의 가능성을 줄일 수 있다. 이 과정에서 통계적·수학적 모델과 분석도구를 활용함으로써 인간의 사고 시스템의 한계를 보완한다(Larrick, 2004 ; Soll, Milkman, & Payne, 2015).

제4장부터는 판단과 의사결정의 편향성과 이에 따른 오류를 줄이며 의사결정의 질을 높일 수 있는 처방적 의사결정 프로세스에 대해 알아볼 것이다.

4.2 환경변화를 통한 탈편향

의사결정 환경을 개인적으로 혹은 사회적으로 바람직한 판단과 결정을 내릴 수 있도록 유도하는 것도 탈편향의 방법이 된다. 편향을 개인의 건강이나 사회의 건전한 발전을 위한 바람직한 방향과 다른 것으로 본다면, 이 편향을 자연스럽게 해결해 줄 수 있는 방법들이 이에 해당한다

인센티브

시스템 1에 의한 자동적·무의식적 의사결정과 이로 인한 문제점을 줄이기 위해서는 필요한 경우 시스템 2적 사고를 유도하고 이를 위해 인센티브를 제공할 수 있다. 금연이나 다이어트의 실천과 같은 본능적인 충동을 제어하는 경우에 대한 보상이 좋은 예가 된다. 이렇게 만들어진 습관은 장기적으로 좋은 판단과 결정을 유지하는 출발점이 될 수 있다. 또한 의사결정의 결과에 대한 책임소재를 명확히 하면 시스템 2적 사고를 유도할 수 있다.

련해서는 제14장 제2절을 참고하면 된다.

선택설계

선택설계choice architecture를 통해서도 탈편향을 유도할 수 있다. 선택설계는 의사결정 대안이나 정보를 의사결정자에게 제시하는 방법을 의미한다. 인간의 사고 프로세스에 대한 정확한 이해를 바탕으로 한다면, 적절한 선택설계는 단기적이고 본능적인 것이 아닌 장기적 측면에서 바람직한 판단과 행동을 유도할 수 있다. 이 선택설계가 바로 넛징nudging을 이용하는 것이다(Thaler & Sunstein, 2021). 넛징의 방법에는 여러 가지가 있다.

첫 번째 방법은 기본값default을 이용해 개인적·사회적으로 바람직한 행동을 유도하는 것이다. 예를 들어 미국의 연금보험 가입을 독려하면서 퇴직연금제도 401(k)에 가입하는 것을 기본값으로 선택설계하는 것이 그 예이다. 사후 장기기증을 활성화시키기 위해 사후기증을 기본값으로 선택설계하는 것이 또 다른 예가 된다(Johnson & Goldstein, 2003). 두 번째 방법은 결정을 내리기 전 충분한 숙고를 명시적으로 요구하는 것이다. 예를 들어 특정한 판단에 대한 이유와 향후 계획을 요구하는 것이 예가 된다. 세 번째 방법은 미래 지향적인 생각future-focused thinking을 할 수 있도록 유도하는 것이다. 예를 들어 충동적 의사결정을 내리지 않도록 음식 메뉴를 식사 순간이 아닌 사전적으로 미리 숙고하고 결정하는 방법이다.

다양한 선택설계의 방법은 개인이나 사회에 도움이 되는 판단과 결정을 유도할 수 있다. 그러나 선택설계가 개인의 자유를 침해하거나 조작적인 방식으로 사용되어서는 안 된다. 선택설계는 올바른 목적을 위해 사용되어야 하며, 개인의 자율성이 존중되어야 한다.

5. 마무리

좋은 의사결정을 내리기 위해서는 인간의 의사결정 과정을 이해하고 분석하기 위한 접근방법이 필요하다. 이를 위해 우리는 규범적 의사결정, 처방적 의사결정, 행동과학적 의사결정 총 3가지의 의사결정 방법에 대해 알아보았다. 이들은 각기 다른 관점에서 의사결정 과정을 이해하고 분석한다. 규범적 접근방법은 전통경제학에서 보는 시각으로 모든 의사결정에 관한 이론적 논의의 토대를 제시해 준다. 처방적 접근방법은 경영학적·공학적 방법으로 문제의 정의와 본질을 이해하는 데 집중하며, 논리적·분석적 접근을 주로 한다. 행동과학적 접근방법은 심리학, 사회학, 행동경제학 분야에서 주로 택하는 연구방법으로 인간의 실제 행동을 다양한 측면에서 설명하는 데 중점을 둔다.

특히 행동과학적 의사결정에서는 휴리스틱과 이에 따른 편향에 대한 이해가 중요함을 강조하였다. 불확실성하에서 작동하는 대표적인 휴리스틱인 대표성 휴리스틱, 가용성 휴리스틱, 기준점과 조정의 휴리스틱은 일상적인 상황에서 자동적이고 즉각적인 의사결정을 할 때 유용하다.

동시에 휴리스틱은 판단과 의사결정의 편향과 이에 따른 오류의 원인이 되기도 한다. 따라서 판단과 의사결정의 편향을 줄이기 위한 탈편향의 노력이 중요하다. 탈편향의 방법에는 편향의 가능성에 대한 자각에서 출발하여 교육과 훈련, 좋은 직관을 위한 경험의 축적, 객관적 시각 갖기, 바람직한 의사결정 프로세스의 사용 등이 포함된다. 선택설계를 통해 개인적·사회적으로 바람직한 방향으로 의사결정을 유도하는 넛징도 좋은 방법이 된다.

의사결정자의 특별한 가치는 중요한 결정을 내려야 하는 순간에 발휘된다. 중요한 결정의 순간에는 직관적 판단뿐만 아니라 분석과 논리를 통해 문제의 본질을 이해해야 하고 이에 따른 깨달음이 있어야 한다. 처방적 접근은 이를 위해 의사결정의 원칙, 프로세스, 필요한 방법론을 제공해 줄 수 있다는 점에서 유용하다.

이 책은 의사결정에 대한 처방적 접근방법에 관련한 것이다. 그 토대는 인간의 행동을 규정하는 규범과 실제적 행동에 대한 이해를 기반으로 하되, 궁극적으로 의사결정에 실질적 도움을 제공하는 것이 그 목적이다. 이 책의 제4장부터는 본격적으로 바람직한 의사결정을 내리기 위해 필요한 의사결정의 원칙, 프로세스, 방법론

에 대해 알아보기로 한다.[17]

17. 제3장에서는 행동과학적 의사결정에 대해 간단하게 소개하였다. 좀 더 자세한 내용은 국내의 다음 자료들을 우선 참고하길 바란다(Bazerman & Moore, 김정섭 역, 2016 ; 민재형, 2014 ; 안서원 & 안광호, 2019 ; 하영원, 2023).

프로세스로 내리는 의사결정

PART 2

CHAPTER 04

통찰 기반 의사결정 프로세스

If you can't describe what you are doing as a process,
then you don't know what you are doing.
— Edwards Deming

해외 여행을 위해 쇼핑을 한다고 하자. 한두 개 물건을 살 때와는 달리 기억해야 할 물건들이 많다. 빠트리면 매우 곤란한 물건들도 있다. 이럴 때는 기억을 잘 하려는 노력보다는 쇼핑 리스트를 활용하는 것이 더 효율적이다. 의사결정도 마찬가지이다. 빠트리는 물건을 줄이기 위해 쇼핑 리스트를 활용하듯이, 의사결정에도 도움이 되는 프로세스가 필요하다.

우리의 기억과 판단은 정확하지 않다. 제3장에서 행동과학적 의사결정에 대한 이해를 통해 시각적 판단, 청각적 판단, 인지적 판단에는 편향과 오류가 발생한다는 것을 확인하였다. 많은 양의 정보를 기억하고 처리할 때에도 한계가 있다. 대부분의 사람들은 불과 3개의 변수로 된 3차 연립방정식도 머릿속에서 쉽게 풀지 못한다. 그럼에도 우리는 크고 작은 의사결정을 내리며 살아간다. 작은 문제는 큰 이슈가 없으나, 숙고가 필요한 중요한 의사결정의 경우 좋은 의사결정을 위한 원리와 프로세스에 대한 이해는 필수적이다.

제4장은 문제의 본질을 의미하는 통찰을 추구하는 프로세스에 관한 내용이며, 우리는 이 프로세스를 통찰 기반 의사결정 프로세스라고 부른다.[1]

1. 유사한 접근법으로 데이터, 과학적 실험, 실증연구 등과 같은 객관적 증거를 기반으로 하는 의사결정 접근방법을 증거 기반 의사결정evidence-based decision-making이라고 부른다. 증거 기반 의사결정은 정부

1. 체크리스트를 이용한 의사결정

우리는 일상적인 문제에 대해서 직관적인 시스템 1을 이용해 판단하고 결정한다. 이것은 특별한 인지적 노력이 필요 없는 자동적 의사결정 프로세스이다. 인간이 가지는 인지적 편향은 존재하지만 특별한 문제 없이 작동하는 효율적 시스템이다.

반복되는 의사결정의 상황에서는 체크리스트를 사용하면, 시스템 1을 이용하며 발생할 수 있는 편향을 줄일 수 있다. 체크리스트는 매우 간단하므로 사용하기도 편리하다. 실제로 일상 업무에서 매니저들이 사용하는 체크리스트는 업무성과를 20% 향상시킬 수 있을 정도로 효과적인 것으로 알려져 있다(Larson, 2016). 체크리스트는 다음 두 가지 형태를 가질 수 있다. 첫째는 일상적인 상황에서 반드시 확인해야 하는 Do-Confirm 형태의 체크리스트이고, 둘째는 특이한 상황에 따라 다양한 가능성들을 참고한 후 실행하는 Read-Do 형태이다(Gawande, 2010).

Do-Confirm 형태는 병원진료에서 사용하는 체크리스트에서 그 예를 찾을 수 있다. 미국 미시간주 병원 중환자실에서는 약물 투입에 사용하는 플라스틱 관, 즉 중심정맥도관(C-line) 관련 감염을 줄이기 위해 체크리스트를 도입한 바 있다. 이것은 도관시술 과정에서 발생하는 감염을 줄여 사망률과 관련 비용을 줄이기 위한 선택이었다. 체크리스트 도입 이후 C-Line 관련 감염숫자가 66%나 줄어드는 성과가 있었고 매우 효율적인 방법임이 증명되었다(Pronovost et al., 2006).

항공산업에서도 비행조종사들은 비행 전, 비행 중, 비행 후를 위한 Do-Confirm 형태의 체크리스트를 사용해 정상적인 상황에서 안전한 비행을 할 수 있도록 한다. 그러나 Do-Confirm 형태의 체크리스트가 작동하지 않을 경우 큰 문제가 생기기도 한다. 제3장에서 살펴본 [Decision in Action 3-2] 대한항공 801편 추락사고는 최저고도에서 활주로를 시계로 확보하지 못하면 회항한다는 규정을 제대로 실행하지 않은 경우이고, 이것은 큰 사고로 이어졌다. 특별한 상황에서 활용할 수

의 보건정책, 교육정책, 주택정책, 마약정책 등 정책분야에 적용되어 활용되기도 한다(Fedorowicz & Aron, 2021).

있는 Read-Do 형태의 체크리스트를 사용하기도 한다. 제2장에서 살펴본 [Decision in Action 2-2]의 US Airways 1549편의 셀렌버거 기장은 거위떼와의 충돌로 발생한 엔진 고장이라는 특이한 상황에서 Read-Do 형태의 체크리스트를 사용해 상황에 맞는 긴급조치를 취한 후 허드슨강에 착수함으로써 위기를 극복했다.

체크리스트는 의료 및 항공 산업뿐만 아니라 프로젝트 관리, 생산 및 품질 관리, 서비스 운영 관리 등 광범위한 영역에서 활용된다. 그러나 중요하고 복잡하며 전례가 없는 의사결정의 경우 문제를 진지하게 숙고하고 체계적·분석적 사고가 가능한 의사결정 프로세스가 필요하다.

2. 의사결정 프로세스

2.1 목적

감염 방지와 안전한 비행을 위한 체크리스트는 적용하기 간단하며 반복적인 의사결정에 큰 도움이 된다. 기업에서 매번 일어나는 신규 서비스 출시, R&D 파이프라인 관리, 소규모 전략적 투자 등도 반복되는 의사결정에 속하며 적절한 프로세스가 필요하다. 그러나 불확실성과 복잡도가 높으며 전례가 없는 중요한 의사결정도 많다. 기업의 전략적 의사결정이나 국가 정책적 의사결정, 예를 들어 신규공장 입지 선정, 대규모 인수합병, 국가 에너지정책 등이 이에 해당한다.

이에 관련하여 카네만은 인식의 편향과 잡음noise에서 발생하는 판단과 의사결정의 오류를 줄이기 위해서 프로세스를 통한 의사결정의 중요성을 강조한다. 예를 들어 카네만이 제시한 중간평가 프로토콜 MAP(Mediating Assessments Protocol)는 초기의 인상이나 정보 등에 의해 좌우되는 전체적 평가holistic evaluation를 배제하고, 평가를 부분 부분으로 나누어 독립적으로 평가한 후 이들을 종합하여 평가하는 방법이다. 이 방법은 간단하면서도 좋은 의사결정을 내리기 위한 프로세스로 인정되고 있다(Kahneman, Lovallo, & Sibony, 2019).

인지적 편향과 오류

인간은 휴리스틱을 편리하게 사용하지만, 이로 인해 종종 판단과 의사결정의 오류를 범한다. 제3장에서 살펴본 대한항공 801편 추락사고에서는 조종사의 판단에서 몇 가지 오류가 발생한 것을 알 수 있었다. 첫째, 기장은 부기장이 생략한 2,000피트 구간을 그대로 받아들이고, 1,440피트 구간을 언급함으로써 앵커링 편향과 이에 따른 잘못된 프레임을 만들었다. 둘째, 보이지 않는 활주로를 계속 찾았으며, 정작 중요한 거리 정보는 확인하지 않는 확증편향의 오류를 범했다. 셋째, 날씨가 흐리면 물체가 더 멀리 보일 수 있다는 휴리스틱 때문에 오히려 계속 하강해 활주로를 찾는 노력을 하게 되고, 결과적으로 정해진 최저 고도에 따른 경고 및 회항 절차마저 무시되었다.

대한항공 801편 괌 국제공항 추락사고는 휴리스틱에 의한 인지적 편향과 이에 따른 오류가 얼마나 치명적 결과를 낳을 수 있는지 단적으로 보여준다. 기상 조건이 나쁘거나 시계가 흐리면 인간은 잘못된 판단을 할 수 있기 때문에 기계에 의존한 계기 비행을 하게 된다. 이는 중요한 의사결정을 내려야 하는 경영자들에게 동일하게 적용된다. 좋은 의사결정 프로세스는 인지적 편향이 발생하는 상황을 인지하고, 이에 대해 경고하고 회피할 수 있게 도와주어야 한다.

인간 능력의 한계

인지적 편향과 오류뿐만 아니라, 대안을 분석하기 위한 능력의 한계 또한 의사결정 프로세스가 필요한 이유가 된다. 예를 들어 인간의 작업기억working memory은 제한적이어서 7개 이상의 다른 정보를 동시에 기억하고 처리할 수 없다(Miller, 1956). 인간의 분석 능력 또한 제한적이어서 3개의 변수로 된 3차 연립방정식도 머릿속으로는 쉽게 풀지 못한다. 이러한 인간이 가지는 기억과 분석 능력의 한계 등을 고려한다면 이를 보완해 주는 프로세스가 필수적이다.

좋은 의사결정 프로세스는 인간의 인지적 편향을 사전적으로 인식하고 의사결정의 오류에 빠지지 않도록 의사결정의 모든 단계에서 적용되어야 한다. 인간의 제한된 기억 및 분석 능력의 한계를 보완할 수 있는 의사결정 모형과 컴퓨팅 기능도 의사결정 과정에서 구현되어야 한다. 이를 통해 문제를 정확히 이해하고 본질을 파악할 수 있으며, 이를 바탕으로 좋은 의사결정을 내릴 수 있다. 이것이 바로 의사결정 프로세스, 구체적으로 처방적 의사결정 프로세스의 목적이다.

2.2 의사결정의 상황과 의사결정 접근방법

모든 의사결정을 한 가지 방법을 적용해 내릴 수는 없다. 각 문제마다 고유한 특성이 있으므로 그 특성에 부합하는 의사결정의 방법과 프로세스를 선택해 의사결정에 도움이 되어야 한다. 어떤 상황에서 어떤 의사결정 방법과 프로세스를 사용할 것인가의 문제는 또 다른 문제로, 당면한 의사결정 문제보다 상위 수준인 메타 레벨meta level의 결정이다. 우리가 대상으로 하는 문제는 많은 문제들 중에서 그 결과가 중요하며 따라서 숙고가 필요한 것들이다.

유사한 특성을 가진 의사결정 문제들은 그 특성에 따라 그룹화되고 이에 동일한 의사결정 방법과 프로세스가 적용될 수 있다. 〈표 4-1〉은 문제 정의의 용이성과 불확실성의 정도에 따라 그룹화한 의사결정 접근방법이다.

표 4-1 상황에 따른 의사결정 접근방법

	불확실성 : 낮음	불확실성 : 높음
문제 정의 및 구조화 용이성 : 용이	상황 1 – 확정적 경영과학 방법 – 예 : 수리모형, 선형계획법	상황 2 – 확률적 경영과학 방법 – 예 : 시뮬레이션, 확률분석
문제 정의 및 구조화 용이성 : 어려움	상황 3 – 정성적으로 문제를 파악하는 방법 – 예 : 의사결정 컨퍼런싱	상황 4 – 객관적 자료와 분석적 접근을 통해 문제를 정의하고 본질을 파악하는 방법 – 예 : 의사결정분석

불확실성이 낮으면서 문제 정의 및 구조화가 용이한 경우(상황 1)는 대부분 변수가 많아 간단한 셈법으로는 해결할 수 없는 복잡한 경우가 많다. 예를 들어 최소 비용과 시간으로 물건들을 배송해야 하는 물류문제가 이에 해당한다. 이런 경우는 많은 변수들과 그들 관계들을 종합해 최적의 방법을 구하는 경영과학management science 기법을 활용하면 된다. 간단한 수리모형, 선형계획법, 스케줄링 등이 대표적으로 이 과정에서 활용되는 기법이다. 문제 정의는 분명하지만, 불확실성이 높은 경우(상황 2)에는 불확실성의 정도를 평가하고 관리할 수 있는 시뮬레이션이나 확률 분석 기법을 이용해 의사결정을 내릴 수 있다. 불확실성은 낮으나, 문제 정의와 구조화가 어려운 경우(상황 3)는 다양한 시각을 가진 사람들 간의 브레인스토밍을 통해 문제를 해결할 수 있다. 의사결정 컨퍼런싱decision conferencing이 이 과정에 유용한 도구로 활용될 수 있다(Edwards, Miles Jr, & Von Winterfeldt, 2007).

마지막으로 상황 4는 문제 정의 및 구조화가 상대적으로 어려우며, 불확실성이 높은 경우이다. 중요한 문제의 경우 상충하는 가치, 문제의 복잡성 등 추가적으로 고려할 요소들도 많기 때문에 가장 어려운 상황이다. 분명하지 않은 문제를 정의하고 불확실성을 의사결정 과정에 적절히 반영할 수 있는 분석적이고 체계적인 접근이 필요하다. 이때 활용할 수 있는 대표적인 방법론이 의사결정분석(DA ; Decision Analysis)이다. 상황 4와 같은 유형의 문제들을 주대상으로 하는 의사결정분석 방법론과 그 프로세스는 제5장부터 구체적으로 다루기로 한다.

2.3 의사결정분석 접근법

의사결정분석은 중요한 문제에 대해 진지하고 체계적으로 고민하려는 사람들을 위한 처방적 의사결정 방법론이다.[2] 이 방법은 1960년대 말 하버드Harvard대학

2. Decision analysis(DA) is a "Prescriptive approach designed for normally intelligent people who want to think hard and systematically about some important problems"(Keeney & Raiffa, 1993)

의 하워드 레이파Howard Raiffa 교수와 스탠퍼드Stanford대학의 로날드 하워드Ronald Howard 교수에 의해 학문적 분야로 발전되기 시작했다(Howard, 1988 ; Raiffa, 2015).

의사결정분석은 합리적 의사결정을 위한 대안과 상황 및 그 발생 확률, 대안과 상황에 따르는 결과 등의 요소를 고려한다. 그 과정에서 문제를 명확하게 정의하고 주어진 대안들을 계량 및 통계적 기법을 이용해 분석함으로써 최선의 대안을 선택하도록 도와준다. 의사결정분석은 중요한 의사결정 문제에 대한 통찰력을 제공하며 중요한 기업 및 정부의 의사결정, 예를 들어 석유자원 탐사전략, 환경·에너지 정책, 신약개발 전략, 제품개발, 기업전략 등 다양한 분야에서 활용되고 있다(Dyer & Smith, 2021).[3]

의사결정분석 방법론을 상황 4에 해당하는 문제에 가장 잘 적용할 수 있다면 얼마나 많은 문제가 그에 해당될까? 여기에 대해 듀크Duke대학의 랄프 키니Ralph Keeney 교수는 의사결정 문제 중 약 10% 정도의 문제에 적용할 수 있다고 보았다(Keeney, 2004). 그는 중요성에 상관없이 10,000개의 의사결정 문제 중 약 7,000개 정도는 어떤 의사결정을 하든 큰 상관이 없다고 보았다. 예를 들어 주말에 어떤 영화를 볼 것인가? 어떤 옷을 입을 것인가? 등과 같은 일상적인 결정이 이에 해당한다. 나머지 3,000개 중 2,000개의 의사결정은 특별한 고민 없이 쉽게 결정할 수 있다고 보았다. 예를 들어 술을 마신 후 대리운전을 시킬 것인가의 문제이다. 대부분의 윤리적 결정도 이에 해당한다. 결정의 결과는 중요할 수 있지만, 개인적·사회적으로 올바른 가치체계와 단순한 논리를 따른다면 이것은 쉬운 결정no-brainer decision이라는 것이다. 따라서 10,000개의 문제 중 1,000개만이 고민할 가치가 있다.

그러나 현실적으로는 이 1,000개의 의사결정 문제 중에서 300개는 결정이 뒤로 미루어지고, 500개는 충분한 시간과 명확한 사고clear thinking 없이 내려지며, 160개는 비공식적인 방법으로 문제가 해결된다. 나머지 40개의 문제만이 체계적인

3. 의사결정분석과 관련된 개괄적인 내용은 다음을 참고하면 된다. Clemen & Reilly, 2013 ; HBR, 2020 ; Howard & Abbas, 2016 ; Wright & Goodwin, 2014.

사고와 분석의 대상이 된다.

키니 교수는 이 현상이 바뀌어야 된다고 보았다. 1,000개의 의사결정 중에서 750개는 명확한 사고만으로도 좋은 의사결정을 내릴 수 있다. 나머지 250개의 문제 중에서 200개에 해당하는 문제는 다양한 의사결정분석의 방법론을 부분적으로 적용해 해결할 수 있고, 약 50개 정도의 문제는 전문적인 의사결정 분석가decision analyst의 도움이 필요하다. 결국 대부분의 문제들은 기본적인 의사결정분석에 관한 지식과 판단을 통해 충분히 해결할 수 있으며, 소수의 문제만이 풀스케일 분석full-scale analysis이 필요하다. 의사결정분석은 불확실성이 높고 정의하기 어려운 소수의 중요한 의사결정 문제를 분석하고 그 문제의 본질을 파악하기 위해 가장 체계적이고 일반적인 의사결정 방법론이다.[4]

그림 4-1 의사결정분석 접근방법의 활용

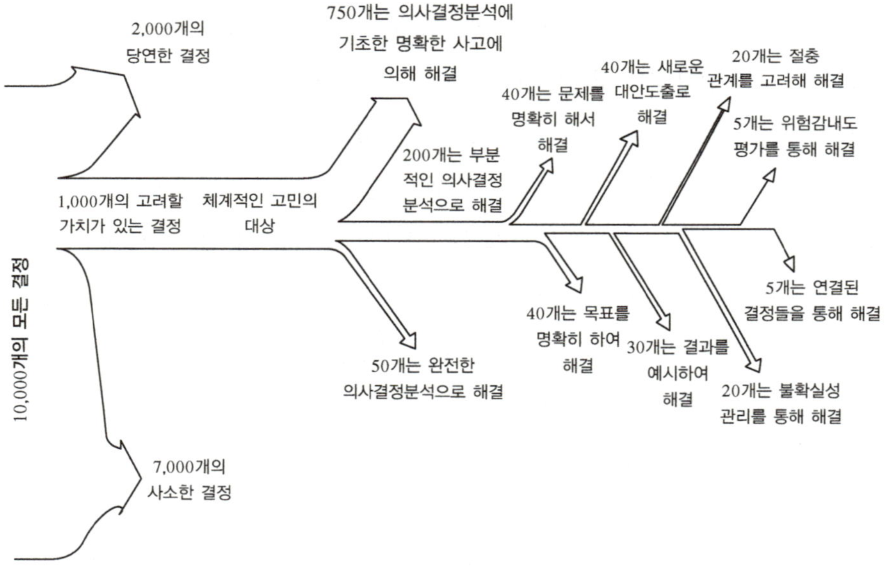

출처 : Keeney(2004)

4. 의사결정 문제에 대한 자원의 투자에 관해서 키니 교수는 "1%의 룰"을 제시했다. 예를 들어 1,000억 원 설비투자와 관련된 의사결정이라면, 추가 정보수집과 분석활동 등 의사결정분석에 투입하는 비용은 투자액의 1%인 10억 원 정도가 적절하다는 원칙이다.

[Decision in Action 4-1] 의사결정과 골프 코치

의사결정은 직관적으로 판단할 수 있는 경우가 많지만, 때로는 직관과 반대인counter-intuitive 경우도 많다. 골프의 경우도 골프를 잘 치기 위한 방법이 직관적으로 생각하는 방법과 다른 경우가 많다.

장타를 치기 위해서는 골프채를 들고 있는 오른팔에 힘을 주어 쳐야 할 것 같은데, 몸에 힘을 빼고 왼손을 중심으로 치라 한다. 볼을 띄우기 위해서는 골프채를 들어 올리는 것이 아니라 내려치라고 한다. 퍼팅을 잘하기 위해서는 굴러가는 공의 방향이 아니라 볼을 타격하는 순간을 계속 보라고 한다. 골프 고수가 되기 위한 팁들이 우리의 운동상식과는 어긋나는 비직관적인 경우가 많다.

골프를 독학으로 배운 사람은 본인의 운동상식과 직관에 따라 연습한다. 그들은 스스로 골프의 원리를 터득하는 경우도 있지만, 고급 수준으로 가면 갈수록 한계에 부닥치게 된다. 한참 잘 치다가도 어떤 때에는 도저히 형편없는 비일관적 플레이를 하기도 한다. 따라서 골프를 잘 치려면 골프의 원리와 비직관적 특성을 이해하고 이를 조언해 주는 코치가 필요하다.

예를 들어 오르막에서 스윙을 하는 경우를 생각해 보자. 정확한 방향으로 정확한 스윙을 하는 것을 강조하는 것도 중요하지만, 인간은 로봇처럼 항상 정확한 스윙을 하는 것이 불가능하다. 특히 오르막의 경우 하체 회전이 불편하기 때문에 팔로 스윙이 되고, 따라서 목적 방향보다 왼쪽 방향으로 공을 치는 실수를 하는 경향이 많다. 좋은 코치는 이러한 에러를 범하는 상황을 설명하고 실수를 줄이기 위해 홀보다 약간 오른쪽으로 목표를 정하도록 지도한다. 우리가 잘하는 실수를 감안한 접근방법이다. 훌륭한 골프 코치는 골프의 운동역학적 원리와 함께 비직관적인 특성을 명확히 이해하고 이를 극복할 수 있도록 도와주는 사람이다. 이것은 골프뿐만 아니라 우리가 즐겨하는 테니스, 수영 등 대부분의 운동이 그러하다.

의사결정 또한 같은 원리이다. 골프를 잘 치기 위해서 훌륭한 코치의 도움이 필요하듯이 직관이 실패하는 상황에서는 의사결정을 위한 길라잡이가 필요하다. 인간의 한계를 인식하고 좋은 의사결정을 위한 원리, 의사결정 프로세스, 이를 위한 방법론 등을 제공해 주는 처방적 의사결정은 좋은 의사결정을 위한 우리의 훌륭한 코치이다.

2.4 바람직한 의사결정 프로세스의 성격

상대적으로 문제 정의와 구조화가 어렵고, 불확실성이 높은 문제의 공통점은 무엇보다 문제 자체를 이해하고 정의하기 어렵다는 점이다. 의사결정분석은 이런 형태의 문제 해결에 도움이 되는 대표적인 방법론이다. 의사결정분석은 기본적으로 통찰의 도출을 목적으로 하는 처방적 성격을 가지며, 중요한 의사결정 문제를 체계적으로 다루기에 적합하다(Dyer & Smith, 2021 ; Howard & Abbas, 2016). 이 책에서는 좋은 의사결정을 위해 "통찰 기반 의사결정 프로세스"를 제시하는데, 이는 기존의 의사결정분석의 방법론을 활용하며 다음과 같은 성격을 가진다.

- Discovery process : 의사결정의 핵심 3요소인 대안, 불확실성, 가치를 파악하고 통합해 그 관계에 대한 이해도를 높일 수 있는 발견의 프로세스
- Learning process : 분명하지 않은 의사결정 문제를 명확히 이해하고 이를 통해 본질을 파악해 문제에 대한 통찰을 도출하는 깨달음의 프로세스
- Preventive process : 문제의 비직관적 특성과 인지적 오류의 가능성을 이해하고, 이를 피할 수 있게 도와주는 예방 프로세스
- Collaborative process : 이해관계자를 적절히 관여시켜 의사결정의 전 과정에서 효율적인 대화가 가능한 협동 프로세스

이런 성격을 가진 의사결정 프로세스는 분명하지 않은 의사결정 문제를 정확히 이해하고, 이에 기반한 분석과 창의적인 대안 창출이 가능하며, 최종적으로 문제의 본질을 파악하여 이에 따른 확신을 가지고 의사결정을 내리려는 우리의 목표에 부합한다.

3. 의사결정의 질을 구성하는 6가지 요소

우리는 통찰 기반 의사결정 프로세스를 통해 어떤 방향성을 가지고 의사결정을 해야 하나? 이와 관련해 제1장에서 좋은 결정과 좋은 결과는 다른 개념이라는 것을 확인했다. 의사결정의 결과는 제어가 불가능한 불확실성의 영향을 받으며, 그 결과를 의사결정 이후 상당 기간 알지 못하는 경우가 많다. 따라서 결과를 통해 의사결정을 평가하는 것은 가능하지도 바람직하지도 않다. 결론적으로 우리는 좋은 의사결정을 명확히 정의하고 좋은 의사결정을 내리도록 노력해야 한다.

그렇다면 좋은 의사결정은 어떤 결정인가? 이 문제에 대해서 의사결정 전문가들은 의사결정의 질(DQ ; Decision Quality)이라는 개념을 정의하여 이를 좋은 의사결정과 나쁜 의사결정을 구분하는 척도로 사용한다(Howard & Abbas, 2016 ; McNamee & Celona, 2007 ; Spetzler, Winter, & Meyer, 2016).[5] 이 개념에 따르면 의사결정의 질은 다음 6가지 요인 : 적절한 프레임, 창의적이고 실행 가능한 대안, 의미 있고 신뢰성 있는 정보, 분명한 목표설정 및 가치평가, 타당한 논리, 실행 관리로 구성되며, 의사결정의 질은 각 요인마다 평가된 질의 최소값에 의해 결정된다는 개념이다.

따라서 좋은 의사결정을 내리기 위한 우리의 결론은 통찰 기반의 의사결정 프로세스를 통해 의사결정의 질이 높은 대안을 선택하는 것이다. 의사결정의 질을 구성하는 요인에 대한 설명은 다음과 같다([그림 4-2] 참고).

적절한 프레임(Appropriate frame)

좋은 의사결정을 내리기 위해서는 당면한 문제를 제한된 사고의 틀frame이라는 관점을 통해 단순화해서 정의할 필요가 있다. 따라서 문제에 대한 프레임은 본질을 파악하기에 용이한 관점과 수준에서 문제가 정의되고, 의사결정에 관련된 이해관

5. 미국의 의사결정 전문 컨설팅 회사인 SDG(Strategic Decisions Group)는 이 개념을 오래전부터 개발해 컨설팅에서 적용하고 있다.

그림 4-2 의사결정의 질을 구성하는 6가지 요소

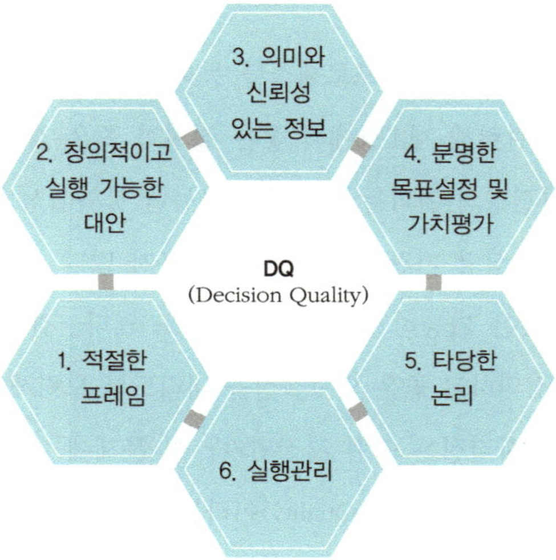

계자들이 참여하게 되면, 현실의 문제를 올바른 시각으로 해결할 수 있는 프레임이 설정되었다고 할 수 있다. 프레임에 관련해서는 제5장에서 다루기로 한다.

창의적이고 실행 가능한 대안(Creative, doable alternatives)

좋은 의사결정을 내리기 위해서는 이미 제안된 대안뿐만 아니라 실행 가능한 대안들을 창의적으로 찾아내는 작업이 필요하다. 이러한 작업을 통해서 더욱 높은 가치의 의사결정을 내릴 수 있다. 대안에 관련된 내용은 제6장에서 다루게 된다.

의미와 신뢰성 있는 정보(Meaningful, reliable information)

좋은 의사결정을 내리기 위해서는 불확실성이 높은 변수들에 대한 신뢰성 있는 정보가 필요하다. 동시에 의사결정과의 관련성이 높은 정보만이 의미가 있기 때문에 이를 계량적으로 판단하는 것이 필요하다. 정보에 관련된 내용은 제7장에서 다루게 된다.

분명한 목표설정 및 가치평가(Clear values and tradeoffs)

좋은 의사결정을 내리기 위해서는 의사결정의 결과를 가치로 측정할 수 있는 지표metrics가 필요하다. 그 가치들이 다수이면 그 가치들 간의 상충관계value tradeoff를 분명하게 표현할 수 있어야 한다. 예를 들어 공장입지를 선정하는 경우를 생각해 보자. 부지 A는 수도권에서 다소 떨어져 확장성이 높은 반면, 인력 수급이 어렵고, 부지 B는 수도권과 가까워 확장성은 제한적이지만, 인력 수급이 용이하다고 하자. 이러한 높은 확장성과 낮은 인력 수급의 용이성이라는 두 개의 가치 상충관계를 분명하게 평가해야 한다. 가치 상충에 관련된 내용은 제8~10장에서 구체적으로 다루게 된다.

타당한 논리(Logically correct reasoning)

좋은 의사결정은 타당한 논리에 근거해 분석되고 결정되어야 한다. 대안 분석과정에서의 논리와 관련 가정이 타당해야 최종 의사결정에 대한 확신을 가질 수 있으며, 특정 대안을 선택해야 하는 당위성을 논리적으로 설명할 수 있다. 타당한 논리를 가지고 최종적인 분석과 평가를 내리는 과정은 제11~13장에서 다루게 된다.

실행 관리(Commitment to action)

최종 결정에 대한 실행 의지가 없는 의사결정은 의도intention에 불과하다. 좋은 의사결정은 적절한 의사결정의 과정을 거치면서 문제에 대한 이해와 확신을 통해 실행 의지를 높이게 한다. 이러한 실행의 의지는 의사결정과 관련된 이해관련자들이 적절히 포함되고, 의사결정을 실제 실행할 사람들까지 관여되었을 때 높아진다. 실행에 관여한 사람들은 왜 현재의 대안이 선택되었는지 그 이유를 이해하기 때문에 실행은 훨씬 순조롭다. 의사결정 과정에 참여한 실행자들은 의사결정 문제에 대한 주인의식을 가지고 그 결정을 실행하기 위한 최선의 노력을 기울이게 된다. 의사결정은 추구할 가치를 찾는 것이고, 실행은 그 가치를 실제 가치로 전환시키는 과정이다. 이러한 실행 관리도 의사결정에서 중요한 요소이다.

실행을 위한 의지가 분명해지면 최선의 대안을 선택하는 의사결정의 단계는 실행의 단계로 바뀌게 된다. 실행의 단계에서는 예산을 확보하고, 필요한 인력을 구성하고, 전체 스케줄을 잡고, 디자인을 시작하는 등 구체적인 실무작업을 통해 의사결정의 가치를 최대화하기 위한 노력을 하게 된다.

위의 6가지 요인은 각각도 중요하지만, 이들이 전체로 연결될 때 그 의미가 있다. 이들 6가지 요인들은 의사결정의 질과 관련되며, 의사결정의 질은 이를 구성하는 요인들의 최소값에 의해 결정된다. 비유하자면 물탱크에 구멍이 6개 뚫려 있을 때 물통이 가둘 수 있는 물의 최대량은 가장 낮은 구멍의 높이에 의해 결정되는 것과 동일한 의미이다. 예를 들어 문제에 대한 적절한 프레임이 설정되고 기타 다른 요인들을 충분히 고려했더라도, 창의적이고 실행 가능한 대안들을 충분히 고려하지 못했다면 전체 의사결정의 질은 낮아진다는 뜻이다. 창의적인 대안을 고려했지만 관련 정보가 부정확하다면 역시 의사결정의 질이 낮아진다. 따라서 좋은 의사결정을 위해서는 의사결정의 질을 구성하는 6가지 요인들의 질이 균등하게 확보될 수 있도록 해야 한다.

이러한 6가지 요인의 질을 주관적으로 평가하여 도식화한 그림은 거미집 모양과 유사하다고 해서 스파이더웹Spiderweb이라고 부른다([그림 4-3] 참고). 이때 동그란 원은 각 요인들에 필요한 100%의 질적 수준을 의미한다. 그 수준에 모자라는 원 안쪽의 요인에 대해서는 더 많은 고민과 분석이 필요하지만, 반대로 그 수준을 넘어선 원 밖의 요인에 대한 추가적 고민과 분석은 불필요하다. 이것은 원점에서 동그란 원에 도달할 때까지는 한계효용이 한계비용을 능가하므로 더 많은 시간과 노력을 기울이는 것이 필요하지만, 그 이상에서는 한계비용이 한계효용을 능가하기 때문에 더 이상의 시간과 노력이 불필요하다는 뜻이다.

의사결정의 질을 평가하는 일은 상당히 주관적 작업이다. 따라서 실제 문제에 적용하는 경험이 쌓임에 따라 더욱 신뢰성 있고 의미 있는 평가가 가능해진다(Spetzler, Winter, & Meyer, 2016). 의사결정자가 한 사람인 경우와는 달리 다수의 의사결정자가 있는 경우에는 각 요인의 수준을 의사결정자별로 다르게 평가할 수 있다.

그림 4-3 의사결정의 질을 평가하는 스파이더웹

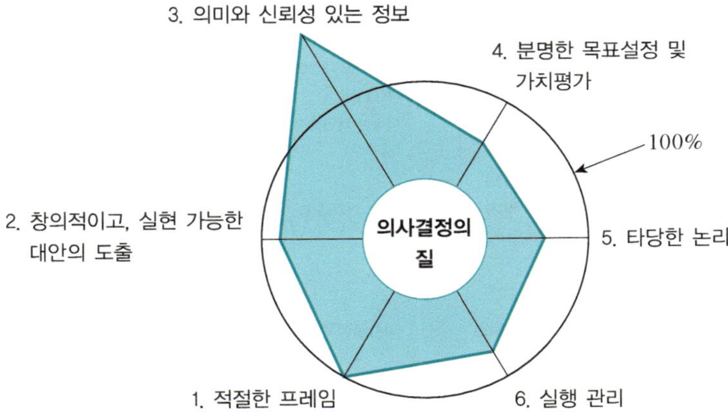

이럴 경우에는 각 요인에 대해 컨센서스를 구해가면서 평가하면 된다. 6개 요인의 질적 수준이 100%에 도달했다고 판단되면, 그것은 해당 문제에 대한 결정을 내릴 준비가 되었다는 것을 의미한다.

4. 통찰 기반 의사결정 프로세스

이제 의사결정 프로세스로 다시 돌아가 보자. 우리가 일상에서 접하는 대부분의 문제들은 시스템 1적 사고를 통해 큰 노력 없이 자동적으로 처리된다. 그러나 소수의 중요한 문제에 대해서는 충분한 숙고의 과정이 필요하다. 인간이 가지는 인지적 편향과 사고능력의 한계를 고려한다면, 이를 보완하는 숙고의 프로세스는 좋은 의사결정을 위해 절대적이다. 이것은 운동선수가 자신의 판단으로 경기를 운영하다가 중요한 순간에는 운동장 밖에서 선수의 장단점과 상황을 객관적으로 파악하고 있는 코치의 도움을 받는 것과 같은 원리이다.

[그림 4-4]는 당면한 의사결정 문제를 주요 의사결정의 요소들로 분해하고 종합하는 과정을 보여준다. 이 프로세스는 문제의 본질을 이해하는 과정을 목적으로

그림 4-4 통찰 기반 의사결정 프로세스

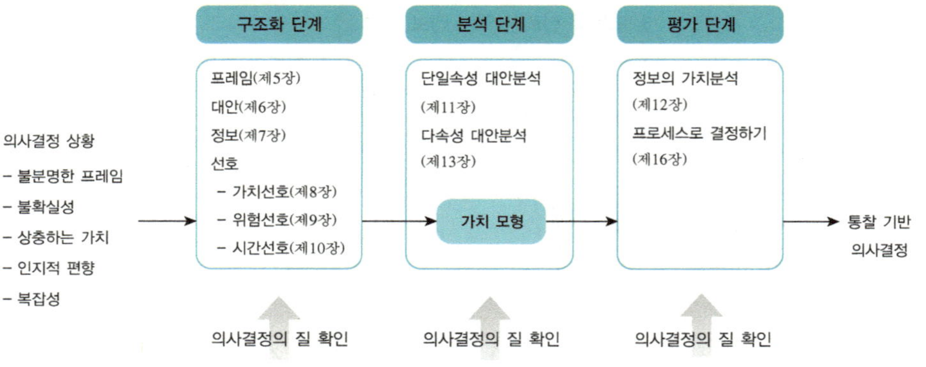

하므로 이를 통찰 기반 의사결정 프로세스Insight-based decision-making process라고 부른다. 이 프로세스는 해당 프로세스를 통해 의사결정의 질을 확보하고, 이를 통해 좋은 의사결정을 일관되게 내릴 수 있게 도와준다.

통찰 기반 의사결정 프로세스는 3단계로 구성된다. 첫 번째 구조화 단계structuring phase는 의사결정 문제를 위한 사고의 틀인 프레임을 설정하고, 의사결정의 핵심 3요소인 대안, 정보, 선호를 찾아가는 발견의 과정이다. 두 번째 분석 단계analysis phase는 구조화 단계에서 설정한 프레임하에서 대안, 정보, 선호 등으로 가치모형을 만들고 이를 통해 대안을 분석하는 과정이다. 세 번째 평가 단계appraisal phase는 정보의 가치 분석, 가치에 영향을 미치는 주요 변수의 파악 등을 통해 의사결정 문제의 본질을 파악하고 특정 대안을 선택해야 하는 분명한 이유를 찾는 깨달음의 과정이다. 이 세 단계를 거치면서 운이나 단순한 자료에 의존한 결정이 아닌 통찰에 기반한 의사결정을 내리게 된다.

앞으로 의사결정 프로세스를 이야기 할 때, "통찰 기반 의사결정 프로세스"라는 표현을 쓰기도 하고, 그냥 "의사결정 프로세스"라고 쓰기도 할 것이다. 통찰의 중요성을 강조할 때에는 "통찰 기반"이라는 수식어를 추가해 사용할 것이지만, 그렇지 않은 경우에도 의사결정 프로세스는 통찰에 기반을 두어야 한다는 사실은 변함이 없다.

다음 제5장부터 제10장까지는 구조화 단계를, 제11장, 제13장에서는 분석 단계를, 제12장, 제16장에서는 평가 단계를 다루기로 한다. 자세한 프로세스에 대한 설명은 제16장에서 추가적으로 하기로 한다.

CHAPTER 05

프레임이 결정한다

易地思之 : 처지(處地)를 서로 바꾸어 생각한다.

의사결정 과정의 핵심은 문제에 대한 명확한 이해를 통해 해당 문제에 대한 통찰을 도출해 내는 것이다. 이러한 생각과 접근법을 통찰 기반 의사결정insight-based decision-making이라고 했다. 우리는 통찰 기반 의사결정에서 의사결정의 질을 구성하는 6가지 요소를 파악한 바 있다. 그 첫 번째 요소는 당면한 의사결정 문제를 이해하고 분석하기 위한 사고의 틀을 정하는 것이다. 우리는 이 사고의 틀을 의사결정 프레임decision frame이라고 부른다.

프레임이라고 하면 사진을 담는 액자가 연상된다. 액자에 담긴 여행지에서의 사진은 찍은 사람의 의도에 따라 같은 상황을 다르게 포착할 수 있다. 여행지에서 가족들의 즐거운 얼굴 표정을 중심으로 하는 프레임으로 사진을 찍을 수도 있고, 여행지의 근사한 모습을 보여주는 풍경 위주의 프레임으로 사진을 찍을 수도 있다. 이처럼 사진을 찍는 사람은 정해진 프레임하에서 그 당시의 상황과 추억을 외부 사람과 공유하게 된다. 사진을 찍는 사람은 본인의 주관적 프레임을 통해 자신의 관점을 반영하고 전달하며, 사진을 보는 사람들은 그 주어진 프레임하에서의 제한적인 해석이 가능하다. 따라서 어떤 프레임으로 사진을 찍는가는 그 관점과 의미 전달의 측면에서 매우 중요하다. 의사결정의 프레임도 사진의 프레임과 동일한 성격을 가진다.

다음에서는 의사결정 프레임에 대한 구체적 정의와 함께 적절한 프레임은 어떤 요소를 갖추어야 하며, 적절한 프레임 설정을 위해 활용할 수 있는 도구는 무엇인지 알아보기로 하자.

1. 의사결정 프레임의 정의

좋은 의사결정을 위해서는 모호하고 추상적인 문제를 구체적이고 분명하게 정의하고 이를 통해 문제의 핵심을 이해하는 과정이 필요하다. 이 과정에서 의사결정과 관련된 요소들을 선정하고 필요한 분석을 통해 본질에 접근하게 된다. 카메라 렌즈를 통해 외부 현상을 서로 다른 테마와 방법으로 촬영하듯이 의사결정 프레임을 통해 그 목적과 시각에 따라 문제를 다르게 정의할 수 있고, 이에 따라 결정은 크게 영향받는다. 따라서 우리는 의사결정 프레임을 의사결정 문제를 바라보는 "사고의 틀"이라고 정의할 수 있다. 이런 사고의 틀을 통해 초기의 의사결정 문제를 관련성이 높은 요소들을 통해 분명한 형태로 재정의한다.

[Decision in Action 5-1] 6명의 맹인과 코끼리 이야기

고대 인도에서 전해 내려오는 6명의 맹인과 코끼리(Six blind men and an elephant) 이야기는 문제의 본질을 찾는 과정에서 중요한 시사점을 준다. 이 이야기는 6명의 맹인들이 평소에 보지 못했던 코끼리가 어떤 모습일까 추측하는 내용이다.

그들은 모두 맹인이기 때문에 동네에 처음 나타난 코끼리를 만져 봄으로써 코끼리의 모습을 파악하려고 했다. 코끼리 몸통을 만진 사람은 코끼리가 벽과 같다고 이야기하고, 다리를 만진 사람은 나무와 같다고 이야기한다. 뿔을 만진 사람은 창과 같다고 이야기하고, 코를 만진 사람은 뱀이라고 하기도 한다. 촉감으로 느껴지는 특별한 경험에 근거해서 그들은 코끼리에 대해 서로 다른 주장을 하게 된다. 그들의 제한된 시각에서는 코끼리가 뱀과 같을 수도 있고 나무와 같을 수도 있다. 그 주장 또한 그들의 시각에서 옳다. 그러나 그것이 코끼리의 정확한 실체는 아니다.

6명의 맹인과 코끼리 이야기는 제한되고 주관적인 경험을 통한 판단은 진실과 다를 수 있고 위험할 수 있다는 귀한 교훈이 된다. 그러나 개개인의 제한된 관점을 넘어서 좀 더 포괄적인 관점에서 그들의 생각을 종합한다면, 코끼리에 대한 실체를 파악할 수 있다. 이 이야기를 통해 개인의 제한된 경험과 지식에 의존한 프레임은 실체를 파악하기에 적절하지 않고, 전체를 종합적으로 판단하는 프레임이 필요하다는 것을 알 수 있다.

그림 5-1 6명의 맹인과 코끼리

출처 : The Baseline Company

2. 의사결정 프레임 설정의 요소

사진 촬영은 프레임을 이해하기 위한 좋은 예이다. 우리는 여행의 추억을 다양한 사진으로 남긴다. 대부분 여행지를 배경으로 같이 간 친구들 중심의 인물사진을 찍는다. 광활한 자연을 맞이하며 벅찬 감동을 남기기 위해 파노라마 형식의 전경 사진을 찍을 수도 있다. 가끔은 길가에서 발견한 독특한 꽃을 중심으로 근접 촬영을 하면서 주변 배경은 무시해 날려버릴 수도 있다. 사진 속에 남은 우리의 추억은 친구들의 정겨운 표정이 될 수도 있고, 웅장한 자연이 될 수도 있고, 근접 촬영한 독특한 꽃이 될 수도 있다. 우리의 선택에 따라 사진에는 다른 의미와 시선을 담을 수 있다.

의사결정 프레임을 정하는 것은 사진의 구도를 정하는 것과 같다. 따라서 적절한 프레임 설정은 문제를 명확히 정의하고 본질을 찾아가는 의사결정 프로세스의 중요한 첫 출발이다. 의사결정 프레임은 다음 3가지 요소로 설정한다.

목적purpose

의사결정의 프레임은 의사결정의 목적이 무엇인가에 대한 질문에서 출발한다. 예를 들어 제조회사에서는 감소하는 기존 제품의 수익성을 높이기 위한 방안이 목적이 될 수 있다. 이에 대한 검토 이후 기존 제품을 대체할 신제품 시장수요에 대한 완전정보의 가치평가와 마케팅 조사 여부가 새로운 목적이 될 수 있다. 언제 집을 구매할 것인가, 언제 수술을 할 것인가, 즉시 행동할 것인가 혹은 다음 기회로 미룰 것인가 등 시간에 대한 선택이 목적이 될 수도 있다.

관점perspective

기존 제품의 수익성 감소 문제의 해결을 위해서는 비용 절감이 가능한 제품의 외주생산을 고려해 볼 수 있다. 또한 비용 절감의 관점 대신 신제품 도입을 통해 적극적으로 시장수요를 창출하는 시장개척의 관점에서 문제를 볼 수도 있다. 논의가 더 진전되면 기업환경 변화에 따른 기업의 미션과 정체성에 대한 근본적 검토까지 확대될 수 있다. 즉, 의사결정 문제를 여러 다양한 관점 : 비용의 관점, 신제품 개발을 통한 제품 전략의 관점, 혹은 기업의 본질적 가치의 관점 등을 고려하여 프레임을 설정한다.

수준scope

수준은 프레임에서 설정한 목적과 관점에 따라 의사결정 문제를 어느 정도 깊이에서 고려할 것인가를 나타내 준다. 수익성 문제를 해당 사업 부문에 국한할 것인지, 회사로 넓힐 것인지, 혹은 기업집단 전체의 포트폴리오 수준에서 볼 것인지

를 선택하고 프레임을 설정한다.[1]

3. 적절한 프레임의 필요조건

우리는 설정된 프레임을 통해 의사결정 문제를 바라본다. 따라서 문제를 이해하고 본질을 파악하는 데 도움이 되는 다양한 프레임들을 고려해 보는 것은 의사결정 과정에서 매우 중요하다. 제시된 의사결정 프레임들 중에서 어떤 것이 절대적으로 옳거나 그른 것은 없다. 의사결정 문제의 성격에 따라 더 적절한 프레임이 있을 뿐이다. 적절한 프레임에 대한 판단은 주관적이고 정답이 없다. 그 판단의 기준은 의사결정 문제를 이해하는 데 얼마나 도움이 되는지에 따라 달라진다. 정답이 없으므로 "적절함"에 대한 판단은 상당히 어려운 문제이다.

이 문제에 대한 해결책은 "적절한" 프레임에 대한 정답을 찾는 것이 아니라, 적절한 프레임에 대한 필요조건을 찾는 방향으로 해결할 수 있다. 필요조건이 만족되지 않으면 의사결정 문제를 해결하기 위한 적절한 프레임이 될 수 없다는 것이다. 물론 이 조건은 필요조건이지 충분조건이 되지 못한다. 충분조건은 의사결정 전 과정에서 해당 프레임으로 이해당사자들이 의사결정의 질이 충분히 높은 결정을 내릴 수 있을 때, 다시 말하면 현재의 프레임이 문제의 본질을 정확히 파악할 수 있는 사고의 틀로 작동한다고 판단될 때, "적절한" 프레임에 대한 충분조건이 만족된다. 따라서 필요조건이 만족되는 프레임 중에서 문제의 본질을 파악하는 데 가장 도움이 되는 프레임을 찾는 것이 바람직할 것이다. 다음에서는 적절한 프레임의 3가지 필요조건을 확인해 보자.

---

1. 프레임을 "세상을 간결하게 재구성하기 위해 만들어 낸 심리적 구조mental structure"로 정의하기도 한다. 또한 "의사결정 문제를 보는 정신적 창문mental window"이라고 정의하기도 한다(Russo, Schoemaker, & Russo, 1989).

3.1 올바른 문제를 풀고 있는가?

우리는 해결해야 하는 의사결정 문제의 목적에 맞는 프레임을 제시해야 올바른 문제를 풀 수 있다. 잘못된 문제를 가지고 해결하려고 하면 당연히 정답이 나올 수 없다. 이에 대한 설명을 통계적 오류와 연관하여 생각해 보자.

예를 들어 동네에 살인사고가 났다고 하자. 경찰은 해당 사건에 혐의가 있는 사람을 체포한다. 이후 검찰과 재판부가 여러 살인 입증자료에 근거하여 피고인에 대한 재판을 진행하게 된다. 이 과정을 통계적 추론의 측면에서 보기로 하자.

Type 1, Type 2, Type 3 오류

검찰이 피고인에 대한 처벌을 주장할 때는 그 주장을 입증할 자료에 근거하여 객관적이고 논리적 방법에 따라 재판이 진행된다. 우선 충분한 근거가 없으면 모든 사람은 무죄추정원칙에 따라 귀무가설null hypothesis이 설정된다. 충분한 객관적 자료가 뒷받침되면 무죄추정 원칙에 근거한 귀무가설을 기각하고, 피고인이 살인범임을 주장하는 대립가설alternative hypothesis을 채택하여 사법 시스템에 의해 피고인을 처벌하게 된다.

H_0(귀무가설) : 피고인은 무죄임. H_1(대립가설) : 피고인은 살인범임.

이 객관적·논리적 재판 과정에서 발생할 수 있는 오류는 2가지가 있다. 제1종의 오류 혹은 Type 1 오류라고 부르는 것은 피고인이 죄가 없음에도 살인범으로 판결이 나는, 즉 귀무가설이 참임에도 대립가설을 채택하는 오류이다. 제2종의 오류 혹은 Type 2 오류는 피고인이 살인을 저질렀음에도 충분한 증거가 부족해 살인범으로 판결하지 못하는, 즉 대립가설을 채택하지 못하는 오류이다. 위의 살인사건의 경우에는 억울한 옥살이를 하는 Type 1 오류가 Type 2 오류보다 중대하므로 이러한 오류를 최소화하는 유의수준significance level을 정해 관리한다. 이러한 형사 재판의 프로세스는 통계적 추론과정과 정확히 일치한다.

이러한 통계적 추론과정에서의 오류에 비유하여 의사결정 연구에서는 주어진 의사결정 문제를 잘못 정의하는 오류를 Type 3 오류라고 지칭한다. 문제를 잘못 정의한, 즉 잘못된 프레임하에서는 당면한 문제에 대한 해결책을 찾을 수가 없으므로 적절한 프레임 설정은 매우 중요하다. 잘못 정의된 문제 때문에 발생하는 상황을 [예 5-1]을 통해 살펴보자.

[예 5-1] 잃어버린 열쇠

그림 5-2 **잃어버린 열쇠**

가로등 밑에서 당황해 하며 두리번거리는 사람이 있었다. 지나가던 사람 A가 물었다.

사람 A : 무슨 일이세요?

사람 B : 큰일 났습니다. 제 중요한 열쇠 꾸러미를 잃어버렸어요.

두 사람은 한참을 같이 찾다가 사람 A가 다시 물었다.

사람 A : 어디서 잃어버렸는지 다시 잘 생각해 보세요.

사람 B : 그게, 사실 저쪽 어두운 곳에서 떨어트린 것 같은데, 그곳 주변이 너무 어두워서 가로등이 있는 이곳에서 찾고 있습니다.

사람 A : "???"

우리는 이와 비슷한 경험을 종종 한다. 분명 집에서 사용한 기억은 있는데 집 안 구석구석을 찾아도 찾지 못하는 경우이다. 초조한 마음에 찾아본 곳을 다시 확인하기도 한다. 그런데 찾기를 포기한 이후 우연치 않게 차, 사무실 등 생각지 않았던 엉뚱한 곳에서 물건이 발견되는 경우가 있다. 무슨 이유에서든 물건이 분명히 집 안에 있다는 초기의 생각이 잘못된 경우이다.

작업시간제한

어느 정도의 시간을 들여도 해결책을 찾지 못하는 경우에는 조급한 생각을 버리고 문제를 다시 정의해 보는 것이 좋다. 물건을 다른 곳에 두고, 집 안에 있다고 착각하는 경우는 "집 안 어디인가"라는 설정 자체가 잘못된 경우이기 때문이다. 이런 경우 주어진 프레임하에서 문제해결을 위해 투입하는 시간에 제한을 두면 도움이 된다. 문제해결을 위해 집 안을 끝까지 찾아보기보다는 작업시간제한working time limit을 설정하는 것이다. 이 제한시간이 지나면 "집 안 어디인가"라는 기존 프레임을 포기하고 다른 프레임을 고려하는 방식이다.

우리는 문제해결이 되지 않을 때 가끔 포기하기도 한다. 그런데 일정 시간이 지난 후 우연한 기회에 문제해결의 실마리가 생기기도 한다. 컴퓨터 코드 작성 중에 발생한 오류를 끝내 해결하지 못하다가 샤워를 하면서 그 원인을 찾기도 한다. 기분전환을 위한 여행에서 새로운 아이디어가 떠올라 문제가 해결되기도 한다. 그것은 우연이라기보다 잘못된 문제의 프레임에서 벗어나 다른 관점으로 문제를 보는 순간 문제를 해결하는 경험이다.

의사결정에서 문제에 대한 과도한 집착은 오히려 문제해결에 방해가 될 수도 있다. 일정 시간이 지나도 문제가 잘 풀리지 않을 때는 프레임, 즉 사고의 전환을 통해 본인이 Type 3의 오류를 범하고 있는지 의식적으로 확인할 필요가 있다. 이런 습관을 키우면 문제해결 능력이 급속히 향상됨을 느낄 수 있다. 가끔은 오기가 문제해결을 가로막고, 포기가 문제해결의 실마리가 될 수 있다.

환자를 진료하는 의료현장에서도 동일한 논리가 적용된다. 환자의 건강에 문제가 있다고 판단되면 사람들은 기본적으로 건강하다는 가정(귀무가설)하에서 다양한 혈액검사, 영상촬영 등을 통해 초기 질병에 대한 가설(대립가설)을 검증하게 된다. 이 과정에서 Type 1 오류와 Type 2 오류가 발생할 수 있고, 잘못된 문제를 푸는 Type 3 오류가 개입될 수도 있다. 이러한 경우 자신의 경험과 관점이 아닌 객관적 관점에서 볼 수 있도록 하는 자세와 훈련이 필요하다(Bermúdez, 2020 ; Cukier, Mayer-Schönberger, & de Véricourt, 2021 ; Russo, Schoemaker, & Russo, 1989).

[Decision in Action 5-2]는 의료현장에서의 문제를 작업시간제한과 프레임의 관점에서 이해할 수 있는 좋은 사례이다.

[Decision in Action 5-2] 위기일수록 한걸음 물러나서 "판"을 읽어라

병원 응급실은 늘 긴박하다. 분초를 다투는 상황도 잦다. 환자들은 대부분 생사의 갈림길에 서 있다. 의사는 최대한 빨리 환자를 응급 상황에서 벗어나게 해야 한다. 의사에게는 환자를 어떻게 조치할지 빠르고 정확하게 판단하는 능력이 요구된다. 사소한 결정에서도 매번 과중한 부담감을 느낄 수밖에 없다. 그래서 응급실 의사들은 위급한 상황에서 최선의 결정을 내리는 나름의 노하우를 터득하고 있다.

환자가 응급실에 오면 먼저 원인이 무엇인지 찾는다. 환자에게 몇 가지 검사를 실시하면 이후 어떻게 조치해야 하는지 큰 방향은 잡을 수 있다. 이상 징후가 동시에 여러 곳에서 발생할 수도 있다. 이런 상황에서는 일의 우선순위에 따라 가장 시급한 문제부터 해결한다. 하지만 전혀 갈피를 잡지 못할 때도 있다. 해법이 보이지 않는다면 기본으로 돌아가야 한다. 응급실에서의 기본은 환자의 ABC를 살피는 것이다. A는 기도Airway, B는 호흡Breathing, C는 혈액순환Circulation이다.

다양한 방법을 시도했지만 여전히 해법을 찾지 못했다면 자신의 역할을 다른 의사에게 넘기는 게 좋은 방법이 될 수 있다. 이런 과정을 의료계에서는 "손을 바꾼다"고 말한다. 손을 바꾸는 것은 같은 사안이라도 다른 시각에서 보자는 취지에서 시도하는 것이다. 사람들은 문제를 해결하다 어려움에 맞닥뜨렸을 때 대체로 이전 방법에서 약간 변형된 방법으로 해결책을 찾으려고 한다. 전혀 새로운 방법으로 해법을 구하려는 시도는 대부분 발생하지 않는다. 이럴 때 과감하게 손을 바꾸면 전혀 새로운 방법으로 해결책을 찾기 때문에 오히려 문제가 쉽게 풀릴 때도 있다.

응급실에선 특히 유의해야 할 점이 있다. 환자가 위태로운 상황에 빠졌다고 해서 의사가 위기를 느끼면 안 된다. 위기에 처한 사람은 의사가 아니라 환자다. 의사는 항상 차가운 마음으로 환자를 바라봐야 한다. 환자와 자신을 동일시해서는 안 된다. 환자가 죽어간다고 의사도 같이 위기를 느끼면 제대로 치료할 수 없다. 어려움에 처한 비즈니스 리더들도 마찬가지다. 위기에선 한걸음 뒤로 물러서서 객관적으로 자신이 어디에서 틀렸는지 냉철하게 살펴봐야 한다. 그래야 위기에서 벗어날 수 있는 해법도 찾을 수 있다.

출처 : 홍윤식, "위기일수록 한걸음 물러나서 "판"을 읽어라", DBR 경영지혜, 2013. 12. 26.

3.2 적절한 수준인가?

프레임의 전환

새로운 기술이 적용된 미래지향적인 전기자동차를 선택하자는 남편의 의견과 성능과 안정성이 보장된 내연자동차를 선택하자는 아내의 의견은 2번째 자동차가 과연 필요한가에 대한 논의로 확대된다([Decision in Action 5−3]). 이런 논의 과정에서 자연스럽게 출퇴근의 이슈가 대두되고, 이번 기회에 교통이 편리한 지하철 주변 역세권으로 집을 옮기자는 논의로 확대되었다. 그러나 예산의 문제, 주변 환경의 문제, 자녀 교육의 문제 등으로 역세권으로 집을 옮기는 문제는 무리라고 판단한다. 이런 과정 속에서 자동차 구매문제에 관련된 프레임은 계속 변화하게 된다. 이를 통해 남편과 아내의 대립된 인식에 대한 해결책으로 신차를 구매한다는 최초 프레임을 재고再考하게 된다. 결국 자동차의 구매문제에서 자동차 리스문제로 프레임이 전환되었다.

결론적으로 향후 3년 정도 지나 전기자동차의 배터리 기술과 충전 인프라가 안정될 것으로 예상되는 시점에 전기자동차를 구매하는 것이 더 좋겠다는 최종 판단을 내리게 되었다. 초기의 "구매 프레임"과는 전혀 다른 "리스 프레임" 속에서는 전혀 고려 대상이 아니었던 멋진 쿠페가 대안 중 하나로 고려되기 시작했다. 이렇게 문제에 대한 이해도가 높아짐에 따라 초기 프레임의 수준은 계속 바뀌는 과정을 거친다. 프레임의 수준에 관해서는 제5절 제1항 의사결정 계층도에서 다시 다루도록 한다.

[Decision in Action 5-3] 자동차 구매결정

이남편은 두 번째 신차를 구매하려 한다. 구매를 위한 여러 조사를 하면서 최근 전기자동차의 성능이 매우 좋아졌고, 운전보조 기능이 많이 채택되었다는 것을 알게 되었다. 물론 충전 인프라의 부족과 짧은 주행거리 등 불편한 점도 만만치가 않다. 그러나 운영비가 저렴할 뿐만 아니라, 가속 기능도 상당히 우수해서 저렴한 가격으로 성능이 괜찮은 스포츠카를 타는 느낌도 든다. 게다가 전기 배터리를 활용하여 냉난방 기능 등 모든 전자기기를 편리하게 사용할 수도 있고, 내부 설계는 전기자동차 전용 플랫폼을 기반으로 완전 재설계되어 있어 공간도 넓다. 이남편은 ESG가 점차 강조되는 환경에서 친환경 전기자동차가 대세가 될 것으로 판단하고 전기자동차 모델 중에서 가장 마음에 드는 차를 골라 보기로 했다.

그러나 자동차 구매결정은 이남편이 혼자 내릴 수 있는 성격이 아니다. 이남편은 중요한 이해당사자인 아내의 의견을 듣기 위해서 H사의 신형 전기자동차와 T사의 전기자동차에 대한 상세한 정보를 가지고 대화를 시작했다. 그러나 이남편의 열망과는 반대로, 아내의 전기자동차에 대한 불안감은 상당히 높았다. 특히 아내는 방송에서 보도된 T사의 배터리 화재사건을 예로 들며, 전기자동차가 아직까지 기술적으로 불안정하며, 기존 내연기관 자동차에 비해 5년 이후의 잔존가치가 급속하게 줄어들 가능성을 걱정한다. 과연 어떤 결정이 옳은 것인가?

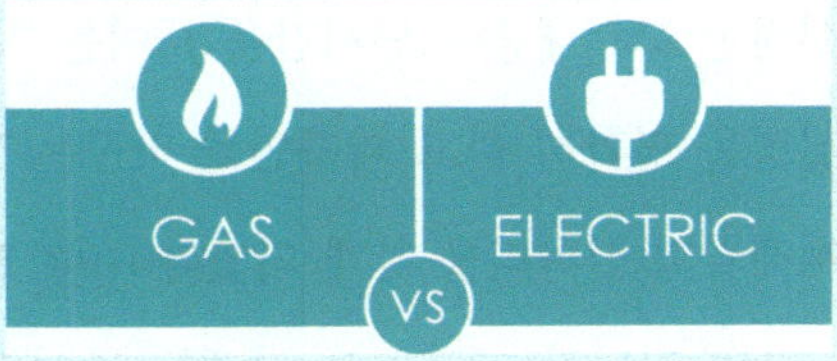

▲ 출처 : Everchage.com

3.3 강요된 프레임이 아닌가?

장난감 제조회사에서 발생한 고객응대 사례를 살펴보자.

[예 5-2] 고객응대

회사의 고객응대 콜센터에 전화문의가 폭주했다. 20여 분 이상 전화가 지연되는 일이 많아 큰 문제가 되었다. 콜센터 책임자가 증가하는 고객 문의에 대응하기 위해 회의를 소집했다. 콜센터의 주요 평가지표인 고객의 평균 대기시간이 급속히 증가했으므로 이에 대한 대책이 필요했다. 우선 급한대로 고객응대 담당자를 증가시켜 증가한 대기시간 문제를 해결해 볼 수 있다. 그리고 난 이후, 응대 관련 담당자들의 추가적 교육훈련이 필요한가? 혹은 챗봇을 도입해 간단한 문제는 챗봇이 해결하고 복잡한 문제는 고객응대 담당자가 해결하는 이원화 체계로 효율성을 증가시켜야 하나?

그러나 이러한 문제에 접하게 되면 사람들은 폭주한 전화문의의 이유를 궁금해한다. 실제 고객응대 담당자와의 확인과정을 통해 최근 출시된 특정 장난감에 대한 문의가 대부분이라는 것을 확인할 수 있다. 구체적으로 해당 장난감의 조립과정에 대한 설명이 충분하지 않다는 불만사항을 파악하게 된다. 이를 바탕으로, 초기에 설정한 고객대응 지연시간을 줄이는 "운영 효율화" 프레임에서 장난감 조립에 대한 설명을 명확히 하고 디자인을 바꾸는 "원인 찾기" 프레임으로 전환한 다음 쉽게 문제해결의 실마리를 찾게 되었다(HBR, 2006).

위 장난감 제조회사 사례는 주어진 프레임을 그대로 받아들이는 것이 아니라, 프레임을 바꾸는 리프레이밍re-framing 과정을 통해 문제의 원인을 더 잘 파악하고 바람직한 결정을 내릴 수 있음을 예시한다. 외부에서 주어진 프레임은 문제의 원인을 파악하는 데 방해가 될 수 있다. 주어진 프레임을 그대로 받아들이기보다 대체적인 프레임들에 도전함으로써 문제의 본질적 이해에 가장 적합한 프레임을 찾아낼 수 있다.

4. 적절한 프레임이 갖는 특성

의사결정의 목적, 관점, 범위가 프레임을 통해 구체화되면, 이를 기반으로 문제를 이해하고 분석하는 의사결정 프로세스가 진행된다. 이런 프레임의 적절성 여부는 ① 올바른 문제를 풀고 있는지, ② 적절한 수준인지, ③ 강요된 프레임이 아닌지 등을 확인함으로써 판단할 수 있다.

그렇다면 적절한 프레임은 어떤 특성을 갖는가? 첫째, 적절한 프레임은 다양한 사고가 반영된 결과물이다. 우리가 현실을 관찰하고 이해할 때, 현미경과 망원경이라는 렌즈를 적절히 사용한다면 그 문제의 본질을 정확히 이해하는 데 도움이 된다. 그러나 망치를 든 사람에게는 세상의 문제가 모두 못이 된다는 말처럼 자신의 과거 경험이나 지식에 의존한 프레임은 제한되거나 편향될 수 있다.

자동차 구매의 예를 다시 살펴보자. 전기자동차가 도입되던 초기, 부족했던 충전 인프라와 긴 충전시간에 대한 불만 등 과거의 제한된 경험과 정보에 근거해 전기자동차의 구매를 원천적으로 배제한다면, 가장 가치 있는 자동차 선택이라는 목적을 달성할 수 있다. 다양한 사고를 통해 설정된 적절한 프레임은 개인적 경험이나 지식으로부터의 편향에서 자유롭다.

둘째, 적절한 프레임은 이해당사자들이 해당 의사결정 문제를 함께 고민할 수 있는 사고의 틀을 제공한다. 따라서 프레임은 강요되어서는 그 목적을 달성하지 못한다. 회사 내의 서로 다른 부서, 예를 들어 마케팅 부서와 R&D 부서는 같은 문제를 전혀 다른 관점에서 볼 수 있다. 직급이나 성별에 따라서도 다를 수 있다. 그러나 적절한 프레임은 이해당사자들의 다양한 시각을 반영한 상호 동의된 사고의 틀이다.

남편의 입장에서는 전기자동차 기반의 제품을 선택해야 첨단 기능을 빨리 활용할 수 있고, 본인의 라이프스타일에도 부합하는 "미래지향적 접근"이 가능할 것이라고 생각한다. 그러나 아내는 배터리 기술에 위험성이 존재하고, 충전 인프라가 부족해 전기자동차는 시기상조라고 판단한다. 특히 가족 전체가 연관된 자동차 구매에는 성능과 안전이 절대적으로 보장된 "보수적 접근"을 선호하는 것이다. 만약 부부가 공동으로 결정해야 할 자동차 구매결정에서 아내의 관점이 수용되지 않은 채 강요된 프레임으로 진행된다면 결코 원만한 합의와 결정이 이루어지지 않을 것이다. 적절한 프레임은 관련된 이해당사자의 상호 동의를 전제로 한다.

셋째, 프레임은 의사결정의 전 과정에서 지속적으로 수정·변경되는 과정을 거친다. 이 과정 속에서 의사결정의 목적이 바뀔 수도 있고, 다른 관점이 채택될 수도 있으며, 의사결정의 범위가 넓어지거나 좁아질 수도 있다. 적절한 프레임은 당면한 의사결정 문제를 가장 잘 이해할 수 있도록 지속적으로 수정되고 유연성을 가지게 된다.

자동차 구매문제에서 초기의 자동차 구매 프레임에서 집을 이사하는 문제로 프레임이 확대되었다가, 다시 3년간의 자동차 리스 문제로 프레임이 바뀌는 것과 마찬가지로 프레임은 계속 수정·변화된다. 이 과정에서 고려하는 대안집합들도 바뀌고, 새로운 선호도 발견하게 된다. 이런 반복적 과정을 통해 자동차 구매문제에 대한 이해도가 높아지고, 궁극적으로는 "자동차 리스"가 적절한 프레임으로 선택될 수 있다.

5. 프레이밍을 위한 도구

프레임은 의사결정 문제를 상호 소통하는 데 도움을 준다. 즉, 주어진 프레임하에서 관련 변수들로 의사결정 문제를 표현represent할 수 있게 해 준다. 의사결정 문제를 표현한다는 것은 의사결정자가 문제에 대한 이해의 정도를 구체적으로 선언declare한다는 의미이다. 이를 통해 어떤 것들이 사실이고, 어떤 것들이 가정이며, 무엇을 결정하고, 무엇을 목표로 하며, 해당 변수들 간의 관계는 무엇인지 나타내는 것이다.

프레이밍framing을 위해서는 일반적으로 의사결정 문제의 주요 이슈들에 대해 브레인스토밍brainstorming을 실시한다. 이를 통해 이슈들에 대한 의견을 자유롭게 개진하고, 이렇게 모인 주요 이슈들을 선별해 의사결정 대안과 관련된 것, 선호와 관련된 것, 불확실성과 관련된 것, 기타 이슈 등으로 구분한다. 이렇게 구분된 이슈들을 의사결정 계층도, 의사결정나무, 영향도 등의 구조화 도구structuring tool를 활용하여 구체적으로 프레이밍하고 의사결정 문제로 표현한다.

5.1 의사결정 계층도

프레임의 수준 설정에는 의사결정 계층도decision hierarchy가 유용하다. [그림 5-3]의 의사계층도 맨 위 3층은 이미 정해진 정책 방향과 대안policy decision을 표시한다. 의사계층도 2층은 현재 프레임에서의 주된 관심인 전략적 결정strategic decision과 이에 관련된 대안을 보여준다. 마지막으로 의사계층도 1층은 차후에 내려야 할 하위수준의 결정operational decision을 표시한다. 이 의사결정 계층도를 활용하면, 어떤 의사결정을 제약조건으로 받아드리고, 어떤 결정을 의사결정 문제의 초점으로 할 것이며, 어떤 결정을 추후 고려할 것인지 명확하게 구별하여 소통할 수

그림 5-3 의사결정 계층도

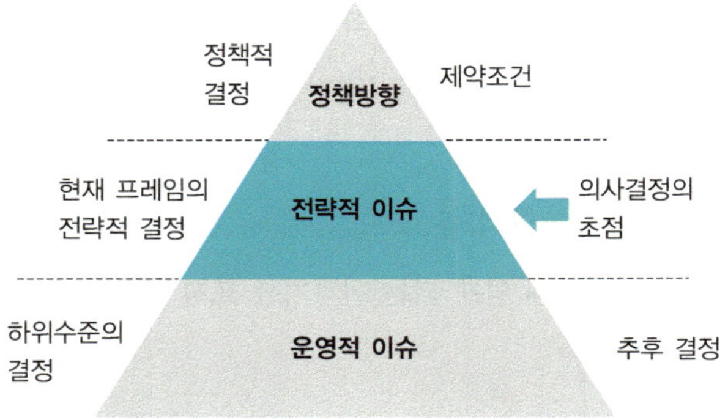

있다.

[그림 5-4]는 자동차 "리스 프레임"하에서의 계층도를 보여준다. 이를 통해 이미 리스를 전제한 상태에서, 리스에서 선택 가능한 차종들, 그리고 차종 선택 이후의 추후 결정사항들을 확인할 수 있다. 이 의사결정 계층도는 의사결정 전 과정을 통해 계속 수정·보완된다.

그림 5-4 자동차 구매를 위한 의사결정 계층도

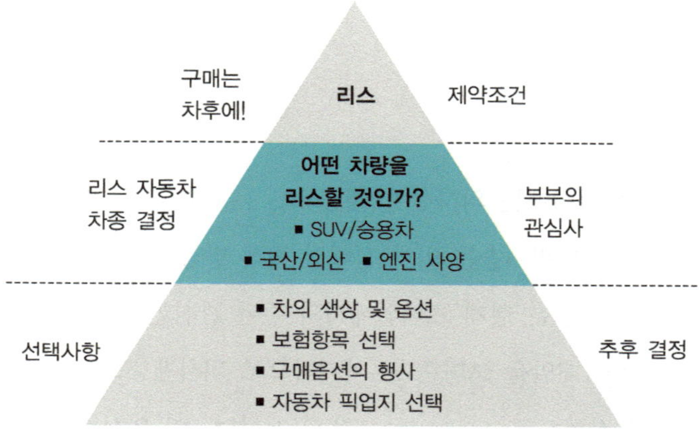

5.2 의사결정나무

프레이밍 과정에서는 의사결정나무decision tree도 유용하게 사용된다. 의사결정나무는 당면 문제의 주요 요소들을 도식화해 표현하고 문제의 구조와 관계를 파악하기 위해 사용하는 도구이다. 이때 의사결정 문제의 대안을 표시하기 위해서는 직사각형으로 표시된 의사결정 노드decision node를 사용하고, 불확실성 변수를 표시하기 위해서는 타원형 모양의 확률 노드chance node를 사용한다. 의사결정나무의 끝마디에는 해당 경로를 통해 얻게 되는 결과치를 표시한다.

[예 5-3] R&D 프로젝트 지속 결정

[그림 5-5]는 R&D 프로젝트 지속 여부를 의사결정나무로 그린 것이다. 만약 R&D 개발을 중단한다면 추가적인 비용이 발생하지 않을 것이므로 최종 결과치는 0이 된다. 개발을 계속한다면 비용은 $5M, 이에 따른 특허 획득의 확률은 70%로 예상했다. 추가적으로 특허를 획득하면 기술을 라이선싱해 수익을 창출할 것인지, 자체적으로 생산 및 판매할 것인지 결정한다. 자체생산과 판매 시에는 관련 제품의 수요가 최종 결과치에 영향을 미치는 상황을 의사결정나무는 분명하게 보여준다.

이렇게 그려진 의사결정나무는 해당 문제의 주요 대안, 불확실성, 그리고 최종 결과값을 분명하게 도식화해 주기 때문에 의사결정 관련자들의 명확한 소통을 위한 도구가 된다. 또한 의사결정나무는 소통의 도구를 넘어서 기댓값 혹은 기대효용을 계산하고 이를 최대화하는 대안을 도출하는 등 좋은 의사결정을 위한 분석적 접근을 가능하게 해 준다.

그림 5-5 R&D 프로젝트 지속 결정

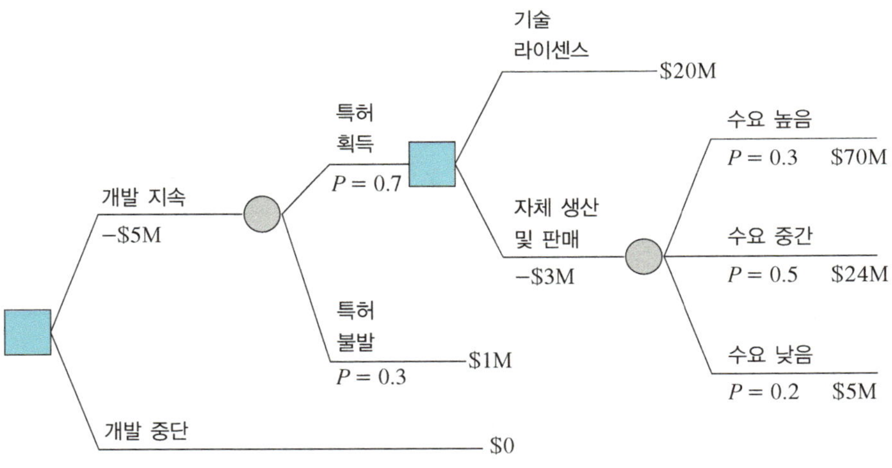

5.3 영향도

프레이밍 과정에서는 의사결정나무뿐만 아니라 영향도influence diagram도 유용하다. 의사결정나무는 의사결정과 불확실성에 관련된 변수들을 구체적으로 나타내주는 장점이 있는 반면, 문제가 커지거나 복잡해지면 전체 상황을 이해하기가 용이하지 않다. 영향도는 의사결정 문제를 객관적이고 도식적으로 표현해 준다는 점에서 의사결정나무와 유사하지만, 주요변수들 간의 상호 연관성만을 나타내 주기 때문에 전체 구조를 파악하기에 상대적으로 용이한 도구이다. [그림 5-6]은 영향도에서 사용하는 노드node와 노드들을 연결하는 아크arc를 보여준다. 각각에 대한 설명은 다음과 같다.

그림 5-6 영향도의 노드와 아크

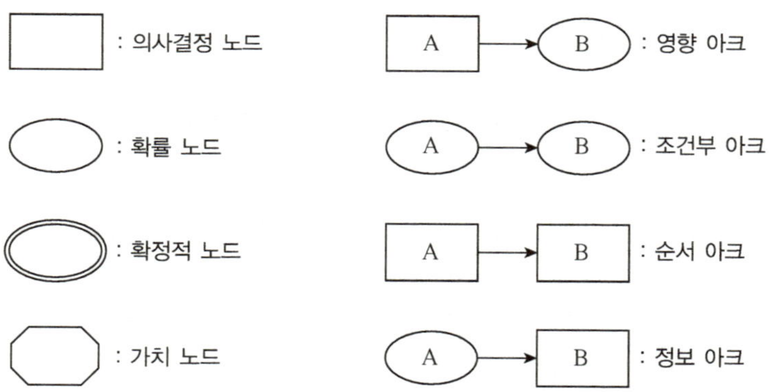

노드의 종류

- 의사결정 노드decision node : 대안들 간에 선택을 해야 하는 상황을 나타내며, 직사각형으로 표시한다. 자동차 리스 문제의 경우 A사의 전기자동차, B사의 SUV 등 고려대상 대안들이 이에 해당된다.
- 확률 노드chance node : 불확실한 변수를 나타내며, 타원형으로 표시한다. 자동차 리스 문제의 경우 불확실성이 존재하는 연간 주행거리 및 연료비 등이

이에 해당된다.

– 확정적 노드deterministic node : 확정적 노드에 연결된 선행변수predecessor들과의 관계로 정해지는 함수적 혹은 논리적 관계를 나타내며, 2개의 타원형을 겹쳐서 표시한다. 자동차 리스 문제에서 연간 운용비용이 연료비, 보험료, 유지비 등 선행변수들의 합으로 계산되는 것을 나타낼 수 있다.

– 가치 노드value node : 확정적 노드의 특별한 형태로 의사결정자가 추구하는 목표를 나타낸다. 자동차 리스 결정에서는 비용 대비 효용을 최대화하려는 목표가 이에 해당된다.

아크의 종류

– 영향 아크influence arc : 의사결정 노드에서 불확실성 노드로의 연결을 나타내는 아크이다. 이 영향 아크가 표시된 경우에는 의사결정 노드에서의 대안 선택 여부에 따라서 후행 불확실성 변수가 영향을 받는 관계라는 것을 의미한다. 예를 들어 전기 혹은 가솔린 자동차 중의 선택에 따라서 연간 연료비가 달라지는 경우가 해당된다.

– 조건부 아크conditional arc : 불확실성 노드에서 다른 불확실성 노드로의 연결을 나타내는 아크이다. 이 조건부 아크가 표시된 경우에는 연결된 노드 간에 확률적 연관성이 존재한다는 것을 의미한다. 예를 들어 연간 연료비가 연간 주행거리와 확률적 연관성이 있는 경우가 해당된다. 반면에 조건부 아크가 없는 경우는 확률 노드 간에는 확률적 연관성이 없다는 것을 분명하게 선언한다는 의미이다.

– 순서 아크sequence arc : 의사결정 노드에서 다른 의사결정 노드로의 연결을 나타내는 아크이다. 이 경우는 의사결정의 선후관계가 존재함을 의미한다. 예를 들어 리스 자동차 선택 이후 3년이 경과한 후 인수 옵션을 행사하는 경우 순서 아크로 해당 상황을 표시할 수 있다.

– 정보 아크informational arc : 불확실성 노드에서 의사결정 노드로의 연결을 나타내는 아크이다. 직접 연결하기 어려운 경우에는 꺾인 형태나 곡선 형태로 표시하고, 끝 부분만 아크의 형태로 표시할 수도 있다. 이 정보 아크가 표시된 경우는 불확실성 노드의 변수값이 의사결정을 내리는 시점에서 알려진다는 것을 의미한다. 따라서 불확실성 노드의 변수값에 따라 상이한 결정contingent decision을 내리는 상황이다. 예를 들어 구매 전에는 전기자동차에 대한 정부보조금 지급액이 불확실하지만, 자동차 구매결정 시점에서는 그 지급액을 알 수 있는 상황을 표시할 때 사용할 수 있다.

이상에서 정의한 노드들과 아크들을 이용하면 간단한 영향도를 그릴 수 있다. 이제 간단한 의사결정 문제를 영향도로 표현해 보기로 하자.

영향도 작성

[예 5-4] 파티 장소 결정

어느 곳에서 파티를 하는 것이 좋을까? 여러분이 행사 이후 파티 장소를 고민하고 있다고 하자. 가능한 파티 장소로는 ① 야외, ② 실내, ③ 지붕이 있는 큰 베란다porch 총 3가지 대안이 있다. 파티의 만족도는 파티 장소와 당일 날씨에 따라 결정된다. 파티 장소를 야외로 정했는데 날씨가 화창하다면 만족도가 가장 높을 것이다. 장소를 야외로 정했는데, 비가 오면 만족도는 가장 낮을 것이다. 만약 장소를 실내로 정했는데 날씨가 화창하다면 약간의 후회를 하게 될 것이다. 파티 장소는 의사결정자가 통제할 수 있는 의사결정 변수이지만, 당일 날씨는 통제가 불가능한 불확실성 변수이다. 파티 장소는 사전에 결정해야 하기 때문에 결정 시에는 당일 날씨에 대한 정보를 알지 못하는 상황하에서 결정한다. 이 상황을 영향도로 그리면 [그림 5-7(a)]와 같다.

그림 5-7 날씨 예보가 없는 영향도와 날씨 예보가 있는 영향도

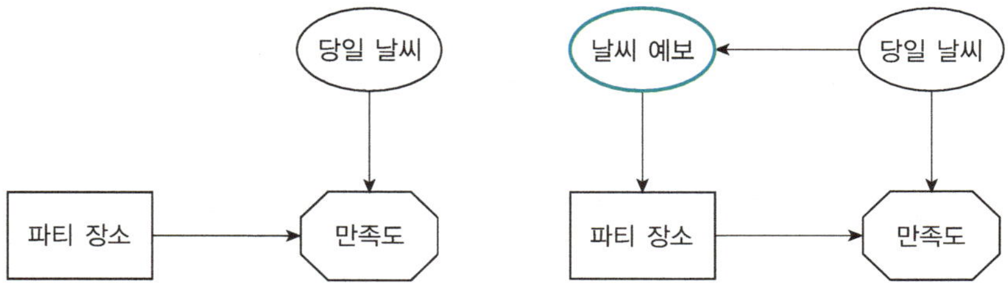

(a) 날씨 예보가 없는 영향도　　(b) 날씨 예보가 있는 영향도

파티 당일 날씨는 파티 장소를 정하는 시점에서는 알 수 없지만, 날씨 예보를 통해서 간접적으로 예측해 볼 수 있다. 따라서 파티 장소를 결정하는 시점에서는 날씨예보를 활용해 장소를 정하는 것이 합리적 선택이다. 이런 상황은 [그림 5-7(a)]에 날씨예보 노드를 추가함으로써 표현할 수 있다. 변경된 영향도에서는 당일 날씨 노드와 날씨예보 노드를 조건부 아크로 연결하고, 두 변수들 간의 확률적 관계를 조건부 확률conditional probability로 나타낸다. 지역특화 날씨예보는 그 조건부 확률의 정확성이 높을 것이고, 광역 날씨예보는 그 정확성이 상대적으로 떨어질 것이다. 날씨예보 노드에서 파티 장소 노드로의 정보 아크는 파티 장소가 날씨예보에 근거하여 결정된다는 것을 나타낸다. 또한 날씨예보 노드에서 만족도 노드로의 아크가 없다는 사실은 날씨예보 자체는 만족도에 직접적 영향을 주지 않는다는 사실도 나타낸다.

이러한 영향도를 통해 대안과 관련된 불확실성 변수 간의 관계를 이해하고 소통할 수 있다. 날씨예보를 통해 당일 날씨에 대한 불확실성을 좀 더 이해하고 이를 바탕으로 의사결정을 내리는 것이 데이터 기반 비스니스 애널리틱스business analytics의 기본 개념이 된다. 또한 당일 날씨와 날씨예보 간의 연관관계를 축적된 자료를 통해 추정한다면, 이런 작업이 인공지능이나 기계학습machine learning의 영역이 된다. [그림 5-7(b)]는 간단해 보이지만, 의사결정에 관련된 연구분야의 관계를 함축적으로 표현하고 있다.

리스 차량 선택을 위한 영향도

[Decision in Action 5-3]에서는 자동차를 구매한다는 초기 프레임이 차를 장기로 빌려 쓰는 리스 프레임으로 바뀌었다. 그렇다면 리스 프레임에서 고려해야 할 변수들과 그들 간의 관계를 알아보자. [그림 5-8]은 이에 관련된 변수들과 그 관계를 그린 영향도이다. 우리는 이 영향도를 통해 리스 차량 선택에 영향을 주는 변수들을 확인하고, 어떤 변수가 의사결정 변수인지, 어떤 변수가 불확실성 변수인지, 그들 변수 간의 관계는 무엇인지 확인할 수 있다. 이 영향도를 통해 관련 당사자들은 문제의 핵심에 대해 분명하게 소통할 수 있다.

그림 5-8 리스 차량 선택을 위한 영향도

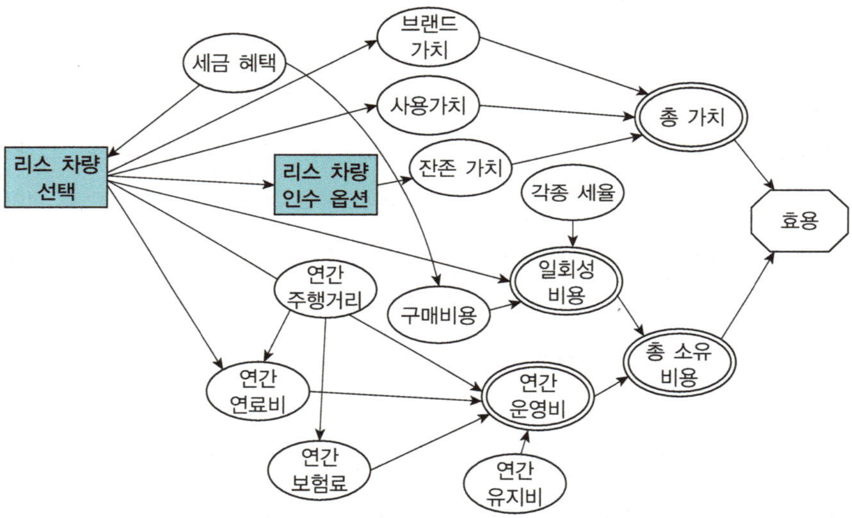

영향도의 특징

영향도는 1980년대 스탠퍼드대학의 로날드 하워드 교수 등을 중심으로 개발·활용되기 시작했다. 이후 영향도는 의사결정 문제를 의미 있게 소통하는 도구로 널리 사용되고 있다. 그러나 영향도라는 이름에서 불확실성 노드 간의 아크가 원인과 결과를 나타내 주는 인과관계causality를 주장하는 것이 아니라는 점에서 엄밀하게

"영향"이라는 단어는 부정확하다. 때문에 하워드는 영향도라는 용어 대신, 관계도relevance diagram라는 용어를 사용할 것을 주장한다(Howard, 1988).[2]

하워드 교수는 의사결정분석의 목적을 행동의 명확성clarity of action을 추구하는 것이라고 생각했다. 즉, 모호하고 추상적인 의사결정 문제를 분명하게 정의하고, 명확한 소통을 통해 결과적으로 좋은 의사결정을 내리는 것이 그 목적이라는 뜻이다. 따라서 명확성의 관점에서 의미가 분명한 의사결정용어precise decision language를 사용할 것을 강조한다. 그러나 영향도라는 용어가 오랫동안 학계와 산업계에서 사용되고 있으며, 이 책에서도 일반적으로 쓰이는 영향도라는 용어를 그대로 사용하기로 한다.

영향도의 특징을 요약하면 다음과 같다. 첫째, 영향도는 해당 의사결정 당사자들 간의 문제의 본질을 이해하도록 돕는 매우 효과적인 시각적 소통의 도구precise communication tool이다. 이 도구를 통해 해당 문제의 대안, 중요한 변수, 가정 등을 객관적이고 명확하게 표현하고 선언한다. 명확하게 표현된 의사결정의 대안, 정보, 선호, 가정 등은 의사결정 과정의 투명성과 효율적인 협업을 가능하게 하고, 상호 인식의 불일치에서 발생하는 문제를 사전에 방지해 준다.

둘째, 영향도는 의사결정 문제를 현재의 시점에서 바라본 스냅샷snap shot 형태로 표현한다. 따라서 시간 간격을 두고 영향을 주고받는 관계, 예를 들어 가격이 오르면 수요가 줄고, 수요가 줄어듦에 따라 다시 가격이 내리는 수요공급의 상호 관계dynamics를 표현하지 않는다. 따라서 아크와 노드들이 연결되어 사이클이 존재하는 영향도는 유효한 영향도가 아니다. 특별히 상호 간에 영향을 주고 받는 상황을 고려하기 위해서는 시간 차이를 가진 모형을 통해 문제를 해결해야 한다.

셋째, 영향도에서 조건부 아크의 방향성은 불확실성 변수들 간의 확률적 관계가 존재함을 나타내는 것이지 인과관계가 존재함을 의미하는 것은 아니다. 영향도

---

2. 하워드 교수는 의사결정분석decision analysis 분야를 1960년대에 개념화한 이후 교육, 연구, 실무 적용 등에 이르기까지 이 분야에서 막대한 공헌을 했고, 이 분야의 개척자로 불린다(Dyer & Smith, 2021 ; Howard, 1968).

로 표시된 의사결정 문제의 최적 대안을 선택하기 위해서는 통계학에서 사용하는 베이즈 정리Bayes theorem를 활용하게 된다. 이러한 베이즈 정리의 적용은 영향도에서는 아크 전환arc reversal을 통해 아크의 방향이 바뀌게 됨을 의미하는데, 이때 바뀐 아크는 인과관계가 바뀐 것을 의미하지는 않는다. 이것은 기대효용을 최대화하는 대안을 찾기 위해 필요한 계산과정일 뿐이다. 아크 전환과 관련된 내용은 제12장을 참고하면 된다.[3]

의사결정나무와 영향도의 비교

의사결정나무와 영향도는 각각의 특성에 따라 의사결정 문제에 대한 효과적 소통을 위한 도구로 활용될 수 있다. 이를 이해하기 위해 제2절에서 살펴본 R&D 프로젝트를 다시 생각해 보자. [그림 5-5]의 의사결정나무는 R&D 프로젝트 지속 결정에서 고려해야 할 구체적 대안, 관련 불확실성, 이들 간의 관계를 순서대로 이해할 수 있어 빠른 문제 파악에 도움이 된다. 반면에 같은 문제를 영향도로 표현한 [그림 5-9]는 R&D 의사결정에 관련된 변수들과 그들 간의 관계를 구조적으로 이

그림 5-9 영향도로 표현한 R&D 프로젝트 지속 결정

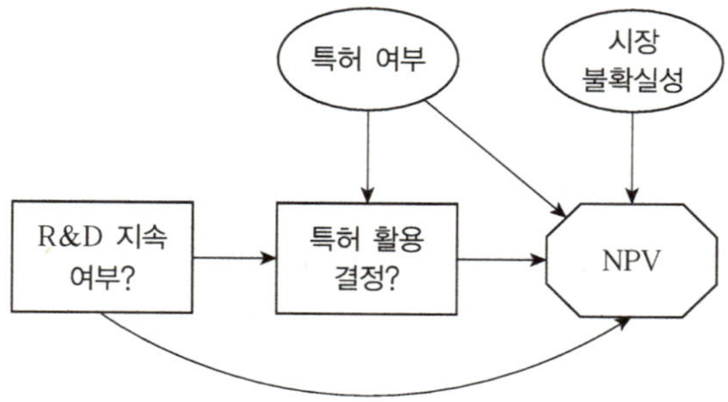

3. 영향도는 시각적인 소통의 도구이기도 하지만, 최적 대안을 평가할 수 있는 분석의 도구이기도 하다. 영향도에서 최적 대안을 분석하는 부분은 다음 논문을 참고하면 된다(Salo, Andelmin, & Oliveira, 2022 ; Shachter, 1986, 1988). 영향도 중에서도 의사결정 노드와 가치 노드가 없고, 불확실성 노드만으로 확률적 관계를 표시한 영향도를 지식도knowledge map라고 부른다(Howard, 1989). 지식도는 관심 있는 확률변수를 다른 변수들과의 관계를 통해 평가할 때 사용한다.

해하기 용이하며, 의사결정 시 주어지는 정보의 존재 여부와 확률적 연관성을 명확히 표현할 수 있다는 장점이 있다. 이러한 특성은 〈표 5-1〉에 요약되어 있다.

표 5-1 의사결정나무와 영향도의 비교

상황	의사결정나무	영향도
문제의 크기가 크고 복잡할 때	크기가 폭발적으로 증가해 변수들 간의 관계를 표현하기 어려워짐	변수들 간의 관계를 효과적으로 표현할 수 있음
비대칭적 문제를 다룰 때	효과적으로 표현됨	대칭적인 특성으로 비대칭적 상황은 표현하기 어려움
확률적 연관성과 독립성을 표현할 때	표현하기 어려움	쉽게 표현됨
적절한 사용 시나리오	문제의 크기가 상대적으로 작거나 줄어든 이후, 대안과 불확실성을 구체적으로 표현하는 것이 필요할 때	초기 프레이밍 단계에서 관련 변수들과 그들의 관계를 전체적으로 파악하는 것이 필요할 때

이 두 가지 방법은 문제의 크기와 특성에 따라 선택적으로 활용된다. 문제를 파악하는 초기 단계에서는 브레인스토밍을 통해 확인된 모든 변수들과 이들의 관계를 영향도를 활용해 표현한다. 그 다음 단계에서는 민감도 분석(제7장 참고)을 통해 주요 관심사로 집중해야 할 변수들을 선별한다. 의사결정나무는 이렇게 선별된 변수들을 중심으로 의사결정 문제를 표현하는 데 활용된다. 의사결정나무는 의사결정 변수값과 불확실성 변수값을 상세히 표현할 수 있으므로 적당한 크기의 문제를 구체적으로 표현하기에 적합하다.

6. 마무리

프레임은 당면한 의사결정 문제를 정의하고 이를 바탕으로 문제의 본질을 이해하기 위한 사고의 틀이다. 이 사고의 틀은 그 이후의 의사결정 과정에 큰 영향을 미친다. 따라서 적절한 프레임의 설정은 의사결정의 질을 좌우하는 첫 번째 중요한 요소이다. 우리는 프레임을 의사결정 문제를 바라보는 "사고의 틀"이라고 정의하였다. 이를 통해 초기의 모호하고 복잡한 의사결정 문제는 관련성이 높은 요소들로 구성·표현하며 간결한 형태로 재정의된다. 프레임은 프레임의 목적, 관점, 수준의 요소로 설정되며, 이렇게 설정된 프레임의 적절성 판단은 올바른 문제를 풀고 있는지, 적절한 수준인지, 강요된 것은 아닌지의 여부로 확인할 수 있다. 결국 프레이밍은 의사결정의 기본 요소인 대안, 정보, 선호를 도출하고 특정 프레임의 틀 속에서 이들 간의 관계를 규정하며, 이를 기반으로 문제에 대한 이해와 본질을 찾아가는 과정으로 볼 수 있다.

프레이밍에 도움이 되는 도구로 의사결정 계층도, 의사결정나무, 영향도를 소개했다. 의사결정 계층도는 프레임의 수준을 설정하는 데 도움이 되는 도구이고, 의사결정나무와 영향도는 당면한 의사결정 문제의 주요 핵심 이슈들을 적절히 표현함으로써 의사결정 과정에서의 소통을 돕는 도구이다.

이제 프레임에 대한 논의를 마무리하면서 다음 두 가지 질문과 프레임과의 관련성을 생각해 보자.

질문 A : "나는 일을 효과적效果的으로 하고 있는가?"

질문 B : "나는 일을 효율적效率的으로 하고 있는가?"

질문 A와 B는 한 글자의 차이이지만 의미에서는 큰 차이가 있다. 질문 A에서의 효과성은 영어로 표현하면 "Doing the right thing"으로 어떤 일을 해야 옳은가의 문제이다. 즉, What에 해당되는 문제이다. 반면 질문 B에서의 효율성은 영어로 표현하면 "Doing the thing right"으로 주어진 일을 어떻게 해야 투입 대비 산출이 높은가의 의미이다. 즉, How에 해당되는 문제이다. 두 가지의 차이는 어떤 일을 할 것인가와 주어진 일을 어떻게 잘할 것인가의 차이이다.

프레임은 어떤 일을 할 것인가에 대한 고민이다. 프레임이 잘못 설정되면 그 프레임하에서 정해진 일을 잘하는 것은 의미가 없다. 의사결정의 과정에서 Type 3

오류를 범하지 않도록 적절한 프레임을 설정하는 것은 좋은 의사결정을 내리기 위한 중요한 첫 단계이다.

CHAPTER 06
의사결정 대안의 도출

Whenever you see a successful business,
someone once made a courageous decision.
— Peter Drucker

프레임은 당면한 의사결정 문제를 바라보는 사고의 틀이다. 우리는 이 사고의 틀을 통해 해당 의사결정 문제를 이해하고 분석하며, 이를 통해 문제의 본질을 파악하는 출발점으로 삼는다. 해당 프레임하에서 대안, 정보, 선호의 세 가지 측면에서 의사결정 문제를 표현하면 현재 고려하는 의사결정 문제의 실체가 분명해진다. 우리는 대안, 정보, 선호를 의사결정 문제를 구성하는 3가지 요소decision basis라고 부른다. 대안은 우리가 할 수 있는 것what we can do, 정보는 우리가 알고 있는 것what we know, 선호는 우리가 원하는 것what we want을 의미한다.

설정된 프레임하에서 의사결정 문제를 구성하는 3요소인 대안, 정보, 선호를 구체적으로 확인하고 이들을 모형으로 구현해 나가는 과정은 여러 부품들을 연결·조립해 시제품을 만들어 나가는 개념과 유사하다.[1] 이렇게 만들어진 모형은 분석적 접근을 통해 지속적으로 개선되며, 당면한 의사결정 문제를 이해하는 데 활용된다. 이제부터 의사결정 문제의 3요소 중 첫 번째인 의사결정 대안에 관련한 바람직한 대안의 성격, 적절한 대안의 수, 바람직한 대안을 도출하는 방법에 관해 알아보기로 하자.

1. 가장 간단한 모형은 MS 엑셀Excel에서 작동하는 스프레드시트spreadsheet 모형이고, 문제의 성격에 따라서 더 복잡한 통계적 혹은 경영과학management science적 기법을 활용한 수리적 모형이 될 수도 있다.

1. 바람직한 대안의 성격

의사결정을 위해서는 의사결정의 목적을 달성할 수 있는 다수의 대안으로 구성된 대안집합alternative set을 고려하는 것이 필요하다. 대안집합은 현재 상황에서 주어진 대안뿐만 아니라, 의사결정권자 혹은 의사결정 팀에서 추가적으로 제시하는 대안까지 포함하는 개념이다.[2] 이 과정에서는 바람직한 대안의 성격을 규정하고, 이를 적극적으로 도출하는 작업이 필요하다. 바람직한 대안은 다음 질문들에 부합해야 한다.

창의적creative이며 실현 가능한doable한 대안인가?

바람직한 대안집합은 주어진 대안들이 가진 문제점을 해결할 수 있는 창의적인 대안을 도출함으로써 만들어진다. 창의적인 대안은 기존 대안들 간의 가치상충의 문제를 해결해 줄 수 있다. 그러나 창의적인 대안도 기술적·경제적 측면을 고려하여야 한다. 창의적이지만 기술적·경제적으로 실현 가능하지 않다면 바람직한 대안이 될 수 없다. [Decision in Action 6-1]에서 살펴본 폐유조선을 이용한 물막이 공사 사례는 창의적이며 실현 가능한 대안을 도출한 좋은 예이다.

충분히 다르고 폭넓게 정의된broadly defined 대안인가?

제안된 대안의 성격이 유사하여 대안집합 내의 다른 대안을 선택해도 가치 측면에서 큰 차이가 없다면, 바람직한 대안이 될 수 없다. 바람직한 대안들의 집합을 구성하기 위해서는 제한된 차원에서의 사소한 차이가 아닌 다양한 차원에서의 분명한 차이가 있는 대안을 제시해야 한다.

---

2. 우리는 선택choice과 결정decision이라는 말을 혼동해 쓴다. 그러나 엄밀하게는 선택은 이미 주어진 대안들을 고려하는 소극적 개념이고, 결정은 주어진 대안뿐만 아니라 더 나은 새로운 대안을 도출하려는 노력을 포함한 적극적 의미로 해석할 수 있다. 이 책에서는 선택이라는 용어 대신 적극적 대안 도출의 의미를 포함하는 결정이라는 용어를 사용하기로 한다.

예를 들어 휴가를 위한 해외 여행지를 정한다고 하자. 여행하려고 하는 나라의 현지 정보와 언어소통 능력이 부족한 상황이라면 패키지 상품들이 고민할 수 있는 현실적 대안집합이 될 것이다. 이들은 가격 차이가 있으나 상품 특성이 거의 비슷하기 때문에 결과적으로는 제한적으로 정의된 대안집합이다. 이들만을 고려하면 대안 간의 큰 차이가 없고 어떤 선택을 해도 비슷한 가치를 얻게 되어 좋은 대안집합이 될 수 없다.

그러나 편의성, 개인 자유시간, 현지인과의 대화 등이 여행에서 중요한 차원임을 고려하여 패키지 상품뿐만 아니라 개인여행, 현지체험형 상품 등을 포함한 대안집합을 고려해 볼 수 있다. 이들은 각기 다른 차원에서 분명하게 구별되는 폭넓게 정의된 대안이며, 좁게 정의된 대안의 문제점을 해소하고, 최종 의사결정의 가치를 극대화시킬 수 있는 바람직한 집합이 된다.

진실한genuine 대안인가?

바람직한 대안은 대안집합의 구성을 위한 형식적인 것이 아니라 최종적으로 선택 가능한 대안이어야 한다. 그러나 특정 대안을 선호하는 경우 그 대안을 돋보이게 하는 끼워넣기 대안이 대안집합에 포함될 수 있다. 예를 들어 CEO 등 최종 의사결정자에게 대안집합을 제시하는 경우 실무진이 판단한 최선의 대안에 부가하여 상식적 수준에서 선택이 곤란한 끼워넣기 대안을 제시하는 상황이 발생하기도 한다. 이는 최종 의사결정자의 판단을 존중하는 형식을 갖추었지만, 진실성이 부족한 대안들이 포함되어 있기에 바람직한 의사결정을 방해할 수 있다. 예를 들어 현대차의 뉴그랜저 XG 2002년 모델 디자인 선정과정에서 최종 의사결정자가 형식적으로 끼워 넣었던 대안을 강력히 선호해 미국 시장 판매전략에 차질이 생겼고, 결과적으로 실무진이 낭패를 당했다는 이야기가 전해진다. 대안집합에는 진실한 대안들만이 포함되어야 한다.

[Decision in Action 6-1] 불가능을 가능으로 만든 창의성

무에서 유를 창조하는 분야에서는 대한민국의 정주영 회장과 미국의 일론 머스크Elon Musk가 쌍벽을 이룬다. 두 사람은 공통적으로 미래를 변화시킬 수 있는 대단히 큰 문제에 집중했고, 그 문제를 해결하기 위한 창의적인 대안을 제시했으며 이를 실현할 열정으로 가득했다. 혁신은 아무도 시도해 보지 않았던 아이디어나 방법으로 도전하는 것이기 때문에 무모함foolishness과 동의어라고 하기도 한다. 혁신은 처음이어서 어렵고 불가능하다고 생각하는 것이 아니라, 어떻게 하면 실현 가능할까를 생각하는 긍정적 도전정신으로 그 개념을 더 잘 설명할 수 있다. "이봐 그거 해봤어?"라는 정주영 회장의 질문에 일론 머스크는 크게 동감할 것이다.

아산 정주영 회장

현대그룹의 아산 정주영 회장은 특별하다. 그는 1960년대 섬유, 가발, 신발 등 경공업에 의존했던 우리나라에서 현대건설, 현대조선(현 HD현대중공업), 현대자동차 등의 기업을 육성하면서 대한민국의 산업화를 이끈 위대한 사업가이다. "길이 없으면 길을 찾아야 하며, 찾아도 없으면 길을 닦아 나아가야 한다"는 정주영 회장의 말은 그의 삶과 도전정신을 그대로 보여준다. 그는 아무리 어려운 현실도 주어진 그대로 받아들이는 것이 아니라, 본인이 원하는 미래로 만들겠다는 불도저와 같은 강한 추진력을 가졌다. 또한 스스로를 돈 많은 자본가가 아니라 부유한 노동자라고 이야기할 정도로 현장 중심적이었다. 그래서 그는 사막, 물속, 밀림 등 악조건에서 강했고, 그의 정신은 현대조선소 건설, 서산 간척지 물막이 공사, 사우디 주베일항 건설 등 공사현장에서 잘 나타난다. 특히 서산 간척지 물막이 공사는 의사결정 대안의 도출과 실행 측면에서 큰 교훈을 준다.

정주영 공법

1970년 우리나라는 일인당 GDP가 불과 254달러인 가난한 나라였다. 인구는 많지만 식량이 부족했던 대한민국은 대규모 간척사업을 통해 바다를 메워 농토를 확보해 식량문제를 해결하려 했다. 이에 따라 현대건설은 1980년부터 충남 서산 천수만 지역에 해수면 매립허가를 받아 민간 최초 간척사업을 진행했다. 1984년 2월은 총 길이 6.5km의 서산 A지구 방조제 최종 물막이 공사를 270m 남긴 때였다. 이때 조석 간만의 차이로 발생한 거센 물살로 공사진행이 어려워졌다. 십여 톤의 돌덩이를 아무리 집어넣어도, 초속 8m의 급류에 쓸려 내려가는 등 큰 어려움에 직면했다.

이때 정주영 회장은 누구도 상상하기 어려운 기발한 아이디어를 제시한다. 그것은 폐유조선廢油槽船을 현장으로 끌고 와서 물길을 막고 물막이 공사를 끝내자는 것이었다. 논란이 있을 아이디어임에도 정주영 회장은 이 아이디어의 타당성을 현대건설, 현대상선, 현대중공업 기술진을 통해 철저히 조사·분석시켰다. 물길을 막을 유조선으로는 고철로 해체할 목적으로 구매한 길이 322m, 폭 45m, 높이 27m인 22만 6,000톤급 초대형 폐유조선이 동원되었다. 1984년 2월 24일 폐유조선을 방조제 앞으로 이동시키고 바지선을 동원해 유조선이 조수에 떠밀려가지 않도록 유지하면서 유조선 탱크에 물을 집어넣어 배를 가라앉혀 버렸다. 그리고 유조선 양쪽 끝을 임시로 연결해서 조류를 차단한 후, 13일간 유조선과 평행하게 흙과 돌을 퍼부어 물막이 공사를 성공적으로 마무리했다. 이 공사 방법은 세계적으로 유례없는 시도로 인정되어 "정주영 공법"이란 이름으로 세상에 알려진다. 현대건설은 이 공법을 통해 전체 공기를 무려 36개월 단축하고 공사비를 290억 절감했다고 한다.[3]

▲ 충남 서산 A, B 지구 방조제(출처 : 환경부)

▲ 폐유조선을 이용한 서산 A 지역 방조제 물막이 공사 (출처 : 현대건설)

---

3. 뉴시스, "세계가 감탄한 서산 간척지 '정주영 공법'", 2013. 5. 25. ; 현대차그룹 유튜브 채널, 아산 정

서산 간척지 사업으로 인해 1995년 농지 조성공사가 최종 완료되면서 여의도의 33배에 해당하는 4천 700만 평의 새로운 땅이 생겨났다. 이곳은 현대농장, 철새도래지가 만들어지고 자동차 주행시험장, 첨단산업 실증단지가 들어서는 등 매우 유용하게 사용되고 있다. 우리나라 지도마저 바꿔버린 서산 간척지 사업의 중심에는 창의적인 대안을 제시하고 철저한 분석과 추진력으로 이를 실행했던 선구자적인 사업가 정주영 회장이 있었다.

서산 방조제 공사 과정에서 보여준 그의 창의성은 그의 투박한 이미지를 한순간에 바꾸기에 충분하다. 매우 창의적인 발상과 동시에 그 실현 가능성을 여러 측면에서 치밀하게 따져보기도 했다.[4] 아산 정주영 회장에 대한 삼양그룹 김상하 회장의 평가는 그의 숨겨진 면모를 보여준다.

"흔히들 아산에 대해 통이 크고, 선이 굵고, 추진력과 돌파력의 화신처럼 이야기하곤 한다. 그러나 나는 몇 번의 대면에서 이와는 전혀 딴판이라고 할 정도로 자상함과 세심함을 함께 갖춘 분이라는 것을 발견했다. 서산 앞바다 간척사업을 착수하기 전에 지난 1930년대 이뤄졌던 삼양사의 고창 앞바다 간척지 현장까지 찾아갔던 치밀함은 내심 탄복케 하는 대목이다."[김상하, 전 대한상공회의소 회장(홍하상, 2001)][5]

일론 머스크

일론 머스크는 화성탐사에 관심을 갖기 시작한 이후 2002년 직접 민간 우주탐사기업 스페이스X를 설립한다. 이 회사를 통해 지상물자와 승무원을 국제우주정거장 ISS (International Space Station)까지 수송하는 상업용 궤도운송서비스 COTS(Commercial

---

주영-세계가 놀란 서산 간척지 사업, 위기를 기회로 바꾸다. https://www.youtube.com/watch?v=IKtu7BV80Po

4. "불굴의 도전, 모험정신 이것으로 누구나 다 성공할 수 있는 것은 아니다. 그 이면에는 치밀한 검토와 확고한 신념이 있어야 한다"(1990년 5월 현대사우지, 정주영 회장)

5. 정주영 회장은 한 인터뷰에서 물막이 공사에 폐유조선을 이용할 생각을 한 계기를 다음과 같이 설명했다고 한다. 그는 어린 시절 논에서 놀고 일하면서 위쪽에서 흘러온 물들이 아래쪽 논으로 흘러 나가는 것을 보곤 했다. 논에 대는 물도 귀한 시절, 흘러 나가버리는 물이 아깝게만 느껴졌을 법하다. 그런데 논바닥에 있던 낙엽, 지푸라기 등이 물과 함께 떠내려가다 물길의 출구를 막아 물이 더 이상 흘러 나가지 않는 광경을 떠올리며 폐유조선 아이디어를 낸 것이라 한다. 자연에서의 단순한 관찰과 경험을 놓치지 않고, 문제해결의 단계로 연결·발전시켜 획기적 아이디어가 된 것이다. 사람들이 문제를 해결하는 과정에서 본인의 경험 혹은 친숙한 분야에서 아이디어를 얻고 이를 계속 발전시킨다는 점을 고려하면 정주영식 물막이 공사는 초대형 유조선 건조와 대규모 토목공사의 경험을 가진 정주영 회장만이 할 수 있었던 생각으로 보인다.

Orbital Transportation Service)를 시작했다. 더 나아가 우주여행의 실현과 인류를 지구 이외의 행성으로 이주시키는 화성 이주계획이라는 파격적인 프로젝트까지 추진 중이다.

화성 이주계획은 인류의 역사를 바꿀 획기적인 아이디어이지만, 기술적 문제와 천문학적인 비용이 해결되지 않으면 쓸모없는 상상일 뿐이다. 그러나 일론 머스크는 NASA, 미국 국방성, 방위산업체들을 통한 관료주의적 우주개발이 가지는 높은 비용구조와 그들의 폐쇄적 사고방식을 간파하고 여기에서 기회를 찾았다. 한 예로 보잉사 등과 같은 우주로켓 제조업체가 미국 정부와 계약을 맺을 때 "실비정산법"으로 계약해야 하는 것을 들 수 있다. 개발에 소요되는 모든 비용을 정부에서 지불해 주는 실비정산하에서는 비용 절감을 위한 혁신과 노력이 불필요했다(가즈마사, 2013).

그는 이런 현실에서 혁신의 기회를 발견하고, 우주산업에도 규모의 경제 개념을 도입할 수 있다고 생각했다. 만약 많은 수의 우주왕복 서비스가 가능하다면 그 발사 단가를 획기적으로 낮출 수 있다고 보고, 이를 위해 재활용 로켓reusable rocket을 그 아이디어로 제시한다. 재활용 로켓은 우주여행의 경제적 장애물을 제거할 창의적 대안이지만 과연 기술적으로 가능한 일인가?

재사용이 가능한 펠콘Falcon 로켓개발

우주로 향한 일론 머스크의 꿈은 펠콘1 로켓개발 추진으로 시작되었다. 펠콘1은 2005년부터 시작된 3차의 발사 실패 이후 4번째 만에 성공한다. 2008년 9월 28일 남태평양의 로널드 레이건 탄도미사일 방어시험장에서 발사된 펠콘1은 1단 분리, 페어링 분리, 2단 분리, 발사체의 예정된 지구궤도 진입까지 모든 단계에서 완벽한 성공을 거둔다. 스페이스X사 창립이래 6년 만의 일이었다. 일론 머스크는 "오늘은 내 인생에서 가장 행복한 날"이라고 그 감격을 이야기했다. 총 개발비와 3차에 걸친 발사 실패를 합쳐 약 $90 million(약 천억 원)의 비용이 들었다고 알려져 있다.

2015년에는 펠콘1의 멀린엔진Merlin engine 9개를 묶어 성능을 개선한 2단 추진로켓 펠콘9을 발사한 이후 1단 발사체를 해상 드론선박을 이용해 회수하는 데 성공한다. 이 발사체 회수는 재사용을 통해 발사비용을 10분의 1까지 줄일 수 있는 가능성을 확인했다는 점에서 중요한 의미가 있다.[6]

---

6. 스페이스X사는 펠콘 9 발사체의 총 개발비용으로 펠콘1 발사체 개발에 들어간 $90 million을 합해 총 $390 million이 소요되었다고 공식 발표하였다. 이에 반해 기존 미항공우주국 나사에서 추정한 펠콘 9의 개발비용은 $1.7조 달러에서 $4.0조 달러에 달한다. 결국 스페이스X 사의 개발비용이 나사에

2020년 스페이스X는 민간기업 최초로 인간을 지구궤도에 진입시키고 ISS에 도킹했다. 2021년 9월에는 민간 우주여행의 새로운 역사를 쓰게 된다. Inspiration 4로 명명된 이 미션은 순수 민간인 4명을 태운 "크류 드래곤" 우주선이 575km 높이의 지구궤도에 진입해 3일 동안 지구를 매일 15바퀴 이상 돌면서 영화, 음악, 식사 등을 즐기는 우주여행을 마치고 지구로 귀환하는 것이다. 이 우주여행은 재사용 로켓과 재사용 우주선을 이용하는 자동비행의 형식이었으며, 이러한 상업용 우주여행은 계속된다고 한다. 일론 머스크는 우주운송 서비스, 우주여행, 화성 이주계획 등 대담한 사업들을 추진하기 위해서 우주로켓의 재사용이라는 창의적 대안을 제시했고 이를 끊임없는 기술개발과 경제성 확보를 통해 실현 가능하다는 것을 증명했다.

▲ Space X의 펠콘9 부스터 회수(출처 : Space X)

서로 닮은 정주영 회장과 일론 머스크

무에서 유를 창조한 정주영 회장과 일론 머스크는 각기 다른 세대에 태어났지만 세대를 넘어서 중요한 문제에 집중했다. 정주영 회장은 한국전쟁이 끝난 1953년 일인당 GDP가 $67인 최악의 환경 속에서도 대한민국의 산업화를 통해 국민들의 배고픔을 해결하려 했다. 반세기 후의 일론 머스크는 테슬라, 솔라시티, 스페이스X, 화성 이주계획 등의 사업을 통해 에너

서 추정하는 금액의 1/4에서 1/10에 불과하다는 것을 알 수 있다(출처 : NASA, Commercial market assessment for crew and cargo systems, 2011). 그만큼 민간기업 스페이스X의 경제성을 보여주는 사례이다.

우리나라의 경우 한국형 발사체 누리호의 개발에 2조 원 정도의 비용이 투입되었다. 그러나 스페이스X사의 프로젝트 비용과 우리나라의 누리호 우주발사체 프로젝트 비용의 직접적인 비교는 합리적이지 않다. 2010년 3월부터 개발이 시작된 한국형 발사체 누리호 프로젝트는 우주 선진국으로부터의 기술 이전을 기대하지 못하는 상태에서 모든 것을 자체 개발한 점을 인정해야 한다. 크기로 보면 펠콘 9은 길이 약 70m에 총 무게 500톤으로 저궤도에서 20톤 정도의 화물을 수송할 수 있다. 펠콘 9 로켓의 1회 발사 비용은 $50~67 million 정도로 추산된다. 반면 누리호는 길이 47m에 총 무게 200톤으로 저궤도에서 1.5톤 정도의 화물을 수송할 수 있다. 아직은 기술, 경제성 측면에서 많은 격차가 있지만, 민간이 주도하는 뉴스페이스new space 시대가 열리고 있다는 점을 감안해 현명한 전략적 선택을 통해 도약의 기회로 삼아야 한다.

지, 환경, 인류 생존의 문제에 집중했다. 그들은 불가능해 보이는 문제 앞에서 창의적인 대안과 불굴의 의지로 도전했다. 성취한 일의 종류는 다르지만 불가능에 도전하는 두 사람의 여정은 세대를 넘어선 닮은꼴이다.

2. 전략표

좋은 의사결정을 위해서 바람직한 대안의 도출은 반드시 필요한 전제조건이다(Spetzler et al., 2016). 도출된 대안은 의사결정 문제를 이해하는 과정을 거치면서 최적대안 선택을 위한 분석과 숙고의 과정을 거친다. 이 과정이 의미 있는 논의가 되기 위해서는 대안 자체가 막연한 개념이 아닌 분명하고 구체적으로 정의된 개념이어야 한다.

예를 들어 SUV 라인업 확대를 위한 전략을 고민하고 있는 자동차 회사 A를 생각해 보자. 기존 내연기관 개발자와 전동화electrification에 관련된 사람들은 수익성이 좋은 SUV 시장에서의 제품 확대전략에 대해 일반적으로 동의할 수 있으나, 구체적인 사항에서는 서로 다른 이해를 할 수 있다. 분명하지 않고 구체적이지 않은 전략적 대안은 관련 당사자들 간의 오해와 혼돈을 초래하고 결과적으로 의사결정의

그림 6-1 SUV 제품군 확대를 위한 전략표

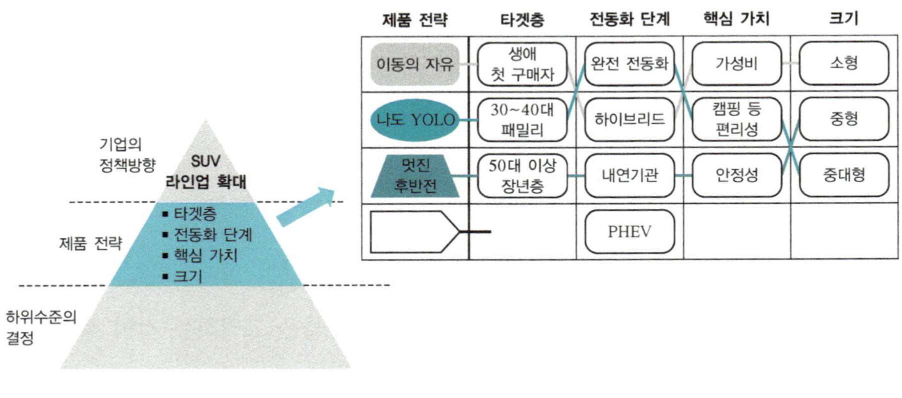

질을 감소시키는 원인이 된다. [그림 6-1]에서 소개하는 전략표strategy table는 대안을 도출하는 과정에서 도출된 대안의 의미를 분명하고 구체화하는 데 유용하게 쓸 수 있다.

SUV 라인업 확대에 관련해서 타겟층, 전동화 단계, 핵심 가치, 크기 등 중점적으로 고민이 필요한 네 가지 이슈가 제기되었다고 하자. 이 이슈들은 제품의 기획 단계부터 연구개발, 생산, 출시, 마케팅의 각 단계와 연계되어 결정해야 할 문제들이다. 전략표에서는 의사결정 계층도에 나타난 주요 이슈를 가로에 배치하고, 각각의 이슈에 대해 가능한 하위대안sub-alternative을 세로에 제시한다([그림 6-1]). 예를 들어 타겟층에 해당되는 하위대안으로는 생애 첫 구매자, 30~40대 패밀리, 50대 이상 장년층 등 3가지를 제시하였다. 다음에는 각 이슈들과 관련된 하위대안들의 조합으로 전략대안을 구성하고 해당되는 전략대안에 적절한 이름theme을 붙여준다. 예를 들어 생애 첫 구매자를 타겟으로 하여 가성비 높은 소형 하이브리드 SUV를 생산하는 전략대안을 "이동의 자유"로 명명하고 향후 의사결정 과정에서 소통에 활용하는 것이다.

전략대안을 만드는 과정에서 하위대안들의 모든 조합을 취하게 되면 대단히 많은 대안이 나올 수 있다. 이렇게 되면 각 이슈들 간에 상호 양립하기 어렵고 비논리적 조합이 많이 발생할 수 있다. SUV 예시의 경우 총 $3 \times 4 \times 3 \times 3$ = 108개의 조합이 발생하는데 모든 전략대안을 평가하는 것은 불필요하다. 실제 응용에서는 대개 3~5개 정도의 대안을 만들어 내는 것이 일반적이다. 조합을 만들되 논리적으로 의미 있는 소수의 조합만 선택하여 대안집합을 구성하고 이를 대상으로 추가적 평가와 분석을 실시하게 된다.

3. 대안의 수

그렇다면 의사결정의 과정에서 얼마나 많은 대안들을 고려하는 것이 적절한가? 정밀도가 중요한 운영적 의사결정의 경우 고려할 대안의 수가 꽤 많을 수 있다. 그러나 이 책의 주 관심인 전략적인 의사결정에서는 창의적이고 실현 가능할 뿐만 아니라 충분히 다양하고 폭넓게 정의된 진실한 대안을 대상으로 하기 때문에 대안의 수는 제한적이다.

3.1 운영적 의사결정과 대안의 수

운영적 의사결정operational decision은 일반적으로 불확실성이 상대적으로 낮고 목적함수의 추정이 분명하며, 최적 대안선택을 위한 데이터가 객관적으로 존재하거나 추정이 가능한 경우가 많다. 물론 대안의 수가 많거나 관련 변수들 간의 관계가 알려져 있지 않아 그 관계를 정의하기 어려운 경우도 있다.

예를 들어 스마트팜smart farm에서 파프리카, 토마토, 딸기 등 농작물의 성장을 촉진시키는 최적의 온도와 습도의 조합을 구하는 문제를 생각해 보자. 스마트팜을 하나의 생산 시스템으로 가정하면 온도와 습도의 조합에는 수많은 경우의 수가 있다. 만약 과거 경험에 의해 농작물 성장에 도움이 되는 개략적 범위를 알고 있는 경우 그 최적 조합의 범위를 좁힐 수 있을 것이다. 특정 농작물의 성장 메커니즘을 잘 이해하지 못하는 경우 그 조합의 범위가 넓어 평가할 대안의 수가 많아질 것이다.

반면 온도와 습도처럼 연속적이지 않지만, 문제의 성격에 따라 대안의 수는 급격히 증가할 수 있다. 예를 들어 m개의 택배 물건을 m명의 소비자에게 가장 빠른 시간 내에 전달하는 문제를 생각해 보자. 택배 물건의 증가에 따라 그 순서 조합은 기하급수적으로 증가한다. 이런 경우 고려해야 할 대안의 수가 많아 복잡성은 높지만, 컴퓨터를 이용한 분석적 기법을 활용한다면 최적 대안의 평가와 도출은 큰 문제가 되지 않는다. 운영적 의사결정 문제는 문제의 정의가 상대적으로 용이하며 선택 가능한 조합들이 많기 때문에 다수의 대안을 어떻게 효율적으로 평가하느냐가 주요 이슈가 된다.[7]

---

7. 경영과학이나 산업공학 분야의 연구자들은 이러한 물류 문제들을 수리적 모델로 표현하고, 이 모델에 대한 계량적 분석을 통해 최적의 대안을 평가·도출하는 접근방법을 사용한다.

3.2 전략적 의사결정과 대안의 수

일반적으로 전략적 의사결정strategic decision은 문제를 정의하기 어렵고 기술, 소비자, 경쟁 상황 등 내외부의 불확실성이 높은 특징을 가진다. 추구하는 목표마저 비계량적intangible 특성을 가지기도 한다. 따라서 전략적 의사결정의 경우에는 불확실성을 관리하고 상충되는 가치의 문제를 타개할 수 있는 대안의 제시가 매우 중요하다.

그럼에도 의사결정 과정에서 새로운 의사결정 대안이 충분히 고려되지 않는다. 조직 의사결정 분야의 권위자인 미국 오하이오 주립대학의 너트Nutt 교수는 미국과 캐나다 소재의 병원, 보험, 정부 등 서비스 조직에서 실행한 프로젝트들을 조사했다. 그 결과 조사 대상 78개의 프로젝트 중 단지 15%의 경우만 제안된 대안이 아닌 새로운 대안을 도출하고 선택한 것으로 조사되었다. 또한 의사결정자들 중 29%의 경우만 한 개 이상의 대안을 고려했다는 것을 발견하였다. 계속된 연구에서는 대안의 수와 그 성과와의 관계를 밝혔는데, "Yes or No" 형태의 유일한 대안보다는 두 개 이상의 대안들을 고려할 때 2/3 이상이 더 성공적인 결과를 얻을 수 있었다(Johnson, 2018).

전략적 의사결정은 그 특성상 제안된 신규사업 추진이나 특정 기업에 대한 M&A 등 선택 가능한 대안이 한정적인 경우가 많다. 한정된 대안이 발생시키는 부정적 영향을 고려한다면, "Yes or No"의 결정이 아닌 실행 가능한 창의적인 대안의 도출이 좋은 의사결정을 위해 대단히 중요하다. 이때 바람직한 대안의 수는 진지한 논의와 분석을 위해 3～5개 정도를 추천한다(Howard & Abbas, 2016).

4. 소비자 구매의사결정과 대안의 수

소비자 구매의사결정 관점에서 대안의 수를 생각해 보자. 소비자의 구매결정은 창의적 대안의 도출을 강조하는 전략적 의사결정과 달리 주어진 제품에 한정된다.

따라서 생산자나 판매자들은 제품 카테고리product category 내에서 소비자에게 제공할 제품의 적절한 수를 선택해야 한다. 여기서 주목할 점은 제품의 수, 즉 제품구색product assortment의 증가가 소비자 의사결정에 어떤 영향을 미치는가에 있다. 과연 제품구색의 증가가 소비자들의 선택을 촉진하고 만족도를 증가시키는가?

전통경제학적 측면에서는 제품구색의 증가는 소비자들에게 더 많은 옵션을 제공하여 선택을 자극하고 따라서 소비자의 만족도는 증가할 것이라고 예상할 것이다. 그러나 이런 합리적 추론과 달리 대안의 증가가 오히려 구매 행동 및 구매 후 만족도에 부정적 영향을 준다는 유명한 실험결과를 소개한다.

[예 6-1] 잼 판매 실험

컬럼비아대학의 아이엔거Iyengar 교수와 스탠퍼드대학의 레퍼Lepper 교수는 미국 캘리포니아주 멘로파크Menlo Park의 한 슈퍼마켓에서 흥미로운 실험을 한다(Iyengar & Lepper, 2000). 그들은 6개 종류의 잼과 24개 종류의 잼을 매대賣臺에 올려 놓고, 지나는 사람들의 관심도와 실제 구매행동을 관찰하였다. 실험결과 24개 종류의 잼이 진열된 매대 앞을 지나간 총 242명 중에서 60%인 145명이 매대를 방문했고 그중 4명(3%)만이 최종적으로 잼을 구매했다. 반면 다른 날 6개 종류의 잼이 진열된 매대 앞을 지나간 총 260명 중에는 40%인 104명이 매대를 방문했으나, 그중 31명(30%)이 최종적으로 잼을 구매했다. 요약하면 24개 종류의 다양한 잼이 진열된 매대가 6개 종류의 제한된 잼이 진열된 매대에 비해 사람들의 더 많은 관심을 끌었으나(60% vs. 40%) 최종 구매는 훨씬 작은 1/10(3% vs. 30%)에 불과했다.

▲ 슈퍼마켓에 진열된 수많은 잼(출처 : Wikimedia Commons)

이 결과는 비슷한 종류의 많은 대안이 존재하는 경우 긍정적 효과보다는 오히려 소비자의 선택을 방해하는 부정적 효과가 존재함을 보여준다. 볼펜, 초콜릿, 커피, 미국 401(k) 저축 플랜의 선택 등 다른 상황에서도 동일한 연구결과가 나왔다. 즉, 대안의 수가 일정 수준을 넘어서면 오히려 소비자들의 선택 과부하choice overload가 발생한다. 이 선택 과부화의 영향은 결정에 대한 확신 및 만족도를 떨어트리며, 결정에 대한 후회를 하는 등 심리적 상태에 부정적 영향을 미치거나 혹은 결정을 미루거나 처음의 결정을 뒤집는 등의 행동으로 나타난다. 아이엔거와 레퍼의 연구는 기존의 제품구색의 증가가 소비자에게 긍정적 효과만이 아닌, 부정적 효과로 작용할 수 있다는 점을 보였다는 점에서 기존의 경제학적 예상에 반하는 흥미로운 시사점을 던진다. 이러한 현상을 선택의 역설paradox of choice이라 부른다(Schwartz, 2009).

일반적으로 제품구색 증가에 따른 긍정적 효과로는 선택의 다양성, 만족도, 확신 등의 증가에 따라 소비자의 선택이 용이해지고, 이에 따라 구매가 증가하는 것 등을 들 수 있다. 반면 제품구색 증가에 따라 정보의 과다, 평가의 어려움, 최적선택 가능성에 대한 불안감 등 선택 과부화에 따른 부정적 효과도 나타난다. 따라서 전체적인 순효과net effect는 제품구색 증가에 따라 초기에는 긍정적인 효과가 발생하지만, 일정 수준 이상에서는 선택 과부화 현상에 따른 부정적 효과가 지배한다고 요약할 수 있다. 결과적으로 제품구색의 증가에 따른 순 긍정효과는 증가하다가 감소하는 오목한 형태inverted U-shape를 가지게 된다(Reutskaja et al., 2018).

후속 연구에서는 제품구색의 증가가 선택 과부화로 인해 소비자의 심리적 상태와 행동에 부정적 영향을 미친다는 연구(Chernev et al., 2015)에 반해서, 그 영향이 존재하지 않는다는 주장도 있다(Scheibehenne et al., 2010). 기존의 연구들을 살펴보면 제품구색 증가의 순효과가 부정적인 경우도 있고 긍정적이거나 중립적 효과를 보이는 것은 비교대상 제품구색의 크기에 따른 효과로 판단된다. 즉, 비교대상reference 제품구색에 비해 적정 수준 증가한 제품구색을 대상으로 했을 때는 그 영향이 긍정적일 수 있지만, 매우 큰 폭으로 증가한 경우에는 부정적이거나 중립적인 결과가 나올 수 있다. 이러한 추론은 기존의 제품구색이 소비자의 선택과 판매 등에 미치는 영향을 분석한 177개 연구들을 종합한 통합연구meta-analysis 결과와 일치하는데, 이 연구에서도 제품구색의 증가에 따른 순 긍정효과는 증가하다가 감소하는 오목한 형태를 보인다(Sethuraman et al., 2022).

한편 제품구색의 증가에 따른 주효과뿐만 아니라, 조절효과moderating effect를 이해하는 것도 중요한 실무적 의미가 있다. 예를 들어 제품특성이 제품구색의 증가가 소비자의 인식과 선택에 미치는 조절효과를 보자. 위에서 언급한 세수라만 등(Sethuraman et al., 2022)의 연구에 의하면 일상 소비하는 식료품 성격의 경우는 제품구색의 증가가 긍정적이지만, CD, 비디오 게임, 마이크로웨이브, 집 등 내구재 성격의 경우는 제품구색의 증가가 오히려 역효과를 나타낸다고 한다. 식료품의 경우에는 가격이 저렴하고 반복 구매하며 소비자들이 상황에 적합한 최적의 제품을 선택하거나 다양한 대안들을 경험하려는 경향이 있으므로 제품구색의 증가는 바람직하다. 반면 내구성 제품의 경우 상대적으로 가격이 비싸고 반복 구매하지 않는 고관여 제품의 특성을 가지므로, 소비자는 제품을 신중하고 충분히 숙고하기를 원하기 때문에 너무 많은 대안은 바람직하지 않다고 볼 수 있다.

[Decision in Action 6-2] 선택장애

인천 영종도 을왕리해변 인근의 한 식당은 메뉴판이 없다. 메뉴가 쌈밥 하나이기 때문이다. 손님이 가면 몇 명인지만 묻는다. 그런데도 주말엔 한 시간가량 기다려야 할 정도로 사람이 많다. 이 정도까진 아니어도 맛집으로 불리는 식당 대부분은 메뉴가 단순한 편이다.

유통업계에도 "간편 메뉴"를 추구하는 회사가 속속 나오고 있다. 이마트의 창고형 할인매장 트레이더스, 코스트코, 롯데하이마트 옴니스토어 등이 그렇다. 트레이더스는 생수 브랜드를 2~3개만 가져다 놓는다. 50~60개씩 있는 대형마트와 다르다. 그래도 점포당 생수 매출은 트레이더스가 더 높다. 롯데하이마트 옴니스토어는 상품 수를 기존 점포 대비 30~40% 줄이자 매출이 확 뛰었다. '상품 수가 많을수록 매출이 높아질 것'이란 일반 상식과는 다른 것이다.

상품 수가 적은 게 구매율을 높인다는 실험도 있다. 시나 아이엔거·마크 레퍼 미국 컬럼

비아대 교수팀이 2000년 한 대형마트에 두 개의 잼 판매대를 설치했다. 한쪽 매대에는 24개 종류의 잼을 진열해 놓고, 다른 쪽엔 6개 종류만 놨다. 사람들은 6 대 4 비율로 상품 수가 많은 매대를 찾았다. 하지만 구매율은 정반대로 나타났다. 24개 잼이 있는 매대의 구매율은 2% 미만인 데 비해, 6개 잼이 있는 매대는 12%에 달했다. 고를 게 많다고 좋은 게 아니란 얘기다.

구글은 이 같은 실험 결과에 반하는 일을 했다가 실패를 맛봤다. 구글은 사업 초기 검색 결과를 한 화면에 최대한 많이 보여주려 애썼다. 설문을 해보면 '검색 결과가 많이 보일수록 좋다'고 답하는 사람이 훨씬 많았기 때문이다. 결과는 정반대였다. 한 화면에 검색 결과를 세 배로 늘리자 트래픽이 감소하기 시작했다. 이성적으론 많은 게 좋은 듯 보이지만, 사람들은 너무 많은 검색 결과가 나오면 뭘 클릭해야 할지 갈피를 못 잡았다. 너무 많은 '선택지'는 소비자의 결정장애를 불러왔다.

기업이 소비자의 선택 폭을 줄이는 일은 생각보다 간단치 않다. 우선 잘 팔릴 게 무엇인지 예측해야 한다. 예상이 맞으면 '대박'이지만 틀리면 '쪽박'이다. 한 대형마트 상품기획자(MD)는 "어지간한 자신감 없인 불가능하다"고 말했다. 그래서 MD의 '실력'이 더 중요해졌다. 이제 유통회사들은 소비자가 좋아할 만한 상품을 대신 골라주는 단계까지 가야 살아남을 수 있다.

출처 : 안재광, "마트에 생수 50종, 뭘 사지? … 상품 수 많을수록 '선택장애'", 한국경제, 2018. 6. 25.

5. 바람직한 대안도출의 방법

지금까지 좋은 의사결정을 위해서는 바람직한 대안들의 도출이 필요하며, 바람직한 대안의 성격에 대해서 설명하였다. 또한 전략적 의사결정의 경우 충분히 다른 3～5개 정도의 대안들이 적절함을 밝혔다. 그렇다면 바람직한 대안을 도출하는 데 활용할 수 있는 방법에는 어떤 것이 있는가?

5.1 리얼옵션적 접근을 통한 대안도출

불확실성의 존재는 의사결정을 어렵게 하는 주요 요인 중 하나이다. 좋은 의사결정을 위해서는 불확실성에서 야기되는 부정적 위험은 줄이고 기회는 극대화할 수 있는 창의적 생각이 필요하다. 리얼옵션real option은 부정적 측면과 긍정적 측면을 동시에 지닌 불확실성을 적극적으로 활용해 새로운 대안을 만들어 내는 개념이다. 당면한 불확실성이 해소uncertainty resolution된 이후 상황에 따라 다른 결정을 내릴 수 있거나, 중요한 불확실성에 대한 추가적 정보가 수집된다면 처음과는 다른 결정을 내릴 수 있다. 물론 리얼옵션의 행사는 일반적으로 무료가 아니고 일정 비용이 부가될 수 있다. [그림 6-2]은 의사결정 시 불확실성이 존재하는 상황 1과 리얼옵션을 활용해 불확실성이 해소된 이후 조건부 의사결정을 내리는 상황 2를 보여준다.

그림 6-2 리얼 옵션을 가진 의사결정

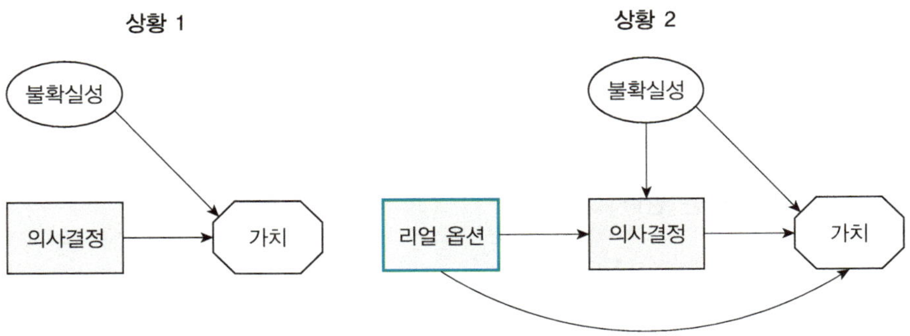

예를 들어 항공기 운용전략을 수립하는 항공사 A를 생각해 보자. 항공사 A의 기본 전략은 고객수요에 비탄력적이고 운영비용이 높은 초대형 에어버스A380을 조기 퇴역시키고, 친환경적이고 경제적인 중대형 보잉 B787 드림라이너를 도입함으로써 운용효율성을 높이려 한다.[8] 문제는 코로나19 이후 80% 정도까지 감소한

8. 과거에는 허브공항과 허브공항 간은 초대형기로, 허브에서 최종 목적지는 중소형 항공기로 연결시켜 운영 효율성을 추구하는 전략hub and spoke strategy을 사용했다. 그러나 최근에는 고효율 항공기의 개발,

국제선 여객 수요는 장기적으로 회복될 것으로 예상되지만, 그 단기적 회복 속도가 매우 불확실하다는 것이다. 대당 3천여억 원이 소요되는 구매비용도 부담이다. 만약 현재의 보수적 수요에 맞춰 1차 도입 수량을 결정한 이후, 5년 뒤 추가 도입옵션을 가질 수 있다면, 항공사 입장에서는 미래 불확실성에 대해 효과적으로 대응할 수 있다. 5년 뒤 불확실성이 해소된 이후의 추가적인 도입권리가 바로 확장 가능 리얼옵션의 예가 된다. 리스lease로 사용한 이후 일정 기간 이후 수요 상황에 따라 반납 혹은 구매하는 권리도 리얼옵션의 하나가 된다. 이러한 리얼옵션의 일반적 형태는 다음과 같다(Brealey et al., 2023 ; Howard & Abbas, 2016).

- 확장옵션option to expand : 상황 변화에 따라서 투자나 설비 등 그 규모를 확대 할 수 있는 권리
- 철수옵션option to abandon : 상황에 따라서 투자나 사업을 철수할 수 있는 권리
- 연기옵션option to defer : 시장이나 기술발전 등 중요 불확실성이 해소된 이후 결정할 수 있는 권리
- 성장옵션option to grow : 향후 성장의 기회, 예를 들어 AI, 모빌리티, 바이오 등 미래분야에 대한 연구개발을 통해 성장의 기회를 만들고 이를 상황에 따라 사업화하는 권리

리얼옵션은 금융옵션financial option과는 다르다. 금융옵션은 금융시장에서 주식이나 상품 등 특정 기초자산underlying asset을 특정 가격에 사거나 팔 수 있는 권리를 뜻한다. 이 경우에도 실제 물건을 사고 팔아 실물이 전달되는 것이 아니라 기초자산의 가격과 행사가격의 차이를 옵션 거래소를 통해 정산하는 방식이다. 반면 리얼옵션은 비행기, 건물, 땅, 기술 등 실물을 대상으로 미래의 불확실성에 대한 의사

저가항공사의 직항노선 개설, 소비자의 높아진 선호 등의 이유로 공항 간 직접 이동전략point-to-point strategy이 더 선호되고 있다. 그러나 코로나19를 거치면서 전반적으로 급감한 승객수요 때문에 허브엔 스포크 전략이 다시 활용되는 현상도 나타나고 있다.

결정 유연성을 확보해 주는 특징을 가진다.

리얼옵션이 가진 유연성은 기존의 할인현금흐름(DCF ; Discounted Cash Flow) 분석이 가지는 문제점을 보완한다. 전통적인 DCF 분석은 단순하기 때문에 분석이 용이한 반면, 외부 환경변화에 따른 의사결정 유연성을 반영하지 못한다. 이런 구조적 문제점을 해소하기 위해 할인율을 높여 적용하거나 미래현금흐름을 낮게 추정하여 문제를 보완하기도 한다. 그럼에도 불확실성이 큰 대안에 대해서는 부정적 평가를 내릴 가능성이 높다. 결과적으로 미래에 불확실성이 해소됨에 따라 발휘되는 유연성의 가치를 제대로 평가하지 못하기 때문에 좋은 기회를 놓칠 위험이 있다. 따라서 리얼옵션은 전통적인 DCF 분석의 단점을 보완해 투자의 하방위험downside risk은 줄여주고, 상방잠재력upside potential은 활용할 수 있는 기회를 제공함으로써 투자안에 대한 적절한 평가를 해 준다(제10장 제2절 참고).

이런 측면 때문에 불확실성이 높은 의사결정에서는 리얼옵션에 의한 분석이 전통적 DCF 분석보다 더 적절하다. 실제로 기후변화에 대응하는 재생에너지 산업 프로젝트들이나 대규모 사회 기반시설 프로젝트들은 그들이 가지는 높은 기술적, 환경적, 경제적 불확실성으로 인해 리얼옵션 접근방법을 경제성 분석에 활용하고 있다(Kozlova, 2017 ; Machiels et al., 2021). 이를 통해 프로젝트를 늦추거나 확대하거나 축소하거나 취소하는 등 불확실성의 해소에 따른 의사결정 유연성을 발휘한다.

리얼옵션은 불확실성을 활용해 새로운 가치를 만들어 낸다. 그러나 리얼옵션은 원래 존재한다기보다 찾아내고 만들어 내는 것이다. 의사결정 문제를 이해하고 그 본질을 파악하는 과정에서는 주어진 대안에 대한 수동적 선택이 아니라, 리얼옵션적 접근을 통해 가치 있는 새로운 대안을 적극적으로 도출하는 것이 중요하다.

5.2 분석적 접근을 통한 대안도출

의사결정 문제 중 변수가 많거나 변수들 간의 관계가 분명하지 않은 복잡성complexity은 결정을 어렵게 하는 또 다른 요인이다. 물류 최적화나 생산 스케줄링 등 운영적 의사결정operational decision 문제에서의 복잡성은 인간이 처리할 수 있는 인지적 한계를 쉽게 넘어선다. 따라서 분석을 통해서 인간이 생각하지 못했던 새로운 대안을 도출한다.

예를 들어 창고에서 소비자의 주문상품을 배송하는 물류 최적화 문제를 생각해 보자. 물류사업에서는 최종 배송비용의 약 50%가 마지막 배송단계에서 발생한다고 한다. 물류회사는 이런 비용을 최소화하는 배송경로를 설정하기 위해 총 연료비, 배달시간, CO_2 배출을 최소화하는 등 다양한 목표를 달성하는 동시에 배차용량, 교통상황, 소비자가 원하는 배송시간대 등 다양한 제약상황을 고려해야 한다. 이러한 물류 최적화의 문제는 변수와 제약조건이 너무 많고 복잡하여 인간이 주먹구구로 그 최적의 루트를 찾기 어렵다. 이런 경우에는 분석적 접근을 통해 수리모형을 만들고 컴퓨터를 이용해 다양한 방법으로 최적의 루트를 도출한다.[9]

미국의 도미노피자는 현실에서 물류 최적화를 적용하고 있다. 도미노피자는 2021년부터 피자배달 최적 경로선정에 NVDIA사의 ReOpt AI 배송 소프트웨어를 활용한다고 한다. 이 소프트웨어를 활용하면 최적의 루트, 예를 들어 14개의 배달장소로 배송하는 870억 개 방법 중 가장 바람직한 루트를 계산할 수 있으며, 교통체증 등의 문제가 생기면 실시간 변경이 가능하다고 한다.

지금까지 살펴본 문제들은 운영적 의사결정의 예로써 수많은 대안과 제약조건 하에서 컴퓨터 알고리즘의 적용으로 최적의 대안을 찾아낸다. 전략적인 의사결정의 경우 대안의 수 문제보다는 문제 자체가 분명하지 않은 메타레벨meta level의 문제인 경우가 많다. 이런 경우에도 다양한 분석적 기법을 통해 초기에 전혀 고려하지 못했던 새로운 대안을 도출할 수 있다.

[Decision In Action 6-3]은 문제에 대한 정확한 분석과 이해를 통해 새로운

---

9. 이러한 배송문제는 지정된 지역들을 모두 돌아 다시 원점으로 돌아오는 전통적인 TSP(Travelling Salesman Problem)로 알려져 있다. TSP 문제의 해를 찾기 위해서는 방문지의 숫자가 작은 경우 정확한 알고리즘exact algorithm이 존재하지만, 방문지의 숫자가 커짐에 따라 기하급수적으로 계산시간이 증가함에 따라 휴리스틱 알고리즘heuristic algorithm을 활용한다. 강화학습을 통한 기계학습을 이용해서 문제의 해를 구하기도 한다.

[Decision in Action 6-3] 제퍼슨 기념관의 야경

미국 3대 대통령 토마스 제퍼슨Thomas Jefferson을 기념하는 제퍼슨 기념관은 워싱톤 DC의 포토맥 강변Photomac river에 있다. 야경이 특히 아름다워 많은 관광객들이 찾는 명소로 유명하다. 그런데 기념관 외벽 대리석이 손상되기 시작했고 급기야 1990년에는 약 25kg의 대리석이 떨어지는 사고가 발생하기도 했다. 이에 따라 이 기념관을 보전하기 위한 조사가 시작되었다.

조사가 진행되면서 왜 대리석 벽면이 훼손되었는지, 그 이유를 따져 보았다. 그것은 제퍼슨 기념관 주변에 날라온 많은 새떼들이 배설한 분비물과 이를 청소하기 위해 2주마다 실시한 강력한 물청소가 원인이었다. 따라서 새떼들을 쫓아내기 위해서 그물망을 치거나, 투명 플라스틱을 설치하거나, 새떼를 유인하는 방안 등의 다양한 아이디어가 나왔으나 근본적인 해결방법은 아니었다. 그런데 새떼들이 몰려드는 이유를 확인해 보았더니 새떼들이 좋아하는 거미들이 주변에 많이 서식하고 있었고, 거미들이 많은 이유는 깔따구midge 등의 날벌레들이 저녁이면 기념관으로 몰려들기 때문이었다. 날벌레들이 몰려드는 이유를 조사해 보았더니, 그것은 제퍼슨 기념관을 밝히는 야간 조명 때문임이 밝혀졌다. 이와 같은 계속적인 질문을 통해 확인한 결과, 기념관 훼손의 표면적 원인은 새떼와 물청소 작업이었으나, 근본적 원인은 야간 조명이었다. 이렇게 근본적 원인이 밝혀지자 자연스럽게 조명을 천천히 켜서 새때들을 쫓아 버리자는 대안이 도출되었다. 해가 지고 1시간이 지난 후 조명을 켜자 기념관으로 모여드는 날벌레들의 90%가 줄어든 것으로 조사되었다. 이에 따라 거미와 새떼들이 연쇄적으로 줄어들고, 새떼들의 분비물을 제거하는 물청소 또한 감소하게 되어 기념관의 훼손을 막을 방법을 찾게 되었다. 계속적인 질문을 통해 문제를 정확하게 파악하자 그 문제를 해결할 수 있는 창의적 대안이 자연스럽게 도출된 것이다.[10]

▲ 제퍼슨 기념관의 야경(출처 : Wikimedia Commons)

---

10. 날이 저문 이후 1시간 늦게 조명을 켜는 아이디어는 매우 만족스러운 대안이었다. 그런데 전혀 예기치 않은 곳에서 문제가 발생했다. 제퍼슨 기념관은 해가 지는 저녁을 배경으로 야경이 매우 아름다운

대안을 제시하고 이를 통해 문제가 해결되는 사례를 보여준다. 이 사례에서는 원천적 이유를 찾아내어 적절한 대안을 찾아내는 분석적 방법으로 근본원인분석root cause analysis을 활용한다.

[Decision In Action 6-4]는 의료 현장에서도 질병의 근본원인을 찾아보면 좋은 치료대안을 찾을 수 있음을 보여준다. 노년내과 전문의 서울아산병원 정희원 교수에 의하면 한국의 고령자의 73%가 두 가지 이상의 만성질환을 가지고 있고, 평균 4.1가지 약을 복용한다고 한다. 이들 노인들의 건강 이상증세 중에는 약을 잘못 복용하기 시작하여 예상치 못하게 발전·진행되는 경우가 있다고 한다. 이런 경우 증세에 대한 정확한 원인 분석 이후, "약정리"를 통해 문제를 쉽게 해결할 수 있다고 한다(정희원, 2021).

[Decision in Action 6-4] "약 정리"를 통한 문제 해결

70대 후반 A 씨는 1년여간 대형병원들을 찾아다니다가 노년내과 정희원 교수에게 왔다. 온몸이 떨리고 잘 걷지 못하는 증상 때문에 온갖 검사를 받았지만 원인을 찾지 못했다. 여기에 더해 음식을 먹으면 구토하는 증상이 반복돼 식사도 제대로 못하고 있었다. 비교적 건강했던 A 씨는 불과 6개월 만에 거동이 자유롭지 않을 정도로 쇠약해져 버렸다.

정 교수는 우선 여러 의료기관을 오가며 두꺼워진 A 씨의 의무기록들을 읽는 것부터 시작했다. 움직임과 떨림으로 인한 도파민 부족을 완화시키는 약을 처방받았던 A 씨는 구토 증상이 심해졌고, 내과에서는 위장약 처방이 하나 둘 늘어갔다. 그간의 처방약 목록을 들여다보니 문제가 선명해졌다. 시작은 진통소염제 한 알이었다. 약사가 함께 처방했던 소화제에 도파민 뉴런 기능을 떨어뜨리는 특성이 있었다. 일반인에게는 별 영향이 없지만 노쇠가 진행된 A 씨에게는 달랐다. A 씨가 떨리는 증상에 대해 신경과에서 처방받은 파킨슨병 약의 부작용도

곳이고 그 이유로 많은 관광객들이 찾기도 했다. 그러나 조명을 늦게 켬에 따라 그 멋진 광경을 충분히 감상하지 못하게 된 관광객들의 불만이 쇄도하고, 이 지역을 관할하는 공원 당국은 그 점에 부담을 느끼게 되었다고 한다. 문제를 해결할 창의적 대안이 도출되었으나 대안의 실행이 또 다른 이슈를 발생시킨 것이다. 제퍼슨 기념관의 훼손과 새떼의 분비물에 관련된 상세한 이야기는 메릴랜드대학의 곤충학자 메서스미스Don Messersmith 교수와의 심층분석을 토대로 작성된 인터넷 사이트의 내용을 참고하면 된다(https://url.kr/8ld6tq).

구역과 구토였다. 내과 의사는 소화제를 늘려갔다. A 씨가 구토 증상으로 내과 의사를 찾고 떨림에 대해서는 신경과 의사를 찾았으니 치료약들이 뱅글뱅글 악순환의 고리를 만들었다. 이를 전문용어로 "처방연쇄"라고 한다.

정 교수는 '꼬인 이어폰 줄을 푸는 심정으로' 10가지가 넘는 약 중 소화제와 소염제, 파킨슨병 약을 포함해 3분의 2 정도를 정리했다. 그로부터 2주 뒤, A 씨는 지팡이 없이 진료실에 걸어 들어와서는 "반 년 만에 밥을 먹었다"며 감격스러워 했다. 약을 정리한 덕에 일상으로 돌아갈 수 있었던 것이다.

정 교수는 이런 문제가 생긴 이유로 한국의 의료 시스템을 들었다.

"한국은 환자가 곧바로 전문의와 만나는 시스템입니다. 여러 질병을 가진 노인의 경우 그만큼 여러 의사를 만나야 하고 그들이 각기 약을 처방합니다. 아무도 환자의 전체적인 질병과 처방 상황을 모르는 거죠. 노인의학은 개인별 맞춤치료가 돼야 합니다."

공공의료가 발달한 영국에서는 1950년대부터 노인병학을 중시해 현재 내과의 10%가 노년내과 간판을 걸고 진료한다. 과별 진료보다 노인병 전담이 있는 쪽이 효율적이고 재정을 줄인다는 것을 영국 정부가 일찍 간파했기 때문이다.

출처 : 서영아, "필수 약만 처방하는 맞춤형 노년의학 필수", 동아일보, 2022. 4. 16.

제퍼슨 기념관이나 "약정리" 사례는 분석적 접근을 통해 문제의 근본적 원인을 이해하고 이를 통해 문제를 효과적으로 해결한 좋은 사례들이다.

5.3 협상과정에서의 대안도출

개인, 기업, 국가를 막론하고 협상에서도 많은 의사결정이 필요하다. 협상결과는 통제 불가능한 외부 불확실성뿐만 아니라 나와 상대방의 선택에 따라 달라진다. 상대방의 선택은 상대의 자유의지에 따르므로 나에게는 또 다른 불확실성이다.

좋은 협상결과를 얻기 위해서는 공동의 파이를 키우고 그 파이의 많은 부분을 얻을 수 있으면 된다. 공동의 파이를 키우기 위해서는 상대방의 요구position보다는 욕구needs에 대한 이해를 통해 윈-윈 상황을 만드는 것이 우선이다.[11] 따라서 죄수의 딜레마prisoner's dilemma 상황을 피하면서도 상대방의 감춰진 가치를 이해함으로써 더 나은 협상대안과 결과를 얻을 수 있다. 그러나 공동의 파이를 키우는 노력과 동시에 상대방의 결정을 자신에게 유리하게 유도하는 힘, 즉 협상력을 극대화시켜야 한다. 유리한 협상을 위해서는 협상이 결렬되었을 때 취할 수 있는 최후의 대안이 필요하다. 이 최후의 대안은 협상과정에서 상대방에 대한 레버리지로 작용하며, 협상과정의 지침으로 사용할 수 있다. 협상 결렬 시 취할 수 있는 최선의 대안을 배트나BATNA ; Best Alternative To a Negotiated Agreement라고 부른다. 배트나 대안의 존재는 협상과정에서 매우 중요하므로 협상결렬 시 최후에 사용할 대안을 사전에 고민하고 도출해야 한다.

[Decision in Action 6-5] 일본의 수출규제에 맞서는 한국의 배트나

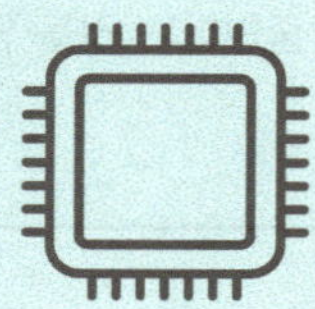

2019년 7월 일본은 한국의 주요 수출품목인 반도체 및 디스플레이 제조에 필수적인 3개 소재를 포괄수출허가에서 개별수출허가로 변경하는 수출규제를 발표하고, 이후 한국을 수출간소화 조치 대상국인 화이트리스트에서도 제외했다. 이것은 2018년 10월 강제징용 피해자에 대해 일인당 1억 원의 손해배상책임을 인정한 한국 대법원 판결에 대한 정치적 압박이었다. 일본으로서는 반도체와 디스플레이 산업에 영향이 큰 소재에 대한 수출규제를 통해 한국 정부에 대한 협상의 지렛대로 사용하겠다는 전략이었다.

문제가 된 3개 품목 중 포토레지스트photoresist는 빛을 이용해 웨이퍼에 회로를 그리는 노광露光공정에 쓰이는 감광액이다. 불화수소hydrogen fluoride는 회로패턴 이외의 불필요한 부분들을 깎아내는 식각공정etching 및 세정공정에 쓰이고, 불화 폴리이미드fluorinated polyimides는 OLED 패널 생산에 쓰이는 필름이다. 일본은 전 세계 포토레지스트 생산의 95%, 불화수소 생산의 70%, 폴리이미드 생산의 90%를 차지하며 절대적 시장지배력을 가지

11. 협상이나 마케팅 분야에서는 욕구needs라는 용어를 주로 사용하지만, 의사결정 분야에서는 선호preference라는 용어를 사용한다. 따라서 이 책에서는 선호라는 용어를 사용하기로 한다.

고 있었다. 일본은 이처럼 강력한 시장지배력을 가진 3가지 소재에 대한 수출규제가 강력한 정치적 압박이 될 것으로 판단했을 것이다. 한일 간의 정치적 이슈가 통상의 문제로 확대된 상황에서 한국이 가진 배트나는 일본의 압박을 수용하고 상당 기간 경제적 타격을 받는 이외에는 다른 대안이 없는 것인가?

일본의 압박에 대해서 한국 정부와 기업은 R&D 확대, 국내 생산시설 확충, 해외 공급선 확보, 해외 기업 M&A 등으로 신속하게 대응했다. 결과적으로 4년 만에 일본이 차지하는 반도체 분야 수입액은 2018년 34.4%에서 2022년 24.9%로 9.5%로 줄었다.

결국 일본의 수출규제는 한국의 반도체 및 디스플레이 산업에 영향이 거의 없었고, 오히려 대기업과 중견기업의 협력, 수출다변화의 계기가 되었다는 평가이다. 아직도 소재 및 부품 산업에서는 한국과 일본의 상당한 기술적 격차가 존재한다. 그러나 막강한 제조 기반과 독점적 수요를 가진 한국의 반도체 및 디스플레이 산업은 위기상황에서 큰 강점으로 작용했다. 위기에 강한 한국 기업과 정부의 대응 속도 또한 신속했다. 한국이 찾은 배트나는 강했고, 한국의 배트나를 가볍게 본 일본은 원하는 정치적 목표를 달성하지 못했다. 결국 일본의 수출규제는 4년만인 2023년 6월 한일 간의 정치적 결단에 의해 해결되었다.

협상 당사자들은 각자의 베트나를 확인한 후, 상호 윈-윈할 수 있도록 창의적 대안을 만들어 내는 과정이 필요하다. 이를 위해서는 상대방의 선호에 대한 충분한 이해를 통해 협상 당사자 효용이 모두 증가하는 파레토 효율적인Pareto efficient 방향으로 협상이 진전될 때 서로 수용할 수 있는 더 나은 결과를 얻을 수 있다.

다음 중고자동차를 판매하는 가상의 사례를 통해 서로 윈윈하는 대안의 도출과정을 알아보자.

[예 6-2] 중고 미니밴 가격협상

미국 파견근무를 마무리하고 귀국하는 K본부장은 4년 전 신규 구입해 사용하던 미니밴을 처분하려고 한다. 그는 중고자동차 거래에 많이 사용하는 사이트인 켈리 블루북(Kelley Blue Book, www.kbb.com) 광고를 이용하기로 했다. K본부장에게는 적절한 가격에 차를 처분하는 것뿐만 아니라, 남은 2주간의 기간 내에 차를 팔고 귀국해야 하는 점도 걱정이다. 미니밴이 편리하기는 하지만 휘발유 값이 상당히 많이 들어 중고시장에서 구매수요가 많지 않은 것도 문제이다. 그래서 최초 요구가격을 블루북에서 평가한 $22,000~27,000의 중간인 $24,500로 책정했다

블루북 광고를 보고 찾아온 스티브는 여러모로 차의 상태를 확인한 다음, 차를 파는 이유를 물어보았다. K본부장은 2주 뒤면 본국으로 복귀하는 상황에서 피치 못하게 차를 처분하는 이유를 설명해 주었다. 스티브는 지난 4년간 차를 관리하며 기록한 정비 기록을 무심한 듯 살펴보았다. 그리고 가격협상에 들어가자 K본부장의 요구가격 $24,500보다 상당히 낮은 $18,000로 가격을 낮추어 줄 수 있느냐고 요구했다. 현재 가용한 현금 때문에 그 이상은 어렵다는 설명이었다. 그러나 K본부장은 $18,000는 제안을 받아들이기에는 너무 싼 가격인 것 같고, 이를 거절하자니 앞으로 구매자가 있을지 확실치 않은데다가, 출국 이전까지 처분을 못하는 경우 대단한 골치거리가 될 것이 걱정되었다. 이 거래에서 K본부장이 취할 수 있는 배트나 대안과 최선의 선택은 무엇인가?

그림 6-3 판매자와 구매자의 협상가능 영역

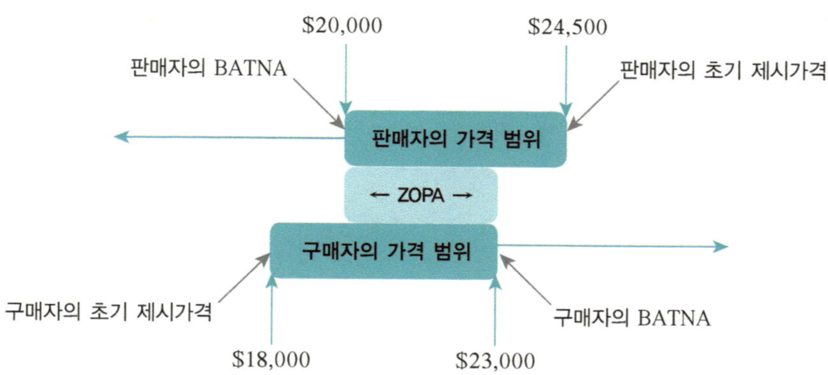

K본부장은 우연히 블루북에서 제공하는 즉시 현찰제안instant cash offer이라는 서비스를 알게 되었다. 이 제도는 참여하는 딜러에게 차를 가져가면 차량검사 후 즉시 현금으로 차를 팔 수 있는 제도이다. 이 사실을 알게 된 K본부장은 즉시 현찰제안을 통해 미니밴의 가치를 평가해 보았고, 그 가격은 $20,000이었다. 딜러를 통해 $20,000를 받고 즉시 현금화하는 대안은 협상이 결렬되었을 때를 대비한 K본부장의 배트나가 되었다.

반면 스티브는 K본부장이 미니밴의 첫 번째 오너이고 차의 상태가 상당히 양호하다고 생각해 블루북 가격을 참고로 최대 $23,000까지 지불할 생각이었다. 가격이 $23,000 이상이라면, 구매를 포기하고 다른 대안을 고려하기로 했다. 스티브는 K본부장이 해외이주로 2주 안에 차를 처분해야 한다는 사정을 알고 이를 활용해 최대한 낮은 가격에 협상을 마무리하려 한다. 두 사람이 가격협상을 통해 의견 일치를 볼 수 있는 협상 가능 영역인 ZOPA(Zone of Potential Agreement)는 [$20,000~23,000]이 된다. 이를 정리하면 [그림 6-3]과 같다.

가격 차이는 $3,000이다. 상당한 금액 차이의 협상은 어떻게 진행되었을까? 스티브는 K본부장이 차를 처분해야 하는 시간적 제약을 협상에서 은근히 언급하며 심리적 압박을 가했다. 반면 K본부장은 블루북 즉시 현찰제안을 통해 $20,000을 받을 수 있다는 서류를 제시하며 차의 상태가 매우 좋음을 강조했다.

여러 대화 이후, 두 사람은 $21,000에 미니밴을 사고 팔기로 최종 합의한다. 단 가격을 다소 양보한 K본부장은 귀국할 때까지 2주간 미니밴을 사용하고, 귀국하는 날 스티브에게 차를 양도하기로 했다. 이 조건은 K본부장에게 매우 가치가 있었다. 당일 계약이 이루어져 자동차를 양도하게 되면 2주간 필요한 렌트카와 보험비용을 포함해 약 $1,500의 추가비용이 예상되므로 결과적으로 차를 $21,000이 아닌 $22,500에 판 셈이 되었다. 스티브 입장에서는 2주 뒤에 자동차를 인수하는 것은 큰 문제가 없었고, 오히려 $21,000 가격에 상태가 좋은 미니밴을 구매하게 되어 상당히 만족스러웠다.

이 과정을 보면 각자의 배트나와 이에 따른 협상 가능 영역이 개략적으로 확인되면서 가격협상이 의미있고 체계적으로 진행되었다. 결국 당사자들이 가격뿐만 아니라 양도시기의 조정을 통해 서로 받아들일 수 있는 창의적 대안을 도출함으로써 협상은 만족스럽게 마무리되었다.

5.4 기존 사고의 제약을 넘어서는 대안도출

4개의 직선을 이용해 9개의 점을 한붓 그리기로 연결하라는 문제를 생각해 보자([그림 6-4]). 꽤 알려진 문제이지만, 처음 접하는 사람은 쉽게 답을 찾지 못할 수 있다. 정답은 연결하는 선이 사각형이 그려진 종이의 테두리를 벗어나면서 찾을 수 있다. 종이가 가지는 공간적 제약은 무의식적으로 문제해결을 위해 필요한 사고를 막는다. 일상에서 우리는 정신적·사회적·문화적·기술적 제약 속에 살고 있다. 그러나 우리가 의식적·무의식적으로 느끼는 제약은 실제 존재하지 않거나 극복될 수도 있다. 의도적으로 기존사고의 제약을 뛰어 넘어보면 문제해결을 위한 창의적 대안이 도출될 수 있다.

그림 6-4 9개 점 한 붓으로 그리기

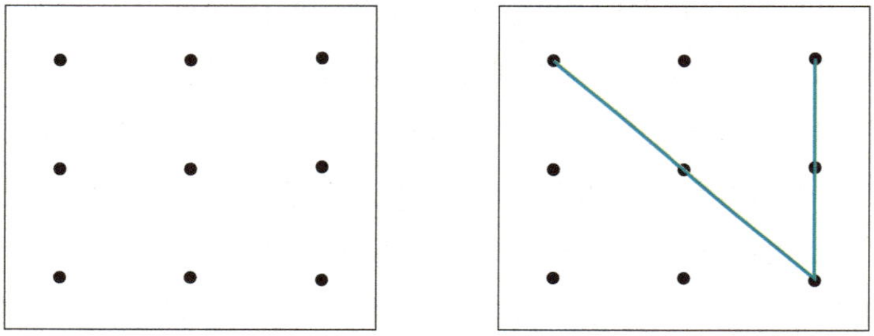

제퍼슨 기념관의 예([Decision In Action 6-3])는 새떼를 쫓아 버리는 전통적인 방법이 아니라 조명 점등시간을 조절해 문제를 해결하는 사고의 전환이 문제해결의 시작이었다. 다음에 소개하는 대한항공의 코로나19 시대 대응전략도 여객기는 사람이 타는 것이라는 기존 사고의 전환을 통해 도출되었다([Decision In Action 6-6]).[12]

---

12. 코로나19 시대의 변화 중 하나는 코로나 확산과 재택근무에 따른 택배물량의 급증이다. 물류기업 쿠팡은 코로나로 급등한 택배물량을 소화하기 위해 직고용인 쿠팡친구를 늘릴 수도 있었지만 다른 방법을 택했다. 그것은 일반인들이 자신의 차량으로 본인이 원하는 날짜와 장소에서 배달업무를 하는

[Decision in Action 6-6] 코로나19에 대응한 대한항공의 대안

코로나19로 가장 큰 영향을 받은 산업 중 하나는 항공산업이다. 국제항공운수협회(IATA ; International Air Transport Association)에 따르면 코로나가 본격 확산되기 시작한 2020년에는 2019년 대비 전체 이용승객이 75.6% 줄었고 국제항공화물 수요도 11.8% 줄어들었다. 우리나라의 국적 항공사 대한항공에게도 대단한 위기가 아닐 수 없었다. 항공화물의 60%를 담당하던 여객기의 운행이 줄어들자 항공화물 운임이 치솟았다. 코로나의 확대로 마스크 및 진단키트, 자동차 부품 등의 운송에 대한 수요가 급증했다. 여기에서 대한항공은 기발한 아이디어를 낸다. 2020년 6월 화물운송을 위해 여객기 좌석에 짐을 실을 수 있게 제작한 특수가방 "카고 시트 백cargo seat bag"을 도입한 것이다. 그리고 코비드-19로 지상에 계류 중인 여객기를 화물기로 개조해 화물운송에 투입함으로써 유휴자산을 최대한 효율적으로 활용했다.

▲ 카고 시트 백(출처 : 대한항공)

그 결과는 놀라웠다. 대한항공의 여객수입은 2019년 대비 2020년 74% 감소했으나, 화물수입은 66% 증가했고, 결과적으로 2020년 7조 4,050억 원의 수입에 2,383억이라는 영업이익을 거두게 된다. 전 세계 거의 모든 항공사가 막대한 영업적자를 보았다는 사실을 생각해 보면 놀라운 성과이다. 계속되는 2021년에도 8조 7,534억 원의 수입에 1조 4,644억 원의 영업이익을 거둔다. 항공업계에게는 가장 시련이었던 코로나19 사태 속에서 역설적이게도 2021년은 대한항공 53년 역사 중 가장 큰 영업이익을 거둔 해가 되었다.

위기는 기회라는 말이 여기서도 증명되었다. 위기의 순간에 카고 시트 백이라는 창의적인 대안과 여객기의 화물기 개조 등 기존 사고의 틀을 뛰어넘는 생각과 적극적 실행으로 대한항공은 코로나19의 어려움을 극복하고 있다.

출처 : 김우정, "대한항공, 화물기 개조 여객기 하루 얼마 버는지 보니…", 신동아, 2020. 8. 23.

"쿠팡플렉스" 서비스의 적극적 활용이다. 이 서비스는 코로나 발생 이전인 2018년 8월에 시작했는데, 코로나로 인해 그 인기가 크게 높아졌다. 회사에 직고용된 직원뿐만 아니라 평범한 일반 사람들도 아르바이트 형태로 택배업무를 할 수 있다는 가능성을 본 것이 사고의 전환으로 볼 수 있다.

5.5 가치 중심적 사고를 통한 대안도출

대안은 그 자체보다 우리의 목표를 달성시켜 준다는 데 그 의미가 있다. 결국 중요한 것은 대안이 아니라 우리가 추구하는 가치이고, 대안은 그 가치를 달성하게 도와주는 도구이다. 따라서 가치 중심적 생각은 바람직한 대안의 도출을 위해 도움이 된다. 가치 중심적 사고value-focused thinking는 의사결정자의 가치에 집중함으로써 의사결정의 결과를 정의할 수 있고, 대안을 평가하는 평가기준을 만들 수 있으며, 더 나아가서는 바람직한 대안을 도출하게 해 준다(Keeney, 1996). 대안도출과 가치 중심적 사고에 관해서는 제8장에서 더 구체적으로 알아본다.

의사결정의 상황에서는 가치의 구체적 형태인 목표들이 서로 상충되는 경우도 많지만, 이 상충되는 목표를 잘 활용하면 제3의 대안을 만들어 의사결정에 도움이 되기도 한다. 대부분의 의사결정은 대안의 장단점이 다르기 때문에 우월한 대안을 찾을 수 없는 경우가 많다. 만약 대안 1이 대안 2에 비해 월등하다면, 그 결정은 누구에게나 쉬운 문제일 것이다. 우월한 대안이 없는 상황은 대안들이 만족시키는 목표들이 서로 상충되고 있음을 의미한다. 이런 상충의 문제를 대안 1과 대안 2 간의 불가피한 선택 문제로 보기보다는 두 대안의 장점을 살리면서 단점을 보완하는 제3의 절충대안의 가능성을 찾아보는 것이 바람직하다.

예를 들어 현재 직장에서 이직하려는 상황을 생각해 보자. 현재 직장 1은 근무위치와 환경이 안정적이지만 연봉은 높지 않다. 반면 직장 2는 연봉과 발전 가능성이 높은 대신 해외 출장이 많아 생활이 불규칙하다. 이렇게 경제적인 측면과 일과 삶의 균형, 즉 워라벨이 이슈가 될 때, 두 상충되는 목표를 적절히 만족시켜 줄 수 있는 더 나은 절충대안을 찾는 노력이 필요하다. 이상적으로는 직장 2로 이직하되, 해외 출장 중 절반은 원격회의 등을 통해 일하는 근무 조건이 합의된다면 문제가 해결될 수도 있다. 서로 상충적인 두 대안이 각기 장단점이 있어 선택하기 어려울 때, 주어진 대안의 수동적 선택이 아닌 두 대안의 장점을 살리고 단점을 최소화

하는 제3의 대안을 만들어 내는 것이 의사결정자의 능력이자 의무이다.[13]

6. 마무리

좋은 의사결정을 위해서는 바람직한 대안의 도출은 필수적이다. 바람직한 대안은 창의적이며 실현 가능하고, 충분히 다양하고 폭넓게 정의되며, 진실한 대안인지 확인하면 된다. 이런 대안을 도출하고 평가하기 위해서는 대안 자체가 막연한 개념이 아니라 구체적으로 정의가 되어야 한다. 의사결정대안의 도출과 구체적 정의를 위해서는 전략표를 사용하면 유용하다.

평가대상이 되는 대안의 수는 의사결정 문제의 성격에 따라 다르다. 운영적 의사결정의 경우 매우 많은 대안들을 수리적 모형을 통해 평가하는 경우가 대부분이지만, 반면 전략적 의사결정은 3~5개 정도의 대안을 도출하고 평가하는 것이 바람직하다. 대안의 수를 소비자의 선택 측면에서 보면 대안의 수가 많아짐에 따라 소비자의 만족도와 구매가 증가하나, 어느 정도의 수준을 넘어서면 대안의 증가는 부정적 결과를 낳게 된다. 이러한 현상을 선택의 역설이라 부르는데, 상품 개발, 유통 등에 중요한 의미를 가진다.

제6장에서는 바람직한 대안도출을 위해 활용할 수 있는 방법과 사례들을 제시했다. 구체적으로 리얼옵션 개념을 이용하는 방법, 분석적 접근방법, 협상과정에서의

---

13. 이명박 전 대통령도 기업가 출신이었기 때문에 실용적인 측면에서 대안도출에 일가견을 가지고 있었다고 보여진다. 다음 예는 그의 새로운 대안도출을 통한 문제해결의 접근 방법을 보여준다.

"1안, 2안 있습니다" 보고에 MB "1.5안도 있잖소".

"이번 사안에 대한 대책은 1안, 2안, 3안 세 가지가 있습니다." 청와대의 한 수석비서관이 최근 이명박 대통령에게 보고를 했다. 이 수석비서관은 각 안의 장단점은 이렇고 저렇다고 비교 설명한 뒤, "1안은 OO부가, 2안은 OO부가 찬성하고 있는데, 제 판단은 1안이 적절한 것 같습니다"고 보고했다. 이 대통령은 보고서를 한동안 바라보더니 "1.5안도 있잖아"라고 했다. "예?" 수석이 무슨 뜻이냐고 묻자, 이 대통령은 1안과 2안을 절충하면 되지 않겠느냐는 취지로 말했다.
출처 : 주용중, ""1안, 2안 있습니다" 보고에 MB "1.5안도 있잖소"", 조선일보, 2008. 4. 8.

배트나 대안도출, 사고의 한계를 넘어서는 방법, 가치 중심적 사고 등을 제시했다.

의사결정은 확률이나 가치를 고려해 기댓값이 가장 큰 대안을 선택하는 것이라기 보다, 문제의 본질을 이해하는 과정에서 제3의 더 나은 대안을 도출하는 작업이다. 바람직한 대안의 정의와 도출에 대한 명확한 이해는 좋은 의사결정을 위해 매우 중요한 조건이다.

CHAPTER 07

불확실한 정보에 대응하기

If there's one thing that's certain in business, it's uncertainty.

— Stephen Covey

의사결정 문제를 구성하는 3가지 요소 중 하나인 정보는 우리가 알고 있고 또한 믿고 있는 것what we know and believe이다. 의사결정이 어려운 이유 중 하나는 이 정보에 대한 불확실성이다. 정보의 불확실성 문제를 해결하기 위해서는 의미 있고 신뢰성 있는 정보를 확보하여야 의사결정의 질을 높일 수 있음을 제4장에서 언급한 바 있다. 그러나 정보에는 필연적으로 불확실성이 존재하며 불확실성 자체를 없애는 것은 불가능한 경우가 많다. 따라서 의사결정 과정에서의 불확실성은 제거의 대상이 아닌 이해와 대응의 대상이다.

불확실성을 이해하고 적절히 대응하기 위해서는 이를 명확히 표현하고 소통하는 도구로서 확률을 사용한다. 확률은 개인 및 기업의 의사결정에서 널리 사용되는 것은 물론이고 공공 부문에서도 다양하게 활용된다. 예를 들어 원자력발전소 안정성 평가, 방사능물질 처리장 선정, 화산폭발 관련 작업위험 평가, 항공 제품 디자인에서의 기술적 불확실성 평가, 자연자원 보호 및 관리전략 수립, 기후변화 대응정책, 코로나19 위험평가 등 전문가의 판단과 지식이 필요한 분야가 그것이다. 확률은 이런 분야에서 증거 기반 의사결정evidence-based decision-making을 위해 활용된다.

제7장에서는 불확실성을 명확히 표현하는 언어로서 확률을 이해하고, 이를 기반으로 의사결정 프로세스에서 활용하기로 한다. 구체적으로 일상생활에서 흔히 사

용하는 확률의 정의, 확률평가, 민감도 분석에의 활용, 확률평가 프로세스, 연속형 변수의 이산화 등의 이슈를 다루기로 한다.

1. 불확실성을 표현하는 확률

의사결정 과정에서는 불확실성을 분명하게 표현하고 소통해야 한다. 이를 위해서는 적확한 용어precise language를 통해 의사결정자와 관련 팀들 간 오해의 소지가 없어야 한다. 이런 목적을 달성하기 위해 우리가 일상생활에서 사용하는 확률probability은 불확실성이 가진 모호성을 객관화하고 그 의미를 분명하게 소통할 수 있게 해 주는 훌륭한 도구이다.

1.1 언어확률과 수치확률

일상생활에서 흔히 접하는 확률적 표현의 하나는 기상청에서 발표하는 강수降水 확률이다. 기상청은 강수확률을 0에서 100%까지 10등급으로 나누어 10% 간격으로 발표한다. 기상청이 강수 확률을 60%로 예상했다면 그 의미는 지정된 장소에서 현재와 유사한 대기상태에서 100번 관찰하면 60번 정도 비가 내릴 가능성을 의미한다. 여기서 강수는 "특정 지점에서 하루 동안 0.1mm 이상의 비가 내리는 사건"을 뜻한다.

불확실성은 숫자를 통해 표현할 수도 있지만 언어를 통해 표현하기도 한다. 과거에는 "이번 주말에는 비가 내릴 것으로 예상된다"라는 기상예보를 하던 때도 있었다. 이것은 비가 내린다는 사건의 불확실성을 숫자보다 일상생활에서 사용하는 언어로 표현한 경우이다. "비가 올 가능성이 있다"와 같이 사건의 가능성을 일상 단어로 표현한 것을 언어확률verbal probability이라고 하고, 비가 내릴 확률을 60%라고 숫자로 표현한 것을 수치확률numerical probability이라고 한다.

수치확률은 숫자로 분명히 제시되어 있어 그 의미가 명확하지만, 언어확률은 상황context에 따라 개인마다 다양하게 인식된다. 예를 들어 "It is common…"이라는 문장에서 "common"이라는 단어는 의료현장에서 해당 사건이 58% 정도로 발생함을 의미하지만 개인에 따라서 그 확률을 10%에서 100%까지 매우 다양하게 받아들인다. 일반적으로 숫자에 익숙하지 않은 사람들은 수치확률보다는 언어확률을 사용해 소통하는 것을 선호한다고 한다. 특히 의료현장에서 숫자에 익숙하지 못한 일반인lay person들의 경우 수치확률보다는 언어확률로 의료진과 소통하기를 원하는 경향이 있다고 한다(Budescu, Broomell, & Smithson, 2014).

그러나 언어확률은 사람과 상황에 따라 다르게 인식되므로 해당 불확실성이 명확하게 소통되지 못한 채 잘못된 의사결정을 내릴 위험성이 높다. 이 문제를 해결하기 위해 언어확률로 소통하되 일반인들이 인식하는 해당 수치확률을 부가적으로 병기하면 개인 간의 편차를 줄여 불확실성 관련 소통을 원활하게 할 수 있다. 예를 들어 기후변화를 담당하는 국제기구인 IPCC(Intergovernmental Panel on Climate Change)[1]는 기후변화에 관련된 문서에서 "likely"라고 쓰고 그 해당 확률은 "66% 이상 90% 미만"으로 표기하는 등 단어와 수치확률을 병기하여 불확실성 관련 변동성을 줄여 국제 간 소통을 원활히 한다(Budescu, Broomell, & Smithson, 2014). 의료현장에서도 언어확률만을 사용하는 것보다 언어확률과 수치확률을 병기하면 의료진과 환자들과의 소통에 도움이 될 수 있다고 한다(Andreadis et al., 2021).

그러나 정보를 전달하는 신문, 방송 등의 매스미디어에서는 불확실성에 관한 표현을 수치확률보다는 대부분 언어확률로 표현한다. 예를 들어 "가능성이 있다"라는 표현은 모든 분야의 보도에서 사용된다.[2] 2022년 우크라이나 전쟁으로 인해 "세계 최대 산유국 사우디아라비아가 원유 생산량을 늘릴 가능성이 있다"라는 보도, 2023년 기상 고온으로 "올여름 전력 수요 급증 가능성"이라는 보도, "토트넘 손흥

1. 정부 간 기후변화에 대처하기 위해 1988년 설립된 유엔 산하 국제기구이다. 주요 임무로 인간의 활동이 기후변화에 미치는 영향을 평가하고 유엔기후변화협약(UNFCCC)과 교토의정서의 이행 등에 관련된 특별보고서를 작성한다.
2. 영어에서의 "likely"라는 단어가 한글의 "가능성이 있다"에 해당하는 단어이다.

민 이적 가능성 있다"라는 보도 등이 그 예이다. 그런데 "가능성이 있다"라는 표현을 인지하는 개인별 수치확률이 25~99%로 그 폭이 상당히 넓다는 점을 감안하면 오해의 가능성이 매우 높다(Lichtenstein & Newman, 1967).

한글의 확률적 표현들 중에도 그 뜻이 애매한 것들이 많다. 대표적인 것들이 "확실치 않은", "불가능하지 않은", "드물지 않게" 등의 이중부정 표현들이다. "보통은", "가능성이 있는"과 같은 표현들도 애매하다. 따라서 한글 단어를 사용한 확률표현과 수치확률을 대응시켜 한국인의 인지상황에 맞추어 활용할 수 있도록 하는 연구도 필요하다(박경수, 신수환, & 이재인, 2006). 앞으로는 언어확률적 표현이 꼭 필요한 경우를 제외하고는 불확실성을 명확히 표현하고 소통할 수 있는 수치확률을 사용하기로 한다.[3]

1.2 객관적 확률과 주관적 확률

제1장의 동전을 던져서 앞면이 나오면 최신 스마트폰을 받는 경품행사를 다시 한번 생각해 보자([예 1-1]). 동전의 앞면과 뒷면이 나올 확률이 같다면, 스마트폰을 받을 수 있는 확률은 50%이다. 물론 경품행사에 참여해서 동전을 던지면 "확률 50%"라는 사건이 발생하는 것이 아니라, 앞면 혹은 뒷면 중 하나의 사건event이 발생한다. 그러나 편향 없는 공정한 동전을 수없이 던지는 실험을 반복하면 앞면이 나오는 경우가 반, 뒷면이 나오는 경우가 반이기 때문에 빈도수의 측면에서 동전의 앞면이 나오는 확률을 50%라고 생각할 수 있다. 이런 접근법은 앞면이 나올 확률 p를 추정할 모수로 생각하고, 실험을 무수히 반복함에 따라 계산되는 상대빈도long-run frequency를 사용하여 모수 p를 추정하는 방식이다. 이 방식은 빈도주의적 관점frequentist이라고 부르며 전통통계학에서 사용하는 접근법이다. 이런 방법은 어떤 사건에 대한 확률을 반복적인 실험 결과를 활용해 지정하기 때문에 해당 확률을

3. 언어확률과 수치확률에 대한 사람들의 인식에 대해 다음의 TED 자료를 참고하기 바란다. A Number Speaks a Thousand Words(https://www.youtube.com/watch?v=zankirmsRAc).

객관적 확률objective probability이라고 부른다.

그러나 현실에서는 반복적 실험이 불가능한 경우가 많다. 특히 주요 의사결정의 경우 상황 자체가 반복적이지 않고 지금까지 한 번도 존재하지 않았던 유일한 상황인 경우도 많다. 예를 들어 탄소배출량이 환경에 미치는 영향을 확률로 평가하는 반복적 실험은 불가능하다. 팬데믹 이후 소비자의 소비행동 변화 또한 그러하다. 따라서 독특한 의사결정 상황에서 확률을 빈도주의적 관점으로 평가하는 것은 가능하지 않다. 이런 한계점 때문에 현실의 의사결정 문제를 해결하기 위해서는 확률에 대한 다른 관점이 필요하다.

앞선 경품행사에서는 동전을 던져 앞면이 나오면 스마트폰을 받을 수 있었다. 이번에는 동전을 던지기 전 앞면 혹은 뒷면을 선택하고, 동전 던지기 이후의 결과에 따라 해당 경품을 받을 수 있다고 하자. 그런데 이때 사용하는 동전은 이전에 보지 못했던 신형 동전이다. 동전의 앞뒷면이 나오는 확률이 동일하다고 믿는 사람에게는 어느 쪽을 선택해도 차이가 없다. 어느 쪽이든 경품을 받을 확률이 반반이기 때문이다. 그러나 그 확률이 실제 같지 않다는 논리, 예를 들어 "동전 자유낙하이론"을 믿는다면 동전의 앞면을 더 선호해 앞면을 선택할 수도 있다.

동전 앞면이 나올 확률이 더 높다고 믿는 사람은 다음과 같은 가상의 "동전 자유낙하이론"을 그 근거로 삼을 수 있다. 동전 던지기에 사용하는 신형 동전 뒷면에는 큰 건물 모양이 새겨져 있다. 그 문양 때문에 동전 뒷면이 앞면보다 다소 무거울 것이다. 따라서 던져진 동전이 여러 번 회전하며 바닥에서 구를 때 지구 중력과 모멘텀에 의해 무거운 뒷면이 바닥을 향하여 떨어질 가능성이 더 높다는 논리를 펼 수 있다. 이것은 과학적인 논리와 더불어 본인의 경험과 상식에 근거한 주관적 판단이다. 이에 근거해 동전 앞면이 나오는 확률을 50%보다 높게 임의적으로 부여할 수 있을 것이다. 이런 판단은 전적으로 본인의 판단이고 본인의 자유의지에 의한 것이다. 이런 접근방법에 의해 지정된 확률은 본인이 느끼는 불확실성에 대한 확신의 정도degree of belief를 나타내 준다는 측면에서 주관적 확률subjective probability이라고 부른다.

주관적 확률에서 표현되는 불확실성에 대한 확신의 정도는 정보와 관련된다. 만약 경품행사에서 당신이 동전을 던지고 난 다음, 주최자가 그 결과를 손으로 가렸다고 하자. 주최자는 가려진 동전 던지기의 결과를 손을 들어 살짝 볼 수 있으나 당신은 그 결과를 알지 못한다. 정보를 가지고 있는 주최자에게는 앞면이 나올 확률은 0% 혹은 100%일 것이다. 그렇다면 그 결과를 모르는 당신에게는 앞면의 확률이 얼마인가? 그 확률은 주최자가 생각하는 0% 혹은 100%가 아닌 처음 동전을 던지기 전에 생각했던 확률과 동일할 수밖에 없다. 왜냐하면 동전 던지기의 결과는 이미 나와 있지만 당신이 알지 못하는 정보이고, 당신의 확신에도 변화가 없으며, 따라서 확신의 정도를 의미하는 주관적 확률에는 변화가 없다.

빈도주의에 입각한 객관적 확률과 확신의 정도를 나타내는 주관적 확률은 확률을 보는 시각도 다르다. 빈도주의 입장에서는 수많은 실험을 통해서 계산된 상대빈도가 수렴해 나온 확률 50%를 동전의 앞면이 나올 확률이라고 생각한다. 따라서 10번 연속적으로 동전의 앞면이 나온 경우에도 앞면이 나올 확률이 뒷면보다 높다고 생각하는 것이 아니라 고정된 확률 50%하에서 아주 낮은 확률, 즉 $(1/2)^{10} = 1/1024$의 확률로 해당 사건이 일어났다고 생각한다.

그러나 주관적 확률의 관점에서는 반복되는 실험의 결과를 다르게 해석한다. 초기에는 앞면이 나올 사전확률을 50%로 가정했지만, 10번의 동전 던지기 결과 10번 모두 앞면이 나왔다면, 현재의 동전이 공평한 동전이 아니고, 앞면이 나올 확률이 50%보다 높은 편향된 동전이라는 추론을 한다. 따라서 이 새로운 정보를 활용해서 초기에 가정했던 앞면이 나올 확률 50%를 적절히 증가시키면서 동전 앞면이 나올 확률을 수정하는 방식을 취하게 된다. 실험결과를 통해 사전확률을 수정하여 사후확률을 계산하는 통계적인 접근법을 베이지안적 접근Bayesian approach이라고 부른다.[4] 동전의 앞면이 10번 연속 나오는 사건이 작은 확률로 발생할 수 있다는 전통통계학적 접근방법과 새로운 정보를 이용해 초기의 확신을 계속 수정하는 베이

4. 초기의 사전적인 믿음을 실험 등 새롭게 수집된 정보를 통해 사후적으로 수정해 나가는 과정은 베이스정리Bayes theorem를 이용하며, 이는 제12장 제2절에서 다시 소개하기로 한다.

지안적 접근방법은 추가적으로 수집한 자료를 보는 관점에서 그 차이가 있다.

지금까지의 논의를 요약하면, 의사결정 과정에서는 불확실성에 대한 표현과 소통을 위해 모호한 언어확률 대신 숫자로 명확히 표현된 수치확률을 사용한다. 수치확률 중에서도 상대적 도수에 의존한 객관적 확률이 아니라 불확실성에 대한 확신의 정도를 나타내는 주관적 확률과 베이지안적 접근을 사용한다. 엄밀히 이야기하면, 객관적 확률은 현실에서는 존재하지 않으며, 단지 이론을 위한 가정 속에서만 존재한다. 즉, "앞면이 나올 확률이 50%인 공정한 동전"은 교과서의 가정에만 존재한다. 반복적이지 않고 독특한 불확실성하에서 의사결정을 내려야 할 때는 과거의 경험과 현재의 정보에 기반한 주관적 확률만이 활용 가능하다고 할 수 있다. 이 책에서는 특별히 언급하지 않는 한 확률은 수치로 표현된 주관적 확률을 의미하며, 이를 반영하여 주관적 확률 대신 확률이란 용어로 통일해 사용하도록 한다.

[Decision in Action 7-1] 기상청 일기예보

해방 이후 우리나라의 기상행정 업무는 1949년 8월 18일 국립중앙관상대가 설립되면서 체계화되기 시작한다. 당시는 문교부(지금의 교육부) 산하 기관으로 시작했으나, 1990년 12월 환경부 소속 기상청으로 승격되어 오늘에 이르게 되었다.

기상청에서 제공하는 서비스 중 하나인 강수예보는 국민의 일상생활과 산업활동에 매우 중요한 영향을 미친다. 기상청이 강수예보를 언어확률이 아닌 수치확률을 사용하기 시작한 것은 1987년 6월 1일부터이다. 확률예보 이전에는 "비가 올 것으로 예상된다"는 등 언어확률을 이용하였으나 1987년부터 9개 주요 도시에 대한 강수 가능성을 숫자로 예보해 주었기 때문에 언어확률이 주는 모호성의 문제를 해결할 수 있었다(기상청, 2004). 기상청의 기상정보는 2021년 6월부터 각 지역 단위별로 시간별 강수예보가 나올 정도로 그 기능이 고도화되어 국민생활과 산업활동에 크게 도움을 주고 있다([그림 7-1]).[5]

5. 위 자료제공에 협조해 주신 기상청 관계자분께 감사드린다. 과거의 각종 기상 데이터는 기상청 기상자료 포털에서 확인해 볼 수 있다(https://data.kma.go.kr/cmmn/main.do).

그림 7-1 기상청의 일기예보

(a) 1986년 6월 24일 일기예보

가끔 비

장마전선의 북상으로 충부지방은 흐리고 비가오겠으며 남부지방은 흐리고 비가 많이오겠다。아침최저18~20도. 낮최고 23~25도。

◇서울·京畿=북동~남동 흐리고 비 (20~25)
◇大田= 〃 〃 (19~23)
◇淸州= 〃 〃 (19~23)
◇春川= 〃 〃 (19~24)
◇光州=남동~남서풍 〃 (20~24)
◇全州= 〃 〃 (19~24)
◇濟州= 〃 〃 (20~25)
◇釜山=북동~남동풍 흐리고 가끔비 (19~23)
◇大邱= 〃 〃 (18~23)

◇밀물=仁川 0006시 0542분, 1218시 5351분 … 群山 1104시 4240분
◇썰물=仁川 2316시 3342분

(b) 1988년 6월 24일 일기예보

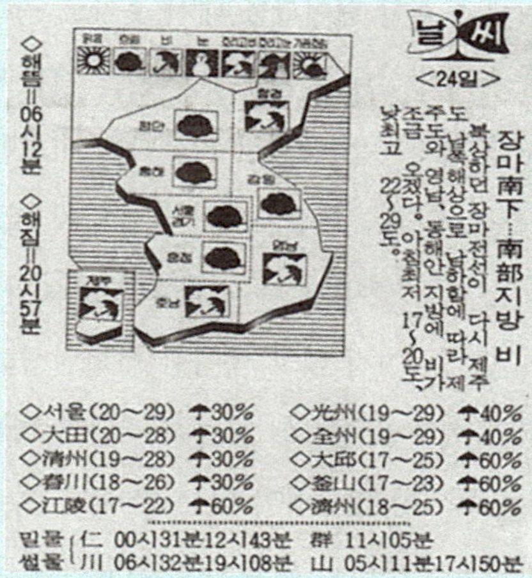

날씨 <24일>

장마南下…南部지방 비

북상하던 장마전선이 다시 남하함에 따라 제주도와 남부해상으로 제주도와 영남, 동해안 지방에 비가 조금 오겠다。아침최저 17~20도, 낮최고 22~29도。

◇해뜸=06시12분 ◇해짐=20시57분

◇서울(20~29) 30%	◇光州(19~29) 40%
◇大田(20~28) 30%	◇全州(19~29) 40%
◇淸州(19~28) 30%	◇大邱(17~25) 60%
◇春川(18~26) 30%	◇釜山(17~23) 60%
◇江陵(17~22) 60%	◇濟州(18~25) 60%

밀물 仁 00시31분12시43분 群 11시05분
썰물 川 06시32분19시08분 山 05시11분17시50분

(c) 2021년 7월의 강수예보

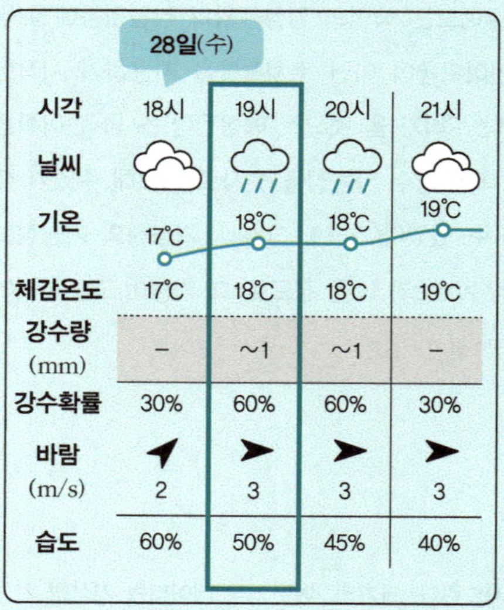

예보 요소별 시간 안내(19시 예시)

- **날씨 :** 이전 1시간(18~19시)의 날씨
- **기온 :** 19시 정시 기온
- **체감온도 :** 19시 정시 체감온도
- **강수량 :** 이전 1시간(18~19시) 강수량
- **강수확률 :** 이전 1시간(18~19시)의 강수확률
- **바람 :** 19시 정시 바람
- **습도 :** 19시 정시 습도

출처 : 조선일보 ; Naver

2. 확률의 평가

불확실성에 대한 확신의 정도를 나타내는 (주관적) 확률을 평가하기 위해서는 관련된 사건을 명확히 정의해야 한다. 사건의 정의라는 측면에서 과거 SK텔레콤에서 실시한 날씨 마케팅 사례를 살펴보자. SK텔레콤은 고객 유치를 위해 크리스마스 이브인 12월 24일에 눈이 내리면 추첨을 통해 자동차를 경품으로 주는 행사를 실시한 적이 있다. 추첨 결과에 영향을 주는 불확실성은 크리스마스 이브의 날씨이다. 날씨라는 불확실성을 눈이 오는 사건 A와 눈이 오지 않는 사건 $\overline{A}$로 나누어 보자. 날씨라는 불확실성 변수가 취할 수 있는 가능성을 두 사건으로 나누면, 이 사건들은 동시에 일어나지 않으면서 발생 가능한 사건들을 모두 포함하므로(즉, $P(A \cap \overline{A}) = 0$이고 $P(A) + P(\overline{A}) = 1$), 중복과 누락이 없는 사건들로 날씨라는 불확실성을 나타낼 수 있다.

그런데 크리스마스 이브에 눈이 내릴 사건 A는 구체적으로 잘 정의된 사건인가? 눈이 온 지역도 불분명하고, 눈이 내린 최소치에 대한 명확한 기준이 없다면 크리스마스 이브에 눈이 왔다는 사건을 확정할 수 없을 것이다. 만약 경품 마케팅을 진행하는 기업과 경품을 기대하는 소비자의 입장에서 눈이 내린 기준이 다를 때는 상호 간 분쟁의 가능성도 있다.

2.1 투명성 시험

어떤 사건이 일어날 확률을 평가하기 위해서는 그 사건이 명확하고 구체적으로 정의되어야 한다. 이렇게 명확하고 구체적으로 정의된 사건에 대해서는 그 사건의 발생 여부를 확인하기 위한 주관적 판단 없이 객관적인 판단이 가능하다. 이를 확인하기 위한 시험을 투명성 시험clarity test이라고 부른다.

이러한 투명성 시험을 위해 가상의 예지자(豫知子, clairvoyant)를 생각해 보자. 이 예지자는 모든 사건에 대한 완전한 정보를 가지고 있으며 세상의 모든 측정된 숫자와 과거, 현재, 미래를 모두 알고 있는 전지적全知的 능력을 가진 가공의 인물이다. 그러나 예지자는 전지적 지식에도 사건 발생에 대한 판단 능력은 없다. 만약 사건 자체가 명확하고 구체적으로 정의되어 있다면 예지자는 어떤 판단도 없이 그의 전지적 지식만으로 사건발생 여부를 알려 줄 수 있다.

해당 사건의 발생 확률에 대한 논의는 투명성 시험을 통과한 사건에 한해서만 의미가 있다. 명확하고 구체적으로 사건이 정의되지 않으면 사람들마다 다른 인식 때문에 의미 있는 확률평가가 불가능하다는 뜻이다. 그러나 주어진 사건을 완벽하게 정의하기는 어렵기도 하고 필수적이지도 않다. 사건발생 확률에 관한 논의에는 필요한 정도의 명확성과 구체성이 필요하고, 이것이 투명성 시험의 목적이 된다.

투명성 시험의 측면에서는 "12월 24일 눈이 온다"는 사건 A는 명확하고 구체적이지 않다. 그러나 사건 A를 다음과 같이 정의한다면 특별한 판단 없이도 투명성 시험을 통과하기에 충분할 것이다.

사건 A : 1999년 12월 24일 0시에서 24시 사이에 대한민국 기상청의 서울 기상관측소(서울시 종로구 송월길 52 소재) **측정 적설량이 1cm 이상의 경우**

[Decision in Action 7-2] 화이트 크리스마스

기업들은 크리스마스 이브, 새해 첫날 등 특별한 날에 기준 이상의 눈이 내리면 고객에게 정해진 금액이나 상품을 지급하는 "눈 마케팅"을 많이 활용한다. 자동차를 주는 경우도 있고, 현금을 지급하는 경우, 호텔 숙박권을 50% 할인해 주는 등 혜택도 다양하다. 기업 입장에서는 눈이 오건 오지 않건 효과적인 마케팅 방법으로 활용되었다. 실제 눈이 오면 경품 제공으로 화제가 되어 긍정적이고, 눈이 오지 않더라도 사전적인 광고효과로 나쁠 일이 없었다. 기업들은 경제적인 이유로 눈이 올 경우를 대비하여 손해보험사를 통해 보상보험에 가입한다. 이런 보험은 상금이 걸린 크리스마스 이브에 눈이 오거나, 비와 눈으로 공연이 취소되거나, 혹은 올림픽 금메달 획득 등의 사건이 발생했을 때 지불하는 보험으로 기업들이 보험료를 지불하고 위험을 없애기 위해 활용하고 있다.

SK텔레콤의 "눈 마케팅"

SK텔레콤은 1999년 크리스마스 이브인 12월 24일 서울 지역에 1cm 이상의 눈이 오면 경품을 지급하는 행사를 했다. 대상은 그해 8월과 9월에 가입한 신규 고객이었고, 그중 110명을 추첨으로 뽑아 현대자동차 티뷰론을 지급하는 경품행사였다. 소비자 입장에서는 당일 눈이 올 확률이 매우 궁금했을 것이다. 과연 어느 정도의 확률을 기대하는 것이 합리적인가? 위에서 언급한 투명성 시험을 통과한 사건 A에 대한 정의를 바탕으로 괄호 안에 여러분의 개인적인 평가, 즉 사건 A가 일어날 확률 P(A)를 평가하고 써 보자.

사건 A : 1999년 12월 24일 0시에서 24시 사이에 대한민국 기상청의 서울 기상관측소(서울시 종로구 송월길 52 소재) 측정 기준 적설량이 1cm 이상인 경우

P(A) = ?

기상청의 기상자료

확률평가에 대한 논의 이전에 과거 기상청의 자료를 확인해 보자. 기상청에서 제공하는 기상자료 포털에서 과거 적설량에 대한 구체적 자료를 찾아볼 수 있다.[6] 해당 자료에 의하면 해방 이후 1945년부터 2021년 말까지 77년간 12월 24일 서울 지역에 눈이 내린 날은 총 9번인데, 1cm 이상 내린 해는 1955년(3cm), 1983년(8.8cm), 1989년(4.9cm), 1999년(5cm)으로 네 번, 1cm 미만 내린 해는 1949년(0.7cm), 1974년(0.5cm), 1995년(0.4cm), 2000년(0.9cm), 2011년(0.9cm)으로 다섯 번이었다. 따라서 과거와 현재의 기상 여건이 대체로 동일하다고 가정하면 2021년까지의 자료를 기준으로 2022년 12월 24일 1cm 이상의 눈이 내릴 확률은 5.19%(= 4/77)가 된다.

경품이 진행된 1999년 당시로 돌아가 1945~1998년 겨울까지의 기상청 기록을 활용한다면 해당 54년 동안 크리스마스 이브에 1cm 이상 적설량을 기록한 경우는 1955년(3cm), 1983년(8.8cm), 1989년(4.9cm) 총 3번으로 빈도수에 따른 확률은 5.56%(= 3/54)가 된다.[7]

---

6. 기상자료 포털 : https://data.kma.go.kr/cmmn/static/staticPage.do?page=intro

7. 여러분이 평가한 확률 P(A)은 과거 데이터에 기반한 확률 5.56%보다 다소 높게 평가했을 것으로 예상한다. 만약 그런 평가가 나왔다면, 과거의 잊지 못할 화이트 크리스마스의 경험이나 TV 등 영상매체를 통해 많이 접했던 눈 내리는 크리스마스의 광경 등을 쉽게 떠올릴 수 있었던 것이 하나의 이유가 될 것이다. 이런 과대평가는 자신의 감동적인 경험이나 언론의 편중된 보도에 의해 비슷한 사건을 회상해 내는 용이성의 정도에 따라서 확률을 평가하는 가용성 휴리스틱availability heuristic이 작동

1999년의 화이트 크리스마스

경품이 진행된 1999년 12월 24일에는 과연 눈이 왔을까? 왔다면 얼마나 왔을까? 기상청 자료에서 나타났듯이 1999년 크리스마스 이브에는 5cm의 눈이 내려 1989년 4.9cm의 강설 이후 10년 만에 화이트 크리스마스가 되었다. 이에 따라 SK텔레콤은 1999년 8월과 9월에 신규가입한 1백 44만 명 중 행사에 응모한 3만 6천 명을 대상으로 110명을 추첨하여 티뷰론을 경품으로 지급했다. 자동차를 경품으로 받게 된 SK텔레콤 고객들과 엄청난 광고효과를 올린 SK텔레콤은 모두 환호성을 질렀다.

반면 현대해상은 다소 아쉬울 수밖에 없었다. 현대해상이 SK텔레콤에게 경품 행사의 위험을 상쇄hedging하는 보상보험을 판매했고 이에 따라 보험금을 지불해야만 했기 때문이다. 현대해상은 보험료로 8천 2백만 원을 받았고, SK텔레콤에게 11억 7,370만 원에 해당되는 보험금을 지불했다. 한편 현대해상 측은 크리스마스 이브에 서울 지역에서 눈이 1cm 이상 내릴 확률을 7%로 예상했다고 보도했다. 이 확률은 SK텔레콤이 지불한 보험료 8천 2백만 원과 눈이 오면 현대해상이 지불해야 하는 보험금을 이용해 두 회사의 손해와 이익이 같아지는 위험 중립적 확률 7.0%(= 8,200만 원/11억 7,370만 원)과 동일하다는 것을 알 수 있다.[8]

기상청의 과거 자료를 통해 추정된 눈 내릴 확률 5.56%에만 근거하여 판단한다면, SK텔레콤은 1.44%의 리스크 프리미엄을 부가해 위험을 없애는 보험계약을 한 셈이다. 반면에 현대해상은 1.44% 정도의 프리미엄을 받는 선에서 보험료를 책정했다고 볼 수 있다. 보험으로 위험을 없앤 SK텔레콤과 재보험을 통해 위험을 상쇄할 수 있는 현대해상에게 상호 합리적으로 책정된 계약이었다고 볼 수 있겠다.

한 결과로 볼 수 있다. 또한 화이트 크리스마스를 기대하는 심리가 의도적 편향motivational bias으로 작용하여 확률이 과대평가된 것으로 볼 수도 있다. 가용성 휴리스틱 등 확률평가에서의 인지적 오류는 제4절을 참고하면 된다.

8. 매일경제, 1999. 12. 24. https://mk.co.kr/news/economy/view/1999/12/113285/

2.2 확률평가

투명성 검사를 통해 사건이 명확히 정의되면 그 사건에 대한 확률을 평가할 수 있다. 이때 확률평가의 주체는 의사결정자가 될 수도 있고, 전문적 지식이 필요한 경우 합당한 평가자가 대신할 수도 있다.

확률평가는 사건 A가 일어날 확률을 직접적으로 평가하는 방법과 간접적으로 평가하는 방법이 있다. 직접적인 방법은 “사건 A가 일어날 확률은 얼마인가?”와 같은 질문으로 평가하는 방법holistic approach이다. 이런 직접적인 방법은 평가자들이 평가를 할 수는 있으나, 그 과정에서 상당한 어려움을 겪거나 평가를 하더라도 평가에 대한 자신감이 낮을 수 있다. 따라서 직접적인 방법보다는 간접적인 방법을 사용하는 것이 일반적으로 평가에 용이하다.

예를 들어 두 빌딩 높이를 추정하는 경우를 생각해 보자. 직접적 방법은 빌딩 높이를 보이는 대로, 느끼는 대로 절대적으로 추정하는 방법이다. 정확도를 위해서는 상당한 경험과 배경지식이 필요하다. 반면 간접적인 방법은 두 빌딩 중 높은 빌딩을 추정하는 과정에서 기준점을 중심으로 상대 비교하는 방법이다. 일반적으로 직접적인 평가보다는 간접적인 평가가 용이하다. 확률평가의 경우에도 직접적으로 답할 수 있는 단순한 상황이 아니라면 대부분의 상황에서는 간접적인 방법이 평가에 용이하다.

간접적으로 확률을 평가하는 경우에도 사건의 성격, 즉 이산형 사건discrete event 혹은 연속형 사건continuous event에 따라 평가의 방법이 다르다. 사건의 가능성이 제한적인 이산형 사건인 경우에는 특정 사건에 대한 단일확률로, 가능성이 무한대인 연속형 사건인 경우에는 단일확률 대신 확률분포로 평가하면 된다.

이산형 사건의 확률평가

이제 화이트 크리스마스 사례를 통해 이산확률에 대한 평가절차를 알아보자. 이산확률 평가에서는 일반적으로 복권lottery을 도구로 사용하는 간접적 방법을 사용한다. 이를 위해 다음 두 가지 복권을 생각해 보자.

복권 1 { 티브론 당첨기회 부여 ; 사건 A가 발생하는 경우
기회 없음 ; 사건 A가 발생하지 않는 경우

복권 2 { 티브론 당첨기회 부여 ; 확률바퀴를 돌려 파란색이 나오는 경우
기회 없음 ; 확률바퀴를 돌려 회색이 나오는 경우

복권 1에서는 1999년 12월 24일 서울 지역에 눈이 1cm 이상 쌓이는 사건 A가 발생하면 티뷰론을 받을 당첨기회가 주어진다. 복권 2에서는 룰렛roulette을 닮은 확률바퀴probability wheel([그림 7-2])를 돌려서 파란색이 나오면 티뷰론을 받을 수 있는 당첨기회가 주어진다.[9] 복권 1과 복권 2는 복권의 불확실성이 해소되어 발생할 수 있는 결과는 동일하나, 그 결과가 발생할 확률이 복권 1에서는 사건 A에

그림 7-2 확률평가에 활용되는 확률바퀴

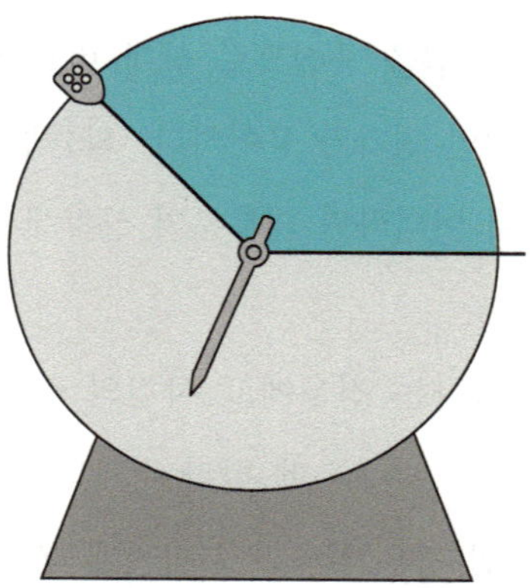

9. 확률바퀴는 원형의 룰렛에 확률과 비례하는 면적을 다른 색깔이나 문구로 지정한 후, 룰렛을 돌려 가능한 사건들을 확률적으로 발생시킨다. 원하는 사건과 확률로 확률바퀴를 설정할 수 있는 사이트를 참고하기 바란다(https://www.nctm.org/adjustablespinner/). 이 사이트를 이용하면 확률바퀴를 임의로 만들어 확률평가에 유용하게 활용할 수 있다. 이 사이트에서는 반복되는 실험을 통해 계산되는 상대도수값이 실험 횟수 n이 증가함에 따라 모비율population proportion p에 접근하는 현상($\lim_{n\to\infty}\widehat{p}_n = p$)도 실험적으로 확인할 수 있다.

의해 결정되지만, 복권 2에서는 정해진 확률 P(파란색)에 의해 결정된다. 또한 복권 1이 개념적인 반면, 복권 2는 확률바퀴를 돌리는 실질적 형태로 표현된다는 점에서 상이하다. 확률바퀴를 돌려 그 결과가 정해지는 상상을 통한 평가를 하면 확률평가에 매우 유용하다. [그림 7-3]은 복권 1과 복권 2를 의사결정나무상에서 선택 가능한 두 대안들로 표현한 것이다.

그림 7-3 복권 1과 복권 2의 선택을 통한 이산형 사건의 확률평가

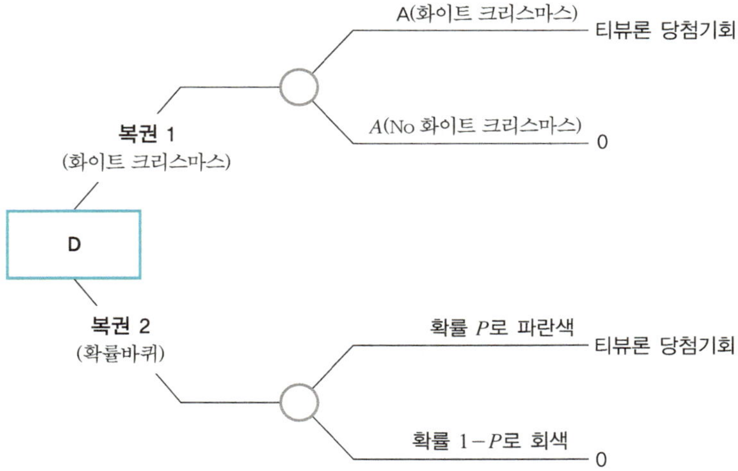

이렇게 두 가지 복권을 설정한 다음 우리가 원하는 사건 A의 주관적 확률 P(A)를 평가하게 된다. 이를 위해서는 평가자의 반복적인 선택을 통해 [그림 7-2] 확률바퀴의 파란색 면적을 연속적으로 조정하며 복권 1과 복권 2의 선호가 같아지는 확률 P(파란색)을 찾아낸다. 이 과정의 첫 단계는 임의의 P_1 값부터 시작해서 어떤 복권을 상대적으로 선호하는지 확인하는 것이다. 이 과정에서는 확률평가를 요구하는 것이 아니라 두 복권 중 어떤 것을 선호하는지 판단하게 한다. 만약 복권 2를 선호한다면 평가자는 P_1 값이 사건 A가 발생할 확률보다 더 높다고 암묵적으로 인식하는 것을 뜻한다. 이 경우에는 P_1보다 작은 P_2 값을 설정한 다음 복권의 선호를 다시 확인하는 방식으로 진행한다. 이런 n차례의 반복을 통해 $P(A)$가 두 복권에 대한 선호의 차이가 없는 동일선호확률indifference probability P_n으로 수렴할 때까지 계속한다. 두 복권에 대한 선호가 같다는 것은 결국 평가자가 생각하는 사건 A가 일어날 확률 P(A)가 P_n이라고 평가한 셈이다.

이 평가과정에서 몇 가지 주의할 점이 있다. 첫째, 평가를 시작하는 P_1 값은 양 극단에서 출발하되 폭넓게 변화시켜 점차 동일선호확률 P_n으로 수렴할 수 있도록 진행해야 한다. 그렇지 않으면 초기값에 종속anchoring되어 충분한 조정이 부족한 편향된 평가가 될 수 있다. 둘째, 평가과정 중에는 사건 A가 발생할 수 있는 상황과 자료 등에 대해 충분히 검토하고 신중하게 판단할 수 있도록 시간적 여유를 가지고 진행해야 한다. 이를 통해 평가치에 대한 자신감도 증가하게 된다. 셋째, 평가 중간에는 평가자로 하여금 사건 A가 발생하는 논리와 상황을 구체적으로 설명할 것을 요청함으로써 좀 더 객관적인 평가를 유도할 수 있다. 이런 과정을 통해 평가자의 주관적인 생각에 빠져 객관적인 시각을 잃어버리는 상황을 방지할 수 있다. 넷째, 평가 중간 과정에서 해당 분야 전문가들의 상반된 견해들을 듣고 평가를 진행하는 것도 평가자가 초기에 생각하지 못했던 측면과 정보를 고려할 수 있다는 점에서 도움이 된다.

연속형 사건의 확률평가

연속형 사건에 대한 확률평가는 이산형 사건에 대한 확률평가와는 달리 확률분포 $P(X \leq x)$로 평가한다. 그러나 연속형 사건에 대한 확률평가도 이산적 사건에 대한 평가방법을 활용해 진행할 수 있다.

이 방법을 설명하기 위해 나이를 추정하는 예를 생각해 보자. 요즘 우리나라에서는 직장 선후배의 나이를 모르는 경우가 많다. 물어보지도 궁금해하지도 않는 쿨한 외국식 문화가 자리를 잡아가고 있다. 그래도 이번에 외부에서 영입된 디지털 혁신 본부장의 나이가 궁금하다. 스타일로만 보면 30대 후반의 모던한 스타일인데, 외국계 회사의 오랜 근무경력이 있다는 점으로 미루어 나이가 상당할 것으로 보인다.

이제 연속형 사건을 연속형 확률변수로 표현해서 K 본부장의 나이에 대한 확률분포를 두 가지 방법으로 평가해 보자. 첫 번째 방법은 확률을 지정하고 그에 해당하는 변수값을 평가하는 방법이고, 두 번째 방법은 변수값을 지정하고 그에 해당하는 확률을 평가하는 방법이다.

① 주어진 확률에 대한 변수값 a 평가

이 방법은 확률바퀴를 돌려 파란색이 나올 확률 P(파란색)을 0.1, 0.25, 0.5, 0.75, 0.9 등으로 바꾸어 가면서 나이의 확률분포를 평가한다. 복권의 경품으로는 우리가 꼭 가보고 싶은 유럽여행 패키지를 가정해 보자. [그림 7-4]는 복권바퀴에서 P(파란색) = 0.1일 때, 두 복권에 대한 선호가 같아지는 나이 a를 정함으로써 확률 $P(X \leq a)$를 평가하는 예를 보여준다. 평가 순서는 양극단 확률인 0.1부터 시작하여 0.9, 0.25, 0.75, 그리고 중앙값인 0.5의 순으로 진행해서 이산확률의 평가와 마찬가지로 중앙값에 종속되지 않도록 한다.

그림 7-4 주어진 확률에 대한 불확실성 변수값의 평가

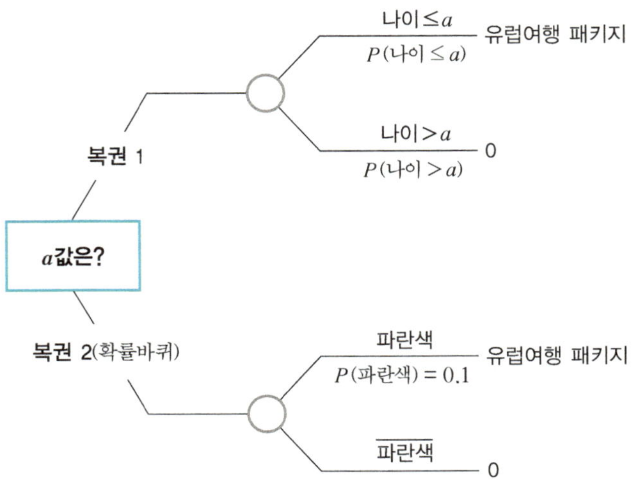

② 주어진 변수값에 대한 확률 p 평가

이 방법은 주어진 변수값 a에 대해서 $P(X \leq a)$에 해당되는 확률 P(파란색)을 찾음으로써 확률분포를 평가한다. 이때에도 충분히 큰 변수값이나 충분히 작은 변수값에서 시작하여 해당 확률을 평가하고 점차 중앙값에 가까운 값에 대한 확률평가로 마무리한다. [그림 7-5]는 나이 a = 40일 때 P(파란색)을 평가하는 예를 보여준다.

그림 7-5 주어진 변수값에 대한 확률평가

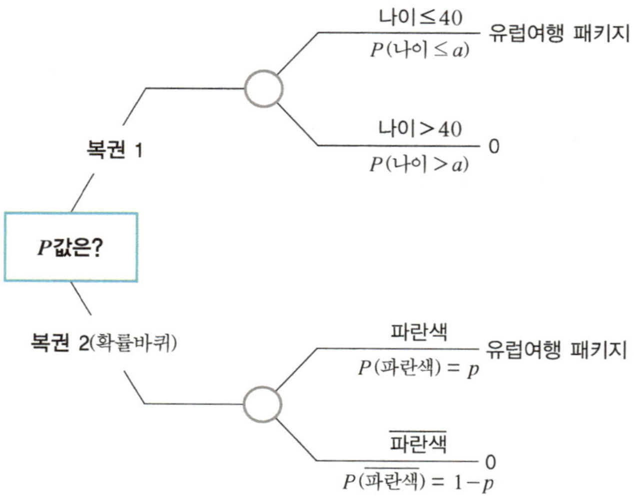

확률분포의 도출과 활용

[그림 7-6]은 주어진 확률에 해당되는 불확실성 변수값 a를 평가하는 방법을 활용해 도출한 확률분포이다. 이 분포에 따르면 신임 K본부장의 나이는 중앙값이 44세이고, 36세 이하의 확률이 10%, 54세 이상의 확률이 10%이다. 결과적으로 하위 10%, 상위 90%의 범위가 36세에서 54세 사이로 그 폭이 상당히 넓은 분포이다. 만약 K본부장에 대한 더 많은 정보가 있다면 그 범위는 줄어들 것이다. 넓은 범위의 평가는 제한된 정보 때문에 평가자의 확신이 부족하다는 것을 의미한다.

이렇게 도출된 확률분포는 다음과 같이 활용된다. 첫째, 주요 의사결정자 혹은 평가자는 불확실성 변수에 대한 확신의 정도를 확률이라는 분명한 언어를 통해 소통할 수 있게 된다. 평가된 확률을 이용하여 정규분포, 로그정규분포, 감마분포 등 수리적으로 분석이 가능한 분포함수로 적합fitting시키고 이를 추후에 활용하면 된다. 일반적으로 많이 사용하는 SPSS나 STATA와 같은 통계 패키지에서는 도출된 확률분포를 다양한 함수로 적합시키는 기능이 있다. 둘째, 분포함수 도출과정에서 평가한 평가치 : $X_{0.1}$, $X_{0.5}$, $X_{0.9}$는 변수들의 민감도 분석sensitivity analysis에 유용하게 사용될 수 있다.[10] 이에 관련된 내용은 제3절에서 다루기로 한다. 셋째, 도출된 확률분포는 최적대안을 분석하는 데 중요한 자료로 활용된다. 만일 연속형 변수를 분석하기에 계산상 부담이 되는 경우에는 이를 이산형 변수로 바꾸어 분석하기도 한다. 연속형 변수의 이산화에 관련해서는 제6절에서 다루기로 한다.

그림 7-6 연속형 사건의 확률분포

▪ 작성자 : __________　　　평가자 : __________　　　날짜 : __________

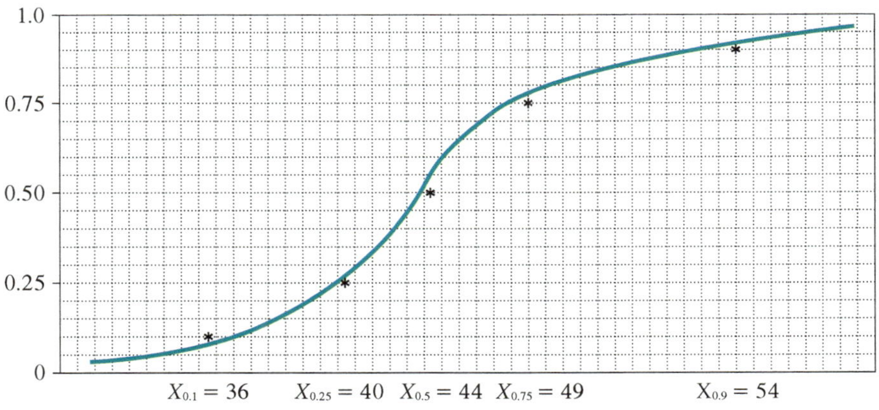

▪ 변수설명 : ______________________________

---

10. 이런 이유 때문에 연속형 사건에 대한 확률평가를 할 때는 주어진 확률 0.1, 0.5, 0.9에 해당되는 변수값들을 평가하는 [그림 7-4]의 방법이 더 유용하다.

2.3 확률평가의 타당성과 브리어 스코어

지금까지 이산형과 연속형 사건에 대한 확률평가의 방법과 활용에 대해 알아보았다. 이렇게 평가된 확률은 평가방법이나 질문방법에 상관없이 일관성이 유지되어야 그 확률평가의 가치를 인정받을 수 있다. 따라서 확률의 평가방법이나 질문방법에 따라 평가치가 바뀌지 않는지 확인하는 작업이 필요하다. 예를 들어 사건이 일어날 확률과 함께 사건이 일어나지 않을 확률도 평가함으로써 그 평가치의 일관성을 확인할 수 있다(Wright & Goodwin, 2014).

일관성이 확보된 확률평가도 유용한 정보가 되기 위해서는 예측값이 잘 조정calibration되어야 한다. 기상청의 일기예보를 예로 들어 보자. 비가 오는 강수확률을 10%의 확률로 예측했을 때 10%로 예측한 날 100일 중 평균 10일이 비가 와야만 이 예측이 유용하게 쓰일 수 있다. 마찬가지로 80%의 확률로 예측했을 때에는 80%로 예측한 날 100일 중 평균 80일이 비가 와야만 그 예측이 유용하게 쓰일 수 있다. 이 경우 우리는 확률평가가 잘 조정되었다고 말할 수 있다.

확률평가에서 조정의 정도를 확인하는 것도 중요하지만, 조정이 잘 되었다고 해도 그 조정의 정도가 항상 유용한 척도가 되는 것은 아니다. 예를 들어 과거 기록으로부터 비가 올 확률이 20%로 계산되었다고 하자. 만약 기상청의 일기예보가 비가 올 확률을 항상 20%로 예보한다면, 장기적으로는 실제 비가 올 비율과 일치하여 완벽하게 확률평가가 조정되었다고 말할 수 있다. 그러나 그렇게 조정된 정보는 유용한 정보가 되지 못한다. 기상상황과 상관없는 동일한 예보는 국민들의 생활과 경제활동에 도움이 되지 못한다.

따라서 확률평가의 가치를 명확히 측정할 수 있는 척도가 필요하다. 그 척도 중 하나가 브리어 스코어Brier score이다. 브리어 스코어 계산을 위해 i번째 사건의 실제값을 x_i(사건이 발생했을 때 $x_i = 1$, 사건이 발생하지 않았을 때 $x_i = 0$), 해당 사건에 대한 확률평가를 p_i라고 하자. 만약 총 N개의 확률평가가 있었다면, 브리어 스코어는 다음 식 (7.1)과 같이 표시된다. 즉, 사건의 실제값과 확률평가 간의 차이를 제곱하고 합해 1에서 뺀 다음 이 값들을 평균한 값으로 계산된다.

$$브리어\ 스코어 = \frac{1}{N}\sum_{i=1}^{N}[1-(x_i-p_i)^2] \tag{7.1}$$

브리어 스코어는 완벽한 확률평가의 경우 1의 값을, 최악의 확률평가의 경우 0의 값을 갖게 된다.

[예 7-1] 브리어 스코어의 계산

예를 들어 두 번의 확률평가에 대하여 브리어 스코어를 구해보자($N = 2$). 첫 번째 평가의 경우는 $x_1 = 1$, 이에 대한 확률평가를 $p_1 = 0.6$, 두 번째 평가의 경우 $x_2 = 0$, 이에 대한 확률평가를 $p_2 = 0.8$이라고 하자. 이때 브리어 스코어는 다음과 같이 계산된다.

$$브리어\ 스코어 = \frac{1}{2}[1-(1-0.6)^2+1-(0-0.8)^2] = \frac{1}{2}[0.84+0.36] = 0.6$$

이 브리어 스코어는 사건의 확률을 정확히 평가하려는 최선의 노력에 의해 가장 큰 값을 갖는다. 만약 사건이 발생한 $x_1 = 1$에 대해서 $p_1 = 1$, 사건이 발생하지 않은 $x_2 = 0$에 대해서 $p_2 = 0$으로 완벽한 평가를 했다면, 브리어 스코어는 1로 최대값이 된다. 반대로 사건이 발생한 $x_1 = 1$에 대해서는 $p_1 = 0$, 사건이 발생하지 않은 $x_2 = 0$에 대해서 $p_2 = 1$로 완전히 잘못된 평가를 했다면, 브리어 스코어는 0으로 최소값이 된다. 따라서 충분히 큰 N 값에 대해 브리어 스코어를 계산해 활용한다면 확률평가에 최선의 노력을 유도할 수 있다.

3. 민감도 분석

민감도 분석은 의사결정에 관련된 특정 사건의 확률값이나 변수값의 변화에 따라 관심대상의 가치가 얼마나 변화하는지 그 변동폭을 계산하는 분석방법이다. 이를 통해 영향력이 큰 변수들을 찾아내어 모형의 수정이나 추가적 자료 수집 및 분석의 필요성 등을 판단하는 데 유용하기 때문에 의사결정분석에서는 중요한 분석방법 중 하나이다.

민감도 분석은 크게 다음 세 가지 방법으로 활용된다. 첫째, 가치 변동폭에 대한 계산을 통해 가치에 영향을 주는 민감한 변수들을 찾아내고 이를 통해 의사결정 모형을 수정·확정할 수 있게 한다. 이 과정에서 영향력이 큰 변수들은 최종 모형에 포함시키고, 그렇지 않은 변수들은 단일값으로 고정함으로써 핵심 변수들은 들어가 있으면서도 동시에 간결한 모형을 만들 수 있게 해 준다. 이러한 분석방법을 확정적 민감도 분석deterministic sensitivity analysis이라고 한다. 둘째, 특정 사건을 표현하는 변수가 발생할 확률값의 변화에 따른 가치 변동폭을 계산하고, 이를 통해 확률값에 따라 최적 의사결정이 변화하는 범위를 찾아낼 수 있다. 이를 확률적 민감도 분석probabilistic sensitivity analysis이라고 한다. 셋째, 변수값 변화에 따른 최적 의사결정의 변화를 확인하고 추가적인 정보 수집의 가치와 필요성을 확인할 수 있다. 지금부터는 전기자동차 구입에 관한 사례를 통해 민감도 분석 방법에 대해 알아보자(Decision in Action 7–3).

[Decision in Action 7-3] SUV 구입결정

▲ 출처 : 현대자동차

해외 파견을 마치고 귀국한 K본부장은 SUV를 구매할 것을 고려하고 있다. 그러나 최근의 추세에 맞추어 기존의 내연기관차(IC) 대신 전기자동차(EV)를 구매하는 것을 고민하고 있다. 전기차는 내부 공간이 넓으면서 차박이 가능하다는 점에서 매력적이나, 충전 불편과 배터리 관련 위험성이 고민되는 점이다. 이런저런 고민 끝에 K본부장은 내연기관차 대비 전기차가 가지는 장단점에 대한 평가는 주관적이고 상호 상충적인 비계량적qualitative 측면이 많으므로 비용 측면의 계량적quantitative 측면을 우선적으로 고려하기로 생각했다. 따라서 전기차의 비계량적 장단점은 상쇄된다고 가정하고, 내연기관차 대비 전기자동차의 경제성 분석에 집중해 분석해 보기로 했다. K본부장은 과연 어떤 결정을 내리는 것이 가장 좋을까?

다음으로 K본부장이 당면한 SUV 구매 의사결정 문제를 구조화하고, 민감도 분석을 진행해 보기로 하자.

3.1 문제의 구조화

SUV의 경제성 분석을 위해서는 모든 비용요소들을 포함한 총소유비용total ownership cost 모형을 만들어 분석하는 것이 필요하다. 비용요소로는

① 차량가격(부가세 및 교육세 표함)과 등록세로 구성된 최종 구매비용에서 전기차에 대한 정부 및 지방자치단체 보조금을 뺀 초기 지출비용

② 자동차세, 보험료, 연료비, 유지비 등 차종 및 운행에 따라 연동되는 연간 변동비용

③ 소유기간 이후의 잔존가치 등을 고려한다.

[그림 7-7]은 총소유비용에 영향을 미치는 변수들을 영향도로 그려 놓은 것이다. 이 영향도를 통해 각종 비용요소들과 총소유비용과의 관계를 도식적으로 확인할 수 있다.[11] 예를 들어 자동차세는 전기자동차의 경우 연간 13만 원으로 고정되어 있고, 내연기관 자동차의 경우 배기량에 따라서 비례한다. 보험료는 전기자동차의 경우 내연기관 자동차 대비 30% 할증하며 편의상 주행거리와 관계없다고 가정했다. 연료비와 유지비의 경우 주행거리와 비례하도록 모형을 구성했다. 이때 총소유비용은 총 소유기간 10년 동안 발생하는 모든 비용요소들에 대해 정해진 할인율로 할인한 현재가로 계산하기로 했다. 10년 뒤에는 잔존가치가 발생하게 된다. 따라서 총소유비용은 다음과 같이 구성하여 계산된다.

그림 7-7 자동차 구매결정에 관한 영향도

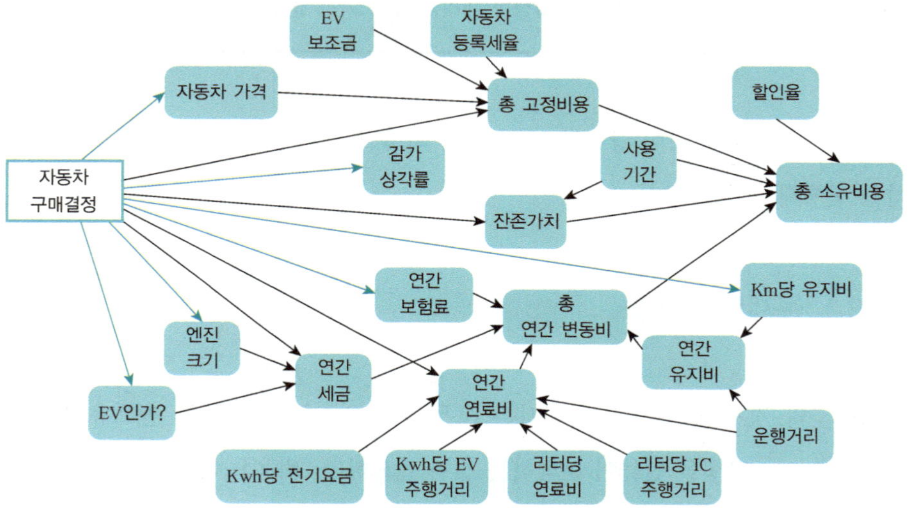

11. 이 영향도는 의사결정분석 전용 소프트웨어인 DPL을 이용하여 작성하였다. DPL은 Syncorpation Software사(https://www.syncopation.com/)에서 개발한 제품으로 의사결정분석을 위한 영향도와 의사결정나무를 그릴 수 있고, 이를 바탕으로 다양한 분석방법을 지원한다. 다른 소프트웨어인 루미베로Lumivero사의 프리시즌 트리PrecisionTree도 널리 쓰이는 의사결정 전용 소프트웨어이다(https://www.palisade.com/decisiontools/).

총소유비용 = 초기 지출비용 + 연간 변동비용 × 현가계수[12] − 잔존가치

= (차량가격 + 등록세 − 보조금) + (자동차세 + 보험료 + 연료비 + 유지비) × 현가계수 − 잔존가치

총소유비용에 관련된 모든 계산은 DPL과 MS 엑셀을 연동하고 연간 할인율로 할인해서 현가 기준으로 대안들을 비교했다.[13] 평가 대상 차종으로는 SUV 중에서 인기가 높은 현대자동차의 GV70 내연기관차(이하 GV70 IC) 모델과 GV70 전동화(이하 GV70 EV) 모델을 비교해 보기로 했다. 두 차종은 전동화 여부에서만 차이가 있기 때문에 전기자동차의 특성에 따른 경제성 분석에 적합한 대안이다.

이제 총소유비용 모형에 들어갈 개략적 비용요소들과 평가대안 및 평가기준들이 정해졌기 때문에 다음 질문들을 고민하기 시작했다. 과연 총소유비용 모형이 적절하게 도출된 것인가? 어떤 변수들이 총소유비용에 영향을 주는 것일까? 전기자동차는 기존의 내연기관 대비 경제성이 있는가? 기존 내연기관 대비 전기자동차의 경제성이 우월해지는 최대 소유기간은 몇 년인가? [그림 7-7]은 총소유비용에 영향을 미치는 변수들을 영향도로 그려 놓은 것이다. 이 영향도를 중심으로 위 질문들에 대해 고민해 보기로 하자.

---

12. 소유연한 n과 연간 할인율 r이 주어지면 매 연말에 발생하는 비용의 현가계수는 다음과 같이 계산된다. 현가계수 $\frac{1}{r+1}+\frac{1}{(1+r)^2}+\cdots+\frac{1}{(1+r)^n}=\frac{(1+r)^n-1}{r(1+r)^n}$

13. 총소유비용을 계산할 때의 연간 변동비용은 매해 동일한 금액이 발생한다고 가정하였다. 예를 들어 연간 보험료는 매해 일정 비율로 할인해 주기도 하나 상승요인이 발생하기도 하므로 구매 시점을 기준으로 매년 동일한 금액으로 가정하여 모형에서 사용하였다. 만약 민감도 분석을 통해 연간 보험료가 의사결정에 영향을 미치는 중요한 변수로 판단되는 경우 비용추정을 연 단위로 바꾸는 등 최종 모형을 좀 더 정교하게 수정하면 된다.

3.2 확정적 민감도 분석

확정적 민감도 분석deterministic sensitivity analysis은 가치 변동폭에 대한 불확실성의 정도를 평가하고 이를 통해 가치에 영향을 주는 민감한 변수들을 찾아 의사결정모형을 수정하고 확정하는 데 사용한다. 이를 위해서는

- 분석대상이 아닌 다른 모든 변수들은 중앙값median으로 고정하고
- 분석대상 변수값을 일정 범위 내에서 변동시키며 가치모형을 통해 가치의 변동폭을 확인하고
- 이 과정을 분석대상의 모든 변수들에 대해 반복한다([그림 7-8] 참고)

그림 7-8 확정적 민감도 분석에서의 가치모형

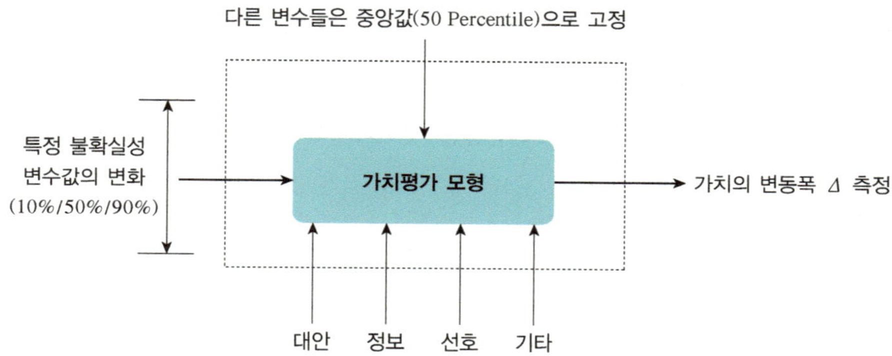

이 과정에서 영향력이 큰 것으로 확인된 변수들은 최종 모형에 포함시키고, 그렇지 않은 변수들은 중앙값으로 고정함으로써 최종 가치모형이 간결하면서도 필요한 요소가 모두 포함된 모형requisite model을 만든다. 이때 확률값을 직접적으로 사용하지 않고 가치의 변동폭을 계산한다는 점에서 확정적 민감도 분석이라고 한다.

변동폭의 계산 : 10-50-90 방법

확정적 민감도 분석에서 사용하는 변수가 이산형 변수인 경우에는 최소값, 최대값이 일정 확률로 존재한다. 그러나 변수가 연속형 값을 갖는 경우는 하한값과 상한값이 매우 작거나 반대로 매우 클 수 있다. 이런 경우 변동폭을 발생 가능한 이론적 최소값과 최대값으로 잡을 경우 그 최소값은 0(혹은 −∞), 최대값은 무한대(+∞)가 될 수도 있으나 그런 사건이 일어날 확률은 낮다. 따라서 극단적으로 작은 값이나 큰 값을 사용하면 모든 변수들이 민감한 변수들이 될 수 있기 때문에 그들의 상대적 중요성을 파악하기 어렵다. 따라서 변수의 변동폭을 선정할 때 이산형 변수인 경우 현실적으로 발생 확률이 있는 최소값 및 최대값을 사용해도 좋다. 그러나 연속형 변수의 경우 이론적으로 가능한 값들이 매우 작거나 클 수 있기 때문에 변수의 하위 10% 값($x_{0.1}$) 및 상위 90% 값($x_{0.9}$)을 가치의 변동폭을 계산하는 데 사용한다. 이 방법을 우리는 10−50−90 방법이라고 부른다.

변수들 간의 확률적 관계가 존재할 때

확정적 민감도 분석의 과정에서 분석 대상이 아닌 다른 모든 변수들은 중앙값으로 고정하고 분석 대상 변수값을 일정 범위 내에서 변동시킬 때에는 각 변수들 사이의 암묵적인 확률적 독립성을 가정한다. 초기 분석단계에서는 그런 가정도 가능하지만 실제 의사결정 문제를 해결하는 상황에서는 판단하기 어려운 경우도 생긴다. 변수들 간의 확률적 관계가 존재한다고 판단될 때는 어떻게 접근하는 것이 올바른 방법인가?

예를 들어 전기차 구매의 경우 감가상각률이 낮으면 잔존가치가 높게 유지되므로 자연스럽게 연간 보험료는 높아지는 부(−)의 관계를 생각할 수 있다. 그러나 이런 관계를 고려하지 않고 감가상각률이 변동할 때 연간 보험료를 중앙값으로 고정하고 총소유비용을 계산한다면 실제 연간 보험료보다 낮거나 높게 비용을 계산하는 결과를 얻게 될 것이다.

이 문제는 두 가지 방법으로 접근할 수 있다. 첫째, 두 변수들 간의 확률적 관계를 영향도에서 명시적으로 고려하지 않는 대신 영향을 주는 변수predecessor의 영향까지 고려해서 해당 변수의 가치 변동폭을 계산하는 방법이다. 확정적 민감도 분석의 목적에 충실한 방법이다. 둘째, 주어진 감가상각률에 대해서 확률적 영향관계에 있는 연간 보험료를 중앙값이 아닌 조건부 중앙값conditional median으로 고정해 가치 변동폭을 계산하는 방법이다. 이 방법은 확률적 영향관계에 있는 변수들에 대한 조건부 중앙값을 계산하는 부담이 있지만 감가상각률 변수의 영향을 좀 더 정확히 확인할 수 있다. 그러나 확정적 민감도 분석의 목적이 의사결정에 영향을 미치는 중요한 변수들을 선정함에 있으므로 이 단계에서 확률적 관계를 자세히 분석할 필요는 없다.

3.3 토네이도 다이어그램

이제 확정적 민감도 분석을 해 보자. 이미 도출한 총소유비용 모형을 민감도 분석을 위한 가치모형으로 사용하고, 변수들의 변동값은 중앙값을 중심으로 하위 10% 값, 상위 90% 값으로 잡는다(〈표 7-1〉). 이들 변수들을 대상으로 민감도 분석을 한 결과는 [그림 7-9]와 같다. [그림 7-9]는 각 변수값들이 10%에서 90% 값으로 변화할 때 GV70 EV 중심의 총소유비용의 변화를 막대그림 형태로 표시한 것으로 그 크기의 순서에 따라 정렬해서 보여준다.

예를 들어 연간 주행거리 변수를 보자.

막대그림 왼쪽의 8,000(km)은 변수의 하위 10% 값을, / 오른쪽의 값은 총소유비용 8041.1(만 원)을 나타낸다. 막대그림 오른쪽의 16,000(km)은 변수의 상위 90% 값을, / 오른쪽의 값은 총소유비용 8929.3(만 원)을 나타낸다. 그 가치 변동폭은 888.2(= 8929.3 − 8041.1)으로 모든 변수들 중 가장 크다.

결과적으로 GV70 EV 총 소유비용은 8621.9로 GV70 IC 총 소유비용이 8893.8보다 작다(중앙값을 가정 시). [그림 7-9]는 2개 대안 중 최선인 GV70 EV를 기준으로 그림이 작성되었고, 연간 주행거리, 감가상각비, 이자율, 연간 보험비용 등의 순으로 총 소유비용에 영향을 끼치고 있음을 알 수 있다.

이렇게 각 변수들의 가치 변동폭을 모아 그린 그림은 회오리 바람의 모습과 유사하다고 해서 토네이도 다이어그램tornado diagram이라고 부른다. 토네이도 다이어그램은 각 변수들이 주어진 변동범위(10~50~90%) 내에서 변할 때 가치 변동폭을 비교 확인할 수 있는 도구이다.[14]

여기에서 [그림 7-9]의 토네이도 다이어그램은 총소유비용이 적게 드는 GV70 EV를 중심으로 하되, 각 변수가 2개의 경쟁대안에 미치는 영향을 동시에 고려한

그림 7-9 GV70 EV의 토네이도 다이어그램

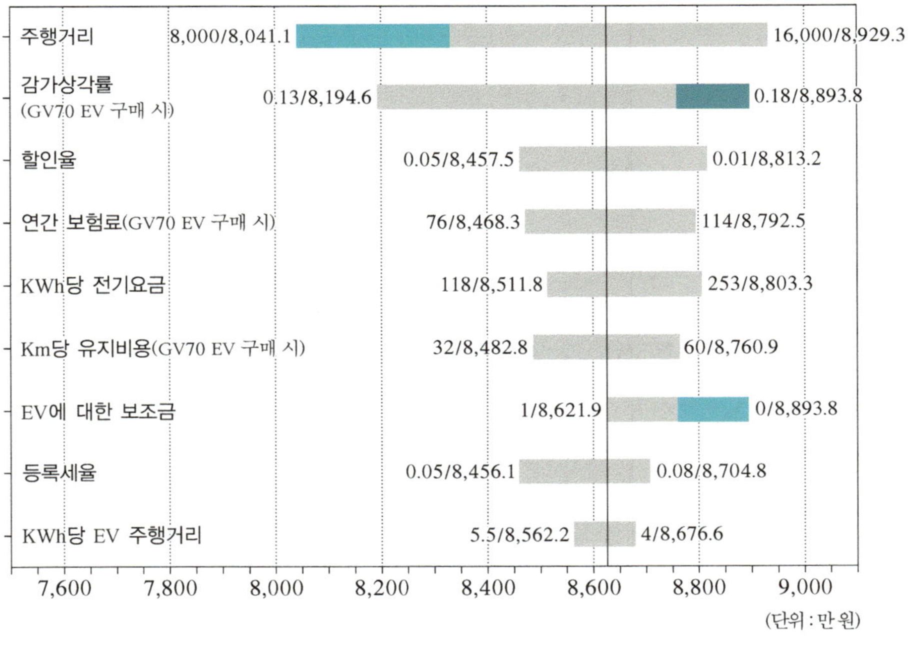

14. 이 토네이도 다이어그램은 DPL의 Home-Tornado-Value 메뉴에서 제공되는 기능이다.

그림임을 이해하자. 예를 들어 주행거리 10% 값(8,000km)에서의 총소유비용은 GV70 IC(8041.1)가 GV70 EV(8364.7)보다 작아 경제성이 높기 때문에 주행거리 10% 값에서의 총소유비용을GV70 IC의 10%에 해당하는 8041.1로 표시하였다. EV 감가상각비 90%(0.18/yr)와 EV 보조금 10%(없을 때)의 경우에서도 GV70 IC가 GV70 EV보다 총소유비용이 작기 때문에 EV 감가상각비 90%와 EV 보조금 10%에서의 총소유비용도 GV70 IC에 해당되는 값(8893.8)을 표시하였다. 이것은 특정 변수를 10%와 90% 사이로 변동시키며 가치의 변동폭을 계산할 때 최적대안에 해

표 7-1 총소유비용모형의 주요 변수

변수명	단위	10%	중앙값	90%	중앙값 도출
연간 보험료	10,000원/년	76	94	114	IC는 연 76만 원, EV는 IC 대비 30% 할증된 94만 원 (관련 자료)
감가상각률	%	13	15	18	EV는 3년 뒤 60% 정도 잔존가치로 연간 15% 할인율 (관련 자료)
할인율	%	1	3	5	위험 없는 할인율 적용 (2022)
연간 주행거리	km/년	8,000	11,644	16,000	승용차 기준 연간 주행거리(2020년 대한민국 통계), −30%/+38%
KWh당 주행거리	km/KWh	4	4.6	5.5	GV70 전동화 모델(2022 현대자동차 자료)
전기요금	원/KWh	118	169	253	완속충전 기준 요율(2022). −30%/+50%
km당 유지비용	원/km	32	46	60	IC 기준 km당 65원이며, 전기차는 30% 정도 저렴. +30%/−30%
등록세율	%	5	7	8	차량가격의 7%(정부고시)
EV에 대한 보조금	0 혹은 1	0	1	1	보조금 중단(0), 보조금 유지(1). 정부고시로 2022년 기준 최대 700만 원

당되는 가치값을 토네이도 다이어그램에 그려주어 작성한 그림임을 의미한다.

이와 같이 해당 변수값에 따라 대안에 대한 선호가 바뀌는 구간에서는 토네이도 다이어그램에서 색깔을 다르게 표시하였다. 그 의미의 중요성은 어떤 대안이 선호된다는 점이 아니라 변수값의 변동에 따라 최적 의사결정이 바뀐다는 점이다. 예를 들어 주행거리(Driving Distance) 변수와 해당 값을 분석해 보면, 모든 변수가 중앙값을 취할 때에 GV70 EV 모델이 선호되지만, 색갈이 바뀐 영역에서는 다른 경쟁 대안인 GV70 IC가 선호된다. 대략 10,100km 이상에서는 GV70 EV 모델의 경제성이 높지만, 10,100km 이하에서는 GV70 IC 모델의 경제성이 높다([그림 7-11] 참고). 따라서 해당 변수는 최종 가치의 변동폭이 클 뿐만 아니라 대안선택에도 영향을 준다. 결국 주행거리나 감가상각율, 정부보조금의 변화는 총소유비용에 미치는 영향이 크기 때문에 최종 의사결정모형에 포함시켜 좀 더 정교한 분석을 할 필요가 있음을 의미한다.

이와 같은 결과는 초기 전기자동차 구매결정에서 중요하다고 예상했던 변수들(예 : 전기요금이나 연간 유지비 등)과 다르다는 점에서 의외의 결과이다. 예상과 다른 분석결과는 종종 발생하며 이는 당면한 문제에 대한 이해의 수준이 높아지는 기회가 된다.

두 개 이상의 대안에 대한 토네이도 다이어그램

토네이도 다이어그램은 각 대안마다 따로 작성할 수 있다. 그러나 대안이 두 개 이상이 있는 경우에는 각 대안의 경제성에 영향을 미치는 변수들이 다를 수 있다. 예를 들어 GV70 EV 대안에서는 전기요금이 고려해야 할 변수이지만, GV70 IC 대안에서는 전기료 대신에 가솔린 가격을 고려해야 한다. 전혀 성격이 다른 대안들을 분석하는 비대칭적 상황에서는 고려할 변수들의 성격 자체가 완전히 다를 수 있다. 이런 경우에는 [그림 7-9]와 같이 최적의 대안을 중심으로 다른 대안을 고려해서 토네이도 다이어그램을 그려볼 수 있고, [그림 7-10]과 같이 각각의 토네이도 다이어그램을 따로 그려서 대안별로 공통적인 변수들과 고유한 변수들의 영향을 동시에 비교해 볼 수도 있다.[15] [그림 7-10]에서는 GV70 EV와 GV70 IC를 동시에 비교하기 때문에 [그림 7-9]에서 빠져 있던 IC 모델 관련 내연기관 연비(IC km per L)와 기름가격(Gas Price per L)에 대한 가치 변동폭이 추가되었다. 이를 통해서 각 변수의 민감도뿐만 아니라 대안별 민감도의 차이도 확인할 수 있는 장점이 있다.

그림 7-10 2개 대안에 대한 토네이도 다이어그램

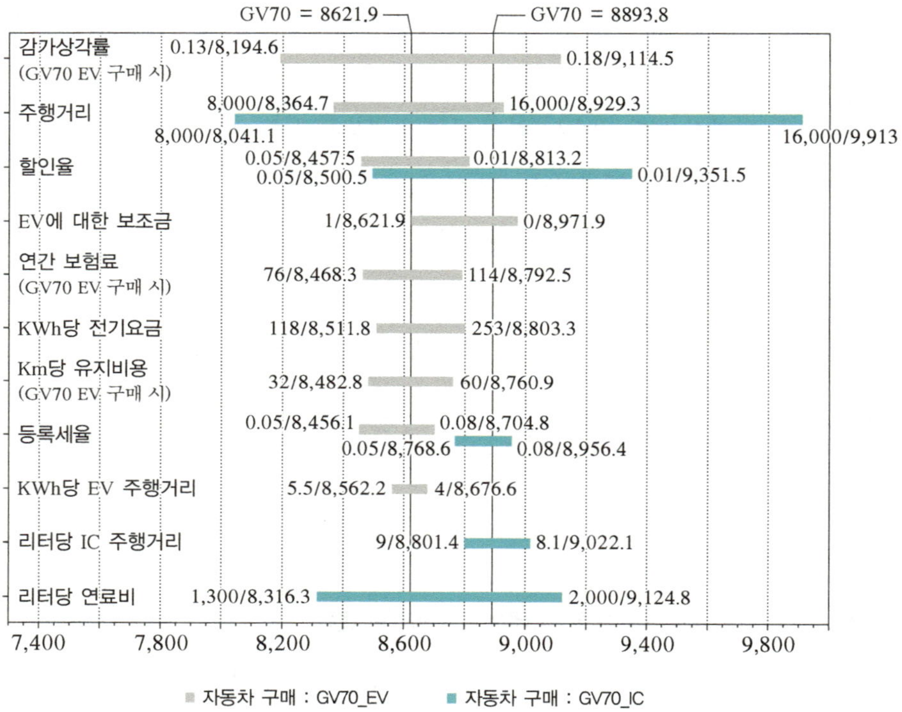

15. DPL에서는 Home-Tornado-Value 메뉴에서 "Initial Decision Alternatives" 옵션을 선택하면 제공되는 기능이다.

3.4 확률적 민감도 분석

확률적 민감도 분석probabilistic sensitivity analysis은 특정 사건에 대한 확률이 변화함에 따른 가치 변동폭을 계산하고, 이를 통해 확률평가가 의사결정에 얼마나 민감한지 분석하는 방법이다. 해당 확률의 평가가 의사결정에 민감하지 않다면, 비용을 들여 해당 확률을 정확하게 평가할 노력은 불필요하다. 만약 확률평가가 의사결정에 민감한 영향을 미친다면, 정확한 확률평가와 추가적인 정보를 통해서 확률평가의 정확성을 높이는 노력이 정당화될 수 있다. 차후에 확률평가의 정확성에 관련된 논의는 제12장 제3절 정보의 가치분석value of information analysis에서 다시 다루기로 한다.

3.5 변수값 변화에 따른 민감도 분석

변수값 변화에 따른 민감도 분석sensitivity analysis to value은 특정 변수값이 변화함에 따른 가치 변동폭을 계산하고, 이를 통해 의사결정에 미치는 민감도를 분석하는 방법이다. 확률적 민감도 분석과 동일한 개념이고 단지 확률 대신 특정 변수값을 변동시키는 점만 다를 뿐이다.

변수값 변화에 따른 민감도 분석의 예로 [그림 7-11]은 연간 주행거리의 변화에 따른 총소유비용의 변화를 나타낸다. GV70 IC와 GV70 EV의 총소유비용이 같아지는 약 10,100km를 중심으로 약 10,100km 이하이면 IC의 총소유비용이 저렴하고 약 10,100km 이상에서는 EV의 총소유비용이 저렴함을 알 수 있다. 만약 연간 주행거리가 20,000~30,000km 범위로 예상된다면 그 범위의 정확성과 무관하게 전기자동차의 구매가 더 나은 대안임을 알 수 있다. 이것은 전기차의 높은 초기 구매비용 및 감가상각율을 상쇄할 수 있을 정도로 긴 주행거리가 예상되는 경우 연료비의 절약이 가능하기 때문이다.

그림 7-11 연간주행거리에 대한 민감도 분석

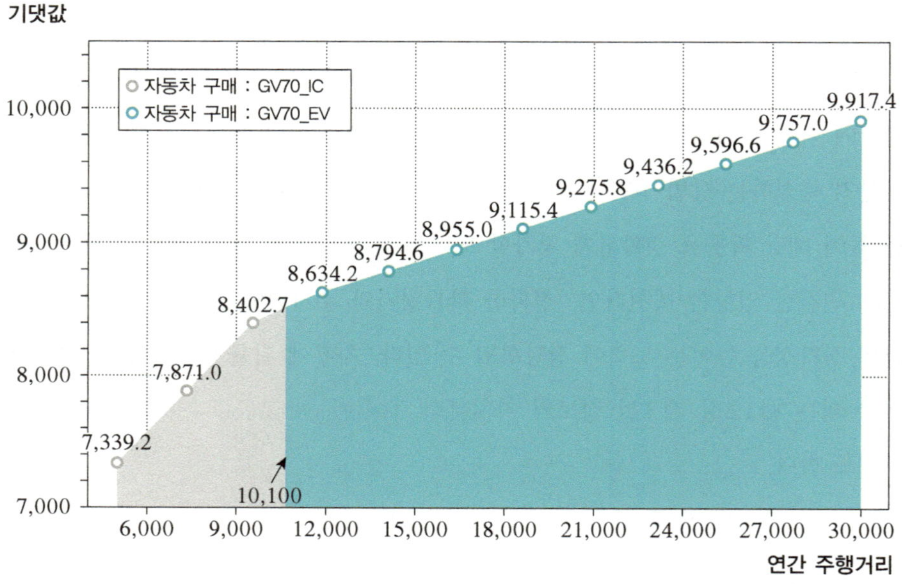

4. 확률평가의 휴리스틱과 인지적 편향

판단과 의사결정의 과정에서는 휴리스틱heuristic이 활용된다. 휴리스틱은 많은 시간과 자원을 투입할 수 없는 상황에서 사용하는 손쉬운 방법rule of thumb을 말한다. 예를 들어 타지 음식점에 들어갈 때 특별한 선호나 정보가 없다면 사람이 많은 곳을 찾는 아이디어가 이에 해당한다.

확률을 평가할 때에도 휴리스틱을 활용하곤 한다. 이것은 일상에서 물체의 거리를 추정할 때 분명하게 잘 보이면 그 거리가 가깝다고 평가하고, 흐릿하면 그 거리가 멀다고 평가하는 것과 유사한 접근방법이다. 그러나 시각적 명료성이 거리 추정에 도움이 되긴 하지만, 흐린 날씨와 같은 환경요인에 따라 같은 거리의 물체도 판단이 달라지게 되는 오류가 발생한다. 같은 이유로 확률평가의 휴리스틱은 유용한 반면, 그 자체가 확률평가에 인지적 편향이 개입되어 판단과 의사결정의 오류를 발생시킨다. 제3장에서는 불확실성하에서 사용하는 휴리스틱으로 대표성, 가용성,

앵커링과 조정에 관련해 간단히 소개한 바 있다(Falconer, Frank, Polaschek, & Joshi, 2022 ; Hogarth, 1987 ; Tversky & Kahneman, 1974). 다음에서는 확률평가와 확률평가의 휴리스틱에 관련해서 좀 더 알아보기로 하자.

대표성

확률평가에서는 흔히 다음과 같은 질문을 하게 된다 : 어떤 사람이 어떤 특정 그룹에 속할 확률은 얼마인가? 예를 들어 A라는 신입사원이 회사의 핵심 인재로 성장할 확률은 얼마인가? 혹은 B라는 고객이 미납고객이 될 확률은 얼마인가? 등의 질문들이다. 이때 사람들은 A라는 사람이 회사 인재들의 특성과 얼마나 유사한지 그 유사성의 정도에 따라 해당 그룹에 속할 확률을 평가하는데, 이 휴리스틱을 대표성representativeness 휴리스틱이라고 한다.

대표성은 유용한 휴리스틱임에도 확률평가 시 편향과 오류가 개입되기도 한다. 첫째, 사전확률prior probability에 대한 고려를 하지 않아 발생하는 확률평가의 오류를 보자.[16] 예를 들어 한 회사의 신입직원이 핵심 인재인 S급 인재풀에 들어갈 확률을 과거 자료를 이용해 평가한다고 하자. 신입직원 A에 대한 사전적 정보가 전혀 없을 때에는 S급 인재풀에 속할 확률을 사전확률, 예를 들어 3%라고 평가할 것이다. 그러나 신입사원에 대한 특정 정보가 주어지는 경우, 예를 들어 회의에서 발표력이 뛰어나거나 특별한 분석능력을 보인다면, 그 정보와 S급 인재풀과의 유사성 휴리스틱에 의해 해당 인재풀에 들어갈 확률을 사후적으로 조정하게 된다. 이 과정에서 사전확률이 무시되는 문제가 발생하면 확률을 과대 혹은 과소평가(이 경우는 과대평가)하는 오류가 발생할 수 있다.

둘째, 대표성 휴리스틱을 활용하는 과정에서 샘플의 크기를 고려하지 못함에 따라 오류가 발생하기도 한다. 예를 들어 경력직 직원의 채용이 활발해짐에 따라 과거 평균 2년의 경력자가 아닌 평균 5년의 경력자가 입사한다는 새로운 사실(대립

---

16. 사전확률과 사후확률에 대해서는 제12장에서 다루기로 한다.

가설)을 확인해 보자. 이를 위한 통계적 가설검증의 아이디어는 평균 경력연수가 2년(귀무가설)이라는 가정하에 n개의 샘플에 대한 평균 경력연수를 계산하고 표본분포sampling distribution하에서 샘플 평균 이상의 값을 관찰할 수 있는 확률을 계산하게 된다. 그 확률이 유의수준 이하로 충분히 작다면 귀무가설을 기각하고 대립가설을 채택하게 된다. 그러나 대표성 휴리스틱을 활용해 샘플의 평균과 귀무가설에서 가정한 2년과의 절대적 차이만을 고려한다면 그것은 샘플의 크기를 무시한 판단이 된다. 실제로 사람들은 샘플의 크기가 증가하면 표본분포의 분산이 줄어드는 점을 간과하고 확률계산 시 동일한 표본분포를 가정하기도 한다. 결국 대표성 휴리스틱을 사용할 때 확률평가에서 샘플의 크기를 고려하지 못하는 오류가 발생할 수 있다.

가용성

사건이 일어날 가능성에 대한 확률평가 시 그 사건이 일어나는 상황을 머릿속에서 쉽게 떠올려 그 정보를 활용하는 것을 가용성availability 휴리스틱이라고 한다. 예를 들어 전기자동차 배터리의 화재발생 확률을 생각해 보자. 만약 본인이 전해 듣거나 우연히 마주친 화재 사례를 알고 있다면 배터리의 화재 확률을 높게 평가할 것이다. 주변에서 화재가 많이 발생하는 경우에는 그 사례 또한 비례하여 관찰하기 때문에 가용성 휴리스틱은 확률평가에 도움이 될 수 있다.

그러나 가용성 휴리스틱은 확률평가의 오류를 초래하기도 한다. 예를 들어 전기자동차 화재사고가 미디어에서 크게 보도되었거나 유명인사가 사고에 관련되었다면 그 사실 자체가 우리의 머릿속에 생생한 기억으로 남게 된다. 반대로 내연기관 자동차의 화재사고나 일반인의 사고는 보도 자체가 없거나 보도의 빈도수가 적다. 따라서 미디어의 편중된 보도와 유명인사의 관련성 등은 사건을 기억에서 쉽게 떠올릴 수 있게 하며, 이런 경우에는 확률을 과도하게 평가하는 오류가 발생하게 된다.

특별하고 생생한 사건 A에 관한 정보가 주어지면, 사건 A와 같이 존재하는 사건 B는 그 관련성이 없음에도 두 사건 간에 확률적 상관관계가 존재한다고 믿는 착각illusory correlation이 발생되기도 한다. 키가 큰 사람이 리더십이 뛰어나다는 이야기가 있다. 기억에 남았던 뛰어난 리더가 마침 키가 컸다면 그 두 사건의 확률적 관계를 과대평가하게 된다. 오비이락(烏飛梨落)이라는 우리나라 속담도 아무런 확률적 상관관계가 없는 일로 오해를 받는 경우를 의미한다. 검증되지 않은 미신이나 징크스 등도 이런 착각적 상관관계를 보여주는 예가 된다.

앵커링과 조정

사람들은 특정 값을 평가할 때 초기값을 기준점으로 삼고 일련의 조정과정을 거쳐 최종적인 판단을 내리기도 한다. 이때 초기값은 외부에서 주어질 수도 있고 평가자의 초기 판단이 사용될 수도 있다. 초기값을 준거準據로 조정을 통해 값이나 확률을 평가하는 것을 앵커링과 조정anchoring and adjustment의 휴리스틱이라고 한다. 이 휴리스틱은 그 유용성에도 불구하고 처음 주어진 정보나 느낌에 훨씬 많은 비중을 두고 판단하는 준거효과가 발생한다. 결과적으로 초기값에 매몰되어 충분한 조정 없이 최종 판단을 내리는 오류가 발생할 수 있다.

예를 들어 한 제약회사가 신약을 복용한 이후 발생할 수 있는 혈전발생 확률을 평가한다고 하자. 실제 환자에 대한 실험 데이터가 부족한 상황에서는 전문가에 의한 주관적 확률로 부족한 실험 데이터를 보완할 수 있다. 이때 제약회사의 개발책임자가 기존의 혈전 발생률의 평균을 제시하고 전문가는 이를 바탕으로 조정과정을 거친다면 이 과정에서 초기 제시된 정보에 의한 앵커링 효과가 발생하게 된다.[17]

확률평가뿐만 아니라 구체적인 값의 평가에서도 앵커링 효과는 발생한다. 미국 듀크대학의 댄 애리얼리Dan Ariely 교수는 MIT 경영대학원 학생들을 대상으로 실시한 연구에서 학생 각 개인의 사회보장번호social security number 9자리 중 끝 두 자리를 적게 한 이후 와인에 대한 지불 의향을 분석하였다. 그 결과 사회보장번호 끝 두 자리가 1~20인 그룹의 경우 와인에 대한 지불 의향은 평균 16달러, 사회보장번호 끝 두 자리가 80~99인 그룹의 경우 그 지불 의향은 평균 56달러로 두 그룹 간

17. Anchoring effect를 닻 내리기 효과로 부르기도 하지만, 번역이 어색한 측면이 있어서 그대로 앵커링 효과로 부르기로 한다.

의 차이는 3배 이상이었다. 지불 의향이 그와 전혀 무관한 사회보장번호 끝 두 자리 숫자에 영향을 받은 효과가 나타난 것이다. 실험 직후 피실험자와의 면담에서는 사회보장번호가 지불 의향에 영향을 주지 않았다고 응답했다. 결국 앵커링 효과는 피실험자가 의식하지 못하는 무의식적인 수준에서 일어나는 오류임을 알 수 있다(Ariely, 2010 ; Ariely & Kreiser, 2017).

과신

사람들은 본인의 믿음과 지식을 과신하여 불확실한 사건이 발생할 수 있는 범위를 작게 평가하는 경향이 있다. 이런 과신overestimation의 오류는 실험을 통해서도 확인할 수 있다. 예를 들어 어떤 도시의 인구나 GDP 등 객관적으로 답을 확인할 수 있는 문제에 대해 95% 신뢰구간을 설정한다고 하자. 이렇게 설정된 신뢰구간은 100개 문제 중 95개 문제를 제외한 나머지 5개 문제의 답이 신뢰구간 밖에서 발생하는 "뜻밖의 사건", 즉 서프라이즈surprise의 확률이 5%가 되는 구간을 의미한다. 그러나 실제 실험에서는 신뢰구간을 벗어나는 뜻밖의 사건이 5% 정도가 아니라 35%까지 발생하기도 한다(O'Hagan, 2019).[18]

과신의 오류는 특정 분야에 대한 지식이 많은 전문가들에게도 동일하게 나타난다. 그 원인으로는 신뢰구간 설정과정에서 초기에 주어진 앵커링 값에 의한 영향을 받거나 전문가로서 전문성에 대한 압박에 의해 신뢰구간을 좁게 설정할 수도 있다는 점을 들 수 있다. 그러나 전문가들이 "뜻밖의 사건"에 대한 책임을 져야 하는 경우에는 의식적으로 구간 폭을 넓게 평가할 가능성도 있다.

범위와 빈도

이 오류는 어떤 사건이 일어날 확률을 여러 범주category별로 배분할 때 가장 일어날 가능성이 높은 범주에 배분하는 확률값이 범주가 많아질수록 줄어드는 경향

---

18. 저자 역시 20여 년간에 걸친 강의를 통한 실험결과를 통해 약 30% 정도의 서프라이즈가 발생함을 확인한 바 있다.

을 말한다. 이것은 범주가 많아짐에 따라, 즉 고려할 범위가 넓어질수록 평가자가 생각하는 확신은 감소하고, 대신 여러 범주에 그 확률을 분산시키는 경향 때문으로 해석된다.

예를 들어 자동차의 고장 원인을 두 개의 무작위 그룹으로 나누어 확률을 평가하는 실험을 보자. 첫 번째 그룹은 고장 원인을 7개의 범주로 평가했고 두 번째 그룹은 처음 3개 범주는 같지만 나머지 4개 범주를 하나의 범주로 묶어 "기타 다른 이유"로 만든 총 4개의 범주로 평가했다. 분석 결과 범주가 7개인 첫 번째 그룹이 범주가 4개인 두 번째 그룹에 비해서 첫 3개 범주에 대한 평균 확률값이 낮았다. 즉, 범주 수가 많아 범위가 넓은 첫 번째 그룹에서 첫 3개 범주에 상대적으로 더 낮은 확률을 배분하고 나머지 범주에 더 높은 확률을 배분하는 경향을 관찰할 수 있다.

[Decision in Action 7-4] 앵커링 효과

"이게 일이라고?" 톰이 친구에게 말했다.

"어린애들이 울타리에 흰색 페인트 칠을 할 수 있는 기회가 날이면 날마다 올 것 같아?"

미국 작가 마크 트웨인Mark Twain이 1876년 발표한 『톰 소여의 모험』에서 나오는 이야기의 한 부분이다. 이 소설의 주인공 톰은 폴리Polly 이모 집에서 사는 개구쟁이 말썽꾸러기 소년이다. 토요일 어느 날 폴리 이모는 톰에게 담장 페인트 칠을 시킨다. 친구들과 수영하며 실컷 놀고 싶은 톰에게는 너무 귀찮은 일이었다. 마침 지나가던 친구 벤마저 페인트 칠을 하는 톰을 놀린다. 그러나 영리한 톰은 순간적으로 이를 좋은 기회로 생각한다.

계속된 벤의 놀림에도 톰은 마치 자신이 화가가 된 것 같은 표정으로 칠한 곳을 유심히 살펴보며 정성껏 붓질을 계속한다. 한동안 이 모습을 지켜보던 벤은 자기도 한번 칠해 보자고

한다. 이때 톰은 정색을 하며 폴리 이모가 중요하게 생각하는 길가 담장 칠은 아무나 할 수 있는 일이 아니라며 거부한다. 몸이 달은 벤은 결국 사과를 톰에게 내어주고 페인트 칠을 하는 기회를 잡는다. 뙤약볕에서 벤이 열심히 페인트 칠을 하는 동안 톰은 그늘에서 사과를 먹으면서 지나가던 아이들을 또 불러들인다. 처음에는 떨떠름하던 아이들도 곧바로 페인트 칠에 달려들곤 했다. 페인트 칠의 대가로 친구들에게 받은 구슬, 연, 열쇠, 줄로 묶은 죽은 쥐, 납으로 만든 병정 등으로 톰은 동네 제일의 장난감 부자가 되었다.

톰이 페인트 칠을 벤에게 부탁했다면 아마도 보기 좋게 거절당했을 것이다. 그러나 톰은 달리 생각했다. 톰은 하기 싫은 페인트 칠을 "누구나 하고 싶지만 아무나 할 수 없는 경험"으로 바꿔 앵커링했다. 귀찮은 일을 재미있는 경험으로 재구성reframe한 것이다. 재구성이 끝난 이후 페인트 칠은 귀찮고 성가신 일이 아니라 장난감을 모을 수 있는 최고의 기회가 되었다. 톰의 재치에 넘어가 뙤약볕에서 땀을 흘린 아이들에 대한 판단은 여러분들이 하면 된다.[19]

앵커링 효과는 인간의 판단과 의사결정의 질을 감소시킬 수 있으나, 이와 별개로 일상생활과 경영현장에서는 다양하게 활용된다. 개인과 개인 간의 협상과정에서는 자신에게 유리한 방향으로 먼저 앵커링하면 더 좋은 결과를 얻을 수 있다. 마케팅 전략도 앵커링 효과를 효과적으로 활용한다. 현실에서 가장 많이 발생하는 예가 시장 가격설정이다. 시장에서 가격이 10만 원으로 책정된 재킷과 권장소매가격 20만 원에서 50% 할인된 동일한 재킷을 보자. 동일 제품이지만 소비자의 마음속에서는 50% 할인된 재킷이 소비자에게 더 큰 만족과 구매욕구를 자극한다. 실질적으로 두 제품은 동일하지만, 소비자들의 결정은 초기에 주어진 준거reference 혹은 앵커에 영향받는다.

소비자들과 소통하고 상품 구매를 촉진하는 마케터들의 입장과는 달리, 합리적

19. 『톰 소여의 모험』은 어릴 때 한 번쯤은 읽어 본 아동소설일 것이다. 저자도 중학교 1학년으로 입학하여 처음 영어를 배우기 시작한 1973년 그해 겨울 처음으로 접한 영어책이 바로 『톰 소여의 모험』이었다. 책이든 사전이든 그냥 외우는 것이 그 당시의 공부 방식이었고 저자는 뜻도 모르고 그 책을 읽었다. "Tom!" No answer. "Tom!" No answer. 많은 시간이 지났지만 이모 폴리가 개구쟁이 톰을 찾는 그 소설의 첫 문장만은 아직도 귀에 생생하게 들리는 것 같다.

의사결정을 강조하는 의사결정 분석가는 이 문제를 다른 측면에서 본다. 의사결정 분석가는 두 제품이 본질적으로 같은 대안임을 인식하고, 문제를 재구성한 후 구매 시 가치 대비 기회비용을 고려할 것을 강조한다. 톰의 친구 벤과 같이 인생을 살 것인가 혹은 다른 방식으로 살 것인가는 우리의 결정이다. 다만 이 앵커링 효과가 매우 강력하고 지속적이라는 점이다. 소비자 의사결정에도 원칙과 프로세스가 있어야 이런 판단의 오류에 빠져 과소비를 할 위험을 줄일 수 있다(Caceres-Santamaria, 2021 ; Yoon & Fong, 2019).

5. 전문가 대상 확률평가 프로세스

확률평가는 일반적으로 의사결정 문제의 주체인 의사결정자의 역할이다. 그러나 복잡도가 높고 고도의 기술적 판단이 요구되는 상황에서는 의사결정자 본인의 확률평가뿐만 아니라 전문가의 지식과 판단이 필요하다. 특히 과거 자료가 중요함에도 가용할 자료가 없거나 적을 때, 자료는 많으나 과거의 상황과 현재의 상황이 근본적으로 달라져 그 활용에 전문가의 판단이 필요할 때, 특별한 전문적 지식이 확률평가에 요구될 때, 이론적으로 가능하지만 실질적으로 측정하기 어려운 변수가 있을 때 등에서는 전문가의 지식과 판단이 필요하다.

전문가의 특정 불확실성 변수에 대한 지식과 판단은 해당 값에 대한 확률분포로 표시한다. 제약, 에너지, 환경 및 기후변화, 확률적 위험분석 등 불확실성이 높으면서 장기적 영향이 예상되는 분야에서는 특히 전문가의 판단이 요구된다. 전문가들에 의해 평가된 확률분포는 의사결정에 필요한 직접적인 자료로 사용될 수 있으며, 베이지안 분석을 위한 사전확률분포로 사용될 수도 있다(Quigley & Walls, 2021).

전문가 대상 확률평가가 그 자체로 의사결정에 의미 있는 자료가 되기 위해서는 평가 프로세스가 체계적이고 신뢰성이 높아야 하며, 그 과정에서 발생하는 편향의 가능성도 제거되어야 한다. 이를 위해 확률평가 프로세스는 아래와 같은 원칙에 따라 진행하는 것이 바람직하다. 첫째, 전문가의 평가와 관련 자료들은 공개되고 그 평가 기록은 개인별로 추후 확인 가능accountability해야 한다. 둘째, 전문가는 의견 수렴에 대한 조직 내의 유무형적 압박에서 자유로우며 자신만의 진실된 의견을 제시하는 중립성neutrality이 보장되어야 한다. 셋째, 전문가 각각의 의견을 모두 진중하게 받아들일 수 있는 공정성fairness이 확보되어야 한다. 물론 전문가들의 의견은 사후에 이를 통합하는 과정에서 그 경험과 신뢰성 등에 따라 비중을 다르게 활용할 수 있다.

이런 원칙하에서 어떤 사람들을 전문가로 선정할 것인지, 해당 사항에 대한 배경설명을 어느 정도 할 것인지, 어떤 평가방법을 사용할 것인지, 어떻게 참여의도를 높일 것인지 등을 고려해야 한다. 전문가 대상 확률평가 프로세스는 일반적으로 다음과 같은 순서로 진행된다(Clemen & Reilly, 2013 ; Quigley & Walls, 2021).

Step 1 : 평가분야 선정

전문가의 확률평가가 필요한 분야를 선정한다. 예를 들어 방사능 폐기물처리 입지선정을 위해서 3,000년 이후의 먼 미래에 특정 지역 평균기온 및 강수량 변화에 관해 전문가의 의견을 듣기로 결정한다.

Step 2 : 전문가 선정

전문가들은 내부 혹은 외부 조직에서 선정할 수 있다. 외부인의 경우 전문 학회를 통해 추천받아 선정하는 것도 좋은 방법이다.

Step 3 : 공감대 형성

특정 분야의 전문가들은 불확실성에 대한 확률적 논의보다는 정확한 사실과 모델에 근거한 과학적 논의를 더 편하게 생각한다. 전문가들은 불확실성에 대한 그들의 평가가 부정확할 수 있다는 점을 인식하기 때문에 확률의 유용성에 대해 회의적이거나 확률평가 프로세스 자체에 거부감을 가질 수도 있다. 따라서 중요한 의사결정은 불확실성과 함께 할 수밖에 없다는 점을 충분히 이해시켜야 한다. 본격적인 확률평가 이전에 전문가들과 확률평가의 필요성과 중요성에 대한 공감대 형성은 반드시 필요하다.

Step 4 : 구조화

직접적 확률평가가 변수들과의 상호관계 및 복잡성으로 어려울 때에는 문제를 부분 부분으로 분해해 평가한 이후 해당 확률들을 종합할 수 있다. 이것이 확률평가를 위한 구조화structuring 단계이다. 예를 들어 원자력 발전소의 사고 확률을 직접 평가하는 대신 원자로 냉각 시스템의 장애와 제어 시스템의 장애로 나누고 이들을 좀 더 세분화해서 가능한 수준에서 평가하고 이후 종합하는 것이다. 이들 작업에서는 지식지도knowledge map를 활용함으로써 변수들 간의 확률적 관계들을 표현하여 확률평가를 진행하면 편리하다.[20] 변수에 대한 확률평가를 할 때에는 투명성 시험을 통과할 수 있도록 사건을 분명히 정의한 다음 평가를 진행한다.

Step 5 : 평가

확률평가를 할 때는 경험이 있는 의사결정 전문가의 도움을 받아 진행하며 그 과정은 제7장 제2절의 프로세스를 따르면 된다. 이 단계에서는 확률평가 과정에서 노출되는 인지적 편향과 오류에 대해 충분히 고려하며 진행한다.

Step 6 : 검증

확률평가를 한 이후 그 평가를 검증한다. 전문가의 평가에 대해 그것이 충분히 타당한 이유를 가지고 있는지 관련 지식을 검토하고 동시에 인지적 오류의 가능성을 확인한다. 예를 들어 단일 사건의 발생 확률보다 두 사건이 결합해 일어나는 결합확률을 더 높게 추정하는 결합오류conjunction fallacy가 발생하는지 확인하는 것이

20. 지식지도는 의사결정노드와 가치노드가 없는 영향도이다(Howard, 1989).

이 검증에 해당한다. 도출된 확률분포 자체에 대한 확인을 통해 검증을 할 수도 있다. 예를 들어 여러 번 측정으로 도출된 평가들을 종합한 분포함수([그림 7-6])를 도식적으로 검토해 모순적 평가를 확인할 수 있다. 또는 평가된 분포함수에서 동일한 확률값을 갖는 서로 다른 두 구간을 비교하여 모순적 평가의 가능성을 확인할 수도 있다.

Step 7 : 종합

전문가별 확률평가와 검증이 끝나면 그 평가들을 모아 단일평가로 종합한다. 이때는 각기 다른 전문가들의 의견을 추가적인 토론 없이 여러 비중을 가지고 수학적으로 합할 수 있다. 델파이 기법Delphi technique과 같은 합의도출 방법을 통해 전문가들 간의 견해 차이를 피드백과 토론을 통해 수렴하는 방법도 있다(O'Hagan, 2019). 만약 전문가들의 상이한 평가에도 최적 의사결정에 영향이 없다면 그 차이를 굳이 종합하지 않아도 된다. 그 차이에도 명확한 의사결정의 방향을 설정할 수 있다면 확률평가의 목적은 이미 달성되었기 때문이다.

6. 연속형 분포의 이산화

불확실성 변수들에 대한 확률평가를 변수의 성격에 따라 연속형 변수와 이산형 변수로 나누어 설명한 바 있다(제7장 제2절 참고). [Decision in Action 7-3]에서 살펴본 SUV 구입결정에서는 연속형 변수의 예로 연간 주행거리, 이산형 변수의 예로 전기자동차에 대한 보조금 여부를 들 수 있다. 이산형 변수는 발생 가능한 값들이 제한적이기 때문에 이후의 분석과정에 문제가 없다. 연속형 변수인 경우에는 분석이 어렵기 때문에 대부분 연속형 분포를 이산형 분포로 변환해 사용한다. 연속형 분포를 이산형 분포로 변환하기 위해서는 이산화(離散化, discretization) 과정이 필요하다. 이를 위해 다음 두 가지 대표적 방법을 소개한다.

6.1 동일면적법

동일면적법equal area method은 연속형 분포를 확률나무probability tree로 근사화近似化시키되 연속형 변수의 기댓값을 확률나무의 기댓값과 동일하게 변환시키는 방법이다. 이산화한 이후 두 분포의 형태는 다르지만 평균은 동일하게 유지된다. 등면적법을 이용한 연속형 변수의 이산화 과정은 다음과 같다.

Step 1 : 이산형 변수가 취할 수 있는 값의 갯수 n과 해당 확률 설정

이산형 변수가 취할 수 있는 값의 종류(degree, n)는 제한되어 있다. 예를 들어 [Decision in Action 7-3]에서 살펴본 "보조금 지급 여부" 변수는 지급 혹은 지급 중단의 두 가지 값을 가질 수 있다. 일반적으로 연속형 분포를 이산화할 때에는 이산형 변수가 취할 수 있는 값을 세 가지, 즉 x_1, x_2, x_3로 한정하고($n = 3$), 각각에 해당되는 확률을 $p_1 = 0.25$, $p_2 = 0.50$, $p_3 = 0.25$로 설정한다([그림 7-12]의 확률나무 참고). 이 방식은 간결하면서도 기댓값을 유지하면서 충분한 분산을 가질 수 있기 때문에 이산화에 주로 사용하는 방법이다.

그림 7-12 연속형 분포의 이산화

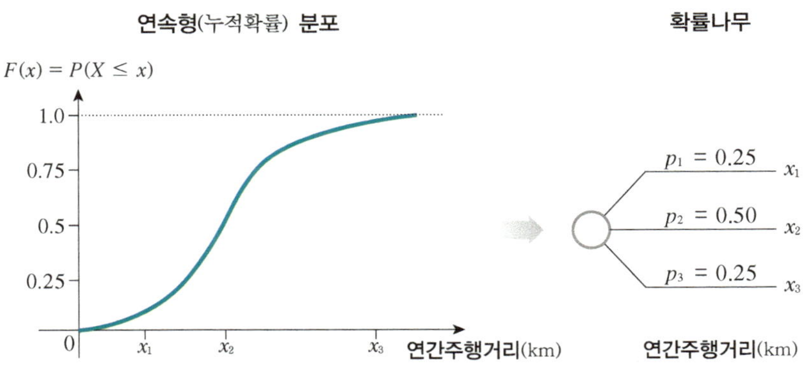

Step 2 : 정해진 이산확률에 해당하는 값 구하기

[그림 7-13]에 제시된 누적분포함수 $F(x)$를 이용하여 확률나무의 값 x_1, x_2, x_3를 구한다. 설명을 위해 누적확률 $F(x) = 0.25, 0.75, 1.0$에 해당하는 x 값을 각각 $k_{0.25}$, $k_{0.75}$, k_1으로 표시하면 $F(k_{0.25}) = 0.25$, $F(k_{0.75}) = 0.75$, $F(k_1) = 1$이 된다.

이제 확률나무에서 확률 0.25에 해당되는 대표값 x_1을 구해 보자. 동일면적법은 구간 $[0, k_{0.25}]$에서 오른쪽 빗금으로 표시된 두 면적이 a_1으로 같게 되는 값 x_1을 대략적으로 구하는 방식이다. 이렇게 동일면적법을 사용해서 x_1을 구하게 되면 구간 $[0, k_{0.25}]$에서의 확률변수 X의 조건부 기댓값은 x_1과 같게 된다. 즉, $E[X \mid 0 \le x \le k_{0.25}] = x_1$이다. 같은 방식으로 구간 $[k_{0.25}, k_{0.75}]$에서는 x_2를 구하고, $[k_{0.75}, k_1]$에서는 x_3를 구한다.

그림 7-13 동일면적법을 이용한 이산화

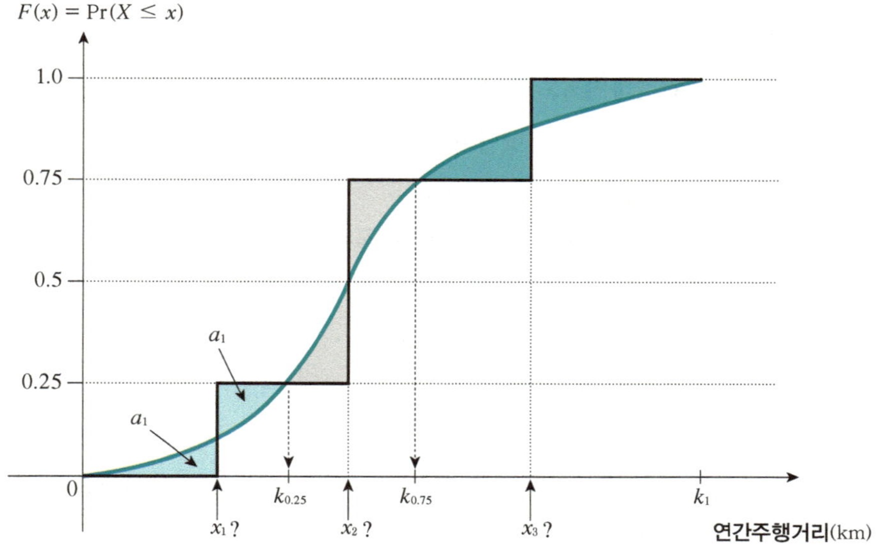

Step 3 : 연속형 분포를 확률나무로 대체

[그림 7-12]는 누적확률분포 $F(x)$를 확률 $p_1 = 0.25$, $p_2 = 0.50$, $p_3 = 0.25$와 그에 해당하는 x_1, x_2, x_3로 이산화된 확률나무로 보여준다. 이 확률나무는 추후 의

사결정모형에 대한 최적해를 구하는 분석에서 활용되며, 베이즈 정리Bayes theorem를 통한 정보의 가치 계산에도 활용한다. 자세한 설명은 이후 제12장 제2절에서 하기로 한다.

이와 같이 동일면적법을 이용해서 x_1, x_2, x_3를 근사적으로 구하게 되면 연속형 변수 X의 기댓값과 이산화된 확률나무의 기댓값($=p_1x_1+p_2x_2+p_3x_3$)이 같아진다. 동일면적법을 이용해 추정한 각 구간별 대표값 x_1, x_2, x_3이 연속형 분포 각 구간에서의 조건부 평균이 된다는 사실은 [Technical Note 7-1]을 참고하면 된다.

10-50-90 방법을 사용하는 이산화

확정적 민감도 분석에서는 연속형 변수 X에 대해 10분위, 50분위, 90분위 값인 $x_{0.1}, x_{0.5}, x_{0.9}$ 값을 구하여 가치의 변화폭을 분석하는 10-50-90 방법을 사용했다. 이렇게 구한 $x_{0.1}, x_{0.5}, x_{0.9}$ 값은 이산화 과정에서도 활용할 수 있다. 즉, 10-50-90 방법에서 구한 $x_{0.1}, x_{0.5}, x_{0.9}$을 이산화 과정에서 필요한 구간별 대표값 x_1, x_2, x_3으로 각각 사용해도 충분히 좋은 근사화가 된다. 10-50-90 방법을 활용한 이산화는 연속형 변수 X가 정규분포를 따른다면 거의 정확한 근사화가 되고, 일반적인 분포인 경우에도 실제 활용에 문제가 없는 것으로 알려져 있다(Howard & Abbas, 2016). 따라서 10-50-90 방법은 분석의 정확도를 크게 감소시키지 않으면서도 연속형 분포의 도출과 이산화 과정의 노력을 덜 수 있다는 점에서 그 가치가 있다.

연속형 변수인 "연간 주행거리"를 10-50-90 방법의 평가치를 이용해 이산화한다면 $x_{0.1}=8,000$km, $x_{0.5}=11,644$km, $x_{0.9}=16,000$km로 이산화할 수 있다([그

그림 7-14 10-50-90 방법을 이용한 연간주행거리의 이산화

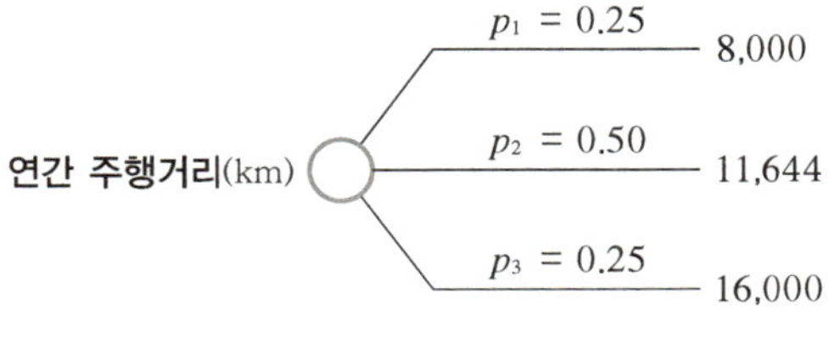

림 7-14]).

6.2 모멘트 정합법

동일면적법은 이미 평가된 연속형 분포를 확률나무로 비교적 쉽게 이산화할 수 있는 장점이 있으나, 두 분포의 기댓값만 동일하게 근사화시킬 수 있다는 단점이 있다. 이를 보완하기 위해서는 연속형 분포의 특성을 이산화된 확률나무에 충분히 반영하는 것이 필요하다. 이때 사용할 수 있는 방법이 모멘트 정합법moment matching method이다.

이 방법은 $m_k = E[(X-\mu)^k]$로 정의된 k차 중앙모멘트k-th central moment를 연속형 분포에 대해 계산하고, 확률나무의 k차 중앙모멘트와 같아지도록 하면 된다. 예를 들어 연속형 분포를 3개의 값을 가진 확률나무로 이산화한다면 연속형 분포에서 1차, 2차, 3차 중앙모멘트를 계산하고, 이 값이 확률나무의 1차, 2차, 3차 중앙모멘트와 같아지도록 x_1, x_2, x_3 값을 구하면 된다. 이런 과정을 거치면 동일면적법에 의한 이산화보다 1차 중앙 모멘트뿐만 아니라 2차 및 3차 중앙모멘트가 동일한 확률나무를 도출해 낼 수 있다. 이 방법은 중앙모멘트들을 계산하는 추가적 노력을 통해 연속형 분포의 특성에 좀 더 근접한 확률나무를 도출하여 분석의 정확도를 높일 수 있는 장점이 있다.[21]

21. 확률변수 X의 k차 중앙모멘트 m_k는 $m_k = E[(X-\mu)^k]$ 으로 정의되며, 연속형의 경우 $m_k = \int_{-\infty}^{\infty}(x-\mu)^k f(x)\,dx$, 이산형의 경우 $m_k = \sum_{i=1}^{n} p_i (x_i-\mu)^k$으로 계산하면 된다. 이때 확률변수 X의 1차 중앙모멘트 m_1은 0이 된다. 2차 중앙모멘트 $m_2 = E[(X-\mu)^2]$는 분산 δ^2이 되고, 표준화된 3차 중앙모멘트 $m_3 = E[(X-\mu)^3/\delta^3]$는 비대칭의 정도를 나타내는 왜도skewness, 표준화된 4차 중앙모멘트 $m_4 = E[(X-\mu)^4/\delta^4]$는 뾰족한 정도를 나타내는 첨도kurtosis가 된다. 이 방법을 쓰기 위해서는 연속형 변수 X의 k차 중앙모멘트를 평가하고 계산해야 한다.

7. 마무리

정보에 대한 불확실성은 의사결정을 어렵게 하는 주요 요인이다. 그러나 불확실성을 명확하게 표현하고 소통함으로써 이에 대응할 수 있다. 우리는 제7장에서 불확실성에 대한 믿음의 정도를 확률로 표현하고 이를 평가하는 방법을 알아보았다. 확률을 수치로 표현하면 관련 당사자 간에 명확한 소통이 가능해진다. 수치로 표현된 확률은 확정적 민감도 분석을 통해 간결한 가치모형을 구성하여 의사결정 문제에 대한 이해를 향상시키는 중요한 역할을 한다.

우리는 불확실성을 싫어한다. 경영자들 역시 불확실성을 피하려고 한다. 그러나 대부분의 불확실성은 제거하는 것이 불가능하다. 그럼에도 불확실성을 이해하고 이를 적극 활용하는 것은 분명 가능하다. 제12장 제1절에서는 불확실성으로 인한 부정적 위험을 줄이고 기회를 극대화할 수 있는 방안을 확인할 수 있다.

벤자민 프랭클린은 이 세상에서 죽음과 세금 이외에는 모든 것이 불확실하다고 보았다. 200여 년 전의 세상도 불확실성으로 가득하다는 그의 인식이 흥미롭다. 불확실성을 없애려는 노력이 불가능하거나 효과적이지 않다면 우리의 선택은 분명하다. 불확실성은 제거하려는 대상이 아니라 이해하고 적절히 대응해야 하는 의사결정 과정에서 피할 수 없는 동반자이다.

[Technical Note 7-1] 이산화를 위한 동일면적법*

이산화를 위해 동일면적법을 사용할 수 있는 논리적 근거를 확인해 보자. 동일면적법은 연속확률변수 X의 구간 $[a, b]$에서 빗금친 두 면적이 같아지는 값 z를 구해서 연속형 분포함수를 이산화한다([그림 7-15] 참고). 이 방식으로 z를 구하게 되면 z는 확률변수 X의 구간 $[a, b]$에서의 조건부 기댓값과 같게 된다는 사실, 즉 $z = E[X \mid a \le x \le b]$을 증명해 본다.

증명을 위해 확률변수 X의 확률밀도함수를 $f(x)$, 해당 누적분포함수를 $F(x)$로 표시하면 $F(x) = \int_{-\infty}^{x} f(x)\,dx$로 주어진다. 이제 구간 $[a, b]$에서의 조건부 기댓값은 식 (7-1)과 같이 주어진다.

$$E[X \mid a \le x \le b] = \int_a^b x f(x \mid a \le x \le b)\,dx = \frac{\int_a^b x f(x)\,dx}{\int_a^b f(x)\,dx} \qquad (7-1)$$

식 (7-1)의 분모, 분자를 적분해서 다시 전개해 보면 다음 식 (7-2)가 성립한다.

$$E[X \mid a \le x \le b] = \frac{xF(x)]_a^b - \int_a^b F(x)\,dx}{F(b) - F(a)} = \frac{bF(b) - aF(a) - \int_a^b F(x)\,dx}{F(b) - F(a)} \qquad (7-2)$$

한편 빗금친 두 면적이 같다는 조건에서 다음 식 (7-3)이 성립한다.

$$\int_a^z \{F(x) - F(a)\}\,dx = \int_z^b \{F(b) - F(x)\}\,dx \qquad (7-3)$$

식 (7-3)의 양변을 적분해서 전개하면 다음의 식 (7-4)를 얻을 수 있다.

$$\int_a^z F(x)\,dx - F(a)(z - a) = F(b)(b - z) - \int_z^b F(x)\,dx \qquad (7-4)$$

식 (7-4)을 z에 대해서 정리하면 다음의 식 (7-5)를 얻게 된다.

$$z = \frac{bF(b) - aF(a) - \int_a^b F(x)\,dx}{F(b) - F(a)} \qquad (7-5)$$

식 (7-2)과 식 (7-5)로부터 $E[X \mid a \le x \le b] = \dfrac{bF(b) - aF(a) - \int_a^b F(x)\,dx}{F(b) - F(a)}$ $= z$임이 증명된다.

따라서 구간 $[a,\ b]$에서 동일면적법으로 구한 z 값이 확률변수 X의 조건부 기댓값과 같다는 사실이 증명되었기에 구간 $[a,\ b]$를 대표값 z와 해당 확률 $F(b) - F(a)$로 이산화할 수 있다.

그림 7-15 구간 $[a,\ b]$에서의 조건부 기댓값

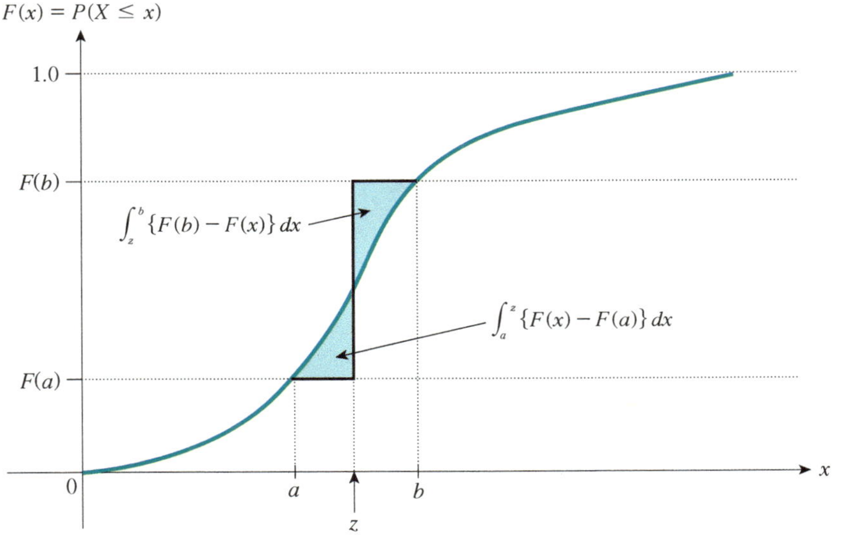

CHAPTER 08

가치선호 반영하기

It's not hard to make decisions when you know what your values are.

— Roy Disney

의사결정 문제를 구성하는 세 가지 요소 중 대안에 관해서는 제6장에서, 정보에 관해서는 제7장에서 설명한 바 있다. 이제 제8장에서 마지막 요소인 선호에 대해 살펴보기로 한다. 선호는 우리가 상대적으로 더 좋다고 느끼는 것이다. 우리는 의사결정자의 선호를 의사결정 프로세스에 적절히 반영함으로써 논리적이고 일관성 있는 선택을 할 수 있다.

의사결정자의 선호는 다음 세 가지 형태로 의사결정 과정에 반영할 수 있다. 첫 번째는 추구하는 가치를 반영하는 가치선호value preference이다. 우리는 대안의 선택과 불확실성의 해소에 따라 정해지는 의사결정의 결과consequence를 통해 원하는 목표들을 얼마나 달성했는지 평가한다. 이를 위해 추구하는 가치와 그 선호를 명확히 나타내고 이를 가치선호의 형태로 의사결정 과정에 반영한다. 두 번째는 위험에 대한 태도를 반영하는 위험선호risk preference이다. 이것은 불확실성에 기인한 위험에 대한 감수의향을 나타내는 선호이다. 세 번째는 미래 대비 현재에 대한 선호를 반영하는 시간선호time preference이다. 이것은 미래에 발생할 가치의 흐름을 현재가치로 환산해 의사결정 모형에 반영하는 것을 의미한다. 이들 선호에 관련해 제8장에서는 가치선호, 제9장에서는 위험선호, 제10장에서는 시간선호의 순서로 알아보기로 한다.

1. 가치와 목표

가치선호에 대한 설명을 위해 제7장 제3절에서 살펴본 SUV 구매결정 문제를 다시 생각해 보자. 자동차 구매는 주택을 제외하고 가장 큰 지출이며, 따라서 신중한 결정이 필요하다. 자동차를 선택할 때는 우선적으로 초기 구매비용과 아울러 연료비, 보험료 같은 유지비를 고려한다. 운전 편의성과 안전성도 꼼꼼히 살핀다. 그러나 본인의 스타일과 어울리면서 품위에 맞는 브랜드도 중요하게 여긴다. 분명한 것은 많은 대안들 중에 가장 가치 있는 차를 구매하고자 한다는 것이다.

그러면 가치value는 구체적으로 무엇을 뜻하고 어떻게 정의할 수 있는가? 가치라는 단어는 일상생활에서 광범위하게 사용된다. 개인들은 그들만의 가치 있는 인생을 살기 위해 노력하며, 기업은 경영활동을 통해 가치 있는 제품과 서비스를 제공하고 이를 통해 지속적 성장을 추구한다. 정부도 국민들이 보다 가치 있는 삶을 누릴 수 있도록 다양한 정책을 개발하고 실행한다. 이처럼 가치는 일반적이고 추상적인 개념으로, 한마디로 정의하면 "나에게 중요한 것 : things that matters to me"이다.

가치와 함께 자주 사용되는 단어는 목표objective이다. 목표는 "추구하는 그 무엇 : things that wants to achieve"이다. 가치가 일반적이고 추상적 개념이라면 목표는 구체적인 것이다. 다르게 표현하면 목표는 "구체화된 가치"이다. 의사결정 과정을 통해 우리는 가장 가치 있는 대안을 선택하려고 노력한다. 그 과정에서 우리가 어떤 가치를 추구하며, 그 추구하는 가치가 달성된 정도를 나타낸 것을 가치선호라고 한다.[1]

의사결정 과정에서 추구하는 가치는 사회·윤리적 규범에 따른 절대적이 아닌 주관적 판단의 문제이다. 그러나 추구하는 가치가 의사결정의 방향성을 좌우하기

---

1. 우리는 가치를 "나에게 중요한 것"으로, 목표는 "구체화된 가치"로 설명했다. 따라서 가치는 일반적이고 추상적이며, 목표는 구체적 specific & tangible 성격을 가진다. 이 책에서는 일반적 상황에서는 가치를, 구체적 의사결정의 상황에서는 목표를 해당 용어로 사용하기로 한다.

때문에 추구하는 구체화된 가치, 즉 목표를 설정하는 것은 대단히 중요하다.

예를 들어 기업운영의 화두인 ESG 경영을 보자. ESG 경영은 기후변화나 폐기물 저감 등 환경적 측면(E), 다양하고 균형 잡힌 지역사회 발전을 위한 사회적 측면(S), 투명성과 윤리성을 추구하는 지배구조적 측면(G) 등이 기업의 지속적 성장을 위해 매우 중요하다는 인식이다. 예를 들어 2020년 이후 적용되는 파리 기후변화협약에 따른 온실가스 감축은 기업의 선택이 아닌 필수사항이다. 이미 대한민국 정부에서는 2030년까지 온실가스를 2018년 대비 40%까지 줄일 것을 목표로 세운 바 있다. 따라서 탄소배출저감과 환경 관련 이슈는 달성해야 할 중요한 목표들 중에 하나이다. 이런 관점에서 주가수익률, 자기자본이익률 등 재무적 성과를 목표로 삼을 뿐만 아니라, ESG 활동 관련 비재무적 성과도 기업의 경영목표로 삼는 것이 합리적 판단이라고 할 수 있다([Decision in Action 8−1] 참고).

그림 8−1 ESG

Environmental	Social	Governance
▪ 기후변화 및 탄소 배출	▪ 데이터 보호 및 프라이버시	▪ 이사회 및 감사위원회 구성
▪ 환경오염 및 환경규제	▪ 인권, 성별 평등 및 다양성	▪ 뇌물 및 반부패
▪ 생태계 및 생물 다양성	▪ 지역사회 관계	▪ 기업윤리

출처 : https://esg.krx.co.kr/

이제 가치의 특성을 살펴보기로 하자. 의사결정에서 추구하는 가치는 명백한 경우도 있지만 대부분 진지하게 숙고해야 설정할 수 있다. 개인 주식투자자의 경우 의사결정의 목표는 그 자체로 명백하다. 기대수익률을 최대화하는 목표를 삼을 수도, 위험을 고려한 기대수익률을 목표로 삼을 수도 있다. 그러나 MBA 학생이 여름 인턴십에서 추구하는 가치를 생각해 보자. 그 목표는 현장 경험, 돈, 특정 산업의 지식, 취업에 도움이 되는 인맥 등 매우 다양할 수 있다. 그러나 일반적으로 정해진 가치는 없고 개인마다 상이한 가치를 추구하므로 중요한 가치를 찾아 설정하는 진지한 노력이 필요하다.

[Decision in Action 8-1] ESG 경영과 가치

기업경영이나 평가의 측면에서 보면, 주가수익률, 자기자본이익률(ROE ; Return on Equity) 등은 전통적으로 가장 중요한 재무적 가치였다. 그러나 지구온난화에 따른 기후변화, 미세플라스틱 증가, 대기 및 수질 오염 등의 환경문제, 경제·사회적 양극화 문제 등이 대두됨에 따라 기업이 사회에 미치는 영향을 중요하게 보기 시작했다. 또한 디지털 기술의 혁신적 발전 및 빅데이터의 등장, 플랫폼 경제 활성화 등 기업환경이 급변함에 따라서 기업의 지속 가능한 성장에 대한 관심 또한 증가했다. 이런 변화는 기업경영과 평가에서 중요하게 여겼던 재무적 가치뿐만 아니라, 환경(E), 사회(S), 지배구조(G) 등이 관련된 요소들, 즉 비재무적 가치도 중요하게 보는 새로운 관점을 제시했다.

최근의 실증적 연구 결과들은 ESG 활동이 주가수익률에 미치는 긍정적 효과를 제시하고 있고, 특히 지배구조가 기업의 주가수익률과 자기자본이익률에 미치는 긍정적 영향을 확인하는 연구가 계속 등장하고 있다(안소현, 안재현, & 한인구, 2023). 결국 재무적 가치와 비재무적 가치는 상충적인 관계가 아닌, ESG 활동이 재무적 성과에 긍정적 영향을 미치고, 이러한 성과가 ESG 활동을 더욱 촉진하는 상호 보완적 관계가 가능함을 시사하고 있다.

가치와 목표라는 관점에서 ESG 경영을 보자. 재무적 가치와 ESG 관련 비재무적 가치는 궁극적으로 기업이 추구하는 중요한 것, 즉 가치이다. 반면 재무적 가치를 구체적으로 측정하는 주가수익률, 자기자본이익률과 같은 재무지표, 비재무적 가치를 측정하는 환경경영 계획 수립 여부(E), 온실가스 배출 최소화(E), 근로자와의 협력적 노사관계(S), 협력사와의 공정거래 여부(S), 소비자 개인정보 보호(S), 주주권 보장(G), 이사회 운영의 독립성(G), 공시기능의 투명성(G) 등 각종 ESG 지표들은 "구체화된 가치", 즉 달성하고자 하는 목표라고 할 수 있다.

이상한 나라의 앨리스

다음의 아동소설『이상한 나라의 앨리스』에서 나오는 대화내용을 보자.

One day, Alice came to a fork in the road and saw a Cheshire cat in a tree. "Which way to go from here", she asked. His response was a question : "Where do you want to go?" "I don't much care where," Alice said. "Then," said the cat, "it doesn't matter which way you go."

– 루이스 캐럴Lewis Carroll, 이상한 나라의 앨리스, 1865[2]

소설『이상한 나라의 앨리스』에서 나오는 채셔 고양이는 갈림길에 선 앨리스가 어느 방향으로 가면 좋을지 묻자 이렇게 답한다. "가고자 하는 곳이 없으면, 어느 쪽으로 가든 상관없어"라고 이야기한다. 어린이를 대상으로 한 아동소설임을 감안한다면 매우 철학적인 답이 아닐 수 없다. 목표가 없다는 것은 주어진 대안에 대한 선호가 분명하지 않다는 것을 의미하고, 그 상황에서는 본인의 가치를 분명히 반영한 결정을 내릴 수 없다. 좋은 의사결정을 내리기 위해서는 의사결정자 본인의 가치를 구체적으로 표현한 목표를 분명하게 설정하는 노력이 필요하다.

그림 8–2 이상한 나라의 앨리스

출처 : 루이스 캐럴, 손영미 역, 『이상한 나라의 앨리스』, 시공주니어.

---

2. 작가 루이스 캐럴 Lewis Carroll(1832~1898)은 원래 수학자였다고 한다. 그의 동화『이상한 나라의 앨리스(Alice's Adventures in Wonderland)』에서는 알쏭달쏭한 은유와 황당한 이야기 전개가 나온다. 특히 동화에서 등장하는 채셔 고양이는 몸이 갑자기 나타나기도 하고 사라지기도 하며, 사라진 후 씩 웃는 입 모양만 남아 있기도 하는 독특한 캐릭터이다. 이런 특이한 설정 때문인지 채셔 고양이는 물리학의 양자역학을 비유적으로 설명하는 데 쓰인다고 한다. 채셔 고양이와 앨리스와의 대화는 의사결정 측면에서도 중요한 메시지를 던져준다.

2. 가치 중심적 사고

의사결정에서 가치는 그 자체로 중요한 것이다. 따라서 가치는 의사결정의 중심이고 그 가치가 의사결정의 방향성을 정하는 핵심이다. 그러나 현실에서는 거꾸로 대안이 주어지고, 그 대안을 중심으로 문제해결이 시작된다. 이 방식을 우리는 대안 중심적 사고alternative-focused thinking라고 부른다. 대안 중심적 사고는 주어진 대안에서 출발하며, 가치, 목표, 평가기준 등은 차후에 고려된다. 따라서 대안 중심적 사고는 의사결정 상황을 사전적으로 설정하는 수동적 성격을 가지며, 가치를 높일 수 있는 새로운 기회를 제한한다.

예를 들어 회사의 고객서비스가 지연되어 높아진 불만을 해결해야 하는 상황을 생각해 보자. 고객 응답시간을 줄이기 위한 대안을 중심으로 하는 사고는 기존의 방식과 비교해 새롭게 제안된 방식 중 더 나은 것을 선택하는 프레임이 작동한다. 따라서 제안되는 대안들은 기존 시스템의 효율성을 높이는 방안, 예를 들어 고객응대 프로세스를 개선하거나, 자동응답 서비스를 도입하는 등의 대안들이 제안될 수 있다. 그러나 이런 대안 중심적 사고는 초기에 주어진 값에 대한 앵커링 효과가 발생하듯이 기존의 대안이 가치 혁신적인 대안을 만들어내는 과정의 걸림돌로 작용할 수 있다. 이것은 불만이 발생하는 근본적 원인에 대한 파악을 통해 문제를 해결하는 의사결정의 기회decision opportunities를 놓치게 됨을 의미한다.

의미 있는 것은 우리가 중요하게 여기는 가치이다. 대안은 구체적 가치를 달성하는 도구이지 그 자체로 의미 있는 것은 아니다. 대안보다는 가치를 중심으로 생각하고 이를 통해 의사결정 상황을 재정의하여 새롭게 대안을 만들어내는 적극적 사고가 필요하다. 이런 사고를 가치 중심적 사고value-focused thinking라고 한다.

위에서 언급한 고객서비스가 지연되는 문제는 고객응대 서비스의 효율성을 높이는 대안 도출의 측면이 아니라, 고객센터에 전화하는 고객들의 훼손된 가치에 집중하는 가치 중심적 사고를 통해 문제해결의 효과적인 대안을 찾아낼 수 있다(Keeney, 1996b, 2020).

3. 가치 중심적 사고의 4단계

가치 중심적 사고는 의사결정을 위한 중요한 가치를 구체적 목표들로 체계적으로 구조화하고, 이를 통해 새로운 대안을 만들어 내고, 이를 평가기준에 따라 최종적으로 결정하는 데 매우 유용하다. 지금부터는 가치 중심적 사고의 첫 단계인 가치를 확인하는 다양한 방법을 알아보고, 다음 단계들에서 가치를 목표로 전환하고, 목표를 구조화하며, 대안을 도출하고 평가하는 가치 중심적 사고의 4단계를 알아보도록 하자.

Step 1 : 가치 확인하기

가치는 의사결정의 방향성을 결정한다. 따라서 당면한 의사결정의 가치를 확인identify하는 것은 가치 중심적 사고의 첫 번째 단계이다. 가치는 그 성격상 일반적이고 추상적이므로 진지하게 숙고해야 확인된다. 또한 외부에서 주어지는 것이 아니라 의사결정자 자신만의 선호이다. 따라서 가치를 찾아 확인하는 일은 특별한 노력이 필요하며 다음에 소개하는 방법들을 활용하면 유용하다(Keeney, 2020).

첫째, 단순한 방법으로 위시리스트wish list 개념을 활용한다. 예를 들어 원하는 것이 무엇인가 : what do you want?, 무엇을 가치 있게 여기는가 : what do you value?, 무엇을 가치 있게 생각해야 하나 : what should you value? 등의 질문을 통해 의사결정에서 추구하는 가치를 찾아낸다.

둘째, 본인이 느끼는 감정으로부터 그 감정의 원천에 대한 진지한 숙고를 통해 숨겨진 가치를 찾아낸다. 생각할 수 있는 가장 좋은 대안, 생각할 수 있는 가장 나쁜 대안을 상상함으로써 혹은 가능한 의사결정의 결과를 생각하면서 가치를 찾아낼 수도 있다. 평소 소중하게 생각하는 가치, 예를 들어 조직생활에서의 공정에 대한 가치를 가지고 있다면, 이와 관련해서 당면한 의사결정에서의 다른 가치들, 예를 들어 직장 내 상호 간의 충분한 소통의 기회, 새로운 지식 습득의 기회 등의 가치를 찾아낼 수 있다.

셋째, 친구, 동료, 전문 조언자 등 제3자의 견해를 통해 가치를 찾아낸다. 특히 비슷한 상황을 겪은 사람들로부터 문제의 장단점에 대한 이야기를 듣거나, 문제에 깊숙이 개입하지 않았던 제3자의 입장에서 이미 몰입된 의사결정자가 보지 못하는 가치들을 찾아낼 수도 있다.

넷째, 기존의 가치로부터 새로운 추가적 가치를 발견한다. 예를 들어 "새로운 발전의 기회"를 직장 선택의 중요한 가치로 생각한다고 하자. 이때 "새로운 발전의 기회"는 구체적으로 무슨 뜻인가, 즉 "What do you mean by that?"이라는 질문을 통해 "블록체인 활용법 습득", "프로젝트를 수행하는 리더십 발휘" 등의 하위가치를 찾아낼 수 있다. 거꾸로 "블록체인 활용법 습득"이 왜 중요한가, 즉 "Why is that important?"라는 질문을 통해 "새로운 발전의 기회"라는 상위의 가치를 찾아낼 수 있다. 이것은 다음 Step 3에서 설명하게 될 근원적 목표를 통해 수단적 목표를 찾는 과정(What do you mean by that?) 및 수단적 목표를 통해 근원적 목표를 찾아가는 과정(Why is that important?)에 해당된다.

이제 제7장 제3절의 SUV 구매결정 문제로 돌아가 관련 가치를 찾아보기로 하자. 편의상 구매와 관련해 총소유비용만을 고려했지만, 추가적으로 고려해야 할 정성적 가치는 다양하다. 가치를 찾기 위해 아래와 같은 질문의 괄호 속에 들어갈 답을 생각해보자.

나는 (   )를 구매하고 싶다.

- 운전 시 소리 떨림 등 거슬리는 것이 없는 SUV
- 타고 내릴 때 허리에 무리가 가지 않는 SUV
- 너무 차가 커서 운전하는 데 불편하지 않는 SUV
- 주유시간이든 충전시간이든 10분 이상 기다려야 하는 불편이 없는 SUV
- 운전할 때 시야가 좋은 SUV
- 최소한의 자율주행기능이 있어 고속도로 운전에 도움을 주는 SUV

- 첨단주행기능이 있어 일반도로 운전에 도움이 되는 SUV
- 되팔 때 제값을 받을 수 있는 SUV
- 엔진 성능이 좋아 운전 중 피곤이 덜한 SUV
- 고장이 나더라도 서비스가 신속한 SUV
- 잔고장이 없는 SUV
- 경제·사회적으로 격이 떨어지지 않는 SUV
- 중년 스타일에 걸맞으나 젊고 역동적인 SUV
- 좀 있어 보이는 SUV
- 차체가 충분히 커서 사고 시 안전이 보장되는 SUV
- 주변의 교통 상태를 수시로 확인해 주는 SUV
- 탄소배출 저감에도 도움이 되는 SUV

이와 같은 답들을 확인하고 정리하면 중복이 없으면서도 추구하는 가치가 빠짐없이 정리된 포괄적 목록을 작성할 수 있다.

Step 2 : 가치를 목표로 바꾸기

위에서 정리된 가치를 구체적이고 의미가 분명한 목표로 설정한다. 표현 형태는 "목적어 + 동명사"로 통일한다. 이때 목적어는 가치와 관련해 성취하고자 하는 중요한 어떤 것을 의미한다. 예를 들어 "되팔 때 제값을 받을 수 있는 SUV"라는 가치는 "중고차 가치 최대화"로 "운전 시 소리 떨림 등 거슬리는 것이 없는 차"라는 가치는 "소음 진동 최소화"로 표현한다. 이때 중고차 가치 최대화는 이를 계량적으로 측정할 수 있음을, 소음 진동 최소화는 소음과 진동을 계량적으로 측정하는 스케일이 있음을 가정한다. 이에 관련해서 자세한 내용은 제13장을 참고하면 된다.

Step 3 : 목표를 구조화하기

이렇게 확인된 목표는 그 성격에 따라 계층으로 나누어 구조화structuring한다. 목표 중에는 그 자체로 의미가 있는 목표가 있는 반면, 다른 목표를 달성하는 데 도움을 주는 목표도 있다. 목표 중 그 자체로 의미가 있고 우리가 진정으로 원하는 목표를 근원적 목표fundamental objective라고 부른다. 반면 그 자체보다는 근원적 목표를 달성하는 데 도움을 주는 목표를 수단적 목표means objective라고 부른다. 근원적 목표는 상호 독립적인 목표들로서 상하의 계층적hierarchy으로 표현하고, 수단적 목표는 근원적 목표에 도움을 주기도 하고 다른 수단적 목표들의 달성을 지원하는 매트릭스means-ends matrix 형태를 띄게 된다. [그림 8-3]은 SUV 자동차 구매에 관련한 수단적 목표와 근원적 목표를 도식화한 것이다.

그림 8-3 SUV 구매에서의 수단적 목표와 근원적 목표

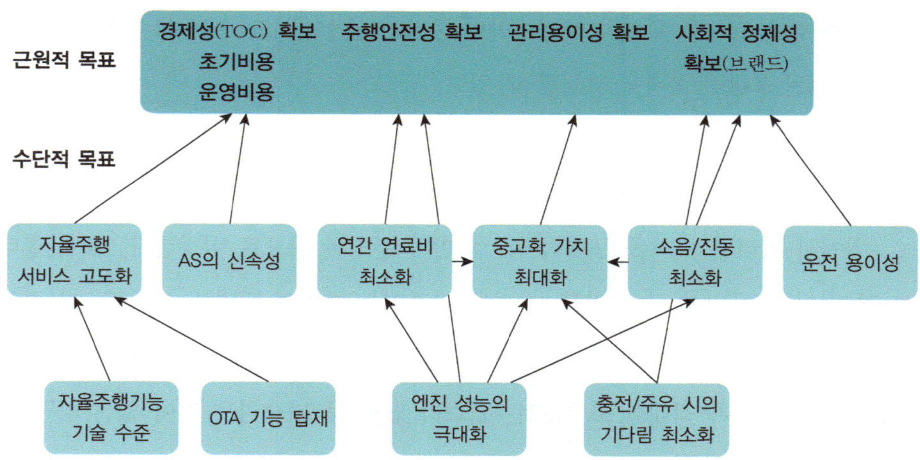

Step 4 : 구조화된 목표 활용하기

구조화된 수단적 목표와 근원적 목표는 다음과 같이 활용한다. 첫째, 근원적 목표는 그 자체로 중요한 것이고 최종적으로 성취하고자 하는 것이다. 따라서 근원적 목표는 최대화하려는 효용함수의 일부가 되어 각 대안의 목표달성 정도를 측정하는 평가기준으로 활용된다. SUV 구매의 경우 근원적 목표인 경제성 확보, 편이성 확보, 주행 안전성 확보, 관리 용이성 확보, 사회적 정체성 확보 등을 최종 목표로 삼고, 이들을 평가기준으로 삼아 대안을 평가한다.[3] 둘째, 수단적 목표는 그 자체로는 효용함수에 포함·활용되지 않는다. 그러나 효용함수의 근원적 목표가 추상적이어서 그 달성 정도를 평가하기 어려운 경우에는 근원적 목표 대신 평가가 상대적으로 용이한 수단적 목표를 사용할 수 있다. 셋째, 수단적 목표는 다른 수단적 목표나 근원적 목표를 달성하는 데 도움을 주기 때문에 가치를 최대화하는 대안을 도출하는 아이디어를 제공한다. 따라서 수단적 목표에 집중하면 그들의 다양한 조합에 의해 근원적 목표를 달성하는 의사결정 대안의 도출이 가능하다.

지금까지 알아본 가치 중심적 사고의 4단계는 의사결정 문제의 가치를 파악하고, 목표를 구조화하며, 새로운 대안의 도출과 평가를 도와준다. 이 방법은 환경, 에너지, 보건, 교통, 교육 분야 등 다수의 이해당사자가 존재하며 그들 간의 가치가 상충되는 공공분야 의사결정에서 특히 유용하다. 최근의 응용사례로 신약개발 포트폴리오 관리(Methling et al., 2022), 대테러작전(J. U. Siebert & Von Winterfeldt, 2020), 코로나19 공급망관리(J. U. Siebert, Brandenburg, & Siebert, 2020), 교육(Françozo & Belderrain, 2022), 에너지 시스템의 전환(Höfer, von Nitzsch, & Madlener, 2020) 등을 참고하면 된다.

[Decision in Action 8-2] 무엇이 중요한 가치인가?

대안 중심적 사고는 주어진 대안들에 대한 선택에 집중하는 반면, 가치 중심적 사고는 가치를 우선하고 이를 통해 가치를 증진시키는 새로운 의사결정의 기회를 만들어 낸다. 따라서 의사결정의 근원적 목표를 진지하게 생각하다 보면 더 나은 결정을 내릴 수 있다.

예를 들어 정부 특별위원회 위원장 자격으로 위원회를 구성한다고 하자. 평소에 냉소적인 성격과 발언으로 그리 탐탁지 않은 후보 A가 있다고 하자. 그럼에도 후보 A는 문제를 창의적 시각으로 보는 능력이 있어 다양한 의견 제시를 통해 위원회에 도움이 될 것으로 기대

3. 기대효용을 이용한 대안의 평가는 제11장에서 자세히 다루도록 한다.

된다. 후보 A를 포함하자니 위원회 전체 분위기가 불편해 질 것 같고, 제외하자니 위원회의 구성이 뭔가 미흡한 느낌이다. 따라서 후보 A에 관련한 위원회 구성이 고민스러운 문제가 되어버렸다.

이 문제에 대한 답은 추구하는 가치, 즉 구체적 목표가 무엇인가에 대한 고민을 통해 찾을 수 있다. 이번에 설치되는 위원회의 목표는 무엇인가? 위원회의 목표가 통과의례의 형식적인 것인가, 아니면 중요한 안건을 진지하게 심의하고 결정하는 것인가? 만약 위원회의 목표가 다양한 의견들의 수렴을 통해 좋은 결정을 하려는 것이라면, 후보 A를 포함하는 것이 목표 달성에 도움이 될 것이다. 만약 위원회의 목표가 정해진 안건 통과의 절차적 정당성 확보라면, 후보 A를 제외하거나 이 목적에 부합하는 다른 후보를 찾는 것이 옳은 결정일 것이다. 결국 어떤 목표를 추구할 것인가의 문제가 의사결정을 좌우한다.

만일 "조직의 미션에 집중하고 공과 사를 엄격히 구분한다"는 가치를 중요한 의사결정의 지표, 즉 전략적 가치strategic value로 삼으면, 이 전략적 가치 또한 위원회 구성 결정에 영향을 미친다. 어떤 위원회에서 어떤 목표를 추구할 것인가의 문제는 어떤 전략적 가치를 중요하게 생각하느냐의 문제이다. 바람직한 전략적 가치를 찾고 공유하는 것은 개인뿐만 아니라 우리 사회 전체의 발전을 위해 대단히 중요한 일이다.[4]

전략적 가치뿐만 아니라, 반복되는 일상생활에서도 바람직한 가치를 위한 규칙을 생각해볼 수 있다. 예를 들어 탄산음료는 어떤 경우에도 마시지 않는다, 아무리 취해도 이는 닦고 잔다, 일정한 시간에 취침한다 등이 그 예가 된다. 일종의 좋은 습관이라고 하겠다. 매일 반복되는 일상에서의 결정을 바람직한 습관으로 바꾸면 우리는 장기적으로 삶의 질을 향상시킬 수 있다. 이런 바람직한 습관을 개인의 정책결정personal policy decision이라고 부를 수도 있다. 마크 저커버그가가 매일 같은 스타일의 옷을 고집하는 것도 시간을 가치 있게 쓰려는 그만의 습관이자 개인적 정책결정이다. 키니 교수에 의하면 반복되는 일상의 결정을 가치에 근거한 좋은 습관으로 유도nudging할 수 있다면 더 안정적이고 일관적인 삶을 유지할 수 있고, 남는 시간은 더 중요한 일에 집중할 수 있다고 한다(Keeney, 2020). 이것은 제한된 인지적 자원을 효과적으로 사용하는 좋은 의사결정을 위한 바람직한 습관이다.

---

4. 사람들이 가진 각자의 전략적 가치를 소신(所信) 이라고 표현하면 적절할 것이다. 중요한 의사결정의 방향성은 각자의 소신에 의해 영향받는다. 저자가 중요하게 생각하는 소신 중의 하나는 가치상충이 발생하는 의사결정 상황에서 소탐대실(小貪大失)의 격언을 항상 기억하는 것이다. 이것은 개인적인 욕심 때문에 판단을 그르치는 오류를 피하려는 개인적 결정이기도 하다.

4. 가치를 통한 목표설정

목표는 가치를 구체적 형태로 설정한 것으로 궁극적으로 성취하고 싶은 것이다. 목표의 설정은 의사결정의 결과를 정의하고, 그 결과에 대한 평가기준이 되며, 더 나아가 대안창출을 가능하게 하는 등 의사결정 과정에서 대단히 중요하다. 문제는 의사결정 과정에서 관련된 목표를 제대로 파악하고 설정하지 못한다는 사실이다. 의사결정의 목표를 제대로 설정하지 못하는 것은 인간의 인지적 편향과 함께 의사결정의 질을 떨어트리는 주요 요인으로 지적되어 왔다. 실제로 의사결정자가 설정하는 목표는 의미 있다고 판단되는 전체 목표 대비 약 30～50% 정도에 불과하다고 한다(Bond, Carlson, & Keeney, 2010).

의미 있는 목표를 설정하는 정도는 마스터 목록과 비교해 판단할 수 있다. 마스터 목록은 해당 의사결정 문제와 관련된 모든 목표들을 모아 놓은 것이다. 예를 들어 MBA 입학, MBA 인턴십, 박사과정 논문 주제선정 등 학생 입장에서 중요한 의사결정 문제를 생각해 보자. 이때 마스터 목록은 이들 문제와 관련해 실험에 참가하지 않는 사람들을 대상으로 브레인스토밍과 토론과정을 거쳐 관련성이 높은 목표들을 최종적으로 정리해 만든 목록이다.

[예 8-1] 목표설정 실험

구체적으로 박사과정 논문 주제선정에 관련한 목표설정 실험을 보자. 이 실험에서는 20명의 박사과정생들이 그들의 목표를 설정하는 첫 번째 시도에서 7.3개의 목표를 확인했지만, 34개의 목표가 포함된 마스터 목록 중에서는 21.9개의 목표가 자신들의 목표와 관련성이 높다고 응답했다. 1차 목표 설정 이후 두 번째 시도에서는 목표와 관련해 "학생으로서의 학문적 목표", "학생으로서의 개인적 목표", "졸업 후 전문가로서의 목표", "졸업 후 개인적 목표", "기타" 등의 관련 카테고리 큐를 제시한 이후 목표를 다시 설정해 줄 것을 요구했다. 그 결과 2차 시도에서는 추가적으로 4.5개의 목표를 확인할 수 있었다. 관련성이 높게 평가된 마스터 목록상의 목표들과 비교한다면, 1차 시도에서는 33.3%(= 7.3/21.9)의 목표가 확인되었고, 카테고리를 이용한 추가적 노력으로 2차 시도에서는 53.9%(= 11.8/21.9)까지 목표를 설정할 수 있었다. 참고로 1차에서 파악된 목표들과 2차에서 파악된 목표들은 그 중요성 측면에서 통계적인 차이가 없었다. 결국 1차 시도에서는 목표들을 충분히 확인하지 못했고, 카테고리가 주어진 2차 시도에서는 관련성 있는 목표가 추가적으로 확인된 셈이다.

그럼 왜 의사결정 과정에서 목표를 충분히 설정하지 못하는가? 그 원인으로 다음 몇 가지를 생각해 볼 수 있다. 첫째, 구체적 목표를 도출해 주는 가치 중심적 사고에 익숙하지 않은 상태에서 대안 중심적 사고가 지배하기 때문이다. 따라서 목표를 설정하는 노력과 관심이 충분하지 않게 된다. 둘째, 목표설정은 새로운 아이디어를 발굴하거나 상황을 유추하는 행동 등에 해당되어 상당한 정신적 노력이 필요한 작업이기 때문이다. 셋째, 개인적 사고의 틀이나 의사결정 상황 속에 매몰되어 충분히 깊고 넓게 문제를 보지 못하는 점도 그 원인이다. 넷째, 목표설정 자체가 충분한 동기유발이 쉽지 않은 행위라는 점도 그 원인 중 하나이다(Bond, Carlson, & Keeney, 2010 ; Haag, Zürcher, & Lienert, 2019 ; Keeney, 2020 ; Montibeller, 2022 ; J. Siebert & Keeney, 2015).

그렇다면 충분하지 않은 목표설정의 문제를 해결하는 방법은 무엇인가? 그 첫 번째 방법은 동기이론에 근거해 더 큰 목표설정을 독려하는 동기부여 방법challenge technique이다. 이 방법은 단순하게 목표를 더 많이 파악하고 설정하길 요구하는 것보다 중요한 목표들을 반 이상 간과하는 경우가 많고 목표를 찾아내기 위한 노력이 실질적으로 효과가 있다는 연구결과를 주지시키며 요구하는 것이 더 효과적임을 보여준다. 둘째, 목표 관련 해당 카테고리 큐category que를 제시함으로써 더 많은 관련 목표를 찾아낼 수 있다. 이미 박사과정 논문 주제선정의 예에서 "학생으로서의 학문적 목표", "학생으로서의 개인적 목표", "졸업 후 전문가로서의 목표", "졸업 후 개인적 목표", "기타" 등을 제시하면 좀 더 넓고 깊게 생각할 수 있는 기회가 됨을 알 수 있었다. 이때의 카테고리 제시는 스스로 목표를 찾아내는 1차 시도보다는 2차 시도에서 제시하는 것이 효과적이다. 셋째, 가치 중심적 사고를 통해 가치에 집중하고 이를 통해 구체적 목표를 찾아가는 방법이다. 가치와 목표에 대한 질문, 즉 당신이 원하는 것이 무엇인가 : what do you want?, 무엇을 가치 있게 여기는가 : what do you value?, 무엇을 가치 있게 생각해야 하나 : what should you value? 등의 본질적인 질문에서 시작하여 근원적 목표를 통해 수단적 목표를 찾는 과정 : what do you mean by that? 및 수단적 목표를 통해 근원적 목표를 찾아가는 과정 : why is that important?을 통해 의미 있는 목표를 찾아낸다. 마지막으로 관련 마스터 목록(예 : 미국 JD Power의 신차품질조사 항목)이 이미 존재한다면 그 리스트를 참고하고 관련된 목표들을 추가하는 것도 방법이 된다. 마스터 목록을 참고하여 목표를 더 이끌어 낼 창의성과 자극요인들(예 : 카테고리 큐, 동기부여) 등을 잘 활용하면 바람직한 목표설정 과정에 더욱 도움이 된다(Haag, Zürcher, & Lienert, 2019).

5. 목표를 통한 대안도출

목표가 충분히 설정되지 못한 상태에서는 좁은 범위의 대안이 도출될 수밖에 없다. 따라서 목표의 설정은 대안도출에서 매우 중요하다. 목표가 여러 이유들로 불충분하게 설정되는 것과 동일하게 대안의 도출도 질적·양적으로 만족스럽지 않은 경우가 많다(Keeney, 1996a). 이런 현상은 목표가 불충분하게 설정되는 점을 확인하는 방법과 동일하게 확인할 수 있다.

시버트 등이 실시한 실험에서는 인턴십을 통해 개인의 목표를 최대화할 수 있는 대안도출 과정에서 이 현상을 확인했다(J. Siebert & Keeney, 2015). 이 실험에서는 201명의 학석사 과정생들을 대상으로 선택 가능한 대안들을 독립적으로 도출 self-generated alternative하게 한 후, 이미 준비된 31개의 마스터 목록 대안들 중 관련성이 높다고 판단한 대안들과 비교했다. 그 결과 마스터 목록이 없는 독립적 시도에서는 평균 4.1개의 대안을 고려할 만한 대안으로 도출했다. 추후 31개 마스터 목록 대안들에 대해서는 평균 15.4개가 관련성이 높다고 평가했다. 양적인 측면에서 보면, 관련성이 높다고 판단된 15.4개 마스터 목록 대안 중에서 단지 4.1개 대안(26.6%)만이 도출되었고 나머지 11.3개 대안(73.4%)은 추후 마스터 목록을 통해 확인된 셈이다. 질적인 측면에서 보면, 마스터 목록에서 가장 중요하다고 판단된 대안top-ranked alternative은 독립적인 시도에서 44%만 확인되었다. 독립적으로 도출된 대안들과 마스터 목록을 통해 추후 도출된 대안들 간에는 질적인 차이가 없다는 점에서 볼 때 충분한 대안이 도출되고 있지 못하고 있다는 사실을 확인할 수 있었다.

그러나 유사한 방법으로 진행된 실험에서 마스터 목록의 목표를 사용하면 양적·질적 측면에서 대안도출에 긍정적 효과가 있음이 확인되었다. 방법적인 측면에서도 구체적으로 수단적 목표를 제시하며 더 많은 대안을 요청하는 경우가 목표에 대한 추가 정보 없이 단순히 더 많은 대안을 요청하는 경우보다 양적·질적 측면에서 더 많고 더 나은 대안을 도출할 수 있었다.

이런 사실들을 종합하면 목표를 충분히 인식하고, 관련된 목표를 중심으로 적절한 노력을 기울이면 양적·질적으로 더 나은 대안창출이 가능함을 확인할 수 있다. 의사결정 과정에서 도출된 최선의 대안보다 더 나은 대안을 선택할 수 없다는 사실을 인식하면 가치 중심적 사고와 이를 바탕으로 하는 명확한 목표설정 및 대안도출의 중요성을 이해할 수 있다.

6. 기회비용과 매몰비용

가치와 관련해서 기회비용과 매몰비용은 명확한 이해와 함께 의사결정에 반영되어야 할 중요한 개념이다.

6.1 기회비용

기회비용opportunity cost은 대안선택 과정에서 선택하지 않기 때문에 잃어버리는 가치foregone value이다. 이때 잃어버리는 가치는 선택하지 않는 차선의 대안 가치를 의미한다. 잃어버리는 가치는 돈, 시간, 경험 등 다양한 형태가 될 수 있다. 예를 들어 현금자산을 특정 주식 A에 투자한다면 은행예금을 통해 받을 수 있는 이자는 잃어버리는 금전적 기회비용에 해당한다. 평일 야근 근무는 저녁 휴식시간을 잃어버리는 시간적 기회비용에 해당된다. 주말에 골프나 테니스에 몰두해 음악회의 감동을 느끼지 못한다면 이때는 경험적 기회비용이 발생하는 셈이다.

기회비용은 실제 발생하는 비용은 아니지만, 최선의 선택을 위해서는 의사결정 과정에서 반드시 고려되어야 한다. 따라서 좋은 의사결정은 가치에서 기회비용을 뺀 순가치가 가장 큰 대안을 선택하는 것이 합리적 행동이다. 그러나 현실에서는 기회비용이 종종 간과된다. 예를 들어 DVD 구매 관련 실험에서 "구매하지 않음"이라는 대안 대신 "다른 물건의 구매를 위해 저축함"과 같이 기회비용을 상기시키는 방향으로 표현될 때 해당 제품target option에 대한 구매 의도가 현저하게 감소하였다(Frederick, Novemsky, Wang, Dhar, & Nowlis, 2009). 이 결과는 의사결정 상황에서 기회비용을 적절히 고려하지 못하고 간과했음을 보여준다.[5]

그렇다면 현실에서 기회비용을 간과하는 이유는 무엇인가? 첫째, 의사결정자들은 정보를 모두 활용하기보다는 쉽게 접할 수 있거나 특별히 주의를 끄는 정보를 활용해 의사결정을 한다. 특히 기회비용의 존재에 대해 분명하게 명시되어 있지 않으면 주의를 기울이지 않는다. 둘째, 의사결정자들이 기대효용을 최대화하는 것은 합리적이고 전통적인 가정이지만, 선택하지 않은 대안과의 비교를 통한 후회를 최소화하는 의사결정을 결정의 지표로 삼을 수도 있다. 따라서 선택하지 않은 대안에 대해 후회를 줄이려는 행동은 선택하지 않을 대안에 대한 정보 수집을 꺼리는 경향

5. 기회비용의 효과 측면에서는 비슷한 물건이 아니라 전혀 다른 차원의 물건을 대안으로 제시할 때 관심 제품에 대한 구매 의도가 더욱 감소함을 확인할 수 있다(Friedman, Savary, & Dhar, 2018).

으로 나타난다. 후회를 줄이고 싶은 행동이 기회비용을 간과하게 만든다. 셋째, 일반적으로 의사결정자는 모든 정보를 수집해서 기대효용을 최대화하는 대안을 찾는 존재maximizer라기보다는 기존의 정보를 활용해 충분히 괜찮은good enough 대안을 찾아가는 존재satisfier에 가깝다. 결국 사람들은 제한된 정보와 인지능력하에서 최적의 결정이 아닌 최선satisficing의 결정을 내리게 된다. 최적이 아닌 최선의 의사결정 과정에서는 불충분한 정보탐색 및 대안창출, 휴리스틱에 의존한 대안평가 등으로 인해 기회비용을 적절히 고려하지 못하게 된다(Haghpour, Sahabeh, & Halvari, 2022).

앞에서 언급한 요인들에 의해 기회비용을 충분히 고려하지 못하고 간과했다는 것은 비용항목을 잘못 이해했거나 누락했다는 뜻이 아니다. 정확한 뜻은 더 나은 대안들을 찾는 노력이 부족했다는 의미이다. 기회비용을 충분히 고려하지 못하면 더 큰 가치를 줄 수 있는 대안의 존재를 놓치거나 창출하지 못하는 결과가 된다. 중요한 의사결정에서 기회비용을 고려한다는 뜻은 창의적이고 실행 가능한 대안도출을 통해 새로운 가치를 창출하는 적극적 노력을 의미한다.

6.2 매몰비용

매몰비용sunk cost은 의사결정을 통해 이미 지출해서 더 이상 회수할 수 없는 비용을 의미한다. 이미 언급한 기회비용과의 차이는 기회비용은 앞으로 내릴 의사결정에 의해 발생할 미래비용이고 매몰비용은 이미 내린 의사결정에 의해 발생한 과거비용이다. 이미 지출한 매몰비용은 회수가 불가능하기 때문에 미래의 의사결정과는 관련성이 없다. 따라서 의사결정 이론에 따르면, 미래 효용을 최대화하는 의사결정에서는 현 시점 이후의 비용과 이익을 고려하되 과거에 발생한 매몰비용을 고려해서는 안 된다. 그러나 현실에서는 미래의 의사결정이 매몰비용의 영향을 받는 현상이 발생하고 이를 매몰비용의 오류sunk cost fallacy라고 부른다. 즉, 과거에 내린 결정을 지속하는 것이 정당화되지 않음에도 과거에 투자한 비용, 시간, 노력 때문에 오히려 자원을 계속 투입하는 행동이 매몰비용의 오류이다.[6] 매몰비용의 오류는 합리적 의사결정을 방해하는 대표적 오류 중 하나이다.

[그림 8-4]는 매몰비용이 발생하는 상황을 도식적으로 잘 설명해 준다. 잘못된 문제를 풀고 있는 Type 3 오류의 상황에서 과거의 노력을 생각하며 처음 하던 행동을 계속하는 모습이다.

그림 8-4 의사결정 과정에서 발생하는 매몰비용

출처 : That sunk feeling, *Harvard Business Review*, 2004.

일상 속에서 매몰비용이 잘못 작동하는 예를 보자. 당신이 친구들과 오랜만에 고급 식당에 갔다고 하자. 잔뜩 기대했던 음식이 예상보다 맛이 없었지만 이미 비싸게 지불한 돈 때문에 과식한 경험이 있는가? 화가 난 김에 평소에 손대지 않던 탄산음료와 디저트까지 먹었다면 당신은 일상생활에서 매몰비용을 분리해 행동하지 못한 셈이다. 이미 지불한 입장료 때문에 TV 시청보다 가치가 없는 시간을 음악회에서 보내는 행동, 앞으로 입을 가능성이 전혀 없는 옷들로 소중한 공간을 채우는 행동도 매몰비용을 고려하지 않는 경우에 해당된다.

생활 속에서뿐만 아니라 기업이나 국가의 대규모 프로젝트에서도 매몰비용의 오류가 발생한다. 초음속 항공서비스 콩코드와 이동통신서비스 이리듐이 그 대표적 예이다. 첨단기술 개발을 통해 지금까지 존재하지 않았던 항공서비스나 글로벌 통

---

6. 변화된 환경 속에서도 과거의 행동을 지속한다는 의미에서 매몰비용의 오류를 몰입의 강화escalation of commitment라고 부르기도 한다. 또한 정당화되지 않는 자원의 투자가 계속 발생하는 현상을 "throwing good money after bad"라고 표현하기도 한다.

신서비스를 제공하겠다는 두 프로젝트는 환경변화에 따른 수익성 악화가 분명해진 상황에서도 투자는 계속되며 결국 실패로 끝난다.

이런 매몰비용의 오류가 발생하는 원인을 의사결정의 측면에서 이해해 볼 수 있다. 첫째, 인간은 손실을 회피하면서 얻는 효용을 같은 크기의 이익에 따라 얻는 효용보다 2배 이상 크게 느끼는 손실회피 성향loss aversion을 보인다. 따라서 기존 투자의 중단이 손실로 현실화된다면 그 손실을 만회하기 위해 기존의 투자를 계속함으로써 매몰비용의 함정에 빠지기 쉽다. 이것은 손실 부분에서의 효용함수가 아래로 볼록한 형태convex를 띠고 있어 손실회피 성향을 보이게 된다.[7] 둘째, 인지부조화cognitive dissonance로부터 발생한 원인이다. 인지부조화는 서로 다른 사고나 태도, 신념 등이 충돌할 때 발생하는 불편함을 의미한다. 인간은 인지부조화 상태에서 이 불편함을 감소시키기 위해 노력하는데, 부정적으로 변화된 의사결정 상황에도 과거의 결정을 정당화함으써 인지부조화를 줄이려고 한다. 과거의 결정을 정당화하는 행동은 무의미한 투자를 계속하게 하고, 결국 매몰비용의 오류에 빠지는 원인이 된다(Haita-Falah, 2017). 셋째, 과거 의사결정에 관련된 사람들이 느끼는 책임감도 영향을 미친다. 책임감을 크게 느끼는 사람들은 실패가 예상되는 프로젝트를 중간에 포기하는 것을 자존심 상하는 일loss of face로 받아들이며 이를 방지하기 위해 과거의 결정을 계속 지지하는 매몰비용의 오류에 빠지기 쉽다.

매몰비용의 오류를 방지하는 방법

이러한 매몰비용의 오류를 방지하기 위해서 다음과 같은 여러 방법들이 알려져 있다. 첫째, 대규모 자원 투입이 필요한 프로젝트의 진행에 관한 의사결정 단계를 설정하고 그 만족 여부를 단계별로 확인함으로써 과도한 투입을 모니터링하는 것이다. 이를 위해 다음 단계로 진행하기 위한 조건과 의사결정 규칙을 정하고 이를 시스템화한다. 이런 방법은 상품개발 과정을 상품개념 설정, 타당성 분석, 개발, 테스

7. 이것은 제3장에서 간단히 언급한 전망이론prospect theory에 근거해서 설명되는 현상이다(Kahneman & Tverskey, 1979).

트, 상품 출시 후 관리 등의 여러 단계로 정의하고 각 단계별로 개발과정의 지속과 중단을 평가·판단하는 상품개발 프로세스stage-gate process와 유사하다.

둘째, 프로젝트의 시작과 지속적인 평가를 위한 의사결정 위원회를 다양성의 측면에서 구성·운영하는 것이다. 위원회는 문제를 다양한 관점에서 볼 수 있고 이를 바탕으로 새로운 대안을 창출할 수 있어야 한다. 이때 구성원의 숫자는 반대 의견도 개진될 수 있는 충분한 수의 위원들로 구성한다. 중요한 의사결정을 CEO 및 3~4명의 주요임원들이 결정할 때 단 1명의 반대 의견은 간과되기 쉽다. 그러나 10명 중 2명이 반대하여 반대 의견이 20%인 경우는 비록 4명 중에서 1명이 반대하는 경우에 비해 반대 비율은 낮지만 그 의견은 신중하게 평가된다. 물론 반대하는 사람들이 침묵을 지키는 일이 발생하지 않도록 조직의 분위기를 만드는 것은 CEO가 할 일이다. 과거의 결정이 다음 결정에 미치는 영향을 없애기 위해 결정자를 바꾸기도 한다. 예를 들어 금융산업의 경우 1차 대출 이후 해당 대출의 부실채권 가능성이 높을 때에도 추가대출의 경향이 높다고 알려져 있다. 이를 방지하기 위해 1차 대출 심사자와 추가대출 심사자를 분리 운영함으로써 매몰비용의 오류 가능성을 원천적으로 줄이고 객관적 평가를 할 수 있는 제도를 운영하기도 한다.

셋째, 프로젝트 진행과 결과에 대한 상상력을 동원해 추정하고 이를 의사결정에 활용하는 것이다. 예를 들어 미래에 예상되는 다양한 시나리오들을 도출하고 현재의 전략적 방향이 각 시나리오상에서 어떤 결과가 나올지를 사전적으로 평가하는 시나리오 플래닝scenario planning과 같은 기법이 도움이 된다. 반대로 시간을 미래로 옮겨 프로젝트가 실패했다고 가정하고 그 실패의 원인을 거꾸로 찾아보는 기법인 사전 부검premortem 방법을 사용할 수도 있다. 이 방법의 특징은 가능한 실패 원인을 찾는 것이 아니라 이미 실패했다고 가정하고 적극적으로 실패원인을 찾는 것이 특징이다. 사전 검시 방법은 기본가정을 실패로 함으로써 프로젝트에 대한 근거 없는 믿음overconfidence이나 긍정적 정보만 선택적으로 처리하는 확증편향confirmation bias에서 벗어나 실패의 시나리오를 객관적으로 평가하고 대처할 수 있는 장점이 있다. 특히 이미 실패했다고 가정하고 적극적으로 실패의 원인을 찾는 방법이기 때문에 집단적 사고에 영향 받아 반대 의견을 개진하기 어려운 경직된 조직문화에서 특히 유용하다([Decision in Action 8-4] 참고).

넷째, 합리적 의사결정을 위한 소통의 문화를 적극 권장한다. 매몰비용의 오류 가능성을 인식하는 것 자체가 중요하며, 그 가능성을 적극적으로 소통하는 것이 필요하다. 또한 조직문화적으로 프로젝트의 중단 결정을 선택할 수 있는 대안으로 받아들여야 한다. 제약산업의 예를 보자. 신약개발을 위해서는 10~15년 이상의 긴 기간 동안 후보물질 개발pre-clinical devolopment과 임상개발clinical development 단계를 거치게 된다. 후보물질이 개발되었다고 해도, 인간에 대한 안정성과 유효성을 확인하는 임상개발 3단계에서의 성공확률이 10% 이내이기 때문에 이미 가능성이 없다고 판단되는 프로젝트를 신속히 중단하고 다른 프로젝트에 자원을 투입하는 것은 수익성 관리에 매우 중요하다. 이와 관련하여 개발과제를 중단해야 할 정당한 이유를 찾아 프로젝트를 중단하면 포상을 하는 제도를 운영하는 회사도 있다고 한다(Perignat & Fleming, 2022). 이것은 제약산업에 국한되는 것이 아니라 다른 산업에서의 제품개발 과정에서도 적용될 수 있는 개념이다.

이상 매몰비용의 오류에서 벗어나는 네 가지 방법을 설명하였다. 길이 아닌 것으로 판단되면 지난 노력을 매몰비용화하고 새로운 길을 찾는 것이 현명한 선택이다. 노력하면 성취할 수 있다는 의지는 성공이 노력의 함수인 경우에만 성립한다. 불확실성의 전개 여부와 외부환경의 변화가 성공에 큰 영향을 주는 경우 "노력은 성공의 어머니"라는 개인적 신념은 매몰비용 오류의 측면에서 매우 위험하다.

우리 사회도 시작한 일은 끝을 내야 한다는 믿음과 보이지 않는 압력이 많다. "가다가 중지하면 아니간만 못하다"는 한국 격언이나 "You don't change horses in the middle of race" 등의 미국 격언은 매몰비용의 오류를 강화시키는 편견으로 작용할 수도 있으므로 바람직하지 않다(Perignat & Fleming, 2022 ; Vermeulen & Sivanathan, 2017).

[Decision in Action 8-3] 콩코드 프로젝트와 이리듐 프로젝트

콩코드 프로젝트와 이리듐 프로젝트는 매몰비용 오류를 설명하기 위한 좋은 예이다. 다음에서는 각 프로젝트의 추진과정에서 어떻게 매몰비용의 오류에 빠지게 되었는지 살펴보기로 한다.

콩코드 프로젝트

▲ 콩코드 여객기(출처 : www.airliners.net)

콩코드Concorde 프로젝트는 18km 상공에서 음속 2로 비행하는 초음속 여객기를 개발하는 사업이다. 1962년 영국과 프랑스의 합작으로 시작되었으며 대서양 횡단시간을 반으로 줄일 수 있는 획기적 시도였다. 그러나 프로젝트가 진행될수록 개발 시간은 늘어났고 비용은 증가했다. 1962년 당시 1.5억 파운드로 추산되었던 개발 비용은 1976년 개발 완료 후 상업 서비스가 시작되는 시점에 15~21억 파운드로 10배 이상 증가했다.[8] 그 주된 원인은 1973년 소련이 경쟁적으로 개발하던 초음속 여객기 Tu-144 추락에 따른 초고속 여객기사업에 대한 부정적 시각의 확산과 이에 따른 항공사들의 주문 취소로 전체 생산수량이 작아진 점에 있었다. 개발 시간과 비용의 증가뿐만 아니라 운영 측면에서도 문제가 제기되었다. 비싼 개발 비용을 상쇄하기 위해서는 비행시간을 단축하고 이를 통해 자산 회전율을 높여 경제성을 확보해야 한다. 그러나 음속 2의 고속비행을 하면 연료 효율이 반 이하로 감소하게 되어 연료비가 상승하는 1970년대 석유파동의 시기에 경제성을 만족시킬 방법이 없었다.

영국과 프랑스도 1962년 사업이 시작되기 직전 콩코드 프로젝트의 경제성이 없다고 판단했으나 프로젝트는 계속되었다. 당시의 논리는 전 세계가 초음속 여객기 개발 경쟁에 돌입한 상태에서 콩코드 프로젝트를 중단할 수 없다는 것이었다. 미국도 유럽과 경쟁하고 있었는데, 1971년 미국 상하원이 경제성과 환경문제 등을 이유로 들어 개발 중이던 초음속 여객기 보잉2707에 대한 지원을 중단하게 된다. 일단 미국과 소련과의 개발 경쟁에서 승리한 영국

8. 2021년 가치로 94억 파운드에서 132억 파운드 정도로 추산됨(https://en.wikipedia.org/wiki/Concorde).

과 프랑스는 1976년부터 런던, 파리와 뉴욕, 워싱턴 간 대서양 노선에서 콩코드 운항을 시작했다.

그러나 어렵게 시작한 초음속 여객서비스의 수요는 매우 제한적이었다. 요금이 일반 항공편 1등석의 3배 이상인 약 10,000달러 이상이어서 매우 부유한 사람들만이 사용하는 서비스가 되었다. 이후 만성적자 누적, 2000년 콩코드 추락사건, 2001년 911 테러로 인한 항공수요 급감 등 악재가 누적되며, 결국 2003년 27년간의 운항을 중단하게 된다. 이제 콩코드는 안타깝게도 기념공원이나 박물관 등에서나 볼 수 있게 되었다.

처음부터 경제성 논란이 있던 콩코드 프로젝트를 중단시킬 기회는 몇 차례 있었다. 본격 프로젝트 시작 직전인 1962년 정치논리가 주도한 프로젝트를 중단할 기회, 1973년 오일쇼크와 주문 취소 등 급변한 상황에서 중단할 기회, 1976년 서비스 개시를 중단할 기회 등이 있었으나, 경제성이 없는 콩코드 프로젝트는 매몰비용을 계속 쌓아갔다. 결국 1950~1960년대 구 소련과 미국의 우주개발에 대항해 유럽의 자존심으로 여겨졌던 콩코드 프로젝트는 정치적·경제적 매몰비용의 오류를 극복하지 못하고 콩코드 오류Concord fallacy라는 불명예스러운 이름으로 역사에 기록되었다.[9]

이리듐 프로젝트

매몰비용의 오류는 유럽의 콩코드 프로젝트에 이어 미국 이리듐 프로젝트에서도 재현된다. 이리듐 프로젝트는 지구의 저궤도상에 66개의 인공위성을 쏘아 올려 전 세계의 어떤 지역, 어떤 사람도 사용할 수 있는 글로벌 위성통신 서비스를 단일 표준으로 제공하는 것을 목표로 했다. 이 프로젝트의 중심이었던 모토로라는 1987년부터 본격적 기술개발에 착수하고 1998년 11월 본격 서비스가 시작됐다.

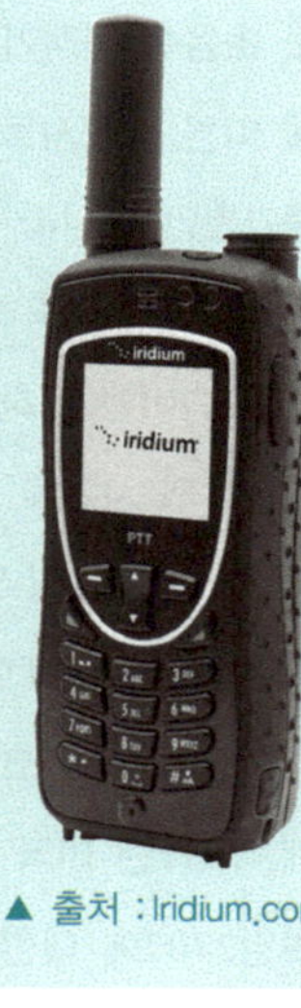

▲ 출처 : Iridium.com

문제는 기술 및 서비스 개발이 진행되는 12년간의 긴 기간 동안 대체재 성격의 이동통신 서비스의 커버리지는 급속히 확대되었고, 반면 이리듐 서비스만의 독특한 효용은 상대적으로 감소되었다. 효용의 감소뿐만 아니라 비싼 요금, 투박한 단말기, 실내에서의 통화 불가능, 목표시장 선정의 실패 등의 이유로 가입자 유치에도 많은 어려움을 겪는다.

9. 콩코드에 대한 자료(https://en.wikipedia.org/wiki/Concorde)와 미국이 개발 중이던 보잉2707에 관한 자료(https://en.wikipedia.org/wiki/Boeing_2707)는 위키피디어를 참고하였음.

결국 이리듐 서비스는 서비스 개시 1년도 못되어 1999년 8월 서비스가 중단된다. 12년의 장기 프로젝트 기간 동안 개발 비용은 증가하고 대체 서비스로 인해 경제성이 악화되었지만 이리듐 프로젝트는 계속되었다. 결국 총 50억 달러의 막대한 손실을 보고 0.25억 달러의 헐값에 처분된다. 결국 이리듐 프로젝트는 경제성이 떨어진 이후에도 프로젝트가 계속되며 발생하는 매몰비용의 오류를 보여주는 또 다른 예가 된다. 자세한 내용은 제1장 제2절의 이리듐 서비스를 참고하기로 한다.

두 서비스의 공통점과 시사점

콩코드 서비스와 이리듐 서비스는 유럽과 미국이라는 다른 장소에서 또 다른 시간에 발생한 사례이지만 공통적 특징을 가지며, 이로부터 몇 가지 중요한 시사점을 얻을 수 있다.

첫째, 두 서비스는 과거에 없었던 혁신적 서비스를 제공함을 목적으로 했고, 따라서 시장 불확실성이 매우 높았다. 콩코드 서비스는 세계 최초의 초음속 여객기 개발을 통해 비행시간을 반으로 줄이는 항공서비스이고, 이리듐 서비스 역시 세계 최초의 위성과 위성 간 통신기술을 기반으로 한 글로벌 통신서비스이다. 이런 과거에 없었던 서비스는 그 특성상 시장 불확실성이 대단히 높다. 초음속 비행은 실제 초음속 비행기가 완성된 이후에야 그 서비스를 경험할 수 있고, 이리듐 서비스도 위성들이 모두 발사되어 지구 궤도에 안착해야 서비스를 이용할 수 있다. 소비자가 경험할 수 없는 서비스에 대한 사전적 수요 예측은 불가능하지는 않으나 부정확하며 신뢰도가 낮다.

둘째, 기술개발 과정에서 두 서비스 모두 개발 시간과 개발 비용이 대부분 길어지고 증가했다. 프로젝트 시작 이후 콩코드 서비스는 15년, 이리듐 서비스는 12년의 긴 시간이 필요했고 비용은 폭증했다. 또한 목표한 기술개발 자체는 성공했지만 다른 측면을 간과했다는 공통점이 있다. 콩코드 서비스는 경제성뿐만 아니라 음속 돌파에 따른 소음 피해 등 환경문제를 해결하지 못했다. 이리듐 서비스는 단말기 수급, 가격 전략, 목표시장 선정의 실패 등 경영상의 문제점이 지적되었다.

셋째, 두 서비스는 장기간의 기술개발과 대규모 선행투자가 필요했으며 그 투자비는 매몰비용의 성격이었다. 만약 프로젝트가 실패할 경우 R&D 및 인프라 투자에 대한 잔존가치는 거의 없었다. 상용 서비스를 하지 못하는 초음속 비행기나 활용할 수 없는 위성은 박물관에서만 그 가치를 인정받는다. 콩코드나 이리듐 서비스의 경우와 같이 잔존가치가 없으며 성공여부의 확인에 긴 시간이 필요한 경우 프로젝트의 시작은 어렵지만 시작된 투자는 장기간 지속된다. 단계별 적절한 의사결정 룰(예 : stage−gate process)이 적용되지 않으면, 부정적 상황이 발생했을 때에도 과거의 투자를 매몰비용으로 인식하고 프로젝트를 중단하는 일은 매우 어렵게 된다.

넷째, 두 서비스의 시작에는 최고책임자들의 특별한 관심이 작용했다. 콩코드 프로젝트의 추진에는 미소의 우주경쟁에서 뒤쳐진 유럽의 자존심을 회복하려는 영국과 프랑스 양국 정상들의 정치적 목적이 자리한다. 이리듐 프로젝트에는 모토로라의 기술적 명성을 지키려는 창업자 아들 갈빈Galvin의 의욕이 크게 작용한다. 최고책임자의 관심이 없다면 메가 프로젝트는 시작할 수 없지만 과도한 집착은 이후 합리적 의사결정의 큰 방해요소가 된다.

다섯째, 두 서비스를 추진했던 주체는 공동책임의 성격을 가진 지배구조였다. 콩코드에서는 오랜 기간 앙숙 관계였던 영국과 프랑스가 공동개발을 진행했다. 이리듐 서비스는 글로벌 서비스를 위해 17개국 28명의 이사들로 구성된 이사회를 통해 운영되었다. 시작은 어렵지만 복잡한 지배구조하에서 한번 시작된 결정은 관성의 법칙이 작용하기 쉽다.

이상에서 살펴본 공통점들은 매몰비용 오류의 주요 발생 원인으로 작용했다. 콩코드나 이리듐 프로젝트는 첨단기술 개발과 서비스를 통해 시장을 선점하고 규모의 경제를 통해 시장을 장악할 수 있는 기회였다. 그러나 두 서비스가 가진 공통적인 문제는 막대한 선행투자가 필요하지만 불확실성이 매우 높고 그 불확실성을 관리할 유연성이 부재했다는 것이다. 그러나 최고결정자들의 굳은 의지가 있었고, 이미 결정된 투자는 계속 진행되었다. 영국과 프랑스가 맺은 프로젝트 중단 시의 높은 페널티 부과조항, 이리듐 이사회의 효과적 거버넌스 부재 등은 프로젝트의 조기중단을 어렵게 만들었다. 이미 실패 가능성이 커졌지만, 그 실패를 인정하고 싶지 않고 불확실성에 대응할 유연성도 없는 프로젝트는 계속 진행되었고, 결국 역사적으로 유명한 실패사례들로 남게 되었다.

[Decision in Action 8-4] 사전 부검

개혁정책 실시 전에 실패할 이유를 미리 찾는 "사전 부검" 거쳐야

어떤 정책이 선의에서 시작됐고 명분이 좋다고 성공하란 법은 절대 없다. 특히 기존의 심각한 왜곡을 해소하기 위한 개혁 정책이라면 더욱 그렇다. 왜곡은 또 다른 왜곡을 낳으며 시스템 내부에 깊숙이 얽혀 있기 마련이다. 그 복잡한 실타래를 풀려고 하면 우리 사회의 가장 약한 고리가 피해를 입곤 한다.

▲ 출처 : 서울시민의 내일찾기 블로그

예를 들어 장시간 근로의 악폐를 없애기 위해 주 52시간 근로제를 실시하니, 초과근로수당을 덜 받게 된 저임금 근로자들이 "투잡"을 뛰어야 하는 상황이 됐다. 수당이 줄어들어 생계가 위협받게 됐다고 울상 짓는 근로자들이 나오고 있다. 이렇게 된 데에는 장시간 근로 체제가 낳은 임금 체계 왜곡도 한몫했다. 지금껏 많은 한국 기업들은 장시간 근로를 당연시해 기본급은 적게, 수당은 많이 주는 기형적인 임금 체계를 유지해 왔다. 이런 상황에서 근로시간만 단축하면 수당을 못 받는 일부 저임금 계층은 타격을 입게 된다. 정부는 최저임금 인상으로 이를 커버하려고 하지만, 일부 사업장에서는 아예 직원을 해고하는 게 현실이다.

기존 체제의 수혜자, 다시 말해 기득권자들은 이 같은 약자의 피해를 무기 삼아 정부의 개혁 정책을 반대한다. "그 정책으로 돕고자 한 사람들이 오히려 피해를 보지 않느냐? 그 정책을 포기하라"라고 요구한다. 개혁 정책의 부작용이 드러날수록 반발은 증폭된다. 개혁은 위기에 빠진다. 정책 집행의 속도는 늦춰진다. 국회에서 법으로 7월 1일부터 시행하라고 명령한 주 52시간 근로제를 행정부가 자의적으로 6개월 미루는 상황이 초래된 것도 이와 무관하지 않다. 행정부의 이번 조치는 법치주의 위반이라는 점에서 정권 내부 의사결정자들의 고충이 컸을 것이다.

한국 근로자들의 연간 근로시간은 경제협력개발기구(OECD) 국가 중 두 번째로 많다. 정부가 앞으로 개혁을 추진할 때 역풍을 맞지 않으려면 정책 설계단계부터 철저히 준비해야 한다. 예상되는 문제점을 미리 찾아내 최대한 대응 방안을 마련해야 한다. 그래야 나중에 허둥대지 않게 된다.

그러나 선의와 명분에 눈먼 자들은 그 같은 노력을 무시하려 든다. 예상되는 문제를 미리

그림 8-5 국가별 근로시간

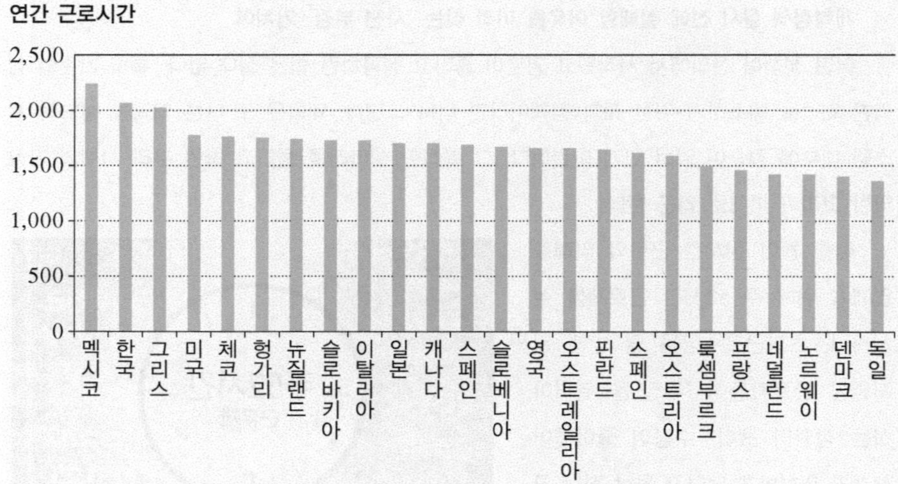

주 : 2016년 전체 취업자 기준

출처 : 국가통계포탈(Kosis.kr)

찾아 거론하는 사람들을 향해 "개혁에 반대하는 거냐"라고 압박한다. 더욱이 청와대는 애초부터 대통령과 명분을 같이 하는 사람들이 모인 곳이 아니던가? 청와대 참모들은 그 명분을 중심으로 단일대오를 형성해야 한다는 강력한 압박을 받는다. 그 명분을 좌절시킬 수 있는 문제를 적나라하게 거론한다는 건 부담스럽다. 개혁을 주저하는 사람으로 보일까 겁이 난다. 자칫 대통령에 대한 충성 경쟁이 벌어질 경우 "명분론"이 더욱더 세를 얻게 된다.

이런 상황을 타파하는 좋은 방법이 있다. "사전 부검(premortem)"이 바로 그것이다. 어떤 정책을 시행하기 전에 "미리(pre)", 그 정책이 실패해 "죽음(mortem)"을 맞았다고 간주하는 것이다. 그런 다음 마치 시체를 검시하고 부검하듯이 철저하게 실패 이유를 찾아보는 게 "사전 부검"이다. 이는 저명한 심리학자인 게리 클라인 박사가 제시한 아이디어이다. 누군가 죽고 난 후에 시체를 검시해 사망 이유를 찾는 "사후 검시(postmortem)"라는 법의학 용어를 고쳐 만든 단어다.

사전 부검은 노벨경제학상을 받은 심리학자 대니얼 카네만이 다보스 포럼에 소개하면서 널리 알려졌다. 카네만은 자신의 책 "생각에 관한 생각"에서 사전 부검의 절차를 다음과 같이 소개했다. "조직이 중요한 문제를 거의 다 결정했지만, 아직 공식적으로 확정되지는 않았을 때 그 결정에 대해 잘 아는 사람들이 모여 짧게 회의를 한다. 다음과 같은 간단한 말로 회의의 전제를 소개한다. "우리가 1년 뒤 미래에 와 있다고 상상해 보세요. 우리는 이 계획을 그대로 실행했습니다. 그 결과는 재앙disaster입니다. 5분에서 10분 정도 시간을 내서, 어떻게 그 계획이 재앙에 이르게 됐는지 이력(history)를 써보세요." 이제 사람들은 머리를 짜내게 된다. 그 계획이 어떤 경로를 거쳐서 어떤 이유로 실패할지 노트에 적게 된다. 그런 다음에는 리더가 사람들에게 차례대로 "노트에 적은 실패 이유를 설명해 보라"라고 요청한다.

사전 부검의 핵심 장점은 "의심"과 "문제 제기"를 정당화한다는 것이다. 청와대의 주요 의사결정자들이 "사전 부검"을 실시했다고 해보자. 주 52시간제 도입이나 최저임금의 대폭 인상 때 발생 가능한 문제를 거리낌 없이 말할 수 있을 것이다. 명분에 눈먼 자들조차 그 정책이 재앙으로 끝날 가능성을 억지로라도 생각해야만 한다. 그래야만 노트에 그 실패의 이력을 적을 수 있기 때문이다. 덕분에 예상되는 주요 장애물과 골칫거리들은 모두 논의의 테이블로 올라오게 된다. 의사결정 참여자들이 그 문제를 어떻게 대처할까 의견을 나누고 토론을 거치는 과정에서 정책을 좀 더 치밀하게 가다듬을 수 있다. 나중에 문제가 터져도 여유 있게 대응할 수 있게 된다. 근로시간 단축을 방해하는 여러 장애물 중에서 핵심 과제에 더욱 시간을 쏟을 수도 있다. 사소한 과제들은 미리 준비한 시나리오 대로 처리하면 큰 어려움 없이 해결된다.

미국 정부와 군대에서는 수십 년 전부터 "사전 부검"과 비슷한 기법을 활용해 왔다고 한다. 실패 형태와 영향 분석(FMEA ; Failure Mode and Effect Analysis)이 바로 그것이다. 칩 히스와 댄 히스가 쓴 책 *Decisive*에는 FMEA에 대한 간략한 설명이 나온다. FMEA에서는 계획의 모든 단계에서 발생할 잠재적 실패 요인을 파악해 두 가지 질문을 던진다고 한다. "얼마만큼이나 그 일이 발생할 것 같은가?"가 첫째 질문이고, "실제로 그 일이 발생하면 결과가 얼마나 심각할 것인가?"가 두 번째 질문이다. 각 질문에 1에서 10까지 점수를 매기고, 두 점수를 곱해 총점을 낸다. 이렇게 하면 "사전 부검"에서처럼 잠재적 실패 원인을 모두 테이블에 올려놓을 수 있고, 개별 실패 원인마다 중요도를 평가할 수 있다.

앞으로 문재인 정부는 근로시간 단축뿐만 아니라 다른 많은 개혁 정책도 실행에 옮기려고 한다. 재벌 개혁과 사법 개혁, 지방분권, 수사권 조정 등 한두 가지가 아니다. 이 모든 것들이 실행에 옮겨질 경우 대한민국의 국가 운영 시스템 자체가 달라질 것이다. 더욱이 문재인 정부는 "북한 핵 폐기"라는 세계사적 과제에도 맞닥뜨려 있다. 이 과제를 어떻게 다루느냐에 한반도의 운명이 달려 있다. 동아시아, 나아가 세계 평화에도 큰 영향을 미칠 것이다. 돌다리를 두드리고 건너듯이 모든 예상되는 문제점과 난관, 잠재적 실패 요인을 조목조목 검토하고 대응책을 마련해야 한다.

그러나 명분과 선의에 집착해 예상되는 문제점을 충분히 거론하지 못하고 정책을 밀어붙일 경우 뜻하지 않는 대형 암초를 만날 수 있다. 최악의 경우 민생은 어려워지고 기업 활동은 위축된 채 개혁 정책은 좌초될 수도 있다. 한반도에 또다시 전쟁의 암운이 드리울 수 있다.

정부는 그런 일이 없도록 미리 준비해야 한다. 그 방법 중 하나가 앞서 소개한 "사전 부검"이다. FMEA도 도입을 검토할 만하다. 이 같은 방법이 아니라고 해도 "의심"과 "문제 제기"를 정당화하는 또 다른 방법을 찾아야 한다. 그래야 정권의 성공 가능성이 높아진다. 대통령은 명분에 눈먼 자들을 경계해야 한다.

출처 : 김인수, "개혁정책 실시 전에 실패할 이유 미리 찾는 "사전 부검" 거쳐야", 매일경제, 2018. 6. 22.

반복되는 문제

기술개발이 활발한 21세기, 긴 시간과 높은 비용이 필요한 첨단기술과 서비스 개발은 계속될 것이다. 콩코드와 이리듐 프로젝트의 실패사례가 조직의 기억 organizational memory을 통해 전해지고 이를 통한 깨달음이 없다면, 이런 사례는 앞으로도 반복될 것이다. 일례로 일론 머스크가 추진하는 화성 이주 프로젝트를 생각해 보자. 대단히 흥미롭고 가슴 뛰는 아이디어이다. 화성 이주를 위해서는 한 번도 시도하지 않았던 수많은 기술혁신이 필요하고, 그 비용은 추산조차 불가능하며, 각종 불확실성은 최고 수준이고, 모든 투자가 이루어져야 그 성공 여부를 확인할 수 있다는 점에서 위 두 사례와 유사점이 많다. 우리는 두 사례를 통해 많은 것을 배울 수 있다.

7. 마무리

의사결정자의 선호는 가치선호, 위험선호, 시간선호의 총 3가지 형태를 통해 의사결정 과정에 반영될 수 있다. 제8장에서 알아본 가치선호는 의사결정자가 추구하는 가치에 대한 만족 정도를 나타낸다. 의사결정은 본질적으로 구체적 가치, 즉 목표가 만족되는 정도가 큰 대안을 선택하는 것이다. 따라서 바람직한 의사결정은 가치 중심적 사고를 통해 주어진 대안에 대한 소극적 선택이 아닌 더 큰 가치를 가진 대안을 찾아내는 적극적 과정이다. 가치 중심적 사고의 4단계를 통해서 우리는 가치를 구체적 목표로 구조화하고, 이를 통해 새로운 대안을 창출하고 적합한 대안평가 기준을 만들어 낼 수 있다.

가치에 관련해서 매몰비용과 기회비용의 개념을 명확하게 이해할 필요가 있다. 매몰비용은 이미 발생해 회수할 수 없는 비용으로 현재의 의사결정에서 고려하지 말아야 하는 비용이다. 반대로 기회비용은 선택하지 않기 때문에 잃어버리는 가상의 비용이다. 이것은 현재의 의사결정에서 기회비용을 고려하지 않으면 더 좋은 대안을 간과하고 고려하지 못한다는 것을 의미한다. 따라서 의사결정 과정에서 매몰비용은 고려하지 말아야 하고 기회비용은 반드시 고려해야 한다. 그러나 현실에서는 회수할 수 없는 비용에 얽매이는 매몰비용의 오류가 발생하기도 하고, 기회비용을 고려하지 않아 더 나은 대안선택의 기회를 날려버리는 일이 발생하기도 한다.

가치선호는 옳고 그름의 문제가 아니라 좋고 싫음의 문제이다. 우리가 가치에 대해 어떤 태도를 가지느냐에 따라 의사결정의 방향이 좌우된다. 따라서 바람직한 가치 혹은 가치관은 개인적 의사결정은 물론이고, 기업이나 공공의 의사결정에서도 매우 중요하다. 어려운 의사결정 문제도 추구하는 가치가 무엇인지 진지하게 고민해 보면, 최선의 대안이 자연스럽게 도출될 수 있다. 가치선호를 잘 이해하고 반영하는 것은 의사결정 과정의 중요한 단계이다.

CHAPTER 09

위험선호 반영하기

"The biggest risk is not taking any risk.
In a world that's changing quickly,
the only strategy that is guaranteed to fail is not taking risks."
— Mark Zuckerberg

의사결정자의 선호는 가치선호, 위험선호, 시간선호 총 세 가지 형태로 의사결정 과정에 반영할 수 있다. 제8장에서는 가치선호에 대해 알아보았고, 제9장에서는 위험에 대한 태도를 반영하는 위험선호에 대해 알아보기로 한다.

불확실성하에서의 의사결정에는 필연적으로 위험이 수반된다. 따라서 위험을 적절하게 평가하고 가치모형에 반영해 대안을 분석하는 방법이 필요하다. 효용함수는 위험선호를 분석에 반영해 대안을 분석·평가할 수 있는 방법이다. 위험선호에 관한 설명 중 제4~6절의 경우 다소 기술적인 내용technical content이 포함되어 있다. 필요에 따라서 건너뛰어도 전체 내용을 이해하는 데는 큰 지장이 없다. 해당 절은 별표(*)로 표시를 해 두었으니 참고하면 된다.

1. 위험선호

의사결정자들은 다양한 의사결정 문제를 고민한다. 개인적 문제부터 기업 및 공공 분야의 문제까지 그 종류와 특성은 다양하다. 그러나 많은 의사결정 문제가 가지는 공통점은 의사결정의 결과를 예측하기 어렵다는 점이다. 결과를 예측하기 어려운 것은 불확실성, 예를 들어 기술, 시장, 경쟁, 규제 등 다양한 원천에서 나오는 불확실성의 존재가 그 원인이 된다.

불확실성은 기회인 동시에 위험의 원인이기도 하다. 불확실성에 직면하는 경우 대부분의 의사결정자는 위험회피적 행동을 보인다. 위험회피적 행동은 기댓값이 높으나 불확실성이 높은 대안보다는 기댓값은 낮으나 안정적인 대안을 선호하는 행동이다. 드물게는 최선의 결과만을 맹목적으로 추구하는 위험추구적 성향을 보이는 경우도 있지만, 대부분의 의사결정자들은 위험회피적 성향을 보인다. 화재로 인한 재산상의 피해에 대비하는 보험을 구매하거나, 환율이나 가격변동에 대비한 선물거래를 하는 것도 위험회피적 성향의 결과이다. 이러한 위험에 대한 태도를 위험선호 risk preference라고 한다.

개인이나 조직을 책임지는 의사결정자의 위험선호도는 위험을 감내할 수 있는 능력에 따라 그 수준이 상이하다. 일반적으로 개인은 기업이나 공공조직에 비해 위험감내 수준이 낮다. 의사결정자가 가지고 있는 자산 수준도 위험감내 수준에 영향을 미친다. 따라서 합리적 의사결정을 위해서는 위험선호를 객관적으로 측정하고 이를 의사결정 과정에 명확히 반영하는 것이 필요하다.

위험선호에 대한 이해를 돕기 위해 큰 상금이 걸린 게임쇼를 예로 들어 보자 ([Decision in Action 9-1] 참고). 미국 ABC TV의 유명 게임쇼, "Who Wants to Be a Super Millionaire?"에 출연한 로버트 에시그Robert Essig는 인생에서 가장 어려운 결정을 내려야 했다. 각 단계마다 4지선다 문제를 맞춰 12단계까지 이른 그로서는 이미 확보한 50만 달러를 받고 게임을 중단하는 것이 옳을지, 혹은 위험을 감수하며 다음 단계에서 더 큰 상금에 도전할지 결정해야 하는 상황에 있다. 이 게임쇼에 당신이 출연하고 있다면, 당신은 과연 어떤 결정을 할 것인가? [그림 9-1]은 로버트가 당면한 문제를 의사결정나무로 보여준다.

[Decision in Action 9-1] Who Wants to Be a Super Millionaire?

▲ Who Wants to Be a Super Millionaire?(출처 : IMDB)

미국 ABC 방송의 "Who Wants to Be a Super Millionaire?"는 대단히 인기가 높은 게임쇼이다. 2004년 방영된 이 프로그램은 단계별로 문제를 맞추며 진행되고, 진행 과정에서 최대 백억 원의 돈과 다양한 흥미요소가 어우러져 대단히 박진감 있게 진행된다. 게임은 총 15개의 4지선다 질문을 순서대로 모두 맞추는 게임이다. 상금은 1단계 $1,000에서 출발하여 단계마다 $2K, $3K, $4K, $5K, $10K, $20K, $30K, $50K, $100K, $500K, $1M, $2.5M, $5M으로 증가하고, 마지막 15단계에서는 $10M의 상금이 주어진다.

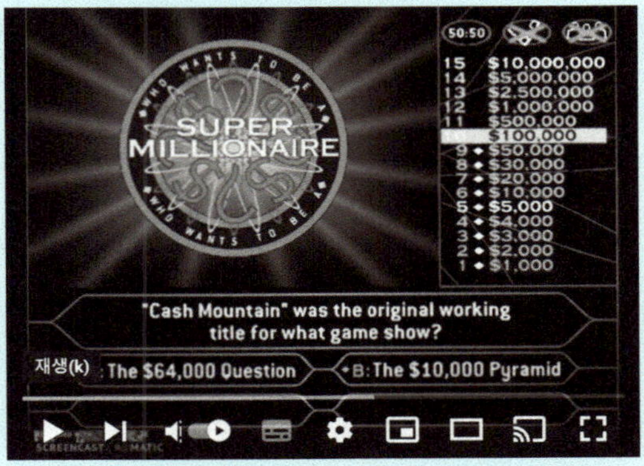

▲ 15단계별 상금액수(출처 : https://www.youtube.com/watch?v=yhz_zJpPAL8)

게임 참가자는 각 단계마다 게임을 중단하고 확보한 상금만을 가져가거나 더 큰 상금을 위해 게임에 도전할 수 있다. 게임에 도전했으나 정답을 맞추지 못하면 상금이 크게 줄어드는 벌칙이 있다. 게임을 진행하는 동안 힌트로 사용할 수 있는 총 5개의 라이프라인life line이 주어지는데 이를 적절히 활용해 답을 맞추어 나가면 된다. 10단계까지 사용할 수 있는 라이프라인은 세 가지로, 방청객에게 물어보기Ask the Audience, 친구에게 전화하기Phone-a-Friend, 2개의 오답 사전 제거하기50 : 50가 있다. 11단계부터는 두 가지 라이프 라인 : 한 문제에 두 번 답할 수 있는 기회Double Dip, 세 사람의 전문가 의견 물어보기Three Wise Men가 추가적으로 주어진다. 이 프로그램은 1998년 첫 방영을 시작해 2023년까지 지속해 오고 있는 "누가 백만장자가 되길 원하나?(Who wants to be a millionaire?)"의 특별편으로 2004년에 방영되었다. 특별편의 상금은 기존의 "백만장자" 프로그램의 최고 상금 백만 달러의 10배인 천만 달러로 대단한 인기를 얻었으며, 특별편은 약 1년여 방송된 바 있다(https://en.wikipedia.org/wiki/Who_Wants_to_Be_a_Millionaire%3F).

이 게임쇼에 등장한 컴퓨터 엔지니어 출신의 로버트 에시그Robert Essig는 11단계까지 $500K를 확보한 후 대단히 어려운 결정에 봉착한다. 만약 다음 단계인 12단계에서 게임을 중지하면 이미 확보한 $500K를 상금으로 받고 행복하게 집으로 돌아갈 수 있다. 만약 도전을 계속해 12단계 문제를 맞추게 되면 $1M를 받게 되어 그의 인생이 바뀔 수도 있다. 그러나 오답을 하면 $1M의 1/10에 불과한 $100K만을 받게 된다.

그는 12단계의 문제를 먼저 들어 본 다음 도전 여부를 결정할 수 있으며, 문제에 두 번 답할 수 있는 더블딥 라이프라인을 가지고 있다. $1M의 상금이 걸린 12단계에서 로버트는 어떤 결정을 해야하는가?

그림 9-1 로버트의 도전

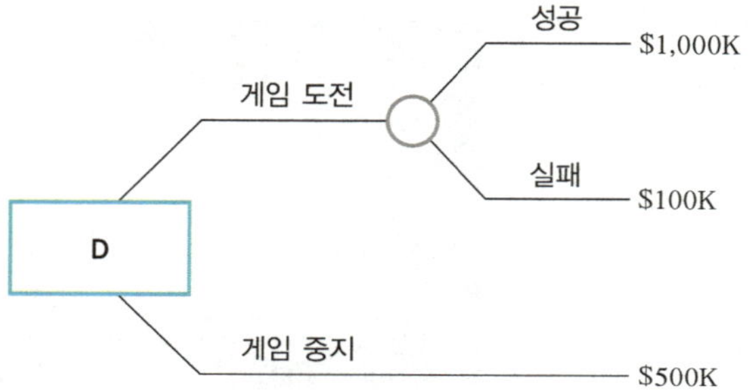

우선 로버트가 당면한 문제를 기댓값의 관점에서 살펴보자. 12단계 문제에서 더블딥double dip을 활용하여 무작위로 답을 선택했을 때 정답을 맞출 확률은 처음 혹은 두 번째에 정답을 맞추는 확률의 합으로 50%($=\frac{1}{4}+\frac{3}{4}\times\frac{1}{3}$)이다. 따라서 12단계 게임에 도전했을 때의 기댓값은 $550K($= 1000K\times\frac{1}{2}+100K\times\frac{1}{2}$)가 된다. 만약 4개 항목 중에서 한 개의 항목이라도 오답으로 제거할 수 있는 상식과 자신이 있다면 정답을 맞출 확률은 66%($=\frac{1}{3}+\frac{2}{3}\times\frac{1}{2}$)로 증가하고 이때 기댓값은 $700K($= 1000K\times\frac{2}{3}+100K\times\frac{1}{3}$)가 된다. 따라서 기댓값만을 기준으로 한다면 더블딥을 활용해 도전하는 것이 $500K를 확실히 얻는 대안보다 더 큰 이득을 준다. 그러나 오답이었을 때의 엄청난 손실을 생각한다면 기댓값뿐만 아니라, 관련된 위험에 대해 진지하게 고민해야 한다.

2. 위험선호를 반영한 효용함수

12단계에서 더블딥을 사용할 기회를 가지고 있는 로버트는 상금 $1M를 얻을 주관적 확률이 최소 50% 이상이며, 따라서 최소 $550K의 기댓값을 예상할 수 있다. 기댓값만을 고려하면 게임에 도전해야 하지만, 오답의 경우 상금이 $100K로 줄어들기 때문에 이에 따른 위험도 고려해야 한다. 로버트의 고민이 바로 거기에 있다. 그가 내린 결정에 대한 평가와 결과는 제7절에서 말하도록 한다.

우리는 기댓값만을 기준으로 의사결정을 하지는 않는다. 대부분 기댓값은 높지만 감당할 수 없는 수준의 위험은 피하려는 위험회피적 의사결정을 한다. 따라서 기댓값이 높으나 위험도 높은 대안과 위험은 낮으나 기댓값도 낮은 대안 간의 비교, 즉 기댓값과 위험 간의 상충관계를 명확하게 표현하고 이를 의사결정 과정에 반영할 필요가 있다. 기댓값과 위험 간의 상충관계를 표현하고 분석하기 위해서 효용함수utility function를 활용한다.

의사결정의 결과를 효용으로 평가하기 위해 의사결정의 결과를 자산 x로 단순화시켜 표현하기로 하고, 해당 효용함수를 $u(x)$라고 하자.[1] 효용함수를 이용하면 기댓값이 아닌 의사결정자의 위험선호도를 반영해 불확실성하의 기대효용을 최대화하는 의사결정을 내릴 수 있다. 예를 들어 효용함수 $u(x) = 1 - exp^{-\frac{x}{R}}$는 널리 사용되는 효용함수로서 파라메터 R를 통해 위험선호도를 구체적으로 표현하여 의사결정의 기준으로 사용한다.

---

1. 개인이나 기업의 투자의사결정의 경우에는 의사결정의 결과를 금액으로 표시하므로 이 결과에 대한 효용은 금액 x의 단일속성 효용함수 $u(x)$로 표시할 수 있다. 일반적으로 의사결정의 결과에 금액뿐만 아니라 다른 요소들이 포함되는 경우 n개의 속성을 가진 다속성 효용함수 $u(x_1, x_2, \cdots x_n)$를 사용하기도 한다. 다속성 효용함수는 일반적으로 단일속성 효용함수들의 합이나 곱의 형태로 분석함을 감안하여 위험선호도는 단일속성 효용함수의 위험선호도를 평가해 종합 분석한다(Keeney & Raiffa, 1993).

효용함수의 특징

효용함수는 각 대안의 가치를 효용값이라는 비교 가능한 수치로 대응시켜 주는 함수이다. 효용함수의 주요 특징은 다음과 같다.

첫째, 효용함수 $u(x)$의 효용값은 절대적 의미가 아닌 대안에 대한 상대적 선호를 나타낸 값이다. 절대적 의미가 없기 때문에 의사결정 상황에 맞추어 효용값을 적절하게 변환해 사용한다. 예를 들어 효용함수 $u_1(x)$가 $0 \leq u_1(x) \leq 1$에서 정의된다면, $u_1(x)$를 선형변환한 효용함수 $u_2(x) = \alpha u_1(x) + \beta(\alpha > 0)$는 $\beta \leq u_2(x) \leq \alpha + \beta$에서 정의되지만 대안 간의 상대적 선호는 동일하게 유지된다. 즉, 효용함수는 상대적 선호가 유지되는 함수이다.

둘째, 효용함수 $u(x)$는 x가 증가함에 따라 단조증가strictly increasing하는 형태를 가진다(1차 미분 $u'(x) > 0$). 즉, 자산이 증가되면 그 효용은 반드시 증가한다는 뜻이다.

셋째, 효용함수 $u(x)$의 한계효용은 여러 가지 형태를 가진다. 효용의 증가율, 즉 한계효용이 고정적인 경우는 효용함수가 선형의 형태를 가진다. 한계효용이 감소하는 경우에는 효용함수가 아래로 오목한concave 형태를 가진다. 오목한 형태의 효용함수에서는 x가 증가함에 따라 한계효용이 줄어드는 한계효용 체감의 법칙law of diminishing marginal utility이 성립한다(2차 도함수 $u''(x) < 0$). 이것은 예를 들어 자산 1억에서 추가 1억이 주는 한계효용 대비 자산 10억에서 추가 1억이 주는 한계효용이 작으며, 그 한계효용의 증가율은 자산 x의 증가에 따라 점점 줄어든다는 뜻이다. 한계효용이 증가하는 경우에는 효용함수가 볼록한convex 형태를 가지게 되나 현실에서는 잘 발견되지 않는다. 대부분의 효용함수는 선형 형태이거나 아래로 오목한 형태concave를 통해 위험선호를 반영한다. 한계효용체감을 나타내는 오목한 형태의 효용함수는 결국 위험선호의 측면에서는 위험회피성향을 나타내는 이유가 된다. [그림 9-2]는 한계효용체감의 법칙이 작동하는 오목한 형태의 효용함수를 보여준다.

[그림 9-2]에서는 의사결정자의 효용함수를 한계효용이 체감하는 오목한 형태

로 가정했다. 이 경우 기댓값 $E(X) = px_1 + (1-p)x_2$의 효용 $u[E(X)]$는 기대효용 $E[u(X)]$보다 항상 큰 값을 갖는다. 즉, 모든 $x(x_1 < x < x_2)$에 대해서 $u[E(X)] > E[u(X)]$이 성립하면 효용함수 $u(x)$는 오목한 형태로 위험회피성향을 나타낸다. 만약 $u[E(X)] = E[u(X)]$이 성립하면 효용함수는 선형으로 위험중립성향을, $u[E(X)] < E[u(X)]$이면 효용함수는 볼록한 형태로 위험추구성향을 나타낸다.

그림 9-2 위험회피 효용함수와 확실성등가

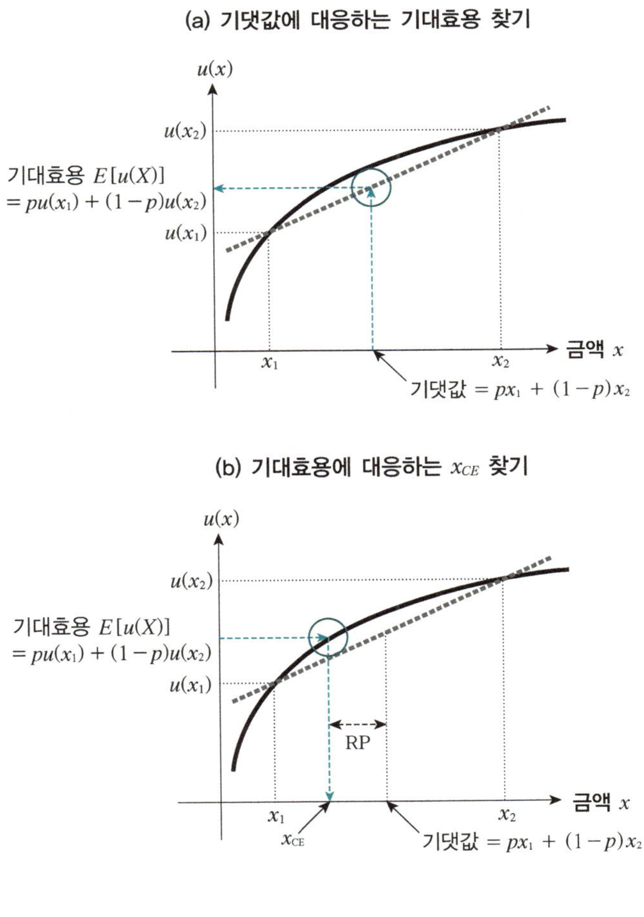

3. 확실성등가와 위험 프리미엄

합리적인 의사결정을 위해서는 앞에서 언급한 효용함수를 이용해 기대효용을 계산하고, 기대효용이 가장 큰 대안을 선택하면 된다. 그러나 각 대안별로 계산된 기대효용은 상대적 크기를 비교하는 의미는 있으나, 절대적 의미가 없고 단위도 없는 숫자에 불과하다. 따라서 고려 중인 대안의 가치를 화폐단위(₩, $)로 평가할 수 있다면 대안 간의 상대적 비교가 가능하고, 그 가치에 절대적 의미도 부여할 수 있다.

3.1 확실성등가

화폐(₩, $)로 표시된 의사결정의 결과를 확률변수 X로 나타내기로 하자. [그림 9-3]은 확률변수 X가 x_i 값을 확률 p_i로 갖는 확률나무를 보여준다($\Sigma p_i = 1$, $p_i > 0, i = 1, \cdots, n$). 이 확률나무의 x_i와 p_i의 쌍을 나열해 $L[x_1, p_1 ; \cdots ; x_i, p_i ; \cdots ; x_n, p_n]$으로 표시하고 이것을 로터리 $L(x)$라고 부르기로 하자.

그림 9-3 확률나무로 표현된 로터리 $L(x)$

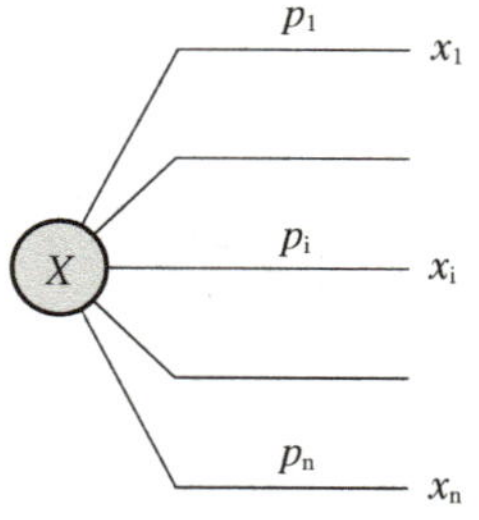

로터리lottery라는 단어는 일상생활에서 "복권"이라고 번역할 수 있지만, 의사결정에서는 x_i의 값을 확률 p_i로 갖는 확률나무를 의미한다. 복권이라는 변역이 다소 어색하기 때문에 번역 없이 그대로 한국말 "로터리"로 사용하기로 한다. 또한 확률변수 X를 화폐(₩, $)로 표시된 의사결정의 결과라고 가정했지만, 화폐 이외의 다른 결과에서도 아래의 논의는 동일하게 적용된다.

우리는 불확실성이 존재하는 로터리 $L(x)$와 동일한 효용을 주는 확정적 금액(₩, $)을 확실성등가certain equivalent 혹은 x_{CE}라고 부른다. 확실성등가 x_{CE}는 위험이 내재된 대안을 타인에게 양도함으로써 받아야 할 최소금액으로 로터리의 판매금액selling price에 해당한다.

특별히 x_1을 확률 50%로, x_2를 확률 50%로 갖는 로터리 $L(x) = L[x_1, 0.5 ; x_2, 0.5]$를 기준로터리reference lottery라고 부른다. 이 기준로터리는 확률이 50%로 동일한 두 가지 값만 갖는 단순한 형태로 확실성등가 x_{CE}를 평가하는 데 활용된다.

[그림 9-4]는 기준로터리인 대안 1(L_1)의 효용과 대안 2(L_2)의 효용이 같아지는 x_{CE}를 구하기 위한 의사결정나무이다. 상당히 작은 x_{CE} 값에서는 대안 1을 선호할 것이고($L_1 > L_2$), 상당히 큰 x_{CE} 값에서는 대안 2를 선호할 것이다($L_1 < L_2$). 이렇게 큰 값, 작은 값을 바꿔 가며 선호를 평가해 보면, 대안 1과 대안 2 간의 선호 차이가 없는 x_{CE} 값을 구할 수 있다. 이때 대안 1과 대안 2의 선호가 동일하므로($L_1 \sim L_2$), 대안 1의 확실성등가는 x_{CE}가 된다.

그림 9-4 확실성등가 평가를 위한 로터리

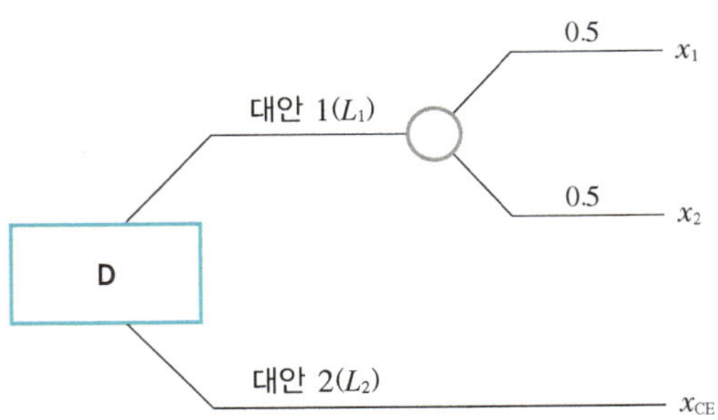

x_{CE} 값의 평가는 [그림 9-2]의 효용함수를 통해서도 같은 설명이 가능하다. 기대효용 $E[u(X)] = pu(x_1) + (1-p)u(x_2)$는 [그림 9-2(a)]의 $u(x_1)$과 $u(x_2)$를 잇는 굵은 점선상의 값이다. 이때 기대효용 $pu(x_1) + (1-p)u(x_2)$과 효용이 같은 금액을

[그림 9-2(b)]의 효용함수에서 역으로 찾아보면 그 값이 바로 대안 1과 동일한 기대효용을 주는 값 x_{CE}가 된다. 즉, $u(x_{CE}) = E[u(X)]$ 혹은 $x_{CE} = u^{-1}E[u(X)]$로 표현할 수 있다.

3.2 위험 프리미엄

기댓값의 뜻은 평균적으로 예상되는 값이며 실제 발생되는 값은 아니기 때문에 불확실한 값 대신 확정적 값을 얻기 위해서는 상응하는 대가가 필요하다. 우리는 기댓값과 확정적등가 x_{CE}와의 차이를 위험 프리미엄risk premium이라고 부른다. 이 위험 프리미엄 π는 불확실한 값 대신 확정적 값에 대한 대가이다.

위험 프리미엄 π가 양수이면 위험 회피성향을 의미하며, 효용함수는 오목한 형태가 된다. 이때 위험 프리미엄 π는 위험을 피하기 위한 지불의향을 나타낸다. 반대로 위험 프리미엄 π가 음수이면 위험선호 성향을 의미하며, 효용함수는 볼록한 형태가 된다. 이때 위험 프리미엄 π는 기회를 포기하는 대신 지불되어야 할 값을 의미한다. 위험 프리미엄 π이 0이면 위험중립적 성향을 의미하며 효용함수는 선형이 된다.

위험 프리미엄 = 기댓값 − x_{CE}

- 위험 프리미엄 > 0, 위험 회피성향, 오목형 효용함수
- 위험 프리미엄 = 0, 위험 중립성향, 선형 효용함수
- 위험 프리미엄 < 0, 위험 회피성향, 볼록형 효용함수

예를 들어 예상되는 사건의 발생 확률이 매우 낮지만 발생하면 큰 손해를 입는 경우 이를 피하려는 위험 회피성향을 가진 사람들이 보험에 가입한다. 보험가입자 입장에서는 기대손실에 비해 지불해야 할 보험료가 더 비싸지만, 위험을 회피하기 위해 위험 프리미엄을 지불하는 셈이 된다.

다음에는 위에서 설명한 확실성등가와 위험 프리미엄을 계산해 보기로 하자.

[예 9-1] 투자안에 대한 확실성등가와 위험 프리미엄

175를 확률 70%로, 50을 확률 20%로, −50을 확률 10%로 가질 것으로 예상되는 로터리 $L = L(175, 0.7\,;\,50, 0.2\,;\,-50, 0.1)$에 대해 확실성등가와 위험 프리미엄을 계산해 보자. 효용함수로는 위험회피성향의 오목형 함수인 $u(x) = \sqrt{x + 50}$으로 가정한다.

로터리 L의 기댓값 $E(X)$과 기대효용 $E[u(X)]$을 계산해 보면,

$$E(X) = 0.7 \times 175 + 0.2 \times 50 + 0.1 \times (-50) = 122.5 + 10 - 5 = 127.5$$

$$E[u(X)] = 0.7 \times \sqrt{175 + 50} + 0.2 \times \sqrt{50 + 50} + 0.1 \times 0$$
$$= 0.7 \times 15 + 0.2 \times 10 = 12.5$$

따라서 확실성등가 $x_{CE} = u^{-1}E[u(X)] = 12.5^2 - 50 = 106.25$

위험 프리미엄 $= E(X) - x_{CE} = 127.5 - 106.25 = 11.25$

4. 효용함수의 도출*

확실성등가와 위험 프리미엄을 계산하기 위해서는 효용함수가 필요하다. 효용함수는 의사결정자가 느끼는 가치선호뿐만 아니라 위험에 대한 태도, 즉 위험선호를 나타낸다. 효용은 그 자체가 주관적이기 때문에 의사결정자 고유의 효용함수를 적절하게 평가하여 도출하는 프로세스가 필요하다. 효용함수의 도출을 위해 다음 두 가지 방법 : 확실성등가 방법과 수학적 함수를 이용하는 방법을 알아보기로 하자.

4.1 확실성등가 방법

확실성등가 방법은 기준로터리를 반복적으로 활용해 효용함수를 도출하는 방법이다. 이 방법은 고려 중인 대안들이 취할 수 있는 최소값(x_{min})과 최대값(x_{max})의 구간 내에서 해당 효용함수를 도출한다. 일반적으로 최소값에서의 효용값을 $u(x_{min}) = 0$, 최대값에서의 효용값을 $u(x_{max}) = 1$로 가정하고 효용함수를 다음과 같이 도출한다.

Step 1 : x_{max}가 발생할 확률 50%, x_{min}이 발생할 확률 50%인 기준로터리 $L_1 = L(x_{max}, 0.5\,;\, x_{min}, 0.5)$을 설정하고 로터리 L_1과 효용이 같아지는 확실성등가 x_{CE1}을 구한다. 이때 $u(x_{CE1})$과 $u(L_1)$은 효용이 동일하므로 다음과 같은 관계가 성립한다.

$$u(x_{CE1}) = u(L_1) = 0.5u(x_{max}) + 0.5u(x_{min})$$

우리는 이미 $u(x_{min}) = 0$, $u(x_{max}) = 1$로 가정했기 때문에 $u(x_{CE1})$은 0.5가 된다.

Step 2 : 같은 방법으로 x_{min}이 발생할 확률 50%와 x_{CE1} 값이 발생할 확률 50%인 기준로터리 $L_2 = L(x_{min}, 0.5\,;\, x_{CE1}, 0.5)$를 설정하고 L_2와 효용이 같아지는 확실성등가 x_{CE2}를 구한다. Step 1에서 $u(x_{CE1}) = 0.5$로 평가했으므로 $u(x_{CE2})$는 0.25가 된다. 즉, $u(x_{CE2}) = u(L_2) = 0.5u(x_{min}) + 0.5u(x_{CE1}) = 0.5 \times 0.5 = 0.25$

Step 3 : 같은 방법으로 x_{max}가 발생할 확률 50%와 x_{CE1} 값이 발생할 확률 50%인 기준로터리 $L_3 = L(x_{max}, 0.5\,;\, x_{CE1}, 0.5)$를 설정하고 L_3와 효용이 같아지는 확실성등가 x_{CE3}를 구한다. 그러면 $u(x_{CE3})$는 0.75가 된다. 즉, $u(x_{CE3}) = u(L_3) = 0.5u(x_{max}) + 0.5u(x_{CE1}) = 0.5 \times 1 + 0.5 \times 0.5 = 0.75$

Step 4 : $(x_{\min}, 0)$, $(x_{CE2}, 0.25)$, $(x_{CE1}, 0.5)$, $(x_{CE3}, 0.75)$, $(x_{\max}, 1)$을 이용해서 효용함수를 확정한다. 필요에 따라서 더 많은 지점의 효용값을 도출해 사용할 수도 있다.

[예 9-2] 확실성등가 방법을 이용한 효용함수의 도출

확실성등가 방법을 이용해 효용함수를 도출해 보자. 대안들이 취할 수 있는 최소값은 $x_{\min} = 0$, 최대값은 $x_{\max} = 100$으로 하고, 해당 효용값을 $u(x_{\min}) = 0$, $u(x_{\max}) = 1$이라고 하자.

Step 1에서 $L_1 = L(100, 0.5; 0, 0.5)$와 효용이 같아지는 확실성 등가를 35로 평가했다고 하자. 그러면 $u(35) = 0.5$가 된다. 다음 Step 2에서 $L_2 = L(35, 0.5; 0, 0.5)$와 효용이 같아지는 확실성등가를 10으로 평가했다고 하자. 그러면 $u(10) = 0.25$가 된다. 다시 Step 3에서 $L_3 = L(100, 0.5; 35, 0.5)$와 효용이 같아지는 확실성등가를 60이라고 평가했다고 하자. 그러면 $u(60) = 0.75$가 된다. 이 평가들을 모아서 이어 그려주면 [그림 9-6]과 같은 형태의 위험 회피성향 효용함수를 얻을 수 있다. 점들을 직선으로 이어서 효용함수로 활용할 수 있지만, 점선으로 표시한 매끈한 곡선모양 형태를 가정하여 제 4 절 제 2 항에서 언급할 수학적 함수로 근사화approximation하여 사용할 수도 있다.

그림 9-6 위험회피성향 효용함수

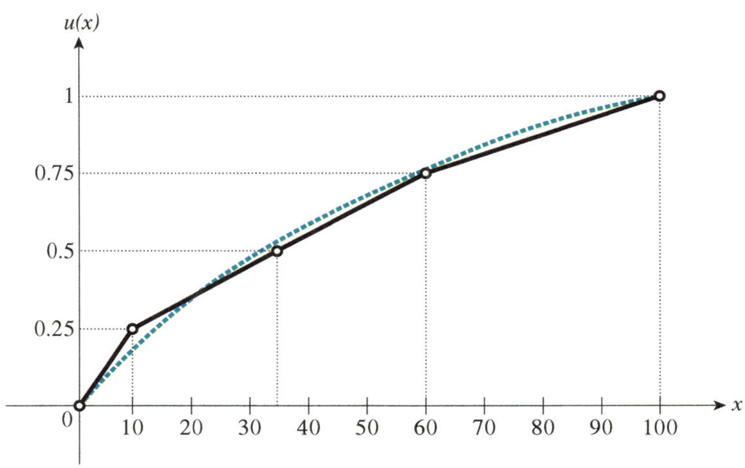

확실성등가 방법과 유사하게 확률등가 방법도 효용함수 도출에 활용할 수 있다. 확률등가 방법은 x_{max}가 발생할 확률이 p, x_{min}이 발생할 확률이 $1-p$인 기준 로터리 $L_4 = L(x_{max}, p\,;\, x_{min}, 1-p)$과 x_{min}과 x_{max}의 평균값 $\frac{(x_{min}+x_{max})}{2}$로 x_{CE4}를 설정한 다음, $u(x_{CE4}) = u(L_4)$의 관계를 만족하는 확률 p를 구한다. 이때, $u(x_{min}) = 0$, $u(x_{max}) = 1$로 가정하면 $u(x_{CE4}) = pu(x_{max}) + (1-p)u(x_{min}) = p$의 관계가 성립하므로 x_{CE4}의 효용값인 p들을 연결해 주면 확실성등가와 유사한 형태의 효용함수를 도출할 수 있다. 확실성등가 방법이나 확률등가 방법은 다른 편향성을 보일 수 있음에 주의하고, 평가가 편리한 방법을 선택해 사용하면 된다(Clemen & Reilly, 2013 ; 김양열, 2012).

4.2. 수학적 함수의 활용*

확실성등가 방법은 의사결정자의 개인적 가치 및 위험선호를 분명히 반영할 수 있어 효용함수의 도출에 유용하게 사용할 수 있다. 그러나 확실성등가를 구하기 위한 반복적 평가가 부담이 될 수도 있다. 이런 문제를 해결하기 위해 효용함수를 정해진 함수형태로 가정하고 해당 함수의 모수를 추정함으로써 간단하게 효용함수를 도출할 수 있다. 널리 사용하는 위험회피성향 효용함수로는 $u(x) = \log(x)$, $\sqrt{x}$, $1 - e^{-\frac{x}{R}}$ 등을 들 수 있는데, 특히 $u(x) = 1 - e^{-\frac{x}{R}}$ 형태의 지수효용함수는 위험 회피형 위험선호를 반영하는 효용함수로 널리 사용된다.

지수효용함수

지수함수의 특별한 형태인 $u(x) = 1 - e^{-\frac{x}{R}}$는 $u(0) = 0$, $u(-\infty) = -\infty$, $u(\infty) = 1$의 값을 가지며 오목한 형태의 함수이다($R > 0$)([그림 9-7]). 여기서 R은 위험감수성향을 나타내는 모수로 위험감내도risk tolerance라고 부른다. R 값이 커짐에 따라 위험감수성향은 커지고, 효용함수의 굴곡은 점점 작아져 결국 효용함수가

$u(x) = \frac{x}{R}$ 형태의 선형함수가 된다.[2] 반대로 R 값이 작아지면 위험감수성향은 작아지고 효용함수의 굴곡은 점점 커져서 아래로 오목한 형태의 함수가 된다.

그림 9-7 지수효용함수와 위험감내도 R

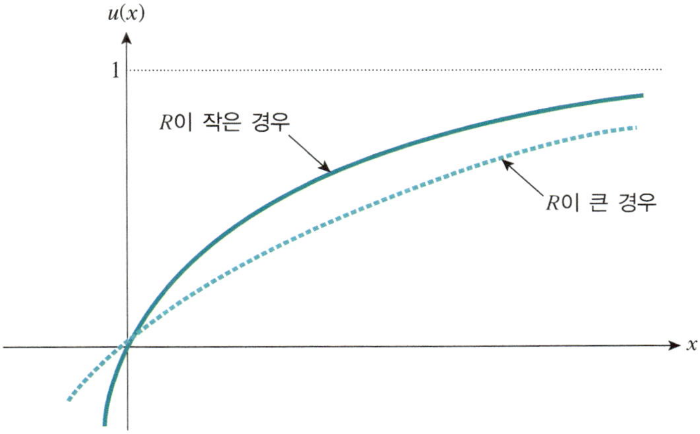

지수함수를 효용함수로 사용하기 위해서는 위험감내도 R만 추정하면 된다. 위험감내도 R를 추정하기 위해 y를 확률 50%로 받거나 $\frac{y}{2}$를 확률 50%로 잃는 기준로터리 $L = L[y, 0.5\,;\,-\frac{y}{2}, 0.5]$를 생각해 보자($y > 0$). 대안 1은 기준로터리에 참여하는 것이고, 대안 2는 게임에 참여하지 않아 효용값이 0이 된다([그림 9-8]).

만약 y가 작은 금액일 때, 예를 들어 $L_1 = L$[4만 원, 0.5 ; −2만 원, 0.5]이면 기댓값이 만 원이므로 아마도 대안 1을 선택할 수 있을 것이다. $L_2 = L$[20만 원, 0.5 ; −10만 원, 0.5]에도 기댓값이 오만 원이므로 게임에 참여해 대안 1을 선택할 수 있을 것이다. 그러나 y 값이 점점 커지면 발생할 수 있는 손실 $-\frac{y}{2}$이 부담이 되고, 위험 회피성향의 의사결정자에게는 그 손실의 가능성이 견딜 수 없이 불편하게 느껴지는 시점이 있다.

---

2. $u(x)$를 테일러 전개Taylor expansion하면 $u(x) = 1 - e^{-\frac{x}{R}} = 1 - (1 - \frac{x}{R} + \frac{x^2}{2!R^2} - \frac{x^3}{3!R^3} + \cdots) = \frac{x}{R} - \frac{x^2}{2!R^2} + \frac{x^3}{3!R^3} + \cdots$이 된다. 여기서 위험감내도 R 값이 충분히 크면 테일러 전개 두 번째 이후의 항은 0으로 수렴하므로 $u(x)$는 $\frac{x}{R}$로 근사화시킬 수 있다.

그림 9-8 위험감내도 R의 추정

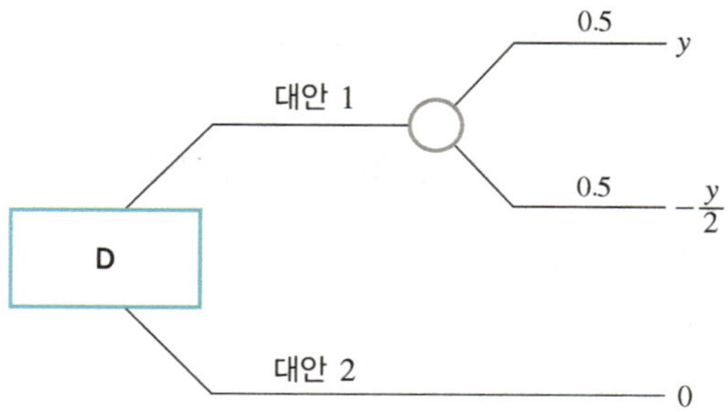

만약 y 값을 계속 증가시켜 대안 1과 대안 2의 선호가 같아지는 y의 최대값 y_{max}를 구한다면 그 값에서는 $u(y_{max}) = u(0)$이 될 것이다. 이때 y_{max}는 우리가 구하고자 하는 위험감내도 R 값과 근사한 값을 갖게 된다([Technical Note 9-1] 참고). 이 결과를 사용하면 지수효용함수의 위험감내도 R을 추정할 수 있으며, 이를 통해 위험선호도를 의사결정 과정에 반영할 수 있다.

위험감내도가 의사결정에서 중요 이슈가 되는 것은 5~10% 정도로 드문 일이나 큰 규모의 투자나 글로벌 M&A 결정에서는 큰 영향을 미칠 수 있다. 일반적으로 위험감내도는 자산의 크기가 커질수록 커진다. 위험감내도는 시간에 따라 바뀌기도 하고 경기변동과 같은 외부요인에 따라 바뀌기도 한다. 또한 개인과 기업의 위험감내도 크기는 다르다(Finke & Guillemette, 2016 ; Van Duijvenvoorde, van Hoorn, & Blankenstein, 2022 ; Weber, 2010 ; Zou, Scholer, & Higgins, 2020). 하워드에 의하면 기업의 위험감내도는 연간 수입의 6%, 순이익의 1~1.5배, 순자산가치equity의 1/6 정도로 어림잡아 평가할 수 있다고 한다(Howard, 1988).[3]

3. 자세한 것은 하워드의 책 제38장을 참고하면 된다(Howard & Abbas, 2016)

일반적 효용함수

효용함수로 의사결정분야나 금융분야 모형화에 널리 쓰이는 일반적인 함수형태를 생각해 보자.

$$u(x) = \frac{1-\gamma}{\gamma}\left(\frac{ax}{1-\gamma} + b\right)^{\gamma}, \text{ for } a > 0, \frac{ax}{1-\gamma} + b > 0 \tag{9.1}$$

식 (9.1)은 a, b, γ를 모수로 하는 x에 대한 함수이며, 이렇게 정의된 함수는 모수들을 변화시키면 다양한 효용함수를 표현할 수 있다. 예를 들어

① $\gamma \to 1$에 수렴하면, $u(x)$는 선형함수가 되고,
② $\gamma = 2$이면 $u(x) = -\frac{1}{2}(-ax + b)^2$으로 $u(x)$는 이차함수가 된다.
③ $\gamma \to 0$이면 $u(x) = \ln(ax + b)$로 $u(x)$는 로그함수가 된다.
④ $\gamma \to -\infty$이고 $b = 1$이면 $u(x) = -e^{-ax}$로 $u(x)$는 지수함수가 된다.
⑤ $a = 1 - \gamma$이고 $b = 0$이면 $u(x) = \frac{1-\gamma}{\gamma}x^{\gamma}$로 $u(x)$는 멱함수power function가 된다.

따라서 식 (9.1)에서 적절한 모수를 선택하면 효용함수를 선형함수, 이차함수, 로그함수, 지수함수, 멱함수의 형태로 다양하게 표현할 수 있다. 이 형태의 효용함수는 제6절에서 다룰 위험회피도 측정에도 유용하게 사용된다.

5. 확실성등가의 계산*

다음에서는 지수효용함수와 일반효용함수를 이용해 확실성등가를 계산해 보자.

5.1 지수효용함수를 이용한 확실성등가 계산

지수효용함수는 수학적으로 다루기 쉬운 함수형태로, 확실성등가 x_{CE}는 양함수형태explicit form로 계산할 수 있다는 이점이 있다. 확실성등가를 구하기 위해 평가하려는 로터리의 기대효용을 $E[u(x)] = u_0$라고 하자. 이 대안에 대한 확실성등가 x_{CE}는 $u(x_{CE}) = E[u(x)] = u_0$을 만족하므로 식 (9.2)가 성립한다.

$$1 - e^{-\frac{x_{CE}}{R}} = u_0 \tag{9.2}$$

식 (9.2)를 정리하고 양변에 로그를 취해 x_{CE}를 구하면 $x_{CE} = -R\ln(1 - u_0)$로 계산할 수 있다.[4] 따라서 효용함수가 지수함수일 경우에는 위험감내도 R과 대안의 기대효용치 u_0를 활용해 x_{CE}를 쉽게 구할 수 있다.

[예 9-3] 로터리의 확실성등가

지수효용함수를 활용해 확실성등가를 구해보자. 만일 [그림 9-8]에서 로터리에 기꺼이 참여할 최대금액 y_{max}를 300(만 원)으로 평가했다면, 위험감내도 R을 300으로 근사하게 추정할 수 있다. 따라서 효용함수로 $u(x) = 1 - e^{-\frac{x}{300}}$를 사용하기로 한다. 이 효용함수를 이용해 900을 확률 0.3으로, 600을 0.5로, −150을 0.2로 갖는 대안 $L_1 = L(900, 0.3, 600, 0.5; -150, 0.2)$의 확실성등가를 구해보자.

대안 1의 기대효용을 계산하면,

$$u(L_1) = 0.3u(900) + 0.5u(600) + 0.2u(-150) = 1 - 0.3e^{-3} - 0.5e^{-2} - 0.2e^{0.5}$$
$$= 0.5877$$

---

4. $\ln(x)$은 밑이 자연수 $e(= 2.718281\cdots)$인 로그함수임.

따라서 확실성등가 x_{CE}는 $x_{CE} = -R\ln(1-u_0) = -300\ln(1-0.5877) = 265.8$ (만 원)

이상에서 구한 확실성등가는 대안의 평가 기준으로 사용할 수 있다. 대안의 평가는 기대효용을 비교하여 동일한 결과를 얻을 수 있다. 그러나 기대효용은 단위가 없어 상대적 선호의 크기만 비교할 수 있는 반면, 확실성등가는 화폐단위로 그 값에 절대적 의미가 있으므로 해석이 용이하다는 장점이 있다.

5.2 일반 효용함수에서의 확실성등가 계산

지수효용함수에서는 확실성등가를 양함수의 형태인 $x_{CE} = -R\ln(1-u_0)$로 쉽게 계산할 수 있었다. 이제 일반적 효용함수에서 확실성등가를 계산하는 식을 도출해 보자. 이를 통해 우리는 제6절에서 다루게 될 위험회피도를 정확히 이해할 수 있다.

확실성등가의 도출을 위해 확률 p_i로 x_i의 값을 가지는 로터리 $L[x_1, p_1; x_i, p_i; \cdots; x_n, p_n]$을 생각해 보자($\sum p_i = 1, p_i > 0, i = 1, \cdots, n$). 이때 확률변수 X의 기댓값을 $E(X) = \overline{x}$, 분산을 $Var(X) = \sigma_x^2$이라고 하자. 로터리 $L(x)$에 대한 확실성등가를 x_{CE}라고 하면 $u(x_{CE}) = E[u(X)]$가 성립한다. 따라서 $u(x)$를 평균 $\overline{x}$를 중심으로 테일러Taylor 전개한 이후 3차항 이상을 무시하고 기댓값을 취하면 식 (9.3)이 성립한다.

$$
\begin{aligned}
u(x) &\approx u(\overline{x}) + u'(\overline{x})(x-\overline{x}) + \frac{1}{2}u''(\overline{x})(x-\overline{x})^2 \\
E[u(X)] &\approx u(\overline{x}) + \frac{1}{2}u''(\overline{x})\sigma_x^2
\end{aligned}
\tag{9.3}
$$

같은 방법으로 $u(x_{CE})$를 평균 $\overline{x}$를 중심으로 테일러 전개해 2차항 이상을 무시하면 다음 식이 성립한다.

$$
u(x_{CE}) \approx u(\overline{x}) + u'(\overline{x})(x_{CE} - \overline{x}) \tag{9.4}
$$

그런데 $u(x_{CE}) = E[u(X)]$이 성립하므로 식 (9.3)과 식 (9.4)를 통해 식 (9.5)를 얻게 된다.

$$u'(\overline{x})(x_{CE} - \overline{x}) \approx \frac{1}{2}u''(\overline{x})\sigma_x^2 \tag{9.5}$$

따라서 식 (9.5)를 정리하면 확실성등가 x_{CE}는 로터리 $L(x)$의 기댓값 $\overline{x}$, 분산 σ_x^2, 그리고 효용함수 $u(x)$를 통해 근사하게 계산할 수 있다.

$$x_{CE} \approx \overline{x} + \frac{1}{2}\frac{u''(x)}{u'(x)}\sigma_x^2 \tag{9.6}$$

따라서 위험 프리미엄 π는 기댓값 $\overline{x}$과 확실성등가 x_{CE}의 차이로 아래와 같이 도출된다.

$$\pi = \overline{x} - x_{CE} \approx -\frac{1}{2}\frac{u''(x)}{u'(x)}\sigma_x^2 \tag{9.7}$$

위험회피형 효용함수의 2차 미분 $u''(x)$는 음수이므로, 식 (9.6), (9.7)으로부터 $x_{CE} < \overline{x}$이고, $\pi > 0$이 된다. 식 (9.6)은 확실성등가를 로터리 $L(x)$의 평균, 분산, 효용함수의 1차 및 2차 미분을 통해 계산할 수 있음을 보여준다.

6. 위험선호도의 측정*

우리는 식 (9.6)을 통해 로터리 $L(x)$의 확실성등가 x_{CE}는 로터리 $L(x)$의 평균, 분산뿐만 아니라 효용함수의 형태로 표현되는 위험선호도에 따라 달라짐을 알아보았다. 그렇다면 효용함수에서 위험선호도를 객관적으로 측정할 수 있는 적절한 지표는 무엇인가?

지수효용함수에서는 단일 모수인 위험감내도 R을 이용해 위험선호도를 효용함수에 반영한다. 일반적인 효용함수의 경우에도 해당 함수의 곡률curvature의 변화, 즉 효용함수의 2차 미분 $u''(x)$를 통해 위험선호도를 나타낼 수 있다. 그러나 효용함수는 유일한 함수의 형태로 정의되지 않기 때문에 위험선호도의 크기를 평가하는 객관적 지표가 되지 못한다.

이런 문제를 해결하기 위해 경제학자 존 프랫John Pratt은 효용함수의 선형변환과 무관한 위험선호도의 측정지표로 절대위험회피계수absolute risk aversion coefficient와 상대위험회피계수relative risk aversion coefficient를 제시하였다(Pratt, 1978).

6.1 절대위험회피계수와 상대위험회피계수

절대위험회피계수 $A(x)$

절대위험회피계수 $A(x)$는 확정적등가 x_{CE}를 도출하는 식 (9.6)에서 σ_x^2의 계수에 음의 부호를 붙여 식 (9.8)과 같이 정의한다.

$$A(x) = -\frac{u''(x)}{u'(x)} = -\frac{\partial \log u'(x)}{\partial x} \tag{9.8}$$

이렇게 정의하면 $A(x)$는 위험회피성향 효용함수의 경우 $u'(x) > 0, u''(x) < 0$이므로 양의 값을 갖게 된다. 추가적으로 식 (9.7)에서 정의한 위험 프리미엄을 절대 위험 프리미엄absolute risk premium π_A이란 용어로 대치하면[5] 확정적등가 x_{CE}와 절대 위험 프리미엄 π_A는 다음과 같이 표시된다.

$$x_{CE} \approx \bar{x} - \frac{1}{2}A(\bar{x})\sigma_x^2, \;\; \pi_A = \bar{x} - x_{CE} \approx \frac{1}{2}A(\bar{x})\sigma_x^2 \tag{9.9}$$

---

5. 절대 리스크 프리미엄이란 용어로 대치하는 이유는 절대위험회피계수 $A(x)$와 함께 일관성 있게 사용하기 위함이며, 이후 정의할 상대 리스크 프리미엄이란 용어는 상대위험회피계수 $R(x)$와 함께 사용된다.

식 (9.9)에 따르면 확실성등가 x_{CE}는 로터리 $L(x)$의 분산 σ_x^2에 비례함과 동시에 $\bar{x}$에서의 절대위험회피계수 $A(x)$가 커질수록 확실성등가는 감소함을 알 수 있다. 분산이 커짐에 따라 확실성등가가 감소하는 것은 로터리 $L(x)$ 자체의 불확실성이 고려된 것이다. 반면 의사결정자의 위험선호도는 $A(x)$를 통해 확실성등가에 반영된다.

절대위험회피계수 $A(x)$는 자산의 변동에 따라 변화할 수 있다. $A(x)$의 값이 자산 x의 증가에 따라 감소하는 경우를 감소 절대위험회피Decreasing Absolute Risk Aversion(DARA), 증가하는 경우를 증가 절대위험회피Increasing Absolute Risk Aversion(IARA), 상수로 변화가 없는 경우를 고정 절대위험회피Constant Absolute Risk Aversion(CARA)이라고 한다. 자산 x의 증가에 따라 절대위험회피계수 $A(x)$는 증가하기보다 고정되거나 감소하는 것이 일반적이다.

실제 금융투자분석에서는 $A(x)$가 상수인 고정 절대위험회피 CARA 모형을 널리 사용한다. 이 경우 확실성등가 x_{CE}는 초기자산 w_0와 무관하므로 분석에 용이한 측면이 있다. 이 성질은 제6절 제3항 지수효용함수의 델타특성에서 다시 언급하기로 한다.

절대위험회피계수 $A(x)$의 특징

앞에서 정의한 절대위험회피계수 $A(x)$는 다음과 같은 특징을 가진다. 첫째, 효용함수 $u(x)$의 특징으로부터 $u'(x)$는 항상 양수이고, $u''(x)$는 위험회피성향에서 음수, 위험추구성향에서 양수, 위험중립성향에서 0의 값을 갖는다. 따라서 $A(x) = -\frac{u''(x)}{u'(x)}$의 값이 양수이면 위험회피성향을, 음수이면 위험선호성향을, 0이면 위험중립성향을 나타낸다.

둘째, $A(x)$는 1차 및 2차 미분을 구하는 과정에서 효용함수의 선형변환과 무관한 값을 가지게 된다. 만약 효용함수가 $u(x) = \alpha + \beta \log(x)$로 주어질 때, $A(x)$는 $A(x) = \frac{1}{x}$로 계산되어 α와 β와 독립적인 값을 갖게 된다. 따라서 $A(x)$는 효용함수의 선형변환과 무관한 보편적이고 절대적 지표가 된다.

셋째, 자산의 증가에 따라 의사결정자의 위험회피성향은 변할 수 있으나, 일반적으로 일정하게 유지되거나 감소한다. $A(x)$는 $x_{CE} \approx \bar{x} - \frac{1}{2}A(\bar{x})\sigma_x^2$의 식에서 불확실성 σ_x^2의 계수로서 확실성등가 x_{CE}의 값에 영향을 미치며, 의사결정자의 위험회피도의 지표가 된다.

상대위험회피계수 $R(x)$

절대위험회피계수 $A(x)$와 다른 지표로 상대위험회피계수relative risk aversion coefficient $R(x)$를 정의해 보자. 상대위험회피계수 $R(x)$는 $A(x)$에 자산수준 x를 곱해 정의되고 따라서 $R(x) = xA(x)$의 관계가 성립한다.

이제 상대위험회피계수 $R(x)$와 상대 위험 프리미엄relative risk premium π_R과의 관계를 살펴보자. 상대 위험 프리미엄 π_R은 절대 위험 프리미엄 π_A를 기댓값 $\bar{x}$로 나누어 구한다. 따라서 π_R은 단위가 없는 상대적 개념이다. 같은 이유로 x에 대한 분산 σ_x보다 비율로 표현된 $\frac{x}{\bar{x}}$에 대한 분산 $\sigma_{\frac{x}{\bar{x}}}^2$를 사용하면 상대 위험 프리미엄 π_R을 $R(x)$와 분산 $\sigma_{\frac{x}{\bar{x}}}^2$을 이용해 표현할 수 있다. 식 (9.10)은 $\pi_A \approx \frac{1}{2}A(\bar{x})\sigma_x^2$의 관계를 이용하여 π_R이 $R(x)$와 자산의 변동비율에 대한 불확실성을 나타내는 $\sigma_{\frac{x}{\bar{x}}}^2$의 곱으로 표현됨을 보여준다.

$$\pi_R = \frac{\pi_A}{\bar{x}} = \frac{\bar{x} - x_{CE}}{\bar{x}} \approx \frac{1}{2}\bar{x}A(\bar{x}) \times \frac{\sigma_x^2}{\bar{x}^2} = \frac{1}{2}R(\bar{x})\sigma_{\frac{x}{\bar{x}}}^2 \tag{9.10}$$

따라서 상대위험회피계수 $R(x)$는 $\pi_R = \frac{1}{2}R(\bar{x})\sigma_{\frac{x}{\bar{x}}}^2$의 관계에서 $\sigma_{\frac{x}{\bar{x}}}^2$의 계수로서 상대 위험 프리미엄 π_R에 영향을 미치는 위험회피도의 또 다른 지표가 된다.

$R(x)$의 값은 자산의 변동에 따라 변화할 수 있다. 자산 x의 증가에 따라 감소하는 경우를 감소 상대위험회피Decreasing Relative Risk Aversion(DRRA), 증가하는 경우를 증가 상대위험회피Increasing Relative Risk Aversion(IRRA), 상수로 변화가 없는 경우를 고정 상대위험회피Constant Relative Risk Aversion(CRRA)이라고 한다. 특히 고정 상대위험회피CRRA의 경우 위험자산과 무위험자산과의 최적배분비율을 초기자산 w_0

와 무관하게 결정할 수 있으므로 유용하게 사용할 수 있다.

지금까지 알아본 절대위험회피계수 $A(x)$와 상대위험회피계수 $R(x)$는 모두 위험회피도를 나타내 주는 지표로 사용한다. 그러나 두 지표의 차이는 $A(x)$가 자산의 변동값(σ_x^2)과 함께 화폐로 표시되는 절대 위험 프리미엄에 미치는 영향의 정도를 나타내고, $R(x)$가 자산의 변동비율 ($\sigma_{\frac{x}{x}}^2$)과 함께 비율로 표현되는 상대 위험 프리미엄에 미치는 영향의 정도를 나타낸다는 점이다. 특히 $A(x)$가 상수로 주어지는 고정 절대위험회피CARA에서는 확실성등가 x_{CE}가 초기자산 w_0에 무관하며, $R(x)$가 상수로 주어지는 고정 상대위험회피CRRA에서는 위험자산과 무위험자산 간의 최적 포트폴리오 구성 비율이 초기자산 w_0에 무관하다. 이런 특징은 수학적으로 다루기 쉬운 측면이 있으므로 상황에 맞춰 분석에 활용하면 된다.

6.2 일반효용함수에서의 $A(x)$와 $R(x)$

식 (9.1)에서는 3개의 모수 a, b, γ를 이용하여 다양한 효용함수를 표현할 수 있는 일반적 함수 $u(x) = \frac{1-\gamma}{\gamma}\left(\frac{ax}{1-\gamma}+b\right)^{\gamma}$, for $a > 0, \frac{ax}{1-\gamma}+b > 0$를 알아보았다. 이 효용함수에 대해 절대위험회피계수 $A(x)$와 상대위험회피계수 $R(x)$를 구해 보자.

$u'(x) = a\left(\frac{ax}{1-\gamma}+b\right)^{\gamma-1}$, $u''(x) = -a^2\left(\frac{ax}{1-\gamma}+b\right)^{\gamma-2}$의 관계로부터

$$A(x) = -\frac{u''(x)}{u'(x)} = \left(\frac{x}{1-\gamma}+\frac{b}{a}\right)^{-1} \tag{9.11}$$

이렇게 구한 $A(x)$의 역수를 취하고 이 함수를 위험감내함수risk tolerance function $T(x)$라고 부른다. 따라서 위험감내함수는 $T(x) = \frac{1}{A(x)} = \frac{x}{1-\gamma}+\frac{b}{a}$로 표시되며 x의 선형함수라는 것을 알 수 있다. $T(x)$가 자산 x의 선형형태로 나타나는 위험선호를 쌍곡선 절대위험회피hyperbolic absolute risk aversion(HARA)라고 부르며 $\gamma < 1$이

면 자산 x가 증가함에 따라 위험감내함수 $T(x)$는 증가하고, 따라서 절대위험회피계수 $A(x)$는 감소하게 된다. 반대로 $\gamma > 1$이면 위험감내함수 $T(x)$는 감소하고, 따라서 절대위험회피계수 $A(x)$는 증가하게 된다. 상대위험회피계수 $R(x)$는 식 (9.11)의 $A(x)$에 x를 곱해 구하면 된다.

[예 9-4] 대표적 함수에서의 $A(x)$와 $R(x)$

다음 예에서는 대표적인 세 가지 효용함수에 대해서 절대위험회피계수 $A(x)$와 상대위험회피계수 $R(x)$를 계산하고, 자산 x의 증가에 따른 $A(x)$와 $R(x)$의 증감 여부를 확인한다.

식 (9.1)에서 언급한 효용함수의 경우 $\gamma \rightarrow -\infty$이고 $b = 1$이면, $u(x) = -e^{-ax}$로 지수함수가 된다. 이때 위험감내함수 $T(x) = \frac{x}{1-\gamma} + \frac{b}{a}$는 $\gamma \rightarrow -\infty$이고 $b = 1$에서 $T(x) = \frac{1}{a}$이 된다. 따라서 효용함수 $u(x) = 1 - e^{-\frac{x}{R}}$는 위험감내함수 $T(x) = \frac{1}{a} = R$인 효용함수이며 고정 절대위험회피CARA의 특성을 나타낸다.

한편 $u(x) = \ln(x)$의 경우에는 고정 상대위험회피CRRA의 특성을 나타낸다. 또한 $u(x) = \frac{x^{1-\rho}}{1-\rho}$ 형태의 멱함수power function가 상대위험회피계수 $R(x) = \rho$으로 고정된 값을 갖는다. 효용함수와 위험선호에 관련한 좀 더 자세한 내용은 다른 참고문헌을 참고하기로 하자(Keeney & Raiffa, 1993 ; 안성진, 2007).

표 9-1 위험회피계수 $A(x)$, $R(x)$

효용함수	$A(x)$	$\frac{\partial A(x)}{\partial x}$	$R(x)$	$\frac{\partial R(x)}{\partial x}$
$u(x) = 1 - e - \frac{x}{R}$	$\frac{1}{R}$	고정됨(CARA)	$\frac{x}{R}$	증가함(IRRA)
$u(x) = \ln(x)$ for $x > 0$	$\frac{1}{x}$	감소함(DARA)	1	고정됨(CRRA)
$u(x) = -(b-x)^c$, for $0 \le x \le b, c > 1$	$\frac{c-1}{b-x}$	증가함(IARA) $\left(\frac{\partial A(x)}{\partial x} = \frac{c-1}{(b-x)^2} > 0\right)$	$\frac{(c-1)x}{b-x}$	증가함(IRRA) $\left(\frac{\partial R(x)}{\partial x} = \frac{(c-1)b}{(b-x)^2} > 0\right)$

6.3 지수효용함수와 델타특성

특별히 $A(x)$가 상수로 고정된 고정 절대위험회피CARA의 경우를 보자. 이 조건에 맞추어 미분방정식 $A(x) = -\frac{u''(x)}{u'(x)} = \frac{1}{R}$의 해를 구하면 $u(x)$는 선형함수이거나 지수함수 $1 - e^{-\frac{x}{R}}$ 두 가지 경우뿐이다. 따라서 위험회피성향을 나타내는 효용함수로는 절대위험회피계수가 상수인 지수효용함수를 널리 사용한다. 지수효용함수를 효용함수로 사용하면 다음의 두 가지 장점이 있다.

첫째, 대안의 평가 시 절대위험회피계수 $A(x)$가 자산 x, 특히 초기자산 w_0에 상관없이 상수이므로 분석과정이 매우 편리하다. 구체적으로 로터리 $L(x)$의 모든 x_i $(i = 1, \cdots, n)$에 대하여 각각을 △만큼 증가시킨 새로운 로터리 $L(x + \triangle)$의 확실성등가 x_{CE_new}는 $L(x)$의 확실성등가 x_{CE}에서 △만큼 증가하여 $x_{CE_new} = x_{CE} + \Delta$이 된다. 이 특성을 우리는 델타특성(△ property)이라고 부른다.

지수효용함수는 델타특성을 만족하기 때문에 초기자산 w_0의 값과 상관없이 x_{CE}를 계산해 대안을 평가하면 된다. 따라서 지수효용함수의 경우 절대위험회피계수 $A(x) = \frac{1}{R}$을 식 (9.9)에 대입하면 x_{CE}와 절대 위험 프리미엄 π_A는 다음과 같이 근사치로 구할 수 있다.

$$x_{CE} \approx \bar{x} - \frac{1}{2R}\sigma_x^2, \qquad \pi_A = \bar{x} - x_{CE} \approx \frac{1}{2R}\sigma_x^2 \tag{9.12}$$

반대로 의사결정자가 델타특성을 만족한다면, 효용함수는 선형함수 혹은 지수함수의 형태로 설정할 수 있기 때문에 분석이 간단해지는 장점이 있다.[6]

둘째, 확률변수 X가 $X \sim N(\mu, \sigma^2)$ 정규분포를 따른다고 하면, x_{CE}와 절대 위험

6. 이 책에서는 로터리의 최종결과payoff를 나타내는 확률변수 X를 로터리 자체에 초기자산 w_0가 추가된 총자산을 의미하는 확률변수로 기술하였다. 그러나 효용함수가 지수함수를 따를 때에는 델타특성에 의해 초기자산 w_0를 고려하지 않아도 된다. 지수효용함수의 델타특성에 대한 증명은 [Technical Note 9-2] 델타특성을 참고하면 된다.

프리미엄 π_A는 근사치가 아닌 식 (9.13)과 같이 등호의 관계가 성립한다.

$$x_{CE} = \mu - \frac{1}{2R}\sigma^2, \qquad \pi_A = \mu - x_{CE} = \frac{1}{2R}\sigma^2 \tag{9.13}$$

따라서 X가 정규분포를 따르는 것을 가정할 수 있다면 지수효용함수의 확실성 등가 x_{CE}와 절대 위험 프리미엄 π_A는 식 (9.13)과 같이 간결하게 계산할 수 있다.

7. 로버트의 도전과 평가

이제 "Who Wants to Be a Super Millionaire?" 게임쇼에 출연한 로버트의 문제로 돌아가 보자. 이미 11단계까지 $500K를 확보한 로버트는 과연 $1M을 위해 12단계에 도전했을까? 아니면 $500K에 만족했을까?

7.1 로버트의 도전

12단계에서 로버트에게 주어진 문제는 다음과 같다.

Q : 인간의 시각이 망막retina에 비치는 광학신호를 통해 작동된다는 원리를 처음 알아낸 과학자는 누구인가?

① 갈릴레오Galileo ② 코페르니쿠스Copernicus
③ 케플러Kepler ④ 뉴턴Newton

문제를 다 듣고 난 로버트는 더블딥을 활용할 수 있다는 사실을 고려하고 12단계에 도전한다. 신중한 숙고의 시간 후 그는 정답으로 "③ 케플러"를 외친다. 잠시의 정적 이후 그는 방청객과 함께 환호한다. 일시에 백만 달러의 상금이 그의 손에 주어진 순간이었다.

게임은 그것으로 끝이 아니었다. 흥분이 채 가시기도 전, 게임은 다음 단계로 이어졌다. 13단계에서는 상금이 $2.5M으로 커졌지만, 만약 틀리면 확보한 $1M 대신 $100K만 받게 된다. 확실한 $1M을 받고 중단하느냐, 아니면 위험을 감수하며 $2.5M을 노리며 13단계에 도전할 것인가? 13단계의 결정 또한 대단히 어려운 문제이다.

과연 로버트는 그 상황에서 어떤 결정을 내렸을까? 로버트는 큰 망설임 없이 $1M을 확보한 뒤 13단계에서 도전을 중단한다. 그는 결국 "천만장자" 게임에서 가장 많은 상금을 탄 행복한 사람으로 기록되었다.[7]

7.2 로버트의 도전에 대한 평가

이제 로버트가 12, 13단계에서 내린 결정을 좀 더 분석적으로 평가해 보자.

12단계의 결정

로버트의 문제를 불확실성과 위험선호의 측면에서 보면 어떻게 평가할 수 있을까? 그 결정들은 과연 타당한가? 분석의 편의를 위해 로버트는 자신의 초기자산 w_0와 무관하게 기대효용을 최대화하는 의사결정을 한다고 가정하고, 그 효용함수를 지수함수 $u(x) = 1 - e^{-\frac{x}{R}}$로 나타내기로 하자. 로버트의 지수효용함수는 초기자산 w_0와 무관한 델타특성을 만족시키므로 12단계의 게임은 지난 11단계에서 확보한 50만 달러를 기준으로 50만 달러를 확률 p로, −40만 달러를 확률 $1 - p$로 얻

7. 2004년 당시 로버트가 출연한 천만 달러가 걸린 게임쇼에서 그가 13단계까지 풀었던 문제는 다음 웹사이트에서 확인할 수 있다(https://url.kr/7tufnw). 그러나 특정 사람만이 참여할 수 있는 TV 게임쇼와는 달리 많은 사람이 참여할 수 있는 것은 복권이다. 상금의 크기도 엄청나서 현재까지의 1등 당첨 최고액은 2022년 11월 미국 파워볼 복권에서 당첨된 20억 4000만 달러였다. 당첨된 사람에게 엄청난 행운이거니와, 1등 복권을 판매한 주인도 100만 달러를 받는다니 흥미로운 게임임이 분명하다(출처 : 한국경제, https://url.kr/dqwxzn).

는 로터리 $L_1(p) = L(50, p; -40, 1-p)$로 표현할 수 있다. 따라서 12단계 게임을 위해서는 $L_1(p)$의 확실성등가 $x_{CE(L1)}$가 양수이어야 한다. 따라서 확실성등가를 계산하는 공식을 사용해 $x_{CE(L1)} = R\ln(pe^{-\frac{50}{R}} + (1-p)e^{\frac{40}{R}}) > 0$을 만족하는 조건을 구해 보면 〈표 9-2〉의 결과를 얻을 수 있다.

〈표 9-2〉는 확률 p와 위험감내도 R의 조합으로 확실성등가를 계산한 결과인데, p와 R 값이 커질수록 확실성등가는 증가함을 알 수 있다.

로버트가 더블딥을 활용해 12단계 게임에 도전했을 때 \$1M의 상금을 받을 확률 p는 $p \geq 0.5$이다. 로버트의 입장에서는 12단계 문제의 정답에 대해 전혀 아이디어가 없다면 $p = 0.5$가 되고, $R < 100$에서는 게임을 중단해야 한다. 만약 가진 상식을 발휘하여 한 문항이라도 오답으로 확실히 배제할 수 있다면 100만 달러를 받을 확률 p는 $p \geq 0.667$이 되어 위험감내도 R 값에 따라 12단계의 도전 여부는 달라진다.

표 9-2 **12단계 게임의 확실성등가**(단위 : 만 달러)

p \ R	1	10	20	30	40	50	60	70	80	90	100
0	−40.0	−40.0	−40.0	−40.0	−40.0	−40.0	−40.0	−40.0	−40.0	−40.0	−40.0
0.1	−39.9	−38.9	−37.9	−37.0	−36.3	−35.6	−35.1	−34.7	−34.4	−34.1	−33.9
0.2	−39.8	−37.8	−37.9	−33.7	−32.1	−30.9	−29.9	−29.1	−28.4	−27.8	−27.4
0.3	−39.6	−36.4	−37.9	−29.9	−27.5	−25.6	−24.1	−22.9	−21.9	−21.1	−20.4
0.4	−39.5	−34.9	−37.9	−25.7	−22.3	−19.7	−17.7	−16.1	−14.8	−13.8	−12.9
0.5	−39.3	−33.1	−37.9	−20.7	−16.3	13.0	−10.5	−8.6	−7.0	−5.8	−4.8
0.6	−39.1	−30.8	−37.9	−14.7	−9.2	−5.3	−2.3	−0.1	1.6	2.9	4.0
0.7	−38.8	−28.0	−37.9	−7.2	−0.6	3.9	7.1	9.4	11.2	12.6	13.7
0.8	−38.4	−23.9	−37.9	2.8	10.3	15.1	18.3	20.5	22.2	23.4	24.4
0.9	−37.7	−17.0	−37.9	18.0	25.4	29.6	32.1	33.7	34.9	35.7	36.4
1	50.0	50.0	50.0	50.0	50.0	50.0	50.0	50.0	50.0	50.0	50.0

이제 로버트의 위험감내도 R 값을 추정해 보자. 첫째, 로버트가 이미 50만 달러의 상금을 확보한 것을 고려해 $L(50, 0.5; -25, 0.5)$의 게임을 할 수 있을 것으로 가정한다면 위험감내도 $R = 50$(만 달러)이 된다. 이것은 이미 받게 된 상금 50만 달러의 반을 잃을 수 있을 정도의 위험이다. 만약 $R = 50$이라고 가정한다면, 확률 $p = 0.667$에서의 확실성등가는 0.681(만 달러)로 0에 가깝다. 따라서 문제에 대한 충분한 자신감($p > 0.667$)과 매우 높은 위험감내도($R > 50$)에서 게임에 도전하는 것이 합리적이다.

그러나 관련 영상을 보면 로버트는 정답을 확신하지 못하는 상태였다.[8] 더구나 평범한 회사원 입장에서 높다고 볼 수 있는 위험감내도 $R = 10$ 혹은 20을 가정하면 확실성등가는 음수여서 12단계 게임에 도전하는 것은 합리적이지 않다. 그러나 로버트는 실제 게임에서 12단계 게임에 도전했고, 매우 위험한 결정이었으나 좋은 결과가 나왔다. 이미 확보한 50만 달러로 인해 로버트의 위험감내도가 대단히 높아졌다고 가정할 수 있어야 그의 도전에 합리성을 부여할 수 있을 것이다.

13단계의 결정

그렇다면 $1M을 확보한 이후 다음 13단계의 게임을 분석해 보자. 13단계의 게임은 150만 달러를 확률 p로, −90만 달러를 확률 $1 - p$로 얻는 게임으로 $L_2(p) = L(150, p; -90, 1-p)$로 표시할 수 있다. 이 로터리 $L_2(p)$에 대해 우선 기댓값을 구해 보자.

더블딥을 이미 사용해 버린 13단계에서는 4개 문항 중 무작위 선택이 정답이 될 확률이 25%이므로 기댓값은 $-30(= 150 \times \frac{1}{4} - 90 \times \frac{3}{4})$이 된다. 만약 한 문항이라도 오답으로 확실히 배제할 수 있다면, 기댓값은 $-10(= 150 \times \frac{1}{3} - 90 \times \frac{2}{3})$이 된다. 게임에 도전하는 대안과 중단하는 대안 간에 기댓값이 같아지는 확률 p를 계산해 보면, $p \times 150 - (1-p) \times 90 = 0$으로 $p = 0.375$가 된다. 만약 13단계 문제

8. 게임쇼 영상 : https://url.kr/ocemi4

를 맞출 수 있는 확률이 37.5% 이상이라고 판단하면 일단 게임에 도전해 볼만 하다. 그러나 단순 기댓값으로 결정하기에는 관련 불확실성과 금액이 대단히 크다.

따라서 12단계와 동일하게 지수효용함수를 가정하고 로터리 $L_2(p)$에 대해 확률 p와 위험감내도 R의 조합으로 확실성등가를 계산해 보면 〈표 9-3〉과 같다. 〈표 9-3〉에 따르면 확률 $p = 0.5$에서는 어떤 위험감내도 R 값에서도 확실성등가는 음수가 된다. 결국 p와 R 값이 상당히 높지 않으면 13단계 도전은 중단하는 것이 합리적인 선택임을 알 수 있다.

표 9-3 **13단계 게임의 확실성등가**(단위 : 만 달러)

p \ R	1	10	20	30	40	50	60	70	80	90	100
0	−90.0	−90.0	−90.0	−90.0	−90.0	−90.0	−90.0	−90.0	−90.0	−90.0	−90.0
0.1	−89.9	−88.9	−87.9	−86.8	−85.8	−84.8	−83.8	−82.9	−82.0	−81.2	−80.5
0.2	−89.8	−87.8	−85.5	−83.3	−81.1	−78.9	−76.9	−74.9	−73.1	−715	−69.9
0.3	−89.6	−86.4	−82.9	−79.3	−75.8	−72.3	−69.1	−66.0	−63.2	−60.5	−58.1
0.4	−89.5	−84.9	−79.8	−74.7	−69.6	−64.7	−60.1	−55.7	−51.7	−48.1	−44.8
0.5	−89.3	−83.1	−76.1	−69.2	−62.4	−55.8	−49.5	−43.7	−38.4	−33.7	−29.4
0.6	−89.1	−80.8	−71.7	−62.5	−53.5	−44.8	−36.6	−29.2	−22.5	−16.5	−11.1
0.7	−88.8	−78.0	−65.9	−53.9	−42.1	−30.8	−20.3	−10.8	−2.5	4.8	11.2
0.8	−88.4	−73.9	−57.8	−41.8	−26.0	−11.1	2.3	14.1	24.2	32.8	40.0
0.9	−87.7	−67.0	−43.9	−21.0	1.2	21.6	39.0	53.3	64.6	73.5	80.6
1	150.0	150.0	150.0	150.0	150.0	150.0	150.0	150.0	150.0	150.0	150.0

이 문제를 기준점을 달리한 손실과 이득의 프레임으로 나누어 행동과학적 측면에서 생각해 보자. 첫 번째 프레임은 이미 확보한 $1M을 기준점으로 하는 손실loss의 프레임이다. 이미 $1M를 확보한 상황에서 아무것도 받지 않는 중단대안과 도전대안 $L_2(p) = L(150, p; -90, 1-p)$ 중 하나를 선택하는 상황이다. 이 프레임에서

는 $1.5M의 이익보다 −$900K의 손실이 크게 느껴지는 손실회피 성향loss aversion이 작동할 수 있다. 따라서 확률 p에 대한 불확실성이 높은 상황에서는 게임중단을 선호하기 쉽다. 두 번째 프레임은 확실한 상금 $1M를 받는 중단대안과 도전대안 $L_3(p) = L(250, p\,; 100, 1-p)$을 비교하는 이득gain 프레임이다. 이 경우에는 불확실한 이득보다는 확실한 $1M에 더 큰 가치를 두는 확실성 효과certainty effect가 작동하기 쉽다(Kahneman, 2011 ; 안서원 & 안광호, 2019).

정답을 100% 확신하지 못하는 상황에서 위험회피성향과 확실성 효과가 작동한다면, 로버트는 확률 p나 위험감내도 R에 대한 진지한 평가, 심지어 기댓값에 대한 계산 없이도 도전중단이라는 직관적 결정을 내릴 수 있을 것이다. 순간의 판단이 필요한 게임쇼에서 확률이나 위험감내도에 대한 정확한 추정을 한다는 것은 가능하지 않다. 분석이 필요하지 않다는 뜻은 물론 아니다. 직관적 결정이 필요한 순간도 있고, 체계적인 분석이 필요한 상황도 있다는 뜻이다.

결국 로버트는 13단계에서 큰 망설임 없이 도전중단이라는 직관적 의사결정을 내린다. 250만 달러가 걸린 13단계의 결정이 100만 달러가 걸린 12단계의 결정보다 오히려 쉬웠을 것이다.

12단계에서도 로버트에게 위험회피성향과 확실성 효과가 작동했을 것으로 예상되지만 그의 결정은 12단계 게임에 도전하는 것이었다. 물론 100만 달러의 상금으로 그가 원하는 좋은 결과를 얻었지만, 상당한 위험이 수반된 결정이었음이 분명하다. 예능감이 있어 보이는 로버트가 전 국민이 보는 TV 쇼에서 그의 재능을 보여주었다는 측면에서 수긍할 수 있는 대목이며, 도전을 원하는 시청자들에게는 최고의 엔터테인먼트를 제공한 셈이다.

8. 마무리

불확실성하에서의 의사결정은 필연적으로 위험이 수반되며, 위험선호는 의사결정 과정에 적절히 반영되어야 한다. 제9장에서는 효용함수를 통해 의사결정자의 위험선호를 반영하는 방법을 알아보았다. 또한 의사결정의 기준으로 기대효용과 다른 확실성등가 기준을 도입하고 이를 도출하는 방법을 설명하였다. 확실성등가는 단위가 없고 상대적 평가만이 가능한 기대효용과는 달리 일상에서 익숙한 화폐단위로 표시되기 때문에 절대적 비교가 가능하며 해석이 용이하다.

위험선호를 반영하기 위한 효용함수 도출을 위해서는 확실성등가 방법을 이용하거나 수학적 함수를 이용해 평가한다. 이렇게 정의된 효용함수에 대한 위험회피의 정도는 절대위험회피 및 상대위험회피를 정의해 측정할 수 있으며 위험회피를 위해 지불하는 위험 프리미엄도 계산할 수 있다.

이상에서 다룬 개념들을 설명하기 위해 미국 ABC TV의 "Who Wants to Be a Super Millionaire?" 게임쇼에 출연한 로버트의 문제를 예로 들었다. 게임쇼에 등장한 로버트가 내리는 결정에 대한 분석을 통해 어떻게 그의 위험선호를 의사결정에 적절히 반영하고 설명할 수 있는지 확인하였다.

위험선호는 가치선호, 시간선호와 함께 의사결정 과정에서 반영되어야 할 3가지 중요한 선호 중 하나이다. 그러나 위험선호도 자체가 기업의 의사결정에서 중요한 요인이 되는 경우는 5~10% 정도라고 평가되기도 한다. 그러나 조단위의 투자와 성공 확률이 10% 미만인 신약개발이나 불확실성이 높은 글로벌 M&A와 같은 대규모 사업에서는 위험선호에 대한 체계적 분석이 반드시 필요하다. 불확실성이 높고 논의의 금액stake이 커지는 경우 위험선호는 기업의 의사결정에서 중요하게 고려되어야 한다.

[Technical Note 9-1] 위험감내도 R의 추정

효용함수 $u(x) = 1 - e^{-\frac{x}{R}}(R > 0)$의 위험감내도 R을 추정하기 위해 y를 확률 50%로, $-\frac{y}{2}$를 50%로 얻는 기준로터리 $L = L[y, 0.5\,; -\frac{1}{2}, 0.5]$를 설정하고 이를 대안 1이라고 하자($y > 0$). 게임에 참여하지 않아 확률 1로 자산의 변동이 없는 로터리 $L_2 = L[0, 1]$를 대안 2라고 하자. 자산의 변동이 없으므로 $u(L_2) = 0$이 된다. 의사결정자는 대안 1과 대안 2 중에서 선택을 한다.

기준로터리의 y 값이 커짐에 따라 대안 2 대신 대안 1을 선택하게 되는 최대값 $y_{\max}$에서는 대안 1의 기대효용과 대안 2의 기대효용이 같게 되므로 $u(L_1) = u(L_2) = 0$이 된다. 따라서

$$u(L_1) = 0.5u(y_{\max}) + 0.5u(-\frac{y_{\max}}{2}) = u(L_2) = 0 \qquad (9A.1)$$

식 (9A.1)에 지수효용함수 $u(x) = 1 - e^{-\frac{x}{R}}$을 적용하여 정리하면 식 (9A.2)를 얻는다.

$$0.5(1 - e^{-\frac{y_{\max}}{R}}) + 0.5(1 - e^{\frac{y_{\max}}{2R}}) = 0 \qquad (9A.2)$$

식 (9A.2)의 해를 구하기 위해 $z = e^{\frac{y_{\max}}{2R}}$라고 하고 식 (9A.2)를 정리하면 아래 식 (9A.3)을 얻을 수 있다.

$$z^3 - 2z^2 + 1 = (z - 1)(z^2 - z - 1) = 0 \qquad (9A.3)$$

$z = e^{\frac{y_{\max}}{2R}} > 1\,(y_{\max} > 0)$이기 때문에 식 (9A.3)의 유일한 해는 $z = \frac{1 + \sqrt{5}}{2}$이 된다. 따라서 y와 R의 관계는 아래 식 (9A.4)와 같이 도출된다.

$$y_{\max} = 2R\ln(z) = 2R\ln(\frac{1 + \sqrt{5}}{2}) = 0.9624\ R \cong R \qquad (9A.4)$$

식 (9A.4)로부터 $y_{\max} \cong R$의 관계가 성립하여 위험감내도 R은 $y_{\max}$와 근사한 값을 가짐을 알 수 있다. 따라서 위험감내도 R은 기준로터리에서 $y_{\max}$를 평가함으로써 근사하게 추정할 수 있다.

[Technical Note 9-2] 델타특성

델타특성은 로터리 $L(x)$의 모든 $x_i(i = 1, \cdots, n)$를 $\triangle$만큼 증가시킨 새로운 로터리를 $L_{new} = L(x + \triangle)$라고 할때, L_{new}의 확실성등가 x_{CE_new}는 $L(x)$의 확실성등가 x_{CE}에서 $\triangle$ 값만큼 증가하는 특성을 말한다. 이 델타특성에 의해 지수효용함수에서는 $x_{CE_new} = x_{CE} + \triangle$가 성립한다.

델타특성을 확인하기 위해 L_{new}의 기대효용 $E[u(x+\triangle)]$을 지수효용함수 $u(x) = 1 - e^{-\frac{x}{R}}$을 적용해 계산하면 식 (9A.5)를 얻는다.

$$E[u(x+\triangle)] = \sum_{i=1}^{n} p_i(1 - e^{-\frac{x_i+\triangle}{R}}) = 1 - \sum_{i=1}^{n} p_i e^{-\frac{x_i}{R}} \times e^{-\frac{\triangle}{R}} \tag{9A.5}$$

$E[u(x)] = u(x_{CE})$로부터 $\sum_{i=1}^{n} p_i e^{-\frac{x_i}{R}} = e^{-\frac{x_{CE}}{R}}$이 성립하므로 이를 식 (9A.5)에 대입하면 식 (9A.6)을 얻게 된다.

$$E[u(x+\triangle)] = 1 - e^{-\frac{x_{CE}}{R}} \times e^{-\frac{\triangle}{R}} = 1 - e^{-\frac{x_{CE}+\triangle}{R}} = u(x_{CE+\triangle}) \tag{9A.6}$$

따라서 $L_{new} = L(x+\triangle)$의 확실성등가 x_{CE_new}는 $x_{CE_new} = x_{CE} + \triangle$의 관계가 성립한다.

CHAPTER 10

시간선호 반영하기

"Yesterday is history. Tomorrow is a mystery. Today is a gift. That is why it is called the present."

— Eleanor Roosevelt(wife of Franklin D. Roosevelt)

의사결정자의 선호는 의사결정 과정에 적절히 반영되어야 논리적이고 일관성 있는 결정을 내릴 수 있다. 제8장에서는 의사결정자가 추구하는 가치를 가치선호로, 제9장에서는 위험에 대한 태도를 위험선호로 나타내고 이를 의사결정 과정에서 반영하는 방법을 알아보았다. 이번 제10장에서는 미래 대비 현재에 대한 선호를 반영하는 시간선호time preference에 대해 알아보기로 한다.

1. 미래가치와 할인율

의사결정의 결과는 시간적 차이를 두고 의사결정에 영향을 미친다. 어떤 경우는 즉각적으로 결과를 알 수 있지만, 다른 경우 장기에 걸쳐 영향을 미칠 수도 있다. 예를 들어 노후를 위한 재무설계는 일생 동안 인생에 영향을 미친다. 기업의 R&D 의사결정은 기업의 지속적 성장에 영향을 미친다. 탄소중립, 핵폐기물 관리 등 국가 공공사업의 경우 수십 년, 길게는 수백 년에 걸쳐 다음 세대에 영향을 미친다.

우리는 미래의 다양한 시점에서 발생하는 의사결정의 결과를 논리적이고 일관성 있게 평가하기 위해 미래가치를 현재가치로 변환해 평가한다. 미래가치를 현재가치로 변환해 평가하면 시간에 따라 가치 흐름이 다르거나 사업기간이 다른 경쟁

대안들에 대한 평가가 가능하다.

미래가치를 현재가치로 변환할 때는 할인율discount rate을 적용한다. 제품이나 서비스에 대한 소비의 경우 현재의 소비 대비 미래의 소비에 두는 가치를 시간선호도를 사용해 할인해 준다. 환경영향 평가의 경우 현재 대비 미래 환경에 미치는 영향을 시간선호도를 사용해 할인해 준다. 현금흐름의 경우에도 현재 대비 미래의 현금흐름을 시간선호도를 이용해 할인해 준다. 현금흐름에 불확실성이 있는 경우에는 단순한 시간선호도뿐만 아니라 위험까지 고려한 할인율risk-adjusted discount rate을 이용하기도 한다.

미래가치를 현재가치로 할인하는 것은 다음 두 가지 이유 때문이다. 첫 번째는 기회비용의 측면이다. 현재의 100만 원은 1년 뒤에 받을 100만 원보다 가치가 크다. 그것은 현재 100만 원은 1년간 예금을 통해 추가적인 수입을 받는 것이 가능한 반면, 1년 뒤의 100만 원은 그 기회가 없기 때문이다. 따라서 현재의 100만 원 대신 1년 뒤에 100만 원을 받게 되면, 은행 이자의 손실, 즉 기회비용이 발생한다. 따라서 시간에 따른 기회비용을 고려하기 위해 미래의 현금흐름을 현재가치로 할인한다. 이때 사용하는 할인율은 포기하는 기회비용의 성격에 따라 다르다. 은행 이자를 포기하는 경우라면 은행 이자율이 할인율이 되고, 다른 투자기회를 포기하는 경우라면 해당 투자기회의 수익률이 할인율이 된다. 이것은 현재의 현금흐름이 추가적 가치를 만들어 낼 수 있다는 생산의 관점에서 본 시각이다.

두 번째 이유로는 소비의 관점이다. 소비에 대한 시간선호는 현재의 소비를 미래의 소비에 비해 가치 있게 느끼는 정도를 말한다. 일반적으로 시간이 지남에 따라 경제성장이 이루어지고 미래에는 현재보다 더 많은 소비를 하게 된다. 따라서 한계효용체감의 법칙이 적용된다면, 미래의 1단위 소비는 현재의 1단위 소비보다 그 효용이 작게 된다. 이것이 미래의 소비를 현재의 소비 관점에서 할인해 주는 이유이다(Attema, Brouwer, & Claxton, 2018).

미래가치를 생산과 소비의 두 가지 관점에서 할인해 평가하지만, 할인율의 결정은 주관적이며 논쟁의 여지가 있다. 특히 장기간 공공사업의 경우 작은 할인율의 변화에도 현재가치에 큰 영향을 미치는 누적효과compounding effect가 발생한다. 또한 할인율은 위험선호 및 사업의 특성과도 관련성이 있기 때문에 할인율을 결정하는 것은 신중해야 한다.

2. 시간가치와 위험을 반영한 할인율

미래가치를 현재가치로 변환시키는 할인율을 결정할 때는 앞에서 언급한 대로 미래의 현금흐름이 가지는 기회비용과 효용의 감소를 고려해야 한다. 이것은 순수하게 현금흐름이나 효용을 느끼는 시간 차이를 고려한 것이다. 그러나 내외부적 불확실성이 존재하는 경우에는 이에 따라 증가하는 위험도 고려해야 한다. 특히 미래 현금흐름에 불확실성이 존재하는 경우 순수한 시간가치와 위험을 동시에 반영하기 위해 다음 두 가지 방법을 사용한다.

위험조정 할인율 방법

첫 번째 방법은 기회비용의 측면에서 할인율을 정하되, 미래 현금흐름의 위험성을 고려하여 그 할인율을 높게 조정하는 것이다. 구체적으로 무위험할인율 R_f를 기준으로 하고, 미래 현금흐름의 불확실성을 추가적으로 고려해 정한 위험조정 할인율 R_a risk-adjusted discount rate을 사용하는 방법이다. 따라서 위험조정 할인율 R_a을 이용하여 사업기간 n을 갖는 미래 현금흐름 $C_i(i = 0, \cdots, n)$의 현재가치(PV ; Present Value)는 식 (10.1)과 같다.

$$PV = \sum_{i=0}^{n} \frac{C_i}{(1+R_a)^i} \tag{10.1}$$

이 방법은 간단하게 현재가치를 구할 수 있으므로 대안평가에 널리 쓰이고 있다. 여기서 주의할 점은 위험조정 할인율 방법의 R_a는 고정된 할인율이며, 그 효과가 시간에 따라 지수적으로 누적된다는 점이다.[1] 이 방법의 문제는 불확실성을 명시적explicit으로 고려하지 않기 때문에 프로젝트의 진행에 따라 위험도가 변화할 수 있다는 점을 고려하지 못한다는 것이다. 이것은 특정 시점 이후 불확실성의 해소를 활용할 수 있는 리얼옵션을 가진 경우 R_a을 통한 할인은 프로젝트 전체의 위험을 과도하게 평가하므로 가치 있는 프로젝트를 발굴하지 못할 위험성이 있다는 것을 의미한다. R_a을 구하는 방법은 제3절에서 다루기로 한다.

확실성등가 방법

둘째 방법은 미래 현금흐름에 대한 할인과 현금흐름의 불확실성을 분리해 반영하는 확실성등가 방법이다. 이 방법은 미래 현금흐름을 무위험 할인율 R_f로 할인하고 불확실성은 효용함수에서 위험선호를 통해 반영하는 방법이다. 미래 현금흐름에 대한 할인과 위험을 분리하는 확실성등가 방법은 무위험 할인율 R_f을 이용하기 때문에 위험조정 할인율 R_a을 따로 구할 필요가 없다는 장점이 있다. 또한 의사결정 단계별로 의사결정의 유연성을 고려할 수 있으므로 정밀한 분석이 가능하다. 그러나 이 방법은 위험에 대한 태도를 나타내는 효용함수를 도출해야 한다. 따라서 충분한 시간과 자원을 투입할 가치가 있는 중요 의사결정의 경우 할인과 위험이 분리된 확실성등가 방법을 사용하는 것이 바람직하다. 이런 이유로 중요한 의사결정 과

---

1. 미래 현금흐름의 현재가치는 일반적으로 고정된 할인율 $\frac{1}{1+R_f}$을 사용하여 시간의 경과에 따라 지수적으로 가중시켜 계산한다. 그러나 실제 사람들의 선택을 분석해 보면, 오늘의 100과 일주일 뒤의 110에 대해서는 오늘의 100을 선호하지만, 1년 뒤의 100과 1년 + 1주 뒤의 110에 대해서는 1년 + 1주 뒤의 110을 선호하는 현상이 발견된다. 만약 식 (10−1)과 같은 고정된 할인율을 기준으로 평가한다면, 동일한 1주간의 시간차에서 그 선택이 바뀌는 것은 비합리적인 행동이다(Green & Myerson, 2004). 이 현상은 즉시 얻을 수 있는 현재가치에 과도한 비중을 주기 때문에 발생하는 현상anomaly이며, 행동경제학에서는 현재편향present bias이라고 부른다. 현재에 비중을 너무 많이 두게 되면 미래를 위한 투자나 저축보다는 현재의 소비를 더 우선하게 된다. 이러한 선호를 설명하기 위해서는 쌍곡선할인hyperbolic discounting을 사용할 수 있다. 이것은 할인율로 $\frac{1}{1+R_f}$를 사용하는 대신 $\frac{1}{1+n\times R_f}$, $n = 1, 2, \cdots$ (n은 시간단위)를 사용하는 방법이다. 이 쌍곡선할인을 적용하면 현재에서 가까운 미래는 할인율이 작고, 먼 미래로 갈수록 그 할인율은 커진다. 따라서 미래보다는 현재를 더 선호하는 현상을 모형으로 표현할 수 있다.

정에서는 할인과 위험을 분리해 다루는 확실성등가 방식을 사용한다.

다음 [예 10-1]에서는 위험조정 할인율 방법과 확실성등가 방법에 따른 대안 평가의 차이를 알아보기로 한다.

[예 10-1] 반도체 소재 국산화 프로젝트

심화되는 탈세계화에 대비한 국내 중견기업의 국산화 프로젝트를 가정해 보자. 이 프로젝트는 1년간 40억 원의 R&D 비용을 투자하여 수입 반도체 재료를 내재화하는 것이 목적이다. R&D에 성공하면 60억 원을 추가 투자해 공장을 건설하고 장기 공급계약을 통해 안정적 수익을 얻을 수 있다. 이 경우 세후 연간 10억 원의 수입이 영속적으로 보장된다고 하자. 만약 1년간의 R&D가 실패하면 추가적 R&D 투자는 중단된다. 분석을 위해 R&D의 성공 확률은 50%이고 무위험 할인율 R_f는 4%로 가정한다.

이제 초기 R&D 비용 40억 원, R&D 성공 확률 50%, R&D 성공 시 공장 건설 비용 60억 원, 세후 연간 10억 원의 수입을 기준으로 하고, 무위험 할인율 R_f을 4%, 위험조정 할인율 R_a를 10%로 가정하고 이 프로젝트의 현재가치를 계산해 보자. 예상 현금흐름은 $C_0 = -40$, $C_1 = 50\%$의 확률로 -60, 50%의 확률로 0, $C_n = 50\%$의 확률로 10(2년차 이후 연속적 흐름으로 $n = 2, \cdots$), 50%의 확률로 0이 된다.

위험조정 할인율을 이용해서 프로젝트의 현재가치를 계산할 때에는 $C_0 = -40$,

그림 10-1 불화수소 국내생산

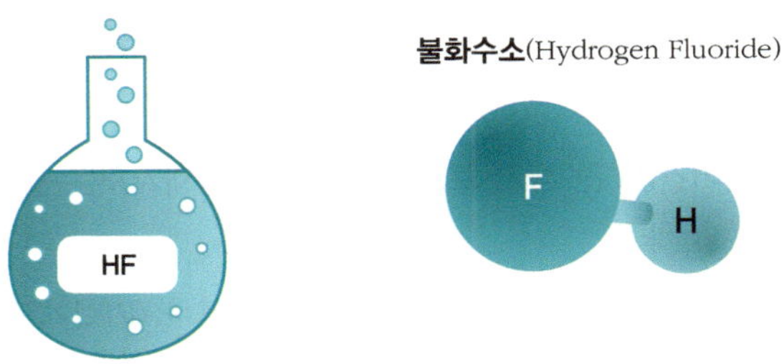

출처 : https://toktokii2.tistory.com/474

$C_1 = -60, C_n = 10(n \geq 2)$으로 가정하고 R&D 성공에 대한 불확실성은 위험조정 할인율에 반영된다. 따라서 현재가치는 다음 식 (10.2)와 같다.

$$PV = -40 + \frac{-60}{1+0.1} + \sum_{i=2}^{\infty} \frac{10}{(1+0.1)^i} = -3.6 \tag{10.2}$$

식 (10.2)에 따르면 PV가 −3.6이므로 R_a = 10%에서는 이 프로젝트의 경제성이 없다고 판단하게 된다.[2]

그러나 이 프로젝트의 특징을 보면, 프로젝트 초기에는 위험이 높지만, 1년 뒤 R&D 결과에 대한 불확실성이 해소되는 시점에서는 위험이 감소한다. 즉, R&D에 성공하는 경우에만 공장을 건설하면 되고, 그 이후에는 미래 현금흐름의 불확실성이 없어지므로 할인율은 무위험할인율 R_f를 사용할 수 있다. 이런 프로젝트의 특성 때문에 고정적 위험조정 할인율 R_a로 현재가치를 구하는 방식으로는 프로젝트의 정확한 가치산정을 할 수 없다. 따라서 프로젝트에 리얼옵션이 있는 경우에는 미래 현금흐름을 R_a로 할인하는 것이 아니라 각 기간별 미래 현금흐름을 무위험할인율 R_f로 할인해서 확실성 등가를 이용해 현재가치를 평가해야 한다.

확실성등가 방법을 사용하되 편의를 위해 기댓값을 기준으로 프로젝트의 현재가치를 구해보면 다음 식 (10.3)과 같다.[3]

$$PV = -40 + 0.5\left[\frac{-60}{1+0.04} + \sum_{i=2}^{\infty} \frac{10}{(1+0.04)^i}\right] = 51.3 \tag{10.3}$$

확실성등가 방법으로 현재가치를 계산하면 51.3으로 양수가 나오며, 위험조정 수익률할인율 방식으로 계산한 현재가치 −3.6보다 더 큰 값이다. 따라서 이 프로젝트는 가치가 있는 프로젝트로 판단할 수 있다. 이것은 1년 뒤 R&D 결과에 따라 공장 건설을 할 수 있는 의사결정의 유연성을 고려할 수 있기 때문에 나타난 차이이다.

만약 의사결정 유연성을 고려하지 않고 위험조정 할인율 R_a로 할인을 하는 경우 위험이 크거나 사업기간이 긴 장기 프로젝트일수록 현재가치는 감소해 경제성이 떨

2. R_a가 대략 10% 이하로 내려가면, PV가 양수가 되어 이 프로젝트의 경제성이 확보된다.
3. 만약 기댓값이 아닌 위험회피 효용함수를 이용해 확실성등가를 계산하면 51.3보다는 더 작은 값으로 계산된다. 자세한 내용은 제9장을 참고하기로 하자.

어진다. 결과적으로 위험조정 할인율 R_a로 할인해 프로젝트를 평가하면 가치가 있는 투자대안이 정당한 가치를 평가받지 못하는 결과를 얻을 수 있다. 따라서 의사결정의 유연성을 발휘할 수 있는 리얼옵션을 가진 프로젝트에서는 위험조정 할인율을 통한 분석보다는 미래 현금흐름의 할인과 위험을 분리하는 확실성등가 방법을 사용해 분석하는 것이 좋다.

3. 위험조정 할인율

[예 10-1]에서는 위험조정 할인율 R_a를 10%로 가정해 프로젝트의 현재가치를 평가했다. 그렇다면 미래 현금흐름을 현재가치로 변환하는 위험조정 할인율 R_a은 어떻게 구하는가?

제한된 자원을 효율적으로 사용해야 하는 기업은 프로젝트의 추진으로 발생하는 기회비용을 고려해야 한다. 그것은 기회비용을 지불하면서도 투자할 만한 타당성이 있어야 하기 때문이다. 이를 위해 미래 현금흐름을 적절한 할인율로 할인해 현재가치를 구한 후 그 경제적 타당성과 투자 우선순위를 정한다. 이때 기업에서 사용하는 할인율을 (최소) 요구수익률이라고 한다. 만일 요구수익률로 할인된 현재가치가 양의 값을 갖는 경우에는 해당 프로젝트가 기업의 요구수익률보다 더 큰 수익률을 제공한다는 의미가 되며, 경제적 타당성의 근거가 된다. 현재가치가 음의 값을 갖는 경우에는 기업의 요구수익률보다 낮은 수익이 예상되므로 자원을 다른 곳에 사용하는 것이 더 큰 가치를 창출하는 방안이 된다.

위험조정 할인율로 사용되는 요구수익률은 회계상으로 자본비용cost of capital이라고 부른다. 기업은 채권자와 주주의 자본을 사용하므로 기업의 자본비용은 채권자의 요구수익률과 주주의 요구수익률을 채권자와 주주의 시장가치비율로 가중평균한 값을 사용한다. 이를 가중평균 자본비용(WACC ; Weighted Average Cost of Capital)이라고 부른다. 이 가중평균 자본비용은 새로운 프로젝트가 경제적 타당성을 갖기 위해 필요한 최소한의 요구수익률이다. 미래 현금흐름을 현재가치로 변환하는 할인율인 위험조정 할인율 R_a는 이 가중평균 자본비용 WACC를 사용한다.

가중평균 자본비용 WACC의 계산식은 식 (10.4)와 같다. 여기서 타인자본비용 R_d는 해당 기업의 신용등급에 해당하는 채권수익률이고 자기자본비용 R_e는 해당 기업 주식시장에서의 기대수익률이다. WACC는 기업의 총 시장가치($D + E$) 대비 타인자본 시장가치(D)와의 비율($= \frac{D}{D+E}$) 및 총 시장가치 대비 자기자본 시장가치(E)와의 비율($= \frac{E}{D+E}$)을 가중평균의 비중으로 사용한다(Brealey, Myers, Allen, & Mohanty, 2023).

$$WACC = R_d(1 - \text{법인세율})\frac{D}{D+E} + R_e\frac{E}{D+E} \qquad (10.4)$$

R_d : 타인자본비용

R_e : 자기자본비용

D : 타인자본 시장가치(= 부채의 현재가치)

E : 자기자본 시장가치(= 시가총액)

따라서 위험조정 할인율 R_a는 가중평균 자본비용 WACC를 계산해 사용하면 된다.

[예 10-2] 카카오의 가중평균 자본비용의 계산

다음의 자료를 이용해 우리나라 대표 IT기업 중 하나인 카카오Kakao의 가중평균 자본비용 WACC을 구해보자.

R_d : 타인자본비용 - AA 채권 3년물 9월 금리 4.4%(2023년 6월 기준)

R_e : 자기자본비용

R_f : 3년 국고채 이자율 3.6%(2023년 6월 기준)

R_m : 5년 평균 시장수익률 8%(가정)

▲ 카카오 캐릭터(출처 : 카카오)

베타(β) : 1.3

D : 타인자본 시장가치 10조 원

E : 자기자본 시장가치 25조 원

법인세율 : 22%

가중평균 자본비용 WACC의 계산에 필요한 자기자본비용 R_e는 실무에서 많이 사용하는 CAPM(Capital Asset Pricing Model)을 사용할 수 있으며, 다음과 같이 구해진다.

$$R_e = R_f + \beta_i(R_m - R_f) = 3.6\% + 1.3(8\% - 3.6\%) = 9.3\%$$

따라서 카카오의 가중평균 자본비용 WACC는,

$$WACC = R_d(1 - \text{법인세율})\frac{D}{D+E} + R_e\frac{E}{D+E}$$

$$= 4.4\%(1 - 0.22)\frac{10}{10+25} + 9.3\%\frac{25}{10+25} = 7.6\%$$로 계산된다.

따라서 카카오가 고려 중인 프로젝트의 미래 현금흐름에 대한 할인율은 WACC = 7.6%을 사용하면 된다. 이 계산을 위해 사용되는 R_d, R_e, R_f, R_m, 베타 등은 의사결정의 상황마다 다른 값들을 사용할 수 있으므로 유의해야 한다.

4. 사회적 할인율

일반 기업과는 달리 중앙 및 지방 정부 등 공공부문은 사회의 중요 이슈에 대해 장기간 대규모 투자를 집행할 책무를 가진다. CO_2 감축을 통한 탄소중립, 핵물질처리, 교통인프라 구축, 공공의료 등에 대한 투자사업이 이에 해당된다. 이런 공공부문의 투자기준은 경제적 가치뿐만 아니라 환경보호, 안전, 지역균형, 후속세대 배려 등 다양한 사회적 가치를 고려해야 한다. 사업기간도 5년, 10년, 30년을 고려하는 민간부문과는 달리, 30년, 50년, 200년 등 장기적 사업기간을 고려해 평가한다.

대규모 공공 프로젝트의 경우 미래의 비용과 편익을 고려한 비용–편익비율(Cost–Benefit Ratio 혹은 B/C 비율)을 계산하고 B/C 비율 > 1 인 경우, 경제적 타당성이 있다고 판단한다. 이를 비용–편익분석이라고 한다. 이때 비용의 경우 소요금액 추산을 통한 객관적 평가가 가능하지만 편익은 다양한 형태를 가진다. 기후 및 환경 관련 프로젝트의 경우 이산화탄소 배출 감소에 따른 편익이 될 수 있고, 공공의료에서는 환자의 생존연수(QALY ; Quality Adjusted Life Year)가 증가함에 따른 편익이 될 수 있다. 따라서 의미 있는 비용–편익분석을 위해서는 편익을 같은 화폐단위로 측정하거나 변환해야 한다.

미래 비용과 편익이 화폐단위로 측정·변환되면 이를 할인율로 할인한 다음 B/C 비율을 계산한다. 이때 미래 비용과 편익을 현재가치로 환산하기 위해 적용하는 할인율을 사회적 할인율social discount rate이라고 부른다.[4]

공공부문의 프로젝트의 경우 사업기간이 매우 긴 특성이 있으므로 미래의 비용과 편익을 할인하는 사회적 할인율은 경제적 타당성 평가에 절대적 영향을 미친다. 사회적 할인율을 지나치게 높게 설정하면 미래의 현재가치는 감소하므로 단기적인 사업에 치중하게 되고, 미래를 대비한 장기적 사업에 대한 경제적 타당성 확보가 어려워진다. 반대로 사회적 할인율을 너무 낮게 설정하면 현재보다 먼 미래가 중심이 되어 과도한 투자재원이 요구되고, 단기적으로 현금흐름의 불균형이 발생할 수 있다. 따라서 객관적이고 상호 비교분석이 가능한 적정 사회적 할인율을 설정하는 것은 대단히 중요한 이슈이다(Groom, Drupp, Freeman, & Nesje, 2022).

사회적 할인율 설정은 중요한 이슈이므로 할인율 설정에 대한 논쟁 또한 치열하다. 예를 들어 인류에 큰 영향을 미치는 기후변화 대응 프로젝트를 보자. 해당 프로젝트들은 사업기간이 워낙 길기 때문에 할인율 설정이 경제적 타당성 평가에 매우 큰 영향을 미친다. 이와 관련해서 2007년 영국에서 발간된 스턴 보고서Stern Re-

4. 공공 프로젝트의 경우 효용보다는 편익이라는 용어를 많이 사용한다.

표 10-1 국가별 사회적 할인율

국가/조직	수정 연도	SDR	SOC/STP	불확실성
ADB	2017	9%	STP	
Australia	2020	7%	SOC	SDR SA : 3~10%, DDR to 3.7%(> 300년)
Brazil	2020	8.5%	SOC	
Canada	2007	8%	SOC	
Chile	2021	6%	SOC	
Columbia	2019	9%	SOC	
Denmark	2021	3.5%	SOC/STP	1.5% RP, DDR to 1.5%(> 70년)
EU	2021	3%	STP	
France	2013	4.5%	SOC	
Germany	2018	1%	STP	
IDB	2021	12%	SOC	
Ireland	2019	4%	STP	DDR to 1.5%(> 275년)
Mexico	2014	10%	SOC	
Netherlands	2020	2.25%	SOC	3.25% RP, SDR SA : 1.85~2.65%
New Zealand	2020	5%	SOC	7% RP
Norway	2021	4%	SOC	1.5% RP, DDR to 2%(> 75년)
Peru	2021	8%	SOC	DDR to 1%(> 200년)
South Korea	2019	4.5%	SOC	DDR to 3.5%(> 30년)(철도 수자원사업)
Sweden	2014	3.5%	STP	1% 천연재해에 대한 RP
UK	2018	3.5%	STP	1% 천연재해에 대한 RP, DDR to 2.14%(> 75년)
USA	2003	7%(SOC), 3%(STP)	SOC/STP	세대 간 프로젝트에 대한 SDR 감소 가능

주 : 1) 기존 자료를 재구성하였음(Groom et al., 2022).

2) 약어 : RP ; Risk Premium, SDR ; Social Discount Rate, SOC ; Social Opportunity Cost, STP ; Social Time Preference, SA ; Sensitivity Analysis, DDR ; Decreasing Discount Rate, ADB ; Asian Development Bank, IDB ; Inter-American Development Bank.

view는 사회적 할인율을 상대적으로 낮은 1.4%로 설정해 즉각적이고 강력한 기후 변화 대응투자를 주장하기도 했다. 반면 다른 경제학자들은 현실 경제상황과 이자율 등을 고려해 적절한 사회적 할인율로 4.5%를 주장하기도 한다. 많은 논쟁 중에 현재는 그 중간 정도의 수준으로 의견이 수렴되고 있다.

사회적 할인율의 설정은 국가 경제 정책적 의미와 영향이 크기 때문에 나라마다 일정 기준을 제시해 관리하고 있다. 이 기준설정도 이미 언급한 기회비용과 소비의 지연 측면을 고려한 것이다. 〈표 10-1〉은 전 세계 주요 국가에서 제시한 사회적 할인율을 보여준다. 여기에서 SOC(Social Opportunity Cost)는 해당 국가가 기회비용의 측면에서 사회적 할인율을 설정한 것을 나타내고, STP(Social Time Preference)는 소비의 지연 측면에서 사회적 할인율을 설정한 것을 나타낸다. 대체적으로 자본주의적 성격이 강한 미국과 캐나다 그리고 개발도상국들은 SOC 측면에서 일반적으로 높은 할인율을 제시하고 있고 독일, 아일랜드, 스웨덴, 영국 등 사회주의적 성격이 강한 유럽 국가들은 STP의 측면에서 일반적으로 낮은 할인율을 제시하고 있다. 네덜란드, 노르웨이, 영국 등은 프로젝트의 불확실성을 고려해 위험 프리미엄을 추가하고 있고, 오스트레일리아, 덴마크, 멕시코 등은 먼 미래의 할인율을 초기보다 감소시켜 적용하고 있다(Groom et al., 2022 ; 이의경, 2021 ; 이지웅, 김성균, & 김길환, 2016).

우리나라에서는 사회적 할인율을 4.5%로 정해서 공공분야의 프로젝트 평가에 사용하고 있다.[5]

---

5. 제50조(사회적 할인율) ① 예비타당성조사에서 사회적 할인율은 4.5%를 적용한다. 다만 분석기간이 30년 이상인 철도와 수자원 사업은 운영 30년 동안은 4.5%를 적용하고 이후는 3.5%의 할인율을 적용한다. ② 사회적 할인율은 경제 및 사회 여건 변화 등을 고려하여 매 3년마다 조정을 검토한다. 단, 중대한 경제·사회적 상황 변화가 발생하거나 긴급한 국가정책적 필요가 있는 경우에는 3년 이내에 사회적 할인율을 조정할 수 있다(출처 : 기획재정부 훈령 제436호 예비타당성조사 수행 총괄지침, 2019. 4. 25. 제정).

[Decision in Action 10-1] 공중보건 및 의료분야의 사회적 할인율

공중보건 및 의료 분야의 프로젝트 평가에도 사회적 할인율을 적용한다. 이를 위해 발생하는 비용과 편익을 계량화한 다음 현재가치로 할인한다. 이때 적용하는 할인율은 국가마다 다양하다.

세계 48개국에 대한 국제적 연구에 따르면, 각 국가는 다양한 할인율을 적용한다(Khorasani, Davari, Kebriaeezadeh, Fatemi, Akbari Sari, & Varahrami, 2022). 비용의 경우 대부분의 국가는 5%의 할인율(40%의 국가)이나 3%의 할인율(25%의 국가)을 가장 많이 적용한다. 편익에 해당하는 의료 성과(예를 들어 QALY)에 대해서는 대부분 비용과 동일한 할인율을 적용한다(85%의 국가).

특히 주목할 것은 사업기간에 따른 상이한 할인율의 적용 여부이다. 이 연구에서는 48개국 중 45개국이 사업기간에 상관없이 비용과 의료 성과에 대해 고정된 할인율을 적용하는 것으로 나타났다. 예외에 해당하는 영국과 스코틀랜드는 30년이 넘는 장기 프로젝트의 경우 비용에는 3.5%의 할인율을, 의료 성과에는 1.5%의 할인율을 적용한다. 프랑스는 30년 이상의 장기 과제의 경우 그 할인율이 2%를 넘지 않도록 정하고 있다. 그러나 94%의 국가에서는 고정할인율을 사용하므로 장기적 과제의 경우 프로젝트의 가치가 저평가될 가능성이 있다는 것을 의미한다.

요약하면 전 세계적으로 공중보건 및 의료 분야의 사회적 할인율은 비용 및 의료 성과에 무관하게 3% 내지 5%의 할인율을 적용하며 사업기간에 상관없이 고정된 값을 적용하는 것이 일반적이다. 이러한 할인율의 변화에 따라 프로젝트의 현재가치가 크게 달라지기 때문에 민감도 분석을 통해 그 경제적 타당성을 확인할 필요가 있다.

그림 10-1 **공중보건 및 의료 프로젝트**

출처 : MIT News

[Decision in Action 10-2] 대한민국의 예비타당성조사와 사회적 할인율

▲ KTX 고속철도(출처 : KTX)

우리나라의 경우 국가 예산이 투입되는 공공사업을 추진할 때 한정된 예산을 효율적으로 사용할 수 있도록 사전적 타당성 평가를 실시하고 있다. 1999년부터 시작된 이 평가제도를 예비타당성조사(이하 예타)라고 부른다. 예타의 대상에는 신규 국가사업 중 총 사업비가 500억 원 이상, 국비지원 300억 원 이상이 소요되는 도로, 철도, 항만, 공항 등의 교통 인프라, 국가정보화 사업, 국가연구개발 등이 해당된다. 이 제도는 신규 공공사업의 타당성을 경제적 타당성, 정책적 타당성, 지역균형발전 효과의 3가지 기준에서 객관적이고 중립적인 기준으로 분석한다. 이 중에서 경제적 타당성은 가장 중요한 기준으로 비용-편익 비율, 순현재가치, 내부수익률을 분석하여 그 타당성이 확보되었는지 분석한다.

이 경제적 타당성 분석에서는 사업기간에 발생하는 모든 미래의 비용과 편익의 흐름을 추정하여 계량화하고 이들을 현재가치로 환산하기 위해 사회적 할인율을 사용한다. 기획재정부에서 정하는 사회적 할인율로 2007년부터 2017년까지 5.5%를 적용했으며, 2017년 시장금리와 경제성장률 하락 추이를 반영해 4.5%로 낮추어 적용하고 있다.

이러한 예타조사를 실시하는 목적은 국가의 대규모 공공사업을 수행함에 있어 제한된 국가자원의 효율적 집행과 사회적 동의에 기반한 우선순위의 설정이 매우 중요하기 때문이다. 그러나 예외적으로 경제적 타당성을 확보하기 어려운 특수한 사업의 경우 예타조사를 면제해 주고 있다. 그러나 예타제도가 면제된 사업 규모가 지난 2017년부터 5년간 149건, 120조 원에 이르는 등 급격히 증가해 국가 재정에 큰 부담으로 작용한다는 비판적 시각도 있다.[6] 특히 국내 공항건설 사업의 경우 지속적인 비판의 대상이었으나 예타를 통과하지 못한 경우는 없는 것으로 나타난다. 사전타당성조사에서 사회적 이슈가 된 가덕도 신공항(B/C 비율 0.41 ~ 0.58)과 새만금 국제공항(B/C 비율 0.48), TK신공항은 모두 예타가 면제된 바 있다.[7]

6. 출처 : MBN 뉴스7 보도, 2022, https://url.kr/d8rfsw
7. 출처 : 이제항, "[국감] 장혜영 의원 "탄소중립 요구에도, 타당성 부족해도 브레이크 없는 신공항"", 스트레이트 뉴스, 2022. 10. 26., https://url.kr/264h51

[Decision in Action 10-3] 타당성 부족해도 일단 짓고 보자

최근 5년간 지방공항 10곳의 누적 손실이 5,000억 원에 육박하는 것으로 나타났다. 이들의 평균 활주로 활용률은 4.5%에 불과했다. 26일 한국공항공사가 국회 기획재정위원회 소속 장혜영 정의당 의원실에 제출한 자료에 따르면 지난 2017년부터 올해 8월까지 김포·김해·제주·대구를 제외한 지방공항 10곳의 누적 손실은 4,823억 원에 이르는 것으로 집계되었다. 상위 4개 공항의 수익으로 나머지 공항의 대규모 적자를 메우는 구조이다. 이들 공항의 적자 이유는 수요를 과대 예측해 공항을 크게 지었는데 이용하는 승객이 없기 때문이다. 10개 공항의 평균 활주로 활용률은 4.5%였으며 2% 미만인 공항도 다섯 군데였다.

사업성을 객관적으로 판단해 예산 낭비를 줄이겠다는 취지로 도입된 '예비타당성 조사'(예타)는 공항 건설을 전혀 저지하지 못하고 있다. 예타 제도 시행 이후 국토교통부가 올린 공항 계획은 모두 예외 없이 예타 대상이었지만 미통과 사례는 없었다. 예타 실시 이후 23년간 36% 사업이 사전 차단된 것과는 대비된다. 예타 실시 이후 총 975개 사업(477조 3,000억 원)에 대한 예타를 진행했고 타당성이 미흡한 것으로 나타난 350개 사업(184조 1,000억 원)을 사전 차단했다.

서산공항이나 백령공항은 조사 대상에서 유보된 적은 있었지만 결국 예타를 받을 수 있었고 울릉공항은 설계 변경을 통해 결국 예타를 통과했다. 또 사전 타당성 조사에서 낮은 비용 대비 편익 비율(B/C)을 받은 가덕도 신공항과 새만금 국제공항은 예타를 면제시키는 방식으로 관철됐다. 지방 공항의 실패 사례에도 신규 공항을 대폭 늘리려 하고 있다. 지난 10년간 공항 건설 예산 추이도 최근 들어 큰 폭으로 증가하고 있다. 최근 3년 동안의 공항 건설 및 관리 예산은 최근 10년 예산의 76%를 차지한다. 지난해 발표된 국토부의 6차 항공 계획에서는 10개의 신공항 건설 계획이 포함돼 있고 8개가 현재 공식적으로 추진 중이다. 이는 항공기의 탄소배출 문제로 공항 증설 계획을 중단하고 항공기 운항에도 규제를 강화하는 세계적 추세와도 거리가 있다.

▲ K울릉공항 조감도(출처 : 국토교통부)

유럽 환경청(EEA)에 따르면 1km 이동 시 탄소배출량은 항공기(88명 탑승 기준)가 기차

(156명 탑승 기준)의 20배에 달한다. 영국 히드로 공항, 싱가포르 창이 공항, 프랑스 샤를드골 공항의 확장 계획은 연기되거나 폐기되었다.

출처 : 이성기, "타당성 부족해도 일단 짓고 보자…'브레이크' 없는 신공항", 이데일리 , 2022. 11. 22.

5. 마무리

미래에 발생하는 가치는 현재가치로 할인해 대안에 대한 논리적·일관적 평가를 할 수 있다. 이때 미래가치를 현재가치로 할인하는 할인율은 그 상황과 목적에 따라 적절히 선택해야 한다. 기업의 의사결정에서는 위험조정 수익률이나 확실성 등가 방법을 이용해 할인율을 정하고 대안의 현금흐름을 분석하면 된다. 공공부문 프로젝트의 경우 사전적으로 합의된 사회적 할인율을 이용해 현금흐름을 분석하고 B/C 비율을 통해 대안을 평가한다. 이때에도 위험을 고려하기 위해 사회적 할인율에 위험 프리미엄을 추가해 평가할 수 있다.

CHAPTER 11

대안의 분석과 평가

▲ 헤라클레스의 선택(출처 : WahooArt.com)

제우스의 아들이지만 인간으로 태어난 헤라클레스를 그리스의 아테나 여신과 아프로디테 여신이 유혹하는 장면이다. 고통이 따르지만 미래의 영광이 있는 아테나의 길과 마음껏 향락을 누리는 아프로디테의 길 사이에서 헤라클레스는 고민한다. 그러나 힘들지만 미래의 영광을 택한 그의 결정을 우리는 "헤라클레스의 선택"이라고 부른다.

우리가 당면하는 중요한 의사결정 문제들은 문제의 핵심이 분명하지 않은 경우가 많다. 설령 문제의 핵심을 이해한다 해도 우리가 내리는 결정에는 불확실성이 높은 경우가 많아 그 결과를 정확히 예상할 수 없다. 따라서 우리는 시간과 노력을 투자하여 당면한 의사결정 문제를 명확히 이해하기 위해 노력한다. 이 과정에서는 문제를 서로 연결된 요소들로 나누어 분석하고 이들을 다시 통합하여 전체를 이해하는 과정divide and conquer이 따른다. 이 과정이 결국 문제에 대한 분석과 평가를 통해 문제의 본질을 파악하고 이에 따라 의사결정을 내리는 통찰 기반 의사결정 프로세스이다.

지금까지 통찰 기반 의사결정을 위한 적절한 프레임(제5장)과 의사결정 문제를 구성하는 3요소인 대안(제6장), 정보(제7장), 그리고 선호(제8~10장)를 확인하는 구조화 단계에 대해 알아보았다. 이제부터는 의사결정을 위한 프레임과 이들 3요소를 조합하여 가치모형을 만든 후 대안을 분석하는 분석 단계와 이를 통해 문제에 대한 이해도를 높여 본질을 파악해 가는 평가단계에 대해 알아본다.

분석단계에 해당하는 제11장에서는 단일속성을 가진 대안, 제13장에서는 다속성을 가진 대안을 분석하는 방법에 대해 알아볼 것이다. 평가단계에 해당하는

그림 11-1 통찰 기반 의사결정 프로세스와 대안에 대한 분석과 평가

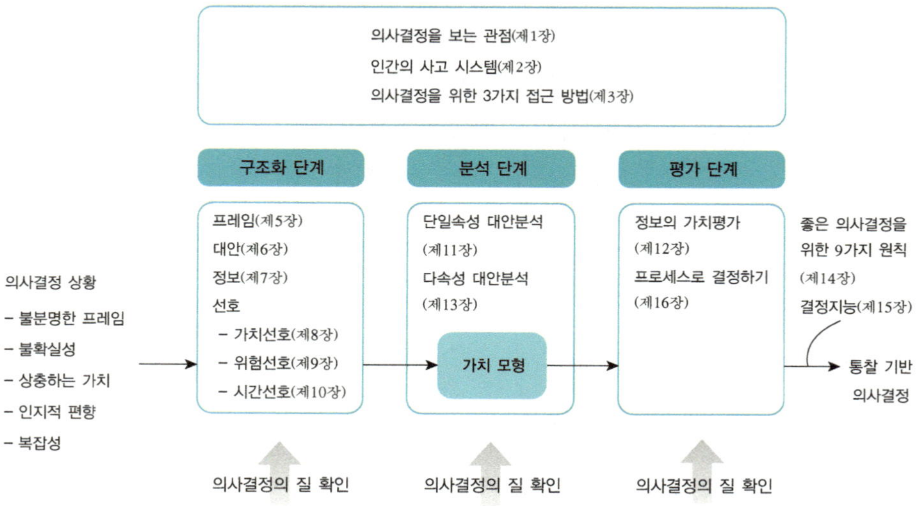

제12장에서는 이를 바탕으로 불확실성 정보에 대한 가치를 평가하고, 제16장에서는 이를 실제 문제에 적용하여 통찰 기반 의사결정을 내리는 과정을 확인하기로 한다.

[그림 11-1]은 통찰 기반 의사결정 프로세스의 3단계인 구조화 단계, 분석 단계, 평가 단계와 이를 통한 9가지 의사결정의 원칙 및 결정지능이 도출되는 관계에서 분석 단계의 역할을 도식적으로 보여준다.

1. 의사결정 기준

대안의 분석은 불확실성의 유무에 따라 분석방법이 다르다. 불확실성이 없는 상황에서는 대안별로 각각의 가치를 평가하고, 가치가 가장 큰 것을 선택하면 된다. 이때 채권투자와 같이 금전적 가치monetary value가 유일한 목적인 의사결정의 경우는 수익성을 단일속성 효용함수로 대안을 평가하면 될 것이다. 환경보전 문제와 같이 추구하는 목적이 다수인 경우에는 대안 중에서 추구하는 다수의 목표를 다속성 효용함수를 통해 최대화하는 대안을 선택하면 된다.[1]

그러나 불확실성이 존재하는 경우에는 불확실성을 분석에 적절히 반영해 평가 기준decision criterion을 정해야 한다. 우리가 다루는 의사결정 문제에 불확실성이 존재하는 경우라면 이를 고려한 기댓값 혹은 기대효용이 그 평가기준이 될 것이다.

제11장에서는 불확실성을 고려하지 않는 확실성하에서 활용할 수 있는 낙관적 접근방법, 비관적 접근방법, 후회 최소화 접근방법 총 3가지 의사결정 기준에 대해 알아 보고, 불확실성하에서 활용할 수 있는 확률적 접근방법으로 우위조건 및 기대효용 최대화 의사결정 기준에 대해 알아보기로 한다.

---

1. 제11장에서 다루는 가치는 단일속성의 금전적 가치이다. 의사결정에서 추구하는 가치가 한 가지가 아닌 여러 개의 다속성multi-attribute인 경우는 제13장에서 다루기로 한다.

[예 11-1] 유기농 배추 계약재배량 결정 (1)

김대표는 업력 15년차의 농산물 유통업 대표이다. 주 사업은 농민들과 농작물을 계약하고 재배하여 도매시장에 유통하는 일이다. 현재 김대표의 고민은 고냉지 배추의 계약수량이다. 문제는 최근 고냉지 배추가격의 등락 폭이 커서 상당한 위험이 따르기 때문에 신중한 판단과 분석이 필요하다는 것이다. 현재 고려 중인 대안은 세 가지가 있다. 대안 1은 작년의 재배 면적 3만 평 대비 계약 면적을 2배로 대폭 늘리는 방안이다. 작년 김장배추 대란으로 가격이 급등했던 상황과 고랭지 배추와 같은 고급 유기농 제품에 대한 수요가 늘고 있다는 점에서 기회가 될 수 있다. 그러나 위험도 따르는 고위험, 고수익의 성격으로 이를 “확대” 대안이라고 하자. 대안 2는 작년 수준을 유지하는 방안이다. 유기농 배추에 대한 가격 변동성을 고려해 작년과 동일한 수준으로 운영하는 대안으로 “유지” 대안이라고 하자. 대안 3은 은행에 정기예금을 하는 대안이다. 워낙 배추가격의 변동 폭이 크기 때문에 배추농사 계약재배를 하지 않는 대안으로 “안전” 대안이라고 하자.

3가지 대안의 가치는 배추가격에 의해 결정된다. 배추가격은 연속적 변수이다. 따라서 연속적 변수를 시나리오로 나누기 위해 제7장에서 다루었던 방법으로 불확실성의 변동 폭을 10% 값, 50% 값, 90% 값으로 평가하는 확정적분석 방법을 활용하기로 한다. 이에 따라 가격이 예년 대비 20% 감소되는 경우($x_{0.1}$), 동일하게 유지되는 경우($x_{0.5}$), 30% 상승하는 경우($x_{0.9}$) 세 가지 시나리오를 생각할 수 있다.

〈표 11-1〉은 각 대안별로 배추가격의 변동에 따른 수익성을 보여주는 수익표 payoff table이다. 수익표의 행은 선택할 수 있는 대안을, 열은 배추가격의 세 가지

표 11-1 수익표

대안 \ 배추가격	상승(s_1)	동일(s_2)	하락(s_3)
확대대안	1,400	300	−500
유지대안	900	200	−100
안전대안	20	20	20

시나리오를 나타낸다.

김대표에게는 배추가격의 변동이 가장 큰 불확실성 변수이다. 배추가격은 정확히 예측할 수 없지만 농가의 재배 면적, 김장 부재료 가격의 변동, 개인적 정보와 신념 등에 따라 그 접근 방법은 달라질 수 있다. 이 수익표를 기준으로 김대표는 어떤 대안을 선택하는 것이 합리적인가?

2. 비확률적 접근법

김대표가 당면한 배추계약 의사결정에서 주요 불확실성은 배추가격이다. 만약 배추가격에 대한 불확실성이 존재하지만 그 불확실성을 평가할 수 없다고 판단하거나 평가할 의향이 없는 경우 비확률적 접근법을 사용할 수 있다. 비확률적 접근방법은 불확실성에 따른 가능성possibility은 고려하되 해당 확률은 활용하지 않는 경우이다.

2.1 낙관적 접근법

낙관적 접근법은 각 대안이 취할 수 있는 최대값이 가장 큰 대안을 선택하는 방법이다. 이 의사결정 기준은 위험추구성향의 의사결정자가 택할 수 있는 기준으로 매우 낙관적 접근방법이다(Maximax approach). 이 기준에 따르면 확대대안은 최대값이 1,400, 유지대안은 최대값이 900, 안전대안은 20이므로 확대대안을 택하는 것이 합리적 선택이 된다.

2.2 보수적 접근법

보수적 접근방법은 각 대안이 취할 수 있는 최소값이 가장 큰 대안을 선택하는 방법이다. 이 의사결정 기준은 위험회피성향의 의사결정자가 택할 수 있는 기준으로 보수적 접근방법이다(Maximin approach). 이 기준에 따르면 확대대안은 최소값이 −500, 유지대안은 최소값이 −100, 안전대안은 최소값이 20이므로 안전대안을 택하는 것이 합리적 선택이 된다.

2.3 후회 최소화 접근법

후회 최소화 접근법은 발생 가능한 최대 후회regret를 최소화하는 대안을 선택하는 방법이다. 이것은 잘못된 결정을 내리는 것을 피하려는 의사결정자가 택할 수 있는 기준이다(Minimax regret approach).

후회 최소화 기준에 따라 대안을 선택하기 위해서는 발생 가능한 후회를 계산해야 한다. 후회는 특정 대안을 선택하여 다른 대안을 선택하지 못함에 따라 발생하는 기회비용에 해당한다. 후회를 계산하기 위해 후회표regret table의 값인 R_{ij}를 다음과 같이 정의하기로 한다. 여기서 선택 가능한 대안의 개수는 m으로, 불확실성변수가 취할 수 있는 상황의 개수를 n으로 표시하자. [예 11−1]에서는 $m = n = 3$이 된다.

R_{ij} : 대안 $i(i = 1, .., m)$를 선택했을 때 상황 $j(j = 1, .., n)$에서 발생하는 후회, 즉 기회비용

V_j^* : 상항 j에서 최적의 대안선택을 통해 취할 수 있는 값

V_{ij} : 대안 i를 선택해 상황 j에서 취하는 값

$R_{ij} = |V_j^* - V_{ij}|$

이제 V_j^*를 계산해 보면, 상황 1(s_1)이 발생하면 확대대안을 선택하는 것이 최적이므로 $V_1^* = 1{,}400$이 된다. 상황 2(s_2)가 발생하면 확대대안이 최적이므로 $V_2^* = 300$이 된다. 마지막으로 상황 3(s_3)이 발생하면 안전대안을 선택하는 것이 최적이므로 $V_3^* = 20$이 된다. 그리고 $V_{ij}(i = 1, 2, 3, j = 1, 2, 3)$는 〈표 11−1〉의 수익표에

서 평가된 값이 된다. 따라서 V_j^*와 V_{ij}를 이용해 R_{ij}를 계산하고 후회표를 작성하면 〈표 11-2〉와 같다.

표 11-2 후회표

배추가격 대안	상승(s_1)	동일(s_2)	하락(s_3)
확대대안	0	0	520
유지대안	500	100	120
안전대안	1,380	280	0

〈표 11-2〉에 의하면 확대대안의 최대 후회는 520, 유지대안의 최대 후회는 500, 안전대안의 최대후회는 1,380이다. 따라서 최대 후회를 최소화하는 대안은 유지대안이 된다.

이상 세 가지 비확률적 접근법에 따른 분석결과를 요약해 보면, 낙관적 접근법에 따르면 확대대안을, 보수적 접근법에 따르면 안전대안을, 후회 최소화 접근법을 따르면 유지대안이 최적임을 알 수 있다. 결국 어떤 대안평가 기준을 선택하느냐에 따라 최적 대안이 달라짐을 알 수 있다.

3. 확률적 접근법

비확률적 접근법을 통해 대안평가 기준에 따라 최적대안이 달라지는 문제를 확인하였다. 어떤 대안평가 기준에 따라 의사결정을 내릴 것인가는 의사결정자의 선택이기도 하다. 불확실성 변수에 대한 확률적 평가가 가능하지 않을 경우 비확률적 접근법이 불가피할 수도 있다. 그러나 대안평가 기준이 장기적으로 의사결정자의 가치를 손상시키는 기준이라면 의사결정에 사용해서는 안 될 것이다. 예를 들어 최소값이 가장 큰 대안을 선택하는 보수적 접근법을 생각해 보자.

[예 11-2] 비확률적 접근법에 의한 대안선택

만 원을 확실히 받는 기회인 대안 L_1과 확률 0.99로 1억 원을 받거나 확률 0.01로 만 원을 잃게 되는 대안 L_2를 생각해 보자. 만약 $L_1 = L$(만 원, 1) vs. $L_2 = L$(1억 원, 0.99 ; −만 원, 0.01) 중 하나를 선택하는 기회가 주어졌다고 하자. 어떤 대안을 선택하는 것이 좋은가?

이 문제를 보수적 접근법으로 계산하면, 대안 L_1의 최소값은 만 원 이익, 대안 L_2의 최소값은 만 원 손해이므로 대안 L_1을 선택하는 것이 최적의 대안이다. 그러나 대안 L_1을 선택하는 것이 좋은 선택이라고 생각하는가? 분명한 것은 0.99의 높은 확률로 1억 원을 받는 기회를 무시한 선택을 우리는 받아들일 수 없다는 점이다 (Wright & Goodwin, 2014). 보수적 접근법Maximin approach이 극단적으로 비관적인 가정에 바탕을 두고 있으며, 최소값 이외의 값들은 평가에 반영되지 않는 것이 그 주된 이유일 것이다. 후회 최소화 접근법Minimax regret approach 역시 사람들이 관심을 갖는 후회를 모형화할 수는 있으나, 관련성 없는 대안의 추가나 삭제에 따른 순위역전rank order reversal 현상의 가능성이 존재하는 등 의사결정의 기준으로 문제가 있다(Abbas, 2018).

그러나 비확률적 접근법의 근본적 문제는 불확실성 변수에 관련된 정보를 전혀 활용하지 않는다는 점이다. 불확실성에 대한 확률평가가 불가능하거나 어렵다는 이유로 확률 자체를 고려하지 않는다면 의사결정에 도움이 되는 정보는 무시되며 의사결정의 질은 저하된다. 이것은 주변이 어두워 원하는 길을 찾기 어려우니 어떤 길이든 열심히 가 보자는 생각과 같다. 올바른 판단은 주변의 희미한 불빛을 최대한 이용해 목적하는 방향과 일치하는 길을 계속 찾는 것이다.

불확실성 변수에 대한 객관적 데이터가 없는 경우에도 확률적 분석이 불가능하지는 않다. 우리는 객관적 확률이라는 것은 실제로 존재하지 않고, 오로지 불확실성에 대한 자신의 믿음 정도를 나타내는 주관적 확률만이 존재한다는 것을 확인한 바 있다. 이 주관적 확률을 활용하면 불확실성에 관한 다양한 분석이 가능하다.

다음에서는 주관적 확률을 이용한 분석방법의 예를 확인해 보자. 제7장에서는 확정적 민감도 분석에 따라 SUV 구매결정에 민감한 영향을 미치는 변수로 연간 주행거리, 전기자동차 감가상각비율, 이자율, 가솔린 가격 등을 도출하였다. 그러나 중요할 것으로 예상되었던 전기요금, 전기자동차 보험료, KWh당 전기자동차 주행거리 등의 변수는 구매결정에 민감한 영향을 끼치지 않았다. 따라서 구매결정에 미치는 영향이 낮은 변수들은 그 값을 중앙값으로 고정하고 이를 가치모형에 반영하여 대안을 평가할 수 있다. 반면 민감한 불확실성 변수들은 해당 변수들에 대해 추가 분석을 실시한다. 이때 민감도가 높다고 판단된 연속형 변수 X에 대해서는 확정적 민감도 분석에서 사용한 10분위, 50분위, 90분위 값인 $x_{0.1}$, $x_{0.5}$, $x_{0.9}$ 값을 활용해 이산화 과정을 거친 후 대안평가에 사용한다.

다음에서는 불확실성하에서 의사결정 대안의 평가에 필요한 우위조건dominance의 개념을 알아보고, 이어서 확률적 접근법에 의한 대안평가의 방법들을 알아보기로 하자.

3.1 우위조건을 통한 대안분석

불확실성을 명확히 표현하고 분명하게 소통하기 위해 주관적 확률을 사용하고 이를 통해 기대효용을 계산해 대안을 평가한다. 그러나 기대효용 기준을 통한 대안분석 이전에 우위dominance 조건이 만족되면, 그 분석은 좀 더 용이해 진다. 우위에는 확정적 우위deterministic dominance와 확률적 우위probabilistic dominance 두 가지가 있다. 만약 우위조건이 만족되면 효용함수의 형태와 무관하게 최적의 대안을 도출할 수 있기 때문에 효용함수나 효용함수의 위험선호도를 평가하지 않아도 된다. 따라서 기대효용에 대한 분석 이전에 우위조건이 만족되는지 확인해 보는 것이 좋다.

확률분포

대안분석 과정에서 우위조건이 존재하는지 확인하기 위해 확률분포의 개념을 간단히 살펴보기로 하자. 제7장에는 SUV 자동차 구입결정을 위해 총소유비용을 추정하였다. 이때 총소유비용의 항목인 수리비용은 고장발생 건수라는 확률변수와 연관성이 있다. 총 10년의 사용연수 동안 발생하는 고장발생 건수를 확률변수 X로 표시하면 X는 0, 1, 2, ⋯ 와 같은 숫자를 갖게 된다. 이와 같이 유한한 값들을 취하는 확률변수를 이산離散확률변수discrete random variable라고 한다. 반면 고장 시 발생하는 수리비용의 경우는 0 이상의 양수값을 갖게 되며, 이런 무한한 값들을 취하는 확률변수를 연속連續확률변수continuous random variable라고 한다.

이제 이산확률변수와 연속확률변수가 갖는 확률분포에 대해 알아보자. 우리는 이산확률변수가 취하는 값들의 분포를 확률질량함수probability mass function $p(x)$라고 부르고, 이산확률변수가 취하는 값들의 분포를 확률밀도함수probability density function $f(x)$라고 부른다. 또한 확률질량함수나 확률밀도함수에 대한 누적함수를 누적분포함수cumulative distribution function $F(x)$라고 부르며 줄여서 분포함수라고 부르기도 한다. 누적분포함수 $F(x)$는 이산확률변수와 연속확률변수에 대해 다음 식 (11.1)과 같이 표시된다.

$$F(x) = P(X \leq x) = \begin{cases} \sum_{-\infty}^{x} p(x),\ x : \text{이산확률변수} \\ \int_{-\infty}^{x} f(x)\,dx,\ x : \text{연속확률변수} \end{cases} \tag{11.1}$$

누적분포함수 $F(x)$는 특정값 이상, 이하 혹은 특정 구간 내의 확률을 구할 수 있으므로 중요한 확률적 정보를 제공해 준다. 이 누적분포함수를 통해 어떤 대안의 하방위험downside risk이 큰지, 혹은 상방 기회upside potential가 많은지를 도식적으로 확인할 수 있다. 이 누적분포함수를 의사결정분석에서는 리스크 프로파일risk profile이라고 부른다. 각 대안별 리스크 프로파일은 이를 통해 하방위험이 발생하는 시나리오를 확인할 수 있고, 이에 따른 위험관리 전략을 도출하는 단초가 될 수 있다는 점에서 매우 중요한 정보이다.

[예 11-3] 유기농 배추 계약재배량 결정 (2)

유기농 배추 계약재배량을 결정해야 하는 김대표의 문제를 다시 살펴보자. 이 문제의 유일한 불확실성은 배추가격이다. 대안분석을 위해서는 연속적 변수인 배추가격을 이산화discretization할 필요가 있다. 배추가격에 대한 세 가지 시나리오인 20% 하락, 동일, 30% 상승은 확정적 민감도 분석의 3가지 값 $x_{0.1}$, $x_{0.5}$, $x_{0.9}$과 동일하다([예 11-1]).

이 평가치들을 활용하면 제7장에서 다룬 10-50-90 방법을 이용해 배추가격이 20% 하락하는 경우($x_{0.1}$)의 확률은 0.25, 동일할 경우($x_{0.5}$)의 확률은 0.5, 30% 상승할 경우($x_{0.9}$)의 확률은 0.25로 이산화할 수 있다.

[그림 11-2]는 각 대안별 확률질량함수를 나타낸 것으로 이익 X가 취할 수 있

그림 11-2 3가지 대안에 대한 확률질량함수

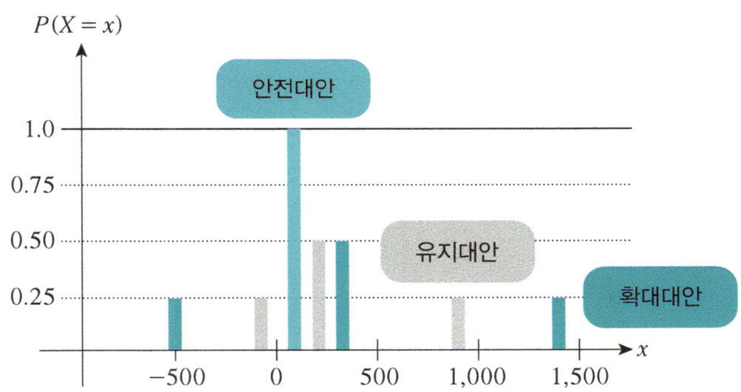

그림 11-3 3가지 대안에 대한 누적분포함수

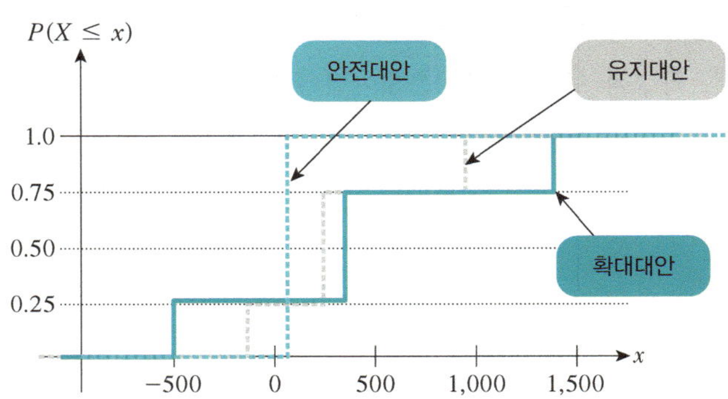

는 값과 해당 확률 $p(x) = P(X = x)$을 보여준다. [그림 11-3]은 각 대안별로 누적 분포함수 $F(x) = P(X \le x)$을 보여준다.

3.2. 확정적 우위

만약 대안 1의 최소값이 대안 2의 최대값보다 큰 경우 대안 1은 대안 2보다 확정적 우위에 있다고 말한다. 확정적 우위가 존재하면 [그림 11-4]와 같이 확정적 우위대안의 누적분포함수는 지배당하는 대안의 누적분포함수와 겹치는 부분 없이 오른쪽에 위치하게 된다. 확정적 우위가 존재한다면 불확실성에 대한 평가와는 무관하게 대안 1의 기댓값 및 기대효용이 대안 2보다 더 크므로 대안 1이 최적의 대안이 된다.

그림 11-4 확정적 우위의 예

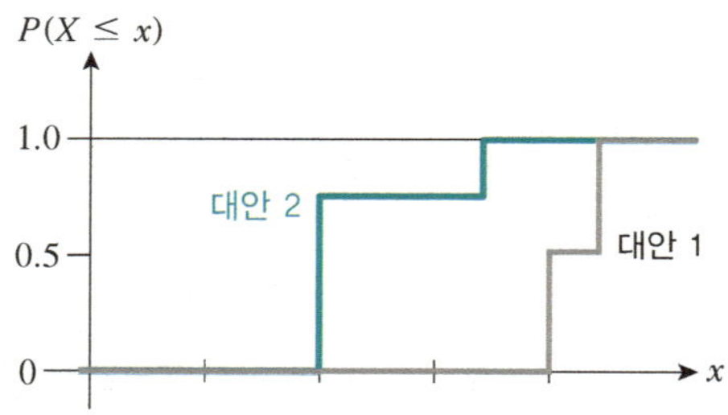

만약 확정적 우위가 존재한다면 대안의 분석과 평가에서 다음과 같은 사실을 확인할 수 있다. 첫째, 확정적 우위대안이 비교 대안보다 항상 더 좋은 결과를 얻게 된다. 둘째, 확정적 우위대안이 존재하면 불확실성에 대한 확률평가 및 효용함수, 위험선호도에 대한 고려 없이 최적의 대안평가가 가능하다. 셋째, 불확실성 변수에 대한 완전정보의 가치는 0이다. 즉, 불확실성 변수에 대한 어떠한 정보도 의

사결정에 영향을 미치지 않으며 따라서 정보의 가치 또한 없다.[2]

3.3 확률적 우위

비록 확정적 우위가 존재하지 않더라도 확률적 우위가 존재한다면 분석의 수고는 역시 줄어든다. 확률적 우위에는 1차 확률적 우위와 2차 확률적 우위 두 가지가 있다.

1차 확률적 우위

만약 불확실성변수 X의 모든 값에 대해서 대안 1의 누적분포함수가 대안 2의 누적분포함수보다 같거나 작다는 조건이 만족되면, 1차 확률적 우위first-order stochastic dominance가 존재한다고 말한다. 즉, 모든 x에 대해서 $P_{대안\,1}(X \leq x) \leq P_{대안\,2}(X \leq x)$이 성립하면, 대안 1이 대안 2에 대해 1차 확률적으로 우위에 있다는 뜻이다.

1차 확률적 우위가 존재하면 [그림 11-5]와 같이 확정적 우위대안의 누적분포함수는 교차점 없이 경쟁대안 누적분포함수의 오른쪽에 위치하게 된다. 1차 확률적 우위의 조건이 만족되면 대안 1은 어떤 효용함수와 위험선호도에서도 대안 2보다 기대효용이 크게 되어 대안 1을 최선의 대안으로 평가할 수 있다.

그림 11-5 1차 확률적 우위의 예

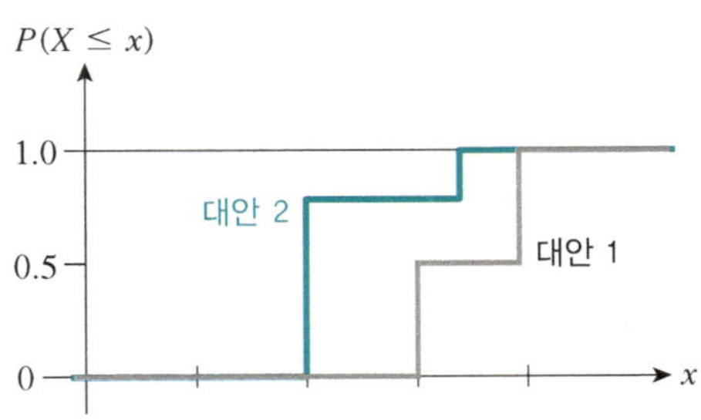

2. 정보의 가치에 관련해서는 제12장에서 더 자세히 다루기로 한다.

만약 1차 확률적 우위가 존재한다면 대안의 분석과 평가에서는 다음과 같은 사실을 확인할 수 있다. 첫째, 1차 확률적 우위에 있는 대안의 기대효용은 경쟁대안의 기대효용보다 크다. 둘째, 1차 확률적 우위대안의 모든 결과가 경쟁대안에 비해 반드시 좋은 것은 아니다. 셋째, 1차 확률적 우위대안이 존재하면 효용함수, 위험선호도에 대한 고려 없이 최적의 대안평가가 가능하다. 즉, 효용함수나 위험선호도를 평가하지 않아도 1차 확률적 우위대안이 최적의 대안이 된다. 넷째, 불확실성에 대한 완전정보의 가치는 0보다 크다. 즉, 불확실성 변수가 취할 값에 따라 최적의 의사결정은 바뀌게 된다.

2차 확률적 우위

1차 확률적 우위가 존재하지 않더라도 누적확률분포에 관련된 추가적 조건이 만족되면 2차 확률적 우위second-order stochastic dominance가 존재한다고 말한다. 만약 불확실성 변수 X의 모든 값에 대해 대안 1의 누적분포함수 $F_{대안\,1}(x)$와 대안 2의 누적분포함수 $F_{대안\,2}(x)$ 사이에 식 (11.2)의 관계가 성립한다면, 대안 1이 대안 2에 대해 2차 확률적 우위에 있다고 말한다. 그래프상으로는 어떤 값 x에도 바둑판 모양 면적의 합이 사선 모양 면적의 합보다 큰 조건으로 해석된다.

$$\int_{-\infty}^{x}[F_{대안\,2}(x) - F_{대안\,1}(x)]dx \geq 0 \tag{11.2}$$

2차 확률적 우위가 존재하면 [그림 11-6]와 같이 두 분포함수가 교차할 수는 있으나, 바둑판 모양 면적의 합이 사선 모양 면적의 합보다 더 크다. 1차 확률적 우위가 존재하면 두 분포함수가 겹치는 지점 없이 면적은 항상 양의 값을 가진다. [그림 11-7]은 식 (11.2)의 조건이 만족되지 않아 지배대안이 없는 경우이다. 만약 2차 확률적 우위가 존재한다면 위험회피형 효용함수의 경우 2차 확률적 우위가 있는 대안이 경쟁대안 대비 기대효용을 최대화하는 대안이 된다.

그림 11-6 2차 확률적 우위의 예

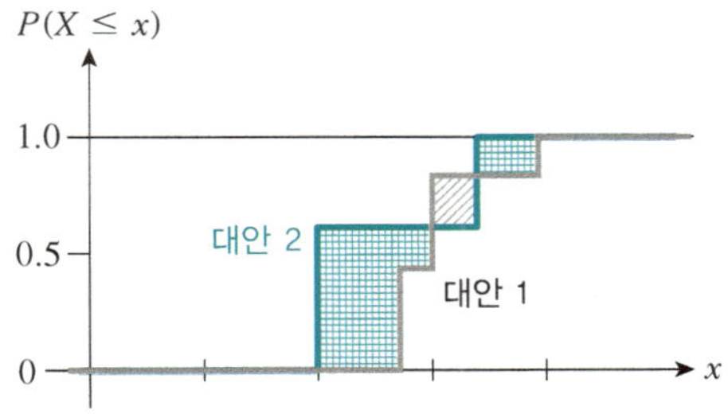

그림 11-7 지배대안 없음

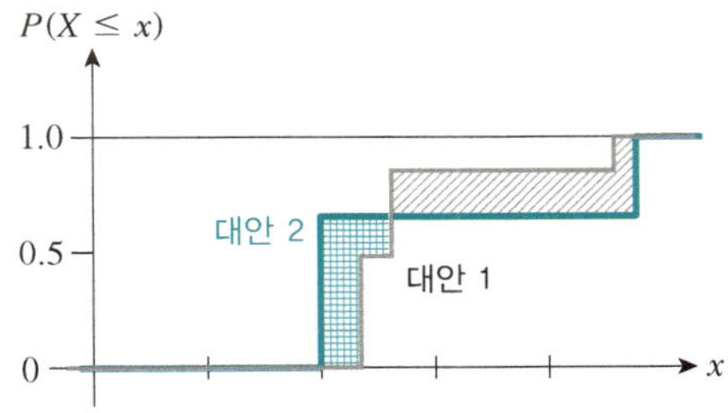

4. 기대효용을 최대화하는 대안분석

확정적 우위나 확률적 우위를 확인하였으나 이들이 존재하지 않을 때는 일반적으로 기대효용 기준을 이용하여 최적 대안을 찾는다. 확정적·확률적 우위가 존재하지 않는 상황은 우위를 쉽게 가릴 수 없을 정도로 바람직한 대안집합을 찾았다는 의미로 볼 수 있다. 이제 경쟁대안들 간의 우위는 결과치의 확률, 효용, 위험선호도에 따라 추가적으로 결정할 수 있다.

배추 계약재배 의사결정의 경우에도 3개의 대안에 대한 리스크 프로파일들을 확인해 보면 확정적 우위나 확률적 우위가 존재하지 않음을 알 수 있다([그림 11-3] 참고). 따라서 이 경우는 기대효용 기준을 통해 대안을 분석해야 한다.

효용함수가 $u(x)$로 주어졌을 때 대안 $L = L(x_1, p_1 ; \cdots, x_n, p_n)$의 기대효용은 결과의 효용치에 대한 기댓값, 즉 식 (11.3)과 같이 계산된다.

$$기대효용 = \sum_{i=1}^{n} p_i u(x_i), \quad p_i + \cdots + p_n = 1,\ p_i \geq 0 \tag{11.3}$$

이때 의사결정자의 위험선호가 위험중립적인 경우에는 기대효용 기준 대신 기댓값 기준을 사용하면 된다. 기댓값 기준에서 사용하는 효용함수 $u(x)$를 우리는 특별히 가치함수value function $v(x)$라고 부른다. 가치함수 $v(x)$는 x에 대한 선형함수의 형태를 가지며, 이 선형성 때문에 대안분석이 간단해 진다는 장점이 있다. 지금부터는 기댓값 기준을 이용한 대안분석을 살펴본 이후 일반적인 위험선호에서 사용할 수 있는 기대효용 기준에 대해 알아보도록 한다.

4.1 기댓값 평가기준

기댓값을 기준으로 대안을 평가하는 경우 효용함수가 필요 없으므로 그 분석이 간단하다. 그러나 기댓값을 최대화하는 대안선택을 하더라도 기댓값을 그 결과로 얻는 것은 아니다. 기댓값의 의미는 대안을 선택할 때 얻는 값이 아니라 같은 상황이 반복되었을 때 평균적으로 얻는 값을 의미한다. 따라서 반복적인 의사결정 상황에서 기댓값 기준을 적용하기 적합한 것이다. 물론 의사결정자의 자산이 많을 때에는 위험감내도가 높으므로 효용함수는 근사적으로 선형효용함수의 형태가 되며, 따라서 기댓값 기준을 사용할 수 있다.

배추 계약재배 의사결정의 경우 단 한 번의 의사결정이 아닌 매번 되풀이되는 반복적인 의사결정이므로 기댓값 평가기준을 적용하기에 무리가 없다. 분석을 위해 수확 시 배추가격의 분포를 작년과 동일할 확률 50%로, 상승(가격의 30%)하거나 하락(가격의 20%)할 확률을 각각 25%로 이산화했다고 하자. 〈표 11-1〉의 수익표와 배추가격에 대한 확률을 이용해 대안별 기댓값을 계산해 보면, 계약생산량을 2배 늘리는 확대대안의 기댓값이 375로 가장 높아 최적의 대안으로 평가된다([그림 11-8] 참고). 이것은 계약재배량을 늘리면 배추가격이 상승하거나 예년과 동일하더

그림 11-8 기댓값을 기준으로 한 대안평가

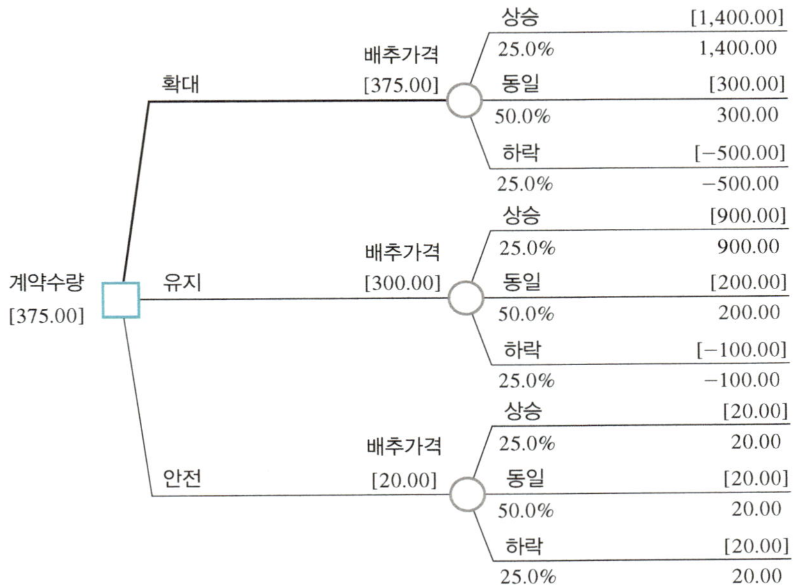

라도 다른 대안 대비 더 큰 수익이 기대되기 때문이다.[3]

반면 배추가격이 하락하는 경우 확대대안은 큰 타격을 받게 된다. 과연 어떤 범위 내에서 계약재배량을 두 배로 늘리는 확대대안이 최적의 대안이 될까? 이에 대한 답은 배추가격 변동에 대한 민감도 분석을 통해 얻을 수 있다. 민감도 분석을 위해 배추가격이 상승할 확률을 0에서 100%까지 10%씩 변화시켜 보면, 배추가격이 상승할 확률이 15% 이상만 되어도 확대대안이 최적의 선택이라는 것을 알 수 있다([그림 11-9] 참고). 배추가격 상승 확률을 25% 정도로 평가하는 김대표 입장에서는 이 민감도 분석을 통해 최적대안에 대한 확신과 확률평가의 허용오차에 대한 이해도를 높일 수 있다.

3. 세비지Savage는 불확실성 변수에 대한 확률을 주관적 확률subjective probability로 평가할 수 있다고 생각했고 이것은 의사결정분석에서 주관적 확률을 사용하는 기초를 제공했다(Savage, 1972).

그림 11-9 배추가격 상승 확률에 대한 민감도 분석(기댓값 기준)

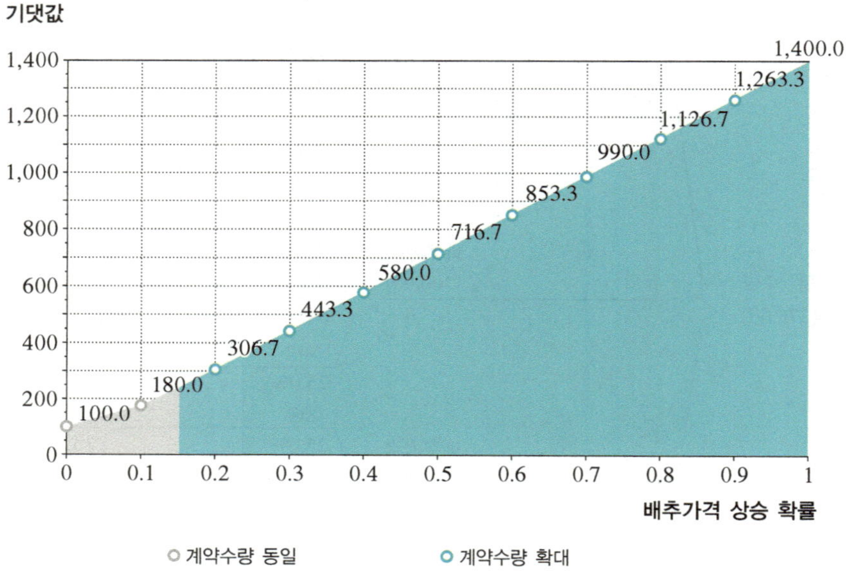

4.2 기대효용 평가기준

기댓값 기준은 분석이 간단하고 편리해 대안분석에 널리 사용된다. 그러나 의사결정 상황이 반복적이 아닌 경우에는 기댓값 기준 이외에도 위험선호를 반영할 수 있는 의사결정 기준이 필요하다. 특히 한계효용체감의 법칙이 적용된다면, 예를 들어 초기 자산 10억 원에서 일정 금액이 증가했을 때 느끼는 효용의 증가가 초기 자산 1억 원에서 느끼는 효용에 비해 상대적으로 작게 느껴진다면 기댓값 기준은 적절한 기준이 되지 못한다. 기댓값 기준 의사결정이 가지는 문제점은 피터스버그의 역설St. Petersburg paradox로 잘 알려져 있다.

[Decision in Action 11-1] 세인트 피터즈버그의 역설

카지노에 다음과 같은 동전 던지기 게임이 있다고 하자. 이 게임은 동전의 뒷면이 나올 때까지 반복해서 던지는 게임이다. 처음으로 동전의 뒷면이 나오면 게임은 끝나며, 그때까지 던진 동전의 숫자 $k(k \geq 1)$와 비례하여 $\$2^k$ 만큼의 돈을 받을 수 있는 게임이다. 예를 들어 앞면이 계속 두 번 나오다가 3번째에 뒷면이 나오면 게임은 끝나고 $\$2^3 = \$8$을 받게 된다.

세인트 피터즈버그에 있는 카지노의 호스트는 게임을 지속하기에 충분히 많은 돈을 가지고 있으며 동전의 앞면과 뒷면이 나올 확률은 같다고 가정하자. 만약 당신이 이 게임에 참가한다면 얼마의 돈을 지불할 의향이 있는가?

지불 의향을 정하기 전 우선 이 게임의 기댓값을 계산해 보자. 동전을 한 번만 던질 확률은 한 번만에 뒷면을 던질 확률로 $\frac{1}{2}$, 2번 던질 확률은 처음에는 앞면을, 두 번째에는 뒷면을 던질 확률로 $\frac{1}{2^2}$이며, k번 던질 확률은 $k-1$번 연속으로 앞면이 나오고 k번째 처음 뒷면이 나올 확률로 $\frac{1}{2^k}$이 된다. 이 게임의 기댓값을 계산해 보면 식 (11.4)와 같이 무한대가 나온다.

$$\text{기댓값} = 2^1\frac{1}{2^1} + 2^2\frac{1}{2^2} + \cdots + 2^k\frac{1}{2^k} + \cdots = 1 + 1\cdots = \infty \tag{11.4}$$

카지노 호스트의 돈이 무한히 많다는 가정하에서는 게임이 무한대로 진행되고 기댓값은 무한대가 된다. 그렇다면 실제로 사람들은 이 게임에 얼마나 많은 돈을 지불하고 참여하게 될까?

이 게임은 18세기 수학자 다니엘 베르누이Daniel Bernoulli에 의해 "피터스버그의 역설"로 널리 알려지게 되었다. 게임의 기댓값이 무한대이므로 기댓값만을 고려한다면 어떤 큰 값을 치루더라도 이 게임에 참여할 것이다. 그러나 이 게임에 일정 이상의 돈, 예를 들어 $25 이상 지불할 의향이 있는 사람은 거의 없다는 점이다

(Martin, 2004). 이론적으로는 어떤 값을 치루더라도 게임에 참여해야 하지만 실제로 사람들이 지불하려는 돈은 상대적으로 작다는 점에서 이 결과는 역설적으로 느껴진다.

베르누이는 이 현상을 설명하기 위해 기댓값 대신 기대효용의 개념을 도입한다. 베르누이는 자신이 가지고 있는 초기자산 w_0을 기준으로 게임의 결과에 따른 효용을 계산하여 이에 근거한 최대 지불의향을 계산하였다. 이때 한계효용체감의 법칙이 적용되는 로그함수 $\log(x)$를 사용하여 사람들의 지불 의향이 무한대가 아닌 20여 달러일 때 합리적임을 설명할 수 있었다. 결국 베르누이는 돈에 대한 한계효용을 체감한다고 가정하면 기댓값보다 기대효용 기준 의사결정이 인간의 행동을 더 잘 설명해 준다는 것을 확인한 셈이다.

4.3 기대효용가설

기대효용 기준 의사결정은 기대효용가설expected utility hypothesis에 근거한다. 이 기대효용가설은 완비성, 이해성, 연속성, 독립성 네 가지 조건이 만족되면 인간의 선호를 반영하는 효용함수가 존재하며, 이에 기반해 기대효용을 최대화하는 대안을 선택하는 것이 합리적이라는 가설이다.[4] 이 가설은 의사결정이론과 경제학의 기

4. 기대효용을 계산하고 대안분석의 기초가 되는 기대효용이론에서 채택하는 4가지 공리(公理, Axiom)를 확인해 보자. 여기서 대안 L_1과 L_2와의 선호관계에서 L_1을 L_2보다 선호하면 $L_1 \geq L_2$로 표시하고, L_1과 L_2의 선호가 동일하면 $L_1 \sim L_2$로 표시한다.
   - 공리 1(완비성completeness) : 임의의 대안 L_1, L_2에서 $L_1 \geq L_2$이거나, $L_1 \leq L_2$이거나, 아니면 $L_1 \sim L_2$의 관계가 성립한다.
   - 공리 2(이행성transitivity) : 임의의 대안 L_1, L_2, L_3에서 $L_1 \geq L_2$이고 $L_2 \geq L_3$이면, $L_1 \geq L_3$의 관계가 성립한다. 공리 1과 공리 2는 대안 간에 선호도ordering를 정할 수 있음을 의미한다.
   - 공리 3(연속성continuity) : 임의의 대안 L_1, L_2, L_3에서 $L_1 \geq L_2 \geq L_3$이면, $L_2 \sim \alpha L_1 + (1-\alpha)L_3$의 관계가 성립하는 확률 $\alpha \in (0,1)$가 존재한다. 이 공리는 L_1이 L_2보다 무한히 더 선호되거나, L_3이 L_2보다 무한히 거부되는 경우를 방지한다.
   - 공리 4(독립성Independence of irrelevant alternatives) : 임의의 대안 L_1, L_2, L_3에서 $L_1 \geq L_2$이면 다른 독립적 대안 L_3과 확률 $\alpha \in [0,1]$에 대해서 $\alpha L_1 + (1-\alpha)L_3 \geq \alpha L_2 + (1-\alpha)L_3$의 관계가 성립한다.

본이 되는 매우 중요한 가설이며 모든 분석의 출발점이 된다. 지금부터는 기대효용 가설에 따라 기댓값이 아닌 기대효용을 의사결정의 평가기준으로 사용하기로 하자.

이제 [예 11-1]에서 다룬 배추 계약재배량 문제를 효용함수를 이용해 분석해 보자. 효용함수를 평가할 때에는 일반적으로 발생할 수 있는 결과치의 최소값에 0, 최대값에 1의 효용값을 배정한다. 따라서 최소값 −500에 대해서는 효용을 0, 최대값인 1,400에 대해서는 효용을 1로 정하고 나머지 값들을 주관적으로 평가하면 〈표 11-3〉과 같은 효용함수를 얻을 수 있다. 이 효용함수는 아래로 오목한 위험회피성향의 함수 형태를 가진다.

표 11-3 효용함수

결과치	효용
−500	0
−100	0.25
0	0.30
100	0.45
200	0.47
300	0.50
500	0.60
1,000	0.85
1,400	1

이 효용함수를 이용해 배추 계약재배량 문제를 다시 분석해 보면 [그림 11-10]과 같은 결과를 얻을 수 있다. 위험중립적인 기댓값 기준에서는 재배계약량을 늘리는 확대대안이 최적이었으나 위험회피성향의 기대효용 기준에서는 근소한 차

즉, 대안 L_3이 포함된 혼합대안mixed alternative에서도 $L_1 \geq L_2$의 선호가 유지된다. 이 조건은 대안 간의 상호작용으로 실제에는 성립하지 않을 수도 있는 공리로 알려져 있다(Morgenstern & Von Neumann, 1953).

그림 11-10 기대효용을 기준으로 한 대안평가

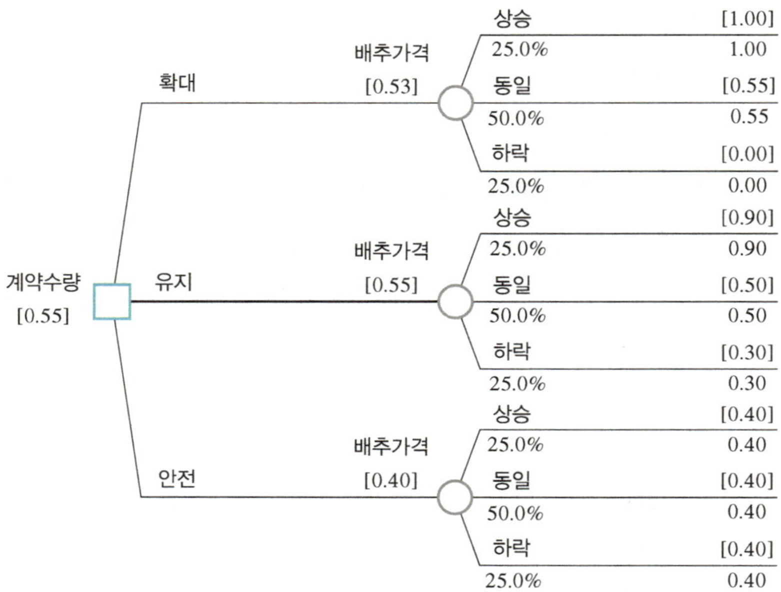

이로 유지대안이 최적으로 평가되었다. 이는 위험중립적 성향에서 위험회피성향으로 바뀜에 따라 최적의 대안도 고수익, 고위험 대안에서 보수적 대안으로 바뀐 것을 알 수 있다.

기댓값 기준과 동일하게 기대효용 기준에서도 최적대안은 배추가격에 의해 영향을 받게 된다. 이에 대한 분석을 위해 배추가격이 상승할 확률을 0에서 100%까지 10%씩 변화시켜 보면, 배추가격이 상승할 확률이 약 35% 이상이어야 확대대안이 최적의 선택이라는 것을 알 수 있다([그림 11-11] 참고). 따라서 배추가격 상승확률을 25%로 보는 현재에는 확대대안 대신 유지대안이 선호된다는 것을 알 수 있다. 결국 확대대안이 선호되는 배추가격 상승확률은 기댓값 기준에서는 최소 15%, 기대효용 기준에서는 최소 35% 이상 요구됨을 알 수 있으며, 이 요구확률은 위험회피성향이 증가함에 따라 증가하는 것을 알 수 있다.

그림 11-11 배추가격 상승 확률에 대한 민감도 분석(기대효용 기준)

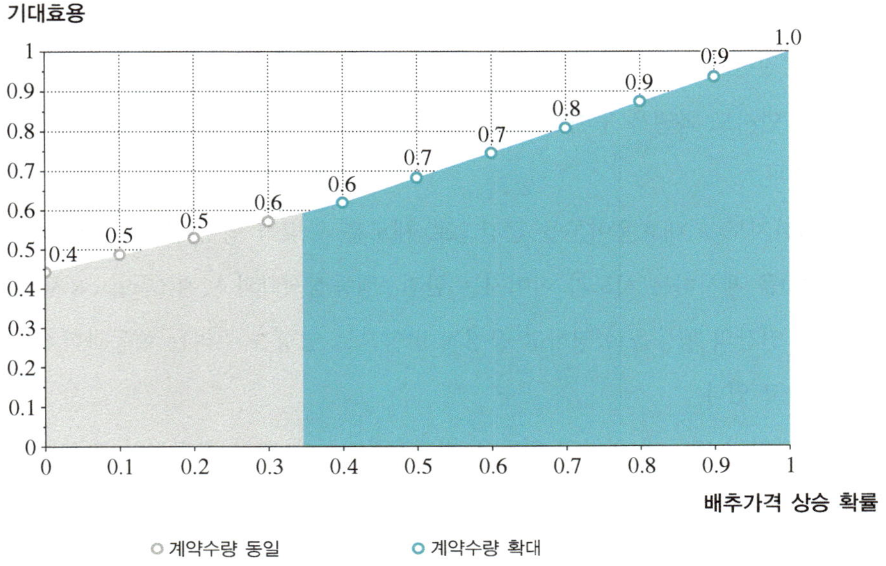

4.4 기대효용이론의 한계

의사결정 문제에서 기댓값 대신 기대효용을 이용하려는 베르누이의 시도는 이후 본 노이만 모르겐슈타인von Neumann-Morgenstern의 기대효용이론으로 발전하였고, 기대효용이론은 현대의 의사결정론과 경제학의 핵심 이론이 되었다(Morgenstern & Von Neumann, 1953).

기대효용이론은 규범적 측면에서 의사결정론과 경제학의 핵심적 이론이 되었지만, 엘라이 역설Allais paradox과 엘스버그 역설Ellsberg paradox에서 대표되는 인간의 모순된 행동을 설명할 수 없다는 문제를 가지고 있었다. 따라서 기대효용이론에 대한 비판은 계속되었다(Hofmann, 2022).

이에 따라 기대효용가설의 공리axiom에 위배되는 모순적 상황과 인간의 제한된 합리성bounded rationality에 대한 논의가 이루어졌고, 카네만과 트브르스키의 전망이론prospect theory은 이 논의의 중요한 전환점이 되었다(Barberis, 2013 ; Kahneman & Tverskey, 1979 ; Tversky & Kahneman, 1992). 전망이론은 기대효용이론으로 설명하기 어려웠던 인간의 의사결정, 예를 들어 프레임의 변화에 따른 비일관적 행동, 보험을 들면서도 복권을 구매하는 모순된 행동 등을 설명할 수 있는 이론적 토대를 마련하였다.

현재까지도 기대효용이론을 근간으로 새로운 규범적 방향(Abbas, 2018 ; Moscati, 2021)을 제시하는 시도가 이어지는 한편, 행동경제학과 넛지(Congiu & Moscati, 2022) 등 인간의 행동을 설명하고 긍정적 방향으로 영향을 주려는 행동과학적 연구로 발전하고 있다.

지금까지의 연구에 의하면 인간은 기대효용가설에 따라 합리적인 결정을 내릴 수 있는 이성적인 존재라기보다는 단지 합리성을 추구하는 불완전한 존재이다. 우리는 제시된 프레임에 의해 영향받고 다양한 편향과 오류에 노출된 제한된 합리성을 가진다. 그렇다면 이것이 기대효용 이론의 문제인가 혹은 인간의 근본적인 한계인가? 견해에 따라 다를 수 있지만, 규범적 방법론이 제시하는 당위성과 실제 결정과의 괴리는 이론 자체의 문제라기보다도 인간이 가지는 불완전성의 문제로 볼 수 있겠다. 인간이 가지는 정보처리 능력의 한계, 프레임의 영향, 인식의 편향 등이 합리적이고 논리적인 결정을 방해한다고 보는 것이 타당할 것이다(Kahneman, 2011). 이 문제는 결국 중요한 의사결정을 위해서는 적절한 프로세스에 따른 처방적 의사결정론의 도움이 필요하다는 것을 보여준다.

5. 전망이론

기대효용이론은 일반적으로 받아들일 수 있는 공리에 기반을 두고 있으며, 의사결정이론이나 경제학의 핵심이 되는 규범적인normative 의사결정 방법론이다. 이 이론은 단일속성 및 다속성 효용함수를 이용하여 대안을 분석하고 평가하는 데 사용됨을 확인하였다. 그러나 기대효용이론은 인간의 행동과 괴리가 있어 인간의 행동을 사후적으로 설명하는 데는 한계도 있다. 따라서 기대효용이론이 설명하지 못하는 인간 행동의 비일관성을 설명할 수 있는 대안代案으로 전망이론에 대해 알아보자.

5.1 기술적 접근방법으로서의 전망이론

우리는 제3장 제1절에서 위험하에서 의사결정을 설명해 주는 이론으로 전망이론prospect theory을 간단히 소개했다. 논의를 위해 결과 x_i를 확률 p_i로 가지는 대안을 $L(x) = L[x_1, p_1; \cdots, x_i, p_i; x_n, p_n]$으로 나타내기로 하자. 전망이론은 기대효용이론과 비교할 때 효용함수와 확률평가에서 그 차이를 확인할 수 있다.

전망이론은 기대효용이론의 효용함수 $u(x)$와는 다른 형태의 가치함수 $v(x)$를 이용한다. 기대효용이론에서의 효용함수는 위험에 대한 태도에 따라 위험선호, 위험중립, 위험회피 효용함수로 구분하였다. 반면 전망이론에서의 가치함수는 위험에 대한 태도나 전체 자산수준이 아니라, 준거점reference point을 중심으로 그 형태가 바뀐다. 구체적으로 가치함수는 준거점을 기준으로 이익gain 측면의 가치는 오목한 형태의 위험회피성향 함수로, 손실loss 측면의 가치는 볼록한 형태의 위험추구성향

그림 11-12 전망이론에서의 가치함수

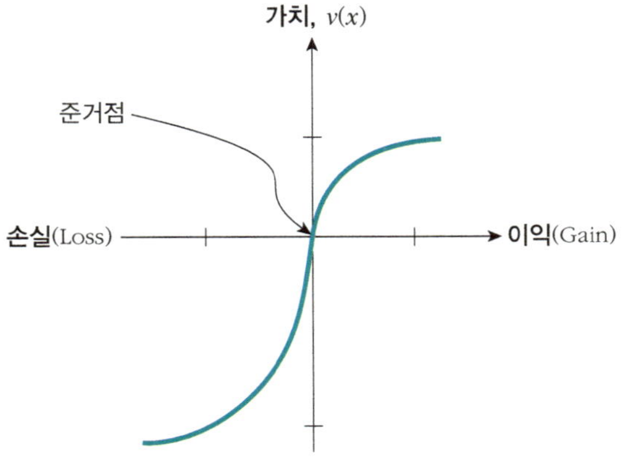

함수로 규정한다. [그림 11-12]는 준거점을 기준으로 S자 형태의 가치함수를 보여준다.

또한 기대효용이론에서는 발생할 사건에 대한 주관적 확률을 그대로 사용하는 반면, 전망이론에서는 확률을 변수로 하는 의사결정 가중치decision weight π_i를 이용한다. 전망이론에서의 의사결정 가중치의 경우 아주 낮은 확률 p_i에 대해서는 실제 확률보다 더 높은 값 $\pi_i(\pi_i > p_i)$로 인식하고, 높은 확률 p_i에 대해서는 실제 확률보다 더 낮은 값 $\pi_i(\pi_i < p_i)$로 인식하는 점을 반영한다. [그림 11-13]은 p_i = 0.35 정도에서 형태의 변화가 있는 뒤집한 S자 형태의 의사결정 가중치의 예를 보여준다.

그림 11-13 뒤집힌 S자 형태의 의사결정 가중치

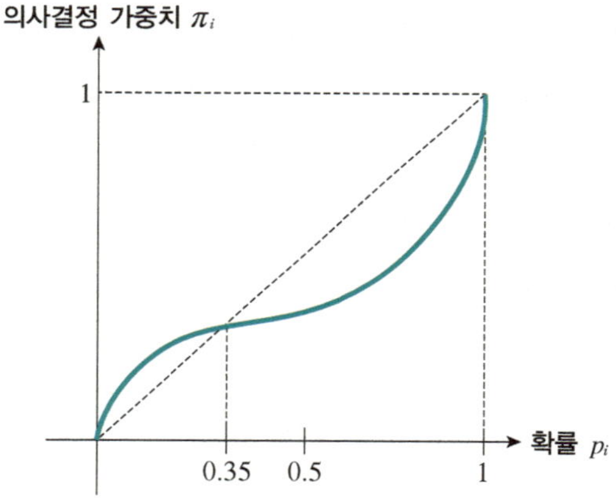

이렇게 정의된 가치함수 $v(x)$와 의사결정 가중치 π_i를 이용하면, 전망이론의 가치 $V(x)$는 다음 식 (11.5)와 같이 주어진다.

$$V(x) = \sum_{i=1}^{n} \pi_i v(x_i) \tag{11.5}$$

5.2 전망이론에 따른 4가지 의사결정 유형

전망이론은 준거점에 따라 바뀌는 S자 형태의 가치함수와 뒤집어진 S자 형태의 의사결정 가중치를 적절히 설정함으로써 인간의 다양한 의사결정과 기대효용이론에 위배되는 역설을 설명할 수 있다.

우선 준거점 측면에서 의사결정 문제가 이득의 관점으로 설정되면 위험회피적 의사결정을 하고, 손실의 관점으로 설정되면 위험추구적 의사결정을 하는 상황을 생각해 보자. 의사결정 가중치의 측면에서는 발생 확률의 수준에 따라 상이한 효과를 고려해야 한다. 발생 확률이 낮은 사건에 대해서는 합리적 수준 이상으로 가중치를 높게 주는 가능성 효과possibility effect가 나타난다. 반면 발생 확률이 높은 사건에 대해서는 합리적 수준 이하로 가중치를 낮추는 대신, 100% 확실한 사건에는

그림 11–14 위험하에서의 4가지 의사결정 상황

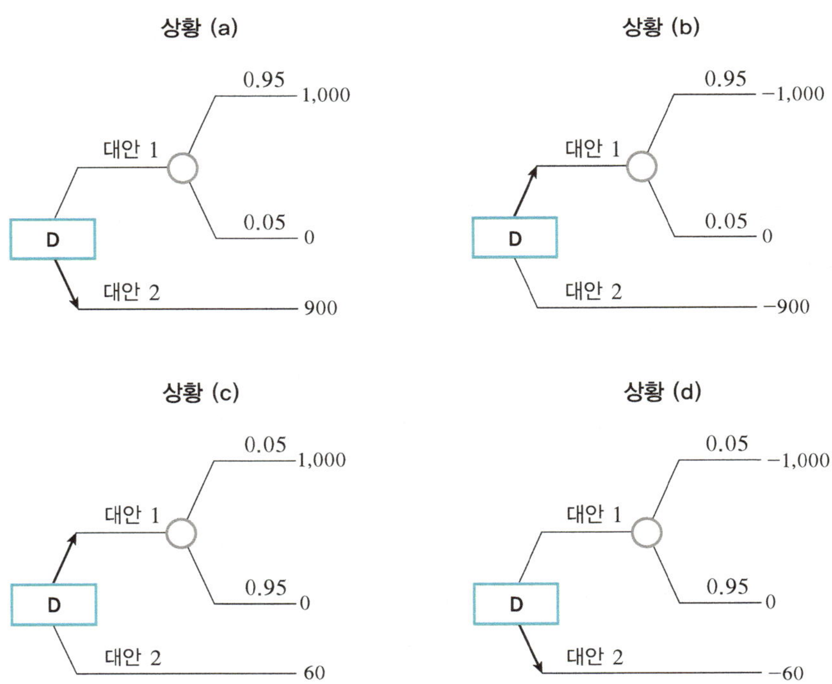

높은 가중치를 부여하는 확실성 효과certainty effect가 나타난다(Kahneman, 2011). 이렇게 이익과 손실, 가능성과 확실성 효과의 측면으로 나누어 전망이론을 적용해 보면, 위험하에서의 의사결정을 다음 네 가지 상황으로 설명할 수 있다([그림 11-14]).

첫째, 높은 확률로 이득이 가능한 상황 (a)를 보자. 이 상황에서는 이득의 관점에서 위험회피성향 가치함수가 설정되고, 대안 1의 확률 0.95에 대한 낮은 가중치와 대안 2 에 대한 확실성 효과가 작용한다. 이 경우 대안 1의 기댓값이 대안 2보다 높음에도 대안 2를 선택하는 상황이다. 논의를 위해 $v(0) = 1, \pi(0) = 0, \pi(1) = 1$이라고 하자.

이제 대안 1의 가치 $V_1(x)$와 대안 2의 가치 $V_2(x)$를 비교해 보자. 가치함수 $v(x)$는 위험회피형 오목함수이므로 $v(900) > 0.9v(1,000)$이고, 의사결정 가중치는 높은 확률에서 가중치를 낮게 주므로 $\pi(0.95) < 0.95$의 값을 갖지만, $\frac{v_2(x)}{v_1(x)} = \frac{v(900)}{\pi(0.95)v(1,000)}$의 값을 확정하지는 못한다. 그러나 위험회피형 가치함수 $v(x)$와 적절한 의사결정 가중치 $\pi(x)$를 선택하면 이득의 상황에서 위험회피적 대안 2이 합리적 선택이 될 수 있다. 이 상황 (a)를 통해 돈을 많이 번 사업가나 도박꾼들이 보이는 "부자 몸조심"의 행동을 설명할 수 있다.

둘째, 상황 (b)는 손실의 상황에서 위험선호성향 가치함수와 함께 확실한 손실인 대안 2보다 손실 −1,000이 발생할 확률 0.95에 대해 낮은 의사결정 가중치를 주는 대안 1을 선호하는 상황이다. 이를 통해 이미 돈을 잃은 투자자나 도박꾼들이 처한 손실의 상황에서 위험선호형 가치함수 $v(x)$와 적절한 가중치 $\pi(x)$를 선택하면 기댓값이 더 작은 위험추구적 대안 1을 선호하는 상황을 설명할 수 있다.

셋째, 상황 (c)는 이득의 상황에서 위험회피성향의 가치함수와 함께 대안 1의 낮은 확률 0.05에 합리적 수준 이상으로 가중치를 높게 주는 가능성효과로 인해 위험추구형 대안 1을 선호하는 상황이다. 마찬가지로 위험회피형 가치함수 $v(x)$와 적절한 $\pi(x)$를 선택하면 이득의 상황에서 확실성 효과로 위험회피형 의사결정을 하던 사람이 가능성 효과로 인해 위험추구형 의사결정을 선호하게 되는 상황을 설명할 수 있다. 복권을 구매하는 사람들의 행동이 이에 해당한다.

마지막으로 상황 (d)는 손실의 상황에서 위험선호형 가치함수와 함께 대안 1의 낮은 확률 0.05에 대해 합리적 수준 이상으로 가중치를 높게 주는 가능성 효과로 인해 위험회피형 대안 2를 선호하는 상황이다. 이 경우도 위험선호형 가치함수 $v(x)$와 적절한 $\pi(x)$를 선택하면 확실성 효과로 위험추구형 의사결정을 내리던 사람이 손실의 상황에서는 가능성 효과로 인해 위험회피형 의사결정을 선호하게 되는 현상을 설명할 수 있다. 보험을 구매하는 사람들의 행동이 이에 해당한다.

이 4가지 상황에서 상정한 인간의 결정은 모두 기댓값이 작은 대안을 선택하는 일견 비합리적 행동을 가정한다. 그러나 이득과 손실, 확실성과 가능성 효과의 측면에서 4개의 상황으로 나누어 전망이론의 개념을 적용해 보면 위험하에서 인간의 행동을 모형화하여 논리적 설명이 가능하다(〈표 11-4〉). 결국 이득의 상황에서 위험회피뿐만 아니라 위험추구적 의사결정도 가능함을, 손실의 상황에서 위험선호뿐만 아니라 위험회피적 의사결정도 가능함을 설명할 수 있다. 전망이론은 규범적이거나 처방적인 특성은 없으나, 위험하에서 인간의 다양한 의사결정들을 논리적으로 설명할 수 있다는 점에서 매우 유용하다.

표 11-4 **전망이론에 따른 위험선호의 4가지 유형**

	이득	손실
높은 확률의 사건 (Certainty effect)	상황 (a) - 1,000만 원을 딸 확률 0.95 - 나쁜 결과에 대한 두려움 - 위험회피적 결정 - 예 : "부자 몸조심"	상황 (b) - 1,000만 원을 잃을 확률 0.95 - 확실한 손실을 피하고 싶어하는 기대 - 위험추구적 결정 - 예 : 도박 중독
낮은 확률의 사건 (Possibility effect)	상황 (c) - 1,000만 원을 딸 확률 0.05 - 좋은 결과에 대한 기대 - 위험추구적 결정 - 예 : 복권 구매	상황 (d) - 1,000만 원을 잃을 확률 0.05 - 큰 손실에 대한 두려움 - 위험회피적 결정 - 예 : 보험 구매

6. 마무리

우리는 의사결정 프레임하에서 의사결정 문제를 구성하는 3가지 요소를 조합하고 구조화한 다음 대안을 체계적으로 분석하는 방법들을 알아보았다. 대안분석의 방법은 불확실성을 얼마나 적극적으로 반영하느냐에 따라 비확률적 접근법과 확률적 접근법으로 나눌 수 있다. 비확률적 접근법은 다시 낙관적 접근법, 보수적 접근법, 후회 최소화 접근법 총 세 가지로 나눌 수 있다. 비확률적 접근법은 분석이 간단하다는 장점이 있지만, 불확실성 자체를 반영하지 못한다는 한계가 있다.

불확실성에 대한 분석을 위해서는 주관적 확률을 사용해 확률적 접근이 가능하다. 확률적 접근법에서는 일차적으로 우위대안이 있는지 분석하는 작업이 필요하다. 만약 확정적 우위와 확률적 우위가 존재하면 확률평가, 효용함수, 위험선호도에 대한 평가 없이도 대안에 대한 분석이 가능하다. 확정적 및 확률적 우위가 없는 경우에는 기댓값 혹은 기대효용 평가기준에 따라 대안을 분석하게 된다. 기대효용이론은 단순히 이익을 목적으로 하는 단일속성 효용함수를 활용하기도 하고, 문제에 따라 상호 상충관계가 있는 대안들을 분석하는 다속성 효용함수를 활용하기도 한다.

기대효용이론에 기반한 분석은 인간의 모순적 행동을 사후적으로 설명하지 못하는 문제가 있지만, 이것은 기대효용이론의 문제라기보다 인간의 불완전성 문제이다. 인간의 모순적 행동을 설명하기 위해서는 전망이론이 유용하다. 가치함수와 의사결정 가중치를 적절히 활용하면 인간의 모순된 행동을 논리적으로 설명할 수 있다.

우리는 제4장부터 제10장까지 의사결정 프레임의 설정과 대안 정보 선호에 대해 알아보았다. 이 과정은 의사결정 문제의 3요소를 찾기 위한 발견의 과정이었다. 제11장부터 다루는 대안분석과 평가의 과정은 단순히 기댓값과 기대효용을 계산해 최선의 대안을 찾는 기계적 과정이 아니다. 대안분석과 평가의 과정은 의사결정 문제의 3요소를 찾는 발견의 과정에 이어 의사결정 문제를 이해하고 본질을 파악해 문제에 대한 통찰을 도출하는 깨달음의 과정이다.

CHAPTER 12

정보의 가치 평가하기

"It's not what you know, but what you do with what you know."

— Anonymous

우리는 불확실한 의사결정 상황을 그대로 받아들이기보다는 새로운 추가적 정보를 수집하고, 이를 활용하여 불확실성을 줄이려는 노력을 한다. 수집된 정보는 의사결정 과정에서 활용되어 의사결정의 질을 높이고 원하는 결과를 얻을 가능성을 높여준다.

불확실성을 줄일 수 있는 방법은 다양하다. 기존의 자료에서 필요한 정보를 찾아 내거나, 관련된 정보에 대한 설문조사를 할 수도 있으며, 구체적인 관찰을 할 수도 있고, 실험 또는 시뮬레이션을 하거나, 전문가의 의견을 구하는 등 여러 가지 방법이 가능하다. 그러나 추가적 정보수집을 위해서는 비용이 수반된다. 비용 대비 효과가 낮은 정보수집은 불필요하다. 따라서 불확실성 변수에 대한 추가적 정보수집은 정보의 가치에 따라 결정해야 한다.

추가적 정보수집은 불확실성 관리를 위한 우리의 선택 중 하나이다. 제12장에서는 불확실성 관리를 위한 정보수집을 리얼옵션의 관점에서 알아본다. 이를 위해 통계학적 접근방법인 베이즈 정리를 활용해 완전정보와 불완전정보의 가치를 분석해 보기로 한다. 정보의 가치에 대한 분석 및 평가는 추가적 정보수집의 정당성을 확인하는 좋은 도구가 된다.

1. 리얼옵션을 통한 불확실성 관리

불확실성이 의사결정의 주요 이슈가 될 때 불확실성을 더 잘 이해할 뿐만 아니라 이를 적극적으로 관리하는 노력 또한 필요하다. 불확실성을 관리uncertainty management한다는 의미는 불확실성을 활용하거나 제거할 수 있는 창의적 대안을 통해 새로운 가치를 창출하는 리얼옵션real-option의 측면에서 접근한다는 뜻이다. 이 과정에서 기존의 의사결정 문제는 재정의되고 프로젝트의 가치를 높일 수 있는 대안이 제시될 수 있다.

불확실성하에서 취할 수 있는 선택을 불확실성이 해소(解消, uncertainty resolution)되는 시점별로 나누어 생각해 보자. 첫 번째는 불확실성의 해소 이전 시점에서 불확실성 변수에 대한 이해와 추가 정보의 획득을 통해 조건부 의사결정contingent decision을 내리는 방법이다. 이것은 정보의 가치분석을 통해 추가적 정보를 수집하고 이를 통해서 의사결정을 내리는 경우에 해당한다.

두 번째는 불확실성의 해소 이후 조건부 의사결정을 내리는 방법이다. 만약 공장설비에 대한 투자 여부를 결정하는 의사결정에서 불확실성이 제거되는 시점까지 설비투자를 연기하거나, 소규모 설비로 시작한 후 시장수요가 확인되는 시점에서 설비 규모를 확장 혹은 중단하는 옵션 등을 행사하는 것이 이에 해당한다.

세 번째는 의사결정의 결과에 대한 위험관리를 통해 불확실성을 관리하는 방법이다. 예를 들어 불확실성으로 인해 최종적인 수익의 변동 폭이 너무 크다고 판단되면, 다른 사업자와의 협력으로 위험을 분산시키거나, 금융시장에서 헤징hedging하는 등의 노력을 통해 불확실성을 관리하는 방법이다.

네 번째는 불확실성을 의사결정의 목적과 부합하는 방향으로 변화시키는 적극적 방법이다. 예를 들어 공장설비 투자결정의 중요한 요소 중 하나인 시장수요의 불확실성을 장기공급계약을 통해 제거하는 방법이 이에 해당된다. 이와 같이 불확실성 자체를 제거함으로써 창출되는 가치를 조정의 가치value of control라고 하며 이 개념은 제 4 절에서 다루기로 한다.

이상 불확실성 관리를 위해 취할 수 있는 선택은 불확실성의 해소 시점과 관점에 따라 다양하다. 이 모든 선택들은 기존 불확실성을 잘 이해하고 활용해 새로운 가치를 만들어 낸다는 측면에서 리얼옵션적 접근에 해당한다.

2. 정보의 가치분석을 위한 베이즈 정리

새로운 정보가 주어지면 의사결정은 바뀔 수 있다. 그러나 새로운 정보가 당면한 불확실성을 이해하는 데 도움을 주더라도 의사결정을 변화시키지 않는다면, 정보로서의 가치는 없다. 정보의 가치는 불확실성 변수에 대한 주관적 확률, 즉 믿음의 정도degree of belief를 바꾸고 그 변화가 기존의 의사결정을 바꾸기에 충분한가에 따라 달라진다.

새로운 정보가 주어졌을 때 불확실성에 대한 기존의 평가를 수정해 주는 과정에서 베이즈 정리Bayes theorem가 활용된다. 베이즈 정리는 조건부확률을 이용해 기존의 사전확률prior probability과 새로운 정보를 결합해 사후확률posterior probability을 계산해 준다. 이 정리는 정보의 가치분석에서 매우 중요한 확률적 개념이다. 이제 베이즈 정리를 코로나19의 사례를 통해 이해해 보자([Decision in Action 12.1] 참고).

[Decision in Action 12-1] 코로나19 감염검사

2020년부터 3년간 지속된 코로나19로 인해 전 국민은 코로나 감염검사에 큰 관심을 갖게 되었고 이에 대한 이해도도 높아졌다. 코로나 감염여부를 확인하는 방법은 크게 코로나19 신속항원검사와 PCR 검사 두 가지가 있다.

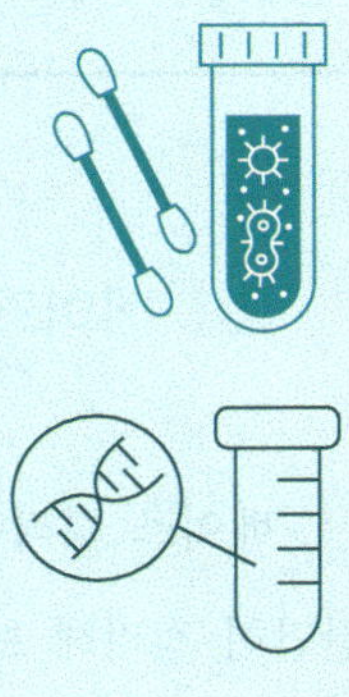

코로나 신속항원검사rapid antigen test는 개인이 코 안쪽 비강鼻腔에서 분비물을 채취하는 자가검사와 전문 의료진이 목 뒤쪽의 비인두鼻咽頭에서 분비물을 채취하는 전문가용 검사로 나뉜다. 그러나 자가검사와 전문가용 검사는 분비물을 채취하는 곳이 다를 뿐 기본적으로 항원-

항체 반응을 통해 감염 여부를 확인하는 동일한 검사이다. 단지 비인두에는 비강에 비해 코로나 바이러스가 더 잘 생존하여 더 많은 바이러스를 채취할 수 있기 때문에 전문가용 검사가 자가검사보다 정확도가 더 높다는 차이가 있다.

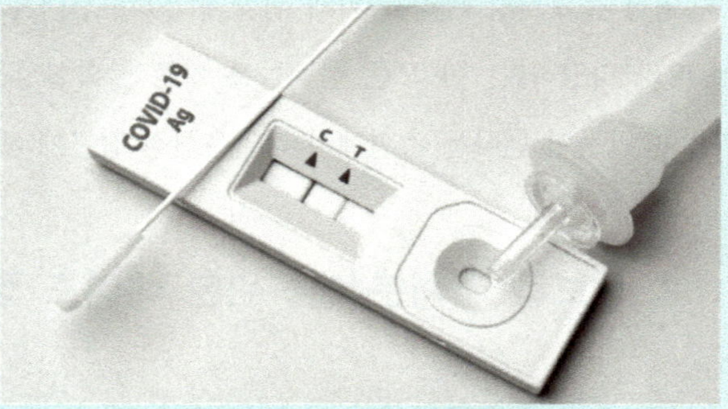

▲ 출처 : Official website of the City of San Antonio

반면 PCR(Polymerase Chain Reaction) 검사는 유전자 검사방식이다. 전문 의료진이 비인두에서 채취한 분비물의 RNA에서 역전사reverse transcription 방식으로 DNA를 추출하고 추출된 DNA에서 원하는 영역의 DNA를 대규모로 증폭한 후 코로나 바이러스의 특징적 유전자의 존재 여부를 판단해 감염 여부를 확인하는 기술이다. PCR 방법은 코로나 바이러스가 미량 존재하는 경우라도 정확히 검사할 수 있다는 점에서 코로나 진단의 표준 테스트gold standard test이다.

두 검사는 상호 장단점을 가지고 있다. 항원-항체 반응을 이용한 신속항원검사는 약 15분 정도의 짧은 시간에 감염 여부를 신속히 확인할 수 있는 장점이 있다. 그러나 PCR에 비해 1,000~10,000배 이상의 바이러스 배출이 있어야 검출이 가능하기 때문에 바이러스가 검출되기 시작하는 감염 초기나 바이러스가 줄어든 감염 말기에는 진단 정확도가 떨어진다. 반면 PCR 검사는 정확도가 높지만 결과를 확인하기까지 5~6시간을 기다려야 하며 장비 및 전문인력이 요구되기 때문에 많은 사람을 신속히 검사할 수 없다는 단점이 있다. 따라서 상황에 따라 두 가지 검사를 병행하는데, 대규모 검사를 통해 신속히 환자를 격리할 필요가 있는 경우에는 신속항원검사를 활용하면 효과적으로 감염확산을 막을 수 있다.

2.1 베이즈 정리

베이즈 정리에 대한 설명을 위해 사건event에 대한 확률, 조건부확률의 개념을 간단히 정리해 보자. 사건 A로 목 아픔, 가래, 기침, 콧물 등 호흡기 증상이 있는 사람들 중에서 코로나 감염 여부를 나타내자. 이때 사건 A는 감염(A_1) 혹은 정상(A_2) 두 가지 값을 가진다고 하자. 감염확률 P(감염)은 호흡기 증상이 있는 잠재 환자 중에서 코로나에 감염된 사람의 비율이다. 다른 사건 B는 신속항원검사의 결과라고 하자. 사건 B는 검사결과 감염 판정("양성")과 정상 판정("음성") 두 가지 값을 가진다고 하자.

환자에 대한 특별한 검사결과 없이 호흡기 증상이 있는 환자의 코로나 감염 확률 $P(A)$는 사전확률prior probability이라고 한다. 반면 신속항원검사를 통해 검사결과 B가 나왔을 때 처음 평가했던 사전확률을 바꿔 새롭게 갱신update한 확률을 사후확률posterior probability이라고 한다. 사후확률은 조건부확률 $P(A \mid B)$로 표시한다. 베이즈 정리는 사건 A에 대한 사전확률 $P(A)$와 새로운 정보 B를 통해 갱신된 사후확률 $P(A \mid B)$와의 관계를 수식으로 나타내 준다.

베이즈 정리의 도출을 위해 사건 A를 서로 중복되지 않으면서 모두 합하면 사건 A가 되는 $A_1, A_2, \cdots, A_n$으로 분할partition했다고 하자(즉, $A_i \cap A_j = \emptyset, i \neq j$ & $\cup_{i=1}^{n} A_i = A$). 사후확률 $P(A_i \mid B)$는 조건부확률의 정의에 따라 식 (12.1)과 같이 표시할 수 있다.

$$P(A_i \mid B) = \frac{P(A_i \cap B)}{P(B)} \tag{12.1}$$

이때 새로운 정보 B에 대한 확률 $P(B)$를 사건 A를 분할한 $A_1, A_2, \cdots, A_n$을 이용해 조건부확률로 표시하면 $P(B) = \sum_{i=1}^{n} P(A_i)P(B \mid A_i)$의 관계가 성립한다. 이 관계를 식 (12.1)의 분모에 대입하여 정리하면 식 (12.2)를 얻을 수 있다.

$$P(A_i \mid B) = \frac{P(A_i \cap B)}{P(B)} = \frac{P(A_i)P(B \mid A_i)}{\sum_{j=1}^{n} P(A_j)P(B \mid A_j)} \tag{12.2}$$

식 (12.2)는 새로운 정보가 주어졌을 때 기존의 사전확률을 갱신하여 사후확률을 계산해 주는 방법으로 이를 제시한 18세기 영국의 통계학자 토마스 베이즈

Thomas Bayes의 이름을 따서 베이즈 정리Bayes theorem라고 부른다.

베이즈 정리와 영향도

식 (12.2)의 베이즈 정리는 영향도와 밀접한 연관관계를 가진다. 제5장에서 알아본 영향도에서는 두 변수들을 화살표로 연결함으로써 그들 간의 확률적 관계가 존재함을 분명하게 밝힐 수 있었다. [그림 12-1]의 영향도 1은 사건 A의 확률은 사전확률로, 사건 B의 확률은 사건 A의 조건부확률 형태로 표현되었다. 그러나 영향도 2에서는 사건 A의 확률은 사전확률로 표시된 것이 아니라 사건 B에 대한 조건부확률로 표시된 것을 알 수 있다.

만약 영향도 1에 베이즈 정리를 적용하게 되면 그 결과는 조건부 화살표conditional arc가 바뀐 영향도 2와 같이 된다. 결국 확률적 관계가 있는 두 사건 A, B 사이에 베이즈 정리를 적용하는 것은 영향도에서 사건 A와 B 사이의 조건부 화살표를 바꾸는 작업과 개념적으로 동일하다.[1] 영향도 1에서는 사전확률을 $P(\mathrm{A})$로 표시하고, 영향도 2에서는 사후확률을 $P(\mathrm{A} \mid \mathrm{B})$로 표시하고 있다.

그림 12-1 베이즈 정리와 영향도와의 관계

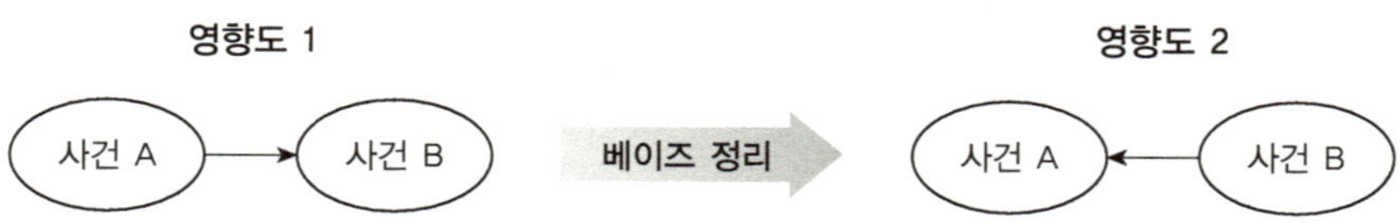

1. 이 작업을 영향도에서는 아크 전환arc reversal이라고 부르며, 영향도를 평가하여 최적의 해를 구하기 위해 필요한 작업 중 하나이다(Shachter, 1986)

[예 12-1] 코로나19의 사후확률 계산

코로나19의 감염 여부를 판단할 수 있는 신속항원검사 결과 "양성" 판정이 나왔다고 하자. 이 경우 최종 확진판정을 위해 PCR 검사를 받게 된다. 이제 신속항원검사의 판정이 "양성"인 경우 실제 코로나에 감염되었을 확률을 베이즈 정리를 통해 계산해 보자.

일반적으로 의학검사의 정확도는 민감도sensitivity와 특이도specificity의 지표를 통해 판단된다. 민감도는 피검자가 질병에 감염이 되었을 때 검사결과가 양성으로 나올 확률, 즉 $P(B=$ "양성" $| A=$ 감염$)$을 의미한다. 특이도는 피검자가 정상일 때 검사결과가 음성으로 나올 확률, 즉 $P(B=$ "음성" $| A=$ 정상$)$을 의미한다. 표기는 따옴표(" ")가 있으면 검사결과 B를 표시하고, 따옴표 표시가 없으면 감염여부 A를 의미하는 것으로 이해하면 된다. 따라서 민감도 $P(B=$ "양성" $| A=$ 감염$)$는 $P($"양성" $|$ 감염$)$로, 특이도 $P(B=$ "음성" $| A=$ 정상$)$는 $P($"음성" $|$ 정상$)$로 간단하게 표기하기로 한다.

사후확률을 계산하기 위해 몇 가지 데이터가 필요하다. 우선 선별진료소나 호흡기 전담 클리닉을 방문한 호흡기 증세가 있는 사람들이 코로나에 감염되어 있을 사전확률 $P(\mathrm{A})$를 평가해 보자. 이 사전확률은 검사 시점과 감염의 확산 정도에 따라 다르겠지만, 실제 확진 비율 등을 근거로 3%라고 가정하자. 신속항원검사의 민감도와 특이도의 경우도 제품 종류마다 다르지만, 우리나라 식품의약품안전처에서 공식적으로 인정한 검사의 최소 기준에 맞추어 민감도 = 90%, 특이도 = 99%로 가정하기로 하자.[2]

이상을 정리하면, 사전확률 $P($감염$)$ = 3%, 민감도 $P($"양성" $|$ 감염$)$ = 0.9, 특이도 $P($"음성" $|$ 정상$)$ = 0.99가 된다. 이 자료를 근거로 신속항원검사 결과가 "양성"일

---

2. 2022년 1월 기준으로 우리나라 41개 선별진료소에서 실시한 신속항원검사 8만 4천 건 중 최종 양성 판정은 687건으로 양성률은 0.82%였다. 같은 기간 호흡기 전담 클리닉 43곳에서 실시한 신속항원검사 총 4,246건의 검사 중 양성판정은 146건으로 양성율은 3.4%이다. 이 차이는 선별진료소를 방문하는 그룹과 호흡기 전담 클리닉을 방문하는 그룹과의 차이 및 검사방법(선별진료소는 자가 검사, 호흡기전담 클리닉은 전문인력에 의한 검사)의 차이에 기인하는 것으로 판단된다(출처 : 연합뉴스, 2022. 2. 3. https://www.yna.co.kr/view/AKR20220203035251530?input=1195m.).

때 감염되었을 확률 P(감염 | "양성")을 베이즈 정리를 이용해 계산하면 다음 식 (12.3)과 같다.

$$P(\text{감염} \mid \text{"양성"}) = \frac{P(\text{감염} \,\&\, \text{"양성"})}{P(\text{"양성"})}$$

$$= \frac{P(\text{감염})P(\text{"양성"} \mid \text{감염})}{P(\text{감염})P(\text{"양성"} \mid \text{감염}) + P(\text{정상})P(\text{"양성"} \mid \text{정상})} \tag{12.3}$$

$$= \frac{0.03 \times 0.9}{0.03 \times 0.9 + 0.97 \times 0.01} = 0.736$$

식 (12.3)에 의하면 신속항원검사에서 "양성" 판정을 받았을 때 실제 감염되었을 확률은 73.6% 정도이다. 따라서 "양성" 판정을 받은 사람 중에 실제로 감염되지 않은, 즉 위양성僞陽性 확률 P(정상 | "양성")은 26.4%가 된다.

이 사후확률 P(감염 | "양성")은 사전확률, 민감도, 특이도에 따라 달라지므로 이들 값들의 변화에 사후확률이 어떻게 변화하는지 확인할 필요가 있다. 특이도는 99%로 검사 종류마다 크게 차이가 없으므로 99%로 고정하고, 사전확률과 민감도를 변화시키며 사후확률의 변화를 확인해 보면 [그림 12-2]와 같은 결과를 얻게 된

그림 12-2 사전확률과 민감도 변화에 따른 사후확률

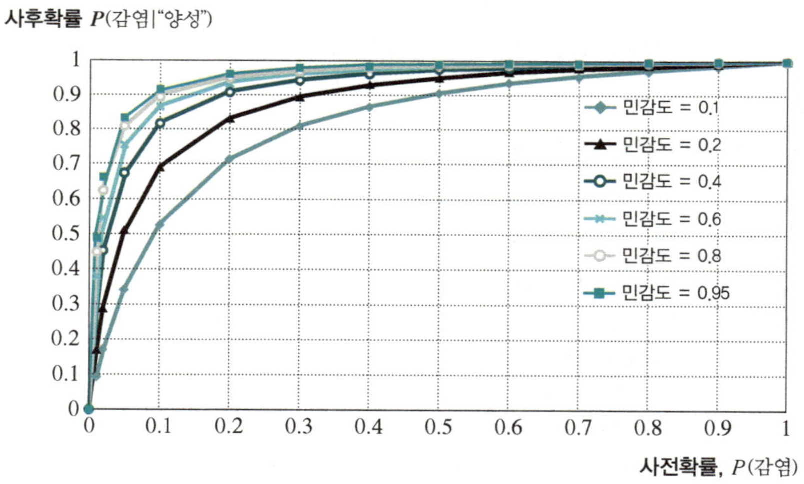

다. [그림 12-2]를 보면 사전확률이 낮거나 민감도가 낮은 경우 신속항원검사의 "양성" 판정에도 불구하고 피검자가 감염이 된 사후확률 P(감염|"양성")은 낮아짐을 알 수 있다.

2.2 양성예측도 및 음성예측도

양성예측도(PPV ; Positive Predictive Value)은 검사결과 "양성"이 나온 건수 대비 실제 감염이 된 건수의 비율이다. 양성예측도가 높으면 검사의 가치가 높다는 의미가 된다. 이때 양성예측도는 사전확률 3%, 민감도 0.9, 특이도 0.99의 자료를 이용해 사후확률 P(감염|"양성")을 계산하면 된다. 예 12-1에서는 양성예측도 P(감염|"양성")이 0.736로 계산되었다.

만약 사전확률 3%, 민감도 0.9, 특이도 0.99로 가정한 값이 실제 값과 다르지 않다면, 이를 근거로 계산한 양성예측도 P(감염|"양성")와 데이터에 근거한 양성예측도는 유사할 것이다. 실제 2022년 1월 실시한 신속항원검사에서 "양성"으로 판정된 687건 중에서 PCR 검사를 통해 최종 감염으로 판정된 경우는 523건으로 해당 신속항원검사의 양성예측도는 76.1%(= 523/687)이다. 결과적으로 실제 PCR 검사를 통해 최종 계산된 양성예측도(= 0.761)와 주어진 가정을 통해 계산한 양성예측도(= 0.736)가 거의 일치함을 확인할 수 있다.

신속항원검사에서 "양성"으로 판정되었지만 PCR 검사를 통해 최종 정상상태로 확인되는 위양성(僞陽性, false positive) 오류가 발생하면 우리는 많은 시행착오를 겪게 된다. 감염되지 않은 피검자가 PCR 검사를 하는 셈이 되고, 그 과정에서 많은 시간과 자원을 낭비하게 된다. 건강검진의 경우에도 각종 검사들의 양성예측도가 상당히 낮다면, 잘못된 판정 이후 수반되는 고가의 검사들로 피검자의 정신적·육체적·경제적 피해가 발생할 수 있다.

음성예측도(NPV ; Negative Predictive Value)는 검사결과 "음성"이 나온 건수 대비 최종 정상인 건수의 비율이다. 사전확률 3%, 민감도 0.9, 특이도 0.99의 데이

터로부터 계산한 음성예측도 P(정상|"음성")은 0.997로 매우 높은 값을 가진다. 따라서 신속항원검사에서 "음성" 판정을 받은 경우 코로나19에 실제 감염되었을 확률은 0.003으로 매우 낮음을 알 수 있다.[3]

신속항원검사에서 "음성"으로 판정되었지만 실제 감염상태라면 이 또한 문제이다. 이 경우 감염상태로 최종 확인되기 전까지 타인들에게 바이러스를 전파함으로써 전염병이 확산될 수 있는 위험성이 크다. 따라서 필요한 경우 전파가능성을 차단하는 적극적 스크리닝을 통해 위음성(僞陰性, false negative) 오류를 최소화하는 것이 필요하다. 검사의 특성에 따라 위양성 오류나 위음성 오류는 상이한 값을 가진다. 따라서 검사의 목적과 오류 발생시의 비용에 따라서 적절하게 검사를 선택하는 전략적 판단이 필요하다.

이상에서 우리는 불확실성에 대한 새로운 정보를 바탕으로 사전확률을 갱신하여 사후확률을 계산하는 과정을 베이즈 정리를 이용해 처리할 수 있음을 확인해 보았다. 다음에서 베이즈 정리를 활용해 정보의 가치를 분석·평가하는 과정을 알아보기로 하자.

---

3. 전 세계적으로 코로나19 감염을 진단하는 신속항원검사의 정확도는 다양하지만, 평균적으로 민감도는 70%(95% 신뢰구간 : 69~71%), 특이도는 98%(95% 신뢰구간 : 98~98%) 수준으로 알려져 있다. (Khalid et al., 2022)
코로나19 이외에 다른 질병을 조기 진단하는 검사들도 민감도와 특이도는 모두 상이하다. 예를 들어 유방암 진단에 사용하는 유방조영술mammography의 경우 민감도는 75~95%, 특이도는 83~98%로 알려져 있다. 자궁암 진단에 사용하는 펩 테스트pap test의 경우 민감도는 29~56%, 특이도는 94~100%로 알려져 있다. 또한 전립선암 진단에 사용하는 PSA 검사의 경우 민감도는 20~32%, 특이도는 94~97%로 알려져 있다. 여성이나 남성에게 유병률이 높은 자궁암이나 전립선암의 진단에 활용되는 검사의 민감도가 그리 높지 않은 것은 주목해야 할 사실이다. 따라서 실제 의료 현장에서는 단일 검사가 아니라 여러 검사들을 병행하여 실시하며, 최종 진단은 조직검사를 통해 이루어진다. 이처럼 각 질병을 진단하는 검사들의 특성은 모두 상이하므로 검사결과의 해석에는 확률적 에러의 가능성을 반드시 염두에 두어야 한다.

3. 정보의 가치

새로운 정보는 불확실성을 줄여줄 수도 있고 없애 줄 수도 있다. 불확실성이 의사결정을 어렵게 하는 요인 중 하나라면 새로운 정보의 획득은 의사결정 과정에서 대단히 중요하다. 그러나 정보의 진정한 가치는 새로운 정보가 기존의 의사결정과 상이한 의사결정을 이끌어 낼 때 발생한다. 이런 결정을 정보에 기반한 조건부 의사결정contingent decision이라고 한다. 만약 새로운 정보를 얻게 되었음에도 기존의 의사결정에 변화가 없다면 새로운 정보의 가치는 없다고 판단한다.

예를 들어 신제품 개발 프로세스를 생각해 보자. 신제품의 성공과 실패는 많은 요인에 의해 좌우되지만, 제품에 대한 시장수요가 불확실성으로 작용한다고 가정하자. 만약 시장수요의 불확실성에 대한 이해가 당면한 생산설비 의사결정에 도움이 된다면, 우리는 얼마나 많은 비용을 지불할 수 있을까? 관련된 불확실성을 더 잘 이해하기 위해서는 기존 자료 활용, 대규모 시장조사, 수학적 모델링에 의한 분석, 전문 컨설팅 등 다양한 방법이 가능하다. 불확실성에 대한 새로운 정보에 따라 중요한 결정은 바뀔 수 있다. 이를 통해 전략적 옵션이 만들어질 수도 있다. 그러나 불확실성의 이해에 따라 변화하는 가치평가를 위해서는 정보의 가치value of information에 대한 엄밀한 분석이 필요하다.

정보의 가치분석은 새로운 정보의 획득 여부를 판단하는 과정에서 베이즈 정리를 활용한다. 새로운 정보를 획득했을 때 베이즈 정리를 이용해 사전확률을 사후확률로 갱신하는 분석을 사후 분석posterior analysis이라고 부른다. 사후 분석을 이용하여 정보의 가치를 분석하는 과정은 사전-사후 분석pre-posterior analysis이라고 부른다. 사전-사후 분석에서는 새로운 정보를 획득하는 결정의 타당성 평가를 그 목적으로 하며, 분석과정에서 사후 분석이 부가적으로 이루어 진다.

우리는 [예 12-1]을 통해 코로나 검사결과라는 새로운 정보를 활용해 코로나 감염확률을 갱신하는 사후 분석을 해 보았다. 다음에서는 새로운 정보의 정확도에 따라 정보의 가치를 분석하는 사전-사후 분석을 해 보도록 한다.

3.1 완전정보의 기대가치

일반적으로 불확실성에 대한 완전정보를 획득하는 것은 가능하지 않다. 대부분의 경우 불확실성에 대한 완전정보perfect information보다는 불완전정보imperfect information를 얻는 것이 일반적이다. 그러나 완전정보의 기대가치expected value of perfect information를 평가할 수 있다면 비용이 수반되는 정보수집 결정이 용이해 진다. 예를 들어 시장수요에 대한 완전정보를 확보함으로써 100의 수익을 얻을 수 있으나, 완전정보 확보에 소요되는 비용이 100 이상이라면, 추가적 정보를 얻기 위한 노력 자체가 불필요하다. 완전정보에 대한 가치는 정보획득을 위한 지불 의향의 최대치이므로 완전정보의 가치를 이해하는 것은 완전정보뿐만 아니라 추후 불완전정보의 가치평가에도 도움이 된다.

완전정보하에서의 영향도

제11장의 [예 11-1] 유기농배추 계약재배 문제를 다시 보자. 김대표는 배추가격이 불확실한 상황에서 사전적으로 계약수량을 결정해야 한다. 이 결정에서 김대표에게 불확실한 변수는 판매 당시의 배추가격이다. 계약에 맞추어 재배된 배추를 판매할 때 배추가격이 높으면 수익을 크게 얻을 수 있고, 낮으면 손해가 난다. 물론 계약수량을 정할 때는 이 가격을 사전적으로 알지 못하고 선계약을 해야 하는 상황이다. 이 문제를 표현하면 [그림 12-3]의 영향도 1과 같다.

그림 12-3 완전정보하에서의 영향도

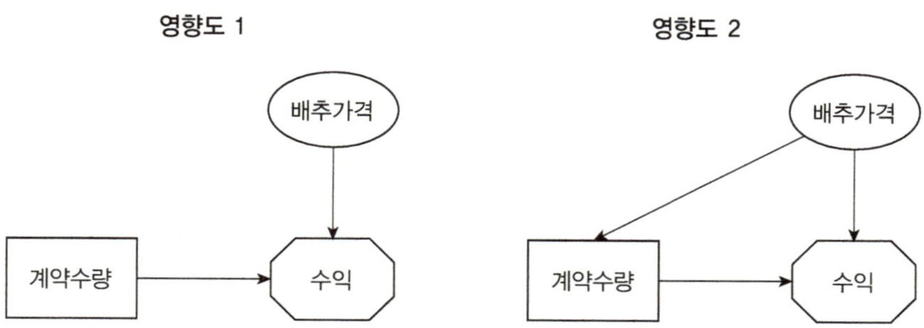

이제 계약수량을 결정하기 전 배추가격에 대한 완전정보를 가정해 보자. 완전정보하에서는 계약수량을 결정할 때 배추가격을 사전적으로 알 수 있기 때문에 이 문제는 [그림 12-3]의 영향도 2와 같이 표시할 수 있다.

완전정보의 기대가치 평가

영향도 1에 해당하는 의사결정나무의 최적해는 예년에 비해 두 배로 확대해 계약하는 것이 좋고, 그때의 기댓값은 375로 예상되었다(제11장의 [그림 11-8] 참고). 만약 배추가격에 대한 완전 정보를 제공하는 서비스를 가정하면 [그림 12-4]와 같은 의사결정나무를 얻을 수 있다. 이 의사결정나무는 배추가격에 대한 시장 불확실성이 먼저 해소되고 난 이후 계약수량을 결정하는 상황을 보여준다.

이때 완전정보의 기대가치(EVPI ; Expected Value of Perfect Information)는 완전정보를 가진 프로젝트의 기댓값과 추가적 정보가 없는 프로젝트의 기댓값과의 차이로 계산하여 평가한다.

그림 12-4 완전정보를 가진 프로젝트의 기대가치 평가

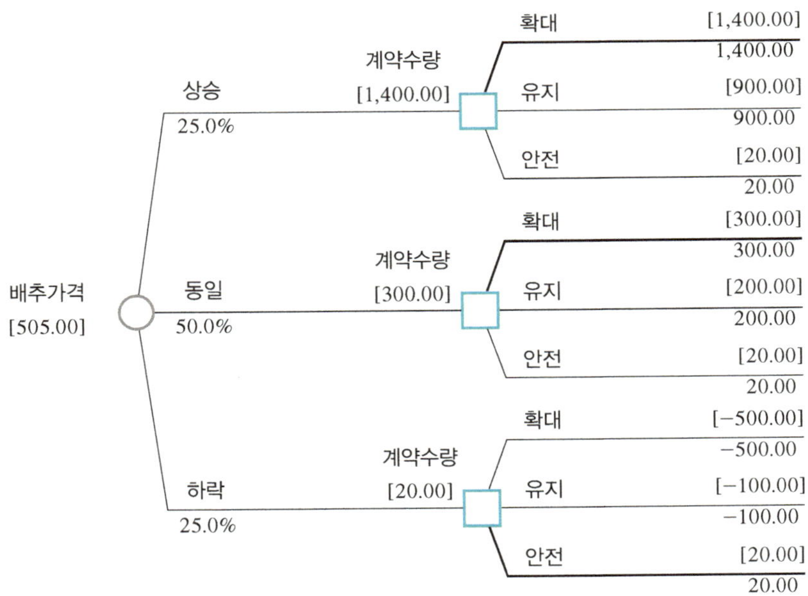

$$EVPI = EV_{\text{with perfect information}} - EV \quad (12.4)$$

식 (12.4)에 따라 EVPI를 계산하면, EVPI = 505 − 375 = 130으로 계산된다. 이 완전정보의 기대가치는 배추가격이 예년에 비해 30% 오르거나 혹은 동일할 것이라는 완전정보하에서는 계약수량을 예년에 비해 2배로 확대하고, 가격이 20% 하락할 것이라는 완전정보하에서는 계약재배를 하지 않는 조건부결정contingent decision을 통해 창출된 가치이다([그림 12-4] 참고). 물론 현실적으로 미래의 배추가격에 대한 완전정보를 얻을 수는 없다. 그러나 완전정보의 기대가치 130은 배추가격에 대한 정보에서 기대할 수 있는 최대 가치이기 때문에 정보 획득에 관한 타당성 분석의 가이드라인이 된다.

그러나 완전정보를 가정하는 경우에도 계약수량의 결정 시 배추가격의 불확실성은 그대로 남아 있다는 사실에 유의해야 한다. 여기서의 완전정보의 의미는 확률 25%로 가격이 상승한다는 정보하에서 100% 가격이 상승하고, 확률 50%로 가격이 유지된다는 정보하에서 100% 가격이 유지되며, 확률 25%로 가격이 하락한다는 정보하에서 100% 가격이 하락한다는 것이다. 배추가격에 대한 불확실성은 남아 있지만 배추가격 변동의 여러 가능성에 맞추어 적절하게 계약수량을 결정할 수 있다는 유연성에서 완전정보의 가치가 창출된다.

3.2 불완전정보의 기대가치

공산물에 비해 농작물의 가격변동폭은 훨씬 크다. 현실적으로 3개월 뒤의 배추가격을 100% 정확히 알 수는 없지만, 불확실성을 더 잘 이해할 수 있는 방법은 있다. 그 방법은 무엇인가? 가격은 기본적으로 수요와 공급에 따라 결정된다. 김장철의 배추 수요가 크게 변동이 없다는 가정하에 배추가격은 배추 생산량에 따라 결정된다. 나아가 배추의 생산량은 배추 재배면적과 파종 이후 3개월간의 작황에 연동되어 있다.

[Decision in Action 12-2] 농업의 디지털 전환

농업이 혁신의 기회를 맞고 있다. 농업은 모종을 적절한 시기에 파종하고 추수하는 전통적 1차 산업에서 IT와 인공지능 기술을 이용한 정밀농업precision agriculture으로 그 개념이 바뀌고 있다. 정밀농업은 모니터링 기술을 이용하여 농산물 생산과정과 관련된 모든 데이터를 수집하고 활용하여 데이터 기반 농업경영data-driven agricultural management을 가능하게 한다.

미국의 신생 기업 플래닛(www.planet.com/)은 200여 개의 위성으로부터 수집한 지형 공간 이미지geospatial image를 농산물 생산의 전 과정에 활용한다. [그림 12-5]는 플래닛이 만들어 낸 미국 아이오와주Iowa state의 농작물 재배지도이다. 이 지도는 위성 이미지를 이용하여 특정 작물을 인식하고, 작물의 면적을 확인할 수 있을 뿐만 아니라, 그 작황을 연속적으로 모니터링해 단위 면적당 수확량까지 예측한다.

그림 12-5 옥수수와 콩의 재배 현황을 보여주는 위성 이미지

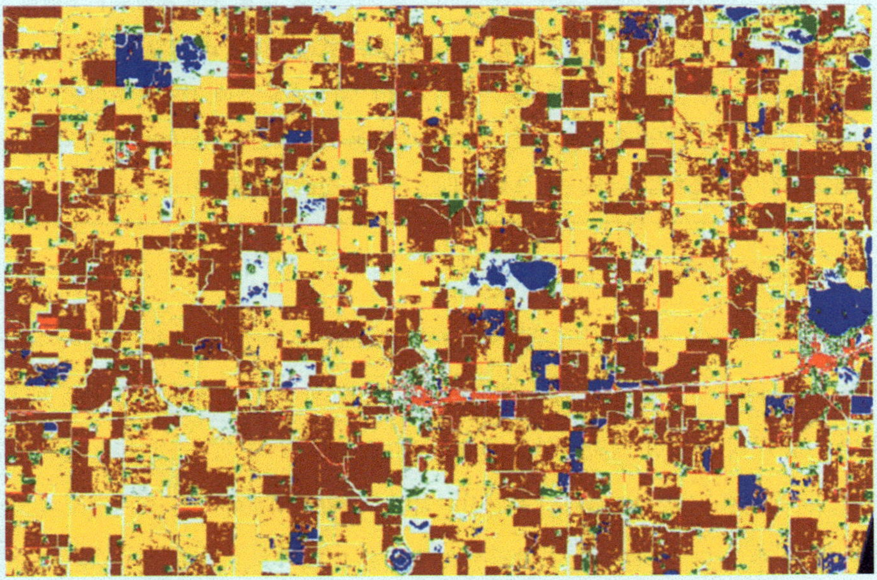

주 : 노란색은 옥수수 경작지, 갈색은 콩 경작지, 파란색은 물, 빨간색은 건물을 나타낸다.
출처 : https://www.planet.com/pulse

작황을 예측하는 과정에서 농작물의 생육 상황과 단위 면적당 생산량을 추정하기 위해 NDVI(Normalized Difference Vegetation Index)라는 지수를 사용한다. NDVI는 생육이 잘 된

건강한 작물이 근적외선near-infrared을 더 많이 반사하고 적색은 많이 흡수하는 빛의 성질을 이용한다. NDVI의 값은 근적외선과 적색의 반사 정도에 따라 다음과 같이 계산할 수 있다.[4]

$$\text{NDVI} = \frac{\text{Near IR} - \text{Red}}{\text{Near IR} + \text{Red}} \tag{12.5}$$

식 (12.5)에 의하면 NDVI는 −1에서 1까지의 값을 가지게 된다. NDVI가 −1에 가까우면 물이고, −0.1~ 0.1 정도의 값을 가지면 사막이나 바위 혹은 눈을 의미한다. 또한 0.21~ 0.4 정도이면 수풀이나 초원, 그보다 더 높아 1에 가까워지면 온대우림 혹은 열대우림을 의미한다.

NDVI 자료를 이용하면 옥수수나 콩의 재배면적과 작황을 미국 농무성의 공식 발표보다 4~6주 빨리 확인할 수 있다는 장점이 있다. 이런 정보들은 농산물을 생산하는 농부뿐만 아니라 농산물 선물 거래인들에게도 매우 중요한 정보가 될 수 있다.

다른 회사인 Descartes Labs(https://descarteslabs.com)도 위성자료로부터 NDVI를 구해 과거 자료, 거시경제 자료 등과 결합하여 농작물 가격을 예측해 주는 모델을 개발했고, 선물 거래인들이 자료 기반 거래를 할 수 있는 서비스를 제공한다. 이를 통해 사탕수수의 매입 가격 2.5% 절감, 사탕수수 매매 수익률 23.5% 증가 등의 효과를 거둔 바 있다.[5]

정밀농업에서는 인공위성 이미지뿐만 아니라 IoT 및 드론을 통해 자료를 수집한다. 재배지역의 생육 상태나 병충해 상황 등을 감시하고 농업용수를 적절히 공급하는 등 IT와 AI 기술을 사용하여 전통농업이 정밀농업으로 바뀌는 디지털 전환이 이루어지고 있다.

김대표가 배추 계약재배의 결정에 앞서 [Decision in Action 12-2] 와 유사한 서비스를 사용할 수 있다면 배추 재배면적과 생육 과정의 모니터링을 통해 배추의 생산량 및 가격에 대한 불확실성을 줄이는 데 도움이 될 수 있을 것이다. 물론 이런 서비스는 100% 정확하지 않고 불완전하지만, 불확실성하에서의 의사결정에 좋은 도구가 될 수 있다. 다음에는 불완전정보에 대한 기대가치expected value of imperfect

4. 빛은 라디오파, 마이크로파, 적외선infrared(원적외선, 중적외선, 근적외선), 가시광선(적색, 주황, 노랑, 초록, 파랑, 남색, 보라), 자외선, X선, 감마선 등의 순서로 주파수가 높아진다(https://gisgeography.com/ndvi-normalized-difference-vegetation-index/.).

5. https://descarteslabs.com/market-forecasting/

information를 계산해 보자.

불완전정보하에서의 영향도

[그림 12-3]의 완전정보하에서의 영향도 2는 배추가격 확률 노드에서 계약수량 의사결정 노드로 화살표가 직접 연결되어 있다. 이 상황에서는 계약수량을 결정할 때 배추가격의 등락 여부를 100% 정확히 알 수 있는 상황을 명시하고 있다. 이와 반대로 불완전정보하에서는 배추가격에 대한 정확한 정보 없이 “배추가격 예측”이라는 새로운 확률 노드를 토대로 계약수량을 결정한다. 따라서 불완전정보하에서의 영향도는 [그림 12-6]과 같이 배추가격과 배추가격 예측 노드 간에 조건부아크가 존재하고 배추가격 예측 노드에서 계약수량 노드로 가는 정보아크가 존재하는 형태가 된다.

그림 12-6 불완전정보하에서의 영향도

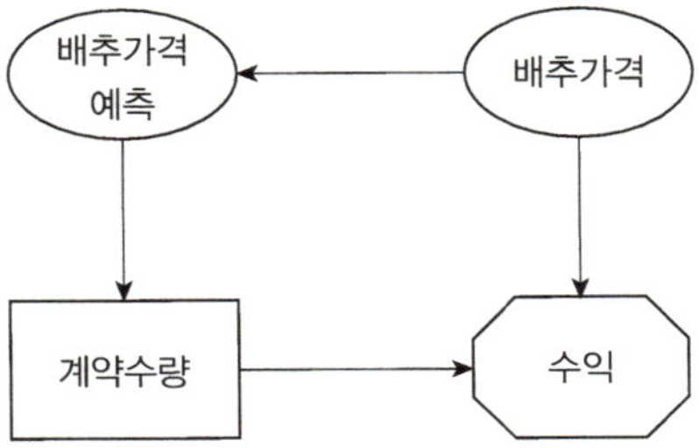

불완전정보하에서의 조건부확률

완전정보하에서 계약수량을 결정할 때는 배추가격에 대한 100% 정확한 정보가 수량결정에 반영된다고 가정한다. 그러나 실제 배추가격의 예측 정확도는 100%가 아니다. 그렇지만 배추가격 예측과 실제 배추가격 사이의 확률적 연관성이 높을수록 배추가격 예측은 의사결정에서 중요한 정보가 된다. 이것은 불완전한 신속항원검사 결과에 따라 코로나 감염 여부를 판단하는 것과 같은 상황이다.

제11장에서 배추가격이 예년 대비 30% 오르는 사건을 **상승**, 가격이 같은 사건을 **동일**, 가격이 20% 내리는 사건을 **하락**이라고 정의한 바 있다. 조건부확률의 한 예로 배추가격이 상승할 때 사전적으로 상승을 예측하는 확률 P(“상승” | 상승)을 생각해 보자. 완전정보하에서는 P(“상승” | 상승) = 1이 될 것이다. 그러나 불완전정보하에서는 0 < P(“상승” | 상승) < 1이 되며, 가격예측 서비스의 정확도가 높아질수록 1에 가까운 값을 가질 것이다. 과거의 경험치로 볼 때 10번의 상승 상황에서 8번 “상승”을 예측했다면, P(“상승” | 상승) = 0.8로 평가할 수 있다. 같은 방법으로 가격예측 서비스의 정확도를 통해 조건부확률을 정리하면 〈표 12-1〉과 같다. 이 과정에서 과거 자료와 함께 주관적 확률을 활용할 수도 있다.

표 12-1 **가격예측 서비스의 조건부확률 : P(예측 | 배추가격)**

배추가격 \ 예측	“상승”	“동일”	“하락”
상승	0.80	0.10	0.10
동일	0.15	0.70	0.15
하락	0.20	0.20	0.60

이제 불완전정보하에서의 최적 계약수량을 구해보자. [그림 12-6]의 영향도는 의사결정 시 가용한 정보와 변수들 간의 관계를 나타낸다. 이 관계에서는 배추가격에 대한 예측 정보를 바탕으로 계약수량을 결정하고, 계약수량과 배추가격에 따라 수익이 결정되는 것이 논리적이다. 이를 의사결정나무의 형태로 나타내면 [그림

그림 12-7 **최적 계약수량 결정을 위한 의사결정나무**

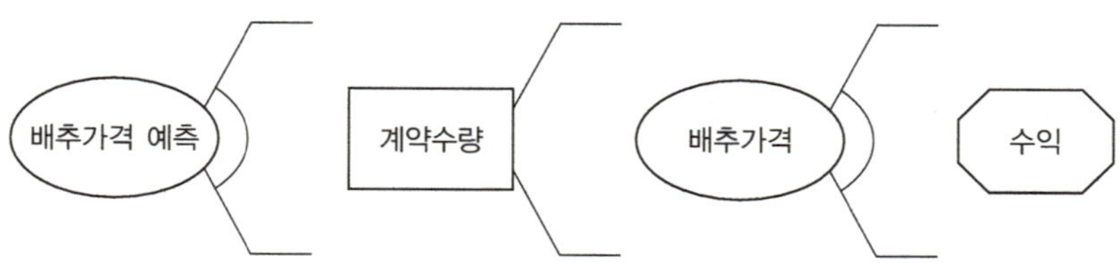

12-7]과 같다.

[그림 12-7]의 의사결정나무에서 최적 계약수량을 결정하기 위해서는 배추가격 예측에 따른 사후확률이 필요하다. 사후확률은 시장가격에 대한 사전확률과 〈표 12-1〉에서 평가한 조건부확률을 기초로 베이즈 정리를 이용해 계산할 수 있다. 예를 들어 가격 상승을 예측했을 때 실제 가격이 상승하는 사후확률 $P(\text{상승} \mid \text{“상승”})$을 구하면 식 (12.6)과 같다.

$$P(\text{상승} \mid \text{“상승”}) = \frac{P(\text{상승 \& “상승”})}{P(\text{“상승”})} \tag{12.6}$$

$$= \frac{P(\text{상승})P(\text{“상승”} \mid \text{상승})}{P(\text{상승})P(\text{“상승”} \mid \text{상승}) + P(\text{동일})P(\text{“상승”} \mid \text{동일}) + P(\text{하락})P(\text{“상승”} \mid \text{하락})}$$

$$= \frac{0.25 \times 0.8}{0.25 \times 0.8 + 0.5 \times 0.15 + 0.25 \times 0.2} = 0.62$$

같은 방법으로 나머지 사후확률을 계산하여 정리하면 〈표 12-2〉를 얻을 수 있다.

표 12-2 **사후확률** $P(\text{배추가격} \mid \text{예측})$

예측 \ 배추가격	상승	동일	하락
“상승”	0.62	0.23	0.15
“동일”	0.06	0.82	0.12
“하락”	0.10	0.30	0.60

사전확률, 〈표 12-1〉의 조건부확률, 〈표 12-2〉의 사후확률 간의 관계는 [그림 12-8]과 같이 영향도와 확률나무의 형태로 나타낼 수 있다. 이를 통해 우리는 베이즈 정리를 적용한다는 의미가 영향도에서 조건부 화살표conditional arc의 방향을 바꾸는 작업과 동일한 개념이라는 것을 이해할 수 있다.

그림 12-8 베이즈 정리, 영향도, 확률나무의 관계

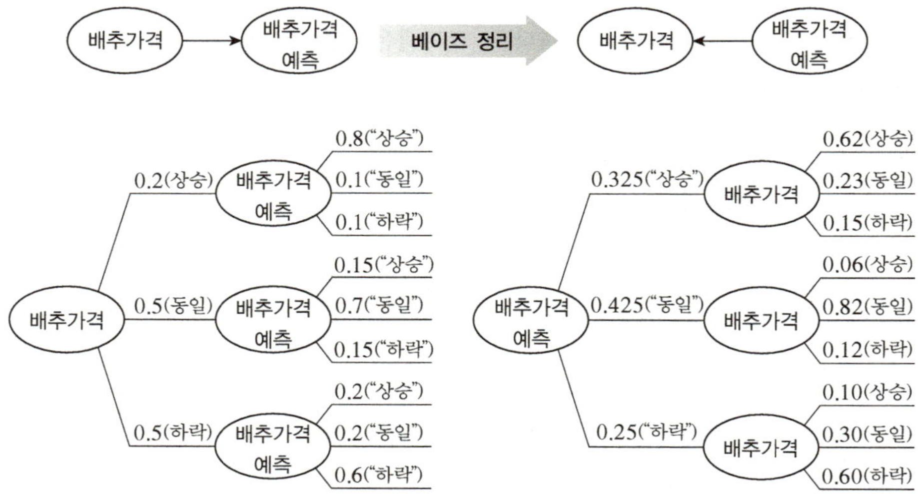

불완전정보의 기대가치 평가

이제 〈표 12-2〉에서 구한 사후확률을 이용해 불완전정보의 기대가치를 계산하여 평가해 보자. [그림 12-9]는 가격예측 서비스를 활용할 옵션이 있는 의사결정나무이다. 의사결정의 순서는 가격예측 서비스의 활용 여부를 결정한 이후 계약수량을 결정하는 것이다. 이 문제의 최적 대안을 구해보면 가격예측 서비스를 사용하는 것이 좋으며(Prediction service = Yes), 가격예측이 "상승"이거나 "동일"인 경우에는 계약수량을 증가시키고, 가격예측이 "하락"일 때는 계약수량을 유지하는 것이 최선임을 알 수 있다. 이때 기댓값은 415.0이 된다.[6]

이 결과를 가격예측 서비스가 없는 경우 및 완전정보를 가진 경우와 비교해 보자. 가격예측 서비스가 없는 경우에는 계약수량을 증가시키는 것이 최선이며 이때의 기댓값은 375.0이었다. 100% 신뢰할 수 있는 완전정보를 제공하는 가격예측 서비스의 경우 가격예측이 "상승"하거나 "동일"한 경우에는 계약수량을 증가시키

6. [그림 12-9]에서는 자세한 의사결정나무를 표현하기에 지면이 부족하기 때문에 일부 노드는 축소·생략되었다.

그림 12-9 베이즈 정리, 영향도, 확률나무의 관계

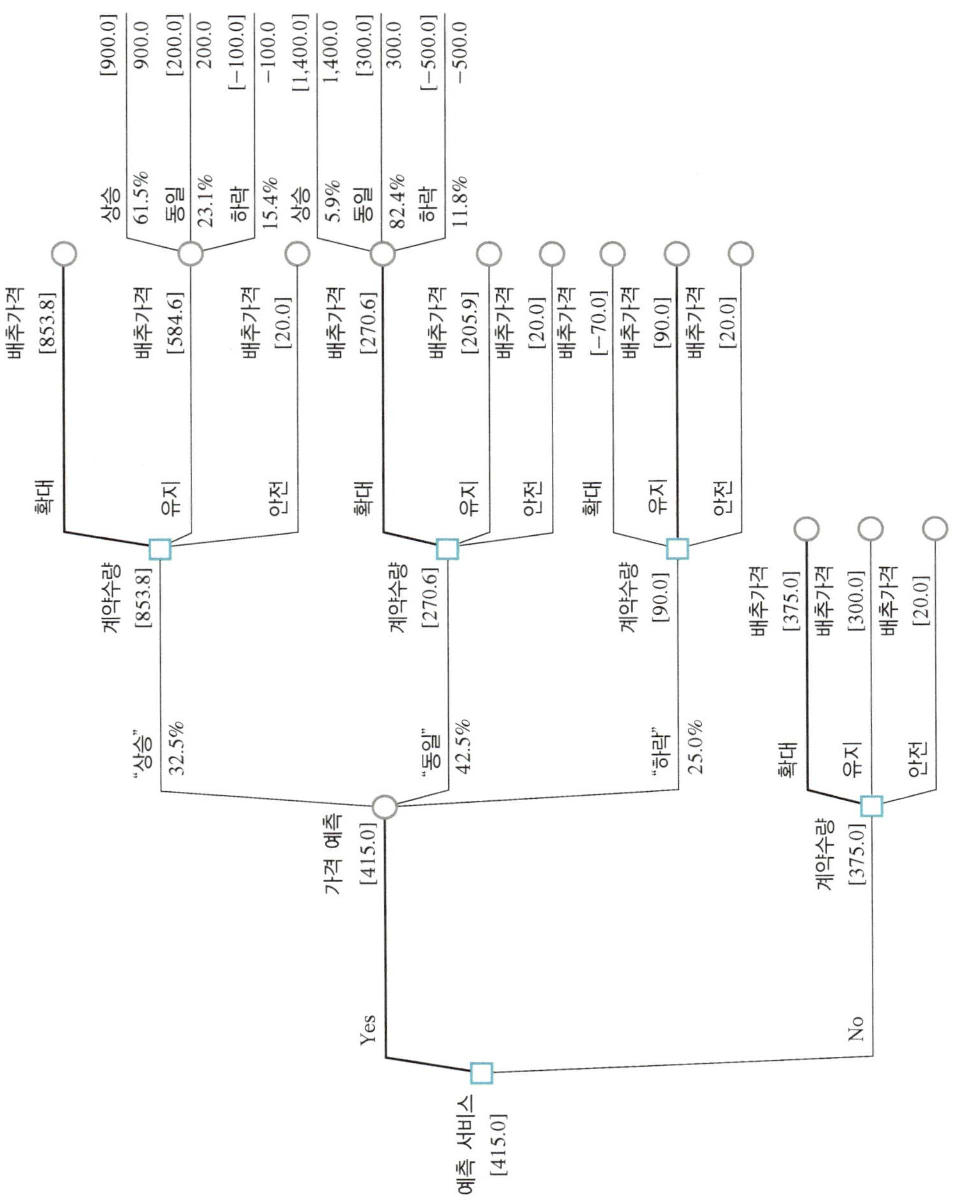

고, 가격예측이 “감소”인 경우에는 계약수량을 감소시켜 기댓값 505.0을 얻을 수 있었다([그림 12-4] 참고).

따라서 배추가격이 상승하거나 동일하다는 예측하에서는 완전정보나 불완전정보의 경우 모두 계약수량을 늘리는 것이 최선이다. 그러나 배추가격이 하락한다는 예측하에서는 계약수량을 줄이거나(완전정보의 경우) 혹은 계약수량을 유지하는 것이(불완전정보의 경우) 최선이다. 배추가격이 하락한다는 예측 상황에서 상이한 결정이 나오는 것은 조건부확률로 표시된 가격예측 서비스의 정확도의 차이에서 기인한다. 불완전정보하에서 가격이 하락한다는 예측의 경우 실제 가격이 상승하거나 동일할 확률이 각각 10%, 30%이므로 계약수량을 유지하는 것이 더 나은 결과를 낳게 된다(〈표 12-2〉 참고).

불완전정보의 기대가치(EVII ; Expected Value of Imperfect Information)는 불완전정보를 가진 프로젝트의 기댓값과 추가적 정보가 없는 프로젝트의 기댓값의 차이로 계산하여 평가한다.

$$\text{EVII} = \text{EV}_{\text{with imperfect information}} - \text{EV} \qquad (12.7)$$

$$0 \leq \text{EVII} \leq \text{EVPI}$$

따라서 EVII를 계산하면, EVII = 415 − 375 = 40이 된다. 이때 불완전정보의 기대가치는 해당 서비스에 대한 최대 지불의향을 의미한다. 따라서 〈표 12-2〉와 같은 정확도를 가진 가격예측 서비스에 40 이상의 비용이 소요되는 경우에는 해당 서비스 활용이 정당화되지 못한다.

3.3 비금전적 목표하에서의 정보의 가치

지금까지는 계약재배와 같이 금전적 목표를 가진 의사결정 문제에서 정보의 가치를 계산하고 평가하는 방법을 알아보았다. 그러나 현실 상황에서는 금전적 목표

이외의 다양한 비금전적 목표를 추구하는 경우도 많다. 제13장에서 살펴볼 해상풍력발전소 건설의 경우에도 경제성뿐만 아니라 환경에 미치는 영향을 최소화하는 비금전적 목표가 포함된다. 만약 환경에 미치는 영향에 불확실성이 존재한다면 객관적 데이터 수집 및 분석, 시뮬레이션 모형을 통한 환경영향평가, 전문가의 정성적 평가 등을 통해 불확실성을 주관적으로 평가하고 이를 의사결정 모형에 반영할 수 있다.

비금전적 목표하에서도 완전정보의 가치를 계산하고 평가해 보는 것은 정보수집 결정에 도움이 된다. 왜냐하면 완전정보가 가능한 상황에서도 의사결정에 변화가 없다면 완전정보의 가치는 없고, 따라서 불확실성에 대한 추가적 정보 획득 또한 불필요하기 때문이다. 비금전적 목표하에서 정보의 가치는 불확실성에 대한 추가적 정보를 획득했을 때의 기댓값과 정보가 없을 때의 기댓값이 동일해지는 정보 획득 비용을 산정하는 방법으로 구하면 된다.

3.4 정보의 가치분석 활용분야

정보의 가치분석은 의료, 인프라, 농업, 정보 서비스, 에너지, 환경, 토목 등을 포함한 광범위한 분야에서 활용된다(Keisler, Collier, Chu, Sinatra, & Linkov, 2014). 의사결정의 수준 측면에서 보면 치료 의사결정과 같은 개인단위의 의사결정에서 점차 조직단위의 다속성 의사결정 문제로 그 응용분야가 확대되고 있다. 정보의 가치에 대한 평가도 이산적 확률분포가 아닌 연속적 확률분포로 표현된 불확실성하에서 시뮬레이션을 통해 정보의 가치를 구하는 방향으로 바뀌고 있다(Alawad & Kraemer, 2022 ; Fenwick et al., 2020 ; Haag, Miñarro, & Chennu, 2022 ; Jackson, Baio, Heath, Strong, Welton, & Wilson, 2022 ; Zhang, Lu, Qin, Thöns, & Faber, 2021 ; Zhang, Qin, Lu, Thöns, & Faber, 2022).

정보의 가치분석은 영향력 있는 불확실성 변수를 확인하고, 추가적 정보수집의 경제적 가치를 평가하며, 위험관리가 가능한 새로운 대안들을 제시하는 과정에 도움이 된다는 점에서 의사결정분석에서 매우 유용한 도구이다.

4. 조정의 가치

정보의 가치분석은 불확실성을 잘 이해하고 이를 통한 조건부 의사결정을 내림으로써 추가적 가치를 창출한다. 그러나 불확실성을 우리가 원하는 방향으로 변화시킬 수 있는 가능성을 고려하지는 않는다. 만약 불확실성을 원하는 방향으로 바꿀 수 있는 옵션이 있다면 또 다른 가치를 만들어 낼 수 있다.

예를 들어 신제품을 생산하여 판매하려는 기업이 특정 제품의 기술적 불확실성으로 시장 출시가 연기되는 상황을 생각해 보자. 기술적 불확실성이 존재하는 상황에서 해당 R&D 개발의 성공을 담보하는 기술을 확보할 수 있다면(예를 들어 외부 기술도입) 프로젝트의 가치를 높일 수 있고, 이를 위해 일정 비용을 지불할 수 있을 것이다.

이처럼 프로젝트의 가치를 증가시키는 방향으로 불확실성 변수값을 정할 수 있는 옵션이 있을 때 발생되는 가치를 조정의 가치(VoC ; Value of Control)라고 부른다. 특정 불확실성 변수에 대한 조정의 가치는 불확실성을 원하는 값으로 정할 수 있는 옵션을 가진 프로젝트의 기댓값에서 옵션이 없는 프로젝트의 기댓값의 차이로 계산하고, 그 값은 식 (12.8)과 같이 표현된다.

$$\text{VOC} = \text{EV}_{\text{with control}} - \text{EV} \qquad (12.8)$$

신제품 개발과정에서의 기술적 불확실성에 대한 조정의 가치는 특정 기술도입 비용의 최대치가 될 것이다. 평균 재료비와 같은 비용변수에 불확실성이 있는 경우에도 외부기업과의 장기계약으로 비용변수를 원하는 수준으로 고정시킬 수 있다. 이때의 조정가치는 원하는 금액으로 장기계약을 하는 경우 지불할 수 있는 최대 인센티브 금액이 될 것이다.

이제 배추 계약수량을 결정하는 문제로 다시 돌아가 보자. 배추가격은 완전정보를 제공받았음에도 불확실하지만, 배추가격을 원하는 수준으로 정해 팔 수 있는 경우도 생각할 수 있다. 예를 들어 배추의 시장가격을 임의로 조정할 수는 없지만, 예년 대비 30% 상승한 가격으로 김장배추를 공급하는 선도계약forward contract을 맺을 수는 있다. 이 경우 배추가격의 불확실성에 대한 조정의 가치는 원하는 금액으로 선도계약을 맺기 위해 지불할 수 있는 최대 금액이다.

그림 12-10 조정 옵션이 있는 영향도

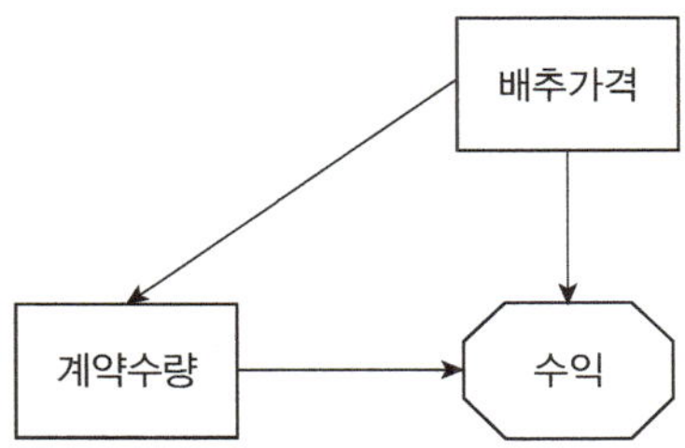

그림 12-11 조정 옵션을 가진 프로젝트의 기대가치 평가

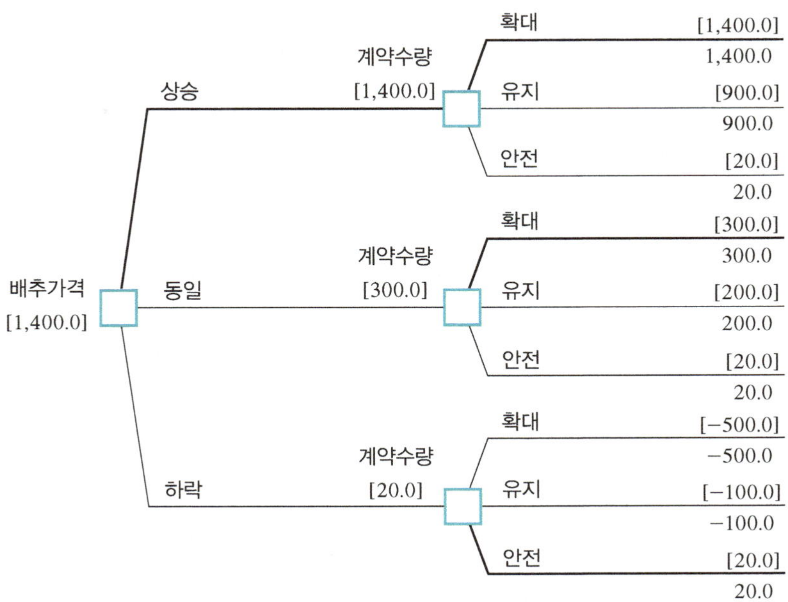

[그림 12-10]은 조정의 가치를 계산하기 위해 배추가격을 확률 노드에서 의사결정 노드로 변화시킨 영향도이다. [그림 12-11]은 의사결정나무에서 최적 대안의 가치를 계산해 보여준다. 배추가격에 대한 VOC는 식 (12.8)에 따라 VOC = 1,400 - 375 = 1,025로 계산된다. 따라서 EVII = 40, EVPI = 130, VOC = 1,025의 값을 가지며, EVII ≤ EVPI ≤ VOC 의 관계가 항상 성립한다.

정보의 가치와 조정의 가치는 불확실성을 보는 시각의 차이에서 발생한다. 정보의 가치는 불확실성에 대한 추가적 정보를 획득하여 이를 조건부 의사결정으로 반영해 가치를 창출한다. 반면 조정의 가치는 불확실성 자체를 목적에 유리한 방향으로 변경시킬 수 있는 옵션을 만든다는 적극적 관점에서 출발한다. 만약 불확실성을 제거할 수 있는 창의적인 아이디어가 가능하고 해당 비용 지출에 경제적 타당성이 있다면 이러한 옵션은 가치창출을 위해 좋은 기회가 된다. 조정의 가치는 가치창출의 가능성에 대한 비용 지출의 최대치를 제시해 준다는 점에서 그 의미가 있다.

5. 마무리

중요한 변수에 대한 새로운 추가적인 정보는 불확실성에 대한 이해를 높일 수 있는 좋은 기회를 제공한다. 이를 통해 우리는 불확실성을 적극적으로 감소시키거나 제거할 수 있는 옵션을 찾을 수 있다. 이와 같은 추가적 정보수집의 타당성을 확보하기 위해서는 정보의 가치를 객관적으로 분석하고 평가할 수 있는 방법이 필요하다. 우리는 베이즈 정리를 활용하여 사전확률을 사후확률로 갱신함으로써 새로운 정보가 갖는 가치를 명확히 분석하고 평가하는 방법을 확인했다. 같은 맥락에서 불확실성을 원하는 수준으로 바꿀 수 있는 조정의 가치도 알아보았다. 창의적인 생각은 불확실성을 제거할 수 있으며, 조정의 가치분석을 통해 이러한 아이디어의 타당성을 확인할 수 있다.

불확실성에 대한 추가적 정보와 불확실성을 원하는 수준으로 바꿀 수 있는 옵션의 확보는 문제에 대한 이해도와 의사결정의 질을 높여준다. 정보의 가치와 조정의 가치에 대한 분석은 문제에 대한 이해를 높이기 위한 중요한 도구이다.

CHAPTER 13
다속성 의사결정

Trade-offs have been with us ever since the late unpleasantness in the Garden of Eden.

— Thomas Sowell

의사결정에는 반드시 추구하는 목표가 있다. 목표가 하나인 경우도 있지만, 서로 상충하는 다양한 목표를 추구하는 경우도 있다. 수익 최대화를 목표로 삼는 투자 의사결정의 경우 수익을 속성으로 하는 단일 효용함수를 통해 대안을 평가할 수 있다. 그러나 다양한 목표들과 그 목표들 간의 상충관계trade-off를 고려해야 하는 문제의 경우에는 두 개 이상의 속성을 가진 다속성multi-attribute 효용함수를 사용해야 한다.

집에서 쓸 가구의 구매결정을 내릴 때도 가격뿐만 아니라 안전성, 내구성, 디자인 등 다양한 속성을 고려한다. 공공 의사결정도 마찬가지이다. 예를 들어 기후변화에 대응하는 재생에너지 대안을 평가할 때는 투자비용과 같은 계량적 속성 이외에도 기술적 실현 가능성, 환경에 미치는 영향, 사회적 수용성 등 다양한 비계량적 속성을 고려한다.

대안을 분석하고 선택하는 과정에서 하나의 대안이 모든 측면에서 우월한 경우는 드물다. 하나의 속성이 우월하면 다른 속성은 다소 부족한 경우가 일반적이다. 가격이 저렴하면서도 성능과 내구성이 뛰어나며, 디자인까지 좋은 환상적인 가구는 없다는 것이다. 가격이 저렴하면 성능이 떨어지고, 내구성이 높으면 디자인이 취약한 경우가 일반적이기 때문에 속성들 간의 상충관계를 적절히 평가하는 것이 다속성 의사결정의 핵심이 된다.

다속성 의사결정 문제를 다루기 위해서 다양한 방법이 개발되어 있다. 제13장에서는 이 방법들 중 가장 체계적이면서도 결과에 대한 명확한 해석이 가능한 다속성 효용함수를 이용한 방법에 대해 알아보기로 하자.

1. 다속성 효용함수를 이용한 대안평가

제11장에서 단일속성에 기반한 효용함수를 이용한 대안평가 방법을 알아보았는데, 이를 확장하면 다속성 의사결정 문제에 적용할 수 있다. 다속성의 특징을 고려하기 위해서는 가치, 목적, 속성, 가중치 등에 대한 추가적 논의가 필요하다.

다속성 효용함수를 이용해 대안을 평가하기 위해, n개의 속성 $x_1, x_2, \cdots, x_n$을 가진 효용함수를 $u(x_1, x_2, \cdots, x_n)$으로 표시하자. 이제 다속성 효용함수 $u(x_1, x_2, \cdots, x_n)$를 이용해 대안을 평가하는 절차를 알아 보기로 하자.

Step 1 : 목표와 속성의 설정

다속성 효용함수를 정의하기 위해서는 의사결정의 목표와 속성을 설정해야 한다. 목표는 의사결정자가 추구하는 가치를 구체화한 것으로 대안평가의 기준이 된다. 반면 속성은 대안의 특성으로 평가의 기준인 목표 달성의 정도를 평가하는 수단이다. 결국 의사결정자가 추구하는 가치를 근원적 목표와 수단적 목표로 구체화하고, 이 목표의 달성 정도를 속성들을 변수로 하는 다속성 효용함수를 통해 평가하는 것이다([그림 13−1] 참고).

전 세계적으로 문제가 되는 방사성 폐기물 처리에 관한 의사결정을 예로 들어보자. 핵발전 이후 발생하는 폐기물 처리는 기술, 경제, 사회, 환경적으로 매우 중요하고 민감한 문제이다. 원자력 발전소의 가동에 따라 계속 쌓이는 폐기물의 처리방법으로는 ① 100년 정도 발전소 부지에 저장하거나, ② 50년 정도 발전소 부근에서 열과 방사능의 수준을 낮춘 이후 국가에서 만든 최종 저장소로 이동하거나,

그림 13-1 목표, 속성과 대안분석 및 평가

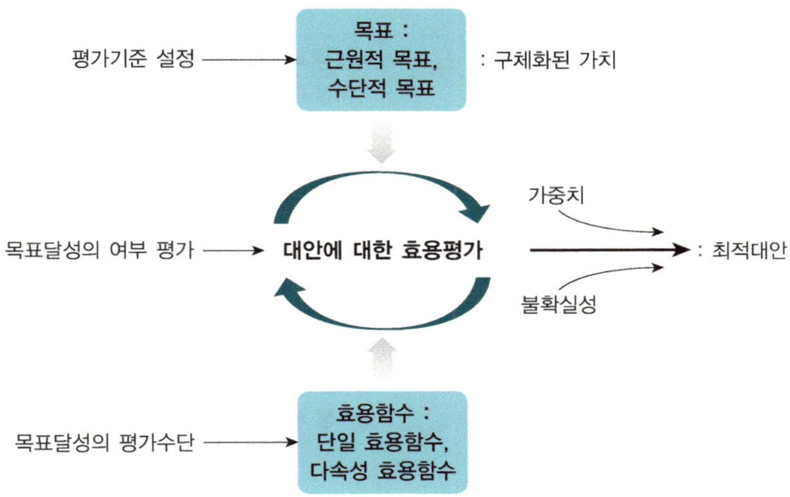

③ 범국가적 연합으로 만든 깊은 지하에 영구 저장하는 등의 대안을 고려할 수 있다(Schwenk-Ferrero & Andrianov, 2017).

〈표 13-1〉은 방사능 폐기물 처리 결정에서 추구해야 할 목표들이다. 이 목표들은 원자력의 안전과 활용에 관련한 국제기구인 IAEA(International Atomic Energy Agency)가 제시한 3가지 상위목표와 하위목표들을 참고하여 구성된 것이다. 목표 설정 과정에서는 관련 분야의 대원칙을 활용해 적절히 변형하여 활용하는 것도 좋은 방법이다. 특히 방사성 폐기물질 처리와 같이 불확실성이 높고 이해관계가 첨예한 문제에서는 목표설정을 포함한 모든 의사결정 과정에서 해당 분야의 전문가와 보건/환경 이슈 등의 이해 관련 당사자들의 참여가 매우 중요하다.

표 13-1 **방사능 폐기물질 처리를 위한 목표설정**

상위수준의 목표	카테고리	목표
효용의 극대화	- 효용 - 투명성	- 방사성 폐기물 생성 최소화 및 관리 최적화 - 방사성 폐기물에 관련된 사람들 간의 신뢰 구축
자원의 효율성	- 자원의 효율적 사용 - 프로세스의 지속적 개선	- 자원을 절약하고 효율적으로 활용할 수 있는 방사성 폐기물 관리 방법 및 계획의 촉진 - 방사성 폐기물 관리의 지속적 개선
책임 있는 사용	- 사람과 환경의 보호 - 보안 - 비확산 - 장기적 책임완수	- 사람과 환경을 보호하기 위한 방사성 폐기물 관리 방법의 실행 - 방사성 폐기물에 관련된 물리적 보호 시스템의 구현 - 방사성 폐기물 관리 시설의 설계 및 운영의 안전성 - 방사성 폐기물의 장기적 관리를 위한 해결책

출처 : Schwenk-Ferrero & Andrianov, 2017.

다음에서 구체적 사례를 통해 목표, 속성 및 척도에 대해 알아보자.

[예 13-1] 얼굴인식 출입통제 시스템 도입

새로 개장하는 헬스클럽에서는 운영 효율화를 위해 얼굴인식 출입통제 시스템의 도입을 고민하고 있다. 운영자는 제안된 다수의 시스템 중에서 최선의 시스템을 도입함으로써 고객만족이라는 가치를 높이려고 한다. 이를 위해 다음 네 가지 목표를 달성하고자 한다. 첫째, 얼굴인식에 걸리는 시간을 최소화하는 것이다. 얼굴인식은 충분히 빠른 시간에 얼굴을 인식할 수 있어야 한다. 둘째, 초기 투자비용과 운영

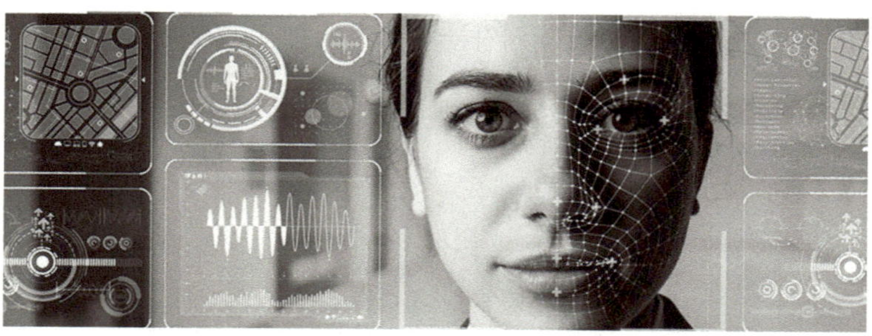

▲ 얼굴인식 출입통제 시스템(출처 : NEC)

비용을 포함한 시스템 총소유비용을 최소화해야 한다. 셋째, 얼굴인식의 정확도가 높아야 한다. 아무리 소요시간과 총소유비용이 작더라도 인식 정확도가 떨어지면 고객불만이 높아지므로 문제가 된다. 마지막으로 운영자가 특별한 기술적 어려움 없이 시스템을 운영할 수 있어야 한다. 따라서 얼굴인식 시스템 도입의 네 가지 목표를 각각 "신속한 처리", "낮은 소유비용", "높은 인식 정확도", "용이한 유지보수"로 설정할 수 있다.

목표가 설정되면 목표 달성의 정도를 평가하는 수단인 속성을 정한다. 예를 들어 **신속한처리** 목표는 시스템의 "평균 처리시간"으로 평가하고, 낮은 **소유비용** 목표는 시스템의 "연간 소유비용"으로, **높은 인식정확도** 목표는 "평균 인식률"으로, 마지막으로 **용이한 유지보수** 목표는 "관리 용이성"으로 평가하기로 하자. 이상 **평균 처리시간, 연간 소유비용, 평균 인식률, 관리 용이성** 총 4가지 속성은 대안과 목표와의 연결고리가 된다. 즉, 대안의 특성을 4가지 속성으로 파악하고, 대안의 속성값에 따라 목표 달성의 정도가 평가되는 것이다.

네 가지 속성 중 세 가지는 해당 속성치를 계량적으로 측정 가능한 척도scale가 존재한다. 평균 처리시간은 "초"라는 시간단위로, 연간 소유비용은 "원(₩)"이라는 화폐단위로, 평균 인식률은 "퍼센트(%)"라는 비율단위로 측정할 수 있다. 그러나 **관리 용이성**은 평가할 척도가 불분명하다. 적절한 평가척도가 없는 비계량적 속성의 경우에는 척도를 분명하게 정의해 대안의 속성을 명확히 측정할 수 있어야 한다.

예를 들어 **관리 용이성**이라는 비계량적 속성에 대해서는 시스템 문제발생 시 대응의 측면에서 다음과 같은 4단계 수준으로 척도를 정의해 측정할 수 있다.

수준 1 : 본사 직원이 직접 방문하여 처리되며, 약 2~3일의 시간이 소요됨
수준 2 : 본사 직원이 직접 방문하여 처리되며, 다음날까지 처리함
수준 3 : 교육 받은 내부직원이 본사와 온라인으로 연결하여 처리함
수준 4 : 문제를 본사에서 원격으로 모니터링해 즉시 문제를 처리함

이와 같이 척도를 분명하게 정의하는 것은 대안의 속성을 명확히 측정할 수 있고, 이 속성값을 이용해 목표 달성의 정도, 즉 효용을 계산하기 때문에 중요하다.

Step 2 : 다속성 효용함수의 도출

속성이 정해지면, 다속성 효용함수를 도출한다. n개의 속성을 가진 효용함수 $u(x_1, x_2, \cdots, x_n)$는 다양한 형태를 가질 수 있지만, 실무적으로 널리 사용하는 형태는 가산적 다속성 효용함수additive multiple-attribute utility function로 식 (13.1)과 같은 형태를 가진다. 여기서 $u_i(x_i)$는 속성 i에 대한 효용함수이고, k_i는 속성 i에 대한 가중치이다($\sum_{i=1}^{n} k_i = 1, k_i \geq 0$)

$$u(x_1, x_2, \cdots, x_n) = k_1 u_1(x_1) + \cdots + k_n u_n(x_n) = \sum_{i=1}^{n} k_i u_i(x_i) \tag{13.1}$$

다속성 효용함수를 식 (13.1)과 같이 각 속성에 대한 효용함수의 가중평균 형태로 표현하기 위해서는 특별한 조건이 성립해야 한다. 예를 들어 얼굴인식 시스템의 평균 처리시간에 대한 효용은 다른 속성, 즉 연간 소유비용, 평균 인식률, 관리 용이성 등의 속성값과는 독립적이라는 조건이다. 일반적으로 속성 i에 대한 효용이 다른 속성 j의 속성값과 무관하다는 가산독립성additive independence 조건이 만족되는 경우에만 효용함수를 식 (13.1)과 같이 표시할 수 있다.

그러나 속성 간 의존성이 존재해 가산독립성이 성립하지 않을 수도 있다. 예를 들어 평균 인식률의 효용은 다른 속성값과 독립적인 것이 아니라 특정 속성값과 비례하는 관계가 있을 수 있다. 평균 인식률이 높아도 그 처리시간이 빠르지 않다면 평균 인식률에 대한 효용이 떨어지는 상황이 이에 해당한다. 이때는 다소 복잡한 곱셈 형태의 효용함수를 고려해야 한다. 이런 상황에서는 속성 자체를 상호 독립적인 형태로 설정해 가산독립성이 유지될 수 있도록 하는 것이 현실적 방법이 된다 (Keeney & Raiffa, 1993).

가산독립성의 가정하에서는 효용함수 $u(x_1, x_2, \cdots, x_n)$를 식 (13.1)과 같은 가산적 효용함수로 표시할 수 있다. 이때 각 속성 x_i에 대안 효용함수 $u_i(x_i)$는 단일속성 효용함수이므로 제9장에서 언급한 방법에 따라 도출하면 된다. 속성의 특성에 따라 선형의 형태가 될 수도 있고, 효용체감이 작동하는 아래로 오목한 형태가 될 수도 있다.

Step 3 : 속성별 가중치 구하기

속성이 선정되면, 속성 i가 목표 달성에 기여하는 정도인 가중치 k_i를 설정한다. 가중치의 설정방법으로는 다양한 다속성 효용함수의 가중치를 구하는 방법들 중에서 스윙비중법swing weighting을 사용하기로 한다(Edwards & Barron, 1994). 이 방법은 가중치 설정과정이 명확하고 속성값 변동 폭의 영향을 가중치에 명확히 반영할 수 있다는 장점이 있다.

스윙비중법

스윙비중법을 사용해 속성 i에 대한 가중치 k_i를 구하기 위해 고려 중인 모든 대안의 i번째 속성값 x_i 중 최악의 값을 x_i^-이라고 하고, 최선의 값을 x_i^+이라고 하자. 이때 효용값은 0에서 1까지 변동하며, 따라서 x_i^-와 x_i^+의 효용값은 $u_i(x_i^-) = 0$, $u_i(x_i^+) = 1$이 된다.

최악의 속성값 x_i^-와 최선의 속성값 x_i^+를 이용해 다음과 같은 $n + 1$개의 가상의 결과consequence를 생각해 보자. 우선 n개의 속성들 모두 최악의 속성값 $x_i^-, \cdots, x_n^-$을 가지는 결과를 A_0라고 하자. A_0의 효용은 모든 속성 $i(i = 1, \cdots, n)$에 대해 $u_i(x_i^-) = 0$이므로 $u(A_0) = k_1u_1(x_1^-) + \cdots + k_nu_n(x_n^-) = 0$이 된다. 다음에는 속성 i에 대해서만 최선의 값 x_i^+을 갖고 나머지 속성들은 최악의 값 x_i^-를 갖는 가상의 $A_i(i = 1, \cdots, n)$를 생각해 보자. A_i의 효용은 속성 i에 대해서만 $u_i(x_i^+) = 1$이므로 $u(A_i) = k_i$가 된다.

이렇게 가상의 $n + 1$개의 결과를 정의한 후, 이들 중 가장 효용이 높은 결과를 A_p라고 하자. A_p가 효용이 가장 높다는 뜻은 속성 p가 다른 속성에 비해 가장 중요하는 뜻이다. 효용이 가장 낮은 결과는 당연히 최악의 속성값으로 구성된 A_0가 될 것이다. 결국 가상의 $n + 1$개의 결과 중에서 A_0는 최악이 결과이고, A_p은 최선의 결과이다.

이제 A_0에서 A_p로 그 결과가 바뀔 때 느끼는 만족도의 증가를 100이라고 할 때, A_0에서 $A_i(i = 1, \cdots, n, i \neq p)$로 결과가 바뀔 때 느끼는 만족도를 평가한다. 이것은 속성 p가 x_i^-에서 x_i^+로 변화할 때의 효용상승 대비 속성 i가 x_i^-에서 x_i^+로 변화할 때의 효용상승의 비율 $\frac{k_i}{k_p}$을 평가하는 셈이다. 이 변화비율을 s_i로 표시하면, $\frac{u(x_1^-, \cdots, x_i^+, \cdots, x_n^-)}{u(x_1^-, \cdots, x_p^+, \cdots, x_n^-)} = \frac{k_i}{k_p} = s_i$이 된다$(0 \leq s_i \leq 1)$.

이와 같이 속성 p를 제외한 모든 속성 $i(i = 1, \cdots, n, i \neq p)$에 대해 효용의 변화가 큰 순서부터 변화비율 s_i를 평가한 다음, $k_i = s_i k_p$와 $\sum_{i=1}^{n} k_i = 1, k_i \geq 0$의 관계를 이용해 가중치 k_i를 $k_i = \frac{s_i}{1 + \cdots s_i + \cdots + s_n}$의 식으로 구한다.

Step 4 : 대안에 대한 분석 및 평가

Step 1 ~ 3에서 도출하여 평가된 각 속성 i에 대한 효용함수 $u_i(k_i)$와 가중치 k_i를 사용하여 식 (13.1)에 따라 효용을 계산하고 이를 최대화하는 대안을 선택한다. 만약 속성에 대한 불확실성을 모형화하여 분석하려면 다속성 효용함수에 대한 기대효용을 구하여 제9장에서의 논의와 동일한 방법으로 분석할 수 있다.

대안분석이 가능한 효용함수와 가중치가 도출된 이후에는 다양한 민감도 분석을 통해 대안선택에 미치는 영향을 확인하는 평가appraisal가 가능하다. 평가과정을 통해 속성값과 가중치의 변화에 따른 대안선택의 변화를 확인함으로써 문제에 대한 이해도를 높이고, 대안선택의 강건성robustness을 확인할 수 있다.

다음에서는 가산적 효용함수를 이용해 대안을 평가하는 4단계 과정을 사례를 통해 알아보기로 하자.

2. 해양풍력발전을 위한 입지선정

기후변화와 탄소중립이 심각한 글로벌 이슈로 부각됨에 따라 지속 가능한 에너지 시스템은 국가적 현안이 되었다. 기후변화에 대응하고 탄소중립을 실현시킬 신재생 에너지원 중 해상풍력발전이 매력적 대안으로 부각되고 있다. 해상풍력발전은 해양에 설치된 풍력발전 장치를 통해 풍력 에너지를 전기로 변환하는 기술을 말한다. 과거에는 높은 건설 비용이 문제였지만, 기술발전과 규모의 경제로 신재생 에너지원 가운데 가장 경제성이 뛰어난 대안 중 하나로 평가된다. 특히 태양광 발전을 위한 부지 확보의 어려움과 환경오염으로 인해 해양풍력발전에 대한 관심은 더욱 높아지고 있다([Decision in Action 13-1] 참고).

[Decision in Action 13-1] "해상풍력 활성화, 영국에서 길을 찾다"

급변하는 에너지 시장 변화에 대응하기 위해 주요 국가들이 수립한 에너지정책 가운데 눈에 띄는 대목은 재생에너지 비중 확대 전략이다. EU는 기존 2030년 재생에너지 발전비중 목표를 40%에서 45%로 늘려 잡았다. 독일의 경우 같은 기간 재생에너지 발전비중을 80%까지 끌어올릴 계획이다. 우리나라와 같이 1차 에너지 수입의존도가 높은 일본도 36~38% 수준으로 재생에너지 비중을 확대한다는 목표를 제시했다.

EU를 탈퇴한 영국도 온실가스 감축목표에서 주변국들과 같은 행보를 보이고 있다. 영국은 전 세계 최초로 탄소중립 목표를 법제화할 만큼 기후위기 대응에 적극적인 국가 중 하나다.

입지발굴부터 수익보전까지 정책 일관성 주효

2008년 제정된 기후변화법에 온실가스 감축목표를 제시한 이래 2019년 6월 법 개정을 통해 2050년 탄소중립 목표를 공식화했다. 기후변화법 제정 이후 몇 차례 총리가 바뀌는 정치적 변화를 거쳤지만 흔들림 없이 정책 일관성을 이어가고 있다. 영국은 현재 13GW 수준인 해상풍력을 2030년 50GW 규모로 4배 가까이 늘려 에너지 자립과 탄소중립 목표에 접근하겠다는 계획을 세웠다. 이 같은 구상에는 5GW 규모의 부유식 해상풍력 조성도 포함돼 있다.

한국과 지리적 특성이 유사한 영국은 2001년 전력산업 구조개편 당시 우리가 전력시장 구조를 벤치마킹한 대표적인 국가다. 전력시장 자유화를 적극적으로 도입한 영국은 해상풍력 분야에서도 자유로운 시장경쟁을 바탕으로 관련 공급망 생태계와 시장가격 안정화를 꾀하고 있다.

특히 해상풍력 확장 계획을 비롯해 인허가, 주민수용성, 계통연계 등을 정부가 나서서 체계적으로 관리함으로써 안정적인 시장 활성화를 뒷받침하고 있다는 점은 눈여겨볼 만한 대목이다. 현재 우리나라가 해상풍력 확대에 더딘 속도를 내고 있는 원인으로 지목되는 부분을 영국은 연속성 있는 정책 기반 아래 정부 주도 입지개발로 풀어가고 있다.

13.7GW 규모 해상풍력 운영

현재 영국의 풍력설비 설치량은 총 27.9GW 규모다. 우리나라 풍력 보급량의 16배에 달하는 수치로 2021년 기준 국내 전체 재생에너지 설비용량과 맞먹는다. 27.9GW 가운데 해상풍력으로 운영 중인 설비는 절반에 가까운 13.7GW다. 43개 프로젝트에 걸쳐 설치된 2,652기의 풍력터빈을 통해 탄소배출 없는 청정에너지를 공급하고 있다.

영국 재생에너지산업협회 RenewableUK에 따르면 현재 가동 중인 풍력설비 27.9GW를 통해 생산 가능한 발전량은 연간 77.8TWh 정도다. 이는 우리 정부가 밝힌 올해 재생에너지 예상 발전량 44TWh의 1.7배가 넘는 양으로 지난해 국내 총 발전량의 13%를 풍력만으로 대체할 수 있는 규모다. 영국 가정의 약 66% 정도인 2,000만 가구가 바람의 힘으로 일 년 내내 일상생활을 이어갈 수 있는 셈이다.

영국은 지난해부터 해상풍력 보급량 세계 1위 자리를 중국에 내줬지만 의미 있는 성과를 통해 여전히 해상풍력 강국 지위를 유지하고 있다. 단순 설치량 확대 정책에서 벗어나 설계를 비롯해 개발·설치·유지보수 등 해상풍력 프로젝트 전주기에 걸친 혁신적인 기술개발을 유도하는 산학연 협력체계를 구축한 덕분이다. 영국은 현재 해상풍력 분야에서 세계 최대 규모 타이틀 2개를 보유하고 있다. 하나는 단일 프로젝트 기준 세계 최대인 혼시2 해상풍력단지다. 지난 8월 말부터 전체 풍력터빈이 본격적인 가동에 들어간 혼시2 해상풍력의 설비용량은 1.38GW 규모다.

또 다른 세계 최대 타이틀은 부유식 해상풍력이다. 영국 스코틀랜드에는 상업용으로 건설된 부유식 해상풍력 사이트 2개가 가동 중이다. 세계 최대 규모인 킨카딘(50MW)과 세계 최초 상업용 사이트인 하이윈드 스코틀랜드(30MW)가 지역 전력공급을 책임지고 있다.

▲ 영국의 트리톤 해상풍력단지(출처 : 일렉트릭파워)

출처 : 박윤석, "해상풍력 활성화 영국에서 길을 찾다", 일렉트릭파워(http://www.epj.co.kr), 2022. 11. 24.

해양풍력발전은 육상풍력발전과는 달리 바다 한가운데 터빈을 설치하기 때문에 입지선정의 제약이 비교적 작고 규모를 대형화할 수 있으며 바람의 세기와 방향이 규칙적이라는 장점이 있다. 그러나 수중소음과 전자기파, 부유사 등에 의한 해양생태계의 교란 등이 문제로 알려져 있다. 따라서 장점을 극대화화고 단점을 최소화할 수 있는 해양풍력발전소의 입지선정은 사업추진 초기 타당성 검증을 위해 매우 중요하다. 따라서 추구하는 목표의 달성 여부를 평가할 수 있는 속성들을 설정하고, 그 중요성을 평가하여 이를 종합 평가하는 과정을 거치게 된다. 이를 통해 최적의 입지를 선정하고, 사업의 효율성과 경제성을 극대화할 수 있으며, 미래를 위한 지속 가능한 에너지 시스템을 구축할 수 있다.

다음에서는 가산적 효용함수를 이용해 해상풍력발전을 위한 입지선정을 하는 과정을 알아보기로 하자.

Step 1 : 목표와 속성의 설정

최적의 입지선정을 위해서는 우선 다양한 근원적·수단적 목표들을 설정하고 이에 따른 속성들을 파악해야 한다. 해양풍력발전소 입지선정의 주요 목표는 기술적으로 발전소의 설치 및 운영이 가능한 장소를 고려함과 동시에 경제성이 높으며 환경에 미치는 영향을 최소화하는 것이다.

이 과정에서 반드시 만족해야 하는 제약조건들이 있는 경우에는 사전적으로 제약조건을 만족시키는 대안집합들에 국한해서 분석을 진행하도록 한다. 예를 들어 해상공원과 같이 보호구역, 군사 작전지역 같은 규제가 존재하는 경우 이를 만족시키지 못하는 대안은 분석 초기부터 확인하고 제외한다. 기술 및 경제적 측면에서 터빈설치 대상 지역의 수심이 너무 깊거나 전기생산을 위한 최소 풍속요건이 충족되지 못하는 경우가 그에 해당한다. 예를 들어 바람의 속도가 해수면 80m에서 초속 6.1m 이하이면 경제성이 없으므로 대안에서 제외한다(Messali & Diesendorf, 2009 ; Salvador et al., 2022).

달성하려는 목표를 기술적 실현 가능성 확보, 경제성 확보, 환경영향 최소화로 설정한 다음, 이를 달성하기 위한 기술적 속성으로 수심, 경제적 속성으로 풍속, 바람 밀도, 해안까지의 거리, 환경적 속성으로 생태계에 미치는 환경요소 등의 다섯 가지 속성을 고려하기로 하자.

선정된 속성에 대해서는 분명한 정의와 함께 속성값을 명확하게 계량적으로 평가할 수 있는 척도를 제시해야 한다. 수심, 풍속, 풍력 밀도, 해안까지의 거리는 계량적 측정이 가능하므로 해당 척도를 사용하면 되고, 환경요소의 경우 비계량적이므로 구체적인 척도를 정의해야 한다. 〈표 13-2〉는 5개 속성의 정의와 평가를 위한 속성척도attribute scale를 예시한다.

표 13-2 **속성과 속성척도**

속성	정의	측정단위	척도				
수심(x_1)	풍력터빈 설치 및 유지보수의 어려움과 연관된 물의 깊이	m	숫자				
풍속(x_2)	에너지 출력을 결정하는 바람의 속도	m/sec	숫자				
풍력 밀도(x_3)	잠재적 에너지 양을 결정하는 바람의 밀도wind power density	W/m^2	숫자				
해안까지 거리(x_4)	그리드로 전송하기 위한 거리	km	숫자				
환경영향(x_5)	조류 및 어류 등 생태계에 미치는 영향	주관적 평가	우려 0~2	다소 3~4	보통 5~6	미미 7~8	없음 9~10

Step 2 : 다속성 효용함수의 도출

확인된 5개 속성들의 효용은 다른 속성값과 독립적이라고 판단하고 대안평가를 위해 식 (13.1)과 같은 선형 다속성 효용함수를 이용하기로 한다. 각 속성별 효용함수는 그 특성에 따라 선형 또는 비선형의 형태로 평가한다.

속성 중 하나인 풍속(x_2)을 보자. 풍속 v가 빨라질수록 발전량은 그 속도의 세

제곱(v^3)에 비례하여 증가하지만, 속도가 기준풍속 이상이 되면 오히려 발전량은 떨어지는 특성을 가진다. 따라서 풍속의 효용함수는 S자의 파워커브power curve 형태를 따른다고 하자. 반면 풍력밀도(x_3)의 경우 특정 지역의 잠재적 에너지를 나타내 주는데, 이 값은 풍속과도 관계가 있지만, 바람 방향, 지형, 장애물 간의 거리 등에 의해 영향을 받게 된다. 이때 풍력 밀도가 커질수록 잠재적 에너지는 비례적으로 증가하기 때문에 해당 효용함수는 선형함수로 가정한다. [그림 13-4]는 5개의 속성별로 도출된 효용함수를 나타내 준다.

그림 13-4 속성별 효용함수

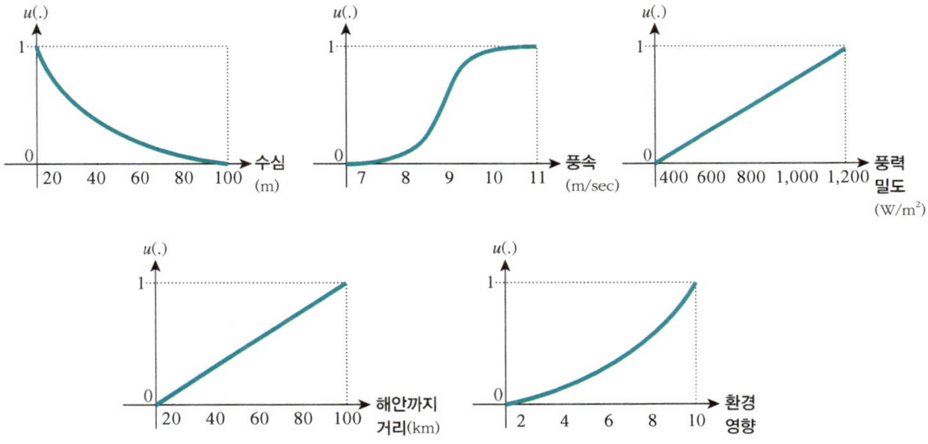

Step 3 : 속성별 가중치 구하기

가중치는 스윙비중법을 사용해 구하기로 한다. 이 문제에서는 속성이 5개 있으므로 최악의 결과 A_0를 포함해서 6개의 가상의 결과를 만든다. 이때 환경영향(x_5)이 가장 중요한 속성으로 판단되므로 기준점이 되는 최악의 결과 A_0에서 A_5로 바뀔 때의 만족도를 100으로 두고 A_0에서 A_1, A_2, A_3, A_4로 바뀔 때의 만족도를 각각 평가한다. 이들 만족도 평가치들을 표준화하면 각 속성의 가중치를 구할 수 있다. 그 결과 가중치는 $k_1 = 0.10$, $k_2 = 0.18$, $k_3 = 0.29$, $k_4 = 0.07$, $k_5 = 0.36$으로 도출되었다(〈표 13-3〉). 예상대로 환경영향 속성에 대한 가중치 k_5가 가장 높고 해안까지 거리 속성에 대한 가중치 k_4가 가장 낮게 나왔다.

표 13-3 **스윙비중법에 의한 가중치의 계산**

속성	결과	선호순위	만족도(%)	가중치(k_i)
기준점	A_0 = (100m, 6m/sec, 380W/m², 110km, 0)	6	0	
수심(x_1)	A_1 = (<u>15m</u>, 6m/sec, 380W/m², 110km, 0)	4	30	0.10 (= 30/280)
풍속(x_2)	A_2 = (100m, <u>10m/sec</u>, 380W/m², 110km, 0)	3	50	0.18 (= 50/280)
풍력 밀도 (x_3)	A_3 = (100m, 6m/sec, <u>1300W/m²</u>, 110km, 0)	2	80	0.29 (= 80/280)
해안까지 거리(x_4)	A_4 = (100m, 6m/sec, 380W/m², <u>15km</u>, 0)	5	20	0.07 (= 20/280)
환경영향 (x_5)	A_5 = (100m, 6m/sec, 380W/m², 110km, <u>10</u>)	1	100	0.36 (= 100/280)

Step 4 : 대안에 대한 분석 및 평가

5가지 속성에 대한 효용값과 가중치를 이용해 대안을 분석해 보자. 예를 들어 고려 중인 특정대안 L_1이, 수심(x_1) 40m, 풍속(x_2) 10m/sec, 풍력 밀도(x_3) 1000W/m², 해안까지 거리(x_4) 70km, 환경영향(x_5)이 미미(8)라면, 그 대안 L_1에 대한 효용값은 [그림 13-4]과 〈표 13-3〉에 의해 다음과 같이 계산된다.

$$u_{L1}(x_1, x_2, x_3, x_4, x_5) = k_1u_1(x_1) + \cdots + k_5u_5(x_5)$$

$$= 0.1 \times 0.4 + 0.18 \times 1 + 0.29 \times 0.8 + 0.07 \times 0.3 + 0.36 \times 0.6 = 0.69$$

같은 방법으로 다른 대안들에 대한 효용값을 계산하면 경쟁입지에 대한 분석이 가능하다. 추가적으로 민감도 분석을 통해 효용함수 및 가중치의 변화에 따른 영향을 확인하는 평가도 필요하다. 이런 평가과정을 통해 최적대안의 민감도를 확인함으로써 대안의 안정성과 추가적 정보 획득의 필요성 등을 확인할 수 있다.

3. AHP

다속성 효용함수를 이용한 의사결정 문제에서 가중치 평가는 매우 중요하다. 그것은 가중치 평가가 상당한 인지적 노력이 요구되는 과정이며 그 결과 또한 대안 평가에 큰 영향을 미칠 수 있기 때문이다. 우리가 제1절에서 알아본 스윙비중법은 가중치 설정과정이 명확하고 속성값 변동의 영향을 명확히 반영할 수 있어 엄밀한 분석이 요구되는 경우에 유용하다. 가중치 평가방법은 스윙비중법 이외에도 주관적으로 100이라는 숫자를 속성마다 나누어 부가하는 간단한 방법부터 비율을 이용하는 방법, 지불 의향을 이용하는 방법, AHP 등 다양하다(Borcherding et al., 1991 ; Jia et al., 1998 ; Odu, 2019).

가중치 평가방법 중에 AHPAnalytic Hierarchy Process는 널리 알려져 활용되는 방법이다. 1970~1980년대에 미국 피츠버그Pittsburgh대학의 토마스 사티Thomas Saaty 교수가 제시한 AHP 방법은 대안과 속성으로 계층구조를 만든 후 이들 간의 쌍대비교pairwise comparison를 통해 상대적 중요도와 선호도를 구하는 방식이다.

그림 13-5 해양풍력발전소 입지선정 문제의 계층도

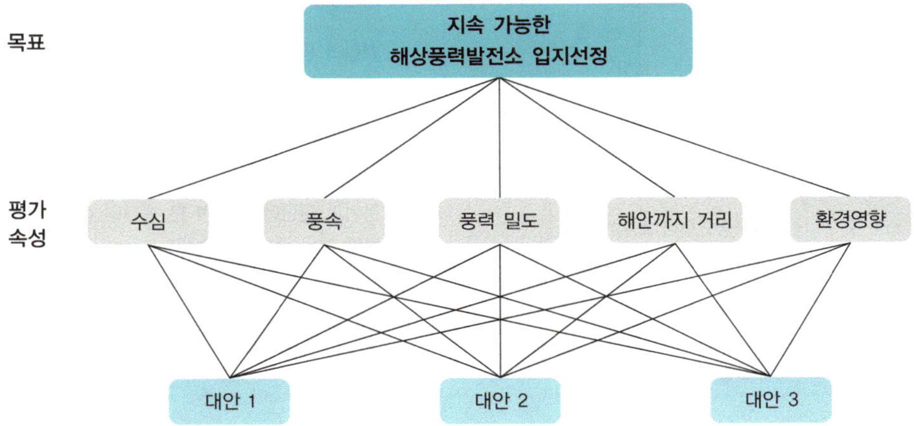

제2절에서 살펴본 해양풍력발전 입지선정 문제를 AHP에서 사용하는 계층구조로 그려보면 [그림 13-5]와 같다. 계층구조의 제일 상단에는 의사결정의 목표를 나타내고, 그 다음에는 목표의 달성 정도를 평가할 수 있는 평가 속성 그리고 마지막으로 대안을 표시한다. [그림 13-5]는 평가속성을 1단계로 표현했지만, 하위속성으로 확장해 표현할 수도 있다.

이 계층도를 평가할 때는 속성과 속성 간의 평가와 속성과 대안 간의 평가를 한 후 이를 종합하게 된다. 우선 속성과 속성 간에는 속성의 상대적 중요도를 평가한다. 이때는 〈표 13-4〉에서 제시된 언어적 표현이나 이에 해당하는 1～9의 척도 scale를 사용한다. 예를 들어 수심과 풍속, 수심과 환경영향 간의 상대적 중요도를 평가한다고 하자. 해당 평가자의 지식과 경험에 따라 환경영향은 공사 및 유지보수의 어려움을 나타내는 수심에 비해 상당히 중요하며(5), 풍력 밀도는 수심에 비해 다소 중요하다고(3) 평가되는 방식이다. 반면 속성과 대안 간에는 주어진 속성에 대해서 대안과 대안 간의 선호도를 평가한다. 예를 들어 풍속(x_2)에 한정하여, 대안 1이 대안 2에 비해서 매우 선호되고(7), 대안 2와 대안 3은 선호도가 동일한 것(1)으

표 13-4 AHP에서 사용하는 척도

중요도 (선호도)	정의	설명
1	동일하게 중요함(선호됨)equally important	경험과 판단에 의하여 두 속성이 동일하게 중요함(선호됨)
3	다소 중요함(선호됨)moderately important	경험과 판단에 의하여 한 속성이 다른 속성보다 다소 중요함(선호됨)
5	상당히 중요함(선호됨)strongly important	경험과 판단에 의하여 한 속성이 다른 속성보다 상당히 중요함(선호됨)
7	매우 중요함(선호됨)very strongly important	경험과 판단에 의하여 한 속성이 다른 속성보다 매우 중요함(선호됨)
9	극히 중요함(선호됨)extremely important	경험과 판단에 의하여 한 속성이 다른 속성보다 극히 중요함(선호됨)
2, 4, 6, 8	위 값들의 중간 값	

로 평가된다.

AHP 방법은 직관적이고 평가가 손쉽기 때문에 가중치 평가에 널리 사용되고 있다. 특히 평가 과정에서 일관성비율CR ; Consistency Ratio을 정해 평가가 과도하게 일관성을 벗어나지 않도록 한다. AHP는 속성 간의 가중치 평가뿐만 아니라, 속성별 대안의 선호도 평가를 통해 대안의 우선순위 선정에도 널리 쓰이고 있다(Da Silva et al., 2023 ; Ho & Ma, 2018 ; Saaty, 1977).[1]

AHP는 분명한 장점을 가지고 있지만, 다음과 같은 문제점도 가지고 있다. 첫째, AHP는 관련성이 없는 속성이나 대안이 추가되었을 때 기존의 속성이나 대안의 선호순위가 뒤바뀌는 순위역전rank reversal의 문제가 발생할 수 있다(Maleki & Zahir, 2013). 둘째, AHP는 기대효용이론과 같이 보편 타당한 공리axiom에 기반하지 않기 때문에 처방적 의사결정 방법으로는 한계가 있다. 특히 불확실성하에서의 의사결정이나 정보의 가치 등 분석적 기능이 취약하기 때문에 엄밀한 분석이 필요한 문제에는 적합하지 않다(Sotoudeh−Anvari, 2022). 셋째, 속성과 대안의 숫자(n)가 많을 때에는 쌍대비교의 숫자가 제곱(n^2)으로 증가하는 문제가 발생한다. 이런 쌍대비교에 대한 부담은 속성을 하위 계층구조로 나누고, 대안들을 사전적으로 걸러냄으로써 해결할 수 있다.

이런 몇 가지 한계점에도 AHP는 가중치의 평가뿐 아니라 다속성 의사결정에서 널리 사용되는 방법이다(Ilbahar et al., 2019 ; Mardani et al., 2015). 우리나라에서도 정부 예산이 들어가는 대규모 프로젝트에 대한 예비타당성 분석에 AHP를 사용하여 사업 추진 여부를 결정하는 분석도구로 사용하고 있다. 물론 이 책에서 다룬 다속성 효용함수를 이용해 정교한 분석을 할 수도 있지만, 목적에 따라 AHP도 유용하게 쓰일 수 있다. 특히 분석에 소요되는 시간과 평가의 어려움은 줄이면서 최적의 대안보다 만족스러운 대안집합satisfying alternative set을 찾아 해당 문제에 대한 이해도를 높이는 것이 주 목적이라면 AHP를 활용하는 것이 좋은 선택이 될 수 있다.

---

1. Expert Choice(https://www.expertchoice.com/)는 AHP를 구현한 대표적 소프트웨어이다.

가중치 평가 관련 특별한 이슈로는 가중치 평가의 시간과 노력을 줄이기 위해 속성 간의 순위rank order만으로 가중치를 평가하는 방법(Burk & Nehring, 2022), 불완전한 정보만으로 가중치를 평가하는 방법(Da Silva et al., 2023), 가중치 평가 시 발생하는 편향의 문제(Rezaei, 2021) 등이 있다. 이 문제들은 이 책이 다루는 범위를 넘어가므로 구체적인 내용은 참고자료를 확인하도록 한다.

4. 다기준 의사결정

일반적으로 서로 상충되는 목표를 가진 의사결정 문제를 다기준 의사결정 문제multiple-criteria decision-making라고 부른다. 다기준 의사결정 문제는 그 성격에 따라 다속성 의사결정 문제multiple-attribute decision-making와 다목적 의사결정 문제multiple-objective decision-making 두 가지로 나뉜다. 따라서 지금까지 살펴본 다속성 효용함수를 이용한 의사결정은 다기준 의사결정의 한 부분이다.

4.1 다속성 의사결정과 다목적 의사결정의 특성

다속성 의사결정은 효용함수나 서열ordering 방법을 사용해 서로 상충되는 대안들 중에서 최적의 대안을 찾아내는 것이 목적이다. 반면 다목적 의사결정은 다양한 목표를 달성하기 위해 속성들을 조합해 최적의 대안을 디자인하는 것이 목적이다.

이들 간의 차이를 해양풍력발전을 위한 입지선정의 사례를 통해 알아보자. 만일 수심, 풍속, 풍력 밀도, 해안까지의 거리, 환경영향 등의 서로 상충되는 요인들을 고려해 주어진 대안들 중에서 최선의 입지를 선택하는 문제라면 이는 다속성 의사결정 문제이다. 그러나 풍력발전소의 핵심인 터빈 날개의 크기, 터빈 탑의 높이, 형태, 재료 등을 적절히 조정해 발전량을 최대화하면서도 유지보수의 용이성을 높이는 문제라면 다목적 의사결정 문제이다. 따라서 다속성 의사결정은 경쟁 대안들 중에서 최적대안을 선택하는 "선택의 문제choice problem"이고, 다목적 의사결정은 수많은 가능성에서 최적의 대안을 만들어 내는 "디자인의 문제design problem"라고 이해할 수 있다. 따라서 다속성 의사결정과 다목적 의사결정은 문제의 목적과 성격, 데이터의 존재 여부, 가용자원 등에 따라 다른 방법론을 사용한다.

다속성 의사결정과 다목적 의사결정의 특성, 주요 이슈, 방법론을 비교하면 〈표 13-5〉와 같다.

표 13-5 다속성 의사결정과 다목적 의사결정의 특성

	다기준 의사결정	
구분	다속성 의사결정	다목적 의사결정
문제의 특성	주어진 대안의 평가를 통한 최적대안 선택의 문제choice problem	속성들의 조합에 의한 최적대안 디자인의 문제design problem
데이터의 특성	객관적 속성과 주관적 속성의 혼재	수치화된 객관적 속성
의사결정	대안선택	최적의 속성값 선택
주요 이슈	불확실성, 가중치 설정, 가치평가	복잡성, 알고리즘
주요 방법론	다속성 효용이론, AHP, ANP, ELECTRE, PROMETHEE	TOPSIS, 목표계획법, 선형계획법, 정수계획법, DEA, 시뮬레이션

4.2 다속성 의사결정의 방법론

다속성 의사결정에서 사용하는 방법론은 매우 다양하다. 그중에서도 제11장에서 설명한 다속성 효용함수를 사용하는 방법이 가장 정교한 분석이 가능하다. 특히 가치선호도와 위험선호도를 명시적으로 고려하고, 정보의 가치를 평가할 수 있기 때문에 분석적이고 체계적인 접근이 가능하다. 특히 다속성 효용함수에서는 스윙비중법을 이용해 속성 간의 가중치를 설정하면 그 가중치가 최종 목표에 미치는 영향을 명확히 고려할 수 있기 때문에 엄밀한 의사결정 문제에 매우 효과적이다. 그러나 다속성 효용함수를 이용하기 위해서는 각 속성의 효용함수 형태와 속성 간의 가중치를 명시적으로 도출하는 평가의 부담이 존재한다.

이런 문제를 일부 해결해 주는 방법이 바로 가중치 설정에서 언급한 AHP이다.

속성과 속성 간의 상대적 중요도, 대안과 대안 간의 상대적 선호도를 평가할 때 정성적인 값을 이용함으로써 평가의 부담을 줄여주며, 다소간 평가의 비일관성을 허용한다.

또 다른 방법으로 대안의 평가에서 우선순위outranking[2]를 사용해 대안 간의 선호를 평가하는 방법이 있다. 두 가지 대표적 방법으로 PROMETHEEPreference Ranking Organization METHod for Enrichment Evaluation와 ELECTREELimination and Choice Translating REality가 있다. PROMETHEE는 선호함수와 대안 간의 쌍대평가를 통해 선호지수를 계산한 다음 선호유입량positive outranking flow과 선호유출량negative outranking flow의 차이를 계산해 대안 간의 비교우위를 평가하는 방법이다(Brans & Vincke, 1985). ELECTRE도 유사하게 대안 간의 쌍대평가를 통해 우선순위를 정하고 대안을 평가하는 방법이다. 두 방법 모두 대안의 평가과정에서 속성 간의 정량적인 효용값이 아니라 순위rank order를 이용한 쌍대비교를 통해 대안의 우선순위를 정하는 방법이다.

AHP, PROMETHEE, ELECTRE 방법들은 다속성 효용함수 방법보다 평가의 부담은 적을 수 있지만, 평가치의 투명성과 해석의 측면에서는 부족함이 있다. 따라서 이 방법들은 최적의 대안도출보다는 만족할 만한 대안집합을 만드는 목적에 사용하는 것이 좋다.

4.3 다목적 의사결정의 방법론

다목적 의사결정의 경우 속성값 설정을 통해 상충적인 목표들을 달성하는 것이 그 목적이므로 다속성 의사결정과는 전혀 다른 방법론을 사용한다. 다목적 의사결정의 경우에는 최적화optimization 방법을 사용해 최적의 대안을 찾아낸다. 많이 쓰

---

2. 대안 A가 대안 B보다 우선순위가 높다고 하면("Alternative A outranks Alternative B"), 그 의미는 대안 A가 특정 속성에서는 대안 B보다 확실하게strictly 선호되고, 나머지 속성들에서는 대안 B와 선호도가 같거나 대안 B보다 더 선호되는 상황을 뜻한다.

이는 방법으로는 목표계획법goal programming, 선형계획법linear programming, 정수계획법integer programming, DEAData Envelopment Analysis, 시뮬레이션 등이 있다.

다기준 의사결정의 방법론은 이 책의 목적과 범위를 넘어서기 때문에 자세한 내용은 관련 자료를 참고하기로 하자(Basílio et al., 2022 ; Doumpos et al., 2019 ; Greco et al., 2016 ; Mardani et al., 2015 ; 권오정, 2018). 관련된 방법론들을 구현한 컴퓨터 소프트웨어들도 다양하므로 참고하면 된다(Weistroffer & Li, 2016). 실무에 적용된 응용사례도 에너지, 환경, 보건, 토목, 제조 등 산업별로 다양하게 발표되고 있으므로 실제 응용 시 참고하면 된다(Ilbahar et al., 2019 ; Khan et al., 2022 ; Linkov et al., 2020 ; Mardani et al., 2015 ; Ozsahin et al., 2021 ; Sotoudeh-Anvari, 2022).

5. 마무리

서로 상충하는 다수의 목표를 가진 의사결정 문제에서는 추구하는 목표를 도출하고 목표들 간의 중요도를 이해하는 것이 필요하다. 제13장에서는 다수의 목표를 가진 의사결정 문제를 다속성 효용함수를 이용해 분석하고 평가하는 방법을 알아보았다. 이 과정에서 우리가 추구하는 가치를 구체화한 것이 목표이며, 이 목표의 달성 정도를 속성을 통해 평가한다는 것을 확인했다. 따라서 대안이 가진 속성에 대한 평가를 통해 목표 달성의 가능성을 확인하고, 최선의 대안을 선택할 수 있다. 이 분석과정에서는 주로 가산적additive 형태의 다속성 효용함수를 사용하며, 각 속성에 대한 가중치는 스윙비중치swing weighting 방법을 사용한다. 물론 AHP 혹은 다른 방법으로 가중치를 구할 수도 있으나, 속성값이 최종 목표에 미치는 영향을 명확히 고려할 수 있는 스윙비중치 방법이 엄밀한 분석과 평가에 적합하다.

의사결정 문제를 해결하기 위해서는 다양한 방법론을 이해하고 적용해 보며 문제에 대한 이해도를 높여가야 한다. 상충되는 목표를 가진 다속성 문제를 투명하고 엄밀하게 분석하고 평가하기 위해서는 스윙비중치를 이용한 다속성 효용함수 방법을 추천한다. 특히 불확실성과 비선형적 효용을 고려할 필요가 있는 상황에 적합하다. 그러나 만족할 만한 대안집합을 찾기 위한 초기 분석이나 간단한 분석을 위해서는 AHP도 유용한 방법이다. 반면 최적의 대안을 디자인하는 성격을 가진 다목적 의사결정 문제의 경우에는 또 다른 성격을 가지며, 이에 적합한 방법을 적용해야 한다. 결국 의사결정 문제의 성격과 상황에 따라 적합한 방법을 선택 활용해야 하며, 그것이 바로 우리에게 필요한 결정지능이다.

본질을 찾아서

PART 3

CHAPTER 14

의사결정의 9가지 원칙

"The goal is to turn data into information, and information into insight."

— Carly Fiorina(전 HP CEO)

IT 기술의 발전과 디지털 전환이 진전됨에 따라 생산·유통되는 데이터의 양과 속도는 대단히 빠른 속도로 증가하고 있다. 인류가 파피루스에 기록을 남기기 시작한 이래 2000년대까지 생산한 데이터의 총량은 약 20엑사바이트(10^{18} byte)라고 한다. 그러나 2,000년 이후 약 20년간 만들어진 데이터의 양은 지난 5,000년간 만들어진 양의 2,500배인 50제타바이트(10^{21} byte)에 달할 정도로 급증하는 추세이다.[1]

생산된 데이터가 증가함과 동시에 활용 가능한 데이터 또한 증가했다. 우리는 활용 가능한 데이터의 증가가 의사결정의 질을 높여 줄 것으로 기대했다. 그러나 데이터 기반 의사결정의 성과는 기대 이하이다. 그중 가장 중요한 원인 중 하나는 급증한 데이터를 사용 목적에 대한 이해 없이 수집·저장만 하거나 방향성 없는 분석을 함으로써 데이터의 가치를 충분히 활용하지 못하는 데에 있다(Larson, 2022). 의사결정이 만들어 내는 가치는 데이터가 아니라, 데이터로부터 문제의 본질을 이해하는 과정에서 나온다. 이 과정이 바로 우리가 추구하는 통찰 기반 의사결정의 과정이다. 따라서 바람직한 의사결정의 과정과 그 원칙에 대한 분명한 이해가 필수적이다.

---

1. 이문규, "우리에게 데이터는 어떤 의미인가", 동아닷컴, 2022. 8. 24. KT 경제경영연구소 자료 인용.

그림 14-1 의사결정의 원칙, 결정지능, 의사결정의 질

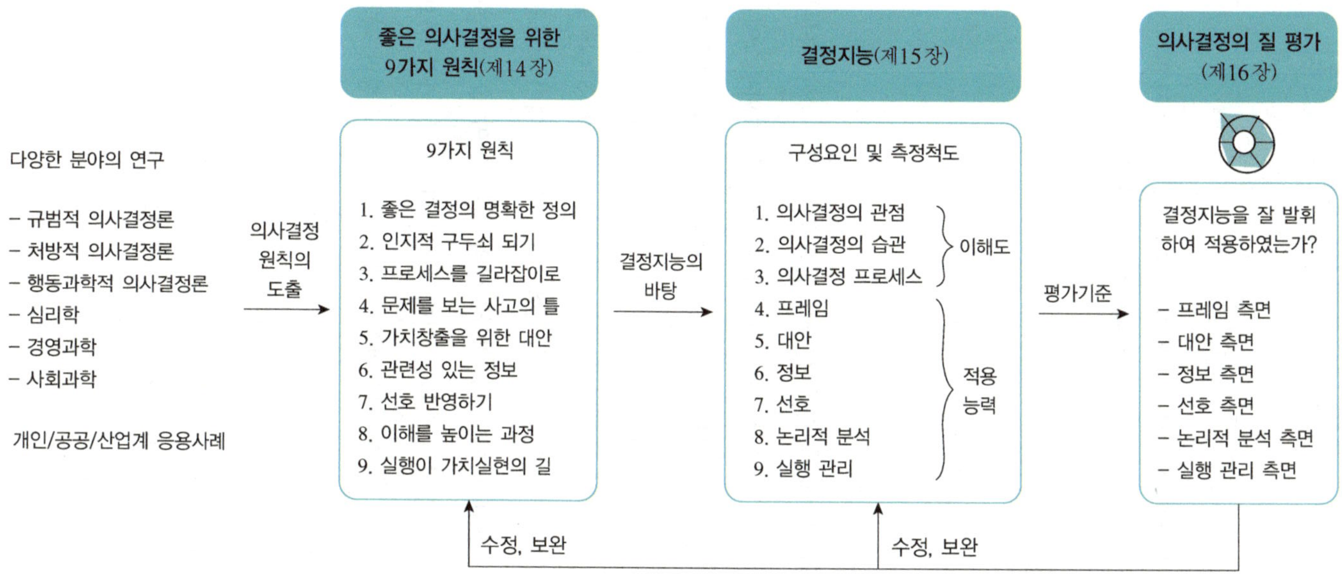

이 장에서는 지금까지 의사결정에 관련한 학술연구와 응용사례들을 바탕으로 좋은 의사결정을 위한 원칙을 9가지로 도출한다. 이 의사결정의 원칙은 제15장에서 다루는 결정지능의 구성 요인과 그 측정척도의 바탕이 된다. 결정지능의 구성 요인 중 적용능력에 관한 요인과 측정척도는 의사결정의 질을 측정하기 위해 제16장에서 사용된다. 한편 의사결정의 질을 평가하는 과정에서 축적되는 경험은 의사결정을 위한 원칙, 결정지능의 구성 요인과 측정척도의 갱신에 활용된다. [그림 14-1]은 의사결정의 원칙, 결정지능, 의사결정의 질 간의 관계를 보여준다.

1. 좋은 의사결정을 위한 9가지 원칙

우리는 제1장부터 제13장까지 좋은 결정에 대한 정의부터 시작하여 통찰 기반 의사결정 프로세스 및 이 과정에서 적용할 수 있는 방법론에 대해 알아보았다. 이제부터는 지금까지 논의한 의사결정 이론, 심리학, 경영과학, 사회과학 분야에서의 핵심적 연구결과와 응용사례 등을 바탕으로 9가지 의사결정의 원칙을 도출하기로 한다. 이 원칙들은 의사결정 과정에서 일관적으로 적용되어야 하며, 좋은 의사결정을 위한 필요조건이다.

의사결정 원칙의 첫 번째는 의사결정에 대한 관점과 관련성이다. 우리는 좋은 선택과 좋은 결과에 대한 명확한 이해를 통해 바람직한 의사결정의 방향성을 정립해야 한다. 두 번째는 인간의 인지적 편향성을 이해하고 제한된 인지적 자원을 효율적으로 사용하는 원칙이다. 이를 위해서는 좋은 의사결정의 습관을 내재화할 필요가 있다. 제2절에서는 이와 관련해 좀 더 자세한 설명을 하기로 한다. 세 번째는 좋은 의사결정을 위한 원칙을 프로세스를 통해 일관성 있게 적용하는 것이다. 이상 3가지는 의사결정의 일반 원칙generic principle에 해당한다. 나머지 6가지 원칙은 의사결정의 질과 관련한 실행 원칙application priniciple이다. 이 원칙들은 의사결정의 질을 구성하는 요인에 대한 기존의 연구와 사례를 바탕으로 한다.

이 원칙들을 의사결정의 관점, 의사결정을 위한 습관, 의사결정 프로세스의 3

가지 일반 원칙과 의사결정의 질을 좌우하는 6가지 실행 원칙 등 총 9개 원칙으로 정리하면 〈표 14-1〉과 같다.

표 14-1 좋은 의사결정을 위한 9가지 원칙

원칙	관련성	관련 내용
원칙 1 : 좋은 의사결정의 정의를 명확히 이해하고 이를 의사결정의 목표로 삼는다.	의사결정을 보는 관점	제1장
원칙 2 : "바람직한 의사결정의 습관"을 통해 인지적 자원을 효율적으로 사용하고 따라서 중요한 결정에 집중한다.	의사결정을 위한 습관	제2, 3장
원칙 3 : 좋은 의사결정을 위해서 적절한 의사결정 프로세스를 활용한다.	의사결정 프로세스	제4장
원칙 4 : 프레임은 의사결정 과정의 핵심이므로 다양한 목적, 관점, 수준에 맞춰 적절히 설정한다.	프레임	제5장
원칙 5 : 주어진 대안이 아닌 새로운 대안도출을 통한 가치창출에 노력한다.	대안	제6장
원칙 6 : 많은 정보가 아닌, 대안선택에 영향을 미치는 정보에 집중한다.	정보	제7장
원칙 7 : 선호는 대안평가의 기준이므로 가치, 위험 및 시간에 대한 선호를 명시적으로 도출하고 의사결정에 반영한다.	가치선호 위험선호 시간선호	제8장 제9장 제10장
원칙 8 : 의사결정은 대안의 선택이 아니라 논리적 분석을 통해 문제의 본질을 파악하는 과정임을 인식한다.	분석과 평가	제11~13장
원칙 9 : 의사결정은 더 나은 대안을 발견하는 것이며, 실행을 통해 그 대안의 가치가 실현됨을 이해하고 실천한다.	실행 관리	제5~13장

다음에서는 각 원칙에 대한 간단한 요약과 함께 핵심 내용들을 정리하기로 한다. 이 내용들은 제15장에서 결정지능의 구성 요인 및 측정 항목으로 사용된다.

원칙 1 : 좋은 의사결정의 정의를 명확히 이해하고 이를 의사결정의 목표로 삼는다.

요약 : 좋은 결정과 좋은 결과를 구별하는 것은 의사결정 과정에서 반드시 필요한 개념이다. 좋은 결정은 좋은 결과를 일관되게 얻기 위한 우리의 최선의 선택이다. 따라서 좋은 결정을 위해 의사결정의 질을 구성하는 요인이 무엇인지 명확히 이해하고, 의사결정의 질을 높이려는 노력이 필요하다.

배경

- 좋은 결정은 결정의 순간 의사결정의 질로 판단하고, 결정의 결과는 결정 이후에 평가된다. 좋은 의사결정은 의사결정의 결과가 아닌 의사결정 과정의 질에 따라 결정된다. 따라서 좋은 결정과 좋은 결과는 분명하게 구별되는 개념이다.
- 의사결정의 질은 다음 6가지 요인으로 구성된다. 그 6가지 구성 요인은 적절한 프레임, 창의적이고 실행 가능한 대안, 의미 있고 신뢰성 있는 정보, 분명한 목표설정 및 가치평가, 타당한 논리, 실행의 의지이다. 좋은 결과를 지속적으로 얻는 유일한 방법은 의사결정의 질이 높은 결정을 내리는 것이다.
- 의사결정의 질은 의사결정의 질을 구성하는 6가지 요인 중 가장 질이 낮은 수준에 의해 좌우된다.
- 좋은 결과는 좋은 결정이 아닌 단순히 운 때문에 얻을 수도 있음을 이해한다. 이것은 결정을 내릴 때는 불확실성을 고려해야 하나, 결과의 평가에서는 불확실성에 의한 영향을 배제한다는 것을 의미하기도 한다.

원칙 2 : "바람직한 의사결정의 습관"을 통해 인지적 자원을 효율적으로 사용하고 따라서 중요한 결정에 집중한다.

요약 : 인간은 복잡한 문제를 계산, 추론, 기억하는 능력에 한계가 있음을 이해해야 한다. 그러나 의사결정 과정에서 인지적 편향과 이에 따른 오류의 가능성이 있다는 사실을 대부분 인지하지 못한다. 그것은 인지적 편향이 부지불식간에 무의식적으로 일어나기 때문이다. 따라서 의사결정의 전 과정, 특히 프레이밍, 확률평가, 논리적 분석, 가치평가의 단계 등에서는 편향의 가능성을 인식하고 이에 적절히 대응해야 한다. "바람직한 의사결정의 습관"은 제한된 인지적 자원을 효율적으로 사용하게 함으로써 중요한 결정에 집중하게 하고 편향에 빠지지 않도록 도와준다.

배경

- 인간의 사고작용은 직관적 시스템 1과 논리적 시스템 2가 상호 작용하며 일어난다. 이 두 시스템이 상호 작용하는 과정에서 인지적 편향과 이에 따른 오류가 발생한다.
- 특히 앵커링, 가용성, 대표성 등의 휴리스틱을 이용하는 확률평가에서는 편향이 발생하기 쉽다. 불확실성 변수의 변동 가능성을 평가할 때 그 변동폭을 너무 좁게 평가하는 과신의 오류over-confidence bias를 범하는 경우도 있다. 이럴 경우 위험을 과소 평가하고 위험에 대비하지 못하는 문제가 발생될 수 있다. 편향의 가능성을 인식하는 것은 이에 대비하기 위한 첫 단계이다.
- 편향의 가능성을 인식할 뿐만 아니라, 인지적 자원을 효율적으로 사용하는 전략도 필요하다. 인지적 자원이 고갈되면 자기통제self-control 기능이 작동하지 않아 자아고갈ego depletion의 상태가 된다. 따라서 판단과 결정에서 시스템 1을 과도하게 의존하는 문제를 만들 수 있다. 제한된 인지적 자원을 관리해 중요한 의사결정에 대비하는 것은 의사결정 피로도를 낮추고 결정준비

도decision readiness를 높이는 것과 동일한 개념이다.

- 예를 들어 메타Meta의 CEO 마크 저커버그Mark Zuckerberg는 정장이 필요한 때를 제외하고는 회색 티셔츠와 청바지를 입는다. 그는 옷을 골라 입는 데 드는 노력을 낭비라고 생각한다. 스티브 잡스도 마찬가지이다. 그들은 그들만의 가치가 반영된 의사결정의 습관을 사용한다.
- 습관은 반복되는 무의식적인 행동이다. 습관에는 바람직한 습관도 있고 그렇지 않은 습관도 있다. 바람직한 의사결정의 습관은 본인의 가치체계value structure에 부합하는 결정을 신속하고 일관되게 내릴 수 있게 하며, 이는 인지적 부하를 줄여 시스템 2를 효율적으로 사용할 수 있게 한다. 운동선수가 필요한 순간 적절히 힘을 사용하듯이 의사결정도 필요한 상황에서만 제한된 자원을 현명하게 사용하는 인지적 구두쇠cognitive miser처럼 내려야 한다.
- 바람직한 의사결정의 습관을 예로 들면, 중요한 미팅은 인지적 자원이 충분한 오전 시간에 잡는 습관, 두렵거나 화가 나거나 배가 고프거나 흥분한 상태에서는 결정하지 않는 습관, 개인과 조직 간의 이해상충 시 조직을 우선하는 습관, 감정이 아닌 객관적 데이터를 수집해 결정하는 습관 등 매우 다양하다.
- 인지적 자원의 효율적 사용은 직관적 시스템 1에 의한 인지적 편향과 오류의 가능성을 줄이는 방법이 된다. 이 개념은 제2절에서 다시 다루기로 한다.

원칙 3 : 좋은 의사결정을 위해서 적절한 의사결정 프로세스를 활용한다.

요약 : 경기에 참가하는 선수를 위한 코치가 있듯이 중요한 의사결정을 위해서는 프로세스의 도움이 필요하다. 좋은 의사결정은 프로세스를 통해 일관성을 가지고 내릴 수 있다. 필요한 경우 의사결정 전문가가 관여하여 객관적 관점에서 문제의 본질을 파악하고 탈편향을 통해 좋은 의사결정을 내릴 수 있도록 도울 수 있다.

배경

- 의사결정자는 당면한 의사결정 문제를 객관적으로 보기보다는 본인만의 프레임이나 과거 정보에 몰입되어 초기의 생각과 부합하는 정보를 찾는 등 인지적 편견에 빠지기 쉽다.
- 반복되는 작업을 위해서 작업 리스트와 매뉴얼을 활용하듯이 중요한 의사결정을 위해서는 인간의 제한된 능력과 인지적 편향을 보완해 줄 적절한 프로세스가 필요하다. 이 책에서 제시한 통찰 기반 의사결정 프로세스는 문제를 체계적이고 논리적으로 해결할 수 있도록 도와주는 가이드라인 역할을 한다.
- 의사결정 프로세스와 그 적용은 획일적이 아닌 의사결정 문제의 목적과 성격에 따라 맞춤형으로 선택한다. 이 결정은 문제 해결방법에 대한 메타레벨 meta level 결정으로 결정을 위한 결정이다.
- 의사결정 프로세스에는 주요 이해당사자가 모두 참여하여 논의하는 것이 바람직하며 이는 향후 실행과정에도 도움이 된다.[2]

2. 조직 수준에서 진행되는 중요한 의사결정의 경우 최종 의사결정을 담당하는 의사결정 위원회decision board와 의사결정 프로세스를 담당하는 프로젝트 팀project team 간의 협업에서는 의사결정 다이얼로그 프로세스Decision Dialog Process를 활용하면 도움이 된다(Spetzler, Winter, & Meyer, 2016).

원칙 4 : 프레임은 의사결정 과정의 핵심이므로 다양한 목적, 관점, 수준에 맞춰 적절히 설정한다.

요약 : 프레임은 분명하지 않은 의사결정 문제를 구체적이고 분명하게 정의하여 체계적으로 소통하기 위한 사고의 틀이다. 따라서 프레임은 문제의 목적, 관점, 수준에 맞추어 적절히 설정해야 하며, 이 과정은 의사결정의 방향성을 결정하는 매우 중요한 단계이다.

배경

- 프레임은 분명하지 않은 의사결정 문제를 구체적이고 분명하게 정의하여 체계적으로 소통함이 목적이며, 결국 프레임이 모든 의사결정 프로세스를 결정한다.
- 프레임의 설정을 위해서는 현미경과 같은 정밀한 사고와 망원경과 같은 폭넓은 시야를 활용하여 의사결정 문제의 목적, 관점, 수준을 설정해야 한다. 프레임이 적절하게 설정되면 문제의 본질을 파악하기 용이하며, 당면한 문제를 올바른 방향에서 접근할 수 있다.
- 프레임을 설정할 때는 기존의 프레임을 그대로 받아들이는 것이 아니라 다른 방식으로 접근할 수 있는지 다양한 시각out-in approach에서 확인함으로써 잘못된 문제를 설정하는 오류를 방지한다.
- 전망이론prospect theory은 프레임의 설정이 인간의 선택에 영향을 줄 수 있음을 설명하는 이론이다. 일반적으로 인간은 문제가 이득으로 프레임 되면 위험 회피적 경향을, 손실로 프레임 되면 위험 추구적 경향을 나타내므로 문제를 프레임 할 때 참고해야 한다.
- 의사결정 계층도, 의사결정나무, 영향도 등의 도구를 활용하면 적절한 프레임 설정에 도움이 된다.

원칙 5 : 주어진 대안이 아닌 새로운 대안 도출을 통한 가치창출에 노력한다.

요약 : 좋은 결정은 주어진 대안 중에서 최선의 대안을 선택하는 것에 국한되지 않는다. 좋은 결정은 오히려 문제의 본질을 파악해 창의적이고 실행 가능한 새로운 대안을 도출하는 과정에서 나온다.

배경

- 대안을 도출할 때는 창의적이고 실행 가능할 뿐만 아니라 다양한 차원에서 확실한 차이가 있는 대안들을 도출해야 한다.
- 통상적인 대안이 아닌 고려하지 않았던 과감한 대안을 도출하기 위해 노력해야 한다. 또한 대안은 분명하고 구체적이며 측정 가능한 상태로 표현되어야 의미 있는 비교와 분석이 가능하다.
- 체계적인 분석이 진행됨에 따라 문제에 대한 이해도가 높아지면 불확실성에 따른 위험을 줄이거나 기회를 활용할 수 있는 대안을 도출할 수 있으며, 그것이 의사결정 프로세스가 제공하는 가치이기도 하다.
- 불확실성을 충분히 이해하면 의사결정의 유연성decision flexibility을 이용할 수 있는 리얼옵션을 만들어 낼 수 있다. 예를 들어 취소옵션, 연기옵션, 확장옵션, 설계변경, 위험분산, 추가정보 획득 등 다양한 대안을 통해 새로운 가치를 만들어 낼 수 있다.
- 의사결정 대안의 수는 상황마다 다르지만, 3～5개 정도가 적절하며, 관련된 이해당사자들이 선호하는 대안을 반드시 포함한다.
- 전략표, 가치 중심적 사고, 창의적 사고, 과거 경험은 대안 도출에 도움이 된다.

원칙 6 : 많은 정보가 아닌, 대안선택에 영향을 주는 정보에 집중한다.

요약 : 의사결정에 영향을 주지 않는 정보는 가치가 없다. 민감도 분석은 추가적 분석이 필요한 변수들을 확인하고 이를 통해 문제의 본질에 접근할 수 있도록 도와준다. 이 과정에서 확률을 통해 불확실성을 표현하면 명확한 소통과 분석이 가능하다.

배경

- 정보에 대한 불확실성은 의사결정 과정에서 가장 큰 장애물이다. 이 문제를 처리하는 확률은 불확실성을 명확히 표현하고 소통하기 위한 유용한 도구이다.
- 확률은 의사결정자의 불확실성에 대한 믿음의 정도degree of belief로 나타내며, 불확실성하에서의 분석을 가능하게 해 준다. 그러나 확률평가 과정에서 휴리스틱은 유용하지만 이로 인한 인지적 편향이 발생할 수 있음도 인식해야 한다.
- 불확실성 변수를 정해진 범위(10~90%) 내에서 변화시키며 최종 가치에 미치는 영향을 분석하는 확정적 민감도 분석은 의사결정과 관련성이 높은 변수를 확인할 수 있는 효과적 방법이다. 민감도 분석에 따라 의사결정에 관련성이 높다고 확인된 변수는 추가적 분석을 통해 그 영향력을 확인한다. 여기에는 전문가들의 확률평가에 이견이 존재하는지, 존재한다면 어떻게 조정을 했는지도 포함된다.
- 불확실성이 의사결정에 중요한 영향을 미치는 경우 불확실성을 줄이기 위한 추가적 정보 획득이나 리얼옵션과 같은 새로운 대안 창출을 통해 불확실성을 관리한다. 이런 과정들을 통해 문제의 본질에 접근할 수 있다.
- 확률 평가 및 분석을 위해 확률바퀴, 민감도 분석, 연속형 확률분포 이산화 등의 방법을 활용하면 효과적이다.

원칙 7 : 선호는 대안평가의 기준이므로 가치, 위험 및 시간에 대한 선호를 명시적으로 도출하고 의사결정에 반영한다.

요약 : 의사결정자의 선호는 의사결정 과정에서 대안평가의 기준이 되기 때문에, 의사결정 과정에서 가치모형에 명시적으로 반영해야 한다. 의사결정자의 선호는 가치에 대한 선호, 위험에 대한 선호, 시간에 대한 선호의 3가지 형태로 의사결정 과정에 반영한다.

배경

- 추구하는 선호가 불분명한 경우에는 대안선택이 불가능하다. 따라서 의사결정의 결과에 대한 선호를 파악하는 것은 의사결정을 위한 선결조건이다.
- 주어진 대안의 가치를 평가하고 선택하는 대안중심적 사고보다는 가치를 우선해 대안을 도출하고 평가하는 가치 중심적 사고가 좋은 의사결정을 내리는 데 유용하다.
- 가치를 구체화한 것이 목표이며, 최선의 결정은 추구하는 목표를 최대화하는 대안을 선택하면 된다. 목표가 돈과 같은 금전적이 아니라 비금적적인 요소가 포함된 경우 효용함수를 통해 그 가치의 달성 여부를 확인한다.
- 목표를 설정하는 과정에서는 진정한 가치를 나타내는 근원적 목표와 이를 도와주는 수단적 목표로 나누고, 이들을 분명하게 평가할 방법과 척도가 있는지 확인한다.
- 불확실한 현금흐름의 가치를 평가할 때는 위험을 반영해 할인율을 설정하는 것이 일반적이다. 그러나 위험조정 할인율risk-adjusted discount rate은 할인율의 설정에 문제가 있고, 미래에 대한 과도한 할인으로 대안의 가치를 제대로 평가하지 못할 위험도 존재한다. 따라서 엄밀한 분석을 위해서 현금흐름은 위험이 포함되지 않은 시간선호로 할인하고, 위험선호는 독립적으로 평가해 가치모형에 반영하는 방법이 바람직 하다.

원칙 8 : 의사결정은 대안의 선택이 아니라 논리적 분석을 통해 문제의 본질을 파악하는 과정임을 인식한다.

요약 : 바람직한 의사결정은 타당한 논리에 기반한 체계적이고 분석적인 접근을 필요로 한다. 이 과정에서 문제의 프레임이 바뀌고 추가적 정보가 수집되며 새로운 대안이 탐색되는 등의 반복적 단계를 거친다. 이를 통해 문제의 본질을 파악할 수 있으며, 의사결정의 질이 높은 대안의 선택이 가능하게 된다.

배경

- 분석은 그 자체가 목적이 아니라 문제에 대한 이해를 높여 본질을 파악하기 위한 수단임을 이해해야 한다.
- 분석은 다양한 방법으로 문제의 본질을 파악한다. 예를 들어 가치모형을 구성하는 여러 요소에 대한 민감도 분석을 통해 의사결정의 견고성robustness을 확인할 수 있다. 불확실성 변수에 대한 정보의 가치분석을 통해 추가적 정보 수집 활동의 타당성을 확인해 볼 수도 있다.
- 분석에서 주의할 점은 이미 발생해 회수할 수 없는 매몰비용은 분석에서 제외해야 하고, 선택하지 않기에 잃어버리는 기회비용은 분석에서 고려해야 한다.
- 분석의 과정에서는 의사결정분석, 수리모형, AI를 통한 이미지 판독, 기계학습, 데이터 시각화, 에이전트 기반 시뮬레이션, 디지털 트윈, 등 데이터로부터 문제의 본질을 파악하는 데 도움이 될 수 있는 각종 분석기법과 정보기술을 적극 활용한다.

원칙 9 : 의사결정은 더 나은 대안을 발견하는 것이며, 실행을 통해 그 대안의 가치가 실현됨을 이해하고 실천한다.

요약 : 의사결정의 가치는 결정을 내리는 것이 아니라, 결정을 실행함으로써 실현된다. 따라서 의사결정의 과정에서는 실행과정에서 걸림돌이 될 수 있는 요인들을 확인하고 보완하며 의사결정 프로세스를 진행해야 한다.

배경

- 선택된 대안을 실행할 의지가 없다면, 그 가치를 실현할 수 없으며 따라서 해당 의사결정도 의미가 없다.
- 1차로 의사결정의 3단계를 마무리하면 6가지 요인으로 구성된 의사결정의 질을 평가할 수 있는 단계가 된다. 만약 의사결정의 질이 100% 충족되지 않았다고 판단되면 해당 요인을 확인·보완해야 한다. 만약 의사결정의 질이 100% 확보되면, 그때가 의사결정을 내릴 수 있는 상태라고 판단할 수 있다.
- 의사결정의 가치를 실현하기 위해서는 의사결정 과정에 이해당사자들뿐만 아니라 결정을 실행할 책임자도 관여시켜 해당 결정의 논리를 이해하고 이를 효율적으로 실행할 수 있도록 해야 한다.
- 실행과정에서 발생되는 문제는 실제 실행의 문제가 아니라 의사결정 과정에서의 문제임을 인식하는 것이 필요하다.

2. 바람직한 의사결정의 습관

2.1 습관의 내재화

9가지 의사결정의 원칙 중에서 2번째 원칙인 "바람직한 의사결정의 습관"은 일상의 의사결정과도 관계가 있다. 우리는 하루에도 3만 5,000번 이상의 의사결정을 내린다고 한다. 아침에 핸드폰 벨소리에 맞춰 일어날 것인지, 아침은 무엇을 먹을 것인지, 운전 중 차선을 바꿀 것인지, 커피에 우유를 넣을 것인지, 메일을 보관할 것인지 지울 것인지 등 수많은 의사결정을 내린다. 그중에는 매일 반복되는 사소한 일상의 결정도 있지만, 과체중이 고민일 때의 점심메뉴와 조직 내의 "이달의 직원" 선발 등 개인이나 조직의 건강을 위한 작지만 의미 있는 결정도 있다. 이런 특성의 결정을 소소한 결정minor decision이라고 부르자. 물론 소소한 결정과 달리 큰 집을 구매한다든가, 생산설비를 확대하는 등의 중요한 결정도 있다. 이 의사결정들을 편의상 일상의 사소한 결정insignificant decision, 소소한 결정minor decision, 중요한 결정important decision 3가지로 나누어 보자.

일상의 사소한 결정은 시스템 1에 의해 거의 무의식적으로 내려지고 어떤 결정을 내려도 큰 문제는 없다. 소소한 결정은 나름의 의미가 있기 때문에 의사결정자가 사전적으로 그 방향성을 정할 수 있다. 예를 들어 과체중이 걱정되는 상황에서의 점심 메뉴는 그날의 식욕이 아니라, 고기를 배제한 야채 위주의 식사로 결정해 놓는 것이다. 술을 마시면 운전은 절대 하지 않기로 정해 놓는 것이다. 다시 생각할 필요가 없는 룰이다. 이렇게 가치체계에 맞추어 사전적으로 결정되어 자동 실행되는 것이 의사결정의 습관이다.

중요성이 작은 결정에 과다한 인지적 자원을 사용하면, 그로 인해 시스템 2의 작동이 어려워진다. 결과적으로 중요한 의사결정을 내리지 못하거나 지연되기 쉽다. 이것이 인지적 자원이 소진된 상태에서 발생하는 의사결정의 피로현상이다. 이때 시스템 1이 작동되면 감정적이거나 전혀 예상치 못했던 비합리적 결정을 내릴 수도 있다. 대부분의 의사결정을 바람직한 의사결정의 습관으로 처리한다면, 인지적 자원이 소진된 자아상실의 상태에서 시스템 1이 주도해 발생하는 인지적 편견과 판단의 오류를 줄일 수 있다.

2.2 인지적 구두쇠의 습관

습관은 반복, 가치체계, 목표, 자극과 보상 등에 의해 형성된다. 이렇게 형성된 습관은 의식적 노력이 없이 자동적으로 반복된다. 따라서 바람직한 의사결정의 습관을 통해 제한된 인지적 자원을 효율적으로 관리하는 것이 좋은 의사결정을 내리기 위한 전제 조건이다. 제한된 자원을 현명하게 사용 관리하는 "인지적 구두쇠 cognitive miser"가 되기 위해서는 다음과 같은 방법들이 있다(Baumeister & Tierney, 2011 ; Kahneman, 2011 ; McKeown, 2021).

- **일상을 좋은 습관으로 루틴화 한다 :** 일상생활에서 권장되는 좋은 습관이 많다. 예를 들어 건강과 관련해 "야외에서는 반드시 선글라스를 착용한다, 커피는 하루 2잔으로 제한한다, 일주일에 1번 이상 유산소 운동을 한다, 식후에는 30분 안에 반드시 칫솔질을 한다, 잠은 규칙적으로 7~8시간 정도 충분히 잔다" 등이다. 이들은 모두 건강과 관련된 일상의 결정에 속한다. 한 번의 선택은 큰 의미가 없지만, 누적되면 인생 전반에 큰 영향을 미친다. 이런 소소한 결정은 생각하고 고민할 필요 없이 좋은 습관으로 루틴화한다.
- **가치를 분명히 한다 :** 가치는 대안평가의 기준으로 의사결정의 방향성을 결정한다. 따라서 의사결정자가 중요하게 여기는 핵심 가치는 사전에 명확히 정립되어야 한다. 어떤 결정의 결과도 상관없다는 것도 분명한 가치이다. 그러나 선호에 대한 판단을 못하는 것은 문제이다. 이것은 결정 지연이나 결정 장애를 초래한다. 예를 들어 돈에 대한 가치, 윤리·도덕적 가치, 공정에 대한 가치, 인권에 대한 가치, 기업의 사회공헌에 대한 가치 등에 대한 명확한

선호는 의사결정을 쉽게 내릴 수 있게 한다.

- **핵심 가치에 집중한다** : 개인이나 조직의 손실과 이득이 대립하는 상충trade-off과 갈등conflict의 상황에서도 추구하는 핵심 가치를 명확히 설정하고 그것을 기준으로 판단한다. 이런 습관은 상충과 갈등을 최소화하는 신속한 결정으로 인지적 자원을 절약할 수 있게 한다.
- **문제를 나누어 분석하고 통합하여 해결한다** : 어렵고 복잡한 문제일수록 문제를 나누어 분석하고 이를 통합하는 방식divide and conquer을 취한다. 이를 통해 과도한 인지적 부하를 효과적으로 줄일 수 있다.
- **일의 순서를 매긴다** : 우선순위가 높은 중요한 결정을 먼저 처리함으로써 인지적 자원을 효율적으로 사용한다. 예를 들어 일상의 사소한 결정은 무심하게 처리하고, 덜 중요한 소소한 결정은 바람직한 의사결정의 습관으로 대체하고, 중요한 의사결정에 인지적 자원을 집중한다.
- **의사결정의 권한과 책임을 최대한 이양한다** : 다른 사람이 책임지고 결정할 수 있는 일은 최대한 위임함으로써 중요한 결정을 위한 인지적 자원을 확보한다.
- **인지적 자원을 회복한다** : 일을 많이 하면 근육이 피로하듯이 반복적으로 많은 의사결정을 하면 인지적 자원이 고갈된다. 자원 고갈의 상태로 자제력을 상실하게 되면, 중요한 의사결정이 시스템 1이 주도하는 직관적 의사결정에 지배된다. 따라서 인지적 자원을 회복할 수 있도록 짧은 휴식, 낮잠, 밤잠, 포도당 보충 등의 다양한 방법을 이용한다.

3. 마무리

우리는 좋은 의사결정을 위한 9가지 원칙을 도출했다. 그중 3가지 원칙은 일반원칙으로 좋은 의사결정에 대한 정의, 바람직한 의사결정의 습관, 의사결정 프로세스의 활용에 관련된다. 나머지 6가지 원칙은 실제 내리는 의사결정의 질과 관련한 실행 원칙으로 의사결정의 프레임, 대안, 정보, 선호, 논리, 실행관리와 관련된다. 이들 9가지 원칙은 의사결정 관련 분야의 다양한 연구결과와 응용사례를 바탕으로 도출되었다. 특히 4번째에서 9번째까지의 원칙은 기존의 6가지 의사결정의 질과 1대 1 대응이 되기 때문에 기존연구와 높은 연관성이 있으며, 따라서 신뢰성을 가지고 적용할 수 있다.

중요한 의사결정 과정에서는 이 책에서 제시한 좋은 의사결정을 위한 9가지 의사결정의 원칙을 이해하고 적용하는 것이 최선의 선택이 될 것이다. 물론 이 원칙들이 절대적인 것이 아니며 문제의 목적과 중요도, 적용 분야의 특성 등에 맞추어 의사결정 과정에서 축적된 경험과 피드백을 통해 수정·보완하여 적용되어야 한다.

CHAPTER 15

결정지능

"If you can't measure it, you can't improve it"

— Peter Drucker

좋은 결정을 위한 9가지 원칙은 의사결정의 전 과정에 적용된다. 이 과정의 각 단계에서는 의사결정과 관련된 인간의 능력이 발휘되어 최종 의사결정을 내린다. 이제 제15장에서는 좋은 의사결정을 내릴 수 있는 지적 능력인 결정지능의 구성요소와 그 측정항목에 대해 알아보기로 하자.

1. 인간만의 고유한 능력 : 결정지능

1.1 의사결정을 위한 레시피와 요리사

김치볶음밥을 만들 때 우리는 레시피recipe를 사용한다. 알려진 레시피를 따라 하면 큰 실수 없이 음식을 만들 수 있다. 그렇다면 우리의 삶을 지배하는 의사결정에는 그런 레시피를 적용할 수 있는가? 의사결정에는 중요성이 덜한 반복적인 문제도 있지만, 가끔 발생하는 중요한 문제도 있다. 중요한 문제일수록 전례가 없어 문제 자체를 분명하게 정의하기 어렵고, 불확실성이 높고 복잡하며, 감정이 개입하고, 다양한 목표가 충돌하는 등 쉽게 결정하기 어렵다. 따라서 중요한 문제일수록 진지한 숙고가 필요하고 더 나은 방법이 있기 마련이다.

우리는 이 책에서 좋은 결정을 위한 9가지 의사결정의 원리를 도출함으로써 이 문제를 해결하는 방법을 제시했다. 의사결정도 음식의 레시피와 마찬가지로 통용되는 원리와 절차를 따름으로써 더 나은 결정을 내릴 수 있다. 그것은 인간의 제한된 인지적 능력과 편향의 가능성을 감안한다면 더욱 분명하다.

그런데 같은 레시피를 사용해도 요리한 사람에 따라 음식 맛이 다르다. 레시피에서 충분히 설명이 안 되었거나 설명하기 어려운 그 무엇이 맛을 좌우하게 만든다. 같은 이유로 의사결정의 원리와 프로세스를 실제 문제에 어떻게 적용하느냐에 따라 최종 의사결정도 달라진다.

주어진 의사결정의 원칙을 의사결정 문제에 적용해 최종 의사결정을 이끌어 내는 능력, 즉 결정지능은 인간만이 가진 고유한 능력이다. 이것은 동물의 생존을 위한 본능적 선택과는 다른 고차원적 능력이다. 우리가 인간의 결정능력을 이해하고 평가하고 향상시킬 수 있다면 좋은 의사결정을 위한 레시피와 훌륭한 요리사 둘 다를 갖춘 셈이다.

1.2 결정지능의 구성요소와 측정항목

우리는 제1장에서 "의사결정을 내리는 지적 능력"을 결정지능으로 정의했다. 결정지능이 높은 사람은 좋은 의사결정을 내릴 수 있는 능력을 가진 사람이다. 그렇다면 어떤 사람이 높은 결정지능을 가지고 있고, 어떻게 결정지능을 높일 수 있는가? 이 질문에 대한 답은 결정지능을 어떻게 측정하느냐의 문제부터 시작한다. 피터 드러커Peter Drucker의 명언처럼 측정할 수 없는 것은 관리할 수도 개선할 수도 없기 때문이다.

인간의 지적 능력, 즉 지능은 다양한 요인으로 구성되고 측정된다(Davis, Christodoulou, Seider, & Gardner, 2011). 데이비드 웨슬러David Wechsler는 1955년 일반지능검사(Weschler-Bellevue Intelligence Scale)를 개발했고, 이후 다양한 형태의 지능검사가 제안되어 사용되고 있다(Kaplan & Saccuzzo, 2017). 그러나 인간지능human intelligence의 중요한 부분인 결정지능에 대해서는 이를 명시적으로 측정할 수 있는 방법이 소개된 것이 없다. 다만 실무적으로 의사결정의 질을 측정하기 위해 의사결정의 질을 구성하는 6가지 요인을 통합적으로 평가하는 접근방법holistic approach을 취하고 있다(Spetzler, Winter, & Meyer, 2016).

우리는 인간의 결정지능을 측정하기 위한 방법으로 이 책에서 도출한 의사결정의 9가지 원칙을 이용하기로 한다. 이 원칙은 좋은 의사결정을 내리기 위해 확보해야 할 필요조건requirement에서 도출된 것이다. 만약 이 9가지 원칙을 분명히 이해하고 실제 문제에 적용할 수 있는 능력이 있다면, 그것은 좋은 의사결정을 내릴 수 있는 지적 능력이 있음을 의미한다. 따라서 우리는 의사결정의 9가지 원칙을 바탕으로, 결정지능의 구성요소와 측정항목을 제시해 사용하기로 한다([그림 14-1] 참고).[1]

결정지능의 측정항목

결정지능을 구성하는 요인은 크게 두 그룹으로 나눠 볼 수 있다. 첫 번째 그룹은 좋은 의사결정을 위한 9가지 원칙 중 일반원칙generic principle에 해당하는 것으로 의사결정을 보는 관점(원칙 1), 의사결정의 습관(원칙 2), 의사결정 프로세스(원칙 3) 3가지가 이에 해당한다. 이 요인은 해당 개념에 대한 이해도로 평가한다. 이들 요인에 대한 측정척도는 전혀 이해 못함(1, very poor), 이해하지 못함(2, poor), 보통(3, average), 잘 이해 함(4, good), 매우 잘 이해함(5, very good)의 5점 스케일을 이용한다.

두 번째 그룹은 좋은 의사결정의 원칙을 적용해 의사결정의 질을 확보할 수 있는 적용능력의 측면application principle이다. 이들은 좋은 의사결정의 질을 구성하는 프레임(원칙 4), 대안(원칙 5), 정보(원칙 6), 선호(원칙 7), 논리적 분석(원칙 8), 실행 관리(원칙 9) 6가지 요인과 관련된 능력이다. 이들은 의사결정의 원칙을 의사결정의 질을 구성하는 요인과 연결하여 실제 문제에 적용해서 최종 결정을 이끌어 낼

---

1. 엄밀한 접근을 위해서는 결정지능의 구성요인 분석과 요인별 측정항목에 대한 신뢰성, 타당성 검정 등 사회과학 조사방법론을 활용해야 한다.

표 15-1

결정지능의 구성요인과 측정항목(예시)

의사결정 과정과 관련되는 다음 항목에 대한 이해도를 5점 척도로 답해주시기 바랍니다.
전혀 이해 못함(1) - (2) - 보통(3) - (4) - 매우 잘 이해함(5)

구성요인	측정항목	측정치
1. 의사결정을 보는 관점 : 좋은 의사결정의 정의를 명확히 이해하고 이를 의사결정의 목표로 삼는다.	1 : 좋은 의사결정은 의사결정의 결과가 아닌 의사결정의 질에 따라 결정된다.	
	2 : 좋은 결과를 지속적으로 얻기 위한 최선의 방법은 좋은 의사결정을 내리는 것이다.	
	3 : 좋은 결과는 나쁜 결정을 해도 얻을 수 있다.	
	4 : 좋은 의사결정은 결정을 내리는 시점에서 의사결정의 질로 판단할 수 있다.	
	5 : 의사결정의 질은 그 6가지 구성요인 중에서 가장 질이 낮은 부분에 의해 좌우된다.	
2. 의사결정을 위한 습관 : "바람직한 의사결정의 습관"을 통해 인지적 자원을 효율적으로 사용하고 따라서 중요한 결정에 집중한다.	1 : 인간의 사고는 직관적 시스템 1과 논리적 시스템 2의 상호작용의 결과이다.	
	2 : 앵커링, 가용성, 대표성 등의 휴리스틱을 이용하는 확률평가에서 인지적 편향이 발생할 수 있다.	
	3 : 인지적 편향과 이에 따른 오류의 가능성을 인지하는 것은 편향을 방지하기 위해 중요하다.	
	4 : 바람직한 의사결정의 습관은 인지적 과부하를 줄이는 좋은 방법이다.	
	5 : 바람직한 의사결정의 습관은 인지적 자원의 효율적 사용을 통해 판단과 결정의 편향 가능성을 줄여준다.	
3. 의사결정 프로세스 : 좋은 의사결정을 위해서 적절한 의사결정 프로세스를 활용한다.	1 : 좋은 의사결정을 위해서는 의사결정의 결과가 아니라 과정에 집중한다.	
	2 : 의사결정 프로세스는 운동선수에게 코치가 도움이 되듯이, 인간의 한계를 시스템적으로 보완해 주는 역할을 한다.	
	3 : 의사결정 과정은 형식적 절차가 아니라 가치를 만들어 내는 기회로 활용한다.	
	4 : 의사결정 프로세스는 의사결정의 원칙을 적용하여 의사결정의 목적과 성격에 따라 맞춤형으로 진행한다.	
	5 : 의사결정 프로세스에는 관련 이해당사자가 가능한 모두 참여하여 논의한다.	

의사결정 과정에서 다음 항목에 대한 적용능력을 5점 척도로 답해 주시기 바랍니다.
전혀 할 수 없음(1) – (2) – 보통(3) – (4) – 매우 잘할 수 있음(5)

항목	내용	점수
4. 프레임 : 프레임은 의사결정 과정의 핵심이므로 다양한 목적, 관점, 수준에 맞춰 적절히 설정한다.	1 : 프레임 설정을 통해 분명하지 않은 의사결정 문제를 구체적으로 정의하고 소통하는 사고의 틀로 사용한다.	
	2 : 프레임을 설정할 때에는 문제의 목적, 관점, 수준을 고려해 적절히 설정한다.	
	3 : 문제가 이득 혹은 손실로 표현되면 선택에 영향을 줄 수 있음을 이해한다.	
	4 : 다양한 관점에서 프레임을 설정해 문제를 잘못 설정하는 오류를 방지한다.	
	5 : 프레임 설정을 위해 계층도, 의사결정나무, 영향도 등의 적절한 기법을 활용한다.	
5. 대안 : 주어진 대안이 아닌 새로운 대안도출을 통한 가치창출에 노력한다.	1 : 고려할 대안은 창의적이고 실행 가능할 뿐만 아니라 분명한 차이가 나도록 정한다.	
	2 : 대안은 분명하고 구체적이며 측정 가능한 상태로 표현하고 분석한다.	
	3 : 리얼옵션 성격의 대안을 창출하여 불확실성에 따른 위험을 관리한다.	
	4 : 의사결정 대안의 수는 3~5개 정도가 적당하며, 이해당사자들이 선호하는 대안을 포함한다.	
	5 : 대안 도출을 위해 전략표, 가치 중심적 사고, 창의적 사고, 과거 경험 등을 활용한다.	
6. 정보 : 많은 정보가 아닌, 대안 선택에 영향을 주는 정보에 집중한다.	1 : 의사결정 과정에서는 불확실성을 회피대상이 아니라 적극 이해하고 관리할 대상으로 생각한다.	
	2 : 확률을 통해 불확실성을 표현하고 소통하고 관리한다.	
	3 : 민감도 분석을 통해 결정에 영향을 주는 변수들을 확인하고, 분석의 방향성을 정한다.	
	4 : 휴리스틱은 확률평가에 유용하지만 인지적 편향의 가능성이 있음을 인식하고, 편향에 빠지지 않도록 노력한다.	
	5 : 확률평가 및 분석에서 확률바퀴, 민감도 분석, 확률의 이산화 과정 등의 기법을 활용한다.	

7. 선호 : 선호는 대안평가의 기준이므로 가치, 위험 및 시간에 대한 선호를 명시적으로 도출하고 의사결정에 반영한다.	1 : 가치선호, 위험선호, 시간선호를 감안해 의사결정 결과를 평가한다.	
	2 : 가치를 구체화한 것이 목표이며, 최선의 결정은 추구하는 목표가 최대로 달성되는 대안을 선택하는 것이다.	
	3 : 가치 중심적 사고를 이용해 새로운 대안도출에 적극 적용한다.	
	4 : 자산규모가 경우 위험중립적 선호를 가정해 기댓값 기준으로 대안을 평가한다.	
	5 : 위험선호를 반영해야 할 경우 효용함수, 확실성 등가, 위험감내도 등의 개념을 활용한다.	
8. 논리적 분석 : 의사결정은 대안의 선택이 아니라 논리적 분석을 통해 문제의 본질을 파악하는 과정임을 인식한다.	1 : 분석은 문제에 대한 이해도를 높이는 것이 목적이므로 그 목적에 맞춰 의사결정 과정을 진행한다.	
	2 : 입력 데이터의 변동에도 최선의 의사결정이 바뀌지 않는지 확인해 본다.	
	3 : 불확실성 변수에 대한 추가적 정보 수집은 그 타당성이 확보된 경우만 실시한다.	
	4 : 이미 발생해서 회수할 수 없는 매몰비용은 분석에서 제외하고, 선택하지 않았기에 잃어버리는 기회비용은 분석에서 고려한다.	
	5 : 논리적 분석을 위해 의사결정분석, AI, 기계학습, 수리모형 등 분석적 기법을 활용한다.	
9. 실행 관리 : 의사결정은 가치를 발견하는 것이고, 실행은 그 가치를 실현하는 것임을 이해하고 실천한다.	1 : 의사결정이 내려지면 실행을 통해 그 가치를 실현할 수 있도록 준비한다.	
	2 : 의사결정의 질을 평가하여 100% 충족이 안 된 요인은 확인하고 보완한다.	
	3 : 이해당사자들과 조직의 책임자가 의사결정의 방향성과 실행에 협조를 구한다.	
	4 : 의사결정의 과정에 실행할 사람을 관여시켜 결정의 논리를 이해하고 실행할 수 있도록 준비한다.	
	5 : 실행과정에서 발생되는 문제는 실행의 문제가 아니라 의사결정 과정의 문제임을 인식한다	

수 있는 능력으로 평가한다. 이들 요인에 대한 측정척도는 전혀 할 수 없음(1, very poor), 할 수 없음(2, poor), 보통(3, average), 잘함(4, poor), 매우 잘할 수 있음(5, very good)의 5점 스케일을 이용한다.

따라서 결정지능은 총 9개의 구성요인과 요인별 5개의 측정항목으로 총 45개의 측정항목으로 구성된다. 평가는 5점 스케일이며, 의사결정의 일반원칙에 대한 이해도와 의사결정 원칙의 적용능력을 평가하게 된다. 좋은 의사결정을 위한 9가지 원칙에 근거하여 도출된 결정지능의 구성요인과 측정항목을 정리하면 〈표 15-1〉과 같다.

2. 결정지능의 평가

결정지능을 평가할 때에는 두 가지 방법을 택할 수 있다. 첫 번째 방법은 측정항목에 대한 직접평가 방식이다. 이것은 실제의 의사결정 문제, 사례, 인터뷰 등을 통해 의사결정을 내리는 과정을 직접 관찰하여 평가하는 방법이다. 예를 들어 구체적 의사결정 사례를 제시한 후 의사결정자가 문제를 해결하는 과정을 평가하는 방법이다. 이 방법은 실제 문제를 해결해 나가는 과정을 확인할 수 있으므로 신뢰성이 높은 방법이지만, 전문적 평가자의 도움이 필요하며 시간과 노력이 필요하다는 단점이 있다.[2]

두 번째 방법은 간접평가 방식이다. 이 방법은 자가평가self-assessment를 통해 의사결정을 내리는 지적 능력을 주관적으로 측정한다. 따라서 객관성이 부족하며 스스로의 능력을 과대 혹은 과소 평가하는 편향이 개입될 수 있다. 그러나 장점은 짧은 시간과 적은 노력으로 자신의 대체적 결정지능 수준을 스스로 확인할 수 있다

2. [부록 15A-1]에는 미국 캘리포니아주 와인농장 주인이 당면한 의사결정 사례를 수록하였다(Freemark Abbey Case 9-181-027). 이 사례를 제시하고 1시간 정도 고민한 후 30분 정도의 발표를 포함한 평가를 통해 결정지능의 9개 구성요인을 평가할 수 있다. 이 평가는 개인별로 할 수도 있고, 팀별로 실시해서 팀의 결정지능을 평가할 수도 있다.

는 점이다. 솔직하게 자가평가를 할 수 있는 환경 속에서는 전체 모집단과의 비교를 통해 본인 스스로 진단할 수 있고 개선해야 할 부분을 확인할 수 있다는 점에서 장점이 있다. 또한 외부에 잘 드러나지 않는 자신만의 숨겨진 능력과 성향을 스스로 반영할 수도 있다.

평가에 앞서 평가 대상자에게는 평가의 목적을 전달하고, "좋은 의사결정"의 정의를 공유함으로써 신뢰성을 높이는 것이 필요하다. 예를 들어 다음과 같이 의사결정의 질에 대한 정의를 제시하고 평가를 하는 것이 좋다.

"좋은 의사결정은 문제를 보는 시각인 프레임을 적절히 설정하고, 대안, 불확실성, 가치를 충분히 고려하고 논리적으로 분석하여 문제의 본질을 이해하고 내리는 결정을 의미한다. 이렇게 내린 의사결정을 의사결정의 질이 높은 결정이라고 한다."

경영자의 능력 평가

경영자의 능력을 결정지능을 통해 평가할 수도 있다. 대부분의 기업에서는 경영성과가 최우선적 평가기준이지만 경영자의 능력 또한 평가기준 중 하나이다. 실제 사업을 담당하지 않아 직접적 경영성과가 없는 경우를 고려하면, 경영상황, 불확실성에 의해 좌우되는 경영성과와 독립적으로 능력을 통해 경영자를 평가하는 경우도 있다.

특히 고위 임원들은 회사의 중요한 의사결정 책임자라는 점을 생각하면, 결정지능은 경영자의 의사결정 능력을 평가하는 좋은 지표 중 하나이다. 〈표 15-1〉에서 제시된 측정항목들은 현재의 수준과 향후 개선 방향성을 판단할 수 있는 좋은 지표가 된다.

후속 연구

이 책에서 제시한 9가지 결정지능의 구성요인과 45개 측정항목은 좋은 의사결정을 위한 9가지 원칙에 근거해 도출했다. 이들은 의사결정에 대한 다양한 연구, 특히 처방적 의사결정 및 행동과학적 의사결정 연구의 산물이다. 아직까지 결정지능에 대한 정의와 이에 대한 측정항목이 분명하게 제시된 것이 없다는 점에서 이번 시도는 중요한 의미가 있다(Howard & Abbas, 2016 ; Spetzler, Winter, & Meyer, 2016).

그러나 이 책에서 제시한 결정지능 측정항목을 보편적으로 사용하기 위해서는 지속적인 연구가 필요하다. 특히 결정지능의 구성요인과 측정항목에 대해서는 의사결정분석과 같은 처방적 접근뿐만 아니라 다학제적인 접근interdisciplinary approach을 통해 그 개념과 측정항목에 대한 이론적 배경을 정립해야 한다. 또한 질적 조사 방법론을 활용해 결정지능을 구성하는 요인분석과 요인별 측정항목에 대한 신뢰성 및 타당성을 높일 필요가 있다. 앞으로 많은 연구가 필요한 분야이다.[3]

3. 결정지능(DI ; Decision Intelligence)이라는 용어는 산업계에서도 사용되기 시작했는데, 이 책과는 다소 다른 의미로 쓰인다. 산업계에서는 DI를 전통적인 의사결정 방법론보다는 AI/ML, 시뮬레이션, 최적화모형 등의 모듈을 활용하는 상황에서 사용한다. DI에 대한 정의는 다양하며, "인간과 기계지능을 사용해 의사결정의 최종 결과를 향상시키는 프레임웍"으로 정의하기도 한다(O'Callaghan, 2023).
우리는 이 책에서 결정지능을 의사결정을 내리는 인간의 지적 능력이라고 정의했다. 이 결정지능이 인간의 지능이라면, 산업계에서 이야기하는 결정지능은 다양한 결정기술을 통해 의사결정 과정을 도와주는 결정 시스템decision system이라고 이해해야 한다.
예를 들어 파티 장소를 결정하는 문제를 다시 생각해 보자. 우리는 파티 장소를 결정할 때 일반적으로 날씨에 대한 신뢰성 있는 정보를 바탕으로 의사결정을 내린다. 또한 추가적 정보의 수집에는 AI/ML이나 시뮬레이션 모듈이 제공하는 날씨예보의 정확성에 따라 해당 정보의 가치를 분석하기도 한다. 이런 판단에서 인간의 결정지능이 작동하는 것이다.
우리는 의사결정 과정에서 결정지능을 발휘하여 문제의 본질을 찾아가며, 필요하면 그 과정에서 다양한 모듈을 사용할 수 있다. 결정지능이 문제의 본질을 찾아가는 데 집중한다면, 결정 시스템은 이를 위한 새로운 결정기술의 활용과 해당 시스템의 구현에 집중한다고 볼 수 있다(Pratt, Bisson, & Warin, 2023 ; Pratt & Malcom, 2023).

[부록 15A-1] Freemark Abbey 사례

Freemark Abbey[4]

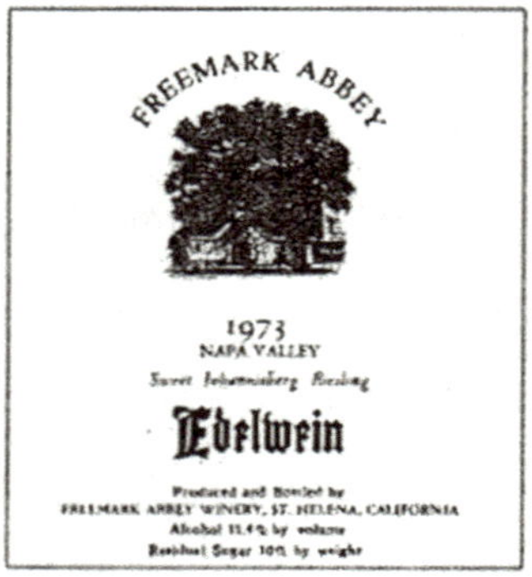

Winery Label

9-181-027

Rev. March 24, 1994

1976년 9월 프리마크 에비Freemark Abbey 와인농장을 소유한 파트너 중 한 사람인 윌리엄 예거William Jaeger는 다음과 같은 의사결정을 해야만 하는 상황에 놓이게 되었다. 즉, 다가오는 폭풍우에 대비해서 리즈링riesling 포도를 즉시 수확해야 하는가? 혹은 포도를 그대로 놔두어야 하는가? 일반적으로 수확 전의 폭풍우는 수확을 망쳐서 큰 낭패를 보게 한다. 그러나 따뜻하고 적은 양의 비는 때때로 포도 껍질에 보트리티스 시네리아botrytis cinerea라는 곰팡이가 자라게 해 주고, 이것은 맛있고 아주 향이 풍부한 고급 와인을 만들 수 있는 기회를 제공해 준다.

The Winery

Freemark Abbey는 나파밸리Napa Valley 북쪽 캘리포니아의 세인트 헬레나St. Helena 지역에 위치하고 있으며, 다양한 고급 포도 품종으로 고급 와인만을 생산하고 있다. 매년 생산되는 25,000케이스 정도의 와인 중에서 대부분은 Cabernet Sauvignon과 Chardonnay이며, 리스링이 1,000케이스, Petite Syrah가 500케이스 정도 생산된다(1 케이스는 12병의 와인을 의미한다). 나파밸리는 북쪽의 칼리스토가에서 남쪽의 나파까지 30마일 정도의 지역을 지칭하며, 남쪽 방향의 샌프란시스코 만과 차가운 태평양 바다 쪽으로 가까이 갈수록 평균온도는 낮아지는데, Free-

4. 이 케이스는 Harvard Business Case(9-181-027)를 번역한 것이다.

mark Abbey 포도원의 포도들은 나파밸리의 중앙과 남쪽 지역의 이상적인 기후에서 생산된다.

Winemaking

와인은 포도에서 자연적으로 존재하는 과당fruit sugar이 이스트에 의한 발효 과정을 통해 알코올과 이산화탄소로 변환되는 과정에서 만들어 진다. 예외적인 스파클링 와인을 제외하면, 일반적으로 이렇게 발생된 이산화탄소는 공기 속으로 사라지게 된다. 발효가 된 다음 단계에서는 1년 혹은 그 이상을 나무통에서 숙성시키고 난 다음 병입을 하게 된다.

와인 제조공정 중에서 여러 가지 의사결정을 하게 되는데, 예를 들면 숙성용 나무통의 타입에 따라 생산되는 와인의 스타일이 바뀌기도 한다. 이러한 스타일은 판매를 위한 다양한 요인들을 고려하기는 하나, 주로 포도농장 주인의 취향에 따라서 결정된다. 대개 포도가 잘 익기 시작하면 당도가 증가되고 산도acidity level는 감소하는데, 원하는 포도주 스타일을 생산하기 위해서 당도와 산도가 적절한 균형이 이루어졌을 때 포도를 수확하게 된다. 그러나 기후가 좋지 않으면 그 적절한 균형이 좀처럼 잘 이루어지지 않는다.

시장에는 리즈링 포도주의 몇 가지 종류가 나와있다. 포도를 20%의 당도에서 수확하게 되면 와인은 "Dry" 또는 "Near Dry" 형태로 만들어지고(이때 모든 당은 알코올과 이산화탄소로 변화함), 결국에는 알코올 10%의 가볍고 신선한light bodied 와인이 생산된다. 만약 포도를 25%의 당도에서 수확하게 되면, 알코올 10%의 와인이 되지만 5%의 잔여 포도당으로 인해 달콤하면서도 묵직한 느낌full bodied의 와인이 생산된다. 세 번째로 거의 다 익은 포도에 보트리티스 곰팡이가 자라게 되면 아주 독특한 와인이 만들어 진다. 이때에는 수분에 의해 포도의 껍질에 구멍이 생기게 되고, 이를 통해 포도 속의 수분이 증발하게 됨으로써 당도가 증가하게 되는데 때로는 35%까지 증가하게 된다. 이 경우에 11%의 알코올과 13%의 잔류당이 있는 와인이 만들어지는데, 이때 보트리티스 곰팡이는 와인의 맛을 오묘하게 만들어 준다. Freemark Abbey 와인농장에서는 1973년부터 보트리티스 리즈링 와인botrytised Riesling wine을 생산해 오고 있다.

Jaeger의 의사결정

일기예보를 확인한 Jaeger는 나파밸리에 폭풍우가 올 가능성이 50 대 50이라고 생각하였다. 폭풍우는 따스한 멕시코 만에서 시작되므로 폭풍우가 온다면 보트리티스 곰팡이가 생성될 가능성이 40%라고 판단했다. 만약 곰팡이가 생성되지 않을 경우 빗물이 뿌리를 통해 포도에 흡수되어 포도가 5 ~ 10% 정도 부풀어 올라 당도가 감소될 수 있다. 이 경우는 조금 덜 익은 포도를 즉시 수확해서 병입을 하게 되고 병당 $2.85를 받을 수 있는 경우에 비해서 좀 더 싼 가격인 병당 $2.00로 도매시장에 팔게 된다. 그러나 Freemark Abbey 와인농장은 품질기준에 맞지 않는 포도의 경우 병입을 하지 않는 옵션도 가지고 있다. 이 경우 와인을 값싼 벌크bulk 형태로 만들어 팔거나 혹은 포도 자체를 직접 팔 수도 있다. 이러한 옵션들은 일반적으로 매출을 반으로 감소시키지만, 질이 낮은 와인을 판매함으로써 포도농장의 평판을 떨어트리는 악영향은 방지할 수 있다.

만약 Jaeger가 폭풍우를 예상하고 즉시 포도 수확을 하지 않았으나, 폭풍우가 실제 밀어 닥치지 않는다면, 포도가 완전히 익을 때까지 그냥 놔둘 것이다. 만약 포도가 25%의 당도 수준까지 올라간다면 도매가격으로 병당 약 $3.50에 팔 수 있다. 날씨가 그다지 좋지 않더라도 당도가 최대 20%가 된다면, 병당 $3.00에 판매할 수 있다. Jaeger는 이러한 가능성이 동일한 정도라고 생각한다. 과거에는 종종 당도가 19%에 도달하는 데 실패한 적도 있다. 또한 당도가 오를 때가지 기다리는 동안 산도 또한 모니터링해야만 한다. 산도가 약 0.7% 밑으로 떨어지면 당도에 관계없이 무조건 수확해야만 하는데 이럴 경우에는 병당 $2.50의 가격밖에 받지 못하게 되며, 이런 경우의 확률은 20% 정도로 생각된다.

Botrytised Riesling의 도매가격은 병당 $8.00인데, 당도가 증가하는 과정에서 와인량이 30% 정도 감소되게 된다. 따라서 높은 가격에 와인이 판매되지만 와인 생산량 감소에 의해 전체적인 수입은 부분적으로 상쇄가 된다. 비록 적은 양의 와인을 병입하게 되지만, 와인 생산비용에서 와인 제조에 들어가는 비용은 모든 종류의 와인에 대해서 거의 같으며, 도매가격에 비교하면 매우 작은 부분을 차지한다.

CHAPTER 16

의사결정 : 본질을 찾아가는 과정

Love is a decision, it is a judgment, it is a promise.

— Erich Fromm

우리는 지금까지 의사결정을 내리기 위한 핵심 요소로 적절한 프레임, 가능한 대안, 관련 불확실성, 추구하는 선호 등을 확인해 보았다. 이 요소들을 이용해 가치 모형을 만들고 이를 바탕으로 대안을 분석하는 방법론에 대해서 알아보았다. 이런 논의를 통해 좋은 의사결정을 위한 9가지 원칙을 도출하고 이를 실제 문제에 적용할 결정지능에 대해서도 알아보았다. 이제 이 논의들을 통찰 기반 의사결정 프로세스의 틀에서 종합적으로 이해하고 실제 의사결정 문제에 적용해 보기로 한다.

우리가 당면하는 의사결정들은 그 성격과 목적이 대부분 상이하다. 따라서 모든 의사결정 문제를 단일한 의사결정 프로세스를 통해 해결할 수 없고 해결할 필요도 없다. 문제의 특성, 중요성, 시급성 등을 고려하고 바람직한 의사결정의 원칙을 적용하되 의사결정 상황에 적절한 프로세스를 선택해야 한다. 의사결정의 목적은 좋은 의사결정을 내리는 것이고 의사결정의 프로세스와 방법론은 그 목적을 달성하는 수단에 불과함을 인식하고 이를 활용해야 한다.

따라서 간단한 문제는 직관적으로 처리하고, 적절한 판단이 필요한 문제는 단순한 의사결정의 원칙이나 방법으로 처리하며, 충분한 숙고가 필요한 문제는 적절한 프로세스에 따라 의사결정을 내리는 것이 바람직하다. 이것이 구체적 의사결정 이전 상위 수준의 메타레벨meta-level 결정이다.

제16장에서는 충분한 숙고가 필요한 의사결정 문제에 대해 지금까지 다룬 내용들을 적용하고 문제의 본질을 이해하는 과정을 확인해 볼 수 있는 프로세스와 분석의 예full-scale analysis를 살펴보기로 하자.

1. 통찰 기반 의사결정 프로세스

인간의 인지 및 분석 능력의 한계를 고려한다면 중요한 의사결정을 내릴 때에는 적절한 프로세스의 도움을 받는 것이 좋다. 이때 사용할 수 있는 프로세스가 제4장 제4절에서 소개한 통찰 기반 의사결정 프로세스이다.

[그림 16-1]은 3단계로 구성된 통찰 기반 의사결정 프로세스의 목적과 활용할 수 있는 도구를 요약한 것이다. 다음에서는 이 단계들이 어떻게 연결되어 의사결정

그림 16-1 통찰 기반 의사결정 프로세스 단계별 목표와 활용도구

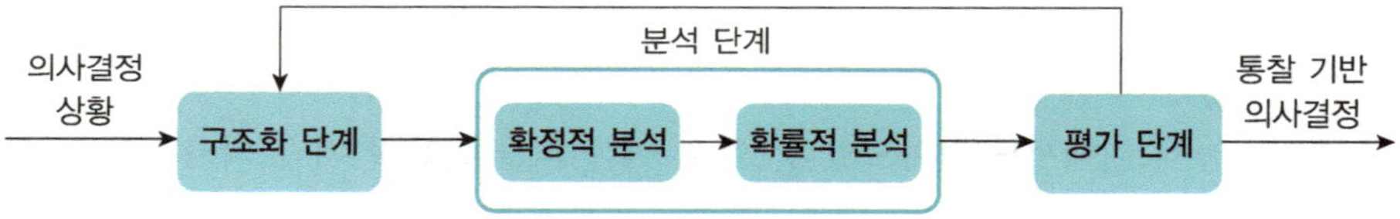

	구조화 단계	분석 단계	평가 단계
각 단계별 목표	▪ 적절한 프레임 설정 ▪ 의사결정의 중요 3요소 : 대안, 정보, 선호를 파악 ▪ 의사결정 요소들 간의 관계 규정	▪ 가치모형 설정 ▪ 확정적 분석을 통해 중요 관심변수 확인 ▪ 의사결정 기준을 통한 대안 평가 ▪ 대안에 대한 확률적 분석을 통해 리스크 프로파일 분석	▪ 추가 정보의 가치평가 ▪ 입력값의 변화에 따른 최적 의사결정의 변동 여부 확인 ▪ 리얼옵션적인 불확실성 관리 ▪ 문제의 본질을 이해하고 도출 ▪ 의사결정의 질 확인
활용도구	▪ 브레인스토밍, 의사결정계층도, 전략표, 가치 중심적 사고, 의사결정나무, 영향도	▪ 스프레드시트 모형, 수리모형, 민감도 분석, 의사결정나무 분석, 지배원리, 리스크 프로파일, 확실성 등가, 효용함수	▪ 민감도 분석, 정보의 가치, 조정의 가치, 의사결정의 질, 스파이더 다이어그램

프로세스로 작동하는지 확인해 보자.[1]

1.1 3단계 의사결정 프로세스

통찰 기반 의사결정 프로세스의 각 단계는 그 성격과 목적이 다르므로 의사결정에 투입되는 시간과 노력도 상이하다. 투입하는 전체 자원을 100이라고 하면, 대체로 구조화 단계는 60, 분석 단계는 30, 평가 단계는 10 정도의 자원을 투입하는 것이 바람직 하다. 이를 통해 다른 단계에 비해 구조화 단계는 특별히 시간과 노력이 많이 필요함을 알 수 있다.

구조화 단계

구조화 단계structuring phase는 주어진 의사결정 상황을 파악하여 의사결정의 중요 요소들을 확인하는 단계이다. 구조화 단계를 거치면서 주어진 문제에 대한 이슈를 찾고, 프레임을 설정하고, 의사결정의 중요 3요소인 대안, 정보, 선호를 정의하고, 이들을 구조화하여 체계적 분석의 틀을 만들게 된다(제5~10장).

여기서 구조화라는 개념은 의사결정에 관련된 주요 요소 상호 간의 관계를 규정하는 것을 의미한다. 예를 들어 공장 건설에 관한 문제라면, 이에 관련된 건설비용, 토지, 인력수급, 용수공급, 수요변동에 따른 증축 가능성, 정부의 정책 방향 등등 다양한 요소를 확인하고 이를 바탕으로 추구하는 목표인 순이익과의 관계를 정의하는 것이 구조화 작업이다. 이것은 제품생산을 위한 공정개발 과정에서 다양한 요소를 테스트해 그 최적의 조합을 도출하기 위한 파일럿 공정을 만드는 것으로 비유할 수 있다.

구조화 단계에서는 의사결정의 복잡한 현실을 단순화하고 개념화하여 의사결정과 관련성이 있는 꼭 필요한 요소만을 도출하고 규정한다. 이 단계에서 잘못된 사

1. 우리는 문제를 정의하고 이해하는 일련의 의사결정 과정을 의사결정분석 사이클decision analysis cycle이라고 부른다(Howard & Abbas, 2016).

고의 틀이 정해지면 그 이후 단계들은 의미가 없다. 따라서 의사결정 과정의 가장 중요한 첫 단계라고 할 수 있다. 물론 분석 단계나 평가 단계를 거친 이후 다시 구조화 단계로 돌아와 프레임을 재설정하고 문제의 본질을 이해하는 시도를 반복할 수도 있다.

구조화 단계에서는 여러 가지 도구들을 활용할 수 있다. 대표적인 기법으로 브레인스토밍, 의사결정 계층도, 전략표, 가치 중심적 사고, 의사결정나무, 영향도 등이 있다.

분석 단계

분석 단계analysis phase에서는 구조화 단계에서 설정된 프레임과 의사결정 관련 요소들을 이용해 가치모형value model을 만들고 이를 이용해 다양한 분석을 실시한다. 대표적 분석으로는 확정적 분석deterministic analysis과 확률적 분석probabilistic analysis이 있다.

확정적 분석에서는 불확실성 변수가 일정 범위 내에서 변화할 때, 그들이 가치에 미치는 영향, 즉 가치 민감도를 확인한다. 이를 통해 가치에 미치는 영향이 큰 변수는 차후 확률적 분석을 통해 더 정교한 분석을 실시한다. 이 분석은 불확실성 변수의 변화를 확률이 아닌 실제 값의 변화로 확인한다는 점에서 확정적 민감도 분석deterministic sensitivity analysis이라고 부른다.

이때 민감도가 작은 변수들은 해당 변수값을 중앙값median으로 고정하여 문제의 크기를 줄여 핵심에 집중하도록 도와준다. 이 과정에서 토네이도 다이어그램은 특정 변수가 가치에 미치는 영향을 크기 순서대로 보여준다([그림 7-9, 7-10] 참고). 이를 통해 추가적 분석이 필요한 불확실성 변수를 파악하고, 예상되는 하방위험downside risk을 관리할 수 있는 창의적 대안을 도출한다. 이런 점에서 확정적 분석은 의사결정 문제를 정의하고, 중요한 요소에 집중하도록 도와주는 방법attention-focusing method 중 하나로 볼 수 있다.

확률적 분석에서는 추가적 분석이 필요한 불확실성 변수에 대한 확률평가를 통해 각 대안이 취하는 값을 리스크 프로파일risk profile의 형태로 도출한다. 이 리스크 프로파일은 각 대안의 위험과 기회를 확인하고 이에 대응할 새로운 대안을 창출하는 계기가 될 수 있다는 점에서 매우 중요하다. 확정적 및 확률적 민감도 분석에 대한 자세한 설명은 제7장에서 다룬 바 있다.

우리는 민감도 분석과정을 통해 가치함수와 불확실성 변수를 확정하고, 이를 이용하여 대안을 분석하게 된다. 이때 추구하는 가치는 단일속성 혹은 다속성으로 평가할 수 있다. 기대수익과 같은 금전적 속성에 대한 평가는 제11장에서 다룬 단일속성 의사결정 평가기준에 따라 분석한다. 그러나 공장 입지선정의 경우 건설비용과 같은 금전적 속성 뿐만 아니라 증축 가능성, 환경영향, 정부정책 등 비금전적 속성을 고려할 필요가 있기 때문에 제13장에서 다룬 다속성 효용함수를 통해 분석한다. 다속성 효용함수를 사용하는 경우에는 속성 간의 가치 상충관계를 분명하게 규정해 최종 평가에 사용한다.

분석 단계에서는 다양한 도구를 사용한다. 스프레드시트 모형spreadsheet modelling, 수리모형, 민감도 분석, 의사결정나무, 리스크 프로파일, 지배의 원리, 확실성 등가certain equivalent, 효용함수 등이 의사결정 분야의 대표적인 도구이다. 그 이외에도 다른 도구들을 사용할 수 있다.

예를 들어 인공지능/기계학습AI/ML 모형, 소비자 구매 및 이탈 모형, 시뮬레이션, 경제모형economic model 등은 대안의 선택이 최종 결과에 미치는 영향을 계량적으로 평가할 수 있기 때문에 분석에 유용하다. 만약 AI를 이용한 이미지 분석모형이 웹사이트의 상품 이미지를 분석하여 판매량을 잘 예측할 수 있다면, 그 모형을 가치모형value model에 포함하여 분석에 사용하는 것이다. 이 개념이 최근 산업계의 화두가 되는 의사결정지능DI ; Decision Intelligence의 개념이다(O'Callaghan, 2023 ; Pratt & Malcom, 2023). 관련해서 제15장의 각주 3번을 참고하면 된다.

평가 단계

평가 단계appraisal phase에서는 가치모형에서 선정된 변수들의 평가치나 가정의 변화가 최적 대안에 미치는 영향을 확인한다. 평가치나 가정의 변화에도 최적 대안이 바뀌지 않는다면 그 대안은 매우 안정적인robust 대안이라고 판단할 수 있다. 대안의 안전성에 대한 확인은 의사결정 문제에 대한 이해도를 높여준다는 점에서 매우 중요하다. 이러한 과정은 불확실성 변수에 대한 확률값이나 추정값의 변화에 대한 민감도 분석을 통해 이루어 진다.

만약 불확실성 변수에 대한 확률의 변화가 대안선택에 영향을 미친다면, 해당 변수에 대한 추가적 정보는 의사결정에 도움이 된다. 이 경우 추가 정보수집의 타당성을 평가하는 분석을 할 수 있다(제12장 참고). 이러한 과정을 통해 추가적 정보수집을 하거나 리얼옵션적 성격을 갖는 새로운 대안을 제시할 수 있다.

평가 단계에서는 의사결정의 질을 좌우하는 6가지 요소에 대한 평가와 아울러 구조화 및 분석 단계를 반복하며 문제에 대한 이해도를 높이게 된다. 이 과정을 통해 가장 가치가 큰 대안은 무엇이며, 어떤 정보를 추가하면 더 나은 결정을 내릴 수 있는지, 위험선호가 결정에 미치는 영향의 정도 등을 이해하게 된다. 이런 단계가 반복되면 의사결정의 질도 충분히 확보되고, 문제에 대한 본질이 파악되면서 최종 의사결정에 이르게 된다. 이 전 과정을 우리는 통찰 기반 의사결정 프로세스라고 부른다. 제4절 응용사례에서 이 과정을 실제 문제에 적용한 사례를 확인할 수 있다.

평가 단계에서는 민감도 분석, 정보의 가치, 조정의 가치, 의사결정의 질, 스파이더 다이어그램 등의 도구를 활용한다.

1.2 의사결정의 질 평가하기

1차로 구조화 단계, 분석 단계, 평가 단계를 거치면 의사결정의 질과 관련된 6가지 요인을 평가할 수 있다. 만약 6가지 요인의 질이 모두 100% 수준에 도달했다고 판단되면 개선을 위한 더 이상의 시간과 노력이 필요하지 않으며, 문제의 본질에 대한 분명한 이해와 함께 최종 의사결정을 내리게 된다.

의사결정의 질이 100% 수준으로 확보되지 않았을 경우 부족한 요인을 개선하는 작업이 반복된다. 이런 반복에 따라 요인에 대한 평가는 달라질 수 있다. 예를 들어 1차 평가에서 고려했던 기존 대안 대신 2차 평가에서는 확인된 불확실성을 줄일 수 있는 새로운 대안을 추가할 수 있으며, 이를 통해 대안 관련 의사결정의 질은 향상되는 것이다.

문제는 의사결정의 질을 평가하기 위한 적절한 측정항목이 없다는 점이다. 이런 이유로 각 요인에 대한 평가는 요인별 이슈를 종합적으로 고려해 평가하는 주관적 방식holistic approach을 취하고 있다(Spetzler, Winter, & Meyer, 2016). 신뢰성 높은 평가를 위해서는 측정항목이 이론에 근거하여 구체적으로 정의될 필요가 있다. 우리는 이 문제를 제15장에서 다룬 결정지능을 구성하는 요인과 측정항목을 이용해 접근하기로 한다. 따라서 특정 의사결정의 질은 결정지능의 각 측정항목을 해당 의사결정 문제에서 얼마나 잘 적용했는지에 따라 평가된다.

〈표 16-1〉은 결정지능 구성항목 4에서 9까지의 세부 측정항목(〈표 15-1〉 참고)을 바탕으로 의사결정의 질을 평가할 때 사용하는 측정항목을 보여준다. 이때 측정척도는 전혀 못함(1, very poor), 못함(2, poor), 보통(3, average), 잘함(4, good), 매우 잘함(5, very good)의 5점 스케일을 이용한다.

표 16-1 **의사결정의 질을 구성하는 요인과 측정항목**

다음 항목에 대해 1에서 5점까지로 답해주시기 바랍니다.
전혀 못함(1) - (2) - 보통(3) - (4) - 매우 잘함(5)

요인	항목	측정치
1. 프레임	1 : 분명하지 않은 의사결정 문제를 구체적으로 정의하고 소통하였는가?	
	2 : 문제의 프레임을 설정할 때에는 그 목적, 관점, 수준에 맞추어 적절히 설정하였는가?	
	3 : 문제가 이득 혹은 손실로 표현되면 선택에 영향을 줄 수 있음을 이해하였는가?	

	4 : 다양한 관점에서 프레임을 설정해 문제를 잘못 설정하는 오류를 방지하였는가?	
	5 : 프레임 설정을 위해 계층도, 의사결정나무, 영향도 등의 적절한 도구를 활용하였는가?	
2. 대안	1 : 고려할 대안은 창의적이고 실행 가능할 뿐만 아니라 분명한 차이가 나도록 정하였는가?	
	2 : 대안은 분명하고 구체적이며 측정 가능한 상태로 표현하고 분석하였는가?	
	3 : 리얼옵션 성격의 대안을 창출하여 불확실성에 따른 위험을 관리하였는가?	
	4 : 의사결정 대안의 수는 3~5개 정도로 하며, 이해당사자가 선호하는 대안을 포함하였는가?	
	5 : 대안 도출을 위해 전략표, 가치 중심적 사고, 창의적 사고, 과거 경험 등을 활용하였는가?	
3. 정보	1 : 불확실성을 회피대상이 아니라 의사결정 프로세스에서 적극 고려하였는가?	
	2 : 확률을 통해 불확실성을 표현하고 소통하고 관리하였는가?	
	3 : 민감도 분석을 통해 결정에 영향을 주는 변수를 확인하고, 분석의 방향성을 정하였는가?	
	4 : 휴리스틱은 확률평가에 유용하지만 인지적 편향의 가능성이 있음을 인식하고, 편향에 빠지지 않도록 노력하였는가?	
	5 : 확률평가 및 분석에서 확률바퀴, 민감도 분석, 확률의 이산화 과정 등의 기법을 활용하였는가?	
4. 선호	1 : 가치선호, 위험선호, 시간선호를 감안해 의사결정 결과를 평가하였는가?	
	2 : 추구하는 목표가 최대로 달성되는 대안을 선택하였는가?	
	3 : 가치 중심적 사고를 이용해 새로운 대안을 적극적으로 도출하였는가?	
	4 : 자산규모가 큰 경우 위험중립적 선호를 가정해 대안을 평가하였는가?	
	5 : 위험선호를 반영해야 할 경우 효용함수, 확실성 등가, 위험감내도 등의 개념을 활용하였는가?	

5. 논리적 분석	1 : 분석은 문제에 대한 이해도를 높이는 것이 목적이므로 그 목적에 맞춰 의사결정 과정을 진행하였는가?	
	2 : 입력 데이터의 변동에도 최선의 의사결정이 바뀌지는 않는지 확인해 보았는가?	
	3 : 불확실성 변수에 대한 추가적 정보수집은 그 타당성이 확보된 경우만 실시하였는가?	
	4 : 이미 발생해서 회수할 수 없는 매몰비용은 분석에서 제외하고, 선택하지 않았기에 잃어버리는 기회비용은 분석에서 고려하였는가?	
	5 : 논리적 분석을 위해 의사결정분석, AI, 기계학습, 수리모형 등 분석적 기법을 활용하였는가?	
6. 실행 관리	1 : 의사결정이 내려지면 실행을 통해 그 가치를 실현할 수 있도록 준비하였는가?	
	2 : 의사결정의 질을 평가하여 100% 충족이 안 된 요인은 확인하고 보완하였는가?	
	3 : 이해당사자들과 조직의 책임자가 의사결정의 방향성과 실행에 협조를 구하였는가?	
	4 : 의사결정의 과정에 실행할 사람을 관여시켜 결정의 논리를 이해하고 실행할 수 있도록 준비하였는가?	
	5 : 실행과정에서 발생되는 문제는 실행의 문제가 아니라 의사결정 과정의 문제임을 인식하였는가?	

의사결정의 질을 구성하는 요인별 평가는 해당 측정항목들을 고려하여 1에서 5점으로 종합 평가하거나, 각 요인별 5개 측정항목들을 평가한 후 평균을 내어 해당 요인에 대한 평가로 사용할 수도 있다. 결정지능이 의사결정을 내리는 지적 능력을 평가하는 것이라면, 의사결정의 질은 특정 의사결정 문제에 결정지능을 얼마나 잘 적용했는지 평가하는 것이다.

2. 문제의 본질

우리는 의사결정 프로세스를 통해 문제를 이해하고 본질을 파악하는 과정을 거친다. 문제의 본질은 그 문제의 분명한 정의를 뜻하기도 한다. 어떤 문제를 정의한다는 것은 그 문제의 본질true essence을 분명하게 파악하고 표현하는 것이다. 문제의 본질을 파악하면 분명한 정의가 가능하며, 그것이 바로 문제에 대한 통찰insight이 된다. 우리가 제시한 통찰 기반 의사결정 프로세스는 분명하지 않은 문제의 본질을 이해하고 파악하는 과정을 통해 의사결정을 내리는 프로세스이다. 다음에는 "디지털 전환"과 "사랑"의 본질을 비계량적으로 파악해 보고, 분석적인 접근 방법으로 본질을 파악하는 의사결정분석의 방법을 살펴보기로 한다.

2.1 디지털 전환의 본질

디지털 기술의 발전은 기존 산업과 경영 시스템의 혁신을 가능하게 했다. 2016년 다보스 포럼에서 시작된 디지털 전환Digital Transformation에 대한 관심은 현재에도 대단히 높다. 그것은 디지털 전환이 기업의 지속적 성장을 위한 가장 강력한 가치창출의 수단이라는 믿음에서 출발한다.

디지털 전환 프로젝트에 투자되는 전 세계적인 금액은 2026년 한 해만 3.4조 달러로 예상된다(출처 : Statista, 2023). 이와 같이 디지털 전환에 대한 높은 관심과 필요성에도 디지털 전환 프로젝트의 추진에는 상당한 위험이 따른다. 맥킨지의 2019년 보고에 따르면 디지털 전환 프로젝트의 70%는 다양한 이유로 실패한다고 한다.

그렇다면 성공적 디지털 전환을 위한 전략적 방향은 무엇인가? 이 문제를 의사결정의 관점에서 보면, 디지털 전환을 어떻게 정의할 수 있으며, 디지털 전환의 본질은 무엇인가에 대한 질문으로 볼 수 있다. 만약 디지털 전환을 분명히 정의할 수 있다면, 디지털 전환을 위한 전략적 선택은 훨씬 쉬워질 것이다. 디지털 전환의 본질은 무엇인가?

디지털 전환의 본질을 파악하기 위해서는 디지털 전환이 진행되는 과정을 3단계로 나누어 보면 그 해답을 얻을 수 있다([그림 16-2]). 디지털 전환의 1차 단계에서는 기존의 아날로그 형태의 데이터를 디지털 형태로 바꾸는 디지털 변환digitization이 일어난다. 소비자와 기업과의 관계에서 발생하는 아날로그 데이터를 디지털 형태로 바꾸어 저장 · 관리하는 것이다. 소비자의 구매이력이 POSPoint of Sales 시스템을 통해 디지털 형태로 수집 · 저장되고, 소비자가 고객센터 직원과 대화한 고객 불만사항이 텍스트 변환STT ; Speech To Text을 통해 데이터로 저장되는 것이 이에 해당한다.

일단 아날로그 데이터의 디지털 변환이 일어나면, 이 데이터를 이용하는 조직의 프로세스는 디지털화digitalization가 가능해 진다. POS를 통해 모든 판매장에서의 제품별 판매 시간, 판매량, 가격, 할인액 등의 데이터가 수집되면 판매 현황과 추세 등을 대시보드dashboard를 통해 종합적으로 확인할 수 있다. 이에 따라 유통기업 입장에서는 판매에 필요한 판단과 판매전략을 실시간으로 변경할 수 있다. 이것이 유통기업의 판매 시스템 디지털화라고 할 수 있다.

이렇게 판매 시스템의 디지털화가 이루어지면 이와 연동된 다른 시스템들과 함께 새로운 가치를 창출해 내는 것이 바로 디지털 전환이다. 이를 위해서는 판매 시스템과 재고 및 생산 시스템이 연결되고, 더 나아가 기업의 조달 시스템, 운영관리 시스템, CRM과 연결되어야 한다. 이와 같이 디지털 변환된 정보와 디지털화된 프로세스들이 통합되어 작동되면 우리는 기업을 효율적으로 운영하고 통제할 수 있다. 즉, 디지털 전환을 통해 일하는 방법이 달라지는 것이다. 이때 모바일, 클라우드, 센싱, AI/ML 등의 디지털 기술이나 플랫폼은 일하는 방법을 바꾸는 역할enabler을 해준다.

디지털 전환은 아날로그 세상의 데이터를 디지털로 변환하고 디지털화한 프로세스들을 통해 새로운 가치를 창출한다. 즉, 디지털 전환의 본질은 디지털 기술을 이용해 비즈니스 모델을 혁신business model innovation하고 이를 통해 새로운 가치를 창출하는 작업이다. 결국 디지털 전환을 위한 전략적 선택은 디지털 기술을 적절히 활용해 기존의 비즈니스 모델을 어떻게 혁신할 것인가의 문제이다.

그림 16-2 디지털 변환, 디지털화, 디지털 전환

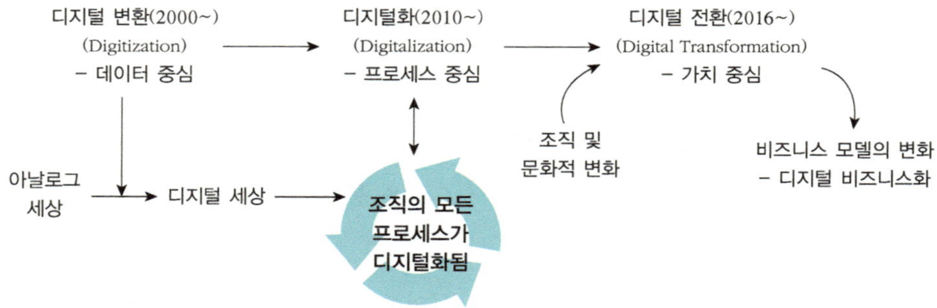

2.2 사랑의 본질

이제 주제를 사랑으로 바꾸어 보자. 우리나라 젊은층들은 결혼을 더 이상 필수로 생각하지 않는다. 2023년 한국리서치의 조사에 따르면 18~29세의 남녀 중 "결혼은 해야 한다"라고 답한 비율이 35%, "해도 좋고 안 해도 좋다"라고 답한 비율이 52%라고 한다. 또한 "사랑하는 사람이 있다면 결혼을 해야 한다"에 동의하는 경우가 46%, 동의하지 않는 경우가 46%로 동일하게 나왔다. 특히 18~29세 여성의 경우에는 "사랑하는 사람이 있다면 결혼을 해야 한다"는 질문에 57%는 동의하지 않는다고 답했다(〈표 16-2〉).

우리나라 19~29세의 젊은층이 사랑해도 결혼할 필요를 크게 느끼지 못하고, 결혼 자체도 굳이 할 필요가 없다고 생각한다면, 그들에게는 사랑이 무엇을 뜻하는가? 에리히 프롬Erich Fromm은 그의 저서 『사랑의 기술』에서 남녀 간의 사랑을 이렇게 표현했다(Fromm, 2000).

"Love is a decision, it is a judgment, it is a promise."[2]

프롬은 사랑이 감정이 아니라고 했다. 만약 남녀 간의 사랑이 감정이라면, 감정은 계속 변하는 것이기 때문에 그 사랑은 지속될 수 없다고 보았다. 그에 따르면 남녀 간의 사랑은 평생 상대에게 헌신할 수 있는지 판단하고 결정하는 것이고, 또한 약속하는 것이다. 사랑을 그렇게 정의한다면 사랑은 간단한 것이 아니다.

결혼식장에 선 신랑 신부는 서로에게 사랑의 서약을 한다. "배우자를 어떤 경우라도 평생 사랑할 것을 맹세합니까?"라는 주례의 질문에 신랑 신부는 모두 "네"라고 답한다. 사랑하는지를 확인하는 것이 아니라, 죽을 때까지 영원히 사랑하겠다는 서로의 결정을 확인하는 자리가 바로 결혼식인 것이다. 그래서 결혼식은 행복하면서도 또한 엄숙한 순간이다.

프롬의 사랑에 대한 정의에 동의한다면, 남녀 간의 사랑은 오직 한 사람에 대해 헌신하기로 결정하는 것이다. 특히 결혼식은 상대를 평생 사랑하기로 맹세하는 자리이다. 한 사람에 대해 잠깐 헌신하는 것도 쉽지 않은데, 평생을 상대에게 헌신하기로 결정하고 "많은 일가 친척을 모아 놓고 굳게 맹세하는 자리"가 바로 결혼식이다. 대단한 결정임에 틀림없다. 그래서 더 축하하고 지켜보고 격려해 줄 이유가 있다. 그러나 결혼을 하고 살아가는 동안 "사랑해"라는 말이 줄어든다면, 그것은 상대를 사랑하지 않는 것이 아니라, 사랑의 의미를 이해하며 느끼는 책임감 때문이 아닐까? 사랑한다는 말보다 그 약속을 지키는 것이 더 어렵다는 것을 실감한 자연스런 행동으로 이해할 수도 있다.

대중의 많은 사랑을 받은 가수 태진아는 "사랑은 아~무나 하나. 어느 누가 쉽다고 했나?"라고 노래했다. 트로트의 황제 나훈아는 사랑은 "눈물의 씨앗"이라고도 했다. 이미 대중가수들은 오래 전에 사랑이 무엇인지 간파했던 것 같다.

---

2. "If love were only a feeling, there would be no basis for the promise to love each other forever. A feeling comes and it may go. How can I judge that it will stay forever, when my act does not involve judgment and decision?"

만약 젊은 세대들이 이 엄중한 사랑의 정의를 받아들인다면 사랑도 포기하고, 결혼도 포기하는 것을 한편으로 이해할 수 있다. 많은 정보를 습득하여 스마트한 젊은 세대들이 상대를 평생 사랑하겠다는 맹세를 하기에는 이 세상이 너무 바쁘고 힘들지 모른다.

누군가 사랑의 본질이 무엇이냐고 물어본다면, 우리는 프롬의 답을 인용할 수 있을 것이다. 사랑은 "상대방에 대해 평생 아끼고 헌신하겠다는 나의 판단이고 결정이며, 그것을 지키겠다는 약속이기도 하다."

표 16-2 **사랑과 결혼에 대한 생각**(단위 : %)

질문 : 사랑하는 사람이 있으면 결혼을 해야 한다.

구분	사례 수(명)	동의한다	동의하지 않는다	모르겠다
전체	**(1,000)**	**63**	**32**	**5**
성별				
남자	(496)	72	23	5
여자	(504)	54	40	5
연령				
18~29세	(166)	남성(56), 여성(35)	남성(35), 여성(57)	8
30대	(151)	51	40	9
40대	(181)	58	40	1
50대	(194)	62	35	4
60대 이상	(308)	82	14	4
혼인여부				
미혼	(327)	50	41	9
배우자 있음	(575)	70	28	3
사별, 이혼	(99)	66	28	6

주 : 동의한다(매우 동의한다 + 동의하는 편이다), 동의하지 않는다(전혀 동의하지 않는다 + 동의하지 않는 편이다)
출처 : 한국리서치 정기조사 여론 속의 여론(hrcopinion.co.kr), 2021~2023 조사자료

2.3 반복적인 질문으로 도출하는 본질

반복적인 질문도 본질을 파악하는 방법 중 하나이다. 예를 들어 삼성이 1993년 6월 프랑크푸르트에서 "신경영"을 선언할 당시 가전제품의 불량이 문제가 되었다. 이 문제에 이건희 회장은 끝임없는 질문, 즉 5 why를 통해 그 품질 문제의 근원을 찾아 해결했다고 한다([Decision in Action 16－1] 참고).

[Decision in Action 16－1] 끝없는 질문, 5 why

5 why에 대한 생전 이건희 회장의 말이다. "5 why는 사물의 근원을 찾아내는 것이다. 왜 불량이 나는가? 불량의 종류가 무엇인가? 조립이나 부품의 불량 또는 납땜질 불량인가? 두세 번 분석하면 근원을 알 수 있다. 결국 조립업체 사람들이 불량품을 만들지 않도록 평소 상품 지식을 가지고 협력업체를 교육하고, 자금과 기술력을 제공해 완제품이든 부품이든 관련되는 수십 개 협력 회사를 높은 차원에까지 끌어올려야 한다는 것이 대기업 조립업체 개념이다. 이것을 모르고 있다."

5 why에 대한 삼성 퇴직 임원들의 증언이 있다. 프랑크푸르트로 가는 비행기 안에서 일본인 고문의 보고서를 읽던 회장과 함께 탑승했던 손욱 전 삼성종합기술원장과 인터뷰한 내용이다. 비행기에서 보고서를 읽고 어떤 의견을 냈느냐고 물었다.

"당시 수행원이 6명이었다. 회장 뒷좌석에 앉아 토론이 시작됐다. 회장은 전혀 잠을 자지 않고 답을 기다렸다. 우리들은 '책임 의식과 주인 의식이 없어서 그렇다' '룰에 대한 개념이 없고 처벌이 약해서 그렇다' 등 한두 시간마다 답을 내 말씀드렸는데 회장은 만족하지 않은 듯 '다시' '다시'를 반복했다.

결국 프랑크푸르트에 도착해 주재원들과 저녁을 먹고 난 뒤까지 토론이 이어졌다. 하지만 계속 '아니다'라는 답만 들어야 했다. 회장은 마치 끝장을 보겠다는 심산인 것처럼 느껴졌다. 자정 넘어서까지 이런 상황이 이어지자 보다 못한 홍라희 여사가 '사람들도 피곤하니, 이제 답을 알려드리세요. 그래야 내일 또 일을 할 수 있죠'라고 하자 그제야 '자기 자신을 사랑하지 않기 때문'이라는 선문답 같은 말을 하며 '잘 생각해 보라'고 했다."

다음은 현명관 전 비서실장 말이다.

"한마디로 문제의 본질에 접근하겠다는 집념과 노력이 대단했다. 어느 날 임원회의에서 '물은 왜 차가운가'라는 질문이 날아왔다. '얼음이 생겨서 그렇습니다' '얼음은 왜 찬가?' '0도이하에서 얼기 때문입니다' '왜 0도 이하에서 얼음이 되는가' 이런 식이었다. 회장은 한번 관심을 가지면 전문가 수준의 지식을 얻을 때까지 집요하게 파고들어 갔다. 반도체는 물론 자동차에서부터 전기오븐까지 디자인과 기술을 세세하게 알고 있었다. 그를 모시는 사람들도 당연히 그런 열성을 보여야만 살아남을 수 있었다."

출처 : 허문명, ""삼성은 癌" 이건희가 LG창원공장 봤다면 뭐라고 했을까", 신동아, 2023. 7.

2.4 분석으로 도출하는 본질

우리는 "디지털 전환"과 "사랑"에 대한 본질을 그 특성상 경험과 성찰을 통한 비계량적 방식qualitative method을 통해 도출하였다. 이와 성격이 다른 계량적인 방법quantitative method도 활용할 수 있다. 제4장부터 제13장까지 알아본 방법들은 데이터와 주관적 판단을 근거로 가치모형을 개발하고 분석함으로써 문제의 본질을 도출한다.

계량적 방법의 예를 들어 보자. 제7장에서 다룬 SUV 구매결정 문제에서는 전기자동차와 기존의 내연기관차 사이에서 총소유비용을 최소화하는 대안을 고민했다. 초기에 전기자동차 구매를 선호하는 경우는 전기요금이나 전기자동차의 연간 유지비가 핵심적인 불확실성 변수라고 생각했다. 그러나 예상과는 달리 확정적 민감도 분석은 연간 주행거리가 가장 민감한 변수임을 보여주었다. 결국 주행거리가 많을수록 내연자동차보다는 전기자동차를 선호하게 된다는 결론을 얻을 수 있었다. 따라서 전기자동차 구매결정은 얼마나 많이 자동차를 사용하는지에 달려있다. 이런 본질적 이해를 통해 기존 택시들이 가장 빨리 전기차로 전환될 것이라고 예측할 수 있다.

또 다른 예로 제10장에서 다룬 대형 공공 프로젝트의 경우를 보자. 가치모형을 만들어 분석해 보면, 시간 선호도에 따라 사업성은 크게 변하게 된다. 그것은 사업기간이 매우 긴 공공사업의 특성 상, 가치의 흐름을 현재가치로 할인하는 할인율이 대안 평가에 큰 영향을 미치기 때문이다. 현재에 비중을 두는 경우 할인율은 높아지고, 미래에 비중을 두는 경우 할인율은 낮아진다. 결국 공공 프로젝트의 진행 여부는 다른 요인들도 관여하지만, 현재와 미래에 대한 시간선호time preference가 핵심이다. 이 때문에 나라 별로 그 상황에 적합한 사회적 할인율을 정해 놓고, 공공 프로젝트를 일관된 기준에 따라 평가하도록 하고 있다(제10장 제4절 참고).

3. 의사결정분석의 응용

지금까지 논의한 통찰 기반 의사결정 프로세스나 관련 방법론은 의사결정분석decision analysis 분야의 연구에 기반한다. 의사결정분석은 1970년대 이후 독립된 학문분야로 정립되어 처방적 의사결정 연구의 이론적 기반을 제공하고 있다(Bansal, Keisler, Siebert, & Jenni, 2023). 의사결정분석 방법론이 특별히 사용되는 분야는 다음과 같다.

응용분야의 예

의사결정분석은 기업의 중요한 결정, 예를 들어 신상품 도입결정, 소송전략(Celona, 2016), R&D 전략, R&D 포트폴리오 전략, 입찰전략 등에 활용되고 있다(Bordley, 2023 ; McNamee & Celona, 2007). 특히 자본 집약적이고 불확실성이 높은 석유와 가스 등의 에너지산업(Höfer, von Nitzsch, & Madlener, 2020 ; Myklebust, Eidsvik, Sperstad, & Bhattacharjya, 2020 ; Strantzali & Aravossis, 2016 ; Zhou, Ang, & Poh, 2006), 신약개발에 관련된 제약산업(Methling et al., 2022 ; Stonebraker, 2023), 의료분야(Long, Montibeller, & Zhuang, 2022)에서는 의사결정분석이 일상적으로 활용되고 있다. 최근에는 위험관리(McDaniels, 2021), 환경, 재생에너지, 국가안보 등 공공적이고 다속성의 성격을 가지는 공공 의사결정 문제에 널리 활용되고 있다(Bansal et al., 2023). 지난 1970년부터 2020년까지 의사결정분석을 기반으로 한 응용사례들은 다음 자료들을 참고하기로 한다(Corner & Kirkwood, 1991 ; Dyer & Smith, 2021

; Keefer, Kirkwood, & Corner, 2004).[3]

전문가 그룹과 학회

의사결정 분야의 전문가 그룹은 크게 2개의 그룹이 있다. 학술적인 내용에 관심이 있는 학계 멤버들은 INFORMS 학회의 의사결정분석 모임DAS ; Decision Analysis Society에서 활동한다. DAS의 웹사이트를 방문하면 의사결정 관련 학술대회, 학술자료, 웨비나 영상 등을 찾아볼 수 있어 유용하다.[4] 또 응용에 관심이 있는 산업계 응용 연구자들은 의사결정 전문가 협회SDP ; The Society of Decision Professionals에서 활동하며 실제 현업에서 발생하는 이슈에 대해 논의하고 경험을 공유한다. 특히 SDP의 웹사이트에는 각종 발표 자료 이외에 의사결정과 직접 관련된 100여 종의 서적이 정리되어 있어 이 분야를 공부하기 위한 자료로 매우 유용하다.[5]

또한 의사결정분석 분야의 전문 컨설팅 회사 중 하나인 SDG(Strategic Decisions Group, https://sdg.com/)의 웹사이트에는 의사결정 관련 웨비나와 특히 분야별 응용 사례를 확인할 수 있으므로 현실 문제의 응용에 유용하다.

4. 응용사례 : 고척 스카이돔 건설

이제 사례를 통해 통찰 기반 의사결정 프로세스가 적용되는 과정을 알아보기로 보자. 이 사례는 서울시의 고척 스카이돔 건설계획에 관한 내용으로 지금까지 다룬 프로세스와 방법론이 실제 상황에서 어떻게 적용되는지 구체적으로 확인할 수 있다.

---

3. 의사결정분석에 대한 이론과 응용사례들은 INFORMS 학회에서 발행하는 *Decision Analysis*라는 전문 학술지 혹은 같은 INFORMS 학회에서 발행하는 응용 위주의 학술지인 *INFORMS Journal on Applied Analytics*에서 찾아볼 수 있다.
4. DAS(https://connect.informs.org/das/home)는 미국의 경영학 분야 최대 학회인 INFORMS(https://www.informs.org/)에서 의사결정분야를 전문으로 하는 약 2,000명의 회원이 있는 모임이다.
5. SDP(https://www.decisionprofessionals.com/)는 실무적인 이슈들을 주로 다루고 있다. 의사결정 관련 책은 이곳에서 확인할 수 있다(https://www.decisionprofessionals.com//library/DecisionPedia).

서울시의 고척 스카이돔 건설계획은 한국 최초의 돔구장을 만드는 사업이었다. 2007년 시작된 이 사업은 서울 시민들이 오래 사용할 문화체육 공간을 만드는 사업으로 관심이 매우 높았다. 그러나 돔구장의 건설계획은 잦은 설계변경, 공사기간 연장, 추가예산 등 많은 시행착오를 겪은 바 있다. 당초 529억 원의 예산을 들여 하프돔을 짓기로 했지만, 그 이후의 설계변경과 함께 총 공사비가 4배 이상 증가될 것으로 예상되는 등 많은 문제를 노출한 바 있다.

일차적인 문제의 시작은 구장 활용에 대한 분명한 목표의 설정과 전략의 부재였지만, 근본적 문제는 의사결정 과정에 대한 이해의 부족이었다. 이 응용사례에서는 잠실 돔구장 건설이 마무리되고 있는 2014년 당시로 돌아가 고척 스카이돔에 관련된 의사결정 문제를 통찰 기반 의사결정 프로세스를 통해 분석해 보기로 한다.[6]

10여 년이 지난 지금 서울시는 잠실 야구장을 대체할 또 다른 잠실 돔구장 건설 계획을 세우고 있다. 새 구장은 3만석 규모로 2026년에 착공되어 2032년에 완공될 예정이다. 그러나 이 6년간의 공사 기간 동안 두산과 LG 구단이 잠실 구장을 사용할 수 없게 되면서 큰 불편이 생길 것으로 예상된다. 또한 높아지는 건설 비용 문제와 주변의 스포츠 마이스MICE 복합단지와의 시너지 효과 극대화 등 건설과정에서의 신중하고 창의적인 접근이 필요하다. 고척 스카이돔의 건설 사례는 잠실 돔구장 건설에 관련해 중요한 교훈을 줄 수 있을 것이다.

4.1 고척 스카이돔의 시작과 경과

2006년 10월 조선시대의 YMCA야구단부터 한국 아마야구와 함께했던 동대문 야구장은 역사의 뒤안길로 사라지게 되었다. 일제시대부터 세계야구선수권을 비롯한 수많은 아마야구 경기가 이루어지던 동대문 야구장이 사라지면서 서울 내의 아

6. 본 사례는 KAIST 경영대학 안재현 교수의 지도 아래 의사결정분석 과목을 수강한 김동연 님, 박규홍 님, 전익진 님에 의하여 교육용으로 작성된 사례를 기반으로 수정 · 작성되었다. 본 사례는 교육용이며, 사례 조직이나 특정 경영자의 경영상 잘잘못을 논의하는 목적으로 사용되지 않는다.

마경기를 위한 야구장은 목동야구장 하나만 남게 되었다. 2007년 현대 유니콘스의 해체 결정과 후발 인수구단의 서울로의 연고지 이전으로 인해 목동야구장마저 프로구단과의 동시 사용체제가 되자 야구계는 새로운 아마야구장 건립을 서울시에 촉구하였다. 이에 2007년 3월 서울시는 고척동에 2만 석 규모의 야구장을 건설하기로 결정하며 아마야구를 위한 공약을 발표하였다. 이때까지는 야구계와 서울시의 미래는 장밋빛으로 가득했다.

2007년 8월 서울시가 발표한 첫 야구장 조감도는 하프 돔구장이었다. 전면 돔구장에 비해 저렴한 하프 돔구장은 기존의 야구장에 비해 소음 방지나 쾌적성에서 장점이 있는 구장이다. 또한 전면 돔구장에 비해서는 시공 및 유지 비용이 상대적으로 저렴하나 악천후 시의 경기 진행이나 소음을 억제하는 돔구장의 기능 면에서는 부족한 형태였다. 하지만 2008년 올림픽 금메달과 2009년 WBCWorld Baseball Classic 준우승으로 인하여 국내에 야구 열풍이 일어나는 동시에 한국 야구 발전을 위한 전면 돔구장에 대한 여론이 강력하게 일어나자, 2009년 4월 서울시는 고척 스카이돔의 전면 돔구장화를 발표하였다. 하지만 악화된 서울시의 재정 상황과 투자 적정성 문제가 대두되자 돔구장 건립을 재검토하겠다는 서울시 의회의 발표가 있었고, 서울시는 여러 부대시설을 통한 수익 강화와 교통대책 등을 검토하였다. 단순히 야구로 인해 발생되는 수익만으로는 운영비를 감당할 수 없다는 논란이 제기되자 대형공연이 가능한 복합 돔구장으로의 확장을 추진하였으며 교통 보완책, 지붕 보완 등이 추가되었다.

2012년 11월 서울시는 고척 스카이돔으로의 프로구단 이전을 강력히 추진하였으나 기존에 잠실구장을 사용하고 있는 LG와 두산은 고척 스카이돔 이전을 거부하였고 목동구장을 사용하고 있는 넥센 히어로즈 구단은 실사 후 2013년 고척 스카이돔은 프로구단이 사용할 구장으로 적합하지 않다는 공식입장을 발표했다. 넥센 구단이 제기한 문제점에는 대표적으로 관중 편의시설과 수용 인원이 프로구단 구장에 적합하지 않으며 대중교통을 비롯한 교통문제가 심각하다는 의견 등이 있었다. 이에 따라 서울시는 공연 및 음향시설과 좌석 그리고 대중교통과 교통문제를 보완하기로 약속하였고 2014년 말 당시까지도 공사가 진행되고 있었다.

4.2 고척 스카이돔의 문제점

2007년 3월부터 2013년 10월까지 고척 스카이돔 예상 사업비의 변화 추이는 다음과 같다. 2007년 3월 529억 원(하프돔 건설 확정) → 2009년 4월 929억 원(전면돔 변경) → 2011년 4월 1,401억 원(설계 변경 및 교통대책) → 2012년 5월 2,023억 원(보행자 전용 도로 등 추가) → 2013년 10월 2,323억 원(공연 음향시설 좌석개조 등)으로 기존의 계획안에 비해 6년간 5배 가량인 2,000억 원 이상의 사업비가 추가로 배정되었으며 완공기한도 계속 연기되어 2015년 8월 완공 예정으로 늦춰졌다. 장기적인 계획안의 부재와 순간 순간의 여론에 대응하기 위한 부가공사로 인해 실제 필요한 사업비보다 더 큰 비용이 소모되었으며, 의사결정의 기준과 대안의 부재로 인해 협상력의 약화마저 초래된 상황이었다. 더욱 큰 문제는 2014년 시점에서 프로구단의 입주나 부대시설의 입주 등 결정된 사항이 아무것도 없으며 공사 또한 마무리 되지 않은 점이다.

만약 사전에 체계적 의사결정 프로세스를 활용했더라면, 비용과 수익구조 분석을 통한 정량적 접근과 비계량적 접근방법을 통해 건설 방향을 조기에 확정 짓고, 프로구단과의 협상이나 부대시설 입주 등의 불확실성을 제거함으로써 위험을 감소할 수 있는 전략수립이 가능했을 것이라는 아쉬움이 있다. 이런 측면에서 2006년 사업 초기로 돌아가 서울시가 택할 수 있는 바람직한 의사결정 프로세스를 따라가 보기로 하자.

4.3 고척 스카이돔 건설 결정을 위한 의사결정 프로세스

나본부장의 잠 못 이루는 밤

2006년 동대문 야구장 철거식을 다녀온 서울특별시 나본부장은 먼지투성이 양복을 벗어 던졌다. TV에서는 앞다투어 역사의 뒤안길로 사라진 동대문 야구장에 대한 자료화면과 앞으로 지어질 고척 스카이돔에 대한 청사진이 바쁘게 재생되고 있었다. 이제는 정말 더 이상 동대문 야구장은 서울에 없다. 향후 몇 년간 부족한 공간에서 진행해야 할 아마야구 경기 일정이 머리를 지끈거리게 하였지만 가장 급한 것은 새로 짓기로 한 고척 스카이돔의 전체적 규모와 구성이었다. 앞으로 수십 년간 서울시와 한국 야구계를 이끌어 나가야 할 한국 최초의 돔구장인 고척 스카이돔의 시공 계획을 세울 생각에 나본부장은 쉽게 잠을 이룰 수 없었다.

최초의 돔구장을 무턱대고 전면 복합돔으로 멋지게 짓자니 부족한 서울시 예산이 걱정되었고, 최소한의 비용으로 하프돔을 지었다가는 매년 아마경기만 몇 경기 치르는 빛 좋은 개살구가 될 것 같았다. 지금도 민원에 시달리는데 쏟아질 고척동 주민들의 소음 관련 민원과 상습적 교통체증이 더 심해진다면 받게 될 옆 사무실 도로교통부의 따가운 시선 또한 눈 앞에 아른거렸다. 예상 수익은? 시공비용은?

고민에 빠진 나본부장은 다음날 MBA를 마치고 업무로 돌아온 박부장이 생각나 도움을 청했다. 나본부장은 박부장이 MBA 재학시절 의사결정 과정과 분석방법에 대한 경험이 있기 때문에 이러한 문제에 대한 정확한 분석을 통해 해결책을 제시할 수 있을 것으로 판단하였다. 나본부장의 요청을 받은 박부장은 이 문제를 해결하기 위해 의사결정 분석팀(이하 분석팀)을 구성했다. 박부장을 팀장으로 하고, 문화체육 공연들을 담당해 온 김과장, 건설 쪽 업무를 봐온 도시계획과 이과장, 프로야구와 아마야구를 담당해 온 오주임과 분석 능력이 뛰어난 최주임을 포함한 5명으로 팀을 구성하였다.

4.3.1 구조화 단계

분석팀은 분석에 앞서 고척 스카이돔 완성 시 나타날 장단점에 대해 조사했다. 먼저 미국과 일본의 경우 돔구장들이 여럿 존재하지만 우리나라의 경우 처음이기 때문에 야구계의 발전과 인프라 측면에서의 상징성이 있다. 하프돔과 전면돔 간의 차이는 있지만, 기본적으로 돔구장의 효과로는 우천이나 날씨 문제에 상관없이 경기 진행이 가능하기 때문에 대회 유치와 진행 측면에서 강점이 있다. 이는 프로야구에 적용될 경우 우천취소에 따른 관중의 헛걸음 방지나 차질 없는 일정 계획 등의 측면에서 프로야구 흥행에 어느 정도 도움이 될 것이라 예상되었다. 또한 기본 야구장에 비해 소음 방지 측면에서도 유리하기 때문에 전면복합 돔구장의 경우 지자체와 정부차원에서 공을 들이고 있는 한류 공연장으로도 사용될 수 있다.

현재 예산과 부지를 검토한 결과 19,000석 정도의 좌석이 확보 가능하며 공연 시에는 30,000명 가량 수용할 수 있을 것으로 판단되었다. 서울시의 전체적인 입장 또한 대형마트가 주변상권에 미치는 영향을 고려하여 마트를 입점을 시키지 않는다는 방침이 있기에 프로구단 유치와 대형공연 유치가 수익성의 큰 비중을 차지하게 될 것이라고 예상되었다.

하지만 현재의 상황에서는 수익성이 불확실하다는 점이 가장 큰 문제이다. 돔구장은 보통 야구장에 비해 운영비가 더 많이 든다. 김과장이 일본 돔구장의 사례를 조사한 결과 돔구장의 형태에 따라 연간 운영비가 최소 20억 원에서 최대 100억 원까지도 소요될 수 있다는 것이 파악되었다. 일부에서는 돔구장의 특성에 따라 아마야구 외에 프로야구, 공연까지 이루어진다면 기존의 설계목적에 반하여 수익성이 제일 떨어지는 아마야구계 쪽에서 부담을 짊어져야 한다는 우려 또한 제시되었다. 마지막으로 상습 정체 구간인 고척동에 많은 관중이 드나드는 프로야구 경기와 대형공연이 유치될 경우 심각한 교통체증을 유발할 가능성이 높기에 주변 도로변과 대중교통 인프라에도 대대적 수정이 필요할 것 같다는 의견 또한 제시되었다.

숨가쁘게 진행된 1차 회의를 마친 박부장은 회의에서 나온 장점과 단점들의 중요도를 화살표의 길이에 반영하여 Force Field Diagram으로 정리하였다([그림 16-3]). Force field diagram을 보며 팀원들은 어느 요인들에 분석의 초점을 두어야 할지 머릿속으로 정리하기 시작했다.

그림 16-3 돔구장 건설을 위한 Force Field Diagram

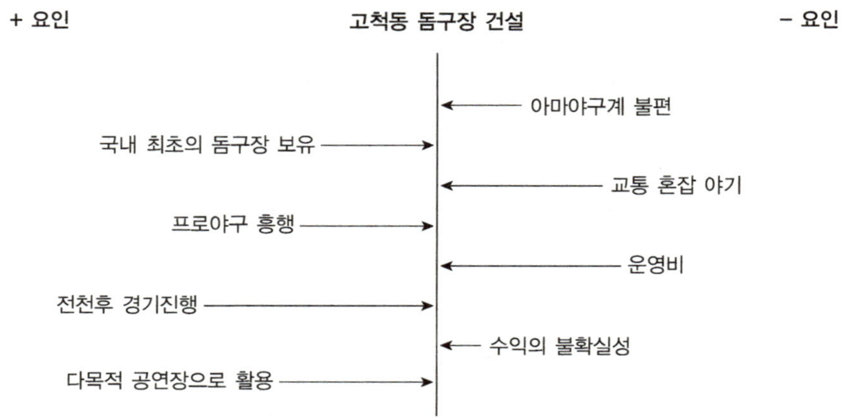

이러한 돔구장 건설에 관한 일반적 요인 이외에 생각할 수 있는 대안들을 좀 더 구체적으로 도출하자는 의견이 있었다. 즉, 돔 형태, 활용방법, 사용 주체 등에 따라 고려할 수 있는 여러 조합을 좀 더 체계적으로 생각해 보기로 하였다. 여기서 박부장이 사용한 방법은 전략표이다. 이를 통하여 세부 의사결정 요인(돔 형태, 활용방법, 사용 주체 등)을 조합하여 의미가 있고 평가할 가치가 있는 대안들을 도출할 수 있었다([그림 16-4]).

이 전략표에 따라 대안을 크게 4가지로 나누었다.

- 하프돔 : 아마야구만을 위한 구장이며 수익성을 위한 사업은 아님. 관중 수가 적기에 주위교통 및 환경개선은 불필요
- 하프 복합돔 : 하프돔에 공연시설을 추가. 운영비 상승으로 인한 프로구단

유치가 필요하며 유동인구로 인한 교통문제 개선 필요

- 전면돔 : 야구만을 위한 구장으로 공연은 불가하나 높은 운영비로 프로구단 유치가 필요. 유동인구로 인한 교통문제 개선 필요
- 전면 복합돔 : 전면돔에 공연에 필요한 시설을 추가하였으며 역시 프로구단 유치와 교통문제 개선이 필요

그림 16-4 전략표

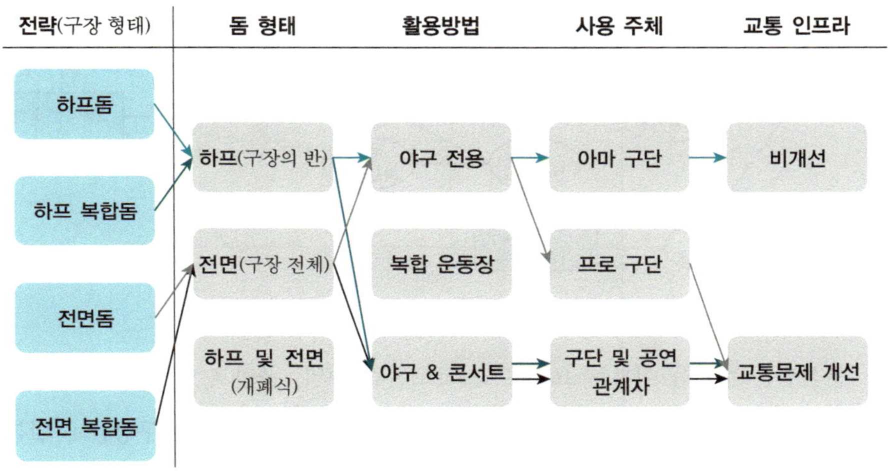

4개의 대안에 따라 의사결정에 미치는 중요 요인을 파악하기 위하여 의사결정팀은 영향도를 작성하였다([그림 16-5]). 영향도는 의사결정 요소들과 요소들 간의 관계를 도식적으로 나타내는 도구로 영향도 작성은 팀원들의 문제에 대한 이해도를 높이고 의사소통에 큰 도움을 준다. 팀원들은 영향도를 그리면서 중요 의사결정 변수로 구장 형태와 교통시설 확충을 정하였고, 수익과 비용 도출에 필요한 관련 변수들을 파악하였다.

그림 16-5 돔구장 건설 결정을 위한 영향도

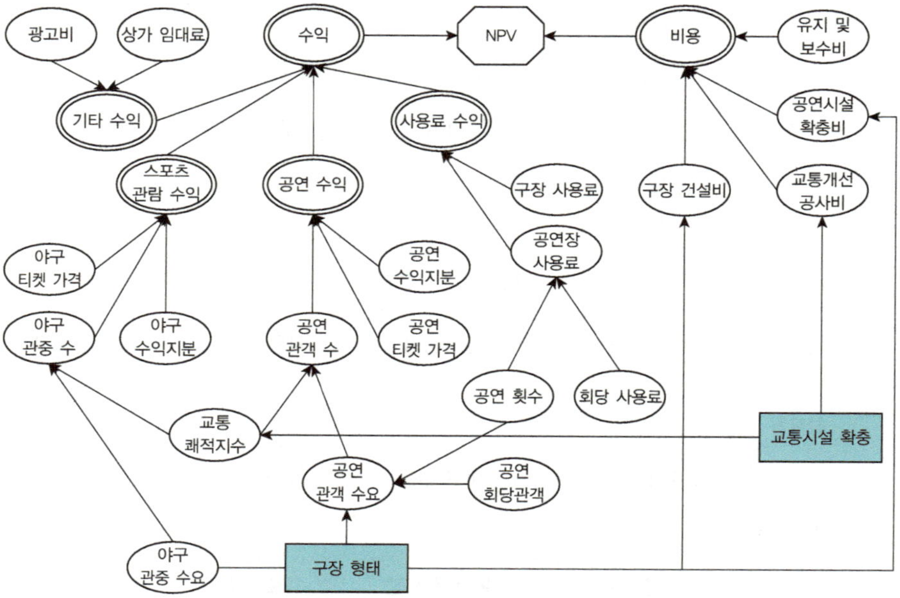

분석팀은 수익을 이루는 요소로 스포츠 관람 수익, 공연 수익, 사용료 수익, 기타 수익으로 설정하고 이를 도출하는 데 필요한 정보들은 국내 타구장들과 일본의 돔구장 사례에서 참고했다. 운영비와 투자비가 워낙 큰 사업이고 외부에서 평가할 수 있는 가장 객관적인 수치는 수익이기 때문에 수익과 비용에 초점을 두어 1차 분석을 해 보기로 하였다.

4.3.2 분석 단계

박부장은 문제의 구조화 단계 자료들을 토대로 고척동 돔구장 사업의 수익과 지출 비용이 어느 정도 되는지 추정하였다. 이를 위해 돔구장의 수익을 추정해 줄 수 있는 분석모형을 개발하였다. 이 분석모형은 [그림 16-5]의 영향도에서 파악한 변수들과 그들 간의 관계를 이용하여 MS Excel에서 구현한 것이다. 〈표 16-3〉은 분석팀에서 평가한 각 변수의 10%, 50%, 90% 값을 보여준다(잠실구장과 일본 삿포로돔의 사례 참고).

표 16-3 변수별 10%, 50%, 90% 값

변수		10%	50%	90%
비용				
1회	구장건설비(억 원)	529	929	1,229
1회	교통개선공사비(억 원)	300	500	1,000
1회	유지보수비(억 원)	200	300	500
매년	공연시설확충비(억 원)	65	80	120
수익				
	구장사용료/년(억 원)	17.5	25	35
야구	티켓 가격(만 원)	0.9	1.1	1.4
야구	야구관객 수요(만 명)	60	90	110
공연	공연장사용료/회(억 원)	0.6	0.8	1.2
공연	공연횟수/년	6	12	24
공연	공연회당 관객(만 명)	1.5	2	2.2
변수	교통 쾌적지수[1)](수요에 영향)	0.6	0.85	1

1) 주위 교통 환경이 가장 원활한 상태가 1을 나타냄. 관중 및 관객의 수요 도출 식의 가중치 역할

다른 구장의 정보를 참고하여 분포상 50%의 변수값으로 순현가NPV ; Net Present Value를 계산한다면 구장을 25년 유지 시 연간 약 8.3억 원의 수익을 얻는 것으로 나타났다. 수익을 낼 수 있다는 판단이 들자 어두웠던 분석팀의 표정도 조금 밝아졌다. 〈표 16-3〉에서 평가된 10%에서 90%로의 변동폭을 고려하면 건설비, 공사비, 운영비 등과 티켓 수익, 광고 수익 등의 비용과 수익을 추정하여 계산할 수 있었다. 다음에는 각 변수의 변동폭에 따라 순현가에 미치는 영향을 모아 토네이도 다이어그램을 작성했다([그림 16-6]).

그림 16-6 토네이도 다이어그램

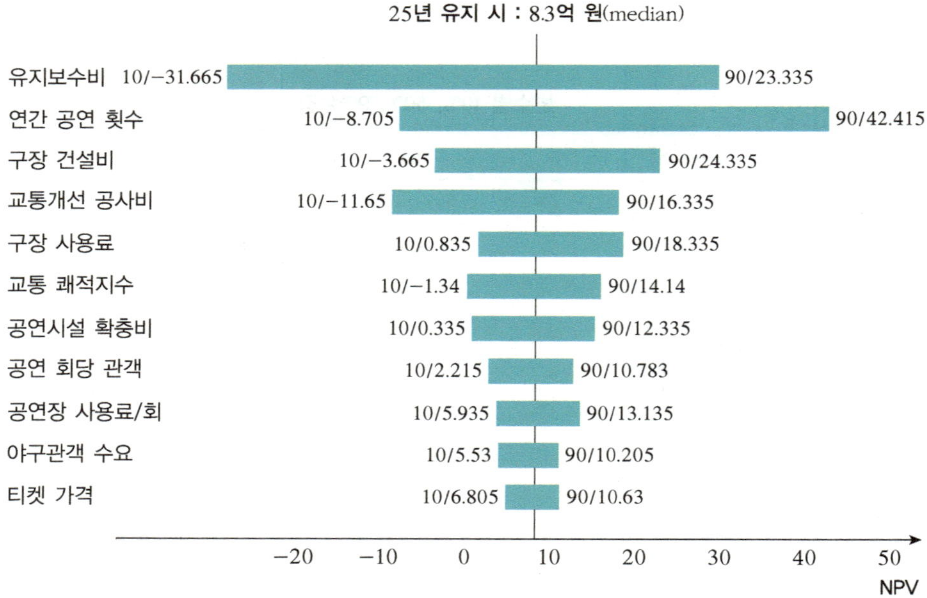

토네이도 다이어그램에서 변동폭이 큰 변수는 그림의 위쪽에 변동폭이 작은 변수는 아래 쪽에 위치하는데, 이를 통해 변수가 의사결정에 미치는 영향의 크기를 직관적으로 파악하는 데 도움을 준다. 이를 통해 중요한 불확실성 변수를 파악하고, 추가적 분석의 필요성을 정할 수 있다.

[그림 16-6]에 의하면 유지보수비, 연간 공연횟수, 구장 건설비 등의 변동이 고척 스카이돔 사업의 NPV에 가장 큰 영향을 미치는 것으로 파악되었다. 하지만 국내 사업의 현실상 광고 수익과 상가임대 수익은 처음 계약 시 정해지는 부분으로 변동폭이 크지 않기 때문에 명목값으로 고정하였고 그 외의 변수들은 의사결정에 영향을 미치는 중요한 불확실성 변수로 보고 분석을 진행하였다([부록 16A-1] 참고).

분석팀은 정해진 불확실성 변수를 중심으로 의사결정나무 분석을 해 보기로 했다. 의사결정나무 분석은 대안과 불확실성 변수의 값과 해당 확률 등의 정보를 구체적이고 간결하게 표현할 수 있다는 장점이 있다. 박부장은 위에서 정한 유지보수

그림 16-7 돔구장 건설을 위한 의사결정나무

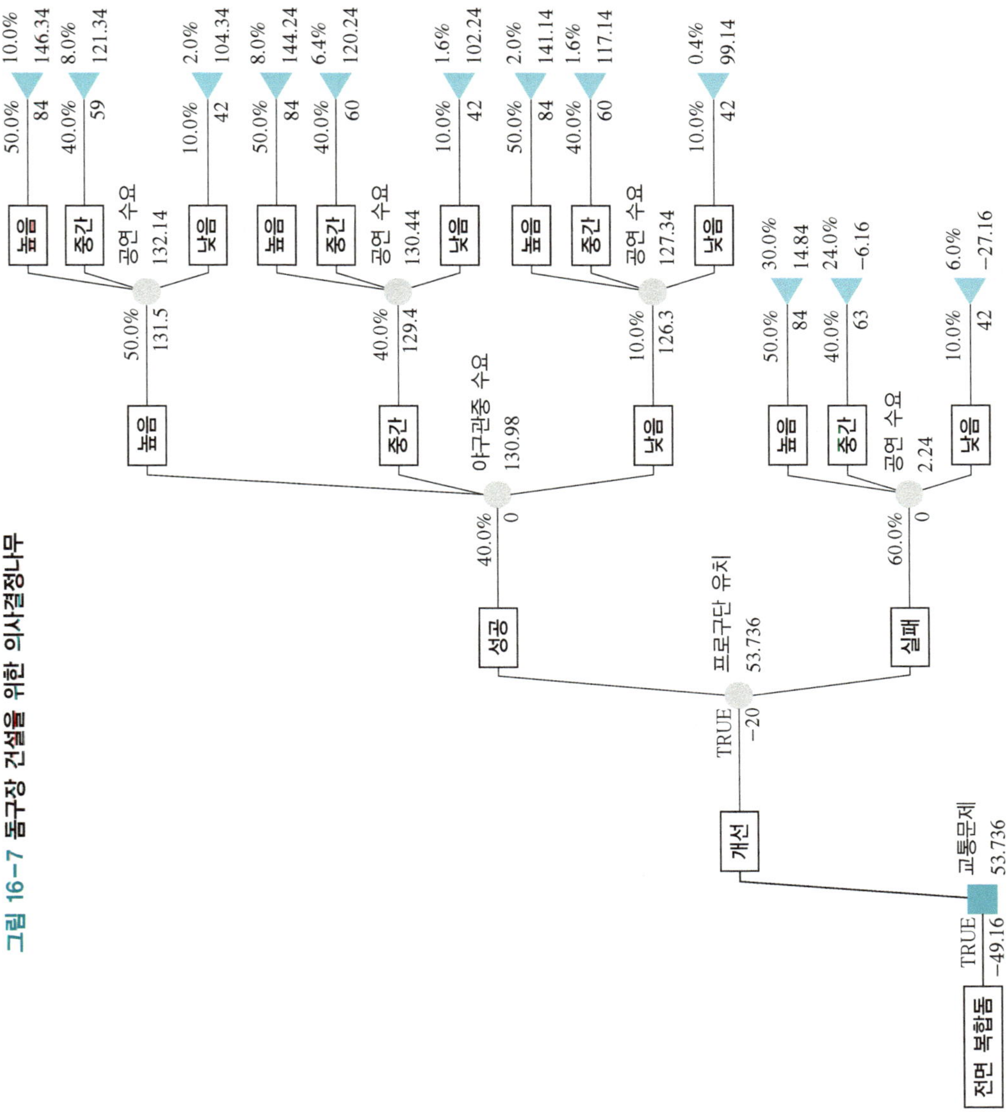

비와 연간 공연횟수에 영향을 미치는 의사결정 변수와 불확실성 변수를 의사결정나무에 반영했다(대안별 의사결정나무는 [부록 16A-2] 참고). 의사결정나무를 컴퓨터 소프트웨어로 그리는 데 조금 애를 먹기는 했지만 최주임의 활약으로 빠르게 결과가 나왔다. 그 결과 NPV가 가장 크게 나타나는 경우인 고척 돔구장을 전면 복합돔으로 건설하는 동시에 주변의 환경 및 교통을 개선하는 방법이 최적의 의사결정으로 파악되었다([그림 16-7]). 분석결과 전면 복합돔 건설 시 NPV는 불확실성 변수에 따라 수익이 유동적이긴 하나 평균적으로 연간 53.7억 원의 수익을 얻을 수 있다는 결론이 나왔다.

불확실한 상황에서의 NPV의 분포를 파악할 수 있는 위험분포도risk profile의 결과 하프 복합돔이 하프돔을, 전면 복합돔이 전면돔을 확률적으로 지배함stochastic dominance이 나타났다. 이는 어떠한 불확실성의 상황에서도 공연시설이 있는 복합돔의 경우가 그렇지 않은 경우보다 경제적으로 더 좋은 선택이 됨을 나타낸다. 이를 통해 분석팀은 돔구장 건설 문제에 대해 추가비용이 들더라도 공연시설의 확충은 필수적이라는 결론을 내렸다. 하지만 전면돔의 경우 프로구단 유치를 하지 못할 경우에 나타나는 엄청난 위험을 안고 가야 한다는 문제점이 발견되었다. [그림

그림 16-8 대안별 리스크 프로파일

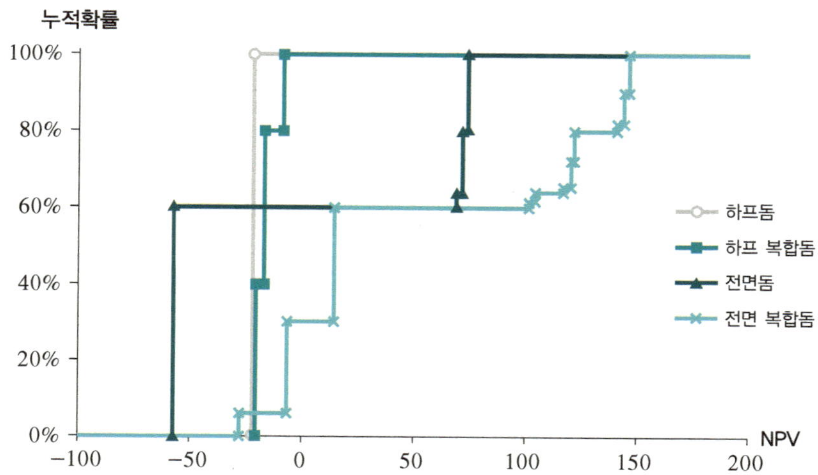

16-8]의 결과와 같이 전면돔의 경우에 나타나는 60% 확률로 발생하는 손해가 가장 큰 문제라는 결론을 내렸다. 이를 줄이기 위해서는 어떤 계획이 필요할지 박부장은 한번 더 고민에 빠졌다.

4.3.3 평가 단계

분석팀은 지금까지 진행된 분석 결과에 대해 나본부장에게 보고하고, 앞으로의 진행 방향에 대해 협의했다. 팀에서 일방적으로 진행된 분석과 결론은 최종 의사결정자인 시의회와 나본부장이 받아들이기 어렵기 때문이다. 이 과정에서 분석팀의 결과가 과연 팀에서 내린 가정에 얼마나 의존하는지, 이러한 모형이 얼마나 정확한지에 대한 이슈가 제기되었다. 나본부장은 분석팀에게 이 문제에 대한 추가적 분석을 요청했다. 이에 분석팀은 불확실성 변수의 변동에 따른 최적 의사결정의 변화를 확인하기 위해 공연 수요 및 프로구단 유치에 대한 민감도 분석을 실시하였다.

공연 수요에 대안 민감도 분석

[그림 16-7]의 최적 의사결정나무에서 분석팀은 말단 노드인 공연 수요의 확률에 따라 최종적인 수익이 변화함을 살펴볼 수 있었다. 현재 공연 수요는 주위 교통 및 환경을 개선할 경우 수요가 높을 확률이 50%, 중간일 확률이 40%, 낮을 확률이 10%로 평가했으며, 주위 교통 및 환경을 개선하지 않았을 경우에는 수요가 높을 확률이 20%, 중간일 확률이 40%, 낮을 확률이 40%로 평가하여 분석을 진행하였다. 이러한 주관적 확률평가의 변화에 따른 영향을 보기 위해 공연 수요가 높을 확률을 주위 교통 및 환경 개선 시 30~80%, 비개선 시 0~50%로 변화시키며 수익의 변화를 살펴보았다.

그 결과 공연 수요에 따라 수익에 영향을 받는 하프 복합돔과 전면 복합돔의 경우 공연 수요가 높을 확률의 변화에 따라 거의 변화가 없거나 낮은 양의 상관관계를 나타냈다. 상관관계는 존재하였지만 기존의 토네이도 다이아그램에서 나타나듯

수익의 가장 큰 부분은 광고 수익이기 때문에 공연 수요의 불확실성은 NPV의 변화에 큰 영향을 끼치지 않고 의사결정의 변화에도 영향을 주지 못하는 것으로 확인되었다.

그림 16-9 공연수요가 높을 확률에 따른 민감도 분석

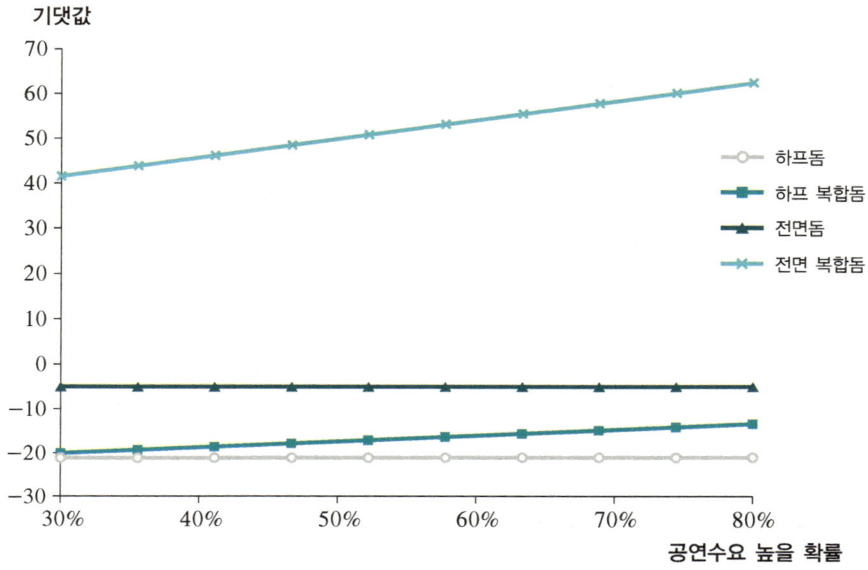

프로구단 유치 가능성에 따른 민감도 분석

최적 의사결정나무에서 나타나는 또 다른 불확실성 변수는 프로구단 유치 여부였다. 프로구단이 돔구장에 들어오는 여부는 야구 관련 수익에 큰 영향을 미치기 때문에 이 확률에 따른 수익의 변화를 민감도 분석을 통해 확인했다. 프로구단 유치 가능성은 주위 환경 및 교통 개선 시 성공 40%, 실패 60%로 가정하였으며, 개선되지 않을 경우 성공 20%, 실패 80%로 가정하여 분석하였다. 민감도 분석에서는 교통개선 시 프로구단 유치 성공확률을 20~50%로 변화시키고, 비개선 시 성공확률을 0~30%로 변화시키며 수익의 변화를 살펴보았다([그림 16-10]).

그 결과 프로구단 유치에 따라 영향을 받는 전면돔과 전면 복합돔의 경우 수익

그림 16-10 교통 개선 시 프로구단 유치 가능성에 따른 민감도 분석

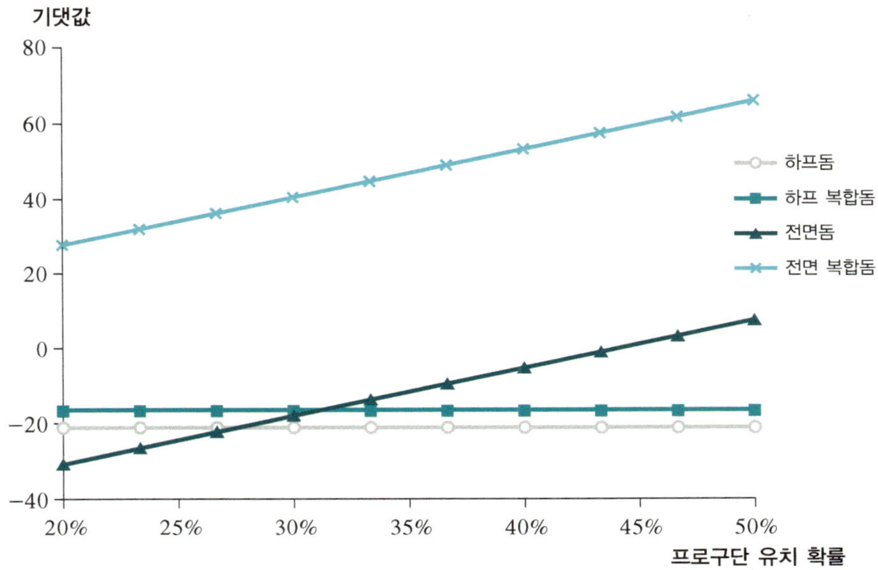

의 변화가 뚜렷하게 나타났다. 앞의 결과와 마찬가지로 프로구단 유치 가능성이 변화하게 되면 전면 복합돔의 수익성이 압도적으로 나타났지만, 프로구단 유치 가능성이 30%가 넘어갈 경우 전면돔의 NPV가 하프돔과 하프 복합돔의 NPV를 앞질렀으며, 40%가 넘으면 NPV 또한 흑자로 전환되었다. 이는 프로구단의 유치 확률이 높아질 경우 전면돔이 하프돔과 하프 복합돔보다 수익 측면에서 더 유리할 수 있다는 결론을 낼 수 있었다. 그러나 유치 확률의 변화에도 전면 복합돔이 최적의 의사결정이라는 점은 변함이 없다는 사실을 다시 한번 확인하였다.

나본부장과 분석팀은 전면 복합돔이 기대 NPV 측면에서는 최적의 의사결정임을 확인했지만, 만약 프로구단 유치가 실패했을 때의 위험에 대해서는 확신이 서질 않았다. 따라서 고척 스카이돔 건설 형태를 확정하고 프로구단 유치를 불확실성으로 받아들이기 보다 좀 더 적극적인 접근이 필요하다는 판단을 하게 된다. 특히 프로구단과의 협상을 통해 파격적인 유인책을 사용하여 프로구단을 확실하게 유치한다는 가정하에 제의할 수 있는 최대 금전적 혜택이 얼마나 될 것인가가 궁금해 졌다. 박부장은 구단 유치에 대한 불확실성 여부를 의사결정자의 목표에 맞게 없애 버릴 수 있으면, 그 해당 가치를 계산해 주는 조정의 가치value of control라는 개념을 상기했다.

조정의 가치분석

조정의 가치분석은 우리가 원하는 프로구단을 유치할 수 있는 상황이 되었을 때 기대되는 NPV와 기존의 최적 의사결정나무에서 기대되는 NPV의 차이를 계산해 얻어진다. 즉, 불확실성을 원하는 방향으로 결정함으로써 얻는 기회의 가치를 산정하는 것이다. 기존의 최적 의사결정나무에서는 돔구장 형태를 결정한 후 프로구단 유치의 불확실성이 존재하는 상황이었지만, 조정의 가치분석에서는 불확실성 노드로 표현되었던 프로구단 유치 노드가 의사결정 노드가 되어 결국은 100%로 프로구단 유치가 성공하는 상황을 상정한다. 그 결과 프로구단 유치에 관한 불확실성이 제거되고 연간 131.0억 원이라는 NPV가 예상된다. 이는 기존의 의사결정나무에서 발생한 연간 53.7억 원에 비해 연간 77.3억 원의 추가 수익이 발생하는 것이다. 조정의 가치 분석의 누적확률 분포는 [그림 16-11]과 같다.

그림 16-11 조정의 가치 분석과 누적확률 분포

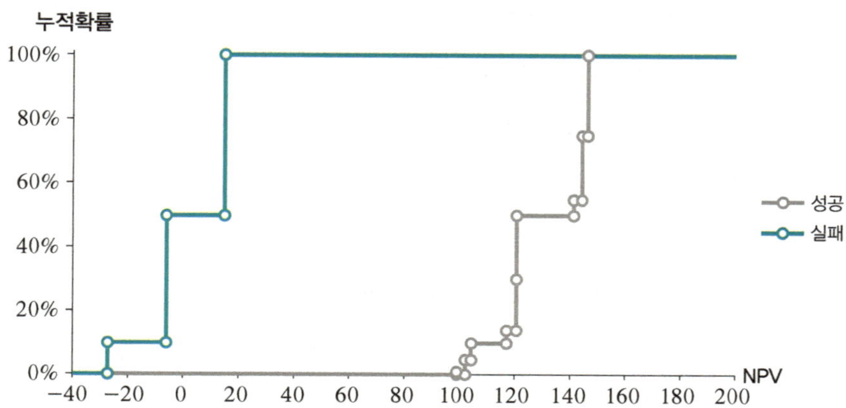

[그림 16-11]에서 확인할 수 있듯이 프로구단 유치가 사전에 실패할 경우 약 50% 확률로 적자를 볼 가능성이 있지만, 프로구단 유치가 사전에 성공할 경우에는 어느 상황에서도 손해를 보지 않고 큰 수익이 발생함을 확인할 수 있었다. 프로구단 유치는 25년간의 현금흐름을 기대할 수 있으므로 사용 목적에 적합한 형태의 구장을 건설할 수 있다. 사전에 프로구단 유치를 성사시킨다면 조정의 가치인 최대 연간 77.3억 원까지 인센티브를 제공하더라도 서울시 입장에서는 도움이 된다는 결과를 얻었다. 분석팀은 프로구단 유치의 중요성을 새삼 깨닫고 반드시 프로구단과의 계약을 성사시켜야 한다는 결론을 내렸다.

4.3.4 AHP

수익성 분석을 마친 나본부장과 박부장은 이런 중요한 의사결정을 수익성이라는 단일 기준만으로 평가할 수 없다는 판단이 들었다. 따라서 분석팀은 수익성 외에도 교통과 소음 감소에 따른 쾌적성, 문화행사 지원을 통한 사회공헌, 프로야구와 아마야구에 대한 기여 등 3가지 비계량적 기준을 추가하기로 했다. 이런 계량

그림 16-12 AHP 가치 속성 및 수준

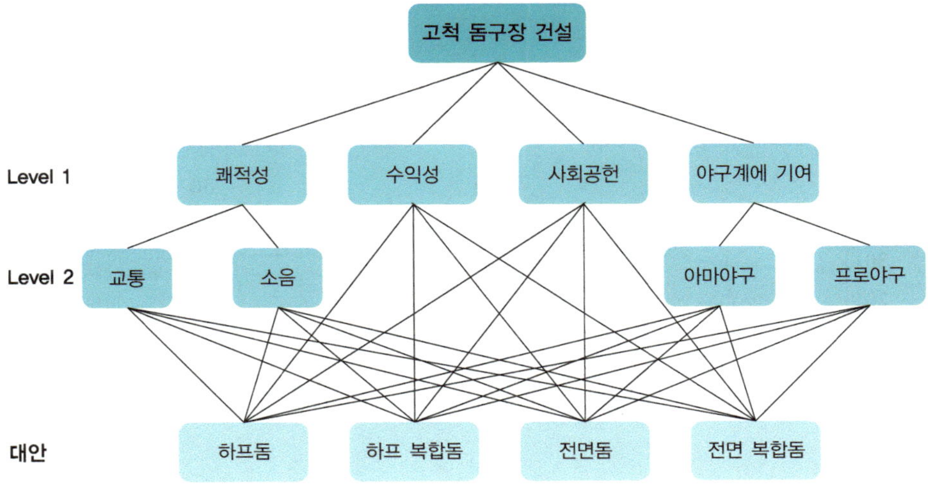

및 비계량적 기준에 대한 평가를 위해서는 AHPAnalytic Hierarchy Process 분석이 적절하다고 생각했다([그림 16-12]).

AHP는 계량적·비계량적 목표들을 계층적 의사결정 구조로 만들어 대안의 우선순위를 선정하는 방법이다. AHP의 특징은 여러 가지 가치 속성을 나열하여 여러 수준으로 분류하고 구조화할 수 있으며, 계량 및 비계량적 요소를 동시에 고려할 수 있다는 점이다. 특히 쌍대비교를 통해 한 번에 둘씩만 비교하기 때문에 평가가 비교적 용이하며, 평가의 일관성을 검증할 수 있다는 장점이 있다.

야구 및 관련 업무에 종사하는 공무원 10명과 공청회에 참가한 시민 10명에게 AHP 분석을 실시한 결과 사회공헌(0.335), 수익성(0.330), 쾌적성(0.208), 야구계에 기여(0.127)의 순서로 중요도가 평가되었다. 세부적으로 쾌적성 측면에서는 교통(0.623)이 소음(0.377)에 비해 중요시되었으며, 야구계에 기여 측면에서는 프로야구(0.558)가 아마야구(0.442)보다 약간 중요시되었다. 이를 토대로 가중치를 주어 대안을 평가하면 전면 복합돔, 전면돔, 하프 복합돔, 하프돔의 순서로 선호된다는 결과를 얻었다([그림 16-13]).

그림 16-13 대안에 대한 AHP 평가

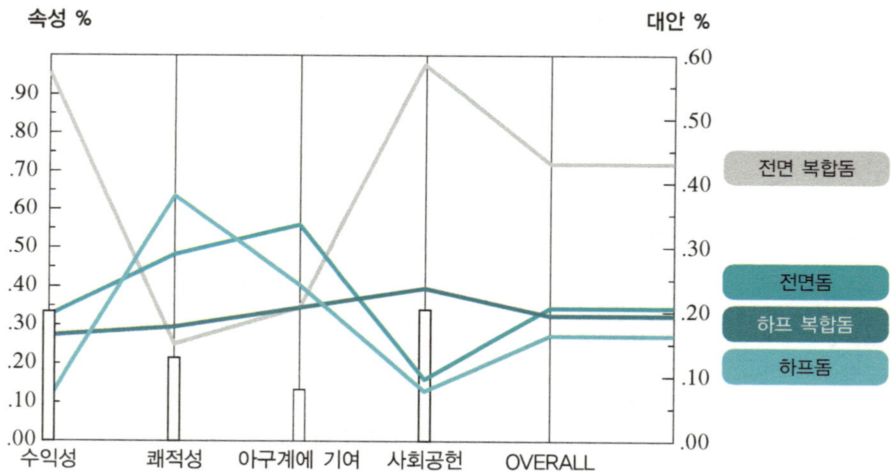

결국 전면 복합돔이 AHP를 통한 분석과 수익성 분석 결과 모두에서 최선이라는 결론을 내렸다. 하지만 다른 요인에 더 비중을 두게 된다면 그 결론이 달라질 수 있다는 점 또한 참고하기로 하였다. 예를 들어 야구계에 대한 기여를 좀 더 고려하면 전면돔, 인근 지역의 쾌적성을 고려한다면 하프돔이 다른 대안이 될 수 있음 또한 보고서에 올리기로 결정하였다. 정치인들과 고위공직자들은 여론과 시대흐름에서 특정 사안이 부각되면 신경을 쓸 수밖에 없으니 각각의 상황에 맞는 대안 또한 준비해야 한다는 데 뜻이 모였다. 두꺼운 보고서와 함께 시장님께 올라갈 요약 부분에는 다음과 같은 결론이 실렸다.

본 분석은 돔구장 형태에 따른 NPV, 불확실성, 비계량적 가치 등을 고려한 의사결정분석 과정과 그 결과를 제시하고 있다.

- 계량적 기준하에서는 수익성을 기준으로 전면 복합돔 > 전면돔 > 하프 복합돔 > 하프돔의 순서로 선호되었으며,
- 비계량적인 요소인 쾌적성, 사회공헌, 야구계에 기여를 추가하여도 동일한 결과가 나왔다. 다만 야구계에 대한 기여에 더 큰 비중을 두게 되면 전면돔을, 쾌적성에 더 큰 비중을 두게 되면 하프돔이 대안이 될 수 있음.
- 프로구단과의 사전합의 없이 전면 돔구장을 짓는 것은 큰 위험이 있음.
- 프로구단 유치 실패 시 매년 엄청난 손실이 발생하지만, 사전적으로 프로구단 유치계약을 할 수 있다면 연간 77.3억 원의 가치가 발생함.

4.4 의사결정 프로세스의 필요성

우연을 바라고 내린 결정이나 문제에 대한 깊은 분석과 고민 없이 내린 결정은 좋은 결정이 될 수 없다. 문제에 적절한 프레임과 다양한 정보의 수집, 적합하고 창의적인 대안들의 제시, 논리적 분석을 통한 체계적 분석만이 좋은 의사결정을 내릴 수 있다.

본 응용사례에서는 불확실한 상황에서 활용할 수 있는 통찰 기반 의사결정 프로세스를 소개하고 이를 고척 스카이돔 건설 결정에 적용해 보았다. 단순히 어떤 구장이 서울시에 제일 적합할지 고민하며 시작된 문제는 문제를 분석하면서 어떤 속성들이 수익성에 가장 큰 영향을 미치는지 고려하게 되었고, 평가기준에 적합한 대안을 찾아가는 데 큰 도움을 주었다. 위험에 대한 분석 또한 고려하였기 때문에 결과적으로 프로구단의 사전 유치 여부가 수익에 큰 영향을 미친다는 사실을 발견하였고, 이는 프로구단과의 협상에 실패하고 협상의 주도권을 잃어버린 서울시의 사례에 큰 시사점을 제공한다. 또한 계량적인 분석 외에도 비계량적인 분석이 가능한 AHP 분석방법을 도입하였으며, 이를 통해 수익성 외에도 실제 의사결정에 영향을 미칠 수 있는 정성적 기준들을 제시하였다.

의사결정 프로세스를 사용하면 의사결정자의 인지능력의 한계로 인한 근시안적인 대안선택을 막을 수 있으며 전문가들의 전문성을 체계적으로 반영하기 용이해진다. 또한 논리적 분석을 통해 대안들에 대한 합리적 비교가 가능하고 이는 의사결정의 근거가 되어 선택된 대안을 실행하는 과정의 잡음을 줄이는 효과 또한 얻을 수 있다.

체계적 의사결정 프로세스라고 하여 항상 좋은 결과만을 낼 수는 없다. 하지만 이 사례에서 제시한 의사결정 프로세스를 통하여 고척 스카이돔 건설이 진행되었다면, 진행 과정에서 발생한 비용과 시간의 낭비를 줄일 수 있었을 뿐만 아니라 그 과정에서 생긴 불필요한 잡음을 최소화할 수 있었을 것이다. 더 나아가 이 고척 스카이돔 건설 사례는 새롭게 추진되는 잠실 돔구장 건설에도 유용한 교훈을 줄 수 있을 것이다.

우리는 중요한 의사결정 문제를 올바른 논리에 바탕을 두고 체계적이고 분석적으로 처리할 수 있어야 한다. 좋은 의사결정을 내릴 수 있는 능력은 개인이나, 기업, 공공기관의 어떤 차원에서도 가장 중요한 능력이다.

5. 책의 마무리

KAIST MBA를 졸업한 수강생들의 의사결정 강의에 대한 기억은 제각각이다. 어떤 수강생은 확률을 사용해 기댓값을 계산한 다음 대안을 선택하는 계량적 접근 방법 자체가 신기했던 기억을 떠올린다. 의사결정나무를 그렸던 것을 기억하기도 한다. 다른 수강생은 베이즈 정리를 이용해 추가적 정보에 대한 가치를 계산했던 기억을 떠올리기도 한다. 영향도로 변수 상호 간의 관계를 확인하는 과정에서 고려할 변수가 너무 많아 난감했던 수강생도 있다. 사람들은 서로 다른 기억으로 의사결정을 이해한다. 저자는 수강생들의 저마다 다른 기억에 한가지를 더해 의사결정에 대한 분명한 이해가 있기를 기대한다.

의사결정 : 문제의 본질을 찾아가는 과정

결정한다는 뜻의 영어단어 "decide"는 라틴어의 떼어낸다는 접두사 "de–"와 없애 버린다는 접미사 "–cida"에서 유래한 "cide"가 결합한 단어로 떼어 없앤다는 뜻이다. 이 뜻은 곡식을 고를 때 쓰는 뜰채를 생각해 보면 그 의미가 분명해진다. 가로세로 촘촘하게 엮인 철사로 만들어진 뜰채는 쌀과 함께 섞인 돌과 같은 불순물을 걸러낸다. 의사결정은 뜰채를 사용하는 것과 같이 관련성 없는 것들은 제거하고 이를 통해 숨어있는 본질을 찾아가는 과정이라고 할 수 있다.

의사결정 과정에는 분석이 포함되지만 분석은 목적이 아닌 수단일 뿐이다. 의사결정의 목적은 의사결정 문제의 중요한 영향변수를 찾고, 새로운 대안을 개발하고, 리스크를 평가하여 관리할 아이디어를 찾고, 추가적 정보수집의 타당성을 분석하는 등 문제를 이해함으로써 그 문제의 본질에 다가가는 것이다.

이 책에서는 의사결정과 관련해 크게 세 가지, 즉 좋은 의사결정을 위한 9가지 원칙, 이를 기반으로 한 통찰 기반 의사결정 프로세스, 이를 실제 문제에 적용하는 결정지능에 대해 알아 보았다. 첫째, 본질을 찾아가는 과정에서 우리는 제1장부터

제13장까지 다룬 핵심적 내용을 바탕으로 의사결정의 9가지 원칙을 도출했다. 둘째, 이 9가지 원칙이 적용된 프로세스가 바로 통찰 기반 의사결정 프로세스이다. 이 프로세스는 직관적 결정에 따른 편향의 가능성을 배제하며 체계적이고 분석적인 방법으로 본질을 찾아가는 길라잡이 역할을 한다. 셋째, 결정지능은 의사결정의 9가지 원칙을 이해하고 실제 문제에 적용하는 능력이다. 결정지능이 높은 사람은 이 과정을 통해 좋은 결정을 이끌어 낸다. 이것이 우리가 결정지능을 높이기 위해 노력해야 하는 이유이다.[7]

좋은 의사결정을 내릴 수 있는 것은 인간의 가장 중요한 능력이다. 좋은 의사결정을 위해서는 9가지 의사결정의 원칙을 이해하는 것이 필요하다. 이 원칙들을 의사결정 과정에 적용하기 위해서는 결정지능도 높아야 한다. 우리는 의사결정의 원칙을 적용하는 과정 속에서 문제의 본질을 깨닫는 기회를 얻게 된다. 이 본질에 기반한 의사결정이 바로 통찰 기반 의사결정이다. 의사결정은 대안의 선택에 관한 것이 아니다. 의사결정은 문제를 이해하고 그 문제의 본질을 찾아가는 과정이다.

7. 이 책과 관련한 추가적 정보는 구글 드라이브(https://url.kr/5fzvwg)에서 제공될 예정이다.

[부록 16A-1] 모형의 가정과 추정치

영향도 관련 가정

기본 가정 :

① 스포츠 수익지분 10%

② 공연 수익지분 15%

③ 공연 티켓비 8만 원

수식 :

① 야구 관중 수(만 명) = 야구 관객 수요 × 교통 쾌적지수

② 스포츠 수익(억 원) = 티켓 가격 × 야구 관중 수 × 지분

③ 공연장 사용료/년(억 원) = 공연장 사용료/회(억 원) × 공연횟수/년

④ 공연관객 수요(만 명) = 공연횟수 × 교통 쾌적지수

⑤ 공연 수익(억 원) = 공연 티켓비 × 공연 관객 수 × 지분

⑥ 기타수익(억 원) = 광고 수익 + 상가임대료

⑦ 사용료수익(억 원) = 구장 사용료 + 공연장 사용료

변수 관련 추정치

기본 가정 :

① 전면돔은 내부 공기순환, 조명 등으로 비용이 더 들어감

② 복합돔 유지보수비는 추가 20억 원으로 책정

③ 잠실 구장을 참고하여 야구장 광고는 연간 65억 원, 공연장 광고는 15억 원

④ 프로구단이 있어야 상가 수익이 발생

표 16-4 **의사결정 변수—구장의 형태에 따른 변화**(단위 : 억 원)

변수	하프 돔	하프 복합돔	전면 돔	전면 복합돔
구장 건설비	529	529	929	929
교통개선 공사비	–	500	500	500
공연시설 확충비	–	300	–	300
유지보수비	20	40	80	100
총합	549	1,329	1,509	1,829

주 : 비용 계산 시 구장 건설비, 교통개선 공사비, 공연시설 확충비는 25년 감가상각하여 계산

표 16-5 **불확실성 변수—수요에 따른 변화 관객**(단위 : 만 명)

변수	높음	중간	낮음
야구관객 수요	60	90	110
야구 관중 수(개선공사 전)	51	76.5	93.5
야구 관중 수(개선공사 후)	57	85.5	104.5
공연 횟수/년(개선공사 전)	6(3)	8(4)	12(6)
공연 횟수/년(개선공사 후)	10(5)	14(7)	20(10)

주 : 괄호는 하프 복합돔의 경우로 전면 복합돔에 비해 절반의 제약을 가정

표 16-6 **명목값 변수**

변수	하프 돔	하프 복합돔	전면 돔	전면 복합돔
구장사용료/년(억 원)	–	–	30	30
티켓 가격(만 원)	–	–	1.1	1.1
공연장 사용료/회(억 원)	–	0.8	–	0.8
공연회당 관객(억 원)	–	2	–	2
광고 수익(억 원)	–	15	65	80
상가임대수익(억 원)	–	–	25	25
교통 쾌적지수(개선공사 전)	0.85			
교통 쾌적지수(개선공사 후)	0.95			

[부록 16A-2] 의사결정나무 분석

의사결정나무가 워낙 크기 때문에 구장의 형태에 따라 각각 나누어 표현하기로 한다.

① 하프돔

② 하프 복합돔

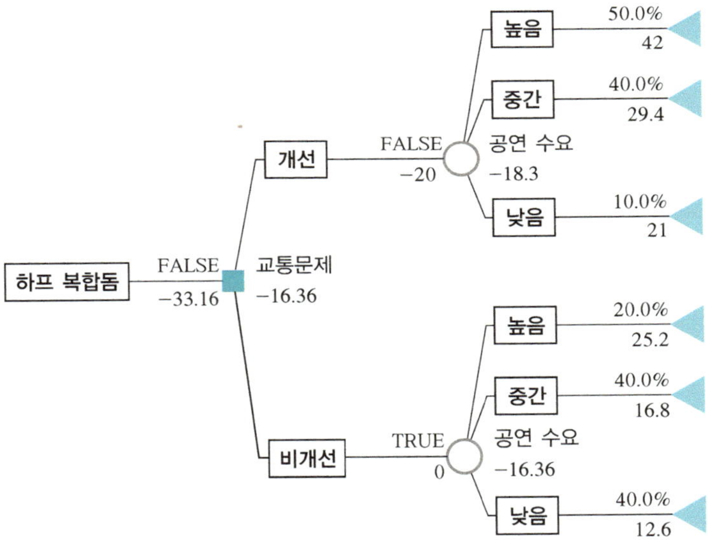

③ 전면돔

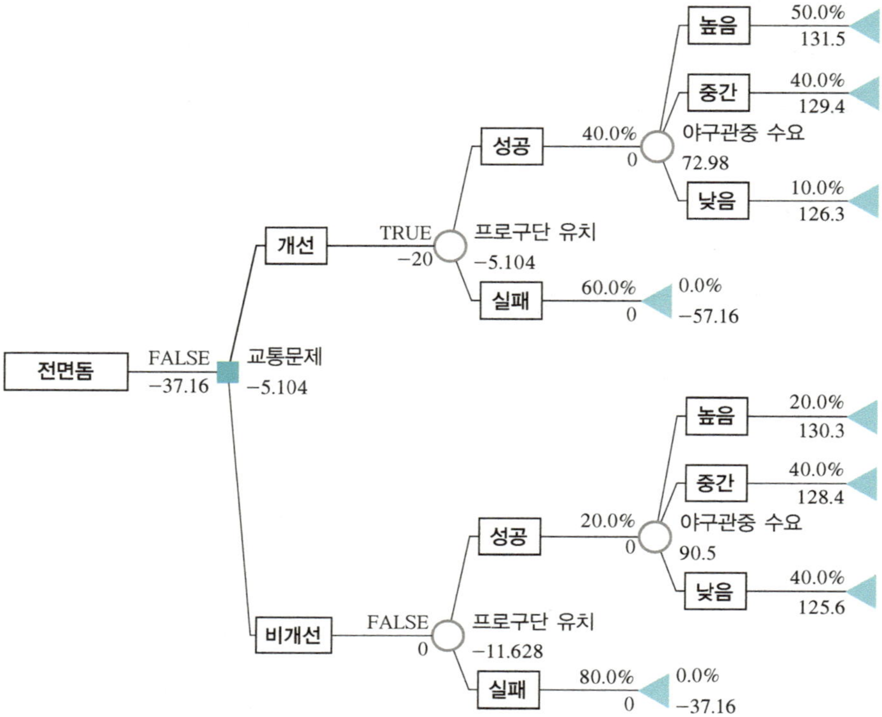

전면돔
FALSE
-37.16
교통문제
-5.104
개선
TRUE
-20
프로구단 유치
-5.104
성공
40.0%
0
야구관중 수요
72.98
높음
50.0%
131.5
중간
40.0%
129.4
낮음
10.0%
126.3
실패
60.0%
0
0.0%
-57.16
비개선
FALSE
0
프로구단 유치
-11.628
성공
20.0%
0
야구관중 수요
90.5
높음
20.0%
130.3
중간
40.0%
128.4
낮음
40.0%
125.6
실패
80.0%
0
0.0%
-37.16

④ 전면 복합돔 및 교통 개선

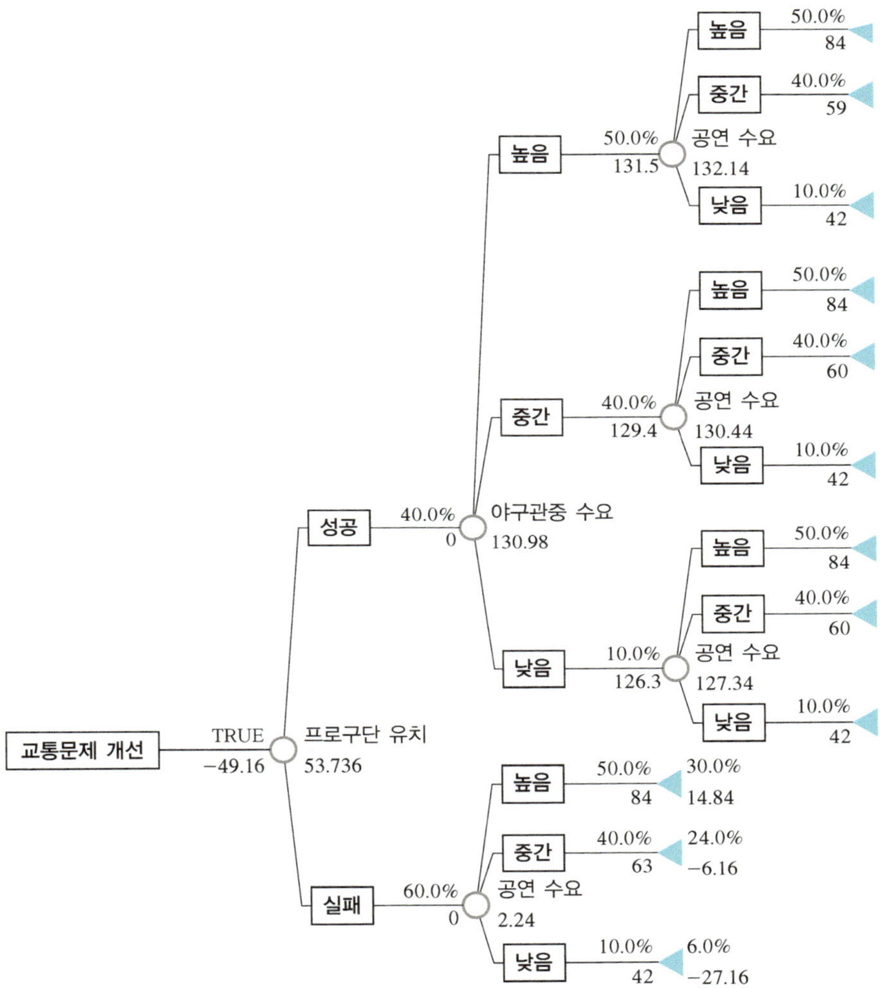

⑤ 전면 복합돔 및 교통 비개선

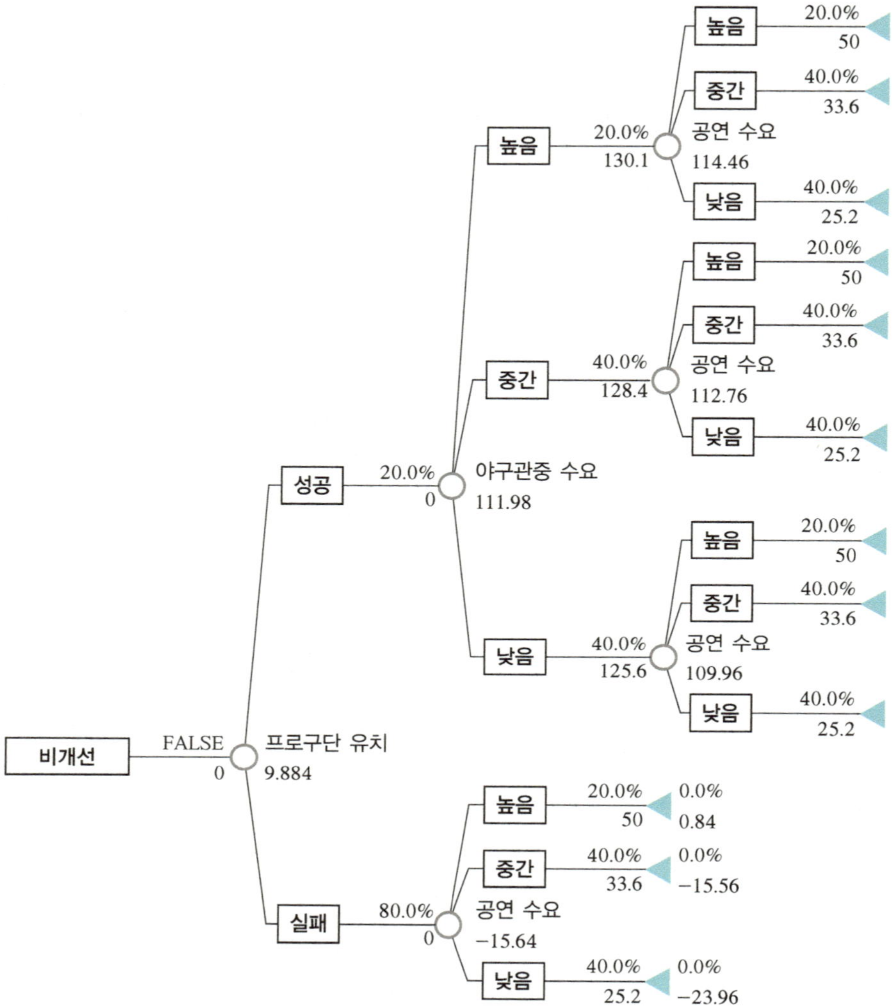

|참고문헌|

제1장 의사결정을 보는 관점

안재현(2013), "'좋은 결과'·'옳은 의사결정 분리해 평가해야'", 한경 Business, No. 935, 68-70.

Aminov, I., De Smet, A., Jost, G., & Mendelsohn, D.(2019), "Decision making in the age of urgency," McKinsey.

Ariely, D.(2010), "Good Decisions. Bad Outcomes," *Harvard business review*, 88(12), 40.

Davis, K., Christodoulou, J., Seider, S., & Gardner, H.(2011), "The theory of multiple intelligences" In RJ Sternberg & SB Kaufman(Eds.), *Cambridge Handbook of Intelligence*, 485-503.

Drucker, P. F.(2004), "What makes an effective executive," *Harvard business review*, 82(6), 58-63.

Frank, C. J., Magnone, P. F., & Netzer, O.(2022), *Decisions Over Decimals : Striking the Balance Between Intuition and Information*, John Wiley & Sons.

Harari, Y. N.(2014), *Sapiens : A brief history of humankind*, Random House.

Howard, R., & Abbas, A.(2016), *Foundations of Decision Analysis*, global edition.

Larson, E.(2022), "Gartner's decision intelligence trend is taking off. What took so long?," Forbes. Retrieved from https://www.forbes.com/sites/eriklarson/2022/05/10/gartners-decision-intelligence-trend-is-taking-off-what-took-so-long/?sh=6e0d5acf4e68

MacCormack, A., & Herman, K.(2000), "Rise and Fall of Iridium," Case :

Harvard Business School Publishing.

제2장 인간의 사고 시스템

Bechara, A., & Damasio, A. R.(2005), "The somatic marker hypothesis : A neural theory of economic decision," *Games and economic behavior*, 52(2), 336–372.

Bechara, A., Damasio, H., & Damasio, A. R.(2000), "Emotion, decision making and the orbitofrontal cortex," *Cerebral cortex*, 10(3), 295–307.

Buss, D.(2015), *Evolutionary psychology : The new science of the mind*, Psychology Press.

Dalgleish, T.(2004), "The emotional brain," *J Nature Reviews Neuroscience*, 5(7), 583–589.

Damasio, A. R.(2006), *Descartes' error*, Random House.

De Neys, W.(2021), "On dual–and single–process models of thinking," *Perspectives on psychological science*, 16(6), 1412–1427.

Dijksterhuis, A., Bos, M. W., Nordgren, L. F., & Van Baaren, R. B.(2006), "On making the right choice : The deliberation–without–attention effect," *Science*, 311(5763), 1005–1007.

Evans, J. S. B.(2003), "In two minds : dual–process accounts of reasoning," *Trends in cognitive sciences*, 7(10), 454–459.

______________(2018), "Dual process theory : Perspectives and problems".

Evans, J. S. B., & Frankish, K.(2009), *In two minds : Dual processes and beyond*, Vol. 10, Oxford University Press Oxford.

Gladwell, M.(2006), *Blink : The power of thinking without thinking*.

____________(2008), *Outliers : The story of success*, Little, Brown.

Haidt, J.(2012), *The righteous mind : Why good people are divided by politics and religion*, Vintage (『바른마음』, 왕수민 역, 웅진지식하우스, 2014).

Haselton, M. G., & Nettle, D.(2006), "The paranoid optimist : An integrative evolutionary model of cognitive biases," *J Personality social psychology Review*, 10(1), 47–66. Retrieved from https://journals.sagepub.com/doi/pdf/10.1207/s15327957pspr1001_3

Haselton, M. G., Nettle, D., & Murray, D. R.(2015), "The evolution of cognitive bias," *The handbook of evolutionary psychology*, Ch. 40, 1–20.

Kahneman, D.(2003), "A perspective on judgment and choice–Mapping bounded rationality," *American Psychologist*, 58(9), 697–720.

Kahneman, D.(2011), *Thinking, Fast and Slow*, Penguin Books.

MacLean, P. D.(1990), *The triune brain in evolution: Role in paleocerebral functions*, Springer Science & Business Media.

Molden, D. C., Hui, C. M., Scholer, A. A., Meier, B. P., Noreen, E. E., D'Agostino, P. R., & Martin, V.(2012), "Motivational versus metabolic effects of carbohydrates on self–control," *Psychological science*, 23(10), 1137–1144.

Morelli, M., Casagrande, M., & Forte, G.(2022), "Decision making : A theoretical review," *Integrative Psychological and Behavioral Science*, 56(3), 609–629.

Neuhoff, J. G.(2001), "An adaptive bias in the perception of looming auditory motion," *J Ecological Psychology*, 13(2), 87–110.

Pretz, J. E., Brookings, J. B., Carlson, L. A., Humbert, T. K., Roy, M., Jones, M., & Memmert, D.(2014), "Development and validation of a new measure of intuition : The types of intuition scale," *Journal of Behavioral Decision Making*, 27(5), 454–467.

Salas, E., Rosen, M. A., & DiazGranados, D.(2010), "Expertise–based intuition and decision making in organizations," *Journal of manage-*

ment, 36(4), 941–973.

Scholey, E., & Apps, M. A.(2022), "Fatigue : Tough days at work change your prefrontal metabolites," *Current Biology*, 32(16), R876–R879.

Soll, J. B., Milkman, K. L., & Payne, J. W.(2015), "A user's guide to debiasing," *The Wiley Blackwell handbook of judgment and decision making*, 2, 924–951.

Striedter, G. F., & Northcutt, R. G. (2019), *Brains through time : a natural history of vertebrates*, Oxford University Press.

Tversky, A., & Kahneman, D.(1974), "Judgment under uncertainty : Heuristics and biases," *Science*, 185(4157), 1124–1131.

Wiehler, A., Branzoli, F., Adanyeguh, I., Mochel, F., & Pessiglione, M.(2022), "A neuro–metabolic account of why daylong cognitive work alters the control of economic decisions," *Current Biology*, 32(16), 3564–3575. e3565.

제3장 의사결정을 위한 접근방법

민재형(2014), 『생각을 경영하라』, 청림출판.

안서원 · 안광호(2019), 『행동적 의사결정론』(2nd ed.), 법문사.

안재현(2009), "인식의 오류 극복해야 옳은 결단 가능", *Dong–A Business Review*, 5.

하영원(2023), 『결정하는 뇌』, 21세기북스.

Abatecola, G., Caputo, A., & Cristofaro, M.(2018), "Reviewing cognitive distortions in managerial decision making," *Journal of Management Development*, 37, 409–424.

Ariely, D., & Jones, S.(2008), "Predictably irrational," Harper Audio New York, NY.

Bazerman, M. H., & Moore, D. A.(2016), *Judgement in Managerial Deci-*

sion, 8ed. (『판단과 결정』, 김정섭 역)

Bickel, J. E.(2009), "On the decision to take a pitch," *Decision Analysis*, 6(3), 186–193.

Brefeld, U., & Zimmermann, A.(2017), "Guest editorial : Special issue on sports analytics," *Data Mining and Knowledge Discovery*, 31(6), 1577–1579.

Buchanan, L., & O Connell, A.(2006), "A brief history of decision making," *Harvard business review*, 84(1), 32.

Ceschi, A., Costantini, A., Sartori, R., Weller, J., & Di Fabio, A.(2019), "Dimensions of decision–making : an evidence–based classification of heuristics and biases," *Personality and Individual Differences*, 146, 188–200.

Congiu, L., & Moscati, I. (2022), "A review of nudges : Definitions, justifications, effectiveness," *Journal of Economic Surveys*, 36(1), 188–213.

Cristofaro, M.(2017), "Reducing biases of decision–making processes in complex organizations," *Management Research Review*, 40(3), 270–291.

Elitzur, R.(2020), "Data analytics effects in major league baseball," *Omega*, 90, 102001.

Epley, N., & Gilovich, T.(2006), "The anchoring–and–adjustment heuristic : Why the adjustments are insufficient," *Psychological science*, 17(4), 311–318.

Fox, J.(2015), "From "economic man" to behavioral economics," *Harvard business review*, 93(5), 78–85.

Gladwell, M.(2006), *Blink : The power of thinking without thinking*.

__________(2008), *Outliers : The story of success*, Little, Brown.

Hammond, J. S., Keeney, R. L., & Raiffa, H.(2006), "The hidden traps in decision making," *Harvard business review*, 84(1), 118.

Haselton, M. G., Nettle, D., & Murray, D. R.(2015), "The evolution of cognitive bias," *The handbook of evolutionary psychology*, Ch. 40, 1–20.

Howard, R., & Abbas, A.(2016), *Foundations of Decision Analysis*, global edition.

Johnson, E. J., & Goldstein, D.(2003), "Do defaults save lives?" In American Association for the Advancement of Science, Vol. 302, pp. 1338～1339.

Kahneman, D.(2003), "A perspective on judgment and choice : mapping bounded rationality," *American Psychologist*, 58(9), 697–720.

Kahneman, D., Lovallo, D., & Sibony, O.(2011), "Before you make that big decision," *Harvard business review*, 89(6), 50–60.

Kahneman, D., Sibony, O., & Sunstein, C.(2021), *Noise : A Flaw in Human Judgment*, Little Brown Spark (『노이즈 : 생각의 잡음』, 장진역 역, 김영사)

Kahneman, D., Slovic, S. P., Slovic, P., & Tversky, A.(1982), *Deviasing in Judgment under uncertainty : Heouristics and biases*.

Kahneman, D., & Tverskey, A.(1979), "Prospect theory : An analysis of decisions under risk," *Econometrica*, 47(2), 363–391.

Koller, T., Lovallo, D., & Klein, G.(2019), "Bias busters : Premortems : Being smart at the start," *The McKinsey Quarterly*.

Larrick, R. P.(2004), "Debiasing," *Blackwell handbook of judgment and decision making*, 316–338.

Lewis, M.(2003), *Moneyball : The art of winning an unfair game*, WW Norton & Company.

Ludolph, R., & Schulz, P. J.(2018), "Debiasing health–related judgments and decision making : a systematic review," *Medical Decision*

Making, 38(1), 3–13.

Madrian, B. C., & Shea, D. F.(2001), "The power of suggestion : Inertia in 401(k) participation and savings behavior," *The quarterly journal of economics*, 116(4), 1149–1187.

Mangus, C. W., & Mahajan, P.(2022), "Decision making : healthy heuristics and betraying biases," *Critical Care Clinics*, 38(1), 37–49.

Martíni Rajo, M., & Valiña García, M. D.(2023), "Heuristics, biases and the psychology of reasoning: state of the art," *Psychology*, 14(2), 264–294.

Montibeller, G., & Von Winterfeldt, D.(2015), "Cognitive and motivational biases in decision and risk analysis," *Risk Analysis*, 35(7), 1230–1251.

Morelli, M., Casagrande, M., & Forte, G.(2022), "Decision making : A theoretical review," *Integrative Psychological and Behavioral Science*, 56(3), 609–629.

Newell, B. R., Lagnado, D. A., & Shanks, D. R.(2022), *Straight Choices : The Psychology of Decision Making*(3rd ed.), Psychology Press.

NTSB.(1994), "A review of flight crew–involved, major accidents of US Air Carriers, 1978 through 1990," Safety Study Report, No. PB94–97001.

______(2000), "Aircraft Accident Report, Korean Air Flight 801," Retrieved from

Pan, Z.(2019), "A review of prospect theory," *Journal of Human Resource and Sustainability Studies*, 7(1), 98–107.

Rakow, T., & Skylark, W. J.(2017), "Judgement heuristics," In *International Handbook of Thinking and Reasoning*, Routledge, pp. 451~471.

Russo, J. E., Schoemaker, P. J., & Russo, E. J.(1989), *Decision traps : Ten barriers to brilliant decision–making and how to overcome them*,

Doubleday/Currency New York, NY.

Sellier, A.−L., Scopelliti, I., & Morewedge, C. K.(2019), “Debiasing training improves decision making in the field,” *Psychological science*, 30(9), 1371−1379.

Simon, H. A. (1955), “A behavioral model of rational choice,” *The quarterly journal of economics*, 69(1), 99−118.

____________(1979), “Information processing models of cognition,” *Annual review of psychology*, 30(1), 363−396.

Soll, J. B., Milkman, K. L., & Payne, J. W.(2015), “A user's guide to debiasing,” *The Wiley Blackwell handbook of judgment and decision making*, 2, 924−951.

Stanovich, K. E., Toplak, M. E., & West, R. F.(2008), “The development of rational thought : A taxonomy of heuristics and biases,” In *Advances in child development and behavior*, Vol. 36, Elsevier, pp. 251~285.

Thaler, R., & Sunstein, C.(2021), *Nudge: The Final Edition*, Penguin Books.

Tversky, A., & Kahneman, D.(1974), “Judgment under uncertainty : Heuristics and biases,” *Science*, 185(4157), 1124−1131.

____________________(1992), “Advances in prospect theory : Cumulative representation of uncertainty,” *Journal of Risk and uncertainty*, 5(4), 297−323.

제4장 통찰 기반 의사결정 프로세스

Clemen, R. T., & Reilly, T.(2013), *Making hard decisions with DecisionTools*, Cengage Learning.

Dyer, J. S., & Smith, J. E.(2021), “Innovations in the science and practice of decision analysis : The role of management science," *Management Science*, 67(9), 5364–5378.

Edwards, W., Miles Jr, R. F., & Von Winterfeldt, D.(2007), *Advances in decision analysis : from foundations to applications*, Cambridge University Press.

Fedorowicz, M., & Aron, L. Y.(2021), "Improving evidence–based policymaking A review," *Urban Institute : Washington*, DC, USA.

Gawande, A.(2010), *The checklist manifesto : How to get things right*, Profile Books.

HBR.(2020), "HBR Guide to Making Better Decisions".

Howard, R., & Abbas, A.(2016), *Foundations of Decision Analysis*, global edition.

Howard, R. A.(1988), "Decision analysis : Practice and promise," *Management Science*, 34(6), 679–695.

Kahneman, D., Lovallo, D., & Sibony, O.(2019), "A structured approach to strategic decisions," *MIT Sloan Management Review*, 60(3), 67–73.

Keeney, R. L.(2004), "Making better decision makers," *Decision Analysis*, 1(4), 193–204.

Keeney, R. L., & Raiffa, H.(1993), *Decisions with multiple objectives : preferences and value trade–offs*, Cambridge university press.

Larson, E.(2016), "A Checklist for Making Faster, Better Decisions," *Harvard business review*.

McNamee, P., & Celona, J. N.(2007), *Decision analysis for the professional* (4th ed.), SmartOrg, Incorporated.

Miller, G. A.(1956), "The magical number seven, plus or minus two : Some limits on our capacity for processing information," *Psychological review*, 63(2), 81.

Pronovost, P., Needham, D., Berenholtz, S., Sinopoli, D., Chu, H., Cosgrove, S., … Roth, G.(2006), "An intervention to decrease catheter-related bloodstream infections in the ICU," *New England journal of medicine*, 355(26), 2725-2732.

Raiffa, H.(2015), "DECISION ANALYSIS. INTRODUCTORY LECTURES ON CHOICES UNDER UNCERTAINTY".

Spetzler, C., Winter, H., & Meyer, J.(2016), *Decision quality : Value creation from better business decisions*, John Wiley & Sons.

Wright, G., & Goodwin, P.(2014), *Decision analysis for management judgment*(5th ed.), John Wiley & Sons.

제5장 프레임이 결정한다

Bermúdez, J. L.(2020), *Frame it again: New tools for rational decision-making*, Cambridge University Press.

Cukier, K., Mayer-Schönberger, V., & de Véricourt, F.(2021), *Framers : Human advantage in an age of technology and turmoil*, Penguin.

Dyer, J. S., & Smith, J. E.(2021), "Innovations in the science and practice of decision analysis : The role of management science," *Management Science*, 67(9), 5364-5378.

HBR.(2006), *Harvard Business Essentials, Decision Making : 5 Steps to Better Results*.

Howard, R. A.(1968), "The foundations of decision analysis," *IEEE transactions on systems science and cybernetics*, 4(3), 211-219.

____________(1988), "Decision analysis : Practice and promise," *Management Science*, 34(6), 679-695.

____________(1989), "Knowledge maps," *Management Science*, 35(8), 903-922.

Russo, J. E., Schoemaker, P. J., & Russo, E. J.(1989), *Decision traps : Ten barriers to brilliant decision-making and how to overcome them*, Doubleday/Currency New York, NY.

Salo, A., Andelmin, J., & Oliveira, F.(2022), "Decision programming for mixed-integer multi-stage optimization under uncertainty," *European Journal of operational research*, 299(2), 550-565.

Shachter, R. D.(1986), "Evaluating influence diagrams," *Operations Research*, 34(6), 871-882.

______________(1988), "Probabilistic inference and influence diagrams," *Operations Research*, 36(4), 589-604.

제6장 의사결정 대안의 도출

가즈마사, 다, 이수형 역(2013), 『대담한 도전』, 비즈니스북스.

정희원(2021), 『지속가능한 나이듦』, 두리반.

홍하상(2001), 『이병철 vs. 정주영』, 한국경제신문.

Brealey, R. A., Myers, S. C., Allen, F., & Mohanty, P.(2023), *Principles of corporate finance*, Vol. 14, McGraw-Hill Education.

Chernev, A., Böckenholt, U., & Goodman, J.(2015), "Choice overload : A conceptual review and meta-analysis," *Journal of Consumer Psychology*, 25(2), 333-358.

Howard, R., & Abbas, A.(2016), *Foundations of Decision Analysis*, global edition.

Iyengar, S. S., & Lepper, M. R.(2000), "When choice is demotivating : Can one desire too much of a good thing?," *Journal of personality and social psychology*, 79(6), 995.

Johnson, S.(2018), *Farsighted : How We Make the Decisions that Matter the Most*.

Keeney, R. L.(1996), "Value–focused thinking : Identifying decision opportunities and creating alternatives," *European Journal of operational research*, 92(3), 537–549.

Kozlova, M.(2017), "Real option valuation in renewable energy literature : Research focus, trends and design," *Renewable and Sustainable Energy Reviews*, 80, 180–196.

Machiels, T., Compernolle, T., & Coppens, T.(2021), "Real option applications in megaproject planning : trends, relevance and research gaps. A literature review," *European planning studies*, 29(3), 446–467.

Reutskaja, E., Lindner, A., Nagel, R., Andersen, R. A., & Camerer, C. F.(2018), "Choice overload reduces neural signatures of choice set value in dorsal striatum and anterior cingulate cortex," *Nature Human Behaviour*, 2(12), 925–935.

Scheibehenne, B., Greifeneder, R., & Todd, P. M.(2010), "Can there ever be too many options? A meta–analytic review of choice overload," *Journal of Consumer Research*, 37(3), 409–425.

Schwartz, B.(2009), *The Paradox of Choice : Why More Is Less*(Revised edition ed.).

Sethuraman, R., Gázquez–Abad, J. C., & Martíniez–López, F. J.(2022), "The effect of retail assortment size on perceptions, choice, and sales : Review and research directions," *Journal of Retailing*, 98(1), 24–45.

Spetzler, C., Winter, H., & Meyer, J.(2016), *Decision quality : Value creation from better business decisions*. John Wiley & Sons.

제7장 불확실한 정보에 대응하기

기상청(2004), 『근대기상 100년사』, Retrieved from

박경수 · 신수환 · 이재인(2006), 「한글에서의 정성적 확률 표현의 정량적 변환」, 『대한인간공학회지』, 25(4), 41-49.

Andreadis, K., Chan, E., Park, M., Benda, N. C., Sharma, M. M., Demetres, M., … Liu, A.(2021), "Imprecision and Preferences in Interpretation of Verbal Probabilities in Health : a Systematic Review," *Journal of General Internal Medicine*, 1-10.

Ariely, D.(2010), *Predictably Irrational : The Hidden Forces that Shape Our Decisions*(Revised and Expanded Edition ed.) (『상식밖의 경제학』, 청림출판)

Ariely, D., & Kreiser, J.(2017), *Dollars and Sense : How We Misthink Money and How to Spend Smarter*.

Budescu, D. V., Broomell, S. B., & Smithson, M.(2014), "The interpretation of IPCC probabilistic statements around the world," *Nature Climate Change*, 4(6), 508-512.

Caceres-Santamaria, A. J.(2021), "The Anchoring Effect," *Page One Economics®*.

Clemen, R. T., & Reilly, T.(2013), *Making hard decisions with DecisionTools*, Cengage Learning.

Falconer, J. R., Frank, E., Polaschek, D. L., & Joshi, C.(2022), "Methods for Eliciting Informative Prior Distributions : A Critical Review," *Decision Analysis*, 19(3), 189-204.

Hogarth, R. M.(1987), *Judgement and choice : The psychology of decision*, John Wiley & Sons.

Howard, R., & Abbas, A.(2016), *Foundations of Decision Analysis*, global edition.

Howard, R. A.(1989), "Knowledge maps," *Management Science*, 35(8), 903–922.

Lichtenstein, S., & Newman, J. R.(1967), "Empirical scaling of common verbal phrases associated with numerical probabilities," *Psychonomic science*, 9(10), 563–564.

O'Hagan, A.(2019), "Expert knowledge elicitation: subjective but scientific," *The American Statistician*, 73(sup1), 69–81.

Quigley, J., & Walls, L.(2021), "Characteristics of a process for subjective probability elicitation," In *Expert judgement in risk and decision analysis*, Springer, pp. 287～318.

Tversky, A., & Kahneman, D.(1974), "Judgment under uncertainty : Heuristics and biases," *Science*, 185(4157), 1124–1131.

Wright, G., & Goodwin, P.(2014), *Decision analysis for management judgment*(5th ed.), John Wiley & Sons.

Yoon, S., & Fong, N.(2019), "Uninformative anchors have persistent effects on valuation judgments," *Journal of Consumer Psychology*, 29(3), 391–410.

제8장 가치선호 반영하기

안소현 · 안재현 · 한인구(2023), 「ESG 활동이 한국기업의 재무성과에 미치는 영향 : B2C 및 B2B 기업유형에 따른 조절효과」, 『경영과학』, 40(2), 59–75.

Bond, S. D., Carlson, K. A., & Keeney, R. L.(2010), Improving the generation of decision objectives. Decision Analysis, 7(3), 238–255.

Françozo, R. V., & Belderrain, M. C. N.(2022), "A problem structuring method framework for value-focused thinking," *EURO Journal on Decision Processes*, 10, 100014.

Frederick, S., Novemsky, N., Wang, J., Dhar, R., & Nowlis, S.(2009),

"Opportunity cost neglect," *Journal of Consumer Research*, 36(4), 553–561.

Friedman, E. M., Savary, J., & Dhar, R.(2018), "Apples, oranges, and erasers : the effect of considering similar versus dissimilar alternatives on purchase decisions," *Journal of Consumer Research*, 45(4), 725–742.

Haag, F., Zürcuher, S., & Lienert, J.(2019), "Enhancing the elicitation of diverse decision objectives for public planning," *European Journal of operational research*, 279(3), 912–928.

Haghpour, B., Sahabeh, E., & Halvari, H.(2022), "Opportunity cost in consumer behavior : Definitions, operationalizations, and ambiguities," *International Journal of Consumer Studies*, 46(5), 1942–1959.

Haita–Falah, C.(2017), "Sunk–cost fallacy and cognitive ability in individual decision–making," *Journal of Economic Psychology*, 58, 44–59.

Höfer, T., von Nitzsch, R., & Madlener, R.(2020), "Using value–focused thinking and multicriteria decision making to evaluate energy transition alternatives," *Decision Analysis*, 17(4), 330–355.

Kahneman, D., & Tverskey, A.(1979), "Prospect theory : An analysis of decisions under risk," *Econometrica*, 47(2), 363–391.

Keeney, R. L.(1996a), *Value–focused thinking : A path to creative decision-making*, Harvard University Press.

____________(1996b), "Value–focused thinking : Identifying decision opportunities and creating alternatives," *European Journal of operational research*, 92(3), 537–549.

____________(2020), *Give yourself a nudge : Helping smart people make smarter personal and business decisions*, Cambridge University Press.

Methling, F., Borden, S. A., Veeraraghavan, D., Sommer, I., Siebert, J. U., von Nitzsch, R., & Seidler, M.(2022), "Supporting Innovation in Early−Stage Pharmaceutical Development Decisions," *Decision Analysis*, 19(4), 337−353.

Montibeller, G.(2022), "Specifying Relevant Objectives and Consequences in Health Security Decisions," In *Decision Making for Enhanced Health Security*, Springer, pp. 95～134.

Perignat, E., & Fleming, F. F.(2022), "Sunk−Cost Bias and Knowing When to Terminate a Research Project," *Angewandte Chemie*, e202208429.

Siebert, J., & Keeney, R. L.(2015), "Creating more and better alternatives for decisions using objectives," *Operations Research*, 63(5), 1144−1158.

Siebert, J. U., Brandenburg, M., & Siebert, J.(2020), "Defining and aligning supply chain objectives before, during, and after the COVID−19 pandemic," *IEEE Engineering Management Review*, 48(4), 72−85.

Siebert, J. U., & Von Winterfeldt, D.(2020), "Comparative analysis of terrorists' objectives hierarchies," *Decision Analysis*, 17(2), 97−114.

Vermeulen, F., & Sivanathan, N.(2017), "Stop doubling down on your failing strategy : how to spot (and escape one before it's too late)," *Harvard business review*, 95(6), 110−117.

제9장 위험선호 반영하기

김양열(2012), 『의사결정론』(2nd ed.), 명경사.

안서원·안광호.(2019). 『행동적 의사결정론』(2nd ed.), 법문사.

안성진(2007), 『통계적 의사결정론』(2nd ed.), 자유아카데미.

Clemen, R. T., & Reilly, T.(2013), *Making hard decisions with Decision Tools* ,Cengage Learning.

Finke, M. S., & Guillemette, M. A.(2016), “Measuring Risk Tolerance : A Review of Literature,” *Journal of Personal Finance*, 15(1).

Howard, R., & Abbas, A.(2016), *Foundations of Decision Analysis*, global edition.

Howard, R. A.(1988), “Decision analysis : Practice and promise,” *Management Science*, 34(6), 679–695.

Kahneman, D.(2011), *Thinking, Fast and Slow*.

Keeney, R. L., & Raiffa, H.(1993), *Decisions with multiple objectives : preferences and value trade-offs*, Cambridge university press.

Pratt, J. W.(1978), “Risk aversion in the small and in the large.” In *Uncertainty in economics*, Elsevier, pp. 59～79.

Van Duijvenvoorde, A. C., van Hoorn, J., & Blankenstein, N. E.(2022), “Risks and rewards in adolescent decision-making,” *Current Opinion in Psychology*, 101457.

Weber, E. U.(2010), “Risk attitude and preference,” *Wiley Interdisciplinary Reviews : Cognitive Science*, 1(1), 79–88.

Zou, X., Scholer, A. A., & Higgins, E. T.(2020), “Risk preference : How decision maker's goal, current value state, and choice set work together,” *Psychological review*, 127(1), 74.

제10장 시간선호 반영하기

이의경(2021), 「위험을 고려한 공공투자사업의 사회적 할인율에 대한 개선방안」, 『국토연구』, 113–125.

이지웅 · 김성균 · 김길환(2016) 「전문가 대상 설문조사를 통한 우리나라 적정 사회적 할인율 추정」, 『에너지경제연구』, 15(1), 207–237.

Attema, A. E., Brouwer, W. B., & Claxton, K.(2018), “Discounting in economic evaluations,” *Pharmacoeconomics*, 36(7), 745–758.

Brealey, R. A., Myers, S. C., Allen, F., & Mohanty, P.(2023), *Principles of corporate finance*, Vol. 14, McGraw-Hill Education.

Green, L., & Myerson, J.(2004), "A discounting framework for choice with delayed and probabilistic rewards," *Psychological bulletin*, 130(5), 769.

Groom, B., Drupp, M. A., Freeman, M. C., & Nesje, F.(2022), "The future, now : A review of social discounting," *Annual Review of Resource Economics*, 14, 467-491.

Khorasani, E., Davari, M., Kebriaeezadeh, A., Fatemi, F., Akbari Sari, A., & Varahrami, V.(2022), "A comprehensive review of official discount rates in guidelines of health economic evaluations over time : the trends and roots," *The European Journal of Health Economics*, 1-14.

제11장 대안의 분석과 평가

Abbas, A.(2018), *Foundations of Multiattribute Utility*, Cambridge University Press.

Barberis, N. C.(2013), "Thirty years of prospect theory in economics : A review and assessment," *Journal of Economic perspectives*, 27(1), 173-196.

Congiu, L., & Moscati, I.(2022), "A review of nudges : Definitions, justifications, effectiveness," *Journal of Economic Surveys*, 36(1), 188-213.

Hofmann, A.(2022), *The ten commandments of risk leadership*, Springer.

Kahneman, D.(2011), *Thinking, Fast and Slow*.

Kahneman, D., & Tverskey, A.(1979), "Prospect theory : An analysis of decisions under risk," *Econometrica*, 47, 278.

Martin, R.(2004), "The St. Pertersburg Paradox," In *The Stanford Encyclopedia of Philosophy*.

Morgenstern, O., & Von Neumann, J.(1953), *Theory of games and economic behavior*, Princeton university press.

Moscati, I.(2021), *History of Utility Theory*, Routledge.

Savage, L. J.(1972), *The foundations of statistics*, Courier Corporation.

Tversky, A., & Kahneman, D.(1992), "Advances in prospect theory : Cumulative representation of uncertainty," *Journal of Risk and uncertainty*, 5(4), 297–323.

Wright, G., & Goodwin, P.(2014), *Decision analysis for management judgment*(5th ed.), John Wiley & Sons.

제12장 정보의 가치 평가하기

Alawad, F., & Kraemer, F. A.(2022), "Value of information in wireless sensor network applications and the IoT : A review," *IEEE Sensors Journal*, 22(10), 9228–9245.

Fenwick, E., Steuten, L., Knies, S., Ghabri, S., Basu, A., Murray, J. F., ··· Rothery, C.(2020), "Value of information analysis for research decisions–an introduction : report 1 of the ISPOR Value of Information Analysis Emerging Good Practices Task Force," *Value in Health*, 23(2), 139–150.

Haag, F., Miñarro, S., & Chennu, A.(2022), "Which predictive uncertainty to resolve? Value of information sensitivity analysis for environmental decision models," *Environmental Modelling & Software*, 158, 105552.

Jackson, C. H., Baio, G., Heath, A., Strong, M., Welton, N. J., & Wilson, E. C.(2022), "Value of information analysis in models to inform health policy," *Annual review of statistics and its application*, 9, 95-118.

Keisler, J. M., Collier, Z. A., Chu, E., Sinatra, N., & Linkov, I.(2014), "Value of information analysis : the state of application," *Environment Systems and Decisions*, 34, 3-23.

Khalid, M. F., Selvam, K., Jeffry, A. J. N., Salmi, M. F., Najib, M. A., Norhayati, M. N., & Aziah, I.(2022), "Performance of rapid antigen tests for COVID-19 diagnosis : a systematic review and meta-analysis," *Diagnostics*, 12(1), 110.

Shachter, R. D.(1986), "Evaluating influence diagrams," *Operations Research*, 34(6), 871-882.

Zhang, W.-H., Lu, D.-G., Qin, J., Thöns, S., & Faber, M. H.(2021), "Value of information analysis in civil and infrastructure engineering : a review," *Journal of Infrastructure Preservation and Resilience*, 2(1), 16.

Zhang, W.-H., Qin, J., Lu, D.-G., Thöns, S., & Faber, M. H.(2022), "VoI-informed decision-making for SHM system arrangement," *Structural Health Monitoring*, 21(1), 37-58.

제13장 다속성 의사결정

권오정(2018), 『다기준 의사결정 방법론 이론과 실제』, 북스힐.

Basílio, M. P., Pereira, V., Costa, H. G., Santos, M., & Ghosh, A.(2022), "A Systematic Review of the Applications of Multi-Criteria Decision Aid Methods,"(1977~2022) *Electronics*, 11(11), 1720.

Borcherding, K., Eppel, T., & Von Winterfeldt, D.(1991), "Comparison of weighting judgments in multiattribute utility measurement," *Management Science*, 37(12), 1603-1619.

Brans, J.-P., & Vincke, P.(1985), "Note—A Preference Ranking Organisation Method(The PROMETHEE Method for Multiple Criteria Decision-Making)", *Management Science*, 31(6), 647-656.

Burk, R. C., & Nehring, R. M.(2022), "An Empirical Comparison of Rank-Based Surrogate Weights in Additive Multiattribute Decision Analysis," *Decision Analysis*, 20(1), 55-72.

Da Silva, L. B. L., Frej, E. A., De Almeida, A. T., Ferreira, R. J. P., & Morais, D. C.(2023), "A review of partial information in additive multicriteria methods," *IMA Journal of Management Mathematics*, 34(1), 1-37.

Doumpos, M., Figueira, J. R., Greco, S., & Zopounidis, C.(2019), *New perspectives in multiple criteria decision making*, Springer.

Edwards, W., & Barron, F. H.(1994), "SMARTS and SMARTER : Improved simple methods for multiattribute utility measurement," *Organizational behavior and human decision processes*, 60(3), 306-325.

Greco, S., Figueira, J., & Ehrgott, M.(2016), *Multiple criteria decision analysis*, Vol. 37, Springer.

Ho, W., & Ma, X.(2018), "The state-of-the-art integrations and applications of the analytic hierarchy process," *European Journal of operational research*, 267(2), 399-414.

Ilbahar, E., Cebi, S., & Kahraman, C.(2019), "A state-of-the-art review on multi-attribute renewable energy decision making," *Energy Strategy Reviews*, 25, 18-33.

Jia, J., Fischer, G. W., & Dyer, J. S.(1998), "Attribute weighting methods and decision quality in the presence of response error : a simulation study," *Journal of Behavioral Decision Making*, 11(2), 85-105.

Keeney, R. L., & Raiffa, H.(1993), *Decisions with multiple objectives : preferences and value trade-offs*, Cambridge university press.

Khan, I., Pintelon, L., & Martin, H.(2022), "The application of multicriteria decision analysis methods in health care : a literature review," *Medical Decision Making*, 42(2), 262–274.

Linkov, I., Moberg, E., Trump, B. D., Yatsalo, B., & Keisler, J. M.(2020), *Multi–criteria decision analysis : case studies in engineering and the environment*, CRC Press.

Maleki, H., & Zahir, S.(2013), "A comprehensive literature review of the rank reversal phenomenon in the analytic hierarchy process," *Journal of Multi–Criteria Decision Analysis*, 20(3–4), 141–155.

Mardani, A., Jusoh, A., Nor, K., Khalifah, Z., Zakwan, N., & Valipour, A.(2015), *Multiple criteria decision–making techniques and their applications–a review of the literature from 2000 to 2014*, *Economic research–Ekonomska istraživanja*, 28(1), 516–571.

Messali, E., & Diesendorf, M.(2009), "Potential sites for off–shore wind power in Australia," *Wind Engineering*, 33(4), 335–348.

Odu, G.(2019), "Weighting methods for multi–criteria decision making technique," *Journal of Applied Sciences and Environmental Management*, 23(8), 1449–1457.

Ozsahin, D. U., Gökcekus, H., Uzun, B., & LaMoreaux, J. W.(2021), *Application of Multi–Criteria Decision Analysis in Environmental and Civil Engineering*, Springer.

Rezaei, J.(2021), "Anchoring bias in eliciting attribute weights and values in multi–attribute decision–making," *Journal of Decision Systems*, 30(1), 72–96.

Saaty, T. L.(1977), "A scaling method for priorities in hierarchical structures," *Journal of mathematical psychology*, 15(3), 234–281.

Salvador, C. B., Arzaghi, E., Yazdi, M., Jahromi, H. A., & Abbassi, R.(2022), "A multi–criteria decision–making framework for site selection of offshore wind farms in Australia," *Ocean & Coastal Management*, 224, 106196.

Schwenk–Ferrero, A., & Andrianov, A.(2017), "Nuclear waste management decision–making support with MCDA," *Science and Technology of Nuclear Installations*, 2017.

Sotoudeh–Anvari, A.(2022), "The applications of MCDM methods in COVID–19 pandemic : A state of the art review," *Applied Soft Computing*, 109238.

Weistroffer, H. R., & Li, Y.(2016), "Multiple criteria decision analysis software," *Multiple criteria decision analysis : State of the Art Surveys*, 1301–1341.

제14장 의사결정의 9가지 원칙

Baumeister, R., & Tierney, J.(2011), *Willpower : Rediscovering the Greatest Human Strength*.

Kahneman, D.(2011), *Thinking, Fast and Slow*, Penguin Books.

Larson, E.(2022), "Gartner's decision intelligence trend is taking off. What took so long?," Forbes. Retrieved from https://www.forbes.com/sites/eriklarson/2022/05/10/gartners–decision–intelligence–trend–is–taking–off–what–took–so–long/?sh=6e0d5acf4e68

McKeown, G.(2021), *Effortless : Make It Easier to Do What Matters Most*, Currency.

Spetzler, C., Winter, H., & Meyer, J.(2016), *Decision quality : Value creation from better business decisions*, John Wiley & Sons.

제15장 결정지능

Davis, K., Christodoulou, J., Seider, S., & Gardner, H.(2011), "The theory of multiple intelligences" In RJ Sternberg & SB Kaufman(Eds.), *Cambridge Handbook of Intelligence*, 485–503.

Howard, R., & Abbas, A.(2016), *Foundations of Decision Analysis*, global edition.

Kaplan, R. M., & Saccuzzo, D. P.(2017), *Psychological testing : Principles, applications, and issues*, Cengage Learning.

O'Callaghan, M.(2023), *Decision Intelligence : Human–Machine Integration for Decision–Making*, CRC Press.

Pratt, L., Bisson, C., & Warin, T.(2023), "Bringing Advanced Technology to Strategic Decision–Making : The Decision Intelligence/Data Science (DI/DS) Integration Framework," *Futures*, 103217.

Pratt, L., & Malcom, N. E.(2023), *The Decision Intelligence Handbook*, O'Reilly.

Spetzler, C., Winter, H., & Meyer, J.(2016), *Decision quality : Value creation from better business decisions*, John Wiley & Sons.

제16장 의사결정 : 본질을 찾아가는 과정

Bansal, S., Keisler, J. M., Siebert, J. U., & Jenni, K. E.(2023), "Applying Decision Analysis to Diverse Domains : An Introduction to the Special Issue," *INFORMS Journal on Applied Analytics*, 53(3), 173–177.

Bordley, R. F.(2023), "Lessons for decision–analysis practice from the automotive industry," *INFORMS Journal on Applied Analytics*, 53(3), 240–246.

Celona, J.(2016), "Winning at litigation through decision analysis," In *Springer Nature*, Springer.

Corner, J. L., & Kirkwood, C. W.(1991), "Decision analysis applications in the operations research literature, 1970−1989," *Operations Research*, 39(2), 206−219.

Dyer, J. S., & Smith, J. E.(2021), "Innovations in the science and practice of decision analysis: The role of management science," *Management Science*, 67(9), 5364−5378.

Fromm, E.(2000), *The art of loving : The centennial edition*, A&C Black.

Höfer, T., von Nitzsch, R., & Madlener, R.(2020), "Using value−focused thinking and multicriteria decision making to evaluate energy transition alternatives," *Decision Analysis*, 17(4), 330−355.

Howard, R., & Abbas, A.(2016), *Foundations of Decision Analysis*, global edition.

Keefer, D. L., Kirkwood, C. W., & Corner, J. L.(2004), "Perspective on decision analysis applications, 1990~2001," *Decision Analysis*, 1(1), 4−22.

Long, E. F., Montibeller, G., & Zhuang, J.(2022), "Health decision analysis: Evolution, trends, and emerging topics," *Decision Analysis*, 19(4), 255−264.

McDaniels, T.(2021), "Four decades of transformation in decision analytic practice for societal risk management," *Risk Analysis*, 41(3), 491−502.

McNamee, P., & Celona, J. N.(2007), *Decision analysis for the professional*(4th ed.), SmartOrg, Incorporated.

Methling, F., Borden, S. A., Veeraraghavan, D., Sommer, I., Siebert, J. U., von Nitzsch, R., & Seidler, M.(2022), "Supporting Innovation in Early−Stage Pharmaceutical Development Decisions," *Decision*

Analysis, 19(4), 337–353.

Myklebust, H. O. V., Eidsvik, J., Sperstad, I. B., & Bhattacharjya, D.(2020), "Value of information analysis for complex simulator models : application to wind farm maintenance," *Decision Analysis*, 17(2), 134–153.

O'Callaghan, M. (2023). *Decision Intelligence : Human–Machine Integration for Decision–Making*, CRC Press.

Pratt, L., & Malcom, N. E.(2023), *The Decision Intelligence Handbook*, O'Reilly.

Spetzler, C., Winter, H., & Meyer, J.(2016), *Decision quality : Value creation from better business decisions*, John Wiley & Sons.

Stonebraker, J. S.(2023), "Case—Bayer New Drug Development Decision Making," *INFORMS Transactions on Education*, 23(3), 159–163.

Strantzali, E., & Aravossis, K.(2016), "Decision making in renewable energy investments : A review," *Renewable and Sustainable Energy Reviews*, 55, 885–898.

Zhou, P., Ang, B., & Poh, K.(2006), "Decision analysis in energy and environmental modeling : An update," *Energy*, 31(14), 2604–2622.

| 찾아보기 |

ㄱ

ㄴ

ㄷ

ㄹ

ㅅ

ㅇ

ㅈ

ㅊ

ㅋ

ㅌ

지은이에 대하여

안재현

학력

미국 스탠퍼드대학 경영과학 박사(1993), 의사결정분석 전공

서울대학교 산업공학 석사(1986)

서울대학교 산업공학 학사(1984)

주요 경력

KAIST 경영대학 교수(https://www.business.kaist.ac.kr/), 1998～현재

한국경영과학회 회장, 2020

KAIST 경영대학 경영공학부장, 2019～2021

KAIST 최고경영자과정(AIM) 책임교수, 2015～2019

KAIST 정보미디어경영대학원 원장, 2011～2013

한국미디어경영학회 회장, 2010

아산 KAIST Medical Management Program 과정 책임교수, 2010～2012

미국 USC Marshall 경영대학원 방문교수, 2008～2009

KAIST 텔레콤 MBA 책임교수, 2005～2007

KAIST 정보미디어 최고경영자과정(ATM) 책임교수, 2004～2006

미국 뉴저지 럿거스(Rutgers) 주립대학교 경영대학원 겸임교수, 1997～1998

미국 뉴저지 AT&T 연구소, 선임연구원(member of technical staff), 1993～1998

미국 캘리포니아 EPRI, 컨설턴트, 1990～1993

저서

『뉴미디어와 정보사회』(공저), 제3판, 나남출판(2020)

『콘텐츠』(공저), 커뮤니케이션 북스(2013)

『미디어 생태계』(공저), 커뮤니케이션 북스(2011)

주요 논문

Management Science, *MIS Quarterly*, *ISR*, *Journal of MIS*, *EJOR*, *Journal of Information Technology*, *Decision Support System* 등 국내외 탑 저널에 다수 발표

결정지능

초판 1쇄 발행 2023년 11월 3일
초판 2쇄 발행 2024년 5월 17일

지은이 안재현
펴낸이 박기남
기획 · 영업 박정헌
책임편집 박세린
펴낸곳 **율곡출판사**
08590 서울시 금천구 가산디지털1로 84(에이스하이엔드 8차), 803호
전화 (代) 02) 718-9872/3
팩스 02) 718-9874
홈페이지 http://www.yulgokbooks.co.kr
이메일 yulgokbook@naver.com
등록 1989.11.10. 제2014-000031호
ISBN 979-11-91812-57-2 93300

정가 30,000원